들뢰즈, 초월론적 경험론

Deleuze: L'empirisme transcendantal

by Anne Sauvagnargues

© Presses Universitaires de France, 2009.
Korean Translation Copyright © Greenbee Publishing Co., 2016.
All rights reserved.
This edition published by arrangement with Presses Universitaires de France
through Shinwon Agency Co.

들뢰즈, 초월론적 경험론

발행일 초판 1쇄 2016년 1월 30일 | **지은이** 안 소바냐르그 | **옮긴이** 성기현
펴낸곳 (주)그린비출판사 | **펴낸이** 임성안 | **신고번호** 제25100-2015-000097호
주소 서울시 은평구 증산로 1길 6, 2층 | **전화** 02-702-2717 | **이메일** editor@greenbee.co.kr

ISBN 978-89-7682-423-3 03160
이 도서의 국립중앙도서관 출판시도서목록(CIP)은 서지정보유통지원시스템 홈페이지(http://seoji.nl.go.kr)와
국가자료 공동목록시스템(http://www.nl.go.kr/kolisnet)에서 이용하실 수 있습니다.(CIP제어번호: CIP2016000289)

나를 바꾸는 책, 세상을 바꾸는 책 www.greenbee.co.kr

프리즘총서 **023**

들뢰즈, 초월론적 경험론

안 소바냐르그 지음 | 성기현 옮김

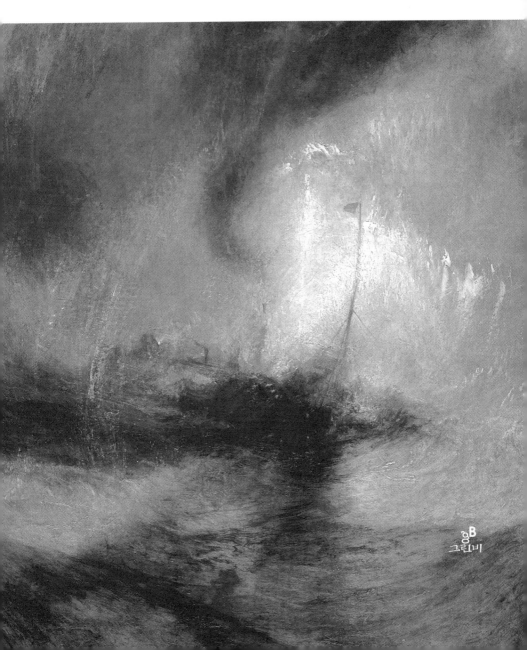

흥B
그린비

피에르-프랑수아 모로에게

차례

약어표

※ 들뢰즈의 텍스트를 인용할 경우, 아래 일러두기의 약호와 쪽수를 '약호 원문 쪽수/번역본 쪽수'의 방식으로 제시한다. 모든 인용문은 한글 번역본을 참고하되 필요한 경우 옮긴이가 일부 수정하거나 완전히 새롭게 번역했다. 주석에서 인용문의 출처가 잘못 표기되거나 빠져 있는 경우, 그리고 본문에서 오탈자가 발생한 경우, 이를 바로잡았으나 일일이 지적하지는 않았다. 불어 원문을 대조해서 읽는 독자들은 이 점을 감안하기 바란다.

AO   *Anti-Œdipe* (펠릭스 과타리와 공저), 1972. 국역본: 『안티 오이디푸스』, 김재인 옮김, 서울: 민음사, 2014.

B   *Le Bergsonisme*, PUF, 1966. 국역본: 『베르그송주의』, 김재인 옮김, 서울: 문학과 지성사, 1996.

CC   *Critique et Clinique*, 1993. 국역본: 『비평과 진단』, 김현수 옮김, 서울: 인간사랑, 2000.

D   *Dialogues* (클레르 파르네와 공저), 1997. 국역본: 『디알로그』, 허희정·전승화 옮김, 서울: 동문선, 2005.

DR   *Différence et répétition*, 1968. 국역본: 『차이와 반복』, 김상환 옮김, 서울: 민음사, 2004.

ES   *Empirisme et subjectivité*, 1953. 국역본: 『경험주의와 주체성』, 한정헌·정유경 옮김, 서울: 난장, 2012.

FBLS   *Francis Bacon. Logique de la sensation*, 1981. 국역본: 『감각의 논리』, 하태환 옮김, 서울: 민음사, 2008.

F   *Foucault*, 1986. 국역본: 『푸코』, 허경 옮김, 서울: 동문선, 2003.

ID   *L'île déserte. Textes et entretiens, 1953-1974*, éd. Lapoujade, 2002. 국역본(발췌): 『들뢰즈가 만든 철학사』, 박정태 엮고 옮김, 서울: 이학사, 2007.

IM   *Cinéma 1. L'image-mouvement*, 1983. 국역본: 『운동-이미지』, 유진상 옮김, 서울: 시각과 언어, 2002.

IT   *Cinéma 2. L'image-temps*, 1985. 국역본: 『시간-이미지』, 이정하 옮김, 서울: 시각과 언어, 2005.

K   *Kafka. Pour une littérature mineure* (펠릭스 과타리와 공저), 1975. 국역본: 『카프카-소수적인 문학을 위하여』, 이진경 옮김, 서울: 동문선, 2001.

LS   *Logique du sens*, 1969. 국역본: 『의미의 논리』, 이정우 옮김, 서울: 한길사, 2000.

MP   *Mille plateaux* (펠릭스 과타리와 공저), 1980. 국역본: 『천 개의 고원』, 김재인 옮김, 서울: 새물결, 2001.

N   *Nietzsche*, 1965. 국역본: 『들뢰즈의 니체』, 박찬국 옮김, 서울: 철학과 현실사, 2007.

NP   *Nietzsche et la philosophie*, 1962. 국역본: 『니체와 철학』, 이경신 옮김, 서울: 민음사, 2004.

P   *Proust et les signes*, 1964, 1970, 1976. 국역본: 『프루스트와 기호들』, 서동욱·이충민 옮김, 서울: 민음사, 2004.

PCK   *La philosophie critique de Kant*, 1963. 국역본: 『칸트의 비판철학』, 서동욱 옮김, 서울: 민음사, 2006.

Pli   *Le Pli. Leibniz et le Baroque*, 1988. 국역본: 『주름, 라이프니츠와 바로크』, 이찬웅 옮김, 서울: 문학과 지성사, 2004.

PP   *Pourparlers, 1972-1990*, 1990. 국역본: 『대담 1972~1990』, 김종호 옮김, 서울: 솔, 1993.

QP   *Qu'est-ce que la philosophie?* (펠릭스 과타리와 공저), 1991. 국역본: 『철학이란 무엇인가?』, 이정임·윤정임 옮김, 서울: 현대미학사, 1995.

RF   *Deux régimes de fous. Textes et entretiens, 1975-1995*, éd. Lapoujade, 2003. 국역본(발췌): 『들뢰즈가 만든 철학사』, 박정태 엮고 옮김, 서울: 이학사, 2007.

S   *Superpositions* (카르멜로 베네, 『리처드 3세』와 합본), 1979. 국역본: 『중첩』, 서울: 동문선, 2005.

SM   *Présentation de Sacher-Masoch* (레오폴드 폰 자허-마조흐, 『모피를 입은 비너스』와 합본), 1967. 국역본: 『매저키즘』, 이강훈 옮김, 서울: 인간사랑, 2007.

SPE   *Spinoza et le problème de l'expression*, 1968. 국역본: 『스피노자와 표현의 문제』, 이진경·권순모 옮김, 서울: 인간사랑, 2003.

SPP   *Spinoza. Philosophie pratique*, 1981. 국역본: 『스피노자의 철학』, 박기순 옮김, 서울: 민음사, 1999.

| **일러두기** |

1 이 책은 Anne Sauvagnargues, *Deleuze: L'empirisme transcendantal*(PUF, 2009)을 완역한 것이다.

2 주석은 지은이 주와 옮긴이 주가 있는데 모두 각주로 배치했으며, 옮긴이 주의 경우 주석 앞에 '[옮긴이]'라고 표시하여 지은이 주와 구분했다.

3 본문에서 옮긴이가 독자의 이해를 돕기 위해 추가한 내용은 대괄호([ ])로 묶어 표시했다.

4 단행본과 정기간행물 등에는 겹낫표(『 』)를, 단편과 논문, 영화의 작품명 등은 낫표(「 」)를 써서 표기했다.

5 외국 인명이나 지명은 2002년에 국립국어원에서 펴낸 '외래어 표기법'을 따라 표기했다.

개념의 창조

이 책은 하나의 놀라움으로부터 태어났다. 들뢰즈가 『차이와 반복』(1968) 을 쓰던 시기에 사용했으며 1995년 출판된 수수께끼와 같은 단편 「내재 성: 생명...」에서 다시 사용했던 '초월론적 경험론'L'empirisme transcendantal이 라는 정식은 과연 무엇을 가리키는 것일까? 초월론적인 것과 경험론의 결 합은 하나의 기발한 몽타주인 동시에 어떤 불가능한 관계rapport, 문자 그대 로 애매한 것으로 나타난다. 우리가 '초월론적'이라는 말을 칸트적인 의미 로 이해한다면, 이 용어는 경험의 조건들을 규정하며 그것이 가능하게 해 주는 경험적 관계relation들과 구별될 수 있어야 한다. 역으로 우리는 경험론 철학이 어떻게 자기 고유의 주장을 포기하지 않으면서도 초월론적이라는 개념을 만족시킬 수 있는지 잘 알지 못한다. 우월한 실재성에 대한 형이상 학적 직관을 금지하는 그 개념의 비판적 용법으로 엄격하게 한정한다 할 지라도, 초월론적인 것은 경험과 경험의 조건들 사이에서 엄격한 경험론 과는 양립될 수 없는 듯 보이는 어떤 규정상의 차이를 만들어 낸다.

　그렇지만 개념들 간의 이러한 충돌은 하나의 전략적 기능을 명시적으로 드러낸다. 초월론적인 것과 더불어 들뢰즈는 사유에 대한 비판이라는 칸트I. Kant의 제안을 받아들이는데, 이번에는 그 제안에다 사유의 만성적인 무능력의 영역들, 자신이 사유 이미지image de la pensée라고 명명한 이 초월론적 가상假象, illusion들을 샅샅이 조사하는 임무를 부여한다. 초월론적 경험론은 사유에 대한 진단에서 성립한다. 사유에 대한 진단은 사유의 창의성은 물론 사유의 순응주의conformisme도 함께 설명해 주는 사유의 작동 방식들을 드러내 초월성의 가상들로부터 정화된 어떤 경험론을 보장해 주려는 것이다.

따라서 초월론적 경험론은 하나의 키메라로 이해된다. 초월론적 경험론은 양립될 수 없는 듯 보이는 이론적 부분들의 이질적 접목을 통해 작동하기 때문이다. 1956년 베르그손H. Bergson에 대해 쓴 첫번째 논문의 서두에서 들뢰즈는 이 점을 다음과 같이 설명한다. "위대한 철학자는 새로운 개념들을 창조하는 철학자다. 새로운 개념들은 일상적인 사유의 이원성을 극복하는 동시에 사물에 새로운 진리, 새로운 분배, 탁월한 재단裁斷, découpage을 제공한다."[1] 모든 사유는 다소 적대적인 방식으로 통상적인 할당과 확실성을 전복시키면서, 일상적인 나눔에 그치는 것이 아니라 새로운 범주들을 발명하는 어떤 재단을 제안한다. 범주들의 새로운 분배는 예기치 않았던 것, 따라서 역설적인 것이라는 점에서 문자 그대로 탁월한, 즉 일상적인 것을-넘어서는extra-ordinaire 방식으로 경험을 재단한다. 사유는 일상적인 범주들로부터 해방되어 문제들의 구성을 통해 나아간다. 즉

---

[1] Deleuze, *L'île déserte et autres textes. Textes et entretiens, 1953~1974*, David Lapoujade (éd.), Paris, Minuit, 2002(이하 *ID*), p. 28.;『들뢰즈가 만든 철학사』, 박정태 엮고 옮김, 서울: 이학사, 2007, 278쪽.

사유는 창조가 된다.

각각의 개념은 기존 질서에 혼란을 일으키며, 자신의 필연성을 오로지 자신이 행한 새로운 재단으로부터 이끌어 낸다. 그렇지 않다면 사유한다는 것은 공인된 분배를 인정하고 전통을 정당화하는 데서 성립하게 될 것이다. 『차이와 반복』에서 들뢰즈가 사유 안에서 일어나는 사유의 탄생 혹은 사유의 생식성生殖性, génitalité이라고 불렀던 것이 바로 이 새로운 사유 이미지를 규정하는데, 그것은 같음le même의 반복과 차이의 단절이라는 두 체제 가운데 하나를 선택해야만 한다. 들뢰즈는 차이를 동일자l'identique에 종속시키는 사유의 만성적인 질병을 치료하고자 한다. 재현은 양식良識 bon sens과 더불어 이미 사유된 것을 반복할 뿐 대문자 차이, 즉 차이Différence를 사유하는 데 이르지 못한다. 차이는 더 이상 서로 구별되는 두 상태 사이에서 생겨나는 것이 아니라 새로운 것의 조건이 된다. 사유에 대한 초월론적 진단은 이처럼 사유를 이미 공인된 것le bien connu의 재생산에 한정시키는 어리석음bêtise과 개념의 창조 사이에 존재하는 병리적 간격을 보여 준다. 문제는 순응주의로 인해 사유가 변질되는 체제로부터 사유가 자신의 창의성을 실행하는 체제로 이행하는 데 있다. 이제 경계선은 재인再認, récognition의 억견적臆見的, doxique 질서에 속하는 참과 거짓 사이에 존재하지 않으며, 심지어는 가상과 인식 사이에 존재하는 것도 아니다. 오히려 경계선은 새로운 필연성과 학문적 갱신 사이에 있다.

따라서 초월론적 경험론은 분리된 것들을 연결해 주는 이론적 활동들 사이에서 필연적으로 하나의 짧은 폐곡선을 그린다. 칸트주의를 비틀어 개념이 양식 및 공통지의 미리 주어진 범주들에 종속되지 않은 어떤 경험과 만날 수 있게 해주면서, 들뢰즈는 경험론과 초월론적인 것의 새로운 할당을 시도한다. 경험론은 "정신의 물리학이자 관계의 논리학"[2]이 되는 반면, 초월론적인 것은 사유가 경험과 접촉하면서 개별화되는 방식을 드러낸다. 더 이상 정신을 대상 세계의 수동적인 모사模寫, calque로 간주해서는 안 된다. 대상은 그것을 포착할 수 있게 해주는 범주들에 앞서 존재하는 것도 그것을 사유할 수 있게 해주는 사건événement에 앞서 존재하는 것도 아니기 때문이다. 따라서 사유는 우리를 참으로 인도할 수 있는 어떤 방법을 확실하고 자발적인 방식으로 사용하는 데서 성립하는 것이 아니다. 오히려 비자발적으로 어떤 저지에 직면할 때 사유는 기호記號, signe가 주는 자극에 소스라쳐 놀라고, 그로 인해 자기 능력의 한계에까지 이르게 된다.

들뢰즈는 이 새롭고도 창조적인 사유 이미지를 철학책에서가 아니라 문학적 창조를 묘사하는 한 편의 소설에서 발견한다. 1964년 들뢰즈가 이러한 사유 이미지를 빌려 온 것은 사실 프루스트M. Proust에게서였다. 사유를 초과하는 경험에 강하게 자극받은, 격렬하고 앞서 예비되지 않은démunie 사유 이미지 말이다. 이러한 사유의 창조적 위상을 둘러싸고 문학과 철학의 지극히 새로운 관계가 맺어진다. 개념은 본질을 관조하거나 문화·과학·예술의 관념성idéalité을 반성하는 것이 아니다. 오히려 개념은 우리 사유의 범주들을 변형시키는 어떤 경험과의 만남rencontre을 통해 독특하게 생산된다. 이러한 만남은 철학은 물론 문학에도 비판적인 동시에 진단적인 하나의 기능을 부여한다. 철학이 문학과 관계를 맺는다면, 이는 철학이 어떤 감각적 신체를 얻고자 하거나 시가 사변적 사유에 도움을 주기 때문이 아니다. 오히려 이는 사유를 어떤 급진적인 경험, 진정으로 초월론적인 경험과 대면시키는 데 있어 문학적 경험이 철학보다 더 우월하

---

2) *ID* 228/134.

기 때문이다. 초월론적인 경험 속에서 문학은 공통감共通感, sens commun의 관습을 넘어서고, 양식의 재현을 무시하며, 의인론적擬人論的, anthropomorphe 경험의 저편에 도달한다. 문학은 이런 것들을 파기할 수 있는 자신의 장점에 힘입어 공통감에 대항하는 싸움에서 철학을 지원하게 된다.

사유한다는 것이 사유에 새로운 길을 열어 주는 데서 성립한다면, 우리는 들뢰즈가 이미 공인된 것에 대항하는 방어의 무기와 철학을 위한 발명의 무기를 동시에 들었다는 역설을 이해할 수 있다. 그 역설은 이러한 비판적 기능을 떠맡는다. 그것은 공통감의 순응주의와 양식의 규정들을 무력화시키며, 논리학과 마찬가지로 문학도 이렇듯 역설적인 임무를 수행하기 때문이다. 들뢰즈는『의미의 논리』(1969)의 서문에서 이 점을 분명히 하며,『차이와 반복』의 서문에서는 역으로 철학의 문학적 위상을 확고히 한다.

사실상 철학은 우리의 경험을 공상과학소설의 방식으로 변형시키면서 추리소설처럼 사변적인 수수께끼를 풀어 나가는 과제를 떠맡는다. 이 두 가지 활동은 함께 진행된다. 개념을 창조한다는 것은 개념적 폭발을 체계적으로 몽타주하는 것이며, 이러한 사변적 시도는 우리가 새로운 세계에 들어설 수 있도록 해준다. 모든 위대한 철학자는 사유가 우리에게 의미하는 바를 변화시키고, 이렇듯 개념을 새롭게 할당한다. 이 새로운 할당은 한편으로는 우리를 역설적이고 탁월한, 즉 일상적인 것을-넘어서는 세계에 위치시키고, 다른 한편으로는 사유의 창조가 그것을 다룰 수 있게 해주기 전까지는 지각될 수 없었던 어떤 규정된 문제에 정확하게 응답한다. 더 이상 개념이 정신 안에 선재하지도 않고 경험적 존재자entité의 이미지를 재생산하지도 않으므로, 창조적 사유는 우리를 어떤 당혹스러운 경험과 마주하게 만든다. 우리의 습관을 변형시키고 우리를 어떤 미지의 세계로 내보내는 경험론적인 분배가 자신을 불필요한 반복이자 재현으로서의 사유라고 믿고 있는 식별reconnaissance의 평온한 내면성과 대립한다.

이러한 세계의 새로움은 개념적 인물personnage conceptuel들의 등장순서와 개념들의 개입에서 기인하며, 이 개념들의 작용범위와 그 형식적 능력에 따라 예측 불가능한 국지적 상황들이 해결된다. 철학이 문학과 마찬가지로 우리의 경험을 변형시킬 수 있다면, 이는 해결책에서 플롯을 빌려 오는 어떤 형식적 극작법dramaturgie의 요청에 따른 것이다. 추리소설에서와 마찬가지로, 개념은 논리적 실효화實效化, effectuation의 영역을 활용하여 개입함으로써 상황을 해결하고 문제를 풀어 나간다.

들뢰즈는 철학에 대한 이 문제제기적인 구상을 『차이와 반복』 이전의 작업들에 매우 엄밀하게 적용했다. 여기서 우리가 제안하는 여정은 『차이와 반복』을 방법론적으로 해설하려는 것으로 읽혀질 수 있다. 이러한 시도는 초월론적 경험론을 구성하기 위해 들뢰즈가 이런저런 저작들에서 사용했던 모든 주제와 방향을 이미 전개된 관현악적 양상 위에서 다시 오려 낸다. 따라서 이 여정은 '사유는 기호가 폭력적으로 난입할 때 돌발적으로 생겨난다'는 정식이 체계적으로 설명될 수 있도록 1968년 5월경 들뢰즈의 사유를 그려 놓은 방법론적인 지도로 읽혀질 수도 있다.

초월론적인 것과 경험론의 예측할 수 없는 만남은 이처럼 방법론적으로 이루어진다. 이 만남은 주체성subjectivité 비판과 들뢰즈가 프루스트에게서 발견한 새로운 사유 이미지를 통해 시작된 것이다. 이 시간화된·구조주의적·강도적強度的, intensif 칸트주의를 규정해 주는 것은 예측할 수 없는 방식으로 '한순간의 순수 상태'un peu de temps à l'état pur에 직면함으로써 자신의 한계에 도달하게 된 인식 능력들이다. 이러한 칸트주의는 사유의 발생을 극화劇化, dramatisation로 설명한다. 들뢰즈는 스피노자B. Spinoza 및 니체

F. Nietzsche의 기호 비판, 구조주의의 의미에 대한 정의, 질베르 시몽동^{Gilbert} Simondon에게 크게 빚지고 있는 문제제기적 이념^{Idée problématique}의 철학에 힘입어 이 극화의 개념을 고안해 냈다.

초월론적 경험론의 방법론적 구성을 고찰한다는 것은 사실 역동적인 이중의 독해를 함축한다. 이러한 독해는 어떤 개념을 완전하게 드러낼 수 있는 해결의 현상·드라마·개념적 인물을 탐색한다. 이러한 이론적 매듭들 중 하나는 칸트주의에 대한 기형학^{畸形學, tératologie}과 관련되어 있다. 이 기형학은 초월론적인 것을 비틀어 경험적인 것 위로 열어 놓는다. 이로부터 "지금까지 한 번도 보거나 듣지 못했던 지극히 광적인 개념 창조"[3]가 귀결되는데, 이 지점에서 철학사는 사유의 생성으로 옮겨 간다. 역으로 우리는 개념의 온전한 철학적 몽타주를 규정할 수 있는데, 이는 그 몽타주의 앞선 조건들을 회고적으로 검토할 때, 그 몽타주의 구성요소들을 정밀하게 그려 놓은 지도를 제시할 때 가능한 일이다. 따라서 개념의 생성은 인내심을 요하는 역사로 이중화되며, 이 역사는 상이한 구성요소들로 이루어진 몽타주를 드러내 준다.

여기서 우리는 문제들은 물론 들뢰즈가 칸트주의를 강렬하게 혁신하면서 자신의 그러한 시도를 새겨 넣은 저자들까지 하나하나 검토함으로써 차이의 분석에 기여하고자 한다. 니체의 기호, 칸트의 인식 능력 이론, 프루스트와 사유 이미지, 베르그손의 잠재적인 것^{le virtuel}과 두 가지 다양체^{multiplicité}, 스피노자와 행동학^{éthologie}, 구조주의자들의 여러 테제들과 의미를 분화된 계열들 사이의 표면 효과로 간주하는 그들의 구상, 마

---

3) Deleuze, *Différence et répétition*, Paris, PUF, 1968(이하 *DR*), p. 3.; 『차이와 반복』, 김상환 옮김, 서울: 민음사, 2004, 20쪽.

이몬$^{S. Maïmon}$과 발생론적인 칸트 비판, 시몽동과 이념 및 기호의 불균등화^{disparation}를 다루는 강도 이론, 블랑쇼$^{M. Blanchot}$, 과타리$^{F. Guattari}$, 푸코$^{M. Foucault}$. 이 입장들 모두가 결합되어 들뢰즈가 잇달아 해결해 왔던 문제들의 운동학적 집합을 이룬다. 이 서로 다른 부품들은 초월론적 경험론이라는 무시무시한 기계를 형성하며, 여기서는 그 부품들이 차례대로 분석된다. 문제는 하나의 장에서 다른 하나의 장으로 나아가면서, 들뢰즈가 이 저자들로부터 가르침을 얻고 또 그들을 강렬한 변이 속으로 옮겨 놓는 방식을 따라가는 데 있다. 또한 이 각각의 장은 들뢰즈가 이러저러한 저자들과 대화한 독서관계를 그려 놓은 지도로, 그리고 들뢰즈 사유의 역사에 대한 책, 보다 정확하게 말하자면 들뢰즈 사유의 생성에 대한 책으로 읽혀질 수도 있다.

이러한 절단이 정적인 방식으로만 이해될 수 있는 것은 아니기 때문이다. 체계에 대한 역동적인 절단은 『차이와 반복』에 대한 지도제작^{cartographie}과 결합되어야 한다. 이러한 절단은 『차이와 반복』과 『의미의 논리』에서 놀라운 첫번째 파편을 찾아낸다. 과타리와 만난 후 들뢰즈는 이 훌륭한, 섬세하면서도 유동적인 걸작을 기꺼이 해체시켜 버렸지만, 1968년의 반향은 그 체계를 새로운 길로 접어들게 만들었다.

따라서 『차이와 반복』을 들뢰즈의 걸작, 들뢰즈 사유의 종착점이나 정점으로 소개하는 데 국한한다면, 초월론적 경험론에 대한 소개는 불완전해지고 또한 훼손되고 말 것이다. 그렇다고 해서 이 말이 『차이와 반복』이 지닌 장점들을 보류하겠다는 의미는 아니다. 『차이와 반복』이 이룬 성과 자체는 상투적인 표현들의 정적인 양태 위에서 경화^{硬化}될 것이 아니라 열린 체계라는 운동학적 구상에 따라 그 생명력을 부여받아야 한다. 『차이와 반복』의 놀라운 통찰력을 평가하기 위해서는, 그 책이 어떻게 스스로의 균형을 깨뜨리고 있는지를 보여 주는 도주선$^{\text{lignes de fuite}}$, 탈주, 개념적 도약을 또한 강조해야 할 것이다. 우리는 이 책의 마지막 장에서 이를 시도해 보았는데, 이 마지막 장은 사유 이미지의 혁신이라는 프루스트적인 틀을 결정적으로 무너뜨린다. 따라서 설명의 리듬은 공시적 시간성으로부터 벗어나, 사유의 일지로부터 떨어져 나온 짧은 보폭을 받아들인다. 이러한 근접 시각을 취할 때, 우리는 1968년에서 1970년까지 벌어진 사유의 변동을 진단하고자 도입된 새로운 문제들을 더 잘 감지할 수 있게 된다. 블랑쇼의 파편^{fragment}, 과타리의 횡단성^{transversalité}과 기계^{machine}, 푸코의 언표^{énoncé}, 맑스$^{\text{K. Marx}}$를 벗 삼은 역사와 정치의 출현. 이것들에 힘입어 들뢰즈는 차이의 정식을 완전히 흐트러뜨리는 새로운 이론적 과제를 정식화할 수 있게 된다. 이제 새로운 세계가 형성된다. 이 새로운 세계에 힘입어 사유는 새로워진 경험, 다시 말해 1968년 5월에 대한 프랑스 사유의 결과물에 해당하는 경험과 마주할 수 있게 된다.

따라서 문제는 들뢰즈의 사유를 연대기 순으로 정렬하는 데 있는 것이 아니라 텍스트를 미시적으로 독해하는 데 있다. 이 미시적 독해는 초월론적 경험론이 요구하는 개념들이 작동을 위해 잠정적·가변적으로 수정되고 있음을 살펴보기 위한 것이다. 이렇게 다루어지게 될 경우, 들뢰즈는 스스로의 위치를 변화시키고 창조의 방법론에 부합하는 방식으로 자신이 다루는 문제에 따라 자신의 범주들을 변형시킨다. 우리가 여기서 시도하는 바와 같이 어떤 문제의 역사적 좌표들을 추적하는 것이 유용할 수 있다면, 어떤 철학을 단 하나의 가능한 상태로 유지하고자 이 문제에 대한 진술을 계속 고수하는 것은 아무 의미도 없는 일이다. 서로 다른 개념들과 저자들은 배우로, 보다 정확히 말하자면 개념적 사건을 위한 예비과정으로 이해되어야 한다. 이렇게 함으로써 우리는 한 사람의 독자인 들뢰즈의 초상을 그려 낼 수 있게 된다. 들뢰즈는 거침없는 대담성으로 철학사를 사유의 생성으로 실천하는 탁월한 독자다.

그 개념이 스스로를 배반하는 대가를 치르게 될지라도, 철학사는 잠들어 있는 개념을 깨워 새로운 무대에 세워야 하며, 그렇게 하지 않는다면 철학사는 무미건조한 일이 되고 말 것이다.[4]

푸코에 대해 들뢰즈는 "그는 자신이 받아들인 것을 심오하게 변형시켰다"[5]라고 말했다. 우리는 이러한 판단이 들뢰즈 자신에게도 적용되어야 한다고 믿는다.

---

4) Deleuze, Guattari, *Qu'est-ce que la philosophie?*, 1991(이하 QP), p. 81.; 『철학이란 무엇인가?』, 이정임·윤정임 옮김, 서울: 현대미학사, 1995, 123쪽.
5) Deleuze, *Pourparlers, 1972~1990*(이하 PP), p. 160.; 『대담 1972~1990』, 김종호 옮김, 서울: 솔, 1993, 121쪽.

1장
초월론적 경험론

1. 체계의 생성으로서의 철학사

들뢰즈의 초기 저작들은 실체적 주체에 대한 비판이라는 관점에서 사유와 감성적인 것의 관계를 고찰한다. 창조적 사유의 세 가지 방식, 즉 예술의 지각[percept]과 정서[affect], 과학의 함수, 철학의 개념 사이의 구별은 『철학이란 무엇인가?』에 이르러서야 직접 이론화되지만, 감성 및 감성이 주체의 형성과 맺고 있는 관계는 1953년 출간된 그의 첫번째 저작 『경험론과 주체성』[1]의 과제를 이룬다. 1968년 『차이와 반복』에 이르기까지 들뢰즈의 저작들을 특징짓는 철학적 독해 연습을 이끌고 있는 것은 다음과 같은 이중의 관심사다. 첫째, 초월론적 경험론을 규정할 것. 초월론적 경험론은 칸트적 비판의 용어들을 받아들이지만, 그 비판을 비틀어 괴기스럽고 그 적용범위가 넓은 주체 비판으로 변형시킨다. 둘째, 자신이 분석하는 저자

---

1) Deleuze, *Empirisme et subjectivité*, Paris, PUF, 1953(이하 *ES*).; 『경험주의와 주체성』, 한정헌·정유경 옮김, 서울: 난장, 2012.

들에게 실재적 체계성, 그러나 때로는 많은 부분이 생략된 체계성을 되돌려 주면서 전통적인 저작들과 대결할 것. 이러한 체계성은 1970년대 이후 들뢰즈가 그 성립에 기여했던 철학사와 관련하여 들뢰즈 자신이 갖게 될 이미지, 즉 무례하거나 비판적인 이미지와는 모든 점에서 너무나 동떨어진 것이다.[2]

방법론적으로 불가능할 뿐만 아니라 철학적으로도 거짓인 관념, 즉 내용을 되풀이하거나 복원한다는 관념은 사유의 생성과 사유의 역사성을 동시에 강조하는 창조의 철학을 위해 창조적·체계적 독해에 자리를 내어 준다. 이러한 독해는 들뢰즈가 흄$^{\text{D. Hume}}$(1953), 니체(1962), 칸트(1963), 베르그손(1966), 스피노자(1968)에 대한 초기의 비판적 개별연구에서뿐만 아니라 프루스트(1964)와 자허-마조흐$^{\text{L. Sacher-Masoch}}$(1967)에 대한 문학적 진단작업에서도 개진했던 바 있는 매우 특징적인 스타일이다. 이 저작들의 간결성 자체와 그 밀도는 발명의 방법론을 구성한다.

들뢰즈는 공시적인 축약을 통해 체계를 축소시킨 후, 그로부터 추상적인 설계도를 이끌어 내어 체계를 원형적인 문제로 한정시킨다. 철학사는 체계를 구성하는 정식을 추론해 내는 데서 성립한다. 이런 점에서, 들뢰즈는 게루$^{\text{M. Gueroult}}$가 말하는 사유체계 연구의^{dianoématique} 방법론과 유사하다. 고유한 의미에서의 역사와는 달리, 철학적 소여는 그 가능성의 이념적 조건들로 축소되어야 한다. 체계를 만들어 내는 발생론적 질서는 사실 그 체계의 논리적 필연성 안에 있으며, 그 질서의 '이념-체계$^{\text{Idée-système}}$',

---

2) Deleuze, "Lettre à Michel Cressole", in *La Quinzaine littéraire*, n° 161, 1er avril 1973, p. 17~19, M. Cressole, *Deleuze*, Paris, Éditions universitaires, 1973, p. 107~118에 재수록. 이후 "Lettre à un critique sévère"라는 제목으로 PP 11~23/25~38에 재수록. 아울러, Deleuze, *Dialogues*(이하 D), 1977.; 『디알로그』, 허희정·전승화 옮김, 서울: 동문선, 2005.

즉 **사유체계**^{dianoéma}(이론)로 분명하게 귀결되어야 한다.[3] 체계의 자율성을 체계의 우발적 발생과 관련하여 제기한다면, 철학 전체는 극단적인 관념론으로 바뀌게 된다. 『차이와 반복』 이전 시기 들뢰즈는 경험론적 입장을 요구하면서도 어떤 것이건 발생적 독해를 받아들이려 하지 않았다. 연속적인 발전이라는 목적론적이거나 변증법적인 형태를 빌려 오는 위험을 무릅쓰기보다는 체계의 시간성을 무시하는 쪽을 선호했던 것이다. 들뢰즈는 경험적 생성에 무관심하다기보다는 목적론적 역사관을 분명하게 거부한다. 이를 통해, 그는 체계를 연속적인 발전의 견지에서 보는 모든 견해와 단호하게 결별하면서 체계가 초시간적 결정체^{結晶體}로서 이미 만들어진 상태로 주어져 있다는 인상을 준다.

게루에게서 체계를 그 이론적 핵으로 축소하는 방법을 받아들이기는 했지만, 그와 동시에 『니체와 철학』(1962)에서 들뢰즈는 생성의 철학, 그리고 해석을 힘으로 간주하는 철학을 요구한다. 이러한 조건들하에서는 사유의 복원을 이론의 객관적 내용이 요청하는 바에 따라 고찰할 수 없다. 사유의 역사가 진지하게 받아들여져야 한다면, 이는 참된 것을 잇달아 발견하고 체계를 초시간적으로 파악한다는 이상을 평가와 진단이 대체하는 한에서 그러하다. 철학사는 체계의 생성 속에서 변화한다. 체계적인 요약은 창조적인 재해석, 조절된 변형과 결부되며, 이 지점에서 들뢰즈는 게루와 구별된다. "역사는 의미의 변이", 다시 말해 "다소간 폭력적인 예속 현상의 연속"이라는 『도덕의 계보』의 한 구절을 해설하면서 들뢰즈는 다음과 같이 주장한다. "일반적으로 어떤 사물의 역사는 그것을 독점하는 힘

---

3) Gueroult, *Philosophie de l'histoire de la philosophie*, Paris, Aubier-Montaigne, 1979, p. 79 et 181.

들의 연속이자 그것을 독점하기 위해 싸우는 힘들의 공존이다. 하나의 동일한 대상, 하나의 동일한 현상은 그것을 소유하는 힘에 따라 그 의미가 달라진다."[4]

이러한 다양하고 폭력적인 예속은 철학을 개념의 징후학symtomatologie으로 변형시키면서 이론이 촉진하는 생기적 역량에 따라 그 이론을 평가한다. 니체와 더불어, 진리와 오류라는 개념이 결정적으로 배제되는 것은 사유를 생기적 힘이자 사건으로 보는 결의론決疑論, casuistique[사례 연구]을 위함이다. 이론의 문제는 선별을 위한 시험의 계기가 된다. 그에 반해 어떤 개념이 지닌 장점은 더 이상 일치라는 측면에서 그 개념의 적합성에 따라 평가되거나 더 나아가 그 개념의 체계적·내생적 유효성에 따라서만 평가되는 것이 아니라, 사유를 새로운 긴장에 내맡겨 다시금 활기를 불어넣는 능력에 따라 평가된다. 게다가 들뢰즈는 게루와 니체를 대가다운 솜씨로 연결함으로써 철학사에서 높게 평가되는 자신의 독창성과 대담성을 보여 준다. 이러한 연결은 놀랍고도 창의적인 이론적 능력으로 멀리 떨어져 있는 이론들을 서로 대면시키고 결부시킴으로써 가능했다.

이처럼 들뢰즈는 사유를 그것이 전제하고 있는 물질적 힘에다 결부시키는데, 이는 사유를 사유 자체의 경험적·생기적 실효화를 위한 조건들에 결부시키는 것과 같다. 이러한 니체적 구상에 힘입어 그는 재인의 이상에서 창조적 독해로 이행하면서 체계의 초점을 찾아내는 작업을 비틀고 배신하는 작업과 결합하게 된다. 이러한 작업은 신중하게 진행되며, 여기에서 직접적으로 비난을 가하는 것은 금지되지만 예기치 못했던 관점들

---

4) Deleuze, *Nietzsche et la philosophie*, Paris, PUF, 1962(이하 *NP*), p. 4.; 『니체와 철학』, 이경신 옮김, 서울: 민음사, 2004, 21쪽. 인용문의 출처는 니체, 『도덕의 계보』, II, 12.

을 창조하는 것은 가능하다. 들뢰즈는 니체를 두고 "미래의 철학자는 예술가이자 의사이며, 한마디로 말해서 입법가다"[5]라고 썼는데, 철학에 대한 이러한 진단적 구상은 들뢰즈 자신에게도 적용된다. 『차이와 반복』은 이러한 창의적인 독해를 공통감의 재인에 대한 비판이라는 이름으로 체계화하며, 이 비판에는 어리석음에 대한 놀랄 만한 분석이 재치 있게 곁들여진다.

사유를 초월론적인 방식으로 위협하는 것은 오류라기보다는 어리석음이다. 어리석음은 사유가 개별화되는 방식, 즉 **지금 여기에서**hic et nunc 벌어지는 사유의 현실화와 관련되기 때문이다. 사유자의 **자아**Moi는 미리 규정되어 있지 않으며, 우리가 사유하는 방식은 공통감의 정통교리가 전제하고 있는 바와 같은 **생각하는 나**Je pense, 즉 원原-코기토cogito에 의존하지 않는다. 오히려 사유자의 **자아**는 사유가 어떤 스타일의 사유자를 요구하는지를 규정해 주는 사유 자체에 속한다. 사유가 요청하는 개별화의 방식을 형성하는 것은 바로 사유 자체다. 그런데 어리석음은 기성의 억견들이 만들어 놓은 틀 속으로 스며들어 비열함과 나태함으로 이루어진 자신의 초월론적 본성을 드러낸다. 어리석음은 무기력과 순응주의로 인해 다수적인majoritaire 상투적 표현들을 추구하는 성향에 종속된다. 아울러 이는 공인된 생각을 논할 뿐 새로운 생각을 창조하지는 않는다는 점에서 어리석음 자체가 새로운 지적 우회로를 보여 주는 데 적합하지 않기 때문이기도 하다. 어리석음은 지배적인 도그마dogme를 환기시킬 뿐이다. 어리석다는

5) Deleuze, *Nietzsche*, Paris, PUF, 1965(이하 *N*), p. 17.; 『들뢰즈의 니체』, 박찬국 옮김, 서울: 철학과 현실사, 2007, 30쪽. 이 책은 PUF출판사를 위해 들뢰즈가 편집한 교과서 형태의 작은 선집이다. 아울러 다음을 보라. *NP* 104/169.

것은 잘못 사유한다는 것이 아니라 전혀 사유하지 않는다는 것이며, 가능한 것$^{le\ possible}$을 모험적으로 탐색하면서 사유를 사유할 수 없는 그 무엇과 대면하게 하는 대신, 사유를 재발견과 순응주의에 가두어 놓는 것이다. 어리석음은 새로운 해解를 요구하는 문제를 제시하도록 사유를 강제하는 대신, 매번 똑같은 답변을 되풀이하게 만든다. 베르그손이 즐겨 쓰는 표현에 따르면, 어리석음은 이미 만들어진 사유이지 **만들어지고 있는** 사유가 아니다. 어리석음은 정치적으로 반동적이고 개념적으로 무능한 재인과 구별되지 않는다. 바로 이런 이유에서 어리석음은 초월론적 비판의 대상이 되며, 이러한 비판은 사유는 곧 창조라는 정의에 근거해 있다. 사유의 모델은 재인으로부터 갑작스럽고^{effractif} 폭력적인 만남으로 이행한다. 이러한 만남은 사유를 이로운 방식으로 비틀어 억견적인 일치에서 벗어나게 함으로써 그것의 본질적인 불일치, 더 나아가 그것의 창조성과 마주하게 만든다.[6)]

　한편으로 들뢰즈는 『차이와 반복』에서 자신이 그 작동 방식을 자세히 분석했던 불필요한 반복을 비난한다. 다른 한편으로 그는 창조적 독해가 체계적일 것을, 결정적이면서도 완전히 새로운 형태로 자신의 필연성을 부여할 것을 요구한다. 철학적 독해는 어떤 유형의 새로움이 나타날 수 있게 해주어야 하며, 이 새로움은 이중의 방식, 즉 예측 불가능한 동시에 필연적인 방식으로 주어진다. 이는 들뢰즈가 철학사와 대결하는 수단이었던 개별연구의 성격을 설명해 준다. 극도로 압축적이면서도 뛰어난 이 개별연구들에서 눈에 띄는 것은 횡단적 절단을 통해 표현되는 체계에 대한 뚜렷한 취향, 즉 정의 및 방법론적 조직화에 대한 스콜라철학적인 취향이

---

6) Deleuze, *NP* 121/192. *DR* 197/335~336, 213/362. *PP* 186/144.

다. 이러한 취향은 때로 이 함축적인 텍스트들에 접근하기 어렵게 만들 수 있는 암시적인 표현, 비틀기 효과, 그리고 몇몇 난점들을 야기한다. 이 이론의 축소판들이 이후의 저작들 속에서 빛을 발하게끔 남겨 놓은 흔적들을 염두에 둘 때, 이러한 표현, 효과, 난점들은 창조의 논리가 운행하는 궤도 속에서 그 전모를 드러내게 된다.

여기서는 발명의 방법론과 형식주의적 취향을 함께 살펴볼 필요가 있다. 이 형식주의적 취향은 칸트에게서 큰 영향을 받은 것이지만, 들뢰즈는 칸트를 거의 언급하지 않는다. 칸트가 끼친 영향은 『차이와 반복』 시기까지를 특징짓는 것으로서, 이 책의 형식적 구성과 논증은 『순수이성비판』과의 대화이자 논쟁으로 설명된다. 마지막으로 출판된 텍스트인 「내재성: 생명…」[7]에 이르기까지 들뢰즈는 칸트의 근본적인 영감, 즉 사유는 그 구체적인 실천에 있어 그것의 초월론적 조건들 속에서 파악되어야 한다는 영감을 계속 간직하고 있었다. 들뢰즈는 초월론적 분석에 대한 칸트의 영감을 결코 포기하지 않는다. 들뢰즈가 보기에, 참된 비판을 가할 수 있는 것은 초월론적 분석뿐이다. 참된 비판은 진술과 의견은 물론 그것들을 가능하게 해주는 조건들, 그리고 사유작용의 본성을 또한 그 대상으로 삼는다. 『경험론과 주체성』에서 마지막으로 출판된 텍스트들에 이르기까지 엄밀한 검토의 대상이 되는 바는 들뢰즈가 사르트르[J. P. Sartre]와 더불어 명명한 이른바 초월론적 장[champ transcendantal]이다.

---

7) Deleuze, "L'immanence : une vie…", in *Philosophie*, n° 47, 1er septembre 1995, p. 3~7. 이것은 들뢰즈가 출판한 마지막 텍스트로서, 이후 다음 책에 재수록되었다. Deleuze, *Deux régimes de fous. Textes et entretiens, 1975~1995*, éd. Lapoujade, 2003(이하 *RF*), p. 359~363; 「내재성: 생명…」, 『들뢰즈가 만든 철학사』, 박정태 엮고 옮김, 서울: 이학사, 2007, 509~517쪽.

비인격적이고 주체가 부재하는 초월론적 장을 규정한다는 것은 초월론적 경험론이 확립되었음을 함축한다. 초월론적 경험론은 이미 『차이와 반복』을 예비하는 창조적인 개별연구들 속에서 체계적으로 수행되어 왔다. 주체에 대한 비판, 재인과 어리석음의 형태로 나타나는 억견적인 사유 이미지에 대한 비판은 완전히 새로운 형태의 사유를 가능하게 해준다. 사유는 본유적인 것도 사유자의 선한 의지에 종속된 것도 아니며, 우리 인식 능력들을 한계까지 몰고 가는 어떤 감각적 기호와 폭력적·비자발적으로 만날 때 산출되는 것이다. 들뢰즈는 칸트의 초월론적인 것을 간직하면서도 공통감 안에서 나타나는 바와 같은 평범한 경험형태들로부터 추론될 수 없는 어떤 우월한 경험론에 그것을 직면하게 만든다. 이러한 작용의 첫 번째 계기는 실체적 주체성에 대한 비판에 있다.[8]

2. 균열된 나와 분열된 자아

1947년 작성되어 1953년 출판된 흄에 대한 첫번째 개별연구이자 자신의 학부 졸업논문인 『경험론과 주체성』 이후, 들뢰즈는 개체적 주체를 하나의 효과, 하나의 결과로 만드는 주체성 이론을 지속적으로 가다듬어 왔다. 이런 점에서 그는 전후 프랑스철학에 속한다. 라캉[J. Lacan], 알튀세르[L. Althusser], 푸코와 마찬가지로, 들뢰즈는 주체를 평가절하하는 데에서 그치는 것이 아니라 우선 주체가 실재적으로 구성되는 방식을 밝히고 고전

---

8) Deleuze, DR 186/318~319. 프랑수아 주라비쉬빌리(François Zourabichvili)는 이와 관련하여 훌륭한 독해를 제시했던 바 있다. Le vocabulaire de Deleuze, Paris, Ellipses, 2003, p. 34.

철학에서 왜 주체가 중심적인 위치를 차지하게 되었는지를 설명하고자 한다.[9]

전통적으로 주체는 두 가지 기능을 충족시켜 왔다. 그 중 하나는 보편적인 것이 더 이상 본질을 통해서가 아니라 활동을 통해 드러난다고 할 때의 노에시스적인noétique 혹은 인식론적인gnoséologique 보편화의 기능이고, 다른 하나는 개체가 더 이상 사물이나 영혼으로서가 아니라 인격으로서 규정된다고 할 때의 심리적 기능이다. 이처럼 들뢰즈는 주체에 칸트적인 규정을 부여하고 생각하는 나의 보편적인 노에시스 활동을 개체화의 기능에 결부시키는데, 이 개체화의 기능은 심리적·인격적·경험적 자아에 부합한다.[10]

그러나 들뢰즈는 이 두 가지 구성적 계기, 즉 인식론적 기능을 하는 보편적인 나와 개체적 자아 사이의 긴장을 고조시킨다. 그는 주체의 역사에서 정확한 한 순간, 칸트가 데카르트R. Descartes의 코기토를 비판하면서 '나'란 곧 사유하는 실체라는 데카르트의 주장을 비난하는 바로 그 순간 주체에 대한 물음을 포착한다.[11] 따라서 들뢰즈가 선택한 출발점은 『순수이성비판』이다. 거기서 칸트는 데카르트의 코기토가 하나의 오류추리paralogisme임을 보여 준다. 이 오류추리에 있어 데카르트는 통각統覺, aperception의 순수 형태, 즉 생각하는 나에서 곧바로 이 사유하는 사물의 실존에 대한 긍정으로, 다시 말해 자아로 이행할 것을 주장한다. 코기토는 서로 구별되는 이 두 개의 논리값, 즉 사유하는 '나'라는 규정과 '사유하는 실

9) Étienne Balibar, "L'objet d'Althusser", in *Politique et philosophie dans l'œuvre de Louis Althusser*, sous la dir. de S. Lazarus, Paris, PUF, 1993, p. 98.

10) Deleuze, *RF* 326~327/526~527.

11) Deleuze, Guattari, *QP* 35/50~51.

체에 해당하는' 실존이라는 미규정자를 너무나 성급하게 동일시한다. 칸트의 반론에 따르면, 실제로 나의 미규정된 실존은 현상적·시간적 실존인 한에서만 어떤 자아로 규정되는 것으로 드러난다. 다시 말해, 보편적인 생각하는 나는 자아의 초월론적 조건이 되고, 경험적 자아는 주체가 통각하는 방식 혹은 주체 자체가 가변적·수동적·부차적 현상으로서 시공간을 통해 변용되는 방식이 된다.

칸트의 분석을 아주 가깝게 뒤따르면서, 그로부터 들뢰즈는 다음과 같은 이단적이고 자극적인 귀결을 이끌어 낸다. 칸트는 생각하는 나의 **선험적**先驗的, a priori 종합과 경험적·심리적 자아 사이에 시간의 균열fêlure을 도입한다. 이처럼 주체의 두 가지 기능은 서로 분리된 것으로 드러나는 반면, **생각하는 나**의 보편적 기능은 그 기능이 만들어 낸 귀결인 경험적 자아 아래로 옮겨 가게 된다. 칸트는 데카르트의 코기토를 빼앗아 이중화하고, 생각하는 나를 그것의 초월론적 조건인 경험적 자아 아래로 밀어넣으며, 그 결과 이제 생각하는 나는 그것이 규정하는 경험적 자아와 대립하게 된다. 코기토의 심리적 통일성은 깨어지는 데 반해, 초월론적인 생각하는 나는 자신의 현상적 실존으로부터 분리된다. 칸트가 분리시킨 초월론적인 것과 경험적인 것은 이처럼 주체를 둘로 나누는 심층적인 정신분열적 대립으로 표현되며, 이제 이 대립은 자아의 주체적 통일성 전체를 가로막는다. 즉 **나는 타자다**Je est un autre.

칸트와 더불어, 주체의 아름다운 단순성과 동일성은 어떤 균열에 의해 찢겨진 것으로 드러난다. 이 균열은 문자 그대로 정신분열적인 단층선으로, 사유를 사유 자체로부터 분리시키는 **분열증**schize으로 이해되어야 한다. 생각하는 나는 사실상 현상적 자아의 경험적·가변적·시간적 형식하에서만 자신을 통각할 수 있으며, 따라서 주체는 시간의 거울 속에서 둘로 나누어지는 경우에만 주체 자신에게 그 모습을 드러낸다. 바로 이런 이유에서, "나와 자아는 어떤 근본적인 차이의 조건하에서 서로를 결부시켜 주는 시간선$^{lignes\,de\,temps}$에 의해 분리된다."[12] 『순수이성비판』은 이 놀라운 귀결, 즉 현대 철학에 타격을 가하는 참된 프로그램에 도달한다. 시간선에 의해 균열된 나는 심리적 자아의 통일성을 분열시킨다.[13]

이 주목할 만한 분석은 세 종류의 귀결에 이른다. 무엇보다 고전적인 주제인, 아니면 적어도 널리 알려진 주제인 칸트의 데카르트 비판을 들뢰즈가 이런 방식으로 소개하는 것은 어쨌거나 놀라운 일이다. 친숙한 방식으로 설명하자면, 과감하게도 들뢰즈는 칸트를 랭보$^{A.\,Rimbaud}$와 아르토$^{A.\,Artaud}$에게로 데려간다. 보다 정확히 말하자면, 들뢰즈는 칸트주의를 자기 철학의 대변인으로 만든다. 코페르니쿠스적 혁명에서 영감을 얻은 이러한 독해에 힘입어 들뢰즈는 실제로 자신의 철학적 기획을 분명히 할 수 있게 된다. 또한 이러한 독해는 칸트의 텍스트를 비틀어 프로그램적·교육적 기능을 충족시키는데, 이는 그 독해가 새로움을 드러내기에 용이하기 때문이다. 게다가 오히려 그 독해는 들뢰즈가 칸트의 보수주의를 비난하는 다른 텍스트들과 충돌 없이 공존한다. 문제는 칸트와 랭보를 동일시하는 데 있다기보다는 칸트가 수행한 작업의 중요성을 파악하려면 코기토의 분열이라는 비판적 관점을 취해야만 한다는 사실을 보여 주는 데 있다.

---

12) Deleuze, *Critique et Clinique*, Paris, Minuit, 1993(이하 *CC*), p. 43.; 『비평과 진단』, 김현수 옮김, 서울: 인간사랑, 2000, 61쪽[『칸트의 비판철학』, 서동욱 옮김, 서울: 민음사, 2006, 145쪽].

13) 이러한 분석을 특징짓는 것은 다음의 네 텍스트다. 먼저, *DR* 116/202~203. 두번째로, 『칸트의 비판철학』 영역본의 서문. 이 텍스트는 1984년 「칸트 철학을 간추린 네 개의 시구」라는 제목으로 *CC*에 재수록되었는데, 우리는 이후 이 중요한 텍스트를 다시 살펴볼 것이다. 세번째로는 *QP*. 마지막으로 1988년 *RF* 326~328/526~530에 재수록된 「주체의 물음에 대한 답변」.

들뢰즈가 칸트를 논하는 다른 많은 대목에서 칸트의 위상은 전적으로 부정적이다. 그러나 여기서 들뢰즈는 칸트를 '**나는 타자다**'라고 말하는 랭보적인 사상가로 제시하면서 그에게 대문자 **차이**를 고안해 내는 안내자의 역할을 맡기는데, 이 **차이**는 『차이와 반복』의 이론적 과제를 이룬다. 경험적 차이들과 구별하기 위해 들뢰즈가 항상 대문자로 표기하는[14] 이 **차이**는 코기토의 균열로부터 규정되는 것이기 때문이다. 차이는 더 이상 두 개의 경험적 규정들 사이에서 성립되는 것이 아니라 초월론적 차이, 즉 주체성 자체의 내부에서 벌어지는 모든 분화의 규정 조건으로 제시된다. 따라서 들뢰즈는 칸트와 데카르트의 관계를 이단적인 방식으로 평가함으로써 『차이와 반복』의 시도를 방향 짓고 규정해 주는 다음과 같은 문제를 드러낼 수 있게 된다. 차이를 모든 분화의 조건으로 사유할 것, **차이**를 더 이상 동일자에 종속시키지 않을 것. 이는 주체라는 통일적·실체적 기능에 대한 비판을 요구한다.

이 모든 점에서 칸트는 안내자의 역할을 충족시킨다. 초월론적 비판을 고안해 낸 것도, 초월론적 주체를 제시하면서 그 주체가 시간에 의해 균열되고 시간적 실존을 통해 주체 자신으로부터 분리된다는 점을 보여준 것도 바로 칸트다. 사실 인식론적 기능을 수행하는 '생각하는 나', 즉 보편화하는 '생각하는 나'와 심리적 기능을 수행하는 경험적 자아 사이의 간격은 시간의 단층선에 따라 주체를 파열시키는 초월론적 규정을 표현한다. 생성은 우리가 내적으로 변용되는 방식과 이를 통해 우리가 시간에 의

---

14) 앞으로 우리는 이 초월론적 **차이**를 고딕체로 표기할 것인데, 이는 그것을 경험적 차이들과 시각적으로 구별하고 보다 분명하게 설명하기 위함이다. 그러나 이러한 표기 방식이 **차이**의 실체화를 함축하는 것은 아니다.

해 우리 자신으로부터 분리되는 방식을 동시에 표현한다. 초월론적 차이는 시간이 주체를 둘로 나누는 작용으로서 주체성의 한가운데 위치한다. 이러한 차이를 시간화함으로써, 들뢰즈는 자신이 하이데거^{M. Heidegger}의 『칸트와 형이상학의 문제』^{Kant und das Problem der Metaphysik, 1929}를 주의 깊게 읽었음을 또한 보여 준다.

생성과 주체성의 관계가 차이의 철학을 규정한다. 들뢰즈의 생각은 다음과 같다. 칸트가 보기에 시간이 내감의 형식이라면, 시간이 우리에게 내적인 것이 아니라 시간에 내적이고 우리를 규정해 주는 그 무엇으로부터 시간에 의해 분리되는 것은 오히려 우리 자신이다.[15] 차이의 철학은 주체가 시간에 의해 균열된다는 이러한 구상에 도달한다. 주체성과 그것의 내면성은 동일성의 실체적 양태에 속하는 것이 아니라 생성하는 다양체로 표현된다. 따라서 생성의 철학에 대한 다음과 같은 진술이 『차이와 반복』의 프로그램을 규정한다. 칸트의 시도를 이어받으면서 전복시킬 것, 초월론적 장을 주체 없는 비인격적 장으로 사유하여 그것의 실체적 분신들로부터 해방시킬 것. 이러한 것들이 바로 이 분석의 두번째 귀결이다. 이 두번째 귀결은 들뢰즈가 어떻게 칸트의 시도를 이어받으면서 그 속에 자신의 기획을 위치시키는지, 그리고 동시에 어떻게 그 시도와 단절하는지를 설명해 준다.

사실 이 두번째 귀결에서 문제가 되는 것은 고전 철학에서 실체적 주체가 지배적인 위치를 차지하게 된 이유를 설명하면서 비인격적·전^前개체적인 초월론적인 것에 대한 새로운 이론을 제시하는 일이기 때문이다. 순간 속의 코기토를 제시하기 위해, 데카르트는 시간을 제거하고 연속창조

---

15) Deleuze, *CC* 45/63[『칸트의 비판철학』, 147쪽].

의 과정 속에 있는 신神, Dieu에게 의존할 수밖에 없었다. 그는 신의 통일성이 부여될 때에만 나의 동일성을 보장할 수 있었다. 따라서 우리는 데카르트를 주체성 이론의 정초자라고 부를 것이 아니라 그냥 평범한 이름으로 불러야 할 것이다. 데카르트는 생각하는 나의 속성을 신에게서 가져올 수밖에 없었기 때문이다. 이로부터 들뢰즈가 분석하고자 하는 니체의 새로운 전언이 주어지게 된다. 주체를 필요로 하는 것은 바로 신이다. 데카르트는 신의 술어에 해당하는 통일성·단순성·실체성의 형식하에서만 스스로에게 주체성을 부여하며, 따라서 코기토의 통일성을 보장해 줄 수 있는 것은 신뿐이다. 이로부터 들뢰즈는 다음의 귀결을 이끌어 낸다. 형이상학이더 이상 신을 직접 인식할 수 없다면, 신의 사변적 죽음은 적어도 전능한·능동적인·단일한 형식을 띤 주체의 죽음을 가져온다. 따라서 초월론적 발견 및 이성과 지성에 대한 칸트의 구별은 심리학과 합리주의 신학의 동시적 소멸을 자신의 상관항으로 갖는다. 다시 말해, 신의 사변적 죽음은 나의 균열을 가져온다. 칸트의 비판이 지닌 커다란 장점은 죽은 신, 균열된 나, 분열된 자아를 동시에 제시했다는 데 있다. 그러나 들뢰즈에 따르면, 칸트는 자신의 주장을 끝까지 밀고 나가지 않는다. "신과 나는 실천적 차원에서 부활하게 된다."[16)

들뢰즈는 칸트의 시도를 이어받으며, 초월론적 경험론의 프로그램은 이 혁신된 비판적 기획으로부터 직접적으로 유래한다. 이는 들뢰즈가 칸트의 초월적 혁명을 이어받으면서 어떻게 그 속에 자신의 기획을 위치시키는지, 그리고 어떻게 그 기획이 칸트의 초월적 혁명과 구별되는지를 분명히 해준다. 신의 죽음, 주체의 균열, 무의식적 자아의 수동성에 대한 분석

---

16) Deleuze, *DR* 117/205.

은 주체성에 대한 분석에 시간, 즉 차이가 도입되었다는 사실에서 기인하는 것으로서, 칸트식의 초월적 주체를 제거하는 이 초월론적 경험론을 규정해 준다. "분열된 자아를 위한 코기토. 우리는 개체화가 비인격적이고 독특성이 전前개체적인 세계, 즉 눈부신 익명인 '아무개'의 세계를 믿는다."[17]

3. 전前개체적 독특성과 비인격적 개체화

실체적 주체에 대한 비판은 새로운 비인격적 개체화와 전개체적 독특성에 대한 탐색을 체계적으로 수반한다. 들뢰즈는 이를 시몽동에게서 발견하는데, 1958년 제출된 뒤 『개체와 개체의 물리-생물학적 발생. 형태와 정보의 개념에 비추어 본 개체화』[18]라는 제목으로 출간된 시몽동의 박사학위 논문은 들뢰즈가 논증한 이러한 측면과 관련하여 결정적인 중요성을 갖는다. 들뢰즈가 보기에, 시몽동은 "비인격적·전개체적인 독특성에 대한 최초의 합리적 이론"[19]을 제시하면서, 자아라는 단일하고 인격적인 형식으로부터 어떻게 개체화를 해방시킬 수 있는지를 보여 준다. 시몽동은 개체의 동일성과 결별하고 정적인 실체의 존재론과 단절하기 위해 생성하는 개체화individuation en devenir의 철학을 제시하는데, 거기서 인간 주체는 한정된 위치를 차지할 뿐이다.

---

17) Deleuze, *DR* 4/21. 또한 *DR* 355/581을 보라.

18) Simondon, *L'individu et sa genèse physico-biologique. L'individuation à la lumière des notions de forme et d'information*, Paris, PUF, 1964, rééd., Grenoble, Millon, 1995(이하 *IGP*), p. 95.

19) Deleuze, *Logique du sens*, Paris, Minuit, 1969(이하 *LS*), p. 126, n. 3.; 『의미의 논리』, 이정우 옮김, 서울: 한길사, 2000, 196쪽, 주 3. 그리고 *ID* 190.

들뢰즈는 논리학적 주체 및 인간학적 정신에 대한 이러한 비판을 이어받는다. 사유의 발생을 설명하기 위해 한편으로는 비인격적 개체성이 심리적 자아를 대신하고, 다른 한편으로는 전개체적 독특성이 생각하는 나를 대체한다. 실제로 인식론적 보편화와 심리적 개체화는 더 이상 인식의 현실적 조건들에 부합하지 않는다. 리만B. Riemann과 프로이트S. Freud는 인격적 내면성을 지닌 실체적 주체에 종말을 고했다. 들뢰즈는 보편적 나와 개체적 자아를 전개체적 독특성과 비인격적 개체화로 바꾸어 놓으면서, 새로운 좌표들의 영향력하에서 다시금 주체라는 주제를 다룬다. "요컨대, 우리는 주체라는 개념이 **전개체적 독특성 및 비인격적 개체화와 관련하여 자신의 장점을 상당 부분 잃어버렸다고 믿는다**[20]라고 말할 때, 들뢰즈는 차이의 철학의 새로운 프로그램을 확정하고 있는 것이며, 따라서 이 프로그램은 전개체적 독특성과 비인격적 개체화를 실증적인 방식으로 기술하는 데 집중해야 한다. 논쟁이 되었던 바를 분명히 하기 위해, 이 독특성과 개체화가 어떻게 규정되는지 살펴보자.

첫째, 주체는 초월적 실체로서가 아니라 내재적 좌표들에 따라 사유되어야 한다. 주체는 그것을 개체화하는 물질적 조건들에 앞서 존재하지 않으며, 가변적·복수적인pluriel 것으로 사유되어야 한다. 인간이 주체화되는 방식은 다양하다는 점에서, 주체를 인격적인 것으로 간주하는 견해에 대한 비판은 특히 우선적으로 의인론擬人論, anthropomorphisme을 겨냥하고 있다. 주체는 더 이상 인간 본성의 전유물, 인간 본성의 불변적인 본질이 아니다. 둘째, 주체는 형식의 측면에서가 아니라 힘의 측면에서 사유되어야 한다. 실체적·의인론적·인격적 주체에 대한 근본적인 비판은 주체의 기

---

20) Deleuze, *RF* 328/529. 이러한 정식은 매우 자주 등장한다. 예컨대, *ID* 190.

능을 변형시킨다. 개체성은 더 이상 단일화하는 의식의 활동을 통해 보장되지 않으며, 따라서 어떤 주어진 자아의 형식을 띠지 않는다. 시몽동의 분석은 바로 이 지점에 개입한다. 셋째, 수학에서 기인하는 이 기능은 보편적인 것을 대체한다기보다는 다른 곳으로 이동시키며, 사유의 실체^{entité}들을 시간화하고 독특한 것으로 만든다. 인식의 장은 더 이상 보편적 필연성에 대한 아리스토텔레스적인 구상에 따라 언제 어디서나 유효한 사유의 실체들이 머무는 장소가 아니다. 들뢰즈는 초시간적인 것도 임의적인 것도 아닌 새로운 유형의 필연성을 규정한다. 이 필연성의 필연적 연쇄는 독특한 우연적 결정에서 기인하는 것으로서, 들뢰즈는 1962년 니체의 영원회귀$^{éternel\ retour}$를 분석하면서 이 새로운 유형의 필연성을 구축한다. 인식은 배치 혹은 장치의 형태에다 이 새로운 시-공간적 변수들을 기입하면서, 스스로를 주사위 던지기의 방식을 통한 독특성의 방출과 할당으로 간주한다. 사유의 필연성은 더 이상 비역사적이고 무기력한 보편성에 따라 실효화되는 것이 아니라, 이렇듯 독특한·예측 불가능한·규정된 방식으로 실효화된다. 들뢰즈는 새로운 잠재적 이상성^{idéalité}을 이런 식으로 규정한다.

이상의 복잡한 작용에 힘입어 우리는 다소 간접적이기는 하지만 여전히 결정적인 중요성을 갖는 마지막 귀결을 이끌어 낼 수 있게 되는데, 그것은 주체의 역사성, 철학사에서 주체가 수행하는 기능 및 분배와 관련된다. 데카르트의 코기토에 대한 칸트의 설명, 아울러 들뢰즈가 그와 관련하여 제시한 생동감 있는 독해는 사실상 개념 창조의 사례들에 해당한다. 비판적·공격적인 것이라 할지라도, 하나의 개념이나 관념을 재해석하는 일은 항상 그 개념이나 관념의 조건들을 재연하는 창조적인 반복의 방식으로 실효화된다. 사유자는 전통적인 물음들을 점유하여 주어진 바를 완전히 변형시킨다. 실체적 주체에 대한 논쟁은 철학적 저작들에서 벌어지는 이러한 생성을 두드러지게 해준다.

이는 또한 다음을 함축한다. 우리는 앞서 생각하는 나의 보편화 및 자아의 개체화라는 기능들 아래서 주체에 비판을 가했는데, 이 두 가지 기능은 역사 속에서 불변적인 방식으로 확정적으로 주어지는 것이 아니다. 그러므로 이 기능들의 시공간적 독특성, 개별적 특성^{idiosyncrasie}, 요컨대 이 기능들의 역사성 자체는 비판에 맞서 역설적으로 그 기능들을 보호해 준다. 고전적인 방식으로 규정되는 주체는 철학사 전체에 대한 물음이 아니라 데카르트 이후의 특정한 조건들, 즉 인격적 개체화·정신적 개인성·개별화된 지적 능력이 결합되어 생겨난 문제다. 이러한 규정하에서, 주체는 우리의 평면과는 다른 특정한 평면에 근거해 있다.

실체적 주체는 오늘날의 철학이 싸워야 할 적이라기보다는 유효기간이 지나 버린 이론적 인물로 드러난다. 따라서 논증은 다음의 두 계열로 이어진다. 한편으로, 『차이와 반복』에 이르기까지 들뢰즈는 실체적 주체에 대한 체계적인 비판에 착수하는데, 그는 점차 실체적 주체를 균열된 나와 분열된 자아로 대체하게 된다. 다른 한편, 그는 고전적 주체의 개념적 좌표들을 역사화하면서 노에시스적인 혹은 인식론적인 보편화의 기능(생각하는 나)과 심리적인 개체화의 기능(자아)이 더 이상 인식 및 정신현상에 대한 오늘날 규정들에 부합하지 않는다는 사실을 보여 준다.

주체에 대한 반론은 다음과 같이 두 차례에 걸쳐 제시된다. 먼저, 들뢰즈는 인식의 장과 심리의 장을 변형시켜 보편성 및 개체성이라는 관념이 지닌 권리를 박탈한다. 독특성의 기능이 보편성을 대신하여 주체 없는 초월론적 장에 할당된다. 그와 동시에, 『차이와 반복』과 『의미의 논리』에서는 비인격적인 개체화의 유형들이 상당히 호전적인 방식으로 제시된다.

실효화된 논쟁은 문제에 대한 진중한 분석을 겸한 것으로서, 이러한 분석은 주체 개념의 역사적 좌표를 평가하는 데서 성립한다.

지금까지 살펴본 초기의 저작 활동에서, 들뢰즈는 끊임없이 주체에 대한 논쟁으로 되돌아온다. 그러나 실체적 주체와 인격적 자아에 대한 이러한 비판의 결과물은 『리좀』 이후에 가서야 드러나게 된다. 과타리와 공동으로 저술하던 시기는 비인격적인 집단적 배치, 그리고 자아에 대한 비판을 그 특징으로 하는데, 이 시기를 주도한 것은 처음에는 정신분석과의 일치였고 그다음에는 정신분석과의 대결이었다. 두 저자는 자아와 생각하는 나에 더 이상 애써 비판을 가하지 않으며, 심지어 『안티-오이디푸스』(1972) 이후에는 초월적 기표의 마지막 피난처인 정신분석에 계속 반론을 제기하지도 않는다. 이 싸움이 전면에 등장하지 않게 된 것은 다만 그 싸움이 이미 성과를 거두었기 때문이다. 『천 개의 고원』에서 들뢰즈와 과타리는 비인격적이고 전개체적인 새로운 존재자들을 실증적인 방식으로 탐색하는 데 몰두한다. 그들은 이 존재자들을 차례대로 욕망 기계^{machine} ^{désirante}, 언표행위의 집단적 배치$^{agencement\ collectif\ d'énonciation}$, 이것임^{heccéité} 이라고 부르지만, 어느 경우건 그것들이 보여 주는 바는 비인격적·집단적 주체성이 자신의 결과물로 독특한 개체들을 산출한다는 사실이다.

아울러, 이런 점에서 들뢰즈는 시몽동과 견해를 같이한다. 시몽동에 따르면, "주체가 아닌 존재들의 개체화는 **인식의 개별화를 통해** 파악되는 것이지 인식만을 통해 파악되는 것이 아니다."[21] 들뢰즈는 이 니체적인 논리에 동의한다. 이 논리는 초월론적 혁신을 위한 들뢰즈 고유의 프로그램을 훌륭하게 규정해 준다. 주체에 대한 비판은 이처럼 새로워진 개체화 이

---

21) Simondon, *IGP* 34.

론에 호소하며, 이 이론은 사유에 대한 새로운 구상을 야기한다. 주체에 대한 물음을 둘러싼 이러한 탐구는 초월론적 경험론이 정식화되면서 그 물음의 전적으로 수미일관한 해결을 위한 최초의 복합체를 발견하지만, 그럼에도 이것임 이론, 더 나아가 이미지론은 새로운 토대 위에서 그 물음을 계속 탐구해 나가게 된다.[22]

4. 초월론적인 것과 경험적인 것

따라서 경험론과 초월론적인 것의 결합은 개체적·인격적·실체적 형태를 띤 주체성에 대한 비판을 통해 보증된다. 첫 저작인 『경험론과 주체성』이후 들뢰즈는 거듭해서 다음과 같이 말한다. "경험론이 본질적으로 제기하는 것은 정신의 기원에 대한 문제가 아니라 주체의 구성에 대한 문제다."[23] 따라서 들뢰즈는 칸트의 관념론을 실재적 경험과 대면케 하고자 경험론자들의 "경이로운"[24] 계보, 즉 루크레티우스Lucretius, 흄, 니체에게 의지한다. 들뢰즈는 바로 이 이중의 목표——초월론적 비판을 수행할 것, 칸트의 관념론을 참된 경험론으로 대체할 것——에 따라, 『경험론과 주체성』에서 『차이와 반복』까지 초월론적 철학의 경험론적 판본을 체계적으로 만들어 낸다.

---

22) 본 저자는 앞서 다음의 두 저작을 통해 이것임 이론 및 이미지론에 대한 분석을 개진했던 바 있다. "De l'animal à l'art", in Marrati, Sauvagnargues, Zourabichvili, *La Philosophie de Deleuze*, Paris, PUF, 2004. 그리고 *Deleuze et l'art*, Paris, PUF, 2005.; 이정하 옮김, 『들뢰즈와 예술』, 서울: 열화당, 2009.

23) Deleuze, *ES* 15/40.

24) *ID* 191~192.

초월론적 경험론이라는 역설적인 정식은 상세하게 해명될 만한 가치가 있다. 이 정식은 실체적 토대를 잃어버린 주체를 감각과 사유 사이에서 만들어진 하나의 결과물로 제시하기에 이른다. 이런 이유에서 경험론, 예컨대 흄의 경험론은 결코 실재론이나 심리주의로 환원되지 않으며, 오히려 주체성 이론의 열쇠를 제공한다. 이 주체성 이론은 들뢰즈가 자신의 첫 번째 저작에서 아직은 낮추어 보는 듯한 태도로 '초월론적 비판'이라고 명명했던 바를 넘어설 수 있게 해준다. 이때 들뢰즈는 이 초월론적 비판을 통각의 종합적 통일성에 해당하는 **생각하는 나**에 초점이 맞춰진 이론으로 이해하고 있었다. 통각의 종합적 통일성은 객관 세계의 실체성에 정당하게 이의를 제기하지만, 그 대가로 초월론적 주체를 실체로 만든다.

그렇다고 해서 칸트를 참된 경험론적 비판과 대립시킬 수 없는 것은 결코 아니다. 참된 경험론적 비판의 절대적 본질——우리는 『경험론과 주체성』에서 드러나는바 본질을 찾아 나서기를 두려워하지 않는 경험론자 들뢰즈의 놀라운 방법론을 강조하고자 한다——은 내재면^{內在面, plan immanent}에 위치하는 데 있다. 문제는 주체에게 주어진 바의 구성(칸트)에서 주어진 바 속에서 일어나는 주체의 구성(흄)으로 이행하는 일이다. 다음을 혼동하지 않도록 주의해야 한다. 흄에 대한 이 조숙한 독해는 칸트적인 틀 속에 포함되며, 이 시기의 텍스트들 속에서 들뢰즈는 지속적으로 철학적 기획을 비판 철학과 동일시한다.

철학 일반은 항상 분석면^{分析面, plan d'analyse}을 추구해 왔다고 말할 수 있다. 이로부터 출발해서 우리는 의식 구조에 대한 검토, 다시 말해 비판을 시도하고 그것을 주도할 수 있으며, 경험 전체를 정당화할 수 있다.[25]

들뢰즈는 흄의 프로그램을 적용하여 칸트의 비판을 과격화한다. 초월론적 프로그램의 첫번째 정식화인 의식 구조에 대한 검토는 경험 전체, 즉 온전한 경험으로부터 이해되어야 하는데, 이는 들뢰즈가 주의 깊게 읽은 장 발$^{Jean\ Wahl}$과 베르그손의 흔적을 담고 있다.[26] 의식 구조에 대한 검토라는 이 정식화는 또한 생기적 논리라는 니체적인 방식으로 이해되어야 하는데, 이 논리는 칸트의 비판을 그것의 물리적 조건들로 이끈다. 따라서 '초월론적 경험론'은 칸트 기획의 과격화를 의미한다. 한편으로 들뢰즈는 초월론적인 **생각하는 나**의 형태를 비인격적 개체화와 전개체적 독특성으로 대체하면서 칸트의 기획에다 실체적 주체에 대한 비판을 적용시킨다. 다른 한편, 들뢰즈는 베르그손이나 니체의 실재론에 따라 사유를 경험과 직접 대면하게 만든다. 현상을 옹호하는 프리즘을 통해 고찰할 때에만 사유는 실재성으로부터 유리되는 것이 아니라 오히려 사물 자체와 직접 관계를 맺는다. 따라서 철학의 임무는 인간중심적 관점을 넘어서는 "비인간적이거나 초인간적인"[27] 경험 방식을 우리에게 제시하는 데 있다. '초월론적 경험론'이라는 정식의 전략적 의미는 여기서 특히 분명하게 드러난다. 하지만 들뢰즈에게서 항상 그러하듯이, 어떤 개념의 정립적^{定立的} 가치보다 더 쉽게 확립되는 것은 그 개념의 논쟁적 가치다.

---

25) Deleuze, *ES* 92/171.

26) 장 발은 『차이와 반복』의 참고문헌 **이곳저곳에서** 찬사와 더불어 언급된다. 이 참고문헌은 이 시기 동안 들뢰즈가 활용한 참고자료의 지도를 보여 주고 있다는 점에서 매우 큰 중요성을 갖는다. 우리는 특히 다음을 참고할 것이다. Jean Wahl, *Vers le concret. Études d'histoire de la philosophie contemporaine*, Paris, Vrin, 1932, 그리고 *Traité de métaphysique*, Paris, Payot, 1953. 후자는 초월성과 내재성의 관계에 대한 분석과 관련하여 큰 중요성을 갖는 저작이다.

27) Deleuze, *Le bergsonisme*, Paris, PUF, 1996(이하 *B*), p. 19.; 『베르그송주의』, 김재인 옮김, 서울: 문학과 지성사, 1996, 32쪽.

그럼에도 이 '초월론적 경험론'이라는 정식은 경험론적인 관점에서는 물론 칸트적인 관점에서 보더라도 이단적인 것으로서, 두 요소가 서로 잘 어울리지 않는 하나의 괴물과 같다. 구성하는 주체라는 받침대를 제거하는 한에서만 초월론적 장이 유지될 수 있는 까닭은 무엇인가? 악순환도 논점선취의 오류도 범하지 않으면서, 어떻게 경험의 초월론적 조건들이 **경험적인** 것으로 사유될 수 있는가? 이 가느다란 실마리, 이 팽팽한 밧줄을 제시하고 거기에 매달려 있는 일이야말로 들뢰즈 철학의 가장 중요한 목표다.

들뢰즈의 저작에서 '초월론적'이란 항상 순수하고 야심만만한 칸트적인 방식으로 이해된다. '초월론적'이란 논리적 필요조건들 및 경험적 조건들을 포함하는바 사유의 **권리 문제**quid juris상의 조건들에 대한 근본규정이다. 반대로 '경험적'이란 경우에 따라 서로 다른 두 가지 의미를 포함하고 있다. 이 두 가지 의미에 따라, 들뢰즈는 한편으로는 평범한 것 및 상투적 표현의 억견적 방식을 비판하고 다른 한편으로는 오히려 경험의 모험적 실재성을 가리킨다. 따라서 초월론적 경험론은 사유를 구성하는 조건들의 틀을 변형시켜 초월론적 비판을 주체 없는 개체화의 평면, 전개체적 독특성의 평면으로 옮겨 놓는 활동을 가리킨다. 칸트의 시도는 경험론과 대면하면서 계승되고, 더 나아가 유지된다. 허나 역으로 들뢰즈는 항상 칸트가 규정했던 바의 초월론적인 것이 경험적 심리학──여기서 '경험적'이란 더 이상 실재적 경험과 대면한다는 의미가 아니라 공통 경험의 억견적 구조에 종속된다는 의미다──을 전사傳寫할 뿐이라고 평가한다.

이것이 『차이와 반복』을 예비하는 일련의 개별연구들의 전략을 규정한다. 흄(1953), 니체(1962), 베르그손(1966), 스피노자(1968), 마지막으로 프루스트(1964)와 마조흐(1967)가 칸트의 초월론적 체계에 연속적으로 도입되는데, 이는 공통감의 상투적 표현을 실재적 경험과 대면케 함으로써 그 체계를 파열시켜 그것의 억견적 내용으로부터 해방시키기 위함이다. 『경험론과 주체성』에서 칸트의 한계를 넘어 참된 비판을 가능하게 해줄 것으로 소개되는 철학자는 바로 흄이다. 다음으로, 니체에게 헌정된 저작의 첫 페이지에서는 니체가 칸트주의에 맞서 승리를 거둔 적수로 높이 평가된다. "가치라는 용어로 문제를 제기할 수 없었기 때문에 칸트가 참된 비판을 수행하지 못했다는 점, 그것이야말로 니체가 그 책을 쓰게 된 주된 동기들 중 하나다."[28] 들뢰즈는 『도덕의 계보』(1887)를 재현의 함정을 피해 『순수이성비판』을 새롭게 실효화하는 데 성공한 시도로 소개하기에 이른다. 들뢰즈가 규정하는 바에 따르면, 베르그손의 직관intuition은 초월론적 분석이며,[29] 재현적인 사유 이미지에 맞선 프루스트의 투쟁, 유비 및 본래적 의미에 대한 스피노자의 비판 또한 칸트 논리학에 대한 문제제기로 이해되어야 한다. 자신이 연구서를 쓴 서로 다른 저자들을 칸트주의와의 대결로 특징지음으로써, 들뢰즈는 칸트의 비판을 변형시켜 재해석하고 경험론적으로 비트는 자기 고유의 기획을 규정한다.

우선 니체의 생각은 칸트가 비판에 실패했다는 것이다. 그러나 니체는 참된 비판을 구상하고 실현하는 데 있어 자기 이외의 어느 누구도 신뢰하지 않는다. 그리고 이 기획은 철학사에서 큰 중요성을 갖는 것이다[…].[30]

---

28) Deleuze, *NP* 1/15~16.

29) Deleuze, *B* 13/24.

30) Deleuze, *NP* 100/163.

참된 비판의 실현, "철학사에서 큰 중요성을 갖는" 이 기획은 곧 초월론적 프로그램, 이 "경이로운 발견"을 실현하는 일이다. 경험과 접촉할 때 사유가 발휘하는 놀라운 창의성을 탐색하는 대신 그 발견을 진부한 사유 이미지에 맞춰 버림으로써, 억견이 발견하는 바와 같은 심리적 의식의 경험적 활동을 재발견하는 임무를 스스로에게 부여함으로써, 칸트가 타협해 버렸던 바로 그 발견 말이다.

초월론적 경험론의 정의는 그 용어가 보여 주는 이 적대적인 오마주 hommage 로부터 논리적으로 귀결된다. 철학을 사유에 대한 비판과 동일시한다는 점에서, 사유에 대한 비판을 초월론적 방식으로 수행한다는 점에서, 칸트는 옳았다. 이 초월론적 방식은 사유가 만들어지는 논리적·감각적 조건들을 분석하고 사유를 위협하는 병리학을 밝혀 사유를 진단한다. **초월적 변증론**Dialectique transcendantale 은 연대기적인 가상의 메커니즘들과 그것을 치료할 수단들을 분석한다. 『차이와 반복』 3장에서 들뢰즈는 **초월적 변증론**을 '사유 이미지'에 대한 비판으로, 즉 사유가 자신의 재현 방식이 어떻게 작동하는지를 이해하지 못할 때 스스로에게 부여하는 거짓된 이미지에 대한 비판으로 바꾸어 놓는다. 『차이와 반복』의 4장과 5장은 '차이의 이념적 종합' 및 '감성적인 것의 비대칭적 종합'이라는 제목으로 들뢰즈가 고안해 낸 새로운 분석론 혹은 새로운 범주론, 그리고 초월론적 감성론에 할애된다.

그러므로 초월론적 경험론은 재현적 이성에 대한 참된 비판으로 규정된다. 이 비판은 사유를 다시 그것의 생기적 실재성으로 데려가며 노에시스적인 초월론적인 것을 경험적인 것과 대면시킨다. 이제 문제는 더 이상 칸트가 그러했듯 **생각하는** 나의 억견적 구조로부터 사유의 논리적 기능을 전사하거나 공통감에 의해 보증되는 인식 능력들 간의 일치와 **자아의**

동일성을 가정하는 것이 아니다. 개념의 분석론이 초월론적 감성론을 요청한다 하더라도, 이 초월론적 감성론이 시간과 공간이라는 순수 직관의 **선험적** 형식으로 환원되지는 않는다. 들뢰즈는 "극화劇化, dramatisation의 방법"[31]을 제안한다. 이는 사유의 시공간적 역동성dynamisme을 규정하고, 사유를 그것의 경험적 실재성과 연결하며, 새로운 초월론적 비판의 틀을 제공하기 위함이다. '**무엇인가?**'qu'est-ce que라는 물음, 즉 본질에 대한 낡은 물음은 '**누가?**'qui[32]라는 물음에 자리를 내어 주며, 『니체와 철학』에서 이루어진 방법론적 변화를 중심으로 철학을 새롭게 분배한다.

들뢰즈는 더 이상 진리가 무엇**인지**를 묻는 것이 아니라, 징후학적·유형학적·계보학적 방법에 따라 **누가** 진리를 추구하는지를 묻는다. 이러한 철학은 징후학적으로 현상을 외관으로서가 아니라 징후로, 드러남으로서가 아니라 기호로 분석한다. 따라서 철학의 새로운 과제는 이념을 어떤 추상적·관념적 본질과 다시금 관계 맺는 것이 아니라 기호가 그 징후인 한에서 증언하는 물질적 힘들과 관계 맺는 데 있다. 이 징후가 지닌 의미는 그것을 산출하는 힘들에 속한다. 징후학은 서로 다른 힘들의 생기적 유형에 대한 연구인 사유역량의 유형학, 혹은 기호학sémiotique이 되기에 이른다. 이 기호학은 어떤 윤리학을 함축하고 있다. 그것은 들뢰즈가 부여한 니체적인 의미, 즉 행동학éthologie 혹은 서로 다른 정서들의 역량에 대한 가

---

31) 1962년 처음 등장한(*NP* 89/148) 극화 개념은 1967년 프랑스 철학회에서 행해진 중요한 발표의 주제가 된다("La méthode de dramatisation", compte rendu de la séance du samedi 28 janvier 1967, in *Bulletin de la Société française de philosophie*, t. LXII, n° 61/3, juillet-septembre 1967, p. 116~117, *ID* 131~162/486~508에 재수록). 이후 이 논문은 『차이와 반복』의 일부가 된다. 우리는 4장에서 이 논문을 다시 살펴볼 것이다.

32) Deleuze, *NP* 86~89/143~149.

치평가라는 의미에서의 윤리학이다. 들뢰즈는 니체의 가치평가를 스피노자의 윤리학과 연결시킨다. 이러한 방법은 결국 계보학적이다. 이 방법은 능동적이거나 반응적인 유형에 따라 힘들을 평가함으로써, 사유자의 생기적 유형에 대한 임상적 진단, 그의 가치평가를 주재하는 역량에 대한 행동학적 일람표를 제공하기 때문이다. 철학이 징후학적·유형학적·계보학적인 것이 될 때, 사유는 다시금 자신의 생기적 조건들에 이르게 된다. 이처럼 우리는 의사로서의 철학자, 예술가로서의 철학자, 입법가로서의 철학자라는 "니체의 삼위일체"[33]를 발견한다.

한편으로 니체를 칸트의 기획을 계승한 사람으로 간주함으로써, 그러나 다른 한편 칸트와는 반대로 니체가 그 기획을 성공적으로 수행할 수 있었음을 보여 줌으로써, 들뢰즈는 칸트와 나누었던 파란만장한 논쟁의 내용을 비로소 확정한다. 초월론적 경험론은 다음과 같이 규정된다. 초월론적 비판을 새롭게 하기 위해 그 비판으로부터 순응주의를 제거할 것. 칸트의 관념론을 새로워진 경험론 속에서 와해시킬 것. 흄, 니체, 프루스트, 베르그손, 스피노자는 칸트의 비판을 이와 같이 변형시키고자 들뢰즈가 잇달아 대화를 나누었던 인물들이다.

---

33) Deleuze, *NP* 86/143.

2장
사유 이미지

초월론적 경험론은 우선 방법에 대한 물음을 제기한다. 다시 말해, 초월론적 경험론은 독단적인 사유 이미지에 맞선 싸움을 제기한다. 이 사유 이미지는 지각된 유사성, 술어적 대립, 판단에서의 유비 아래 잡다雜多, divers를 통일함으로써 차이를 개념의 동일성에 종속시킨다. 이러한 것이 바로 재현의 모델이다. 재현의 모델은 보편적인 것을 통해 나아가며 어떤 유해한 이미지 속에 추상적으로 고착된다. 들뢰즈가 보기에 사유 이미지에 맞선 이 싸움은 철학의 문제 자체에 해당하는 것으로서, 『차이와 반복』에서 완성된 형태로 나타난다. 이 싸움에 힘입어 우리는 초월론적 경험론이 만들어지는 점진적인 과정을 따라갈 수 있게 된다.

1. 재현적 이성에 대한 비판

들뢰즈가 칸트적인 방식으로 이해한 바에 따르면, 철학은 이성의 자연적 변증론으로 이해된 철학 자체로부터 철학이 스스로 만들어 낸 이미지를 비판적으로 검토해야 한다. 사유의 실행에 내적인 어떤 가상이 존재하는데, 그 가상을 완전히 제거할 수는 없다 하더라도——이는 불가능하다——비판은 그 가상을 찾아내고 식별하여 그에 맞서 싸워야 한다. 다시 말해, 그 가상을 무너뜨려야 한다. 사유가 자신의 참된 노에시스적 실행에 도달할 수 없게 만드는 것은 사유에 외적인 어떤 역량(감성적인 것의 영향력하에서 오류에 빠지는 것)이나 사유가 지닌 내재적 방법의 미숙한 사용(믿음과 편견)이 아니라, 사유의 실행 자체에서 도출되는 어떤 가상이다.[1] 칸트는 외부성으로서의 오류에서 **초월적 변증론**을 요청하는 내적 가상으로 이행한다. 들뢰즈는 칸트의 이러한 이행을 간직하면서, 사유 이미지라는 이름 아래 변증적 사용에 비판을 가한다.

　칸트에게 변증론은 정신의 본성에 속하며, 이성으로 하여금 그것의 입법적 사용을 발견하게 해주는 데서 어떤 실증적positif 가상을 드러낸다. 변증론은 이성의 상태를 표현한다. 인식 능력의 사용을 왜곡하면서까지 초월적인 것을 추구하는 이성의 성향은 변증론을 이끌어 가는 관심사를 보여 주며, 그런 점에서 **순수** 이성에 대한 비판, 즉 지성의 자발성과 감성의 수용성 간의 필연적인 연결을 등한시하는 이성에 대한 비판을 요청한다. 『순수이성비판』은 이성의 순수 이미지에 대한 비판이다. 칸트에 따르면, 여기서도 변증론적 가상은 실증적이다. 변증론적 가상은 이성을 그것의 초월적 구성으로 돌려보내고, 인식의 영역에서 이성으로 하여금 그것의 자발성을 직관의 수용성에 종속시키게 만든다. 그러나 들뢰즈에게서

---

1) 특히 이 가상의 문제가 개진되고 있는 대목들은 다음과 같다. Deleuze, *La philosophie critique de Kant*, Paris, PUF, 1963(이하 *PCK*). p. 38~39.; 『칸트의 비판철학』, 서동욱 옮김, 서울: 민음사, 2006, 58~60쪽. *DR*의 3장, 그리고 들뢰즈와 과타리가 함께 쓴 *QP* 50~53/75~80.

상황은 완전히 다르다. 비판의 목표는 그가 '사유 이미지'라고 부르는 것, 즉 사유의 고유한 능력으로부터 만들어지지만 그로 인해 사유가 스스로를 왜곡하게 되는 표상을 무너뜨리는 데 있다. 부정적 가상은 사유의 병리학에 흔적을 남기고, 재현적 사용은 들뢰즈에게서 어떠한 행복한 귀결도 이끌어 내지 못한다.

이미지라는 용어는 그것이 맑스의 이데올로기 개념——거울에 반사되어 뒤집어진 이미지로서의 표상——에서, 그리고 의식이 그 자체로 투명하다는 신화를 결정적으로 무너뜨린 니체나 프로이트 같은 사상가들에게서 공통적으로 영향을 받았다는 사실을 보여 준다. 사유 이미지, 즉 사유의 고유한 실행으로부터 만들어진 이미지는 사유를 재현적 사용에 묶어 놓는다. 들뢰즈는 칸트와 관련하여 다음과 같이 쓴다. "재현^再^現, représentation이라는 말에서 주목해야 할 것은 re라는 접두사다. 재-현^{re-}présentation은 나타난 것을 능동적으로 다시 붙잡음을 함축한다."[2] 따라서 사유 이미지는 다음의 두 가지를 동시에 포함한다. 첫째, 자신의 고유한 능력을 스스로에게 드러내는 한에서 사유가 자신을 부자연스럽게 비추어 보는 뒤집어진 이미지의 가상. 둘째, 사유가 자신의 기능 자체를 통해 산출한 전제들이 함축되어 있는 장.

그런데 이처럼 코페르니쿠스적 혁명의 중심에 해당하는 재현은 경험을 주체의 범주에 종속시키는 종합의 중심으로 규정된다. 외적 세계는 그것의 구체적인 두께 속에서 부인되지 않으면서도 주체의 생산적 종합에 종속된다. 들뢰즈가 비난하는 것이 바로 이 지점이다. 입법적 지성의 형식은 다양성을 통일성으로 환원시키며 동일성의 논리에 종속된다. 들뢰즈

---

2) Deleuze, *PCK* 15/28.

는 실재에 있어서는 물론 사유에 있어서도 이 동일성을 **차이**의 존재론적 탁월성에 대립시킨다. 사유 이미지란 사유가 자기 작용의 본성을 오해하는 방식을 가리킨다. 사유는 자신이 실제로는 차이와 다양체를 통해 나아간다는 사실을 깨닫지 못한 채 세계를 단일한 것으로 조직하는 종합의 통일성 및 동일성에 특권을 부여하기 때문이다. "재현이라는 말에서 접두사 **재再, RE-**는 차이들을 잡아먹는 이 동일자의 개념적 형식을 뜻한다."[3]

이 재현적 가상이란 과연 무엇이며, 그로부터 어떻게 벗어날 수 있는가? 들뢰즈는 지성 개념들의 **초월적 연역**을 연구하면서 직관에서 포착의 종합, 상상력에서 재생의 종합, 개념에서 재인의 종합이라는 3중의 종합에 몰두하지만, 두번째 종합에 특권을 부여하는 헤겔 및 하이데거와는 달리 세번째 종합을 중심에 두고 자신의 분석을 개진한다. 들뢰즈에 따르면, 사유 이미지가 무엇인지를, 다시 말해 사유와 참의 자연적 친화성親和性, affinité이라는 전제를 기초로 소위 초월적 검토를 전사傳寫하면서 사유가 자신의 고유한 본성과 인식 능력을 드러내는 방식이 무엇인지를 더 잘 예증해 주는 것은 바로 세번째 종합이다. 세번째 종합은 현상을 입법적 지성에 종속시키기 때문이다. 재인의 종합은 칸트주의의 창의성을 보여 준다. 초월적인 것이 경험을 우리의 **선험적** 표상에, 즉 들뢰즈가 생각하듯 공통감의 소여에 종속시키는 한에서 초월적인 것과 그것이 처하게 되는 곤경을 규정해 주는 것이 바로 재인의 종합이기 때문이다. 재인의 종합이 어떤 대상의 형태를 우리 인식 능력들과 결부된 **생각하는** 나의 상관항으로 규정한다는 점에서, 들뢰즈가 생각하듯 칸트는 심리적 의식의 경험적 활동을 기

---

3) Deleuze, *DR* 79/144.

초로 초월적 구조를 '전사한다'.[4]

재인의 종합에 대한 이러한 비판은 앞서 니체에 대한 선행 연구에서 제시되었던 바 있지만 칸트에 대한 개별연구에서는 더 이상 진척되지 않는다. 자신의 방법론에 걸맞게, 들뢰즈는 자신이 논하고 있는 저자에게 검열관과 같은 부정적인 태도를 취하려 들지 않는다. 어떤 체계를 연구할 때 그 체계에 대한 반론은 제기되지 않는다. **하나의** 체계를 해명한다는 것은 그 체계를 구성하는 문제를 찾고 있음을 함축하기 때문이다. 『칸트의 비판철학』(1963)은 체계를 몽타주하는 하나의 구도를 제시한다. 이 구도는 분명 초월론적 방법론에 초점을 맞추고 있지만 칸트주의의 내부로부터, 다시 말해 인식 능력들 간의 관계로부터 이해된다. 들뢰즈가 칸트 이론의 체계적 성격을 아주 뚜렷하게 강조하면서 삼 비판서를 동일한 구도상에서 다루는 것은 바로 이 때문이다.

시간이 좀더 흐른 뒤 재인의 종합에 비판이 가해지는 것은 바로 '사유 이미지'라는 제목이 붙어 있는 『차이와 반복』의 3장에서다. 거기서 들뢰즈는 초월론적 경험론이 만들어지는 논리적 단계들을 추적할 수 있게 해주는 다양한 형태의 저술들을 다시 활용한다. 『니체와 철학』(1962)의 '비판' 장을 마무리하는 '새로운 사유 이미지'라는 절에서 출발하여, 마찬가지로 '사유 이미지'라는 제목이 붙은 『프루스트와 기호들』(1964)의 결론을 거쳐, 1968년에 쓴 중요한 논문 「니체와 사유 이미지에 대하여」에 이르기까지, 들뢰즈는 재현적 사유에 대한 이러한 비판을 체계적으로 지속해 왔다.

사유 이미지는 더 이상 하나의 사유 방식, 하나의 거짓된 철학이 아니라 사유의 위기, 자연적 변증론, 사변적 왜곡으로 나타난다. 이 왜곡으로

---

4) Deleuze, *DR* 176~177/302~303.

인해 사유는 삶을 외면하고, 방향을 돌려 자신의 생기적 운동으로부터 분리된 동일자의 사유 형식 아래 고착된다. 들뢰즈는 삶에 적대적인 인식이라는 니체의 주제, "심층적으로 변형된, 칸트에 맞서 방향을 바꾼 칸트의 주제"[5]를 이어받는다. 감각적 삶에 맞서 추상적인 배후-세계를 만들어 냄으로써 감각적 삶이 반응적 인식에 종속되는 일과 (사유자의 생기적 능동성으로서의) 사유가 불행한 유형의 삶, 사유를 변용케 하는 삶의 반응적 역량에 종속되는 일은 동시에 벌어진다. 따라서 니체가 제시했던 바와 같이 "새로운 사유 이미지"를 제시하는 데 성공하지 못한다면, 철학은 초월적인 진리 개념을 중심으로 하는 "독단적인 사유 이미지"[6]를 제시하게 되기 쉽다.

2. 새로운 사유 이미지 세우기

따라서 '사유 이미지'라는 표현은 나쁜 사유의 동의어가 아니다. 우리는 니체와 더불어 '새로운 사유 이미지'를 촉구할 수 있기 때문이다. 즉 문제가 되는 것은 재현적인 사유 이미지인데, 이 사유 이미지는 그것이 진리와 사유 사이에 확립한 관계에 의해 특징지어진다. 1962년 들뢰즈는 재현적인 사유 이미지가 지닌 세 가지 주요 공리를 비난한다. 재현적인 사유 이미지는 첫째, 사유자의 진실성(그는 참을 좋아한다)과 둘째, 진리의 본유성(사유의 자연적 실행에 따라 사유하는 것, 이는 참을 사유하기 위한 자연적 방

---

5) Deleuze, *NP* 115/183.

6) Deleuze, *NP* 118/188. 우리는 이 페이지에서 '사유 이미지'라는 표현이 처음으로 등장하고 있음을 발견한다. 그러나 이 표현은 아직 주도적인 주제로 정식화되지는 않는다. 이는 1964년 『프루스트와 기호들』에서 이루어질 것이다(이후의 논의를 참고하라).

법론을 사유 안에서 발견한다는 것이다)을 전제하고 있다. 이로부터 셋째, 오류가 다음과 같이 정의된다. 오류는 사유를 거부하고 사유를 그 자연적 실행으로부터 벗어나게 만드는 낯선 힘으로서 종종 감성적인 것과 동일시된다. 문제는 사유에 그것의 참된 본성을 돌려주기 위해 하나의 방법, 필연적인 기법을 확립하는 데 인식을 집중시켜 이 외적인 영향력을 타개하고 외부 역량의 해로운 영향력을 피하는 데 있다.[7] 이 세 가지 공준, 즉 사유자의 진실성, 진리의 본유성, 오류의 외부성은 사유가 사유하고 있는 그 무엇과 사유가 맺고 있는 실효적 관계를 고려하지 않는다. 『프루스트와 기호들』에서 들뢰즈는 사유 이미지에 대한 이러한 비판의 두번째 요소를 명시적으로 보여 주는데, 이 요소는 『차이와 반복』에서 자신의 결정적인 정식화를 발견한다. 프루스트는 '새로운 사유 이미지'를 촉구하며, 이것은 사유를 가두고 있는 재현적 이미지로부터 사유를 해방시킨다.[8]

이 해로운 이미지가 사유의 생기적 역량을 감소시키는 사유 내부의 반응적 힘(니체)을 보여 주는 지표나 사유의 기능을 약화시키는 무의식적 과정(프로이트)을 보여 주는 지표만을 함축하고 있는 것은 아니다. 이 해로운 이미지는 합리적·의식적 사유에 대립적이거나 그에 영향을 미치는 이질적인 역량에 한정되지 않으며, 오히려 사유에 내재적인 어떤 가상에서 성립한다. "『순수이성비판』에서 칸트의 천재성은 내재적 비판을 고안해 냈다는 점"[9]에 있으며, 이 내재적 비판은 재현적 사유에 대한 **변증론**,

---

7) Deleuze, *NP* 118/188. 여기서 다루고 있는 것은 사유 이미지에 대한 최초의 설명이다. 『차이와 반복』 3장에서 들뢰즈는 이 문제를 보다 자세하고 복잡하게 8개의 공준으로 나누어 다시 설명한다.

8) Deleuze, *RF* 283.

9) Deleuze, *NP* 104/168.

그리고 감성론과 논리학을 포함하는 새로운 분석론을 함께 요청한다. 이런 이유에서 이제 『차이와 반복』에서 대문자로 표기된 '사유 이미지'Image de la pensée는 칸트와 대결하는 장소, 재인의 모델에 맞서 싸우는 장소가 된다. 이 싸움은 재인의 모델을 차이의 사유와 그 사유 고유의 논리학 및 감성론으로 대체하기 위해 재현적 이성에 대한 비판을 성공적으로 수행할 것을 요구한다. 들뢰즈는 "이미지 없는"[10) 사유가 획득될 수 있다고 생각하며, 이는 재현적 사유와 차이의 사유 사이의 지극히 이원론적인 대립을 보여 준다. 여기서 이미지는 사유가 해방되어야 할 대상인 재현에 대한 소송을 가리킨다.

『철학이란 무엇인가?』에 이르러 자신의 사유가 도달한 마지막 단계에서, 들뢰즈는 다시금 대문자가 사라진 '사유 이미지'image de la pensée에 대한 덜 이항적이고 더욱 과감한 판본을 새롭게 제시한다. 문제는 더 이상 재현적 이성의 허깨비가 아니라 철학적 사유를 탄생케 하는 조건들이다. 이 조건들은 한 사람의 사유자가 지금 여기에서hic et nunc 만나게 되는 사회심리적·역사적 조건들과 하나의 사유가 오로지 그것의 기능을 통해 규정하는 노에시스적 전제들을 함축한다. 사유 이미지는 사유의 재현적 가상과 관련되는 것이 아니라 모든 사유의 공준들과 관련된다. 이러한 조건들은 사유가 기인하는 선先철학적 구도[평면]plan를 규정한다. 사유 이미지는 더 이상 개념을 만들어 내는 '선한' 사용과 가치이항적인 방식으로 대립되지 않으며, 들뢰즈가 내재면內在面, plan d'immanence이라고 부르는 것, 즉 개념의 구성면構成面, plan de composition에 부합한다. 물론 가치론적 구별은 다시 도입되지만, 이는 초월성의 철학과 내재성의 철학을 나눔으로써, 즉 일찍이 보

---

10) Deleuze, *DR* 217/368.

편자 및 사유의 동일성에 대한 비판에 활기를 부여했던 바로 그 나눔을 통해 이루어진다. 그러나 이 가치론적 구별은 더 이상 현전現前, présence이나 이미지와 동일시되지 않는다.

사유 이미지는 더 이상 잘못된 사유의 환경이 아니다. 사유 이미지는 사유자가 독특하게 역사적으로 기입되는 경험적 방식에 따라, 또 사유자가 사유의 역사를 다시 시작할 수 있게 해주는 힘에 따라 그가 만나게 되는 실재적 조건들을 가리키며, 때로는 결정적인 것으로 때로는 그렇지 않은 것으로 드러난다. 이제 문제는 더 이상 '이미지 없는 사유'에 도달하기 위해 사유가 배제해야 하는 가상이 아니라, 사유자로 하여금 사유의 방향을 전환하고 사유를 변형시킬 수 있게 해주는 방식, 다시 말해 사유자가 창조적인 것으로 드러나는 방식이다. 들뢰즈는 종종 푸코를 "사유 이미지를 가장 자주 혁신했던"[11] 인물로 거론하면서 경의를 표한다. 사유자들의 서열은 그러한 이미지를 변형시키고 사유의 영토를 새롭게 재단하는 능력에 따라 달라진다. "짐작건대 매우 다른, 역사적으로 매우 다른 사유 이미지가 존재합니다. 제가 이해하는 사유 이미지는 방법이 아니라 보다 심층적이고 항상 전제되어 있는 어떤 것, 다시 말해 좌표·역동성·방향설정의 체계입니다. 사유 이미지란 곧 사유한다는 것, 그리고 "사유 속에서 나아간다는 것"이 의미하는 바입니다."[12]

위대한 철학자는 저마다 사유 이미지를 혁신한다. 그러나 사유 이미지에 대한 이 잇따른 정식화들 사이에는 어떠한 모순도 존재하지 않는다.

---

11) Deleuze, *PP* 202/161[해당 인용 서지는 오기인 듯 보이나, 정확한 서지 정보를 찾지 못해 미처 수정하지 못했다―옮긴이]. "완전히 다른 방식이긴 하지만, 분명 푸코는 하이데거와 더불어 사유 이미지를 가장 심층적으로 혁신했던 사람입니다."(*PP* 130~131)

12) Deleuze, *PP* 202/161.

『차이와 반복』 시기 들뢰즈가 대문자로 표기하면서 평가절하하는 방식으로 이해하고 있던 사유 이미지라는 말의 의미는 어리석음의 한 형태로 쉽게 특징지어진다. 당대에 통용되는 억견들의 좌표에 맞추어져, 아무것도 창조할 수 없는 사유의 무기력함은 "사유 이미지를 혁신할 수 없으며, 이 문제를 의식조차 할 수 없는 공무원들"의 특징이다. 이 "기성의 사유는 자신이 모델로 삼는 척 시늉하는 이들의 노고조차 무시한다".[13]

가상으로서의 이미지에서 독특한 전제이자 사유의 행동학으로서의 이미지로 가는 이러한 주제상의 이행은 하나의 이론적 측면에 의해 규정된다. 이 이론적 측면은 『차이와 반복』 시기에는 아직 개진되지 않았던 것으로서 기호의 위상과 관련되어 있다. 1962년 들뢰즈가 그 문제를 정식화했던 바와 같은 사유 이미지에서 1983년 들뢰즈를 사로잡고 있던 이 새로운 사유 이미지로 이행하기 위해서는, 이미지가 표상이라는 심리적 영역에서 벗어나 물질의 즉자적 나타남, 물질의 즉자적 소여라는 베르그손적인 의미를 획득할 필요가 있다. 들뢰즈가 "운동-이미지에 대한 베르그손의 발견"[14]이라고 부르는 것은 이미지를 더 이상 관념을 형성하는 정신적 영역에 한정할 수 없게 만든다. 이미지는 물질적인 유형의 기호들을 만들어 내는 힘들의 관계다. 이러한 이미지는 더 이상 사유가 추상적이고 훼손된 형태로 자기 고유의 능력을 드러내는 방식이 아니라 사유로 하여금 개념들을 창조할 수 있게 해주는 실재적인 힘들의 생성으로 규정된다.

이러한 전회와 더불어, 들뢰즈는 이미지라는 베르그손의 주제를 니

---

13) Deleuze, Guattari, *QP* 52/78.

14) Deleuze, *Image-mouvement*, Paris, Minuit, 1983(이하 *IM*), p. 7.; 『운동-이미지』, 유진상 옮김, 서울: 시각과 언어, 2002, 7~8쪽.

체의 징후학, 그리고 발명으로서의 경험론과 연결시킨다. '의미'는 힘들의 관계가 되고, '해석'(1962년 들뢰즈가 사용했던 이 용어는 1970년대 들어 기호학과 윤리학[15])에 그 자리를 내어 준다)은 전유專有, appropriation의 활동이 된다. 대상은 더 이상 외형이 아니라 어떤 힘(니체)의 출현(칸트)이며, 계보학은 담론적 해석에서 생기적 가치평가로 이행한다. 어떤 현상을 하나의 담론적 의미작용으로 뒤덮어 의미를 부여하는 것은 더 이상 문제가 되지 않는다. 이제 문제는 어떤 생기적 관계를 실효화함으로써, 범주표가 보편적 정신현상의 **선험적** 구조에 의해 주어지는 것이 아니라 에토스ethos, 즉 생기적 가치평가가 함축하고 또 허용해 주는 삶의 방식에 의해 주어지게 하는 데 있다. 의미작용은 개념의 행동학, 사유자의 정서에 대한 생기적 지도제작에 자리를 내어 준다. 상대적으로 부적합한 용어를 사용하긴 했지만, 이러한 사유의 운동은 분명 1962년 『니체와 철학』에서 이미 언급되었던 바 있다. "어떤 사물의 의미는 그 사물과 그것을 점유하는 힘이 맺고 있는 관계다."[16] 이제 들뢰즈는 어떤 사물이 그 사물에 앞서 존재하는 힘들의 가면을 쓸 때에만 나타날 수 있다는 말만 줄곧 되풀이하지는 않으며, 이는 그의 용어에도 적용된다. 어떤 힘의 본질은 다른 힘들과 맺는 관계 속으로 들어가는 데 있으므로, 처음에 그 힘은 자신이 무효화하는 데 일조한 쇠락한 힘들의 다이어그램diagramme에 따라 나타날 수밖에 없다.[17] 1983년 『니체와 철학』의 영문판 서문에서, 들뢰즈는 이 섬세한 사유의 운동을 요약하면서 다음의 두 축을 따라 니체 철학 전체를 배치할 것을 제안한다.

---

15) 이 문제들은 『들뢰즈와 예술』의 3장, 그리고 이 책의 14장에서 다루어진다.
16) Deleuze, *NP* 9/29.
17) Deleuze, *NP* 7/25, 65/114. 그리고 *N* 18/31, 24/39.

첫번째 축은 기호 및 힘의 기호학과 관련되고, 두번째 축은 삶의 방식, 다시 말해 역량에 대한 미분적 이론으로서의 윤리학과 관련된다. 이처럼 해석은 의미작용 및 심리적 표상의 영역에서 정서 및 삶의 방식에 대한 지도 제작으로 완전히 옮겨 가게 된다.

이는 "유심론의 피난처인"[18] 해석이라는 개념을 들뢰즈가 왜 점차 거부하게 되었는지, 그리고 의미에 대한 이해를 왜 초월적이고 선재하는 어떤 의미작용으로 환원하게 되었는지를 설명해 준다. 사유, 명제, 아포리즘은 우선 그것들이 장려하는 실존유형을, 그것들이 그 징후에 해당하는 힘과 역량의 상태를, 역량의 유형이나 정도를 평가하는 미분적 분석을 가리킨다.[19] 들뢰즈에 따르면, 니체는 개념과 정서 사이에 가장 심층적인 관계를 수립한다. 하나의 개념은 하나의 정서, 하나의 삶의 방식을 가리키며, 따라서 힘의 기호학 전체 혹은 해석은 어떤 윤리학을 함축하고 있다. 사실상 해석은 사유의 조건들을 변형시키는 어떤 생기적 관계 속으로 들어가는 데서 성립한다.

사유 이미지는 더 이상 어떤 재현적 사유가 자신의 고유한 사용과 관련하여 스스로에게 제시하는 부자연스러운 이미지, 거울에 반사되어 뒤집어진 이미지와 관련되는 것이 아니라 사유의 모든 사용이 필요로 하는 필연적·역사적 전제의 장을 제시한다. 이와 같이 규정된 사유 이미지는 사유를 구성하는 초월론적 장이 된다. 이것이 바로 들뢰즈가 내재면이라고 부르는 것인데,[20] 지금 시점에서 우리는 내재면의 다음과 같은 측면을

---

18) Deleuze, *ID* 189.
19) Deleuze, *RF* 188.
20) Deleuze, Guattari, *QP* 52/78.

해명할 수 있을 뿐이다. 즉 내재면은 주체 없는 초월론적 장이다.

3. 범주의 재건과 초월론적 감성론

따라서 범주의 구조는 더 이상 주체적 경험의 **선험적** 구조나 주체의 심리적 일람표로 간주될 수 없으며, 오히려 실재적 경험에 대한 탐색이 되어야 한다. 이는 그 장치에서 베르그손이 갖는 중요성을 보여 준다. 가능한 것에 대한 그의 비판, 잠재적인 것과 비연대기적 과거에 대한 그의 구상은 초월론적 경험론이 요구하는 관계, 즉 사유와 경험의 관계를 분명히 해주는 결정적인 부품들에 해당한다.

들뢰즈는 감성적인 것이 사유에 의해 직접 포착된다고 주장하면서 재현의 범주들에 대한 비판을 계속해 나간다. 『차이와 반복』에서 들뢰즈는 사유를 공통감의 재인이라는 틀에 끼워 맞추는 범주에 대해 충분하리만큼 강한 비난을 가하지는 않는다. 그러나 보편적·일괄적 방식으로 현상적 경험을 조건 짓는 종합의 단위인 범주는 머지않아 비판의 대상이 된다. 또한 들뢰즈는 범주를 경험을 가능하게 해주는 어떤 판단의 구조에 대한 칸트식의 분배 형태와 동일한 것으로 이해한다. 들뢰즈가 범주를 제거하려 하는 이유는 다음과 같다. 즉 범주는 들뢰즈가 노마드적 분배라고 부르는 가변적·경험적·복수적 분배를 제시하는 것이 아니라, 앞서 주어진 고정된 할당에 따라 경험을 분배한다.

반면 범주를 더 이상 칸트적인 의미로만 이해하지 않게 되면서, 들뢰즈 자신은 칸트적이지 않은 범주, 화이트헤드[A. N. Whitehead]의 범주와 같은 창의적인 범주를 만들어 내는 과제에 몰두한다. "현대의 가장 위대한 철학책들 중 하나"[21]인 『과정과 실재』에 들뢰즈가 열광한 이유는 그 책이 범주의 위상을 경험적이자 이념적인 것으로, 개방적이자 창조적인 것으로 전면적으로 혁신했기 때문이다. 『니체와 철학』에서 본질의 논리학을 대체하는 징후학, 『베르그손주의』에서 일반 개념에 대한 베르그손의 비판, 『차이와 반복』에서 시몽동의 변조modulation에 대한 분석은 들뢰즈가 범주 이론을 점진적으로 구성할 수 있게 해주는 서로 다른 단계들을 이룬다. 이 범주 이론은 범주들로 구성된 『천 개의 고원』의 결론이나 『시간-이미지』에 등장하는 몽타주 일람표로서의 범주표에서 드러난다.[22]

이 칸트적이지 않은 범주들은 더 이상 경험의 구조와 동일시될 수 없다. 범주는 더 이상 주체가 감각 질료에 부과하는 어떤 틀이 아닌데, 이는 경험이 사유를 변형시키는 방식을 드러내기 위함이다. 이제 범주는 그 안에서 실재적 경험이 주조되는 틀, 미리 주어진 주체의 틀로 제시되지 않는다. 들뢰즈에 따르면, 범주는 실재적 경험을 변조시킨다. 칸트의 범주와 마찬가지로 노에시스적·초월론적인 것이기는 하지만, 그럼에도 이 범주는 칸트의 범주와 구별된다. 이 범주는 여전히 개방적이고 변조 가능하며, 그 목록에는 끝이 없기 때문이다. 들뢰즈에게 범주의 필연성과 범주의 변이는 양립 가능하다. 사유의 창조는 사유가 만들어 내는 할당의 새로움, 사유가 확립하는 새로운 분배에 따라 평가된다. 들뢰즈에게 있어 범주표는 몽타주 일람표가 되며, 이 일람표는 사유자의 정서에 대한 지도제작, 사유자가 만들어 낸 기이한 재단과 접근 방식에 뒤따르는 것이다.

---

21) Deleuze, *DR* 364/595. Whitehead, *Processus et réalité(1929)*, trad. franç. sous la dir. de D. Janicaud, Paris, Gallimard, 1995.

22) Deleuze, Guattari, *Mille Plateaux*, Paris, Minuit, 1980(이하 *MP*), Conclusion.; 『천 개의 고원』, 김재인 옮김, 서울: 새물결, 2001, 결론. 그리고 *L'image-temps*, Paris, Minuit, 1985(이하 *IT*), p. 241.; 『시간-이미지』, 이정하 옮김, 서울: 시각과 언어, 2005, 360쪽.

들뢰즈가 종종 철학사를 회화의 콜라주와 비교하는 까닭은 이질적인 조각들을 초현실주의적으로 병치하는 콜라주가 자신의 독해 방식에 부합하기 때문이다. 이러한 독해 방식은 새로운 효과를 이끌어 내고자 하나의 조각을 추출하여 새로운 개념적 영역으로 옮겨 놓으면서 이론을 새롭게 틀 짓는다. 틀을 짓고 부수는 이 과정은 들뢰즈의 철학사 작업을 이질적인 개념적 직물들의 콜라주로 만들고, 들뢰즈가 고전적인 저자들에게 가하는 새로운 분배를 훌륭하게 특징지어 준다.[23] 그러나 모든 사유는 아무리 작다 하더라도 범주들의 경계를 이동시킨다. 가장 작은 창조도 범주의 토지대장에 혼란을 야기한다.

이 '재현적 이성에 대한 비판'은 경험의 조건들 및 초월적 범주들에 대한 대대적인 수정을 요구하는데, 이러한 수정은 비판과 동시에 수행되어야 한다. 초월적 감성론과 범주의 분석론은 서로를 조건 짓는다. 칸트가 제시한 바 범주에 대한 정적이고 선^{先}규정된 이해에서 벗어나기 위해서는 경험에 대한 허구적인 이해를 해소해야 한다. 이 허구적인 이해는 『순수이성비판』의 감각과 인식, 『판단력비판』의 감정과 예술이라는 별개의 두 측면으로 분배된다. 지각과 정서, 과학과 예술, 객관적인 것과 주관적인 것 사이에 존재하는 감성론의 이러한 단층은 경험에 대한 전적으로 새로운 이론을 요구한다. 들뢰즈는 차이의 이념적 종합과 감성적인 것의 비대칭적 종합을 다루는 『차이와 반복』 4장과 5장에서 그 이론을 개진한다.

우리는 칸트로 하여금 감성론의 분열된 두 가지 양상을 확립할 수 있게 해준 경험의 영역에다 새로운 위상을 부여할 필요가 있다. 이 두 가지 양상이란 도식을 통해서 범주를 감성적^{sensible} 직관에 종속시킬 수 있게

---

23) Deleuze, *DR* 4/22. 그리고 *ID* 196.

해주는 직관의 형식들, 그리고 주체가 자연적 기호와 만나게 되는 미감적esthétique 경험이다. 먼저, 칸트의 초월적 감성론이 주장하듯이 감성적인 것 안에서 '표상'밖에 될 수 없는 것에 기초하여 인식의 시공간적 조건들을 정초할 수는 없다. 다음으로, 미감적 판단이나 취미판단이 가정하듯이 예술의 경험을 주관적인 방식에만 한정하는 것 또한 매우 부조리하다. 한편으로는 인식에 있어 시간과 공간이라는 객관적 형식과 미에 대한 주관적 감정 사이에서 주저할 수밖에 없는 경험의 이 부조리한 분리가 사라지고, 다른 한편으로는 인식의 초월론적 조건들이 예술의 경험과 결합된다. 들뢰즈에게 감성적인 것에 대한 물음과 예술에 대한 물음은 서로 맞물려 있다.

경험의 재건은 "예술작품이 '경험', 즉 초월론적 경험론이나 감성적인 것에 대한 학문이 되기 위해서 재현의 영역을 떠날 때"[24] 예술의 영역에서 성취된다. 경험이 예술의 매개를 통해 초월론적 성격을 띠게 되는 데 반해, 사유는 재현에 비판을 가한다. 경험, 현실화된 실천과 마찬가지로, 예술은 동일성과 통일성에 사로잡힌 철학이 그토록 어려움을 겪고 있는 바, 즉 초월론적 경험론의 조건에 해당하는 '재현에 대한 비판'을 예술 고유의 방식에 따라 현실화한다. "우리는 감성적인 것 안에서도 오로지 감각밖에 될 수 없는 것, 곧 감성적인 것의 존재 자체를 직접적으로 포착할 수 있다. 그때 경험론은 실로 초월론적 성격을 띠게 되고 감성론은 절대적으로 확실한 분과학문이 된다."[25]

따라서 "이제까지 애석하게 분리되어 있는 **감성론**의 두 부분 ──경험

---

24) Deleuze, *DR* 79/145.
25) Deleuze, *DR* 79~80/145.

의 형식들에 대한 이론과 실험으로서의 예술작품에 대한 이론"[26]은 통합될 수 있다. 더 이상 칸트적인 취미판단의 미학에 따라 관객의 관점에서 본 하나의 표상으로 파악되는 것이 아니라 니체가 바랐듯이 생기적 실험이라는 창조적 관점에서 파악된다는 조건하에서, 예술은 하나의 과제로 나타난다. 이 지점은 1966년 발표된 중요한 논문 「플라톤주의를 전복하기」에서 얻어진 것이다. 거기에서 들뢰즈는 초월론적 경험론의 구성이 결국 칸트의 비판에 맞서서 이러한 이중의 공격을 가하는 데 있음을 보여 준다. 『순수이성비판』의 인식과 『판단력비판』의 예술이라는 괴리된 두 세계 사이에서 더 이상 감성론을 왜곡해서는 안 된다. 경험의 초월론적 조건들은 인식에만 관련되는 것이 아니라 예술의 경험 속에서도 드러난다. 역으로, 사유와 감성적인 것 사이에 존재하는 관계들의 재건은 범주에 대한 대대적인 수정, 어떤 새로운 분석론을 함축한다. 이 새로운 분석론은 더 이상 재현의 형식을 받아들이지 않으며, 범주가 실재를 놓쳐 버릴 정도로 지나치게 일반적인 형식 아래 가능한 경험의 조건들을 한정하지도 않는다. 칸트가 감성적인 것에 대한 이론과 아름다움에 대한 이론 사이에서 감성론을 분열시킬 수밖에 없는 까닭은 감성적인 것을 가능한 경험에 적합한 한에서만 받아들이고, 예술을 주관적인 반성과 동일시하기 때문이다. 이것이 바로 들뢰즈가 한꺼번에 바로잡고자 하는 이중의 방법론적 오류다. 만약 초월론적 분석론이 **실재적**^{réel} 경험의 조건들을 규정하게 된다면, 감성론은 더 이상 감성에 대한 이론과 예술의 경험 사이에서 주저할 필요가 없다. 이제 감성론의 두 가지 의미가 결합된다. 이때 "경험의 조건들은 그 자체로 실재적 경험의 조건들이 된다. 또한 예술작품은 자신의 모습 그대

---

26) Deleuze, *DR* 364/596.

로를 위한 것으로——하나의 실험으로—— 나타난다". 재현의 세계는 전복
된다.[27]

　　현대 예술작품은 재현의 이미지로부터 어떻게 벗어날 수 있는지를
철학에 가르쳐 준다. 초월론적 경험론은 참된 초월론적 감성론으로, 감성
적인 것에 대한 학문인 동시에 예술 철학으로, 아니면 1981년 들뢰즈가 말
했듯이 하나의 논리학, 즉 감각의 논리학으로 나타난다.[28]

---

27) Deleuze, "Renverser le platonisme", *Revue de métaphysique et de morale*, nº 71, 4,
　　octobre-décembre 1966, p. 426~438, citation p. 434.; 『들뢰즈가 만든 철학사』, 박정태 엮
　　고 옮김, 서울: 이학사, 2007, 23~54쪽, 인용문은 46쪽. 이 논문은 수정을 거쳐 「플라톤과 시
　　뮐라크르」("Platon et le simulacre")라는 제목으로 『의미의 논리』(1969)의 부록으로 출판되
　　었다.; 『의미의 논리』, 이정우 옮김, 서울: 한길사, 2000, 보론 1 「플라톤과 시뮐라크르」. 우리
　　가 관심을 갖는 구절은 『의미의 논리』가 출판되기 1년 전 이미 『차이와 반복』 94/166에 등장
　　했던 바 있는데, 그럴 필요가 있었다는 사실은 이 구절이 지닌 중요성을 보여 준다.
28) Deleuze, *DR* 79~80/145. 그리고 Deleuze, *Francis Bacon. Logique de la sensation*(이
　　하 *FBLS*).; 『감각의 논리』, 하태환 옮김, 서울: 민음사, 2008.

3장
프루스트와 초월론적 비판

앞서 서둘러 개괄된 이러한 틀은 1964년 출간된 짧은 연구서 『마르셀 프루스트와 기호들』을 그만큼 더 매력적인 것으로 만들어 준다. 이 연구서는 소설 『잃어버린 시간을 찾아서』를 분석하는 데 할애되어 있다.[1] 이 연구서는 우리를 직접 초월론적 경험론의 실험실로 안내하며, 다름 아니라 '사유 이미지'라는 제목의 장으로 끝을 맺고 있다. 이제는 친숙해진 전략에 따라 들뢰즈가 이 마지막 장에서 주장하는 바에 따르면, 철학은 프루스트라는 단 한 사람, 다시 말해 소설가 프루스트에게서 출발할 때에만 칸트가 약속했지만 도달하지는 못했던 초월론적 비판에 도달할 수 있다. 프루스트의 작품은 철학과 경쟁하면서도 그와는 구별된다. 사유와 감성적인

---

1) Marcel Proust, *À la recherche du temps perdu*, édition établie par Pierre Clarac et André Ferré, Paris, Gallimard, Bibliothèque de la Pléiade, 1954, 3 vol.; 『잃어버린 시간을 찾아서』, 김창석 옮김, 서울: 국일미디어, 2006. 이하 필요할 경우 각 권의 권수와 제목을 표기하고 페이지를 밝힌다. Deleuze, *Proust et les signes*, Paris, PUF, 1964(이하 *P*).; 『프루스트와 기호들』, 서동욱·이충민 옮김, 서울: 민음사, 2004.

것의 관계에 대한 실재적 경험에 힘입어 프루스트는 철학에 초월론적 경험론에 대한 가르침을 줄 수 있게 된다——하지만 초월론적 경험론을 이끌어 내는 것은 철학자만이 할 수 있는 일이었을 것이다.

서문도 머리말도 없이 들뢰즈는 곧장 『잃어버린 시간을 찾아서』에서 어떤 철학적 가르침을 이끌어 내는데, 이는 그가 자신의 철학사 독해에 적용해 왔던바 체계적 독해에 대한 그의 취향에 따른 것이다. 체계를 몽타주하여 형식적인 측면으로 환원시켰던 것과 마찬가지로, 그는 일종의 선별작업을 통해 소설에 내재하는 철학적 구조를 이끌어 낸다. 『잃어버린 시간을 찾아서』와 관련하여, 이러한 시도는 초월론적 경험론이 요청하는 바로 그 개념들에 근거해서 이루어진다. 즉 사유는 어떤 감각적 기호의 폭력적인 난입으로 인해 돌발적으로 생겨나며, 예술의 경험은 이 새로운 사유 이미지에 기여한다. 감성적인 것과 예술작품의 효과를 다루는 학문인 감성론을 변형시키는 프로그램은 어떤 실천 방식, 자신의 이론적 조건들에 대한 검토를 생략하는 실천 방식에 가담하게 된다.

이러한 생략 자체는 주목할 만한 것으로서, 지금 실행되고 있는 철학의 유형을 알려 준다. 이 철학은 곧 하나의 수사搜査, enquête로서 들뢰즈의 선행연구, 즉 니체가 말하는 기호와 힘의 관계 및 『칸트의 비판철학』에 등장하는 인식 능력들에 대한 분석에 힘입은 것이다. 이러한 수사는 기호 및 독해를 다루는 새로운 철학에 착수한다. 하지만 이 철학은 '프루스트와 기호들'이라는 제목 자체가 보여 주듯 그 철학의 귀결들 내에서만 내재적·직접적·가시적인 것이지, 방법론처럼 반성적인 것은 아니다. 정확히 말해, 텍스트에 밀착된 이러한 독해가 가능하게 된 것은 기호의 위상 덕분이다. 들뢰즈는 기호에 기대어 훌륭한 철학적 독해를 제시한다. 이 철학적 독해는 『잃어버린 시간을 찾아서』를 체계적으로 읽고자 하는 의지를 눈에 띠게 과시하면서, 프루스트의 이론이나 사유가 아니라 그 작품이 수행하는 기능, 즉 『잃어버린 시간을 찾아서』의 일반 기호론'을 되살려 낸다.[2]

1. 소설, 진리 찾기

이 『잃어버린 시간을 찾아서』의 기호론은 예술의 철학, 문학의 철학, 심지어는 소설의 철학에 기대어 그 소설에서 어떤 텍스트적 기능을 찾아내려는 것일까? 이 기호론은 언어 분석이나 문체 분석에 기대고 있는 것일까? 전혀 그렇지 않다. 대담하게도 들뢰즈는 문학비평이 기여한 바와 문학비평의 도구들을 무시하면서, 처음부터 끝까지 개념의 평면에 자신을 위치시킨다.

『프루스트와 기호들』의 서두에서 들뢰즈가 말하듯이, 『잃어버린 시간을 찾아서』의 통일성은 어떤 배움apprentissage의 통일성으로서, "진리 찾기"라는 표현이 보여 주는 바와 같이 문자 그대로 이해되어야 한다. "진리 찾기"라는 성격규정으로 인해 프루스트는 말브랑슈N. Malebranche와 가까워지며, 이러한 성격규정에 대한 외견상의 망설임은 2장의 서두에서 제거된다. "잃어버린 시간 찾기는 곧 진리 찾기다."[3]

수련formation에 관한 소설인 『잃어버린 시간을 찾아서』는 한 작가의 배움을 다루며, 이 배움은 "필연적으로 기호"[4]와 관계한다. 예술과 참은 기호의 위상을 통해 연결되는데, 기호에 입문하면서 작가는 점차 진리에

---

2) Deleuze, *PP* 195/154.
3) Deleuze, *P* 9/20, 23/39. (강조는 소바냐르그)
4) Deleuze, *P* 10/23.

다가서게 된다. 이는 프루스트에 대한 통상적인 독해에서 벗어난다. 들뢰즈에게 추억^{souvenir}과 기억^{mémoire}은 사유와 기호를 현실적 관계로 이어 주는 모험과 관련하여 지극히 부차적인 역할을 수행할 뿐이다. 기호에 대한 배움에 근거할 때, 프루스트의 작품은 기억을 드러내는 일과는 실로 무관한 것으로서 과거가 아니라 미래로 향한다.

형식기호학적 체계들에 심취한 오늘날의 경향에 발맞추면서도, 들뢰즈는 결정적인 두 가지 수정사항을 도입한다. 그는 자신의 연구를 어떤 통일된 체계의 틀 속에 위치시키지 않으며, 특히 기호를 담론의 상징적·언어적 질서와 동일시하지 않는다. 재현에 대한 비판은 기호에 대한 진단이 되는데, 여기서 기호는 힘들의 관계로 여겨진다. "철학 전체는 하나의 징후학이자 증후학^{séméiologie}이다."[5] 기호와 징후를 다루기는 하지만, 철학이 상징적·구조적 체계라는 형식하에서 그것들을 분배하는 것은 아니다. 기호는 복수적·물질적 힘들이 서로 결합되고 합성되어 관계를 이루는 데서 기인하는 것으로서 관념적 상징들의 정신적 대수^{代數}로 파악되어서는 안 된다. 의미는 기의나 외시^{外示}로 기능하거나 기표로 기능하는 것이 아니라 "사물을 소유하고, 이용하고, 점유하며, 그 사물에서 표현되는 힘"[6]으로 기능한다. 기호 체계가 지닌 언어적 탁월성은 존재하지 않으며, 의미가 담론으로 환원되지도 않는다. 여기서 들뢰즈는 자신이 『의미의 논리』에서 개진하게 될 의미의 정의, 즉 표면 효과^{effet de surface}라는 정의를 예비하고 있다.

프루스트의 기호들을 검토하면서, 들뢰즈는 구체적인 두께와 다양

5) Deleuze, *NP* 3/20.
6) *Ibid.*

성, 행동학적 공속성^{共續性/共束性, consistance}이라는 점에서뿐만 아니라 이질성
^{hétérogénéité}이라는 점에서도 그 기호들을 받아들인다. 기호들은 세계 속에
서 풍부해지면서 역동적인 독특성들을 전개한다. 이 독특성들이 완결성
을 추구하는 경향이 있다 하더라도, 그것들을 하나의 통일된 체계로 환원
할 수는 없다. 기호들은 여러 체계들로 분배되거나, 혹은 차라리 "체계적
인 세계들"로 분배되는데, 이 세계들의 상대적 통일성은 복수성^{pluralité}을
허용한다. "잃어버린 시간 찾기는 기호들의 체계로 나타난다. 그러나 이 체
계는 복수적이다."[7] 기호들은 통일성으로 환원되지 않으면서도 차이의 형
식하에서 자신의 체계적 특성을 펼쳐 보인다.

이런 이유에서 들뢰즈는 기호들의 유형에 대해 말하기보다는 '세계',
다시 말해 삶의 여러 환경들, 서로 조화를 이루지 못하는 구슬들, 복수의
체계들, 아니면 그가 과타리와 더불어 사용하게 될 용어로 기호체제^{régime}
^{de signes}에 대해 말한다.[8] 영양학적^{diététique}이고 정치적인 이중의 의미[9]에
서, 체제는 기호를 언어적이거나 심리적인 것으로 환원하지 않는 이 개방
적인 형태에 특히 잘 부합한다. 오히려 들뢰즈는 신호, 홍조, 뜻한 바 없는
자취, 사회적 코드화, 물질적인 흔적, 감각, 심리적 풍경이 뒤섞인 복합적
인 행동학적 양상에 기반해서 기호를 이해한다. 1976년 들뢰즈가 과타리
와 더불어 이론화한 리좀^{rhizome}은 바로 이 지점에서 시작된다.[10] 1964년

---

7) Deleuze, *P* 103/129. (강조는 소바냐르그)

8) Deleuze, Guattari, *MP* 140/217.

9) [옮긴이] 프랑스어 명사 régime에는 Ancien Régime(앙시엥 레짐[구 체제])이라는 표현에서
볼 수 있는 '정치체제'라는 의미 외에도, 식사량 조절과 같은 '식이요법'이라는 의미가 있다.

10) Deleuze, Guattari, *MP* 14/19~20. 그리고 Deleuze, *IT* 45/69. 자신의 영화 철학에서 들뢰즈
는 언어적 기호론과 기호학(혹은 비언어적 기호 이론)을 근본적으로 구별하는데, 이 구별은
일찍이 『천 개의 고원』의 혼합 기호학(sémiotique mixte)을 통해 예비되었던 것이다. 이 혼

발표된『마르셀 프루스트와 기호들』에서 리좀은 혼합 기호학의 형태로 나타나는데, 이 혼합 기호학은 언어적이거나 의미작용적인 기호가 지닌 담론적인 것을 비담론적·물질적·생기적·사회적 코드화와 연결시킨다.

『잃어버린 시간을 찾아서』는 적어도 네 가지 기호의 세계를 펼쳐 보이는데, 이 기호의 세계들은 모두 서로 구별된다. 첫번째는 살롱을 묘사하면서 등장하는 속물적인 세계, 잃어버리는 시간의 세계다. 두번째는 가슴찢는 고통의 징후, 질투의 정서, 잃어버린 시간과 더불어 등장하는 사랑의 세계다. 세번째는 감각적 기호의 세계인데, 여기서 우리가 마주하게 되는 것은 풍경, 질質, 되찾는 시간, 즉 감각의 현실화 속에서 압축된 형태로 되찾는 시간이다. 마지막으로, 예술의 세계가 있다. 예술의 세계는 특수하고, 교양적이며, '한순간의 순수 상태'를 되살릴 수 있게 해주는 예술의 기호와 더불어 등장한다. 들뢰즈는 단일하고 통일된 하나의 기호 이론을 제공하지는 않는다. 그는 차이를 배가시킨다.

이 복수적인 체계로부터 논리를 이끌어 낼 수 있을까? 기호들은 그것의 재료, 그것이 방출되고 수용되는 방식에 따라 구별된다. 다시 말해, 기호들은 내생적 본성에 따라, 그것을 해석하는 인식 능력과 맺게 되는 관계에 따라, 그것이 구성하는 서로 다른 시간적 양상에 따라 구별된다. 아울러 이 네 가지 기호의 세계에는 위계가 존재한다는 점에서, 『잃어버린 시간을 찾아서』는 기호를 어떤 '이상적 본질'의 구현으로 제시하면서 정점에 이르는 형이상학론으로 읽히게 된다. 이 소설이 주는 가르침은 바로 다음과 같은 것이다. "『잃어버린 시간을 찾아서』에서 본질적인 것은 기억과

합 기호학은 담론적 선분을 비담론적 코드화, 즉 생물학적 코드, 사회적 제도 등과 결합한다.

시간이 아니라, 기호와 진리다."[11]

들뢰즈의 독해는 바로 이러한 구도상에 위치한다. 프루스트를 읽는 이유는 그가 "철학에서의 사유 이미지와 대립되는 어떤 사유 이미지를 그려 내기" 때문이다. 들뢰즈의 독해가 목표로 하는 철학적 과제는 사유 이미지를 혁신하는 데 있다. 프루스트는 "이성론류의 고전 철학에서 가장 본질적인 점을 공격한다".[12] 그가 공격하는 것은 사유가 본성적으로 참을 추구한다는 식으로 사유자의 선한 의지, 사유의 참된 본성을 자처하는 재현 철학의 전제들이다. 소설가는 참된 사유 방식을 제시하며, 그의 작품은 "철학에 대한 비판"[13]을 이룬다. 이는 그의 작품이 대안적인 사유 이미지를 제시하기 때문인데, 그것은 진리에 이르는 길이라는 새로운 규정에 근거해 있다.

진리에 대한 이러한 접근 방식이 갖는 새로움은 그것이 사변을 통해 진행되는 것이 아니라는 데 있다. 오히려 프루스트는 문학적인 관점에서 기호에 대한 감각적 접근 방식을 복원한다. 이 감각적 접근 방식을 통해 사유는 자신이 언어라는 재료로 번역해야 할 어떤 폭력, 즉 사유의 정서를 체험하게 된다. 다시 말해, 우리는 프루스트를 비판 철학으로 읽을 수 있다. 소설가로서 그는 실로 '철학에 대한 비판'——철학 전체에 대한 비판은 아니지만, 사유와 참 사이의 자연적 친화성을 제기하는 사변적·억견적 철학에 대한 비판——을 이루는 어떤 **소설적**romanesque 사유 방식을 보여 주기 때문이다. 프루스트가 가한 비판의 철학적 실효성은 그것이 문학적인

---

11) Deleuze, *P* 111/137.
12) Deleuze, *P* 115/141~142.
13) Deleuze, *P* 41/59, 122/149~150, 127/155.

방식으로 이루어진다는 사실에 있다. 바로 이런 의미에서 "프루스트가 한 것과 같은 철학에 대한 비판"은 "매우 철학적인" 것으로 특징지어진다.

어떤 철학인들 더 이상 사유자의 선한 의지와 미리 생각된 결정에 더 이상 의존하지 않는 사유 이미지를 그려 내길 열망하지 않겠는가?[14]

프루스트의 작업은 이론가로서가 아니라 예술가로서 사유와 감성적인 것의 관계 문제를 다루는 것이다. 하지만 이와 달리 들뢰즈는 소설의 가르침을 철학적으로 보여 준다. 요컨대, 여기서 철학은 예술가-사유의 귀결들을 포함하는 지점까지 확대되는데, 이 예술가-사유는 진리가 비자발적 실행을 통해 나타나는 모습을 보여 줌으로써 사유와 참이 맺고 있는 관계를 혁신한다. 철학자는 프루스트가 문학적인 방식으로 사유했던 바를 비판에 활용한다. 하지만 그것은 철학 **전체**에 대한 비판이 아니라 재현 철학이 전파하는 이른바 올바르고 전능한 사유 이미지에 대한 비판일 뿐이다. 알다시피, 들뢰즈는 철학의 개념을 이중화한다. 프루스트가 한편으로는 재현적이고 추상적이라는 의미에서 '철학적'이지는 않은, 진리에 대한 하나의 접근 방식을 다루고 있으며, 다른 한편으로는 재현적 사유가 일반적으로 제시하는 사유 이미지를 겨냥하여 '철학적' 비판을, 즉 이번에는 강력한 개념적 비판을 가하고 있기 때문이다.

따라서 『프루스트와 기호들』의 과제는 물론 이러한 사유 이미지를 비판하는 데 있으며, 이제 우리는 이 점을 분명하게 말할 수 있다. 재현 철학이 주장하는 바와는 달리, 진리는 사유자의 선한 의지로부터 귀결되는 것

---

14) Deleuze, *P* 122/149~150.

이 아니다. 사유와 참 사이에는 어떠한 자연적 친화성도 존재하지 않는다. 철학자는 현자의 자연적 친구가 아니라 기호의 폭력에 처한 연인이다. 진리는 자발적이지만 예속된 행위로부터, 다시 말해 어떤 사유방법으로부터 귀결되는 것이 아니다. 들뢰즈에 따르면, 프루스트는 사유를 우정(사유자의 선한 의지)과 (자발적인) 방법이라는 조화로운 개념쌍에서 기인하는 것으로 이해하는 사고방식에다 사랑과 우연이라는 개념쌍을 대립시킨다. 우리는 비자발적으로만, 즉 "강요와 우연을 통해서"[15]만 진리와 조우한다.

> 구체적이고 위험한 사유를 꿈꿀 때마다, 우리는 그 사유가 어떤 결정과 명시적인 방법에 의존하는 대신, 우연히 맞닥뜨린 굴절된 폭력에 의존한다는 것을 알게 된다. 그런데 이 폭력은 우리 의지와 상관없이 우리를 본질Essence에까지 안내한다.[16]

소설은 그것이 담고 있는 진리의——함축적인—— 이론적 양식으로 귀결된다. 참은 인식 능력들의 조화로운 실행으로서 사유의 한가운데서 발견되는 것이 아니라, 감각적이고 폭력적인 방식으로 산출된다. 이는 소설이 자연발생적으로 이 감각적 폭력의 평면에 위치하고 있기 때문이다. 들뢰즈는 진리에 도달할 것을 전제하고 있는 재현 철학으로부터 사유 안에서 실제로 참을 생산하는 철학으로 가는 이행이 이 감각적 폭력으로부터 일어날 것이라 기대한다.

따라서 점점 물질성이 낮아지고ᵉᵖᵃⁱˢ, 점점 덜 우발적이며, 점점 덜 일

---

15) Deleuze, *P* 25/41, 116/143.
16) Deleuze, *P* 122/150.

반적인 기호계들을 가로지르는 어떤 상승 변증법을 통해 진리를 추구하는 과정에서, 여전히 불투명한 열등한 기호들의 기호계들로부터 벗어남으로써 우리는 예술적 기호의 세계로, "비물질적인 기호와 정신적인 의미의 궁극적이고 완벽한 통일"[17]로 고양된다. 우리는 예술의 평면에서 한 차례 획득되는 본질이 앞선 세계들에서도 훨씬 느슨한 상태로 이미 구현되어 있었다는 사실을 알게 된다. 이런 이유에서 『잃어버린 시간을 찾아서』는 유사 도그마적인 하나의 정신적 여정이며, 이 여정에서 "본질적인 것은 추억하는 것이 아니라 배우는 것이다". 들뢰즈는 다음과 같이 결론짓는다. "『잃어버린 시간을 찾아서』의 근간을 이루는 개념은 기호, 의미, 본질이다."[18]

이런 의미에서 소설은 진리에 대한 가르침을 준다. 들뢰즈가 더 큰 관심을 갖는 것은 배움의 방식, 그리고 아직 밝혀져야 할 것으로 남아 있는 이 신비로운 시간의 본질에 존립하는 관계, 즉 기호와 의미의 관계를 다루는 배움 이론이며, 이는 그가 문학애호가나 소설가라기보다는 감성적인 것과 지성적인 것의 관계를 사유하고자 하는 철학자이기 때문이다. 들뢰즈는 프루스트의 시도를 철학적 방법으로 승격시키지만, 그 이유는 설명되지 않으며 그것이 독해의 이론적 타당성에 기반해 있는 것도 아니다. 이와 관련해 예컨대 랑시에르J. Rancière는 다음과 같은 반론을 제기한다. 첫째, 예술이 참의 감각적 **대용물**analogon로 보인다는 점에서 들뢰즈의 독해는 알레고리적allégorique이다. 둘째, 역으로 들뢰즈의 독해는 소설의 가르침이 철학에 적용될 수 있기 위해 필요한 이론적 정당성에 근거해 있지도 않다.[19]

---

17) Deleuze, *P* 105~108/131~135.
18) Deleuze, *P* 111/137.

여기에는 상호 연관된 다음의 두 가지 문제가 함축되어 있다. 먼저, 소설을 어떻게 철학적으로 읽을 것인가? 이 물음에 대한 답변은 창조의 철학을 요약하는 일에 해당할 것이다. 다음으로, 철학자가 소설적 사유의 경험을 파악할 수 있다고 가정한다면, 예술의 귀결들은 어떤 점에서 철학과 관련될 것인가? 이 물음은 아직 미결 상태로 남아 있는 다음의 보다 고차적인 물음에 대한 답변을 제공할 것이다. 왜 들뢰즈는 재현적 사유의 혁신을 촉진하는 데 예술을 필요로 하는가? 어쨌거나 철학은 이질적인 영역(소설)에 자리를 잡고, 이 영역에다 자신의 개념적 구별을 확립하며, 자신의 영역에 갇혀 스스로 만들어 낸 사유 이미지에 이의를 제기하고자 예술의 귀결들에 의지한다. 우리가 확실하게 말할 수 있는 것은 이러한 이질성이 답변의 첫번째 요소를 이룬다는 사실이다. 즉 사유한다는 것은 외재성 extériorité을 경험한다는 것이다.

2. 『잃어버린 시간을 찾아서』의 구조

대담하게도 들뢰즈는 앞서 소개된 이런 난점들을 무시하면서 프루스트를 철학으로 이끌어 그 난점들을 일소한다. 철학은 문학과 관련된 주장을 제

---

19) 이것이 바로 들뢰즈가 문학을 활용하는 방식에 대해 제기된 반론이다. Jacques Rancière, "Existe-t-il une esthétique deleuzienne?", in *Gilles Deleuze. Une vie philosophique*, Alliez (éd.), Le-Plessis-Robinson: Institut Synthélabo, 1998, p. 525~536, 그리고 *La chair des mots politiques de l'écriture*, Paris, Galilée, 1998, III, 2, "Deleuze, Bartleby et la formule littéraire", p. 179~203. 우리는 이후 이를 다시 다루게 될 것이다. 아울러 다음의 훌륭한 논문을 보라. François Zourabichvili, "La question de la littéralité", in Bruno Gelas et Hervé Micolet (éd.), *Deleuze et les écrivains. Littérature et philosophie*, Nantes, Éd. Cécile Defaut, 2007, p. 531~544.

기하지 않으며, 랑시에르가 시사하듯 사유를 풍부하게 만드는 일에 예술을 한정시키지도 않는다. 오히려 소설가는 사유자에게 철학적 가르침을 준다. 예술이 소설적인 방식으로 철학의 **기관**^{organon}이 된다고 여겨질 수 있다면, 이는 본질——잠재적 이상성이라는 본질의 위상은 아직 모호한 상태로 남아 있다——에 도달할 수 있는 것이 예술뿐이기 때문이다. 들뢰즈가 몽타주에 능숙하다는 인상은 바로 여기서 기인한다. 이러한 몽타주에 있어, 들뢰즈는 뛰어나게 박식한 자신의 철학적 지식을 활용하여 독일 관념론에서 신플라톤주의가 끼친 영향까지를 가로지르면서 소설을 일종의 개념적 증류의 산물로 만든다——이를 확인하기 위해서는 풍부하게 인용된 소설의 내용과 그에 견주어 건축술적으로 빈약한 해설을 비교해 보는 것으로 충분하다. 이 점을 좀더 자세히 살펴보자.

『잃어버린 시간을 찾아서』가 펼쳐 보이는 기호들의 유형을 검토해 보면, 우리는 서로 다른 네 가지 기호의 세계를 구별할 수 있다. 사교계의 기호, 사랑의 기호, 인상 혹은 감각적 질質의 세계, 덧붙여 네번째 세계인 예술^{Art}의 세계, "기호들의 궁극적인 세계"[20]가 바로 그것이다. 중심을 향해 가는 앞선 세 단계를 가로질러 우리는 예술의 세계, 즉 배움의 **목적인**目的因, $télos$에 도달한다. 이와 동시에 예술의 세계는 가장 압축적인 기호들이 모여 있는 우주로 드러난다. 이 우주는 기호와 진리의 관계를 보여 주며, 역으로 서로 구별되는 여러 종류의 기호들을 위계화하고 분류할 수 있게 해준다.

예술의 기호는 앞선 기호의 세계들을 해독할 수 있게 해주는 열쇠를 담고 있다. 예술은 물질 속에 담긴 본질이 점차 희미해지는 이 복수의 세

---

20) Deleuze, *P* 21/37.

계들에 질서를 부여하는 역할을 한다. 기호와 본질의 관계, 기호가 지닌 부정否定, apophantique의 능력은 상승 변증법의 행로에서 드러나는데, 이 행로는 객관적인 것도 주관적인 것도 아닌 기호의 참된 본성을 되찾는 데서 성립한다. 화자의 배움은 우리가 점차 예술의 기호의 수준에까지 올라 설 수 있게 해주며, 본질을 기호와 의미의 참된 통일성으로 드러내 준다. 따라서 우리가 깨닫게 되는 것은 본질이란 기호와 의미의 역설적인 통일성을 표현한다는 사실이다. 그러나 이 역설적인 통일성은 기호를 방출하는 대상으로도 기호를 수용하는 주체로도 환원될 수 없다. 이처럼 본질은 주체로도 대상으로도 환원될 수 없는 그것의 공속성 안에서 기호와 의미의 통일성으로 규정되며, "배움의 과정에서 최종적으로 얻은 결론 혹은 최종적으로 깨닫게 되는 계시"[21]를 이룬다.

계시의 지점에 도달한 후, 우리는 예술의 기호와 본질이 맺는 관계를 규정하고 방향을 돌려 내려가는 길에 들어설 수 있게 된다. 우리는 영혼의 행로(주관적인 여정)에서 출발해서 이제 물질 속에 담긴 본질을 향해 존재론적으로 회귀하는데, 이러한 회귀는 낮은 단계들 속에서 본질이 현존하는 방식을 해명할 수 있게 해준다.

따라서 회귀한다는 것은 중심부에서 벗어나, 세심하면서도 과감할 정도로 대칭적인 구성을 통해 반대 방향으로 나아가는 일이다. 우리가 도달한 텍스트의 한가운데, 정점, 포물선의 꼭지점은 내려가기 시작하는데, 이는 앞서 배움이 우리를 본질의 평면에까지 끌어올렸기 때문에 가능한 일이다. 예술의 기호에서 출발해서 열등한 기호들로 다시 내려가는 와중에, 우리는 상승 변증법의 질서가 하찮은 것이 아니었음을 깨닫게 된다. 영혼

---

21) Deleuze, P 50/68.

의 행로는 기호의 세계들이 지닌 우주론적 질서를 표현한다.

우리는 가장 결정적인 기호, 즉 감각적 기호의 세계를 거쳐 되돌아간다. 감각적 기호는 본질과 잠재적인 것의 관계를 드러내 주며, 그 과정에서 진부한 프루스트 독해에 맞서 기억의 이차적 역할을 옹호함으로써 기존의 관념을 변화시킬 수 있게 해준다. 감각적 기호가 처한 상황은 "사교계의 기호보다 우월하고 사랑의 기호보다도 우월하지만, 예술의 기호보다는 열등한"[22] 감각적 기호의 위계상의 위치를 보여 준다. 하지만 감각적 기호가 예술의 기호와 맺고 있는 관계는 본질적인 것이다. 본질의 이상성을 가장 잘 반영하는 것이 바로 이 자연적 기호[감각적 기호]이기 때문이다.

기억이 되살아나는 경험, 즉 고모가 보리수꽃차에 담가 준 마들렌, 화자를 비틀거리게 하는 고르지 않은 포석은 프루스트를 유명하게 만들어 준 것으로, 본질이 지닌 두 가지 역량인 차이와 반복, 다시 말해 과거 순간과의 차이와 현행적인 것 안에서의 반복을 보여 준다. 본질은 예술에 비해 한 단계 낮은 비자발적인 기억 속에서도 현실화된다. 하지만 "영원éternité과 같은", "근원적 시간"[23], "즉자적으로 존재하는 과거", **잠재적 과거, 이상적 실재**를 드러낼 수 있는 것은 "예술의 본질"뿐이다. 프루스트가 실제로 사용한 정식, "현실적이지 않은 실재, 추상적이지 않은 이상"의 첫 등장은 들뢰즈에게 큰 중요성을 갖는다. 이 정식에 힘입어 들뢰즈는 잠재적인 것을 예술의 본질과 순수 시간성으로 규정할 수 있게 되기 때문이다. "이 이상적 실재, 이 잠재적인 것이야말로 본질", 즉 '한순간의 순수 상태'다.[24]

---

22) Deleuze, *P* 69/90.

23) Deleuze, *P* 77/102.

24) Deleuze, *P* 72/94, 76/100~101.

그러나 감각적 기호는 예술을 예비하려는 우리 삶의 노력을 표현할 뿐이다. 사교계와 사랑의 세계라는 두 세계는 물질 속에서 본질이 점차 희미해지는 동일한 벡터 위로 분배된다. 먼저 사랑의 기호는 계열의 법칙 안에서 독특한 본질을 일반화하며, 다음으로 사교계의 기호는 아직 본질의 내재성에 붙들려 있는 계열적인 펼쳐짐에서 벗어나 "본질보다 낮은 단계에 속하는" 그룹의 일반성으로 이행한다.

우리는 네 유형의 기호를 요점 일람표에 분배하면서 다시 정리해 볼 필요가 있다. 이 요점 일람표는 물질, 방출, 기호에 대한 이해, 기호가 야기하는 효과라는 기준에 따라, 다시 말해 의미의 본성 및 기호가 의미와 맺는 관계라는 기준에 따라, 기호와 본질의 관계를 보여 준다. 이는 분명 칸트의 인식 능력 이론에 따른 것이지만(각각의 기호는 영혼이 지닌 여러 인식 능력들 중 하나를 공명하게 만든다), 또한 베르그손이 말하는 '시간선'에 따른 것이기도 하다. 기호는 바로 이 시간선에 따라 상응하는 진리를 펼쳐보이며, 이 진리는 본질과 더 혹은 덜 가까운 기호들의 단계를 추론할 수 있게 해준다. 처음부터 논증은 규정적^{thétique} 측면과 방법론적 측면에 동등하게 분배되어 있었다. 즉 문제가 되었던 바는 한편으로는 프루스트를 해독하는 것(규정적 측면)이고, 다른 한편으로는 실천적인(기호에 대한 배움) 동시에 이론적인(기호와 본질의 관계) 방법론적 측면에서 기호를 올바르게 사용하는 방법을 규정하는 것이었다.

결론인 「사유 이미지」는 분명 방법론적이다. 이 결론은 들뢰즈가 『잃어버린 시간을 찾아서』에서 이끌어 낸 진리 습득의 방법론을 개진하며, 철학자가 문학으로부터 만들어 내고자 하는 기호의 사용법을 분명히 해준다. 문학은 하나의 실험이며, 재현으로부터 벗어난 진리가 기호와 맺고 있는 관계를 제시하고자 할 때 철학자는 이 실험의 이론적 도움을 필요로 한다. 들뢰즈는 당황스러울 정도로 능수능란하게 이를 구성해 내고 있다.

3. 글쓰기 방식에 대한 해부학

이상의 소개를 통해, 우리는 들뢰즈가 1964년에 쓴 『마르셀 프루스트와 기호들』의 중요성을 충분히 이해할 수 있게 된다. 이와 더불어 이 책의 출판에 얽힌 내력을 살펴본다면, 그것이 쓰여진 구체적인 과정을 보다 주의 깊게 검토할 수 있을 것이다. 오늘날의 독자에게 『프루스트와 기호들』은 들뢰즈 사유의 지층학地層學으로 제시되며, 초월론적 경험론의 성립을 살펴 보기 위한 훌륭한 출발점을 제공한다.

우리가 앞서 분석했던 책은 1964년에 출간된 최초의 핵에 해당하는 것으로서, 1970년과 1976년 두 차례의 증보판을 통해 보완되었다.[25] 그 결과 오늘날 우리가 구할 수 있는 판본은 그 책의 표지 아래 10년이 넘는 작업을 포괄하게 된다. 따라서 프루스트에 대한 독해는 하나의 완성된 이론 이라기보다는 동일한 문제를 거듭 재기하는 여러 시도들의 변이로 나타난다.

프루스트는 들뢰즈의 사유와 함께한다. 하지만 지속적인 이론적 대화 상대라는 지위가 부여된 예술가나 작가가 프루스트 한 명뿐인 것은 아니다. 미쇼H. Michaux, 고다르J. L. Godard, 아르토, 블랑쇼, 카프카F. Kafka, 불레즈P. Boulez도 이와 동일한 역할을 수행한다. 그러나 프루스트는 첫번째 예술

---

25) 편의상 이 연속적인 판본을 『프루스트 I』, 『프루스트 II』, 『프루스트 III』이라 하고, 간혹 논의과 정에서 P I인지, P II인지, P III인지를 분명히 하는 것이 중요할 경우 주석에서 이를 구별할 것이다.

가다——프루스트는 철학이 예술과 맺는 이러한 관계의 첫번째 증인이며, 철학의 문제를 해결하는 일을 도와달라고 요청받은 첫번째 작가다. 들뢰즈는 『프루스트와 기호들』을 더 이상 수정하지 않게 되었을 때에도 계속해서 프루스트를 분석하고 그에 대해 논문을 썼다. 따라서 이 저작의 증보판들이 보여 주는 세 단계를 확고부동한 것으로 간주하는 것은 헛된 일이다. 이 세 단계는 계속 변형되는 어떤 변이하는 연속체[continuum]에서 오려낸 유동적인 단계들로 간주되어야 한다.

『프루스트와 기호들』의 출판 내역을 자세히 살펴보자. 이는 한편으로는 방황하는 개념의 선을 복원하기 위함이며, 다른 한편으로는 이 사례를 통해 하나의 개념을 정교하게 규정하고자 이렇듯 역동적인 지도제작을 추구할 때 얻을 수 있는 이점을 보여 주기 위함이다.[26]

들뢰즈가 프루스트에 대해 작업한 첫번째 원고는 1963년 『형이상학과 도덕』[Revue de métaphysique et de morale]지에 실렸다. 1년 후 출간된 『마르셀 프루스트와 기호들』은 체계성이라는 측면에서, 교조적인 듯한 인상까지 주는 일관성이라는 측면에서 그 분석이 얼마나 진전되었는지를 가늠할 수 있게 해준다. 이 짧은 책은 '사유 이미지'라는 방법론적인 결론으로 끝을 맺고 있는데, 여기서 들뢰즈는 자신이 『니체와 철학』에서 제시했던 방향들을 체계화한다. '사유 이미지'라는 개념이 온전한 의미로 등장하는 것은 여기가 처음이다. 여기서 '사유 이미지'는 사유에 함축되어 있는 것으로, 그리고 이론적 사유가 사유와 진리의 관계를 확립해 준다는 식의 거짓

---

26) 미시적 독해를 활용하는 방법에 대해서는 다음을 보라. Pierre-François Moreau, *Spinoza. L'expérience et l'éternité*, Paris, PUF, coll. Épiméthée, 1994, 그리고 *Problèmes du spinozisme*, Paris, Vrin, 2006.

된 이미지에 대한 비판으로 나타난다. 사유 이미지라는 개념이 결론의 위치를 차지한다는 사실은 이 책의 과제가 재현적 이성에 대한 비판에 있음을 보여 준다.

1970년에 나온 재판에는 기존의 7장에 「안티 로고스 혹은 문학기계」라는 새로운 장이 덧붙여지는데, 이 장은 초판의 결론 앞에 위치한다. 『마르셀 프루스트와 기호들』에서 『프루스트와 기호들』로 이제는 성만 남겨 놓은 제목 외엔 아무것도 변화시키지 않으면서, 거의 기존의 텍스트 전체만큼이나 긴 새로운 장이 6년 된 낡은 텍스트에서 혹처럼 자라난 것이다. 지나치게 학술적인 '마르셀 프루스트'라는 제목에서 고유명사만 간단하게 언급한 제목으로 넘어가면서, 들뢰즈는 그간 자신의 분석이 성숙해졌음을 보여 준다. 즉 저자를 작가로 환원하여 동일시하게 만드는 이름을 삭제함으로써, 이제 들뢰즈는 전기와 저자를 둘러싼 의혹을 고려한다. 저자의 이름은 더 이상 어떤 내면성의 지표가 아니라 일련의 효과, 작품의 작동 방식을 가리킨다(**프루스트-효과**). 고유명사가 지닌 특징이 "탈인격화" dépersonnalisation[27]됨에 따라 저자의 이름은 그 저자의 텍스트로 환원된다. 작품은 그것의 텍스트적 공간으로 엄밀하게 한정되어 더 이상 소설가의 심리나 주체성으로 뻗어 나가지 않는다. 마르셀 **퇴장하다**. 여기서 입증되는 바는 들뢰즈가 새로운 비판의 작업을 받아들였으며, 저자 개념에 대한 미셸 푸코의 훌륭한 분석 ——저자는 텍스트의 역사적 기능이지 개인의 주관적 속성이 아니다——을 연구하는 데 큰 관심을 기울였다는 사실이다.[28]

---

27) 우리는 "가장 엄격한 탈인격화의 작용이 끝난 후에야" 고유명사로 말할 수 있을 따름이다. (Deleuze, *PP* 15/30)

28) Georges Poulet (éd.), *Les chemins actuels de la critique, Actes du colloque du 2 au 12 septembre 1966 de Cerisy-la-Salle, "Tendances actuelles de la Critique"*, Paris,

새로운 장이 덧붙여졌다는 사실은 초판본의 유효성 및 들뢰즈의 방법론에 대한 관심을 동시에 불러일으킨다. 문제제기적인 것^{le problématique} 전체는 첫번째 텍스트의 타당성을 해치지 않으면서 다른 층위로 이어진다. 오늘날의 독자는 분명 이 다른 층위에서 시작하게 된다. 이제 초판본의 위상은 크게 변화하여 하나의 상대적 관점으로 환원된다. 이 상대적 관점은 앞선 판본을 무효화하는 것이 아니라 거기에 덧붙여지는 것으로서, 앞선 판본의 일관성과 완결성은 두번째 판본의 안티 로고스적인 시각을 통해 심층적으로 변형된다. 본질이라는 용어는 여전히 사용되지만, 그것의 위상은 너무나 크게 달라져서 이제 그 용어를 예술과 절대^{l'Absolu}의 낭만적인 융합에 대해 사용하는 것은 전혀 불가능한 일이 된다.[29]

그뿐만이 아니다. 1976년 개정판에는 완전히 새로운 결론으로 「광기의 현존과 기능, 거미」라는 새 텍스트가 덧붙여진다.[30] 1976년 개정판은 「기호들」이라는 제목으로 지금의 1부를 구성하는 초판본의 순서를 복원한다──그때까지 「기호들」이라는 제목이 붙어 있던 1장에는 이제 「기호의 유형」이라는 제목이 붙여진다. 「사유 이미지」라는 결론은 다시 옮겨져

UGE, coll. 10/18, 1968. 1969년까지 들뢰즈는 종종 미셸 푸코의 강연 「저자란 무엇인가?」를 참조한다.

29) Deleuze, *P* 194~197/252~255.

30) 「광기의 현존과 기능, 거미」라는 텍스트는 1973년 『『잃어버린 시간을 찾아서』에 나타난 광기의 현존과 기능」이라는 제목으로 다음의 학술지에 실려 이미 출판되었던 바 있다. *Saggi e Richerche di Letteratura Francese*, vol. XII, Rome, Editore, 1973, p. 381~390. 이 텍스트가 기존의 판본에 덧붙여질 수 있게 된 것은 1972년 울름 고등사범학교와 뉴욕대학교 파리 분교가 개최한 '프루스트와 새로운 비판'이라는 콜로키움에 들뢰즈가 참여했기 때문이다(롤랑 바르트 및 제라르 쥐네트[Gérard Genette]와 함께 진행된 토론은 「프루스트에 대한 원탁 토론회」라는 제목으로 *RF* 29~55에 재수록되었다. 원본의 서지사항은 다음과 같다. "Table ronde", in *Cahiers Marcel Proust, 7. Études proustiennes II*, consacré au colloque "Proust et la nouvelle critique", Paris, Gallimard, 1975, p. 87~115).

서 7장 뒤의 원래 자리로 되돌아간다. 분량이 상당한 1970년 판본의 8장은 '문학기계'라는 제목으로 2부를 구성하게 되는데, 이 2부는 1부의 장들과 분량이 비슷한 5개의 장으로 이루어진다. 이 두 가지가 수정되면서 서문도 덧붙여진다. 현재의 판본은 이 세번째 판본의 형태를 유지하고 있다. 다만 두번째 판본에 실려 있던 서문은 삭제되었다.

편집을 둘러싼 이 파란만장한 역사에 힘입어, 우리는 어떤 체계의 구성 및 들뢰즈 사유에서 초월론적 경험론이 차지하는 위치에 관해 적어도 다음의 세 가지 귀결을 이끌어 낼 수 있게 된다. 첫째, 현 상태에서 『프루스트와 기호들』은 1963년(첫 논문)에서 1976년(프랑스어판 『프루스트 III』의 첫 출간)까지 13년간의 작업을 연결해 준다. 우리는 이 되풀이되는 작업을 어떤 실패의 증거로 읽을 수도 있다.[31] 그러나 거기서 변이하는 **연속체**를, 즉 변심하거나 불필요하게 반복하는 것이 아니라 생성하는 개념들의 **연속체**를 보는 편이 훨씬 더 유용하다. 이 **연속체**는 개념들의 공속성 및 작동을 위한 개념들의 연결을, 다시 말해 개념들이 경유하는 영역들을 가르쳐 준다. 이 책의 통일성은 당연히, 정확히 말해 작품의 통일성으로 여겨져야 한다. 통일성이 문제가 되지 않는 이유는 그 통일성이라는 것이 **사실상** 그 책의 범위 안에서 주어지는 것이기 때문이다. 그러나 이 통일성이 어떤 닫힌 이론에서 성립하는 것은 아니다. 이런 점에서 프루스트의 시도에 부합하는 통일성은 그것이 겪은 여러 변동을 펼쳐 보인다. 이전의 판본들을 재론하면서, 들뢰즈는 자기 사유의 생성을 다루기 위한 하나의 방법론을 제시한다.

---

31) Rancière, "Existe-t-il une esthétique deleuzienne?", in *Gilles Deleuze. Une vie philosophique*, Alliez (éd.), *op. cit.*, p. 536.

우리가 보기에, 역동적인 지도제작이나 열린 체계와 마찬가지로, 새로움은 『프루스트와 기호들』의 잇따르는 지층들 속에서 만들어진다. 그 책이 만들어진 과정이 작품의 변이를 다루는 이론에 적용될 수 있는 것은 서로 공존하는 다음의 세 가지 입장 때문이다. 첫째, 초판본에서 세번째 판본으로 단계적으로 나아가는 오늘날의 독자는 **생성하는** 사유의 구체적인 사례를 얻게 된다. 이 사례가 더욱 흥미진진한 까닭은 프루스트 건을 전적으로 완결된 것으로 간주할 수 있게 될 때까지 들뢰즈가 자신의 방법론에 따라 자신의 **전** 저작에서 이 물음을 집요하게 재론하고 있기 때문이다.[32]

두번째 측면으로서 이 집요함이 놀라운 것은 프루스트와 가까워짐에 따라 우리가 곧장 들뢰즈 체계의 중심으로 향하게 된다는 사실 때문이다. 주술처럼 되풀이되는 프루스트의 세 정식은 들뢰즈의 전 저작을 구획하며 서로 연결되어 들뢰즈의 체계를 놀라운 방식으로 절단한다. 첫번째 정식인 "현실적이지 않은 실재, 추상적이지 않은 이상"[33]은 잠재적인 것의 줄임말이자 서명이 된다. 들뢰즈는 잠재적인 것을 규정해야 할 때마다 이 정식을 체계적으로 다시 활용하는데, 처음에는 매번 프루스트를 인용했지만 머지않아 이 절차를 생략하게 된다. 『생트-뵈브에 반대하여』에서 이

---

32) 실제로 프루스트는 여러 차례에 걸쳐 다시 다루어진다. 『베르그손주의』, 『차이와 반복』, 『의미의 논리』, 『안티-오이디푸스』 82, 『디알로그』 11/13~14, 『천 개의 고원』 49/76~77, 332-3/514~516, 『대담 1972~1990』 195/153~154, 그리고 특히 『시네마』에서 두드러진 위치를 차지하는 베르그손의 시간에 관한 논의를 보라. 아울러 다음을 보라. "Boulez, Proust et les temps: "Occuper sans compter"", in Claude Samuel (éd.), *Éclats/Boulez*, Paris, Centre Georges-Pompidou, 1986, p. 98~100.

33) Proust, *À la recherche du temps perdu, op. cit.*, III, p. 873.; 11권, 『되찾은 시간』, 258쪽. 들뢰즈는 자신의 전 저작에서 끊임없이 이 정식을 되풀이한다(예컨대, *P* 73~74/101, *DR* 269/450 등).

끌어 낸 두번째 정식, "훌륭한 책들은 일종의 외국어로 쓰여진다"[34]는 들뢰즈의 전 저작을 조망해 준다. 아울러 이 정식은 마지막으로 출판된 저작으로서 철학과 문학의 관계를 다루고 있는『비평과 진단』의 서두를 장식하는 제사題辭이기도 하다.『비평과 진단』은 들뢰즈의 체계 내에서 이 정식이 갖는 핵심적인 위치를 보여 준다. 창조는 언어의 낯섦, 부적절한 사용, 말 더듬기, 통사 규칙의 불안정성에서 성립한다. 문체란 사유를 바깥dehors과 접촉하게 하는 어떤 이질성을 함축하고 있기 때문이다. 앞의 두 정식 못지않게 결정적인 세번째 정식, 즉 '한순간의 순수 상태'는 사유와 잠재적인 것의 만남을 담고 있다. 프루스트의 이 세 가지 정식에 힘입어 자신의 체계를 구성하면서, 들뢰즈는 상감象嵌하듯 이 정식들을 자신이 거쳐 간 이론적 단계들의 결정적인 대목에다 위치시킨다. 실재적이지만 추상적이지 않은 이상성으로서의 잠재적인 것, 이질성으로서의 창조, "순수 상태의" 시간, 이 세 가지는 사유와 감성적인 것, 사유와 예술, 사유와 시간의 관계를 표현한다.『프루스트 I』에서 본질이라는 가면 아래 들뢰즈가 도입했던 것이 바로 여기에 있다.

　　프루스트에 대한 들뢰즈의 글쓰기 방식을 연구함으로써, 아울러 우리는 철학자의 실험실로 들어갈 수 있는 기회를 얻게 된다.『잃어버린 시간을 찾아서』의 영토에 대한 이 연속적인 지도제작은 그 지도의 변이, 분기점, 변화가 일어나는 전략적 요충지를 통해 1963년에서 1976년까지 사유와 감성적인 것이 맺고 있던 관계를 보여 주며, 초월론적 경험론이 제기한 일련의 문제들과 그 문제들을 해결하기 위한 연속적인 탐구를 보여 주는

---

34) Proust, *Contre Sainte-Beuve*, Paris, Gallimard, 1954, rééd. coll. "Folio-Essais", 1987, p. 297.

훌륭한 사례를 제시한다.

이러한 단계들은 사유, 기호, 예술의 관계를 보여 주는 세 가지 입장을 결정화結晶化한다cristalliser. 전지적 작가는 아니지만 어쨌든 정합성에 몰두하는, 낭만적이고 조금은 신플라톤주의적인 『프루스트 I』의 화자는 중세의 백과사전을 흠모하여 상승하고 또 하강하는 어떤 변증법에 따라 세계의 이미지를 그려 내는데, 이 이미지에 따르면 예술은 본질과 합치하는 절대적인 중심점이 된다. 이 화자는 특히 『프루스트 II』의 조각난 화자, 즉 그 책의 문체, 그 책의 생산적인 글쓰기로 환원되는 화자와 대조를 이루는데, 이 조각난 화자는 글 전체를 파편으로 변형시키고 『프루스트 I』의 '아름다운 조화'에서 파편 이론으로 이행한다. 『프루스트 III』의 거미-화자에 대해 말하자면, 이 화자를 길러 낸 것은 정신분석을 비판한 이전의 작업들 및 작품과 광기의 관계를 다룬 1970년의 구상이다. 거미-화자는 아름다운 개체성이 지닌 유기적 통일성을 잃어버렸으며, 어떤 효과들을 포착하고 '동물-되기'[35]를 야기하는 작품의 작동 방식, 거미줄이나 감각적 장막의 작동 방식으로 환원되는 것으로 드러난다. 동물의 공생이라는 모티프가 출현하는 데 힘입어, 『잃어버린 시간을 찾아서』는 말벌과 서양란의 반反자연적 결합에서 출발하는 동성애의 물리학으로 변형된다. 7년간 함께 작업한 과타리와 더불어, 더 이상 모방imitation 이론에 기대지 않으면서 예술의 작용을 설명하기 위한 결정적인 모델로 들뢰즈가 내세우는 것은 바로 포획capture 이론이다. 작품을 동물-되기(화자의 감각적 거미줄, 화자의

---

35) 이 주제는 윅스퀼의 다음 저작에서 기인한 것이다. Uexküll, *Mondes animaux et monde humain*(Berlin, 1921), trad. franç. Philippe Muller, Paris, Denoël, 1965, p. 116. 이 주제와 관련하여, 우리는 다음을 참고할 것이다. "De l'animal à l'art".

기관 없는 신체(corps sans organes)로 이해하는 일은 진단적 비판이라는 니체의 주제를 계승하는 것으로서, 『안티-오이디푸스』의 작업, 거기서 정신분열증 개념이 차지하는 핵심적인 역할을 당연한 것으로 간주한다. 들뢰즈는 일찍이 『차이와 반복』과 『의미의 논리』에서 정신분열증 개념을 개진했던 바 있지만, 이는 특히 과타리와 만난 후 본격화된다. 따라서 문제는 광기 및 정신분열증이라는 주제를 행동학 및 동물의 활동으로서의 예술이라는 주제와 연결시키는 일이다.

초월론적 경험론의 위상은 특히 처음의 두 판본 사이에서 문제가 되지만, 그럼에도 논의를 분명히 하고자 세번째 판본을 우회하는 것은 가능한 일이다. 『프루스트 I』은 본질을 향해 가는 행로라는 관점에서 『잃어버린 시간을 찾아서』의 통일성과 복수성에 대한 독해를 보여 준다. 『프루스트 II』는 지나치게 온건한 이 주제와는 거리를 둔다——그리고 문학 기계를 강조한다. 이 시기에 논의되었던 바에 따르자면, 본질에서 기계로 가는 이러한 변형은 구조 개념에 대한 성찰을 함축한다. 구조 개념은 1964년에 그 구상이 시작되어 1969년 『의미의 논리』의 출판에 이르는 것으로서 이 저작에서 들뢰즈는 라캉과 레비스트로스(C. Lévi-Strauss)의 만남을 야기하는 구조라는 주제에 가장 가까이 다가간다. 1967년 발표된 「어떻게 구조주의를 식별할 것인가?」는 이 물음과 관련하여 참고할 만한 텍스트로서, 우리는 이 논문을 주의 깊게 검토해야 할 것이다.[36] 그러나 과타리의 영향으로 1970년 이후 구조는 기계에 그 자리를 넘겨주게 된다. 기계 개념은 맑스와 라캉이 기여한 바에 해당하는 생산 이론과 당시에는 들뢰즈가 전혀 관심을 두고 있지 않던 정치 및 문명 이론에 대한 관심을 연결해 준다. 따라서

---

36) Deleuze, *ID* 238/363[*LS* (국) 517].

이제 본질을 향해 가는 행로와는 무관한 주제인 동성애, 그리고 힘의 포획으로서의 문학적 생산을 주장하면서 『프루스트 II』가 강조하려는 바는 이질성, 그리고 고전적인 정합성의 불가능성이다. 마지막으로 『프루스트 III』은 광기, 정신분열증, 기관 없는 신체[37]가 맺는 관계에 집중하며, 강렬한 방식으로 1964년의 아름다운 몽타주를 계속 해체시켜 나간다.

현 단계에서 우리는 본질의 위상, 즉 예술의 기호가 현실화하는 바 잠재적 이상성을 밝혀내기 위해 『프루스트 I』의 건축술에 집중할 것이다. 이렇게 함으로써 우리는 들뢰즈와 낭만주의를 연결해 주는 복잡한 관계를 해명할 수 있게 된다. 들뢰즈는 '숭고의 분석론'의 관점에서 칸트에게 뚜렷한 변화를 가하면서 낭만주의로부터 인식 능력들의 한계 초과 débordement라는 주제, 그리고 범례적 독창성으로서의 천재라는 주제를 물려받는다. 그러나 들뢰즈가 결코 물려받지 않는 것은 지성적인 것의 감각적 현존이라는 알레고리적 모티프와 예술의 자율성이라는 모티프이며, 이중 후자는 예술 고유의 역량을 보여 주는 상징으로 간주되어 자기목적적autotélie이라는 비난의 대상이 된다. 『프루스트 I』에서 『차이와 반복』에 이르기까지 본질이라는 용어가 수행하는 역할을 드러냄으로써, 우리는 랑시에르의 반론에 답하는 동시에 초월론적 경험론의 몽타주를 뒤따라갈 것이다.

---

37) 우리는 『들뢰즈와 예술』의 4장과 5장에서 이러한 측면들을 연구했던 바 있다.

4장
기호의 유형학과 인식 능력 이론

이 뛰어난 문학 기계에 대한 들뢰즈의 독해와 관련하여, 우리가 내릴 수 있는 결론은 들뢰즈가 예술과 철학의 관계에 대한 이상주의적·낭만주의적 판본을 제시하고 있다는 것이다. 그러나 이 몽타주를 좀더 주의 깊게 검토하고자 한다면, 이 몽타주가 자신이 흘러드는 개념망 곳곳을 찢어 놓았다는 사실을 확인할 필요가 있다.

들뢰즈는 『잃어버린 시간을 찾아서』를 기호의 복수성을 보여 주는 체계적인 도표의 형태로 요약하는데, 이 도표는 다음의 세 가지 축을 결합한다. 첫째, 4중의 본성에 따른 기호의 유형학. 즉 사교계의 기호, 사랑의 기호, 감각의 기호, 예술의 기호. 둘째, 인식 능력 이론. 즉 감성, 욕망, 상상력, 기억, 지성, 그리고 순수 사유. 셋째, 시간 철학. 이 시간 철학은 기호의 복수성과 시간적 구조의 다양성을 연결하며, 서로 구별되는 '시간선들'에 관한 베르그손의 이론에 도달한다.

저마다 상응하는 기호의 세계에 감싸여 있는 네 가지 시간선은 저마다 '그 세계에 부합하는 진리의 유형'을 함축하며, 상승하는 위계에 따라 순서를 부여받는다. 반면 각각의 기호는 자신의 시간선과 특권적이지만 결코 독점적이지는 않은 어떤 관계를 유지하며, 다른 선들에도 관여한다. 잃어버리는 시간은 사교계의 기호에 속하며, 해석자가 얼마나 성숙했는지를 가늠해 준다. 사랑으로 잃어버린 시간은 시간의 흐름을, 이미 사라져버린 어떤 자아와 욕망을 떠올리기엔 '너무 늦어 버렸다는 사실' 사이에 존재하는 불일치를 느낄 수 있게 해준다. 감각의 기호는 잃어버린 시간 한복판에서 되찾는 시간, 즉 영원성의 감각적 이미지를 제시한다. 마지막으로, 예술의 기호는 되찾은 시간, 즉 '본질'을 규정한다. 1964년 들뢰즈는 본질이란 '한순간의 순수 상태', "의미와 기호를 통일하는 참된 영원성"[1]이라고 쓴다.

이러한 논의 구조는 그 설명 방식에 있어서는 칸트적이지만, 사유의 결정적인 과제로 시간을 제시한다는 점에서는 베르그손적이다. 여기에는 우리가 탐색해야 할 두 가지 방향이 존재한다. 이 탐색은 한편으로는 아직 불가해한 상태로 남아 있는 본질의 위상을 규정하고, 다른 한편으로는 기호의 폭력이 '순수' 사유를 불러일으켜 '한순간의 순수 상태'를 야기하는 방식을 규명하기 위한 것이다.

1. 프루스트에 대한 칸트적 독해

기호들은 어떤 인식 능력을 요청하는가에 따라 구별된다. ① 감성, ② 비자발적 기억 및 욕망에 의해 촉발되는 상상력, ③ 지성, ④ 순수 사유. 따라서 인식 능력의 유형학이라는 칸트의 도구가 프루스트에게 적용된다. 염치

---

1) Deleuze, *P* 107/133.

불구하고 여기서 들뢰즈는 자신이 얼마 전 『칸트의 비판철학』에서 마무리한 작업을 활용하면서, 인식 능력 이론에 칸트 철학의 이론적 모태라는 위상을 부여한다.

1963년 출간된 『칸트의 비판철학』에서 들뢰즈는 칸트의 문헌 중 삼 비판서만을 고려하는데, 그는 삼 비판서를 놀랄 만한 구조적 밀도로 집약하여 인식 능력에 대한 일반 이론이라는 연속적인 평면에다 위치시킨다. 들뢰즈는 체계의 건축술적 통일성을 강화하면서 인식 능력 이론을 "초월론적 방법을 구성하는 진정한 얼개"[2)]의 핵심으로 간주하는데, 이는 삼 비판서를 '전환permutation의 체계'로 간주할 수 있게 해준다. 체계에 대한 이러한 독해는 결국 『판단력비판』의 서론을 마무리하는 요점 일람표에서 영감을 얻은 하나의 주석이 된다. 이러한 독해는 게루가 미친 영향을 보여주는 것으로서, 칸트 문헌opus의 다른 측면들을 도외시하면서 삼 비판서를 체계적으로 통일된 하나의 평면에 투사한다. 들뢰즈는 철학사에 대한 자신의 입장에 다음과 같이 응답한다. 체계를 구성하는 철학적 문제를 떼어낸 후 그 문제에 집중할 것. 이는 작품의 정적인 결정結晶을 산출하고 또 연역할 수 있게 해주는 어떤 정식에 집중하는 것과 같다.

이 정식은 다음과 같은 것이다. 각각의 비판서에서 영혼의 인식 능력, 즉 상상력·지성·이성이라는 의미에서의 인식 능력은 서로 다양한 관계를 맺는다. 이때 이 인식 능력들 중 하나는 이성의 주된 관심사들 중 하나, 다시 말해 인식, 도덕적 인도, 판단 중 하나에 응답하고자 다른 인식 능력들을 주도하면서 우월한 방식으로 실행되기에 이른다. 『순수이성비판』에서 이성의 이론적 관심에 따라 지성이 인식 능력에 입법한다면, 이제 『실천

---

2) Deleuze, *PCK* 17/31.

이성비판』에서는 이성의 실천적 관심에 따라 이성이 상위욕구 능력에 입법한다. 『판단력비판』에서는 상상력이 등장하여 미적 경험에서 인식 능력들의 자유로운 유희를 가능하게 해준다. 인식 능력 이론을 칸트주의의 이론적 모태로 내세움으로써, 들뢰즈는 삼 비판서를 인식 능력들을 규제하는 어떤 단일한 체계의 서로 다른 측면으로 배치할 수 있게 된다. 이 단일한 체계에서는 인식 능력들 중 하나가 번갈아 가며 주도권을 갖고 우월한 방식으로 실행되기에 이른다.

이것이 바로 들뢰즈가 『잃어버린 시간을 찾아서』에 적용한 도식이다. 프루스트에게서 각각의 인식 능력은 '초월적' 사용, 다시 말해 기호의 작용 아래 놓인, 따라서 비자발적인 방식으로 행해지는 우월한 사용에 이른다. 칸트의 모델이 프루스트에게 적용되지만, 자발적인 것과 비자발적인 것이라는 프루스트적인 대립이 적용됨에 따라 그 모델은 심층적으로 변형된다.

들뢰즈는 순수성을 두 가지 방식으로 전복시켜 칸트가 이해한바 인식 능력의 우월한 사용, 순수한 사용을 이어받는다. '우월한' 실행은 혼합적 종합, 사유 안으로 침입해 오는 기호와의 만남이 된다. 칸트가 순수한 실행의 자율성과 비경험적 특성을 강조하는 데 반해, 들뢰즈는 이 순수성을 수동성으로, 그리고 사유 속으로 침입해 오는 물질적 기호로 정식화하는데, 이것은 적어도 칸트 이론의 한 가지 변형에 해당한다. 다음으로, 들뢰즈가 말하는 순수성은 칸트적인 의미에서 병리적인 것이며, 그에 따라 자발성은 수동성이 된다. 이렇게 두 가지 점을 수정한 끝에, 들뢰즈는 초월적 실행에 이르는 서로 다른 인식 능력들이라는 칸트의 도구를 간직하게 된다. 비자발적인 것은 어떤 인식 능력의 가장 뛰어난 실행 방식이 된다. 비자발적으로 실행될 때, 인식 능력들의 실행은 더 이상 우발적인 것이 아니다.

자발성과 비자발성은 서로 다른 인식 능력들을 일컫는 말이 아니라, 동
일한 인식 능력들의 서로 다른 실행을 가리키는 말이다. 지각, 기억, 상상
력, 지성, 사유 자체가 자발적으로 실행될 때, 그 실행은 우발적일 수밖에
없다.[3]

따라서 프루스트의 자발적인 것과 비자발적인 것이 칸트의 경험적인
것과 순수한 것을 대체한다. 이런 이유에서 생기적 기호와 예술의 기호의
구별은 결국 초월적 실행에 도달한 주도적인 인식 능력, 그리고 이 우월한
실행이 요구하는 인식 능력들 간의 일치 형태에 달려 있다.

들뢰즈는 『칸트의 비판철학』에서 채택된 건축술을 설명하면서 다음
을 분명히 한다. 미적 공통감만이 도덕적 공통감과 논리적 공통감을 "근
거 짓거나 가능하게 하며",[4] 따라서 "인식 능력들이 조화를 이루는 근거
와 관련해서 처음 두 비판은 마지막 비판에 가서야 답을 찾을 수 있다".[5]
들뢰즈가 『판단력비판』에 부여하는 위치와 그가 『프루스트 I』에서 작동케
하는 기능, 이 양자를 동시에 설명해 주는 이유들을 찾아내기 위해서는 차
라리 같은 해 『계간 미학』*Revue d'esthétique*에 실린 논문 「칸트 미학에서 발생
의 이념」[6]——예술의 문제를 다루는 최초의 중요한 논문으로, 당연히 칸트

---

3) Deleuze, *P* 120~121/147.

4) Deleuze, *PCK* 72/97.

5) Deleuze, *PCK* 36/56.

6) Deleuze, "L'idée de genèse dans l'esthétique de Kant", *Revue d'esthétique*, 1963, réédité
dans *ID* 79~101/177~217(이하 "Genèse...").

를 논의 대상으로 삼고 있다——을 살펴보아야 할 것이다.

이처럼 들뢰즈는 서로 다른 전략적 강조점에 응답하는 두 가지 칸트 독해를 동시에 제안한다. 1963년 칸트에게 헌정한 연구서인 『칸트의 비판철학』이 삼 비판서를 정확히 동일한 개념적 평면에 위치시키는 데 반해, 같은 해 나온 논문 「칸트 미학에서 발생의 이념」은 『판단력비판』이 도입한 혁신, 그리고 그 책에서 '숭고의 분석론'이 열어 보이는 결정적인 단층을 강조한다.

『칸트의 비판철학』에서 들뢰즈는 인식 능력들 간의 규정된 일치가 그 것의 필연적 조건으로서 본성상 구별되는 인식 능력들 사이의 규정되지 않은, 자유로운 일치의 가능성을 전제하고 있음을 강조했다. 인식 능력들 중 하나가 우월한 실행에 도달할 때 발휘하는 주도권 아래서 인식 능력들이 가변적인 관계를 맺게 된다면, 이는 구조적 전환의 논리를 넘어서는 어떤 조건에서 가능할 것이다. 주관적 인식 능력들의 구성적 불균등성 안에서, 그 능력들이 어떤 일치를 이루게 될 가능성을 근거 짓는 것은 무엇인가? 이제 이 새로운 과제는 『판단력비판』과 인식 능력들의 초월적 사용을 최전선에 위치시킨다.

실제로 『순수이성비판』과 『실천이성비판』은 어떤 인식 능력의 주도권 아래서 인식 능력들이 맺는 정적이고 조화로운 관계를 규정한다. 그에 반해 『판단력비판』은 인식 능력들 간의 일치를 완화하는 미적 공통감이 존재한다고 주장할 수도, 이를 가정할 수도 없으며, 따라서 인식 능력들은 새로운 배치로 접어들 수밖에 없다. 들뢰즈의 저작에서 『판단력비판』의 중요성이 점점 커지는 것은 바로 이 놀라운, 부조화하는, 복합적인 일치 때문이다. 한편으로, 인식 능력들 모두가 더불어 어떤 미규정된 일치를 가능하게 하지 않는다면, 인식 능력들은 결코 차례대로 입법적·규정적 역할을 맡을 수 없을 것이다. 이런 한에서, 들뢰즈는 미적 공통감이 다른 두 공통감을 보완할 뿐만 아니라 그것들을 가능하게 해준다고 생각한다. 다른 한편으로, '숭고의 분석론'은 부조화의 종합이라는 생각을 장려한다. 이 부조화의 종합에 힘입어, 미를 파악할 때 인식 능력들이 이루는 고전적이고 아름다운 조화는 형태가 없거나 기괴한 형태의 숭고──거대함이나 역량──앞에서 체험하게 되는 인식 능력들의 고장·불일치·불균등성으로 이행하게 된다. 문제는 단순히 인식이나 실천적 자유를 실행함에 있어 인식 능력들이 조화를 이룰 수 있는 가능성의 조건을 보장하는 데에 있는 것이 아니다. 오히려 문제는 바로 이 일치라는 개념 자체를 심층적으로 변형시키고, 인식 능력들의 협화음으로서의 조화라는 고전적인 이론에서 불협화음이라는 낭만주의적 이론으로 이행하는 데에 있다. 이런 이유로 그 장치 내부에서 『판단력비판』에는 새로운 자리가 주어져야 한다. 『판단력비판』은 "다른 두 비판을 보완할 뿐만 아니라" 실제로 "그것들을 근거 짓는다".[7]

이와 마찬가지로, 들뢰즈가 『칸트의 비판철학』에서도 지적한 바 있었던 『판단력비판』의 독특성은 이제 결정적인 것으로 드러난다. 실제로 『판단력비판』에서 감각 능력은 우월한 사용에 도달하지 못한다. 이는 감각 능력이 자신이 장려하는 인식 능력들의 자유로운 일치 속에서 판단 가능성의 조건을 드러내고, 역으로 『순수이성비판』과 『실천이성비판』을 연결하고 결합한다 할지라도 마찬가지다. 다음으로 상상력은 입법적 기능에 도달하지 못하지만 적어도 지성의 감독으로부터 해방된다. 이것은 인식 능력들의 자유로운 유희를 가능하게 해주고 어떤 인식 능력이 입법적

---

7) Deleuze, "Genèse...", art. cité, p. 116[*ID* 82/187].

인 것이 될 수 있는 가능성을 근거 짓는 해방이다. 미적 판단(반성 판단)에서 발견되는 자유로운 주관적 조화는 인식 능력에서 욕구 능력으로 이행할 수 있게 해주며, 삼 비판서의 회고적 통일성을 보증해 준다.[8]

다시 말하자면, 『판단력비판』이 앞선 두 비판서를 보완하고 근거 짓는 이유는 정확히 말해 그것이 고유의 영역을 갖고 있지 않기 때문이다. 칸트적인 용어로 말하자면, 이러한 사실이 함축하는 바는 다음과 같다. 미적 판단은 어떤 경우에도 입법적인 것이 될 수 없으며, 자신의 대상에 대한 입법적 인식 능력도 전혀 포함하고 있지 않다. 칸트에게는 두 종류의 대상, 즉 지성이 입법하는 현상과 실천이성에서 이성의 입법을 가리키는 물 자체chose en soi밖에 존재하지 않기 때문이다. 이로부터 입법적이지도 자율적이지도 않지만, '자기-자율적'héautonome인, 다시 말해 자신에 대해서만 입법적인 미적 판단의 특수성이 나온다. 들뢰즈가 자신의 영화 철학에서 이어받고 있는 이 자기-자율성은 『판단력비판』에다 체계를 근거 짓는 역할을 부여한다. 들뢰즈가 칸트에게 가하는 전적인 변형은 바로 이 지점에서 그 정점에 이른다. 또한 이에 힘입어 들뢰즈는 숭고 개념의 영향이 엿보이는 어떤 모델에 따라 인식 능력의 우월한 사용을 인식 능력이 자신의 한계까지 나아가는 것으로 이해함으로써 이 우월한 사용을 사유할 수 있게 된다.

삼 비판서의 상호보완성을 강화하여 하나의 평면에 투사하고자, 『칸트의 비판철학』에서 들뢰즈가 이 근거 짓기라는 주제를 길게 다루고 있는 것은 아니다. 이 저작에서 들뢰즈가 추구하는 목표는 다른 데 있기 때문이다. 그 목표는 바로 칸트주의를 체계적으로 소개하는 일이다. 『판단력비

---

8) Deleuze, *PCK* 16~17/30~31, 72/96~97, 94~95/121~122.

판』이 어떤 점에서 앞서의 두 비판을 혁신했는지를 보여 주는 일은 들뢰즈가 자신의 독해에서 암묵적으로 예술에 부여했던 결정적인 역할, 그리고 '숭고의 분석론'에 부여했던 특권을 자세히 다루지 못하도록 그를 제약했을 것이다. 이는 내재적 비판이라는 자신의 방법론으로부터 벗어나는 일이기 때문이다. 그것들을 자세히 다루었다면, 인식 능력들의 역할을 강조하는 들뢰즈의 훌륭한 건축술적 구성은 위기에 처했을 것이며, 그는 인식 능력들의 공시적 연결이나 인식 능력들이 구성하는 체계를 아주 분명하게 주장할 수 없었을지도 모른다. 따라서 『칸트의 비판철학』이 사상사가 요구하는 체계적 관심에 응답하는 데 반해, 같은 해에 나왔지만 예술의 문제에 좀더 초점을 맞춘 「칸트 미학에서 발생의 이념」은 들뢰즈가 점점 더 큰 중요성을 부여하게 될 칸트주의의 다른 측면을 강조할 수 있게 해준다. 이 다른 측면이란 예술 철학의 혁신에 해당하는 것으로서, 숭고의 불일치하는 조화와 고장난 인식 능력이다.

2. 인식 능력들의 초월적 사용

이러한 독해의 틀에 따르면, 프루스트의 소설은 기호의 유형학(사교계의 기호, 사랑의 기호, 감각의 기호, 예술의 기호)과 우월한 사용에 도달한 인식 능력들을 체계적으로 대응시키는 인식 능력 이론으로 읽혀져야 한다. 그에 따라 각 유형의 기호는 『잃어버린 시간을 찾아서』를 참된 진리 찾기로 만드는 어떤 상승 변증법에 따라 저마다 하나의 인식 능력을 소환한다. 기호들은 어떤 인식 능력이 자신을 우월한 실행에 이르기까지 밀고 나가는지에 따라 서로 구별된다. 칸트에게서 각각의 인식 능력은 자신에게 종속된 대상에 **선험적으로** 입법할 때, 칸트의 용어에 따르자면 자신의 영역에 있을 때[9] 우월한 실행에 도달한다. 이와 마찬가지로, 프루스트에게서도 각각의 인식 능력은 자신을 활성화하는 기호의 작용 아래서 초월적 사용 혹은 우월한 사용에 도달한다. 인식 능력의 유형학은 들뢰즈가 『잃어버린 시간을 찾아서』에서 자세히 살펴본바 기호 세계의 복수성을 요구하며, 하나의 세계에서 다른 하나의 세계로, 속물적인 영역에서 질투의 영역으로, 감각적 질[^i]이 야기하는 감정에서 예술이 담당하는 경험으로 이행하는 화자의 입문적인 여정을 조직한다.

인식 능력들의 불안정한 균형은 속물적인 사회적 영역[사교계]에서 가슴 찢는 사랑의 세계로, 감각의 기호가 불러일으키는 감정에서 예술의 정신성으로 상승하면서 프루스트가 거쳐 가는 여정의 각 단계마다 재구성된다. 이 기호의 세계들은 기호가 자극하는 인식 능력과 그 인식 능력이 기호의 난입에 응답하는 태도에 따라 위계화된다. 감성은 기호를 포착하고, 비자발적 기억과 욕망에 의해 활성화된 상상력은 기호를 펼쳐 보이지만, 자발적 지성은 기호를 놓쳐 버린다…. 기호들을 불러 모으는 것은 순수 사유뿐이다. 이러한 위계에 따르면, 속물적인 사교계의 기호는 기만적인 지성에 속할 뿐이고, 사랑의 기호는 질투로 찢겨 지성의 도움을 필요로 하는 감성을 불러온다. 반면 비자발적 기억과 욕망하는 상상력에 호소하는 감각의 기호는 예술만이 드러낼 수 있는 노에시스 능력, 즉 '순수 사유'의 실행을 예비한다.[10] 그러므로 감각적 체험에서 예술로 가는 횡단이 일어나며, 『잃어버린 시간을 찾아서』는 바로 이러한 횡단 속에서 성립한다.

따라서 들뢰즈는 칸트의 모델, 우월한 사용에 도달한 어떤 인식 능력

---

9) 칸트, 『판단력비판』, 서론, II, V, 174, 그리고 Deleuze, *PCK* 15~16/29~30.
10) Deleuze, *P* 105~106/131~132.

의 주도권 아래서 생겨나는 인식 능력들의 조화라는 모델을 적용하여 프루스트를 변형시킨다. 사실 프루스트에게서 인식 능력이 우월한 사용에 도달하게끔 하는 것은 어떤 기호의 비자발적·폭력적 난입이다. 비자발적 기억을 자극하고, 강렬한 경험, 즉 '한순간의 순수 상태'라는 형태로 화자에게 예술에 대한 소명을 불러일으킬 수 있는 것은 감각적 만남뿐이다. 들뢰즈는 숭고라는 정념적 모델을 통해 프루스트가 말하는 이 비자발적인 것을 어떤 한계 초과의 방식으로 이해하는데, 숭고는 그 힘이 주체의 유기적 한계를 넘어서는 어떤 역량으로서 주어진다. 칸트적이라기보다는 베르그손적인——자발적인 지성과 순수 사유는 지성과 직관이라는 베르그손의 구별을 이어받은 것이다——인식 능력의 유형학에 호소함으로써, 들뢰즈는 비자발적인 것이라는 프루스트의 테마를 억견적·물질적·능동적 지성과 수용적·수동적·마법적 직관의 대립이라는 베르그손적인 틀 속에 위치시킨다.

이처럼 들뢰즈는 인식 능력 이론의 틀을 완전히 변형시킨다. 따라서 어떤 인식 능력의 우월한 실행이란 사유에 창조를 강요하는 어떤 기호와 비자발적으로 만날 때 겪게 되는 폭력 아래서 그 인식 능력이 자신의 한계까지 나아가는 것으로 이해될 수 있다. 칸트가 병리적인 것으로 간주했던 수동적 정서는 들뢰즈에게 사유의 창조 및 사유의 창의성을 위한 조건으로 드러난다.

3. 초월론적 경험론과 비자발적인 것

비자발적인 것에 찬사를 보내면서, 들뢰즈는 초월론적 경험론의 새로운 측면을 분명히 할 수 있게 된다. 소설가는 예술의 실재적 경험에 인도되어 인식 능력의 유형학을 만들어 낸다. 그에 힘입어 철학은 사유가 자신을 순 이론적인 방식으로 사용하면서 스스로 갖게 되는 잘못된 이미지를 새롭게 할 수 있게 된다. 예술의 경험은 사변적으로 사용되는 이성의 자발적 변증법에 꼭 필요한 해독제를 제공해 준다. 사유가 자율성의 문제도 자발성의 문제도 선한 의지의 문제도 아니라는 사실, 그리고 결국 칸트가 배제하게 될 데카르트적 모델, 즉 사유는 그 자신에게 투명한 것이고, 진리에 이르기 위해 자발적으로 스스로에게 어떤 방법을 부여할 수 있다는 생각을 몰아내야 한다는 사실을 예술의 경험이 보여 주기 때문이다. 사유는 사유자의 자발적 능동성으로서 산출되는 것이 아니며, 철학에 재인의 이상을 강요하는바 사유자와 참의 친화성을 전제하고 있는 것도 아니다.

인식 능력의 자발적 실행이 사유가 스스로에게 부여하는 재현적 이미지를 재생산하는 일에 그치는 데 반해, 인식 능력의 비자발적 실행은 사유를 초월적이면서도 탈구^{脫臼된}된^{disjoint} 실행으로 이끈다. 이때 기호의 물질은 어떤 힘으로 작용하는데, 이 힘은 외생적인 방식, 다시 말해 자연발생적·자발적·억견적 활동으로 환원될 수 없는 방식으로 체험된다. 이처럼 들뢰즈는 칸트에게서 얻은 비판적 영감을 간직하면서도, 자신이 보기에 칸트가 빠져 있는 함정, 즉 일상적인 의식의 억견적 활동을 기초로 초월론적 구조를 전사하는 함정으로부터 벗어나고자 한다. "놀라운 초월론적 영역을 발견"한 "위대한 탐험가"인 칸트는 신과 자아를 "일종의 사변적 죽음"에 종속시키고 실체적 자아를 "시간의 선^線에 의해 심층적으로 균열되는 자아"로 대체함으로써, 사유의 **권리** 문제를 정확하게 제기하고 사유 이미지를 변형시킬 수 있었던 듯 보인다.[11] 그러나 칸트는 사유로 하여금 사

---

11) Deleuze, *DR* 176~178/301~305.

유 자체 안에서 억견의 전제들을 찾아내게 함으로써 공통 이성의 제단 위에 자신의 사변적 제안을 제물로 바친다. 그런데 초월론적인 것은 공통감이 쉬이 복종하는 일상적 형식들로부터 연역될 수 없으며, 안정화되어 인간 경험의 심리적 한계로 환원될 수도 없다. 사유의 참된 창조에 응답하기 위해, 초월론적 구조의 관념론은 경험론적 발견에 자리를 내주어야 한다. 여기서 경험론적 발견이란 가능한·정신적·주체적 경험과 대면하는 데 그치는 것이 아니라 실재적 경험과 대면하는 일이다.

들뢰즈에 따르면, 칸트는 사유자와 참의 친화성을 전제하고 있다. "사유 이미지와 철학의 개념을 동시에 미리 규정하는"[12] 이 **필리아**philia는 사유할 때 실제로 무슨 일이 일어나는지를 등한시하는 재인의 이상에 속한다. 그러나 사유를 가만히 내버려 두는 사태와 사유하도록 강요하는 사태를 구별할 때, 플라톤Platon은 보다 훌륭한 영감에 휩싸여 있었다.[13] 들뢰즈는 칸트에 맞서 플라톤을 내세운다. 이를 통해 들뢰즈는 우리가 이미 알고 있었던 것과 우리가 갑작스럽게 알게 된 것 간의 구별을 자기 분석의 핵심에다 위치시키고, 자신이 앞서 규정했던 의미에서 '초월적인', 이 실행을 요구하는 사유의 한가운데서 발견의 논리를 제안한다.

이런 이유에서 들뢰즈는 칸트를 비판하면서도 인식 능력 이론이라는 칸트의 틀을 초월론적 경험론을 규정하는 데 계속 사용하며, 언제나 초월성을 체계적으로 거부해 왔으면서도 초월성이라는 문제제기적인 것을 재

---

12) Deleuze, *DR* 181/310.

13) 사유가 야기하는 폭력이라는 관념을 뒷받침하기 위해 들뢰즈는 종종 플라톤을 원용하며,『프루스트와 기호들』의 다음 대목과『차이와 반복』의 3장에서는『국가』7권의 523b~525b를 인용하고 있다. 이로부터 우리는 두 번의 대조적인 인용에 대한 들뢰즈의 태도를 확인할 수 있다.『P 123/150, *DR* 181/309.

도입하는 일을 두려워하지 않는다. 하지만 이 분명한 사례의 경우, 초월론적 경험론이 인정하고 또 심지어 요구하는 이 '초월성'은 탁월성도 배후의 형이상학적 세계도 전혀 함축하고 있지 않으며, 다만 한계까지 나아가는 이행을 함축하고 있을 뿐이다. 칸트에게 문제가 되는 것은 인식 능력이 어떤 초월적 대상에 관계할 때와 같은 사용, 즉 초월성을 위한 사용이 아니다. 오히려 초월적 사용이란 인식 능력을 그 인식 능력 자체와 관계하도록 해주는 것이 무엇인지를 알려주는 사용, 인식 능력이 원리상 그 인식 능력 자체와 배타적으로 관계하도록 해주는 것이 무엇인지를 인식 능력 스스로가 파악하는 방식이다. 들뢰즈는 칸트의 이러한 기능을 이어받지만, 거기에 전혀 새로운 위상을 부여한다. 인식 능력과 원리상 관계하는 것이야말로 인식 능력이 한계에 이르기까지, 자신의 n승에 이르기까지 나아갈 수 있는 지점에 해당한다. 들뢰즈에 따르면, 초월성은 이렇듯 극한에서 바깥과 접촉하는 일, 이러한 열림을 가리킨다. 기호의 폭력에 사로잡힌 각각의 인식 능력은 자신이 고장나는 지점, 자신의 한계와 구별되지 않는 우월한 역량에 도달한다. 따라서 초월적인 것은 바로 탈구이며, 바깥과 직결된 이 탈구작용은 초월론적 경험론이 실재적 경험과 접촉하도록 보증해 주는 유일한 조건이 된다. 따라서 들뢰즈는 칸트의 초월성을 다음의 가장 중요한 두 측면에서 변형시킨다. 첫째, 초월성은 더 이상 어떤 인식 능력의 자율성, 고유성을 보장해 주는 것이 아니라 그 인식 능력이 고장나는 지점을 보장해 주며, 그 결과 칸트에게서 고유성에 속했던 바는 들뢰즈에게서 이질성이 된다. 둘째, 이러한 기능은 초월성을 발산發散, divergence 및 한계 초과의 역량으로, 탈구작용으로 만든다.[14]

---

14) Deleuze, *DR* 186/318.

인식 능력의 가장 고유한 실행은 강요받는다는 데 있다. 진리에 이르기 위해 어떤 방법이 필요하기라도 한듯이, 인식 능력의 사용을 두려워하는 서툰 선한 의지로부터 사유가 만족스럽고 열성적인 방식으로 촉발되는 것은 아니다. 오히려 저지당하고 분노했을 때 사유는 어떤 기호에 촉발되어 깨어나고, 급박하고 준비되지 않은 상황 속에서 자신을 깜짝 놀라게 만든 갑작스러운 사건에 응답하고자 자신의 모든 수단을 결집시킨다. 사유 활동은 자연스럽고 평화롭게 나타나는 것이 아니라 강요, 비밀스러운 뒤틀림, 감내해야 하는 폭력에서 생겨난다. 우리가 사유하게 되는 것은 우리 앎의 능력에 저항하는 어떤 경험의 고통스러운 우발성 아래서다. 예측 불가능한 것에 대한 자신의 소명 속에서, 창조가 함축하고 있는 바는 이미 알고 있었던 것과는 다른 그 무엇을 우리가 발견하게 된다는 사실이다. 바로 이것이 사유의 무능력을 규정하는데, 소크라테스^{Socrates}의 제자로서 들뢰즈는 사유의 무능력을 다음과 같이 정식화한다. 사유는 전기가오리, 등에를 필요로 한다.

따라서 프루스트의 비자발적인 것은 선한 의지에 대한 거부를 함축하고 있을 뿐만 아니라, 인식 능력과 인식 능력을 변용케 하는 기호 간의 관계를 변형시킨다. "감각의 기호는 우리에게 폭력을 행사한다. 그것은 기억을 동원하고 영혼을 움직이게 한다. 그러나 그다음에는 영혼이 사유를 움직이게 하고 사유에다 감성이 당하는 압박을 전해 준다. 그리고는 마치 본질이 사유되어야 하는 유일한 것인 듯 사유로 하여금 본질을 사유하도록 강요한다."[15] 인식 능력의 초월적 실행은 인식 능력의 한계, 다시 말해 인식 능력의 수용성과 일치한다. 변용의 비자발적인 것과 자발성의 자

---

15) Deleuze, P 123/151.

발적인 것은 대립을 이루는데, 이는 감각의 산물이나 사유의 산물을 한계까지 나아가는 이행으로 이해하기 위함이다. 이 한계에서 사유될 수 없는 것, 감각될 수 없는 것은 바깥으로부터 우리의 인식 능력에 부과되고, 탈구적 실행 속에서 우리의 인식 능력을 자극한다.

이제 인식 능력들은 초월적인 실행을 하게 된다. 이 실행 속에서 각각의 인식 능력은 자신의 고유한 한계에 직면하고 거기에 도달한다. 감성은 기호를 포착하고, 영혼이나 기억은 기호를 해석하며, 사유는 본질에 대해 사유하도록 강요받는다. 소크라테스는 다음과 같은 점을 정당하게 주장할 수 있다. 나는 친구라기보다는 **사랑**이다. 나는 연인이다. 나는 철학이라기보다는 예술이다. 나는 선한 의지라기보다는 전기가오리, 압박, 폭력이다.[16]

거의 강조되었던 바 없는 지점이지만, 여기서 소크라테스라는 인물은 사유를 강요하는 자로서 요구되고 있다. 아테네에 분란을 일으키는 자, 훼방꾼 소크라테스를 공통감에 맞서는 연인의 역할로 내세우는 것은 우연이 아니다. 이 연인이라는 소크라테스의 초상은 사유에 가해지는 폭력적인 단절을 사랑 및 성이라는 주제와 연결해 준다. 들뢰즈는 프루스트가 사랑과 우정 사이에 확립해 놓은 구별, 즉 우정은 의식의 투명성·공통감·비밀 없는 영혼들 간의 소통에 근거하는 데 반해, 사랑과 성은 연인들 간의 환원 불가능한 불균등성·이질성·불화를 노골적으로 드러낸다는 생각을 이어받는다. 중요한 것은 소크라테스와 프루스트 두 사람을 참조하면서

---

16) *Ibid.*

동성애의 모티프가 처음으로 등장한다는 사실이다. 위반이 아니라 창조적 무질서로서, 동성애는 문학의 비판적 징후학을 위한, 창조라는 사유의 형식을 위한 전략적 역할을 수행한다.[17]

소크라테스라는 인물은 비자발적인 것에서 감내해야 할 구속으로 가는 이행을 보증해 준다. 폭력적인 형태의 산파술 아래서 우리는 자신의 능력을 확신하는 사유에서 복종하는 사유로, 다시 말해 자기 고유의 무능력에 직면하여 위태로워진 사유로 이행한다. 이런 의미에서 소크라테스는 아르토와 '사유의 무능력'을 예고한다. 추측건대 앎이라는 말로 우리가 이해하고 있는 것은 이제 어떤 억견적인 내용에 불과하다. 사유 자체의 한가운데서 사유의 근거가 발견된다는 데카르트의 모델은 반박되어야 한다. 사유의 발생은 사유와 동질적인 것이 아니라 이질적이며, 의심하거나 확신하는 사유의 양상들로 환원될 수 없다.

들뢰즈에 따르면, 이런 종류의 진리가 가설적인 것——앞으로 살펴보게 되겠지만, 이는 가능한 것$^{le\ possible}$을 의미한다——으로 남게 되는 까닭은 '사유에 가해지는 본래적 폭력'만이 줄 수 있는 필연성을 결여하고 있

---

17) 들뢰즈가 아주 초기에 쓴 텍스트들 중 하나는 '성적 타자의 철학을 위하여'(Pour une philosophie d'autrui sexuée)라는 부제를 가지고 있으며("Description de la femme", in *Poésie 45*, n° 28, octobre-novembre 1945, p. 28~39), 들뢰즈는 다음의 논문에서 '남성 동성애, 중상모략, 여성 동성애의 회로'를 분석하기도 한다("Dires et profils", in *Poésie 47*, décembre 1946, p. 78). 성에 대한 이러한 관심은 1970년대까지 이어진다. 앞으로 살펴보게 되겠지만, 그 이후 들뢰즈는 잘못 근거 지어진 추상개념인 앞의 개념들로부터 벗어난다. 기 오켕겜(Guy Hocquenghem)의 저작에 붙인 서문(*L'après-mai des faunes*, Paris, Grasset & Fasquelle, 1974, p. 9~17)에서 그는 다음과 같이 쓴다. "동성애적 주체는 더 이상 존재하지 않는다. [······] 동성애적 욕망은 특수한 것이고 동성애적 언표들도 존재하지만, 동성애란 아무것도 아니며 그저 하나의 낱말에 불과하다."(p. 16~17) 우리는 15장에서 프루스트와 더불어 이 동성애 이론을 다시 살펴보게 될 것이다.

기 때문이다. 사유에 내재적인 사유의 발생론은 여전히 사유 내에서 사유 활동을 야기할 수 없다. 다시 말하자면, 사유자의 선한 의지나 참을 찾아내는 사유자의 본성적 능력을 전제하는 이론은 문제의 해결책으로 어떤 새로운 사유가 만들어질 수 있다는 발견의 논리를 좌초시킨다. 그리고 사유가 새로운 것을 야기하기 위해서는, 문제가 구속의 방식으로 실로 명법적인 그것의 특성 속에서 분명하게 밝혀져야 한다. 창조로서의 사유가 요구하는 바는 사유 속으로 난입한 이질적인 것인 문제제기적인 것의 권리를 인정하라는 것이다. 따라서 사유에 가해지는 폭력은 사유가 자신의 창의성을 드러내는 방식과 사유의 본질적인 수동성을 동시에 드러낸다. 사유의 발생은 사유자의 선하거나 선하지 않은 의지에 달려 있는 것이 아니다. 사유는 의지에 조금도 의존하지 않는다.

이러한 분석은 『차이와 반복』과 『의미의 논리』에서 확인되는 들뢰즈의 반감, 즉 칸트의 공통감과 데카르트의 양식에 대한 반감을 설명해 준다. 여기서 드러나는 신랄함은 소스라치게 놀란 고상한 자들에게 우월한 자들의 유일한 특권이던 사유를 빼앗겨 버렸다는 두려움을 주게 될지도 모른다. 하지만 이 신랄함이 실제로 보여 주는 바는 지배와 지배의 재생산을 둘러싸고 단절의 지점이 생겨난다는 사실이다. 칸트가 인식 능력의 초월적 실행과 이 초월적 실행의 장에 대한 자발적 지배를 연결시키는 것은 인식 능력과 그 인식 능력이 담당하고 있는 영역 간의 소유관계를 주장하기 위함이다. 들뢰즈는 지체 없이 이 소유관계가 판단의 소유 활동임을, 다시 말해 판단이 자신의 자그마한 영지에 대한 법적 소유권을 요구하는 토지 분배의 덕임을 보여 준다. 이런 이유에서 들뢰즈는 거기서 경험적인 것의 전사, 즉 공통감의 전사와 더불어 이미 확립된 가치들을 발견한다. 이미 확립된 가치들은 불균등한 인식 능력들을 억누르면서 주체의 이상을 장려하고, 공통감은 지배적인 관심사(이론적·실천적·판단적 관심)에 따라 이러저러한 인식 능력에다 차례로 그것의 소영역에 대한 지배권을 부여하면서 불균등한 인식 능력들이 지닌 여러 관심사들을 조화시킨다.

들뢰즈는 자발적 지배에 대한 복종에다 기호의 폭력에 맞선 사유의 저항과 반격을 대립시킨다. 이를 통해 그는 인식 능력의 초월적 실행을 삼중의 폭력하에서 인식 능력이 고장나는 극단적인 지점으로 사유하면서 인식 능력 이론에 대한 자신의 모든 관심사를 간직할 수 있게 된다. 이 삼중의 폭력은 인식 능력에 가장 고유한 것이면서도 여전히 파악할 수 없는 것으로 남아 있는 그 무엇에 대해 인식 능력이 실행되도록 강요한다. 따라서 사유와 마찬가지로 감성도 인식 능력의 이질적인 가장자리로서(세번째 구속) 감각될 수 없거나 사유될 수 없는 한계라는 형태하에서만 파악될 수 있는 것을(두번째 구속) 파악하도록 강요받는다(첫번째 구속). 문제는 인식 능력을 그것의 역량인 동시에 한계인 곳까지 데려가서, 이질적·탈구적 만남을 가능하게 해주는 데 있다. 그러한 만남이야말로 인식 능력들의 초월적 사용이라는 이론적 태도와 비자발적이라는 그것의 성격규정이 함축하고 있는 바다.

이러한 분석의 결과 우리는 들뢰즈가 재현이라고 부르는 독단적인 사유 이미지를 분명히 할 수 있게 된다. 『차이와 반복』 3장에서 그는 우리가 앞서 『니체와 철학』에서 살펴보았던 독단적인 사유 이미지의 도식을 확대하여 이제 여덟 개의 공준으로 만든다. 재현적 사유에 대한 이 다이어그램은 우리에게 순응주의의 정식을 제시한다. 철학적 재현은 공통감의 가치들을 재생산하고 합법화한다. 철학적 재현은 열린 사유를 장려하는 것이 아니라 억견을 보편화하고 이미 확립된 가치들의 목록에다 사유를 끼워 맞추는 데 만족한다. 이런 점에서, 양식의 철학은 철학적 재현 안에서 공통감의 가치들을 재발견하는 데 그치고 만다. 이 여덟 개의 공준들은 저마다 둘로 나누어진다. 각각의 공준은 처음에는 일상적인 공통감이 지지하는 기성의 할당을 소개하고 그다음에는 양식이 철학적인 측면에서 제시하는 재인의 작업을 소개하는데, 이는 이 공준들의 여러 이론적 원천을 억견을 정당화하는 데 국한시킴으로써 이루어진다. 요컨대, 이러한 것이 바로 칸트의 비판이 처한 곤경이다.

원리 혹은 **보편적 본성의 사유**^{Cogitatio natura universalis}를 다루는 첫번째 공준에 따르면, 우리는 사유자의 선한 의지(공통감)와 사유의 올바른 본성(양식)을 확인한다. 사유는 이성의 본성적 실행이다. 다음으로, 우리는 사유자가 지닌 인식 능력들 간의 일치를 보장하면서(이것이 공통감이 수행하는 역할이다) 선한 의지를 하나의 용어로 확립하고, 인식 능력들 간의 일치를 가능하게 해줄 할당의 능력을 양식에다 부여한다. 이것이 바로 이상 혹은 공통감을 다루는 두번째 공준이다. 사유와 이상의 상관관계를 보증하기 위해서는 모델 혹은 재인을 다루는 세번째 공준이 제시되어야 한다. 재인은 동일한 것으로 가정된 어떤 대상에 대해(양식) 사유자의 인식 능력들이 항상 동일한 방식으로 실행될 것을(공통감) 권한다. 이것은 요소 혹은 재현을 다루는 네번째 공준을 요구한다. 여기서 재현은 **차이**를 같음과 동일한 것에 종속시키며(공통감), 재현이 어떻게 **차이**를 종속시키고 **차이**에 대한 사유를 금지하는지를(양식) 보여 준다. 사유를 이런 방식으로 기술하기 위해서는 사유의 실패나 좌절에 대한 이론이 필요한데, 이것이 바로 부정적인 것 혹은 오류를 다루는 다섯번째 공준의 대상이 된다. 이 다섯번째 공준에 따르면, 사유가 좌절하게 되는 것은 외적 메커니즘의 결과이며 이를 억제하는 것은 어려운 일이 아니지만(공통감), 이러한 좌절은 항상 사유의 내부에서 이루어진다(양식). 따라서 하나의 명제는 그것이 제시하는 의미에 따라(양식) 정확히 그에 걸맞은 진리를 필연적으로 부여받게 된다(공통감). 이것이 바로 논리적 기능 혹은 명제를 다루는 여섯번째 공준이다. 양상 혹은 해를 다루는 일곱번째 공준에 따르면, 진리에 대한 이러한 이미지가 함축하고 있는 바는 사용할 수 있는 해로부터 문제를 전사하면서(양식) 우리가 문제와 해를 혼동하고 있다는 사실이다(공통감). 이로부터 사유에 대한 하나의 서글픈 이미지가 나온다. 이 서글픈 이미지는 사유한다는 것이 오로지 교양의 억견적인 형태들을 재발견하는 데 있기라도 한 것처럼(양식) 배움의 여러 형태들로부터 사유의 초월적 조건들을 전사한다(공통감). 이것이 바로 목적 혹은 결과를 다루는 여덟번째 공준이다.[18] 각각의 공준은 두 가지 형태를 띠는데, 하나는 공통감에 따른 본성적 형태이고 다른 하나는 양식에 따른 철학적 형태다. 이 둘은 공통감이 지닌 선입견에다 철학적 사유를 종속시키는 재현의 이미지 아래로 사유를 억누른다. 재현적인 사유 이미지는 사유자의 심리가 지닌 진부한 사회적 형식들에 사유를 끼워맞추는 이 어리석음의 형태들에 의해 규정된다.

이러한 재현의 다이어그램은 차이의 사유를 위한 조건들을 규정한다. 재인은 사유를 4중의 굴레 안에, 즉 동일한 것의 범주들을 나열해 놓은 거짓 목록 안에 가둔다. 들뢰즈는 이를 다음과 같이 묘사한다. 개념 안의 동일성은 술어에서 대립을 요구하고, 판단에서 유비에 이르며, 지각에서 유사성에 도달한다. 동일성, 대립, 유비, 유사성은 사유에서 같음의 네 가지 형태를 이와 같이 확립하고, 『차이와 반복』의 이론적 프로그램을 규정한다.[19] 초월론적 차이를 사유하기 위해서는 이 4중의 동일성 원리로부터 사

---

18) Deleuze, *DR* 216~217/367~368.
19) Deleuze, *DR* 337/553.

유를 해방시켜야 한다.

그렇지만 사유는 더 이상 자기 고유의 이미지를 정당화하는 일을 목표로 삼지 않는다. 이러한 사실은 사유자의 선한 의지나 사유자의 급진성에 근거하는 것이 아니라 사유·경험·충격의 실재적 규정들에 근거한 것이다. 문학적 경험은 이러한 만남을 제공하며, 사유로 하여금 사유 자체나 사유의 실행을 위한 내재적 조건들과 관계하는 것이 아니라 기호의 이질성과 관계하도록 강요한다. 우리 인식 능력들의 초월적 사용은 지성의 자율성을 이질적인 것과의 만남에서 오는 수동성으로 대체하며, 조건 지어진 것에 견주어 헐거운 가능적 조건의 내재성을 내재적이면서도 이질적인 경험이 주는 경험적인 충격으로 바꾸어 놓는다. 이미 알려진 주체의 영역을 재인하는 데 만족하지 못하는 어떤 예측 불가능한 경험이 침투해 올 때, 사유는 창조가 된다. 그럼에도 사유는 칸트가 제안한 초월론적인 것을 그대로 간직하고 있다.

따라서 범주적 구조가 계속 사유의 자율적 능력으로 간주될 수는 없다. 우리는 공통감이 사유에 대해 제공하는 이미지를 재발견하는 일에 사유를 한정시키지 않을 것이기 때문이다. 사유의 자율성은 사유를 이러한 경험적(억견적) 전사에 한정시킨다. 들뢰즈는 기성의 재현들로부터 해방될 수 있는 역량을 사유에 보장해 주고자 사유의 연역적 역량을 참된 수동성과 연결시킨다. 범주의 자발성과 감성의 수용성이라는 칸트의 할당은 서로 뒤바뀐 것으로 나타난다. 하지만 들뢰즈의 견해라고 해서 할당이 존재하지 않는 것은 아니다. 이제 들뢰즈는 할당을 사유의 한가운데 위치시킨다. 경험의 **권리상의** 조건들에는 자발성을, 감각을 통한 물질과의 강도적인 만남에는 변용을 남겨 두면서 지성과 감성 사이에 새삼 인식의 과제를 부여하는 대신, 들뢰즈는 사유에다 변용, 즉 (현상과 본체本體, nouméme의 경계를 무너뜨리는) 사유와 경험의 직접적인 접촉을 예비하는 어떤 수용성을 요구한다. 이는 낡아 빠진 학문, 관습적 도덕, 이미 공인된 것이라는 내용물을 사유 속에서 재발견하기 위한 것이 아니라 들뢰즈가 사유의 참된 자율성으로 간주하는 바, 즉 경험의 억견적 내용으로부터의 해방, 독립성, 사유가 창조에 나설 수 있게 해주는 긍정의 역량을 사유에 보장해 주기 위한 것이다.

사유의 참된 자율성은 사실 어떤 이질성, 어떤 변용으로서, 창조적 사유의 조건으로 드러난다. 수동성은 철학의 가능성으로 나타난다. 철학이 재현이라는 반성적 태도에서 벗어나 개념의 구성을 통해 나아갈 수 있게 해주는 것은 바로 수동성이다. 철학이 "개념을 형성하고, 발명하고, 고안해 내는"[20] 기술이라면, 다시 말해 철학이 반성이 아니라 발명의 역량이라면, 이는 철학이 기호의 폭력하에서 사유하기 때문이다. 따라서 들뢰즈에 따르면, 초월론적 경험론이 초월론적인 것으로 남게 되는 까닭은 그것이 사유로 하여금 **권리상** 사유 자신의 실행을 위한 조건들을 규정하도록 요구하기 때문이다. 하지만 **권리상의** 연역이 실재와 접촉할 수 있도록 보장해 주기 위해서는 초월론적 경험론이 경험적인 것으로 입증되어야 한다.

『차이와 반복』의 저술과 관련하여 이 지점이 갖는 중요성에는 의심의 여지가 없다. 이것은 결코 임시변통의 칸트주의나 젊음의 자가당착, 혹은 아직 자기 고유의 토대를 발견하지 못한 사유가 둘러쓴 잠정적인 가면이 아니다. 『철학이란 무엇인가?』의 서두에서 들뢰즈가 철학을 순수 개념을 통한 인식으로 정의할 때 다시금 호소하는 것은 바로 칸트다. "오히려 우리는 철학에 대한 다음과 같은 정의를 결정적인 것으로 간주할 수 있다.

---

20) Deleuze, Guattari, *QP* 8/9.

즉 철학은 순수 개념을 통한 인식이다." 칸트의 유일한 잘못은 철학적 개념을 통한 인식과 과학적·수학적 개념의 구성을 통한 인식을 구별했다는 데 있다. 과학적·수학적 개념은 들뢰즈가 철학에 요구하는 연역적인 발명의 능력을 자신들만의 것으로 삼으면서 직관에서 직접 자양분을 얻는다. "그 이유는 다음과 같다. 니체의 판단에 따르면, 우선 개념을 창조하지 않고서는 개념을 통해 아무것도 인식할 수 없다는 것이다 […]."[21]

따라서 인식 능력들의 초월적 사용은 사유의 창조, 아르토 식으로 말하자면 사유의 생식성을 규정한다. 사유한다는 것은 본유적이지 않으며, 사유 안에서 분만되어야 한다. 사유 안에서 사유를 산출하는 것, 그것은 바로 기호의 폭력적인 난입이며, 기호의 이러한 난입은 사유를 그것이 단절되는 지점이자 초월적 사용에 이르는 지점까지 데려간다. 따라서 창조는 사유를 그것의 한계까지 데려가 자신의 무능을 경험하게 하는 데서 성립한다. 바로 그 지점에서 사유가 "사유하도록 강요받는 것은 결국 사유 자체의 중심에서 일어나는 붕괴, 사유 자체의 균열, 사유에 고유한 '무능'"[22]이다. 이런 조건에서만 초월론적인 것은 더 이상 일상적인 공통감의 경험적 형식들을 기초로 전사되지 않는바 우월한 경험론의 대상이 될 수 있다.[23] 이는 칸트의 심오한 창의성에 경의를 표할 수 있는 기회이기도 하다. 상상력과 관련해서, 그리고 숭고의 사례에서, 탈구적 사용, 사유에 가해지는 폭력, 새로운 유형의 일치를 조건 짓는 사유와 상상력 사이의 근본적인 불일치를 고안해 낸 사람이 바로 칸트였음을 보여 주면서 말이다.

---

21) Deleuze, Guattari, QP 12/16.

22) Deleuze, DR 192/327.

23) Deleuze, DR 186/318.

4. 칸트의 숭고에서 영화의 시간-이미지로

"인식 능력의 초월론적 형식은 그것의 탈구적 실행, 다시 말해서 우월한 실행이나 초월적 실행과 구별되지 않는다."[24] 이러한 사실을 보여 주고자 들뢰즈는 칸트주의를 비틀어 칸트의 심오한 창의성에 다른 방식으로 경의를 표했다. 칸트주의와 단절하기는커녕, 이번에는 과감하게 '숭고의 분석론'과 그것이 장려하는 인식 능력들 사이의 불일치하는 일치l'accord discordant에 기대면서 들뢰즈는 『판단력비판』을 활용하는 새로운 방향을 보여 주었다. 요컨대, 인식 능력 이론에 따라 평가되는 건축물을 들뢰즈가 산산조각 낼 수 있게 해준 전기가오리는 바로 칸트 자신의 저작에서 나온 것이다. 들뢰즈가 보기에, 자신이 대담하게도 인식 능력 이론으로 옮겨 놓은 숭고의 정의는 아마도 칸트의 토대를 뒤흔들 수 있을 것이다. 숭고의 정의에 힘입어 실제로 들뢰즈는 훌륭한 체계적 질서를 부여하는 고전적인 독해 방식에서 체계에 대한 이러한 관점, 즉 "칸트의 깊은 낭만주의적 면모"를 제시하는 관점으로 이행할 수 있게 된다. 1963년 들뢰즈는 "성숙한 고전주의와 막 싹트는 낭만주의가 『판단력비판』에서 이루고 있는 복합적인 균형"——숭고의 파토스와 균형을 이루는 아름다움에 대한 형식주의적 미학——을 고려했다. 그러나 점차 그는 체계의 중심을 숭고의 뒤늦은 발견으로 이동시킨다. 들뢰즈에 따르면, 이 이론적 발명은 칸트가 고안해 낸 장치를 새롭게 작동시키면서, 고장난 채로 실행되는 인식 능력들과 더불어 "미래의 철학을 정의하게 될 […] 칸트가 행한 마지막 전도顚倒"[25]를

---

24) Deleuze, *DR* 186/318.; *P* 121/147~149.

25) Deleuze, *PCK* 83/109, *CC* 47~49/69[『칸트의 비판철학』, p.151~154].

정점에 이르게 만든다.

영화 철학이라는 과감한 시도가 시작되는 지점에서 들뢰즈는 다시금 『판단력비판』을 가져와 베르그손의 『물질과 기억』에 연결시키는데, 이는 사유와 기호의 관계 문제를 다루기 위함이다. 사유는 감각이 가하는 충격에서 생겨난다는 것이 바로 프루스트를 분석하면서 얻은 초월론적 경험론의 결론이었다. 사유에 가해지는 폭력은 사유가 자신의 창의성을 드러내는 방식을, 그리고 동시에 사유의 본질적인 수동성을 드러낸다. 수동성과 창조는 필연적으로 서로를 함축하고 있으며, 창조는 외생적·우발적·물질적 방식으로 이루어진다. 이 지점에서 우리는 들뢰즈가 칸트에게서 아주 멀리 떨어져 있다고 생각할 수도 있다. 하지만 칸트의 견해에 대한 이 이단적인 해석은 오히려 들뢰즈를 칸트식 낭만주의의 후계자로 만들어 준다. 들뢰즈가 소여所與의 과잉을 힘 관계에 대한 진단적 설명으로 바꾸어 놓기는 하지만, "예술의 기호는 우리를 사유하도록 **강요한다**"는 문장을 읽으면서 미감적 **이념**, 즉 "사유하도록 **유발하는** 상징"의 흔적을 발견하지 못한다는 것은 사실 있을 수 없는 일이다.[26]

이런 관점에서, 숭고의 정의는 예술 철학을 위한 모델일 뿐만 아니라 사유의 창조를 위한 모델이기도 하다. 실제로 '숭고의 분석론'에서 칸트는 인식 능력들의 불일치하는 일치와 감성적인 것의 폭력적인 침입을 발견했다. '숭고하다'는 판단이 표현하는 바는 역설적인 조화, 고통스러운 긴장의 한가운데서 실현되는 일치다. 버크E. Burke 이래 고전적인 것으로 간주되어 온 숭고의 특성에 대한 이러한 설명, 즉 숭고란 기쁨과 고통이 뒤섞인 정서, "불일치하는 일치, 고통 속의 조화"[27]라는 설명에다 들뢰즈는 두

---

26) Deleuze, *P* 120/147, 그리고 칸트, 『판단력비판』 49절. (두 인용문 모두, 강조는 소바냐르그)

가지 독특한 점을 덧붙이는 듯 보인다. 첫째, 숭고의 변용은 인식 능력들을 그 긴장이 최고조에 이르는 지점까지, 들뢰즈가 인식 능력들의 초월적 사용, 인식 능력들의 한계로 간주하는 단절의 지점까지 데려가는 어떤 침입으로 이해되어야 한다. 둘째, 정서의 불균형 앞에서 인식 능력이 그 힘을 다하기에 이르는 이러한 한계는 인식 능력이 파토스로 되돌아오는 지점을 보여 준다. 이는 1963년에 들뢰즈가 이미 알고 있었던 사실이다. "숭고로 인해 상상력이 이러한 최대치에 직면하게 되는 것, 자기 고유의 한계에 도달하도록 강요받는 것, 자신의 경계를 마주하게 되는 것은 바로 이런 식으로 이루어진다. 상상력은 **자기 능력의 한계까지** 떠밀려 간다."[28]

　　사유에 가해지면서 우리의 인식 능력들을 넘어서는 이러한 힘을 어떻게 규정할 것인가? 이미지를 운동하는 힘들의 복합체로, 우리를 변용케 하는 물질적 기호로 간주하는 베르그손의 분석을 참고하면서, 1983년 들뢰즈는 그 힘을 '이미지'라고 부른다. 따라서 이미지는 더 이상 사유가 함축하고 있는 바, 사유가 스스로에게 부여하는 거짓된 표상을 가리키는 것이 아니라 감각적 변용이 가하는 폭력을 가리킨다. 그런데 칸트에게서 숭고를 규정해 주는 것은 바로 과잉과 불균형이며, 이 과잉과 불균형 하에서 주체는 어떤 변용의 크기(수학적 숭고)나 위력(역학적 숭고)에 휩쓸리는 동시에 그에 짓눌리는 것으로 드러난다. 들뢰즈는 칸트가 말하는 **차이**, 즉 무능력과 수동성의 계기를 높이 평가한다. 이러한 계기에 있어 자기 능력의 한계까지 떠밀려 간 인식 능력은 사유하도록 자신을 강요하는 어떤 이미지의 새로운 난입을 경험하고, 파토스 안에서 자신을 펼쳐 보인다. 숭고

27) Deleuze, "Genèse...", art. cité, p. 121[*ID* 87/195].

28) Deleuze, "Genèse...", art. cité, p. 122[*ID* 87/195~196].

는 이미지(혹은 힘들의 복합체)다. 이미지는 우리의 인식 능력들을 한계까지 데려가면서, 우리의 대응 능력을 넘어 감각운동 도식을 고장나게 만든다. 따라서 우리는 행동과 결부된 지각에서 감성적인 것과 관계하는 새로운 방식으로 이행한다. 베르그손적인 직관의 방식에 따라 들뢰즈는 이 새로운 방식을 행동적 운동(운동-이미지)에서 강도적 변화(시간-이미지)로 가는 이행으로 규정한다. 숭고는 이미지, 즉 힘들의 복합체가 우리를 자극하고 사유하도록 강요하는 방식으로 나타난다. 하지만 모든 이미지가 다 그런 것은 아니다. 대부분의 이미지는 우리에게 억견적 반성, 그리고 그저 상투적인 것을 반복하는 감각운동적 행위를 불러일으킬 뿐이기 때문이다. 일상적인 행위에서 드러나는 진부한 행동 및 상투적인 것으로부터 지각을 해방시킴으로써, 숭고는 우리로 하여금 주어진 상황을 운동성^{motricité}으로 해소할 수 없게 만든다. 지각을 자기 능력의 한계까지 데려감으로써, 숭고는 지각을 해방시켜 우월한 감각적 실행, 즉 들뢰즈가 비전^{vision}, 광학-감각적 이미지나 음향-감각적 이미지라고 부르는 것으로 데려간다.

운동적·행동적·개별적 이미지(운동-이미지)와 우리의 반응 능력을 넘어 우리가 '한순간의 순수 상태'를 느낄 수 있게 해주는 전복적 이미지(시간-이미지) 간의 이러한 구별은 영화 분석에서뿐만 아니라 모든 창조적 사유에서 숭고 개념이 갖는 방법론적 가치^{valeur opératoire}를 설명해 준다. 숭고 개념에 힘입어 들뢰즈는 수학적 숭고와 역학적 숭고의 구별이라는 기술적 차원에서 몽타주의 상이한 유형들 및 영화 이미지의 속성에 대한 분석을 확립할 수 있게 되었을 뿐만 아니라, 특히 운동-이미지, 즉 개인에게 벌어지는 돌발적인 사건에 초점을 맞춘 '행동의 영화'(이는 2차 세계대전 이전 시기의 영화를 특징짓는다)에서 시간-이미지의 현대 네오리얼리즘 영화로 가는 이행을 고려할 수 있게 된다.

들뢰즈는 2차 세계대전 이전 시기의 영화에서 서로 다른 네 가지 유형의 몽타주를 선별하는데, 미국 영화의 유기적·행동적 몽타주(그리피스D. W. Griffith), 소비에트 영화의 변증법적·유물론적 몽타주(에이젠슈타인S. Eisenstein), 프랑스 유파(르누아르J. Renoir), 독일 표현주의(폰 슈트로하임 E. von Stroheim)가 바로 그것이다——그러나 이 분류에다 모든 유형을 포괄하거나 규정하는 역할을 부여할 필요는 없다. 들뢰즈는 영화적 개념을 창조하는 데 도움이 되는 이미지의 유형학을 제시하려는 것뿐이다. 수학적 숭고와 역학적 숭고라는 범주는 미국 영화 및 소비에트 영화와 구별되는 프랑스 유파 및 독일 유파의 독특성을 분명히 할 수 있게 해준다. 후자의 두 유파는 개인적이거나 집단적인 행동, 그리고 단편적인 행동과 심리적인 클로즈업의 교차반복에 초점을 맞추는 몽타주의 유기적인 경계를 넘어 그 경계를 해소시키기 때문이다. 운동에 대한 취향(시각 예술에서와 마찬가지로, 화가 레제F. Léger가 만든 영화 〈기계적 발레〉Ballet mécanique나 그레미용J. Grémillon의 〈기계적 촬영효과〉Photogénie mécanique에서 나타나는 키네티즘 cinétisme)과 물, 바다, 강에 대한 감각(비고J. Vigo, 〈라탈랑트〉L'Atalante)을 지닌 프랑스 유파는 아름다운 유기적 통일성을 넘어서고, 규정된 모든 유기적 일관성으로부터 해방된 유체 역학을 지향한다. 들뢰즈는 독일 표현주의 영화의 '빛을 조금 더!'와 2차 세계대전 이전 시기 프랑스 영화의 '운동을 조금 더!'를 구별하면서[29], 다시 한 번 창의적인 방식으로 수학적 숭고와 역학적 숭고를 구별한다. 강스A. Gance나 레르비에M. L'Herbier의 작품과 같은 프랑스 영화에서는 기계적인 율동이 가져다주는 현기증 속에서 상상력이 자신을 무능력하게 만드는 거대하고 불균형한 운동량과 대결하는 데 반

---

29) Deleuze, IM 73/93~94.

해, 베게너P. Wegener나 무르나우F. W. Murnau의 작품과 같은 독일 표현주의 영화에서는 빛이 지닌 역량 속에서 명암의 변화가 리얼리즘적인 몽타주의 윤곽을 와해시킨다.

숭고는 힘들의 강도적 생성 속에서 와해되는 유기적·개체적 형식들을 사유하는 데 유용하다. 이런 이유에서 보자면, 숭고는 운동-이미지에서 시간-이미지로 가는 이행을 사유하는 데 필요한 것이기도 하다. 이 두 가지 범주는 영화사에 등장하는 연속적인 두 단계를 나타낸다기보다는 사건과 관련하여 사실상 공존하는 두 가지 양상을 나타낸다. 어떤 사건은 감각운동적 방식으로 이해될 수 있는지의 여부에 따라, 인물의 행동이라는 범주에 속할 수 있는지 아니면 인물의 대응능력을 넘어서는지에 따라, 운동-이미지나 시간-이미지에 속한다. 사건이 자신을 포착하는 지각과 그에 반응하는 행동에 갇혀 감각운동적 방식으로 반향을 일으킬 때, 이미지는 운동-이미지, 즉 상황을 행동으로 이어 가는 어떤 신체의 유기적·개체적 통일성에 초점이 맞춰진 이미지가 된다.

운동-이미지는 어떤 인물의 심리나 어떤 행동의 통일성을 둘러싸고 조직된다. 그러나 시간-이미지는 이러한 운동-이미지의 아름다운 고전적 통일성을 깨뜨리는 사건이 숭고 속에서 와해되고 강도화될 때 나타난다. 상황은 더 이상 상황으로 이어지는 것이 아니라, 느껴진다. 상황에 대응할 수 없는 주체는 더 이상 운동을 통한 탈출, 행동, 심리적 반응으로 사건을 무력화할 수 없으며, 어떤 변용의 역량에 무방비로 노출되어 꼼짝할 수 없는 것으로 드러난다. 유기적 내러티브의 역사는 들뢰즈가 시간-이미지라고 부르는 다른 묘사 방식에 자리를 내어 준다. 이제 운동은 운동의 이전移轉이기를 그치고 생성의 표현이 된다. 봄voyance이라는 사건이 가하는 시각적 폭력이 일어나기 위해서는 운동에 대한 인과적·심리적 견해가 중단되어야 했던 것이다. 숭고는 우리가 정서를 운동적 에너지로 해소할 수 없도록 방해하면서 정서를 사유로 전환하도록 강요한다.

들뢰즈의 저작들에서 드러나는 이러한 여정에 힘입어 우리는 칸트 범주들의 생식성과 그 범주들이 겪게 되는 변형을 동시에 고려하게 된다. 그러나 칸트의 문헌에 대한 이러한 연속작업이 순수주의자들을 분노케 하지는 않을 것이다. 이러한 연속작업은 오히려 칸트 텍스트의 끈질긴 생명력을 보여 주는 것이기 때문이다. 들뢰즈가 칸트와 결별했다고 평가된다면, 그 이유는 다음과 같다. 들뢰즈가 칸트에 맞서 숭고 개념을 자기 식으로 정의하게 됨에 따라, 인식 능력 이론을 다루던 최초의 고전적·구조적 독해가 초월론적 경험론 및 프루스트에 대한 독해와 더불어 『판단력비판』에 대한 낭만주의적 독해로 이어져 인식 능력들의 자유로운 유희와 초월적 실행에 주목하게 되었다는 것이다. 그리고 이 낭만주의적 독해는 이후 영화 철학과 더불어 숭고의 한계 초과, 즉 참된 사유의 논리로 확대되는 한계 초과로 재해석된다.

초월적 실행의 이론을 고안해 내고 '숭고의 분석론'에서 '불일치하는 일치'를 발견함으로써, 들뢰즈는 이성의 창백함을 이념의 파토스로 대체할 수 있게 된다. 그렇다면, 여기서 문제가 되는 것은 물론 들뢰즈가 말하는 창조다. 그러나 칸트는 숭고를 예술의 범주로 변형시키는 것도, 파토스 및 인식 능력들의 초월적 사용——이는 사유를 사유의 무능력 및 수동성과 관계 맺게 해준다——이라는 유물론적 미학도 허용하지 않을 것이며, 수학적 숭고와 역학적 숭고를 비형식적·비정상적 역량으로 간주하는 이러한 독해 앞에서 또한 발걸음을 돌리게 될 것이다.

그러나 들뢰즈가 수행한 이 대담한 작업 자체야말로 숭고 개념의 변화와 오늘날 철학에서 숭고 개념이 갖는 생명력을 보증해 주는 것이다. 탈구적 사용, 사유에 가해지는 폭력을 고안해 내고, 새로운 사유 이미지를 촉진한 것은 물론 칸트다. 이 새로운 사유 이미지 속에서 인식 능력들은 완전히 새로운 유형의 관계, 즉 미규정된 '자유로운 유희'에 접어들게 된다. 그에 반해 사유는 자신을 변용케 하는 힘 아래서 자기 능력의 한계를 경험한다. 숭고 개념이 지닌 생식성은 칸트 **문헌** 속에서 칸트 자신과는 대조적인 이러한 여정을 가능하게 해준다. 또한 이 생식성은 들뢰즈가 항상 새로운 마음가짐으로 『판단력비판』을 펼칠 수 있게 해주었던 그칠 줄 모르는 호기심을 설명해 준다. 숭고에 힘입어 들뢰즈는 사유와 감성적인 것의 관계뿐만 아니라 철학과 예술의 관계도 규정할 수 있게 된다. 숭고는 이미 공인된 것의 전복, 감각운동적인 상투적인 것의 전복, 새로운 것의 발견을 가로막는 억견적 행위의 전복을 보장해 준다. 들뢰즈는 이렇듯 난입적·폭력적 방식에 기반해서 창조에 주목하며, 또한 이러한 방식에 힘입어 "주체성은 새로운 의미, 즉 더 이상 운동적이거나 물질적인 것이 아니라 시간적이고 정신적인 의미를 띠게 된다".[30]

---

30) Deleuze, *IT* 67/105.

5장
'한순간의 순수 상태':
베르그손과 잠재적인 것

기호의 유형과 사유가 맺고 있는 관계는 앞서 우리가 칸트와 더불어 분석
했던 인식 능력들의 논리학에 의존해 있을 뿐만 아니라 들뢰즈가 베르그
손적인 방식으로 기호의 세계가 내포한 '시간선'이라고 명명한 것에도 의
존해 있다. 프루스트에게서 본질이 갖는 위상, 그리고 문학이 사유를 감각
의 폭력과 대면하게 만드는 방식을 파악하려면, 이제 우리는 베르그손의
철학에 관심을 기울일 필요가 있다. 베르그손의 철학은 초월론적 경험론
을 몽타주하는 데 결정적인 중요성을 띠고 있으며, 두 권의 『시네마』에서
다시 한 번 상당히 비중 있게 다루어졌다. 이와 관련하여 바디우A. Badiou는
타당하게도 다음과 같이 지적한다. "들뢰즈의 베르그손 독해는 마법과도
같으며, 내가 보기에 스피노자보다도 더한, 니체보다도 더한 들뢰즈의 진
정한 스승은 바로 베르그손이다."[1]

---

1) Alain Badiou, *Deleuze: La clameur de l'Être*, Paris, Hachette Littératures, 1997. p. 62.;
   박정태 옮김, 『들뢰즈—존재의 함성』, 서울: 이학사, 2001, 103쪽. 또한 알리에(É. Alliez)

『잃어버린 시간을 찾아서』에 대한 분석의 서두에서 들뢰즈는 기호의 유형을 시간선에 따라 구별하면서 새로운 것의 창조로 사유를 이끄는 숭고의 한계 초과를 '한순간의 순수 상태'와의 만남으로 설명한다. 네 가지 유형의 기호와 각 유형의 기호가 함축하고 있는 각각의 인식 능력은 서로 다른 시간성의 선들을 우선적으로 공명하게 만든다. 사교계의 기호가 지닌 덧없음·어리석음·형식주의는 우리가 잃어버리는 시간에 속한다. 사랑의 기호는 영원히 잃어버린 시간에 속한다. 감각의 기호는 잃어버린 시간의 한가운데서 되찾은 시간을 보여 준다. 마지막으로, 예술의 기호는 "절대적인 근원적 시간", 즉 '한순간의 순수 상태'를 펼쳐 보인다.[2] 초월론적 경험론의 작동 방식을 설명하기 위해서는 예술의 이 신비로운 본질을 밝혀야 한다.

종류가 다른 각각의 기호에는 하나의 특권적인 시간선이 상응하므로, 이제 우리는 불일치하는 여러 지속들, 그리고 이 지속들이 잠재적으로 공존할 수 있는 방식을 설명해야 한다.[3] 따라서 『프루스트 I』에서 들뢰즈가 말하는 절대absolu는 시간이지만, 현재의 경험적 시간이 아니라 들뢰즈가 표현하고 있듯이 "절대적" 시간, "진정한 영원"[4]이다. 그런데 이는 경험론자이자 생성의 철학자라는 들뢰즈의 자기 규정과는 거리가 먼 것처럼 보인다! 예술의 특권은 사유를 본질과 감각적으로 대면하게 만드는 데 있다. "이렇게 규정된 본질은 시간 자체, [···] 즉 본질 속에 감싸여 있는 시

의 다음 논문을 보라. "Sur le bergsonisme de Deleuze", in *Gilles Deleuze. Une vie philosophique*, Alliez (éd.), *op. cit.*, 1998, p. 243~264.

2) Deleuze, *P* 34/51.

3) Deleuze, *B* 95/129~130.

4) Deleuze, *P* 60/79.

간 자체의 탄생이다."[5] 우리에게 주어진 문제는 다음과 같은 물음을 이해하는 데 있다. 자신이 요구하는 경험론을 위태롭게 하지 않으면서, 어떻게 들뢰즈는 위험을 무릅쓰고 시간을 순수 본질로 만들 수 있는가?

1. 본질과 시간의 결정체

이제 우리는 본질을 규정할 수 있게 된다. 본질은 기호와 의미의 관계를 규정함으로써 『잃어버린 시간을 찾아서』에 등장하는 기호의 건축술에서 결정적인 역할을 수행한다.[6] 비자발적 실행에서 드러나는 인식 능력들의 탈구적 사용은 우리에게 시간, 즉 프루스트가 말하는 '한순간의 순수 상태'[7]——추억이라는 주관적인 변용에서 주어지는 시간이 아니라 즉자적으로 보존되는 시간——로 가는 길을 열어 준다. 순수 상태의 시간이라는 이 본질을 어떻게 규정할 것인가? 여기서 문제가 되는 것은 경험적인 현재나 주관적인 체험으로서의 추억이 아니다. "체험했던 그대로의 콩브레 Combray"[8]를 보존한다고 해서 무슨 이득이 있겠는가? 예술에서 보존되는 것은 사물의 경험적 상태가 아니며, 적어도 현존하는 현실성의 형식하에서라면 사물에 대한 주관적 감정도 아니다. 보존되는 것은 바로 '즉자적인' 콩브레이기 때문이다. 문제가 되고 있는 것이 과거 순간과 현재 순간의 차이라면, 콩브레의 본질을 해방시키는 이 강렬한 과거의 경험은 과연

---

5) Deleuze, *P* 58~59/76~78.

6) Deleuze, *P* 108/134.

7) Proust, *À la recherche du temps perdu, op. cit.*, t. III, p. 872.; 11권, 『되찾은 시간』, 258쪽. 새로운 파편 이론에 대해서는 *P* 136/169~170을 보라.

8) *P* 71/92, *DR* 115/200.

무엇일까?

과거는 경험적인 현재로부터 벗어나 있다. 이런 점에서 들뢰즈는 프루스트에게 베르그손적인 독해 방식을 적용해 비교하면서 두 사람 모두 근본적으로는 플라톤주의자라고 말한다. 실제로 베르그손과 프루스트 두 사람은 모두 "일종의 순수 과거", "즉자적으로 존재하는 과거"[9]를 인정한다. 그러나 그들의 플라톤주의는 서로 다르다. 프루스트에게서 이 즉자적으로 존재하는 과거는 시간의 두 순간을 일치시키는 재생의 경험에 힘입어 경험되고 체험된다. 여기서 강조되어야 하는 것은 예술 및 문체의 수련을 통해 '우리의 순수 과거'를 구해 낼 수 있는 가능성이다. 베르그손은 순수 과거가 우리에 대해 존속할 수 있는지의 여부에는 관심을 두지 않는다. 그가 관심을 두는 바는 오로지 순수 과거의 즉자적 실존인데, 이 즉자적 실존은 과거와 현행적 현재의 공존을 함축한다. 따라서 베르그손에게서 과거(부분기억)와 현재(지각)는 서로 잇따르는 것이 아니라 동시간적이다. 즉자적 과거와 현재가 서로 구별되면서도 동시적이라는 이러한 입장은 실체적 변화를 가능하게 해주며, 생명체들이 체험하는 시간이 필연적으로 복수적인 것임을 함축하고 있다.

이는 들뢰즈의 저작들에서 베르그손의 『물질과 기억』이 차지하는 특별한 위상을 설명해 주는데, 이는 베르그손에 대한 그의 첫번째 논문이 발표된 이래로 쭉 지속되어 왔던 것이다. "우리는 베르그손의 사유가 보여주는 모든 운동이 『물질과 기억』에 집약되어 있음을 발견한다." 『차이와 반복』에서 들뢰즈가 뒤따르고 있는바 "『물질과 기억』이 위대한 저서라면, 이는 아마 베르그손이 순수 과거라는 이 초월론적 종합의 영역을 깊이 통

---

9) Deleuze, *B* 55, n. 1/80, 주 98.

찰하고 이로부터 그 종합을 구성하는 모든 역설들을 끄집어냈기 때문일 것이다".[10]

사실 첫번째 역설, 즉 부분기억의 가능성 자체가 이미 과거의 즉자적 실존을 함축하고 있다. 과거의 즉자적 실존은 개인적인 추억의 심리적이고 내밀한 차원에서 벗어나 현재가 오로지 변화·생성·이행할 수 있는 조건 자체가 된다. 베르그손에게서 과거는 잇달음의 조건이 된다. 『의식에 직접 주어진 것들에 관한 시론』에서, 실재적 잇달음으로서의 지속은 '현재와 과거의 **잠재적 공존**'을 함축하고 있었다. 『물질과 기억』에서 말하기를, "따라서 과거의 **즉자적** 존속은 어떤 형태로든 인정되어야"[11] 하며, 이것이 함축하고 있는 바는 이 존속의 형태가 어떠하다는 것이 아니라 이 존속이 반드시 인정되어야 한다는 것이다. 과거의 **즉자적** 존속은 현행적으로 현전하지 않으므로, 이로부터 첫번째 역설, 즉 과거와 현재의 동시간성 contemporanéité이라는 역설이 나온다.

그러나 과거가 자신이 한때 구가했던 현재와 동시간적이라면, 이는 두번째 역설, 즉 과거와 현재의 공존이라는 역설 덕분이다. 들뢰즈에 따르면, 이 공존의 역설은 과거를 더 이상 현재 및 미래와 동등한 시간의 차원들 중 하나로 만드는 것이 아니라 시간의 조건으로 만든다. 과거와 미래는 시간의 조건에 해당하는 그 구성적인 종합의 차원들에 불과하다. 따라서 과거의 실재성은 지나가 버린, 이미 주어진, 정적인 존재, 다시 말해 유효성을 잃어버린 현재의 실재성이 아니라 현실화되고 있는 난폭한 생성의

---

10) Deleuze, "Bergson, 1859~1941", M. Merleau-Ponty (éd.), *Les philosophes célèbres*, Paris, Édition d'Art Lucien Mazenod, 1956, p. 299[*ID* 42/306]. *DR* 110/192. *B* 57/82~83.

11) Bergson, *Matière et mémoire*, in *Œuvres*, Paris, PUF, 2001(이하 *MM*), p. 290.; 박종원 옮김, 『물질과 기억』, 서울: 아카넷, 2005, 256쪽.

실재성으로서 잇따르는 현재들과는 무관하게 비가역적인 방식으로 존속한다. 과거가 실재하는 방식은 외연적이거나 현행적인 현존이나 실존의 방식이 아니라 내속內屬, insistence의 방식이다. 이처럼 들뢰즈는 현행적이고 현전하는 실존이라는 항에다 잠재적이고 과거에 속하는 내속이라는 항을 대립시킨다. 이로부터 세번째 역설이 나온다. 이 세번째 역설은 결정적인 중요성을 갖는 것으로서 과거와 현재의 공존이라는 역설이다. 따라서 각각의 현행적인 것은 과거 전체의 가장 수축된 지점을 형성한다. 과거가 현재 속에 함축되어 내속하는 데 반해, 각각의 현행적인 것은 과거 전체를 현실화하여 실존하는 현재로 밀어낸다.

과거와 현재의 공존은 잠재적인 것이 들뢰즈 철학 전체에 활기를 불어넣는 개념으로서 차지하고 있는 위상을 보여 준다. 들뢰즈에 따르면, 바로 이런 이유에서 베르그손은 "**잠재적인 것**이라는 개념을 가장 높은 지점에 이르게 하면서, 기억과 생명에 대한 철학 전체를 그 개념 위에 세운다".[12] 그러한 철학은 "잠재적인 것이라는 개념이 더 이상 모호하고 미규정적인 것이 아니라고 가정한다".[13]

잠재적인 것은 실재적이지만 현실적이지는 않다. 현실적인 것 전체는 현전하며, 구체적이면서도 변화하는 어떤 현실성으로 주어지기 때문이다. 현실적인 것은 사물의 현재 상태를 가리킨다. 잠재적인 것은 현행적으로 현전하지 않는 것 전체이지만, 그럼에도 실재적이다. 이처럼 들뢰즈는 양상樣相 논리학을 혁신하여 시간화한다. 이상적·잠재적 과거는 물질적·현실적 현재와 대립된다. 잠재적인 것은 현실적인 것과 동일한 정도로 존

---

12) Deleuze, *B* 37/57~58.
13) Deleuze, *B* 96/131.

재하지만 현실적이지는 않은 어떤 실재성을 제시하는 데 사용된다. 이를 통해 잠재적인 것은 시간의 실재성이라는 위상과 현실적이지는 않은 이상성이라는 위상을 동시에 갖게 된다. 그렇지만 잠재적인 것은 심리적인 것도 정신적인 것도 아니며, 이는 순수 부분기억(잠재적 이미지)이 의식의 바깥에, 시간 속에 존재하는 것과 마찬가지다. 들뢰즈에 따르면, "공간 속에서 지각되지 않는 대상이 현실적으로 실존하고 있음을 쉽게 인정할 수 있듯이, 이제 우리는 큰 어려움 없이 시간 속에 순수 부분기억들이 잠재적으로 내속하고 있음을 인정할 수 있을 것이다".[14] 실재적이지만 현실적이지는 않은 잠재적인 것의 내속은 공간적이고 이미 주어진 현행적 현재의 외연적 실존에 상응한다.

우리는 예술만이 되살려 낼 수 있는 이러한 경험의 상태를 표현하기 위해 프루스트가 사용했던 정식, 즉 '현실적이지 않은 실재, 추상적이지 않은 이상', '한순간의 순수 상태'를 설명해야 하는 지점에 이르렀다. "잠재적인 것의 상태를 정의하기에 가장 좋은 정식은 '현실적이지 않은 실재, 추상적이지 않은 이상'이라는 프루스트의 정식일 것이다."[15] 들뢰즈의 이론적 해결책이 변화를 겪기는 하지만, 프루스트의 정식은 들뢰즈의 전 저작에 걸쳐 등장하면서 잠재적인 것의 정의를 분명히 해준다. 『프루스트 I』에 따르면, "이 이상적 실재, 이 잠재적인 것이 바로 본질"[16]이며, 이 본질은 "즉자적으로 존재하는 과거"[17]를 해방시킨다. 이와 같이 규정된 본질

---

14) Deleuze, *IT* 107/162~163.

15) Deleuze, *B* 99/135, *DR* 269/450.

16) 우리는 이 본질이 『차이와 반복』에서는 '구조'와 '이념'으로, 『의미의 논리』에서는 '비물체적인 것'(Incorporel)과 '순수 사건'으로, 『천 개의 고원』에서는 '다양체'로, 『철학이란 무엇인가?』에서는 '순수 사건 혹은 개념의 실재성'으로 규정되고 있음을 살펴보게 될 것이다.

은 초시간적이거나 영원한 것이 아니라 잠재적이다.

따라서 잠재적인 것은 곧 "순수 과거"[18]다. 그러나 여기에는 어떤 난점이 있다. 생성의 철학은 존재론의 축에 필연적으로 시간의 축을 덧붙이지만, 이는 잠재적인 것이 한때 현행적이었을 것이라고, 이상성은 과거에 속하고 한때는 현전했을 것이라고, 아니면 잠재적인 것이 현실적인 것에 선행하는 것이라고 생각하게 만들 수 있다는 것이다. 이는 과거의 위상에 대한 오해다. 들뢰즈의 심오한 베르그손주의는 결코 현전했던 바 없는 잠재적인 것이라는 위상을 과거에 부여한다. 잠재적 대상은 본질적으로 과거적이다. 그것은 과거의 현재가 아니라 "순수 과거의 한 조각", "어떤 '반과거半過去 시제의 존재자'"[19]다. 『차이와 반복』에서 잠재적 대상의 역설적인 위상은 숨겨져 있어 현재에 영향을 미치지 않는 칸트의 대상=x나 라캉의 팔루스phallus를 본따 즉자 존재, 현재의 근거fondement로 나타난다. 순수 과거와 대상=x의 이 기발한 몽타주는 베르그손이 순수 과거를 잠재적 부분기억이나 순수 부분기억이라는 탈심리화된 방식으로, 다시 말해 모든 심리적 개체화의 바깥에서 주어지는 방식으로 파악하고 있다는 사실에서 기인하는 것이다. 이러한 과거는 생기적 개체화의 극한에서 무의식적인 동시에 위험하고, 비인격적인 동시에 우리의 의표를 찌르는 것으로 드러난다.[20] 잠재적인 것으로서, 이러한 과거는 우리가 지닌 표상 이하의 본체를 나타낸다. 무의식적인 것으로서, 이러한 과거는 우리의 욕망을 불러

---

17) Deleuze, *P* 76/100~101.

18) Deleuze, "La conception de la différence chez Bergson", *Les études bergsoniennes*, vol. IV, Paris, Albin Michel, 1956, p. 77~112[*ID* 43~72/308~362]. *DR* 134~135/231~232.

19) Deleuze, *DR* 135/232~233.

20) Deleuze, *DR* 시간의 두번째 종합, *B* 51/75.

일으키는 반복의 메커니즘을 가리킨다. 들뢰즈는 과감한 축약을 통해 순수 과거, 에로스Éros, 본체를 연결시키는데, 이는 반복의 에로스적 상기想起, réminiscence를 보장해 주기 위함이다. 잠재적인 것은 탈심리화된 과거, 자신의 자리에 없는 조각, 반복의 영원회귀로 간주된다.

과거가 한때 자신이 구가했던 현재와 공존한다면, 과거는 비연대기적인 방식으로 즉자적으로 보존된다. 들뢰즈는 『물질과 기억』에서 규정된 이 순수 과거의 중요성을 『시간-이미지』에서 다시 검토한다. 과거가 현재보다 더 결정적인 이유는 과거가 시간의 가장 근본적인 작용을 담고 있기 때문이다. 과거와 현재는 동시에 구성되며, 따라서 시간은 지속적으로 이중화되어 이질적인 방향들로, 두 개의 줄기로 나누어지는데, 그 중 하나는 모든 현재를 지나가게끔 하는 데 반해 다른 하나는 과거 전체를 보존한다.[21] 들뢰즈의 시간 철학을 이해하기 위해서는 베르그손의 이러한 장치가 필수적이다. 들뢰즈는 『차이와 반복』에 등장하는 시간의 세 가지 종합, 즉 습관, 순수 과거, 영원회귀를 이용하여 이 시간 철학을 만들어 냈으며, 『의미의 논리』에서는 아이온Aiôn과 크로노스Chronos라는 위대한 스토아주의적 이접離接, disjonction 속에서 다시 한 번 그 시간 철학을 다루고 있다.

시간의 세 가지 종합은 우리가 시간과 맺고 있는 관계에 대한 탐구라는 선을 따라 서로 이어진다. 첫번째 종합, 즉 습관의 수동적 종합은 끊임없이 변화하거나 이행하는 현행적 현재를 제시한다. 두번째 종합, 즉 기억의 종합은 순수 상태의 잠재적 과거와 관련되며, 고귀한 반복이라는 세번째 종합, 즉 미래의 능동적 종합은 비연대기적인 새로운 것의 예측 불가능한 차원으로 이어진다.

---

21) Deleuze, *DR* 110~111/193~195, *IT* 108~109/164~166.

생성과 관련하여 들뢰즈는 칸트의 세 가지 초월론적 종합과 하이데거의 시간적 **망아**忘我, ekstases를 다시 다루면서 어떤 시간 철학을 만들어 낸다. 이 시간 철학은 과거, 현재, 미래를 독특한 방식으로 연결하면서 이러한 시간의 차원들이 우리의 개체성이 주관적으로 구성되는 데 어떻게 기여하고 있는지를 보여 준다.[22) 시간의 첫번째 종합은 현재의 현실성을 수동적 종합으로 설명한다. 이 수동적 종합은 습관의 결과물로서, 다시 말해 현재를 관조하면서 현재로부터 미래를 이끌어 내는 힘들이 수축된 결과물로서 개체를 산출한다. 들뢰즈에 따르면, 흄과 플로티누스Plotinus가 주제로 삼았던 관조 또한 지성의 작용이 아니라 현실화된 힘들의 물질적 수축이다. 생명체가 자신의 현행적 현존을 유지할 수 있는 것은 습관의 종합 덕택이다. 이 습관의 종합은 물질이 지닌 힘들을 수축시키면서 반복으로부터 어떤 **차이**를 이끌어 낸다.

두번째 종합은 첫번째 종합과 마찬가지로 수동적이다. 이 두번째 종합은 기억의 초월론적 종합이다. 기억의 초월론적 종합은 과거의 존재를 현재를 이행하게 하는 원리로 구성하며, 현재를 보존한다. 이 두번째 종합이야말로 습관의 첫번째 종합을 보장해 주는 것인데, 왜냐하면 현행적 현재는 "단지 지극한 수축 상태의 과거 전체에 불과"[23)하기 때문이다. 그렇지만 우리가 습관의 수동적 수축을 체험하듯이 즉자적으로 존재하는 과거를 체험할 수는 없으며, 그 유일한 예외는 예술의 구성 속에서 그 과거를 느끼는 것이다. 들뢰즈에 따르면, 이 지점에서 프루스트는 베르그손의 뒤를 잇는다. 프루스트가 과거를 구해 내는 것은 과거가 현행적 현재나 과

---

22) 하이데거, 『존재와 시간』, 65절.
23) Deleuze, DR 111/193~194.

거의 현재로 환원될 수 없음을 보여 주는 어떤 형태하에서다. 문학과 더불어(여기에서 문학은 어떠한 특권도 지니고 있지 않다. 다른 예술도 영화적·음악적·회화적 시간의 결정체이기는 마찬가지이기 때문이다), "콩브레는 결코 현전했던 적이 없는 어떤 과거의 형태로 출현한다. 곧 콩브레의 즉자 존재가 출현하는 것이다".[24] 결코 현전했던 적이 없는 이 과거가 바로 순수 과거다.

능동적인 세번째 종합, 즉 '고귀한 반복'은 영원회귀로서의 미래와 관련된다. 이 세번째 종합은 오로지 새로운 것과 관련되어 있으며, 영원회귀라는 예측 불가능한 차원으로 이어진다. 비정형이고, 임박해 있으며, 직전의 순간으로 환원되지 않는 변화는 이처럼 이전과 이후라는 연대기적인 도식으로부터 벗어나 있다. 세번째 종합과 더불어, 우리는 분석의 가장 강렬한 단계에 도달한다. 이 단계에서는 '경첩에서 빠져 버린' 시간이 더 이상 천체의 기수적$^{基數的, cardinal}$ 리듬에 따라 측정되지 않는다. 오히려 그것은 우주의 원환에서 벗어나 더 이상 우주적 운동의 주기에 종속되지 않는데, 이는 시간의 순수한 질서인 서수적$^{序數的, ordinal}$ 시간으로 펼쳐지기 위함이다. "칸트의 특별한 기여는 시간을 사유 안으로",[25] 나의 균열 안으로 끌어들여 천체의 운동에 따라 시간을 헤아리는 고대의 정식을 전복하는 데 있으며, 이는 운동을 헤아리는 현대의 형식, 즉 무한한 시간을 장려하기 위함이다. 시간은 우리가 자기 자신과 맺는 관계가 되었지만, 이 시간은 더 이상 주체성의 근거가 되지 못한다.

시간과 주체성이 맺는 이 새로운 관계를 표현하기 위해 들뢰즈는 와

---

24) Deleuze, *DR* 115/201.

25) Deleuze, *DR* 116~125/202~216.

해^{effondrement}와 근거의 부재$^{absence\ de\ fondement}$ 사이에서 **근거와해**^{effondement}라는 새로운 용어를 만들어 낸다. 이 용어는 시간의 비본래적 성격을 규정하고 근거 및 기원의 현상학$^{現象學,\ phénoménologie}$에 대한 들뢰즈 자신의 적대적 공격성을 드러내기 위한 것이다. 시간은 주체성의 근거로 나타날 수 없으며, 본성상 변화하면서 끊임없이 나누어지는 강도적 다양체로서 오히려 그 근거를 **와해시킨다.** 시간의 텅 빈 형식은 그것이 균열을 일으키는 나를 지탱해 주지 않는다. 셰익스피어$^{W.\ Shakespeare}$의 훌륭한 정식, "시간은 경첩에서 빠져 있다"를 들뢰즈가 이어받는 까닭은 자연과 철학을 구획하는 칸트의 이러한 전도를 강조하기 위함이다. 칸트와 더불어, **경첩에서 빠져버린** 시간은 자연의 기수적인 경첩에서 빠져나오며, 이제 천체의 운동에 따라 리듬을 부여받는 것이 아니라 서수적인 것이 되어 순수 이질성으로 내면화된다.

논의의 현 단계에서 우리가 이 복잡한 분석으로부터 받아들일 수 있는 것은 다음의 세 가지 원리 뿐이다. 첫번째 원리는 다음과 같다. 시간은 잇따르는 것이 아니라 이질적인 것이며, 새로운 것은 어떤 잇달음 속에 포함되지 않는다. 새로운 것을 미래와 혼동하지 않도록, 새로운 것을 낡은 것과 대립시키지 않도록 주의해야 한다. 새로운 것은 미래의 속성이 아니라, 생성의 영속성$^{永續性,\ permanence}$이나 사건의 내속성$^{內續性,\ insistance}$을 가리킨다. 현실적인 것에 엘랑 비탈$^{élan\ vital}$의 목적론을 포함시키지 않으려 들뢰즈가 니체의 영원회귀에 호소하는 것은 바로 이런 이유 때문이다. 미래는 첫번째 종합에 관여할 뿐이며, 시간은 그러한 미래를 향해 나아가는 과거의 현실화라는 화살에 한정되지 않는다. 과거가 시간의 차원들 중 하나가 아닌 것과 마찬가지로, 시간 전체의 종합인 미래가 우리와 관련되는 것은 선재하는 미래로서가 아니라 우리의 과거 전체를 다시금 활성화시킬 수 있는 생성으로서다.

　두번째 원리는 다음과 같다. 시간은 순수 과거와 현재의 현실화로 이루어진 시간의 다발에서 벌어지는 이러한 분할, 이러한 분출에서 성립한다. 시간은 현행적 현재와 순수 과거로 끊임없이 이중화되며, 바로 이것이 『의미의 논리』에서 들뢰즈가 스토아주의에 의거하여 구별한 크로노스와 아이온의 용법을 설명해 준다. 크로노스와 아이온의 구별은 『차이와 반복』의 세 가지 종합을 이어받는 동시에 그것을 대체한다. 이는 분명 종합을 삼분하는 구조가 지나치게 변증법적이고 하이데거와 칸트의 삼분법에 지나치게 가까웠기 때문일 것이다. 한편으로는 이행하는 현재인 크로노스가 첫번째 종합의 현실성을 이어받고, 다른 한편으로는 아이온이 두번째 종합의 순수 과거와 세번째 종합의 비연대기적인 생성을 이접적인 방식으로 결합한다. 아이온은 현재에 내속하면서도 현실성으로부터 벗어나 있는 과거 및 미래의 잠재적 차원을 포함한다. 순수 과거와 생성은 현실적이거나 현전하는 양상과 관련되는 것이 아니라 탈구된 시간의 실재적 양상과 관련된다. 크로노스가 이행할 수 있게 해주는 것이 바로 아이온이며, 현재의 매 순간 아이온은 크로노스에다 생성의 강렬한 무게를 새겨 넣는다. 비연대기적인 시간과 살아 있는 현재의 이러한 이접은 잠재적인 것과 현실적인 것의 이원성을 이어받으면서 이를 확고히 해준다.

　세번째 원리는 다음과 같다. 잠재적인 것은 현실적인 것에 선행하는 것도 원초적이거나 원리적인 것도 아니며, 현실적인 것의 근거로서가 아니라 **근거와해**의 동기로 제시되어야 한다. 예술이 심리적이지 않은 방식으로 실효화해 주는 경험이 무엇보다 중요한 까닭은 예술이 우리의 개인적인 추억에 속하기 때문이 아니라 잠재적인 것과 현실적인 것의 이러한 공존, 이러한 영속적인 교류에 속하기 때문이다. 영화와 관련해서도 들뢰즈는 그것이 "시간의 화신, 한순간의 순수 상태", "시간의 결정체"[26]를 보여 준다고 주장하는데, 바로 이것이 『프루스트 I』에서 그가 본질이라고 불렀던 것이다. 이 비연대기적인 결정체는 현실화의 생기적 화살과는 무관하다. 잠재적인 것에서 현실적인 것으로 가는 현실화 혹은 이행, 생명의 개체화가 성립하는 지점이 시간의 가장 중요한 차원은 아니다. 들뢰즈가 결정화나 맞-실효화contre-effectuation라고 부르는 것, 즉 현실적인 것 안에 내속하는 잠재적인 것이 그에게는 개체화만큼이나 혹은 그 이상으로 중요하다. 사건의 초-시간성이나 (결정화가 성립하는바) 현실적인 것 안에 내속하는 잠재적 과거가 문제시될 때, 잠재적인 것은 현실적인 것 안에서 그 모습을 드러낸다. 그러나 엄밀히 말해, 현실적인 것과 잠재적인 것은 서로 상관적이고 공존하는 것으로 남는다. 체계의 이 결정적인 귀결은 분명 앞서 『베르그손주의』에서 정식화되었던 것이다. 이러한 귀결은 잠재적인 것을 다루는 들뢰즈의 마지막 텍스트에 이르기까지 지속적으로 반복된다. "우리가 잠재적이라고 부르는 것은 결코 실재성을 결여하고 있지 않다. 오히려 그것은 잠재적인 것 고유의 실재성을 자신에게 부여하는 어떤 평면을 따라 현실화의 과정 속으로 뛰어든다."[27]

2. 두 가지 다양체

『차이와 반복』이 집중하고 있는 문제는 다음과 같은 것이다. 우리는 어떤 조건에서 새로운 것을 진정한 창조로 사유할 수 있게 되는가?[28] 변화하는

---

26) Deleuze, *IT* 110/166.
27) Deleuze, "Immanence…", *RF* 363/516.

것을 어떻게 사유해야 하는가? 이 문제와 관련하여 들뢰즈가 제시하는 첫 번째 답변은 베르그손적인 것이다. 즉 변화하는 것은 어떤 이질성, 지속하는 이질성으로 사유되어야 한다. 지속이란 계속적으로 변화하면서도 항존하는 그런 이질성이다. 시간을 생성이자 지속으로 규정하기 위해서는 다음의 세 가지 조건이 요구된다. 첫째, 새로운 것을 이론화할 수 있는 변화의 개념. 둘째, 다양체의 실재적 이질성이 보장할 수 있는 다양체에 대한 구상. 셋째, 지속을 주관적 경험으로 환원하지 않는 지속의 정의.

들뢰즈가 보여 주었듯이, 베르그손의 철학적 저작들은 엄밀한 의미에서 이러한 기준에 부합한다. 들뢰즈가 끊임없이 베르그손에게로 되돌아온다는 사실은 들뢰즈가 베르그손과 나눈 대화의 단계들이 들뢰즈 고유의 체계가 구성되는 과정을 어느 정도까지 구획하고 있는지를 보여 준다. 1956년 들뢰즈가 쓴 두 편의 논문은 차이 자체를 규정한다. 『프루스트 I』이 나온 지 2년 후에 출간된 『베르그손주의』(1966)에서 이 논문들은 보다 발전된 모습으로 등장한다. 『베르그손주의』의 가장 중요한 두 가지 귀결에 해당하는 잠재적인 것의 분절과 다양체 이론은 『차이와 반복』에 등장하는 시간의 세 가지 종합에서, 『의미의 논리』에 등장하는 크로노스와 아이온의 이원성에서, 그다음으로는 영화를 다룬 두 권의 『시네마』에 등장하는 현실적이고 개별화된 운동-이미지와 잠재적이고 결정체적인 시간-이미지에서 다시 공들여 다듬어진다.

들뢰즈는 이중의 궤적을 따라 베르그손의 저작들을 인상적인 방식으로 요약한다. 지속은 개별적 의식의 바깥으로 외재화되기에 이르는 데 반해, 앞서 우리를 사물의 시간적 본질로부터 분리시키는 해로운 허구로 간

---

28) Deleuze, *Pli* 107/146.

주되었던 공간은 점차 지속이라는 안감과 공속共續/共束하게 된다. 이러한 공속은 약화되기는 했지만 여전히 필수불가결한 것으로서, 물질적·생기적·사회적 현실화의 결과물에 해당한다. 따라서 들뢰즈에 따르면, 시간과 공간 사이의 긴장이 우리가 말해 왔던 만큼 본질적인 것은 아니며, 어쨌거나 그 긴장은 지속이 외재화되는 운동에 종속되어 있다. "베르그손에게 지속은 점차 심리적인 경험으로 환원될 수 없는 듯 보였는데, 그 결과 지속은 사물의 가변적 본질이 되고 복합 존재론ontologie complexe이라는 테마가 제시되기에 이른다."[29] 지속은 우선 1889년『의식에 직접 주어진 것들에 관한 시론』에서 의식의 경험으로 간주되었지만,『물질과 기억』(1896)에서는 지각된 현실적인 것과 잠재적 부분기억이라는 상호 적대적이면서도 상호 공존하는 두 벡터를 따라 비약적으로 발전되었으며,『창조적 진화』(1907)에서는 엘랑 비탈로,『도덕과 종교의 두 원천』(1932)에서는 문화의 역사학이자 사회학으로 이해되었다.[30]

객관적인 것과 주관적인 것의 양극성은 이러한 장치로부터 벗어나 심층적으로 변형된다. 베르그손은 총괄적인 객관적 세계 속에 개별적인 주체, 즉 정신적·초월적 첨점을 놓는 대신, 객관적·공간적인 지각된 현재와 주관적·잠재적인 체험된 과거를 교차시키고, 이 두 가지 모두를 생성의 공존하는 두 가지 양상으로, 다시 말해 물질과 지속으로 파악한다. 또한 이 두 가지 양상은 사유가 지닌 두 가지 경향성, 즉 지속에 대한 직관 및 물질에 대한 지성 속에 반영된다.

---

29) Deleuze, B 27/43.

30) 베르그손 저작들의 인용은 베르그손 탄생 백주년 기념판을 따른다. 이 대목의 인용은 다음과 같다. L'énergie spirituelle(1919), in Œuvres, Paris, PUF, Édition du Centenaire, 1959, réédition 1984, p. 913~914.

이렇듯 잇따른 변화 속에서 지속은 점진적인 외재화의 곡선으로 파악되기에 이른다. 이 외재화의 과정에서 지속은 표상으로부터 벗어나고, 탈심리화되며, 자신의 이질성을 강조하게 된다. 베르그손은 체험된 경험으로서의 시간에서 지각된 현재(물질)와 과거의 부분기억(기억)이 맺는 관계로 옮겨 가는데, 이 양자는 객관적인 것과 주관적인 것이라는 고전적인 쌍을 수정한다. 물질과 지성은 지속이 외재화된 결과이며 과학적 지식의 객관성을 설명해 준다. 그에 반해, 주관적인 것은 지속의 내밀한 경험에서 기인하는 것으로서 철학적 직관에 속한다.

게다가 베르그손은 『물질과 기억』에서 나타난 지각과 부분기억이라는 쌍에서 지성과 직관의 효과에 대한 검토로, 그다음에는 생명 역사의 광범위한 파노라마에 대한 검토로 이행하며, 마지막에는 논의의 틀을 인간 사회의 역사로 다시 축소시킨다. 이렇듯 논의의 틀을 거듭 조정하는 과정에서, 지속은 점차 더욱 강력한 외재화의 운동으로 파악되기에 이른다. 처음에 지속은 개별적 의식에 대해 이질적인 것으로 제시되었지만, 점차 자기 자신에 대해 이질적인 것, 다시 말해 "발명, 형태의 창조, 절대적으로 새로운 것을 연속적으로 만들어 내는 것"[31]이 되며, 그 이후에는 물질적 분화, 물질 속에서 명멸하는 생명, 사회의 역사가 된다.

이에 힘입어 우리는 들뢰즈가 베르그손의 직관을 제시하는 방식이 얼마나 대담한 것인지를 가늠할 수 있게 된다. 직관은 체험의 활동이 아니라 외재성을 탐험하기 위한 방법이다. 지각적 지성과 시간적 직관이라는 사유의 두 양태 간의 방법론적 나눔은 두 가지 축을 따라 물질과 지속의

---

31) Bergson, *L'évolution créatrice, op. cit.*(이하 *EC*), p. 503.; 황수영 옮김, 『창조적 진화』, 서울: 아카넷, 2005, 35쪽.

이원성을 갱신한다. 여기서 두 가지 축이란 엘랑 비탈 속에서 증대되고 물질 속에서 억제되는 에너지의 축, 그리고 현행적 현재와 잠재적 과거 사이의, 다시 말해 물질과 기억 사이의 시간적 분리를 의미한다.

지속을 이질성으로 사유한다는 것은 잠재적인 것에 대한 전적으로 새로운 구상뿐만 아니라 다양체라는 전적으로 새로운 개념을 또한 함축한다. 지속을 진정 변화하는 것으로 사유하기 위해서는, 그리고 개인적이거나 체험된 내면성에 의존하지 않도록 지속을 완전히 해방시키기 위해서는, 지속을 본성상 변화하면서 나누어지는 다양체로 정의할 필요가 있다. 여기서 들뢰즈는 두 가지 다양체를 구별하면서 잠재적인 것과 다양체의 관계를 이론화하고 있다. 사실 이 구별은 들뢰즈가 베르그손에게서 발견한 것이지만, 여기서는 그것을 자기 고유의 체계를 구축하는 핵심적인 요소들 중 하나로 삼는다. 이 두 가지 베르그손적 모티프가 지닌 결정적인 중요성은 1956년에 쓴 두 편의 논문에서 1995년 현실적인 것과 잠재적인 것을 주제로 쓴 마지막 텍스트에 이르기까지 지속된다. 이 두 가지 모티프의 중요성은 아무리 강조해도 지나치지 않을 것이다.

들뢰즈가 어떻게 베르그손을 되살리는 동시에 변형시켰는지를 평가하기 위해서는 다음의 논증을 떠올려 보아야 할 것이다 베르그손은 일자^{Un}와 다자^{multiple}을 대립시키면서 그 대립을 무효화할 수는 없으며, 오히려 두 가지 **유형**의 다양체를 구별해야 한다는 사실을 깨닫는다. 고전적·이산적離散的·양적 다양체는 사실상 부가적인 단위들로 구성되며, 여전히 통일성이라는 개념을 통해 규정된다. 이것이 바로 결집, '하나'의 다자, n+1 유형의 다자를 통해 만들어지는 다양체다. 이러한 다양체는 사실상 단위들로 구성되며, 여전히 **일자**에 종속되어 있다. **실재적으로** 다수적인 다양체를 사유하기 위해서는, 다양체 개념을 더 이상 '하나'에 결부시켜 사유해서는 안 되며, 따라서 그것을 더 이상 단위들로 구성해서는 안 된다. 이러한 다양체는 더 이상 이산적이고 정적인 부분들로 만들어질 수 없으며, 분리된 요소들의 결집으로부터 귀결되는 것도 아니다. 이러한 다양체는 더 이상 주어진 단위들로 구성되지 않는다. 따라서 그것은 자신의 부분들을 또한 변형시킬 때에만 변화할 수 있으며, 이런 이유에서 필연적으로 본성상 변화하면서 나누어진다. 지속은 이러한 다양체이며, 변형되면서 부분과 전체 모두에 영향을 미친다.

들뢰즈는 이러한 귀결을 이어받는다. 참된 실사적實辭的, substantif 다양체는 일자의 지배로부터 벗어나 있다. 『의식에 직접 주어진 것들에 관한 시론』의 논증에 따라, 『베르그손주의』에서 들뢰즈는 다음을 상기시킨다. 베르그손에게서 이 두 가지 다양체 간의 차이는 병치된 단위들로 구성된 양적인 공간과 연속적이고 질적인 시간 사이의 차이에서 기인하는 것이다. 복수적인 것le pluriel을 파악하는 이 두 가지 방식은 베르그손이 외재성, 질서, 병치된 단위들, 동시성, 정도상의 차이로 이루어진 공간과 잇달음, 이질성, 질적 구별, 본성상의 차이로 이루어진 전적으로 내적인 시간 사이에 확립한 존재론적 차이에 달려 있다. 잠재적이고 연속적이며 주어진 단위나 수로 환원될 수 없는 참된 다양체인 시간과 현실적이고 불연속적이며 불활성의 수적 다양체인 공간이 서로 대응한다. 이것이 바로 베르그손의 테제다. 즉 베르그손의 테제는 공간적이고 현실적이며 일자에 종속된 병치juxpaposition의 다양체와 시간적이고 잠재적인 융합fusion의 다양체를 대립시킨다.

그러나 들뢰즈는 베르그손과 리만을 결합하여 공간에 대한 과학적 구상과 지속에 대한 철학적 견해 사이에 존재하는 정적인 대립에서 벗어나는데, 이는 일찍이 『베르그손주의』에서 시작되었던 것이다.[32] 리만 또한 다양체 이론을 제시하면서, 다양체가 연속적인지 이산적인지의 여부에 따라, 자기 안에 측정 원리를 지니고 있는지 아니면 역으로 측정 원리에 외적으로 종속되어 있는지의 여부에 따라 다양체들을 구별한다. 불레즈는 이러한 구별에 다시금 현대성을 부여하면서 매끄러운 공간^espace lisse과 홈이 패인 공간^espace strié이라는 중요한 구별에 도달한다. 들뢰즈와 과타리가 불레즈의 이 구별을 이어받아 개념화한 것은 특히 『천 개의 고원』에서였지만, 논점을 분명히 하기 위해서는 이 지점에서 그 구별을 도입하는 편이 유용할 것이다. 베르그손이 말하는 단일한·공간적 다양체, 리만이 말하는 이산적 다양체는 불활성적이고 규칙적인 어떤 척도에 따라 다양체를 나누고 거기에 '홈을 내는' 외적 질서의 원리에 종속되기 때문이다. 여기서 그 다양체는 불변적인 측정 단위에 의해 세어지며, 현실적인 부분들로 나누어질 수 있는 것으로 드러난다. 베르그손이 말하는 실사적·시간적 다양체, 리만이 말하는 연속적 다양체의 매끄러운 공간은 이와 전적으로 구별된다. 불레즈가 훌륭하게 표현했듯이 우리는 이 매끄러운 공간을 "셈하지 않으면서 점유"[33]하며, 따라서 불가분적이고 측정될 수 없는 그 공간의 연속성은 본성상의 변화 없이는 나누어지지 않는다.

　　마침내 이 장치 앞에 마지막 구별이 등장한다. 들뢰즈는 세어지는 공간과 세는 시간의 관계를 객관적인 것과 주관적인 것의 구별 안에 새롭게 배치한다. 그에 따라 우리는 다음의 두 측면을 얻게 된다. 한편으로는 공간적인 객관적인 것, 즉 **부분 밖의 부분**^partes extra partes이 있는데, 그것은 원

---

32) Deleuze, *B* 32/50.

33) 들뢰즈는 이 표현을 이어받는다. 「셈하지 않으면서 점유하기: 불레즈, 프루스트, 그리고 시간」
　　 ("Occuper sans compter: Boulez, Proust et le temps"), *RF* 272~279.

하는 만큼 작으면서도 현행적으로 현전하는 현실적인 양으로 나누어질 수 있다. 다른 한편으로는 시간적이고 불가분적인 주관적인 것이 있는데, 보다 정확히 말하자면 그것은 본성상의 변화를 겪을 때에만 나누어질 수 있다.[34]

이러한 구별은 다음과 같이 요약될 수 있다. 일자에 종속된 공간적 병치의 다양체는 복수적인 것을 단위들의 증식으로 데려간다──그리고 이산적인 단위들로 이루어진 거짓된 다양체를 만들어 내는데, 그것은 지성의 작용과 물질의 비유동성^{viscosité}을 표현한다. 역으로, 진정으로 다수적인 단 하나의 다양체인 융합의 다양체, 들뢰즈가 종종 실사적 다양체라고 부르는 것은 감각운동적 지성이 사물에 대해 유지하고자 했던 장악력을 완화시켜 생성의 이질성 속에서 진정으로 생성을 경험할 수 있게 해준다. 이 실사적 다양체는 복수성을 병치된 단위들의 반복으로 이해하는 것이 아니라 불변적인 구성 단위들로 나누어지지 않으면서 변화하는 전체, 생성하는 전체로 이해한다. 이러한 다양체는 참된 차이, 변화, 새로운 것의 창조다. 그런데 베르그손은 의식을 바로 이런 식으로 정의한다. 이처럼 융합의 다양체는 주체성에 대한 새로운 정의에 도달한다.[35]

베르그손과 마찬가지로, 들뢰즈는 방법과 실재성이라는 두 가지 측면에서 두 가지 다양체를 구별하는 이러한 방식을 발전시켜 나간다. 공간화하는 지성은 사물의 객관적·이산적 다양체들 사이에서 안정감을 느끼며, 단위로 이루어진 다양체를 통해 나아간다. 그러나 시간선들을 배가시켜

---

34) Deleuze, *B* 32/51.

35) Deleuze, *B* 36/55. 그리고 Bergson, *Essai sur les données immediates de la conscience*, in *Œuvres*, *op. cit.*(이하 *DI*), p. 81.; 최화 옮김, 『의식에 직접 주어진 것들에 관한 시론』, 서울: 아카넷, 2001(2003), 156쪽.

연속적이고 불가분적이며 변화하는 지속의 다양체에 유연하게 침투할 수 있는 것은 직관뿐이다. 이 두 가지 다양체는 저마다 사유의 상호 대립적인 작용들 중 하나에 대응하는데, 그 중 하나는 물질을 다루는 과학적 지성이고 다른 하나는 지속을 다루는 철학적 직관이다. 들뢰즈는 지성과 직관이라는 이 용어도, 공간화하는 과학과 직관적인 철학 사이의 대립도 다시 활용하지 않지만, 자기 나름의 용어로 재현의 사유와 **차이**의 철학을 구별하면서 그 속에 이러한 나눔을 다시 포함시킨다. 베르그손과 마찬가지로, 들뢰즈에게 있어서도 참된 다양체는 우선 실사적이고, 사유의 전환^{conversion}을 요구하는 듯 보인다.

공간적·양적 다양체가 복수적인 것을 단위들의 모음으로 파악하고, 여전히 **부분 밖의 부분**의 병치, 정도상의 차이들의 병치에 의해 이루어진 것으로 남아 있는 데 반해, 시간적·질적 다양체는 나누어지면서 변형된다. 지속은 강도적·이질적·연속적 다양체다. 이로부터 귀결되는 것은 일견 당황스럽지만 사실은 엄밀한 다음의 동등성이다. 질적·연속적 다양체는 주관적인 것, 지속, 잠재적인 것에 대응하는 데 반해, 물질적 현실화와 생명의 분화는 이산적·양적 다양체를 통해 나아간다. 따라서 두 가지 다양체는 두 종류의 대상을 규정하고, 현실적인 물질과 잠재적인 지속을 다시금 구별한다. 들뢰즈에게 이 구별은 현행적 현재와 잠재적 과거의 구별과 일치하는 것으로서, 이러한 귀결은 베르그손의 분석을 완전히 변형시키기에 충분하다.

지속을 잠재적 분화로 이해함으로써, 들뢰즈는 베르그손이 말하는 물질과 지속의 시공간적 대립에 수정을 가하며, 특히 그 대립을 변형시켜 잠재적인 것과 현실적인 것이라는 새로운 이원성으로 대체한다. 한편으로 이 이원성은 분명 베르그손에게서 결정적인 자극을 받은 것이다. 그렇다 하더라도 이 이원성을 들뢰즈가 창조한 것이라는 사실, 그리고 이 이원성이 엘랑 비탈의 철학에서 **차이**의 철학으로 가는 이행을 표시해 준다는 것은 변함없는 사실이다.

> 주관적인 것 혹은 지속은 **잠재적인 것**이다. 더 정확히 말해, 그것은 현실화되는 한에서의 잠재적인 것, 현실화의 과정 중에 있는 잠재적인 것, 자신을 현실화하는 운동과 분리될 수 없는 잠재적인 것이다. 현실화는 분화를 통해, 발산하는 선들을 통해 이루어지며, 자기 고유의 운동을 통해 그만큼의 본성상의 차이들을 창조해 내기 때문이다.[36]

3. 현실적인 것과 잠재적인 것

따라서 두 가지 다양체의 구별이 현실적인 것과 잠재적인 것의 분기分岐, bifurcation 속으로 스며든다. 이 구별은 우선 방법론적인 것으로서 재현적인 사유(혹은 베르그손이 말하는 지성) 및 **차이**의 사유(직관)와 관련되는 듯 보이는데, 양자는 그 작동 방식에 따라 구별된다. 들뢰즈가 말하는 재현의 사유는 베르그손이 말하는 지성의 몇몇 특징을 이어받는다. 재현의 사유는 억견적이며 재인의 모델에 종속되어 있다. 재현의 사유는 물질을 모범으로 삼아 생성의 흐름을 고착시키는 방식으로 나아가며, 공통감이 지닌 동일성의 규범과 양식이 지닌 단일성unicité의 조항에 따라 이중화된다. 양식과 공통감은 억견적인 사유 이미지가 지닌 이 두 절반을 결합시켜 완전한 것으로 만든다.

---

36) Deleuze, *B* 36/55~56.

이는 들뢰즈가 말하는 **역설**逆說, *paradoxe*의 위상을 엄밀하게 규정해 준다. 역설은 문자 그대로 **반-억견적**$^{para\text{-}doxique}$이다. 역설은 새로운 사유 이미지를 보증해 주는 초월론적 분석을 성공적으로 수행하고자 억견적 재현이라는 선입견을 해소한다. 역설은 동일한 것과 반복이라는 억견적 경향에 맞서 재현적 사유의 두 가지 전제를 해소한다. "역설이란 우선 유일한 방향/의미$^{sens\ unique}$로서의 양식[좋은 방향/의미]$^{bon\ sens}$을 파괴하는 것이지만, 또한 고정된 동일성을 지정하는 것으로서의 공통감[공통의 방향/의미]$^{sens\ commun}$을 파괴하는 것이기도 하다."[37] 이처럼 들뢰즈는 베르그손에게서 직관이 수행하는 역할, 즉 사유 이미지를 변형하기 위한 방법이라는 역할을 물려받는다.

그러나 두 가지 다양체 중 하나가 행동의 요구를 충족시키고자 생성을 실체화하는 지성의 관점으로 드러난다면, 두 다양체 간의 차이는 더 이상 실재적인 것이 아니다. 우리는 더 이상 두 다양체 간의 차이를 본성상의 차이로 간주할 수 없다. 이 두번째 귀결은 문제의 여건을 완전히 변형시킨다. 양적 다양체, 즉 행동의 관점에서 생성을 안정화하고 지연시키는 지성의 관점은 실용적인 측면에서 불가피한 것이 된다. 들뢰즈는 『베르그손주의』에서 이러한 주장을 공간과 지속의 구별, 지각과 부분기억의 구별이라는 틀 속에 위치시켜 온전히 개진하고 있다.

현재는 과거의 가장 수축된 수준이므로, 내가 생성을 물질적으로 절단하는 데 이용하는 내 신체의 현행적 지점은 우선 나에게 안정된 사물, 실체와 주체로 나누어진 통일성을 제시한다. 이 실용적인 나눔^{séquençage}은 나의 신체가 사물에 대해 갖고자 하는 영향력에 가장 잘 부합한다. 다

---

37) Deleuze, *DR* 293/487, *LS* 12/47.

시 말해, 그것은 양적 다양체에 부합한다. 그러나 현실적인 것은 잠재적인 것의 가장 수축된 지점에 불과하며, 따라서 실제로 나의 현재는 과거에 몸담고 있다. 어쨌거나 두 가지 다양체의 이원론은 관점상의 차이로, 수축과 이완의 관계로, 다시 말해 결국 일원론으로 귀결된다.

　지각과 감각은 외견상의 것에 불과한 안정된 통일성과 더불어 구성된다. 감각은 수용면에 주어지는 수없이 많은 진동들을 수축한다. 다시 말해, 감각은 생성을 수축하고 안정화한다.[38] '대상'을 자처하는 모든 것은 어떤 주관적 종합의 결과이며, 『차이와 반복』에서 들뢰즈는 이러한 종합을 시간의 첫번째 종합으로 규정한다. 이 리드미컬한 왕복운동, 이 수축하는 종합은 하나의 다양체에서 다른 하나의 다양체로 가는 연속적인 이행을 설명해 준다. 개체화된 나의 신체는 지각된 사물의 세계를 자신의 주위에 휘감는다. 사물이 나에게 활용 가능한 측면(양적 다양체)을 드러내고 있는 동안 나는 사물을 활용하는 방법을 배우며, 따라서 나의 지각이 재단한 대상 세계는 결국 나의 가능한 행동을 반영하게 된다. 그렇지만 내가 이 실용적인 통일성을 잘라 낸 지속의 조직은 여전히 연속적이고 변화하는 것으로 남는다. 안정성이란 하나의 실용적 관점에 불과하다.

　양적 다양체와 질적 다양체의 구별은 결국 시간의 첫번째 종합에서 두번째 종합으로 가는 이행, 습관의 감각운동적 현재에서 잠재적 과거로 가는 이행과 일치한다. 운동적 지각과 지속의 비전 간의 차이는 현실적인 것과 잠재적인 것의 왕복운동에 포함된다. 또한 이러한 점이야말로 우리가 운동적 지각과 지속의 비전 간의 차이를 운동-이미지의 감각운동적 개별화와 시간-이미지의 주체성 간의 구별이라는 형태로 재발견한다는 사

---

38) Deleuze, *B* 72/101.

실을 설명해 주는 것이다. 운동-이미지의 감각운동적 개별화와 시간-이미지의 주체성 간의 구별을 운동과 시간의 관계라는 용어로 새롭게 배치하면서, 베르그손 전문가인 들뢰즈는 자신의 실력을 발휘하는 동시에 베르그손의 테제들을 능수능란하게 변형시킨다. 지각의 현실적 개별화는 개별화된 운동-이미지가 되는 데 반해, 생성의 잠재적 강도는 심리 외적인 시간-이미지에서 표현되기 때문이다. 지각의 개별화와 그것의 감각운동적 회로가 운동-이미지에 상응하는 데 반해, 지속을 사유할 수 있는 직관은 시간-이미지, 감각적 침입, 그리고 '한순간의 순수 상태'의 비전에 속한다.

동질적인 양과 이질적인 질은 더 이상 '참된' 다양체와 '거짓된' 다양체를 선별하는 데 사용되는 것이 아니라 지속적으로 공존하는 개별화의 두 가지 방식, 즉 강도적·잠재적 힘들의 개별화와 개별화된·현실적·잠정적 형식들의 개별화에 관련된다.

세번째로, 따라서 공간적 다양체와 시간적·강도적 다양체 간의 대립은 이제 더 이상 적합한 사유 방식과 부적합한 사유 방식 간의 인식론적 구별에 한정되지 않는다. 베르그손은 다양체의 이원론을 주관적 직관과 객관적 지성이라는 개념쌍에 포함시켜 수정할 뿐만 아니라, 객관화된 물질의 외재성을 굴절시켜 우리 행동의 결과물로 만든다. 물질은 더 이상 외재적인 것이 아니라 인간적인 범주로, 우리 행위의 창조물로 변형된다. 베르그손은 외연적 물질과 심리적 내면성 사이에 존재하는 데카르트의 낡은 경계선을 완전히 새롭게 구획한다. 이제 존재하는 것은 자신의 행동에 초점을 맞춘 살아 있는 개체의 행동-지각과 비인격적 주체성을 동반하는 지속 간의 구별이다. 우리는 외재적 물질과 기억의 내면성 사이의 간극으로부터 출발해서 이제 지각과 부분기억의 불가피한 이원성에 도달한다.

우리가 보기에 지각과 부분기억의 이러한 이원성은 물질(운동-이미지)과 지속(시간-이미지)의 이원론에 부합하는 것이다. 이제 문제가 되는 것은 이원론이 아니라 공존이다.

두 가지 다양체의 나눔은 생성의 철학으로 귀결되는데, 이 생성의 철학은 현실적인 것과 잠재적인 것이라는 두 계기를 포함하고 있다. 생성의 철학은 이 오가는 흐름들의 공존과 관련되며, 이 흐름들은 생성의 주기적인 리듬 속에서 두 가지 다양체가 필연적으로 공존하고 있음을 보여 준다. 두 가지 다양체가 존재한다는 사실은 차이가 그 탁월성을 드러낼 수 있게 해주는 비동등한 것l'inégal으로 여겨진다. 1966년 들뢰즈가 쓴 바에 따르면, 절대는 두 측면, 즉 정도상의 차이(동질적 공간 속에서 단일화된·양적·물질적·이산적 차이)와 본성상의 차이(시간적·질적·절대적·주관적 차이)를 갖는다.[39] 차이의 이러한 두 측면은 동등한 중요성을 갖는다. 바로 이 때문에 생성의 철학은 차이뿐만 아니라 반복으로도 귀결되며, 들뢰즈는 동일자와 재현의 지배로부터 벗어나기 위해 차이와 반복이라는 범주들에 기대를 거는 것이다. 이처럼 『베르그손주의』는 『차이와 반복』의 몽타주를 향한 하나의 결정적 단계를 이룬다. 들뢰즈는 바로 이 『베르그손주의』에서 잠재적인 것의 위상을 고안해 냈으며, 그에 힘입어 앞서 대립적인 것이었던 두 가지 다양체를 동일한 생성의 서로 구별되는 두 가지 양상으로 새롭게 이해할 수 있게 된다. 잠재적인 것이라는 개념 덕택에 공간적 다양체와 시간적 다양체의 피상적인 이원론은 감각운동적 관점과 실재적 시간성 간의 차이로, 경험적 현실성과 잠재적 이상성 간의 차이로 바뀌게 된다.

이에 힘입어 우리는 생명의 사례가 보여 주듯 분화——예컨대, 생물

---

39) Deleuze, *B* 27/43~44.

학적 분화——를 잠재적인 것에서 현실적인 것으로 나아가는 현실화로 규정할 수 있게 된다. "언제나 분화는 발산하면서 현실화되는 자신의 선들을 가로질러 항존하는 잠재성의 현실화다."[40] 들뢰즈에 따르면, 이러한 규정은 **차이**의 중요한 측면을 설명해 준다. 모든 참된 다양체와 마찬가지로, 생명의 개체화는 이중의 현실화를 따라 수행되며, 이 이중의 현실화는 단순성의 분화와 전체성의 나눔을 결합한다. 개체화는 연속적인 것, 이질적인 것, 단순한 것이라는 외견상 양립 불가능한 속성들을 겸비하고 있다.

단순성과 이질성이 서로 모순되지 않는 이유는 여기서 문제가 되고 있는 것이 끊임없이 변화하는 복수적인 단순성, 본성상 변화하면서 나누어지는 복수적인 단순성이기 때문이다. 이러한 단순성이 없다면, 우리는 구성단위들의 결합collection을 해체시켜야 할 것이다. 나눔의 원리들을 변이시키고 변형시킬 때에만 나누어지는 이 연속성을 설명하기 위해, 들뢰즈는 종종 보르헤스J. L. Borges의 라이프니츠적인 정식 '끝없이 두 갈래로 갈라지는 길들이 있는 정원'을 참조한다. 갈라지는 시간의 모델이 연속적으로 전개되는 한 겹의 선형적 시간을 대체한다. 변화가 존재한다면, 그것은 비선형적인 소용돌이turbulence의 방식일 것이며, 이 방식은 부분의 변형만이 아니라 전체의 변용과도 관련될 것이다.

이러한 것이 바로 들뢰즈가 자신의 시간 철학을 고안해 내기 위해 구성한 베르그손적인 요소들이다. 운동은 공간 속의 위치변화가 아니라 시간 속의 변화에서 성립하며, 이러한 변화는 부분들 간의 관계뿐만 아니라 변화하는 부분들을 담고 있는 전체에도 영향을 미친다. 생성하는 다양체는 생성에 따라 변형되는 열린 전체성으로 이해되어야 한다. 마찬가지로,

---

40) Deleuze, *B* 97/133.

이런 이유에서 생명의 분화는 우리가 시간과 맺고 있는 관계를 다 소진시키지 않는다. 현실화라는 생명의 화살은 각각의 지점마다 자신과 구별되면서도 식별은 불가능한 분신으로서 아이온의 과거-미래와 그것의 비연대기적 시간성을 담고 있다. 시간은 생명의 현실화를 함축하고 있을 뿐만 아니라 각각의 지점마다 잠재적인 공존을 또한 함축하고 있다. 보다 정확히 말하자면, 시간은 아이온과 크로노스의 이 끊임없는 분기에서 성립한다.

이와 같이 정의된 잠재적인 것의 개념에 힘입어 우리는 일자와 다자를 항 대 항으로 대립시키는 정적인 구상을 포기하게 된다. 이제 우리는 이 정적인 구상이 실제로는 실사적 다양체의 시간적 역동성만을 함축하고 있었다는 사실을 이해하게 된다. 다양체가 복수적이라는 주장은 사실상 두 가지 다양체의 대립 자체에 적용되며, 이 대립을 무효화하거나 완전히 변형시킨다. 우리는 상호 대립적인 형태의 이 두 가지 다양체를 분리된 두 개의 실체나 서로 구별되는 두 개의 통일성으로 존속시킬 수 없다. 사실 이 두 가지 다양체는 현행적 현재와 잠재적 과거로 분화되는 시간의 분출에 대응한다. "그러나 어쨌거나 잠재적인 것과 현실적인 것의 구별은 현재를 이행하게 하고 과거를 보존하는 커다란 두 경로를 따라 시간이 스스로 분화되어 나가면서 만들어 내는 가장 근본적인 분열에 대응한다."[41] 들뢰즈는 잠재적인 것(시간-이미지)과 현실적인 것(운동-이미지)의 이원성 안에서 베르그손이 말하는 시간의 분출을 이어받는다. 이러한 분출은 아이온과 크로노스의 공존은 물론이고 『차이와 반복』에 등장하는 세 가지 종합, 즉 습관, 순수 과거, 비연대기적인 미래의 구별을 또한 설명해 준다.

---

41) Deleuze, *D* 184.; 『들뢰즈가 만든 철학사』, 박정태 엮고 옮김, 서울: 이학사, 2007, 523~524쪽.

마지막으로, 잠재적인 것의 개념은 전체에 대한 우리의 생각을 변형시킨다. 잠재적인 것과 현실적인 것이 문자 그대로 공존하고 항상 더불어 주어진다면, 잠재적인 것은 현실적인 것에 비해 다음과 같은 탁월성을 가질 것이다. 즉 잠재적인 것은 생성을 가능케 하고, 변화의 실재성을 보증하며, 현실적이지 않은 것에 그것의 현실화를 보장해 주는 특수한 실존 방식(혹은 내속 방식)을 부여하면서 현실적인 것 아래 내속한다. 아울러 잠재적인 것은 이질적·유동적 전체성이라는 새로운 형태로 다양한 시간선들의 공존을 보증해 준다. 잠재적인 것은 변화를 포괄하는 전체, 열린 전체, 본성상 변화하는 전체성이라는 새로운 구상에 이른다.

전체가 변화한다는 것이야말로 열림l'Ouvert에 대한 엄밀한 규정으로서, 들뢰즈는 이 규정을 『차이와 반복』에서 개진하고 『운동-이미지』의 서두에서 이어받는다. 베르그손 덕택에 우리는 더 이상 생성과 전체성의 대립을 강조하지 않게 된다. 전체는 불활성 상태의 덩어리로 주어지는 것이 아니며, 그저 주어질 수 있는 것도 아니다. 물론 이러한 지적이 새로운 것은 아니지만, 이로부터 우리는 시간이 변화하는 곳에서는 전체가 존재할 수 없다는 결론을 이끌어 낸다. 베르그손은 관점을 뒤집어 놓는다. 전체가 주어질 수 없다면, 이는 전체가 존재하지 않아서가 아니라 변화, 열림이야말로 전체의 본성이기 때문이다. 전체라는 개념은 생성, 변화, 창조, 전체성이라는 외견상 모순적인 속성들을 결합한다. 열린 전체로서, 전체에 "속하는 것은 끊임없는 변화 혹은 새로운 어떤 것의 출현, 요컨대 지속하는 어떤 것의 출현이다".[42] 생성인 동시에 지속인 한에서, 전체는 그것의 창조적 비영속성으로 규정된다.

---

42) Deleuze, *IM* 20/24.

실사적 다양체와 마찬가지로, 전체 또한 베르그손과 더불어 시간화된다. 이는 『잃어버린 시간을 찾아서』에서 시간선들이 공존하는 방식을 설명해 준다. 시간선들은 불균등한 현실화로서, 갈라지는 길들로서 공존하며 변이 가능한 전체를 변형시킨다. 시간선들은 "이 잠재적인 것의 실재성이기" 때문이다. "이것이 잠재적 다양체 이론이 지닌 의미이며, 이 이론은 처음부터 베르그손주의에 활기를 부여해 왔다."[43] 『시간-이미지』에서 들뢰즈는 이 점을 훨씬 더 분명하게 제시한다. 우리가 종종 베르그손주의를 단순화해서 만들어 내는 생각에 따르면, 지속은 주관적인 것으로서 우리의 내적 삶을 구성할 것이다. 그러나 이는 사실이 아니다. "유일한 주체성이란 시간, 그것의 정초로부터 파악된 비연대기적 시간이며, 이 비연대기적 시간의 내부에 우리가 존재하는 것이지 그 역은 아니다." 본질, 즉 '한순간의 순수 상태'는 체험된 과거의 형태하에서가 아니라 감각 속에서 드러나는바 잠재적인 것의 이러한 내속에 다름 아니다. 1983년 들뢰즈는 다음과 같이 쓴다. "프루스트야말로 소설에서 시간이 우리에게 내재하는 것이 아니라 이중화되는 시간에 우리가 내재하는 것이라고 말할 수 있을 법한 인물이다. [⋯] 주체성은 결코 우리의 주체성이 아니다. 주체성이란 시간, 다시 말해 영혼이나 정신, 즉 잠재적인 것이다. 현실적인 것은 항상 객관적이지만 잠재적인 것은 주관적인 것이다. 우리가 시간 속에서 체험할 수 있는 것은 우선 정서였다. 다음으로 그것은 시간 자체, 다시 말해 이중화되는 순수 잠재성이었다. [⋯]"[44]

---

43) Deleuze, *B* 103/140.

44) Deleuze, *IT* 110~111/167~168.

4. 칸트에 대한 베르그손의 비판: 논리상의 가능한 것에서 실재상의 잠재적인 것으로

잠재적인 것에 대한 이러한 규정은 들뢰즈가 경험의 단순한 가능적 조건들의 발생에서 경험의 잠재적·실재적 조건들의 발생으로 이행하면서 어떻게 칸트의 초월론적인 것에 대한 자신의 비판을 방법론적인 측면으로 인도할 수 있었는지를 설명해 준다. 이는 들뢰즈 철학에서 베르그손이 갖는 중요성을 말해 준다. 『차이와 반복』에 이르기까지 들뢰즈의 철학이 칸트의 초월론적 비판을 이어받은 듯한 인상을 주었던 것은 잠재적인 것이라는 개념을 통해 베르그손이 기여한 덕분이었다. 베르그손과 칸트를 역설적인 방식으로 결합함으로써, 들뢰즈는 사유와 물질의 관계 문제를 초월론적인 방식으로 다루고 베르그손을 "반-칸트주의자"[45]로 만든다.

앞서 살펴보았듯이, 잠재적인 것은 다음의 두 가지 속성에 따라 규정되어야 한다. 잠재적인 것은 현실적인 것처럼 현전하지는 않지만, 그럼에도 실재적이다. 현실적으로 구별되지 않는 것은 잠재적이다. 『시론』에서 "그 부분들의 잠재성"[46]으로 규정되는 주관적인 것은 분명 현전하지는 않지만 그럼에도 실재적이며, 이는 우리의 부분기억, 과거, 이상성이 실재적인 것과 마찬가지다. 잠재적인 것은 현실적인 것과 구별되지만 그와 대립하지는 않으며, 역으로 모든 개별화에 있어 그와 공존한다.

잠재적인 것은 가능한 것과 대립한다. 들뢰즈는 베르그손의 이러한 주장을 자신의 체계에 통합한다. 1956년에 쓴 두 편의 논문에서 충분히 개

---

45) Deleuze, *Cours...*, in Worms (dir.), *Annales bergsoniennes*, II, Paris, PUF, 2004, p. 173.
46) Bergson, *DI* 81/155~156, 57/107~108. Deleuze, *B* 37/56.

진되었음에도, 들뢰즈는 잠재적인 것을 소개할 때마다 그 주장을 체계적으로 되풀이한다. 베르그손에 따르면, 논리상의 가능한 것은 실재상의 잠재적인 것으로 대체되어야 한다. 가능한 것은 일종의 관념적인 추상으로서, 이는 실재적인 것^{le réel}이 자신의 닮은 꼴에서 생겨나리라고 우리가 **후험적으로**^{a posteriori} 가정하고 있는 것과 같다. 이를 통해 가능한 것 자체는 회고적인 것으로 드러난다. 가능한 것은 오로지 지성의 이러한 가상에서 성립하는 것이기 때문이다. 그런데 이러한 가상은 현실적 실재성에 의존해 있으며 그로부터 낡은 변종을 이끌어 낸다. 이 변종은 지성의 단순한 투사물에 불과하지만 형이상학을 가두고 있는 거짓 문제의 실재적 원천이기도 하다. 이러한 투사물은 사유의 이율배반을 야기하며 그로 인해 우리는 그 구조상 해결될 수 없는 문제인 존재와 질서의 개념을 만들어 낸다. 이는 깨닫지 못한 사이에 우리가 실재적인 것이라는 추상적인 개념으로부터 출발해서 존재와 질서의 개념을 만들어 냈기 때문이다.[47]

가능한 것이라는 가짜 개념은 이처럼 재현적인 사유 이미지를 만들어 내는 자연적 가상에 그 책임이 있다. 사유자를 속이고 형이상학을 위험에 빠뜨리는 것은 바로 이 가상이다. 사실 가능한 것은 사유가 이러한 포

---

47) 베르그손, 『창조적 진화』 3장, '무질서의 관념에 대한 분석', *EC* 681/331. 아울러 『창조적 진화』 4장, 그리고 『사유와 운동자』(1941)에 실린 다음의 논문과 논의를 보라. Bergson, "Le mouvement rétrograde du vrai", p. 1253~1269, "Criticisme kantien et théorie de la connaissance", p. 1306~1307, "Le possible et le réel", p. 1331~1345, "La critique kantienne", p. 1427~1430, in *La pensée et le mouvant*, in *Œuvres*, Paris, PUF, 2001.; 이광래 옮김, 『사유와 운동』, 서울: 문예출판사, 1993(2010), 「진리의 회고적 운동」, 9~32쪽, '칸트의 비판철학과 인식론', 77~79쪽, 「가능한 것과 실재적인 것」, 110~129쪽, '칸트의 비판', 235~239쪽. 들뢰즈는 *B* 10~13/20~24, 99~101/134~137에서 이 대목들을 분석한다. 여기서 그는 잠재적인 것의 특수성을 설명해 주는 가장 훌륭한 정식으로 프루스트의 정식을 분명하게 거론한다.

획과 이러한 회고적 투사의 실재적 조건들을 오해하면서 실재적인 것으로부터 '추상한' 것, 즉 뽑아 내거나 추출해 낸 것에서 성립한다. 재현적 사유의 가상은 바로 여기서 성립한다. 이 지점에서 베르그손은 칸트의 비판을 뒤따르면서 그것을 수정한다. 칸트는 이성의 자연적 변증론으로부터 벗어나는 **초월적 분석론**Analytique transcendantale의 조건들을 규정했다. 하지만 가능한 것의 회고적인 투사를 설명해 줄 수 있는 것은 실재적 경험뿐인데도, 칸트는 여전히 가능한 것을 경험의 실재적 조건으로 받아들이게 만드는 추상적인 운동에 사로잡혀 있었다.

베르그손은 칸트의 초월적 변증론을 이어받는 동시에 그것을 혁신한다. 칸트의 변증론은 가상이라는 비판적 문제를 확인하는 데에는 유리했지만 사유의 가능적 조건들을 재현적으로 추상화하는 데 그침으로써 그 가상을 왜곡했다. 베르그손은 칸트에게서 가상에 대한 비판을 빌려 오지만, 이제 그 비판으로 칸트를 겨냥한다.[48] 들뢰즈는 칸트가 정확하게 고발했던 이 초월적 가상에 대한 분석을 베르그손에게서 발견하지만, 무엇보다 이 가상이 가능한 경험의 범주적 구조에 속한다고는 생각하지 않았다.

따라서 칸트에게서 초월적인 것의 정의는 다음과 같다. 초월적인 것은 회고적인 가상에서 생겨나며, 추상적이고 부적합한 이미지, 조건지어진 것보다 커서 가능한 것에 불과한 '잘못 재단된' 개념들, 가능한 것이라는 과거의 방식으로 규정된 칸트의 범주들만을 경험으로부터 받아들인다. 초월적 측면에 대한 칸트의 정의는 인간 정신이 벗어날 수 없는 가상, 그럼에도 칸트가 그로부터 형이상학을 구해 내려 했던 이러한 가상을 표현한다. 들뢰즈는 "비판 철학과", 다시 말해 칸트와 "결별하여 사물에 도

---

48) Deleuze, *B* 10/21.

달하려"[49] 애쓰면서, 베르그손이 칸트에게 가한 비판에다 이제 그 비판이 베르그손 철학의 결정적인 과제로 보일 법한 그런 진폭을 부여한다.

따라서 들뢰즈는 베르그손을 칸트적인 틀 속에서 읽는다. 칸트를 이성의 자연적 변증론을 가장 체계적으로 개진했으면서도 그 가상의 본성을 완전히 오해하고 있었던 철학자로 제시할 때, 사실 베르그손은 이러한 틀을 염두에 두고 있는 것이다. 베르그손은 가상의 본성에 대한 이러한 오해를 해소하고자 한다.

재현적 가상에서 벗어난다는 것은 가능한 것이라는 추상적 사본에 따라서가 아니라 잠재적 경험이 풀려나오는 실재의 실타래를 따라서 이념과 감성적인 것의 관계를 제시한다는 것이다. 여기서 추상적 사본은 감성적 직관이 사후에야 충족시키게 될 정신적 경험인 데 반해, 실재의 실타래는 감성적인 것의 내부에서 이념이 분화되는 과정인 현실화다. 따라서 잠재적인 것은 예측 불가능한 분화라는 역동적인 개념과 관련되는 데 반해, 가능한 것의 현실화는 사물에 대한 정신적 개념과 가능한 것의 추상적인 유사성을 함축하고 있을 뿐이다.

들뢰즈는 베르그손을 뒤따르면서 칸트가 사유의 초월론적 조건들을 오해했음을 보여 준다. 칸트는 그 조건들을 가능한 것으로 간주함으로써 사유가 발생하는 실재적 조건들을 무시했다. 재현에서 가장 먼저 제시되는 가능한 것은 사실 사유가 실재적인 것로부터 만들어 낸 재현에 대응하며, 우리는 이 재현으로부터 가능한 것의 실재성을 이끌어 낸다. 그러므로 칸트는 실재성이 사유에 무엇을 가져다주는지를 설명할 수 없는 것으로 드러난다. 실재성은 사물 자체에 다름 아니며 재현의 외부에서 주어진다.

---

49) Deleuze, "Bergson, 1859~1941", art. cité, p. 299[ID 42/307].

가능한 것의 양상과 실재적인 것의 양상은 서로를 전제하고 있다. 가능한 것은 사물의 실재적 실존 방식**이라기보다는** 사유된 사물에 불과한 데 반해, 실재적인 것은 사유의 **바깥에서** 파악된 사물 자체다. 잠재적인 것이라는 개념이 끊어야 할 악순환의 고리가 바로 여기에 있다.

실재는 더 이상 사유의 유사성에서 주어지는 것이 아니라, 오히려 자신의 예측 불가능하고 현실적인 분화를 야기한다. 들뢰즈는 가능한 것의 관념론을 실재적 현실화의 경험론으로 대체하고자 한다. 그는 실재를 관념적인 가능한 것의 재생산이나 제한으로 이해하는 가능적 **실재화**réalisation possible와 실재가 현실화되는 조건들과 관련하여 항상 창조적인 경험적 현실화actualisation empirique를 대립시킨다. 들뢰즈에 따르면, 바로 이런 이유에서 초월론적인 것은 경험의 가능적 조건들이 아니라 경험의 **잠재적** 조건들에 근거한다.

따라서 본질을 규정할 때 문제가 되었던 시간적 절대, 베르그손이 말하듯 사유가 실재의 '시간선들'을 따라갈 수 있도록 해주는 이 시간적 절대는 전체로서의 경험이다. 이 전체로서의 경험은 지각에 속하는 행동의 선으로 심리적으로 환원되거나 단순한 가능적 조건으로서 회고적으로 주어지는 것이 아니다. 이 전체로서의 경험을 제공하는 것은 순수 과거다. 순수 과거는 심리적인 현재와의 잠재적 공존 속에서 주어지며, 현실적이지는 않지만 실재적이고 추상적이지는 않지만 이상적이다. 순수 과거는 "존재론으로의 도약"[50]을 가능하게 해준다. 따라서 『프루스트 I』에서 문제가 되었던 영원성은 비시간적인 영원성이나 체험된 과거가 아니라 실재적 경험의 잠재적 **전체**로서, 잠재적 강도와 현실화의 분기하는 선들을 포

---

50) Deleuze, *B* 52/76.

함하고 있다. 이처럼 잠재적인 것은 사유 이미지에 비판을 가하게 되는데, 이는 잠재적인 것이 실재적 경험에 대한 초월론적 해명을 가능하게 해주기 때문이다 ──이것이 가능적 경험에 대한 해명이 아닌 이유는 이제 가능한 것이 경험에 대한 심리적·추상적 해석이 되어 버렸기 때문이다.

베르그손이 기여한 바에 힘입어 들뢰즈는 초월론적인 것에 대한 칸트의 근본적인 영감을 간직하면서 심리적·의인론적인 가능적 경험으로부터 잠재적 경험으로 이행할 수 있게 된다. 가능한 것에서 잠재적인 것으로 가는 이러한 이행은 들뢰즈에게서 초월론적인 것이 어떻게 경험적인 것으로 규정될 수 있는지를 이해하는 데 결정적인 중요성을 갖는다. 사유는 실재적 경험과 마주함으로써 초월적 주체의 심리적 구조가 제공하는 정신적 경험이라는 조건들, 주관적인 것에 불과한 조건들로부터 벗어난다. 잠재적 시간에 관한 입장은 사유와 감성적인 것의 만남, 그리고 범주의 발명을 보장해 준다. 소설가인 프루스트가 재현적인 철학보다 사유와 시간의 관계를 더 잘 파악했다면, 이는 그가 추상적인 것에 불과한 필터, 논리상의 가능한 것이라는 필터에서 벗어나 있기 때문이며 그가 자신의 사유를 사물이라는 재료 자체 안에서 작동케 하기 때문이다. 철학이 우리에게 그 가능성을 제공해야 한다고 베르그손이 말했던 것, 소설가 프루스트는 바로 그것을 실효화할 수 있었다. 베르그손이 말했던 것은 바로 경험을 넘어 경험의 조건들로 나아가는 일이다. 경험이 그 근원에서 인간적인 경험이기를 그치는 지점, 경험이 심리적으로 굴절되면서 억견의 일상적인 범주들 속에서 거꾸로 비춰지는 전환점을 넘어서 말이다.[51] 직관이 초월론적 경험으로 규정될 수 있는 것은 바로 이런 이유에서다. 직관에 힘

---

51) Deleuze, *B* 17/30.

입어 우리는 우리의 경험을 확대하거나 우리의 경험을 넘어서서 경험의 조건들로 나아갈 수 있다. 그러나 만약 우리가 칸트의 방식에 따라 개념을 가능한 경험 전체의 조건들로 정의한다 하더라도, 이 경험의 조건들을 개념과 혼동해서는 안 된다. "그러므로 경험의 조건들이 규정되는 것은 개념에서라기보다는 순수 지각에서"[52], 즉 사유가 어떤 기호의 폭력적인 침입하에서 창조를 시작하게 되는 순수 변용——사유의 파토스, 시간-이미지——에서다.

5. 초월론적 방법으로서의 직관

베르그손이 소개했던 바에 따르면, 베르그손 자신은 초월적 분석론을 재건할 수 있는 사상가이자 지성적 사유가 생성을 외면하게 만드는 자연적 가상, 즉 이성의 변증론에서 벗어날 수 있는 사상가다. "칸트주의의 장점은 자연적 가상의 모든 귀결들을 전개시키고, 그 가상을 가장 체계적인 형태로 보여 주었다는 데 있다. 그러나 칸트주의는 여전히 그 가상을 간직하고 있으며, 실은 바로 그 가상에 근거해 있다. 이제 그 가상을 제거하자. 그러면 우리는 즉시 과학과 형이상학을 통해 절대에 대한 인식을 인간 정신에 되돌려 주게 될 것이다."[53] 들뢰즈는 이러한 특징을 강화한다. 과거에 니체가 그러했듯이, 이제 베르그손은 초월적 분석론을 구해 내어 우월한 칸트주의로 이끌어 주는 영웅으로 제시되는데, 이는 문학적이고 영감에 가득 찬 베르그손의 작품과 관련하여 우리가 갖게 되는 진부한 이미지와

---

52) Deleuze, *B* 19/32, 그리고 Bergson, *La pensée et le mouvant, op. cit.*, 1370/162~163.

53) Bergson, art. cité, in *Œuvres, op. cit.*, p. 1307/78~79.

는 상반되는 것이다. 직관이 개념적 암시와 개념적 모호함으로부터 우리가 손쉽게 이끌어 낼 수 있는 것인지는 모르지만, 여기서는 오히려 독창적인 사유방법으로 이해되어야 한다. 이 사유방법은 사유의 논리학을 사유의 감성론이 제시하는 실재적 조건들과 연결해 준다.

일찍이 1956년에 들뢰즈는 방법으로서의 직관에 대한 다음의 역설적인 해석을 주장했던 바 있다. "방법으로서의 직관은 차이를 찾아내는 방법이다."[54] 이러한 해석은 사실 칸트적이다. 들뢰즈가 이해한 바의 직관은 경험적인 경험을 넘어 **권리상의** 조건들로 나아갈 수 있게 해준다. 이런 이유에서 들뢰즈는 베르그손의 직관을 초월론적 분석의 방법으로 제시하는데, 이는 그가 『도덕의 계보』를 초월론적 비판으로 이해했던 것과 정확히 동일한 방식이다.[55]

이제 들뢰즈가 보기에 베르그손은 칸트에게서 초월론적인 것을 심리적으로만 다루는 판본을 훔쳐 내어 우리를 참된 초월론적 조건들에 도달할 수 있게 해주는 사상가다. 이 초월론적 조건들은 "칸트식으로 말하자면, 모든 가능적 경험의 조건들이 아니라 실재적 경험의 조건들이다."[56] 따라서 베르그손의 직관은 칸트의 주체가 지닌 심리적인 것에 불과하다는 특징, 다시 말해 억견적·내관적內觀的, introspectif이며, 결국 일상적인 재현에 맞추어져 있다는 특징을 바로잡는 치료제로 사용된다. 따라서 지속을 향해 열리는 한에서 직관은 심리학에 대한 치료제로 사용되는 듯 보이는데, 이 지속 자체도 동일한 탈심리화의 과정을 거쳤다. 이처럼 들뢰즈가

---

54) Deleuze, "Bergson, 1859~1941", art. cité, p. 292[*ID* 28/279], p. 295[*ID* 34/290].

55) Deleuze, *B* 1~2/9~11, 그리고 *NP* 100~104/163~169.

56) Deleuze, *B* 13/24.

보기에, 역설적으로 베르그손은 심리학으로부터(일상적인 의미의 '직관'으로부터) 지속을 구해 내는 데 가장 크게 기여한 사상가다. 이는 베르그손이 다음을 보여 주었기 때문이다. "현재만이 '심리적'"인 데 반해, 생명체를 통해 현실화되는 현재와 비연대기적인 과거의 잠재적 공존을 함축하는 지속은 1966년 들뢰즈가 "순수 존재론"[57]이라고 명명했던 바, 즉 인간학적인 틀에서 해방된 경험에 속한다.

베르그손은 지속에 대한 직관과 실사적 다양체라는 표상을 자기 체계의 중심에 위치시키지만, 이때 직관이 지속에 근거하는 것이지 그 역은 아니다. 이질적·창조적 지속이라는 표상은 단순하지만, 우리가 지닌 습관적인 틀과 단절하려는 사유의 지극한 노력을, "새로운 사유방법에 해당하는 무언가"를 정신에 요구한다. 역으로 직관 이론은 지속 이론에 비해 훨씬 뒤늦게 발견되었을 뿐이다. "직관은 지속으로부터 나오며 지속을 통해서만 이해될 수 있습니다."[58]

직관이 방법의 지위에 올라설 수 있는 까닭은 그것이 주관적인 공감을 통해 작용하는 것이 아니라 **권리상으로** 작용하기 때문이다. 따라서 직관의 다음 두 가지 의미를 혼동해서는 안 된다. 방법으로서의 직관은 자신에 대한 감정, 변용된 관점, 심리적 내관, 심지어는 후설[E. Husserl]이 말하는 본질 직관과도 분명하게 구별된다. 직관이란——베르그손이 일관되게 주장하듯이——'사물 자체 안에' 위치하는 데서 성립하는 것이기 때문이다. 따라서 직관은 내적 상태에 대한 반성적 이해와는 상반되는 것으로 드러

---

57) Deleuze, *B* 51/74.

58) Bergson, *Lettre à Höffding* du 15 mars 1915, in *Mélanges*, Paris, PUF, 1972, p. 1148~1149. 그리고 Deleuze, *B* 1~2/10, 12~13/23~24.

나며, 주체의 변용과 구별되어야 한다. 막연한 감정이입, 모호한 공감 혹은 타인이 불러일으킨 공감이기는커녕, 직관은 지속 자체로부터 자신의 엄밀함과 정확성을 이끌어 내면서 "정교화된 방법, 심지어는 철학에서 가장 정교화된 방법들 중 하나"가 된다. 따라서 직관이 "엄밀한 방법"의 지위에 도달한다고 주장할 수 있다면, 이는 직관이 사유하는 주체의 노에시스 활동으로 되돌아가기 때문이 아니다. 이는 줄곧 걸작으로 높이 평가되어 왔던 『물질과 기억』 1장에 들뢰즈가 부여하는 중요성을 설명해 준다. 그 이유는 『물질과 기억』 1장이 지속 자체의 내부에 위치하게 해주는 초월론적 분석의 사례를 제공한다는 데 있다. 이러한 초월론적 분석은 개별화된 지각에서 출발하여 그 지각의 초월론적 조건들로 거슬러 올라가 "그것의 근원에서, 혹은 차라리 그것이 우리 유용성의 방향으로 굴절되면서 고유하게 **인간적인** 경험이 되는 이 결정적인 **전환점**을 넘어"[59] 실재적 경험을 파악함으로써 가능했다. 경험은 의식에 주어진 바의 근원적 조건들을 현상학적인 방식으로 파악하는 것이 아니다. 역으로, 경험은 베르그손적인 방식으로 사물 자체 속에 깊이 잠기는 데서 성립한다. 경험은 탈-중심화되고 탈-심리화되며 자신의 억견적인 술어들로부터 해방된다.

철학적 엄밀함은 이처럼 경험의 인간적 조건들을 넘어서는 데서 성립한다. 아니면 우리는 다음과 같이 말할 수도 있다. 지각이 여전히 감각운동 회로에 초점이 맞춰져 있는 한에서, 경험은 우리의 가능한 행동, 인간화된 행동, 의인론적인 방식으로 틀 지어진 행동에 따라서만 우리에게 질료를 제공한다. 직관은 우리 경험의 '초월론적' 조건인 지속 자체에 도달하기 위해 '경험적인'——여기서 경험적이라는 것은 억견적·의인론적

---

59) Bergson, *MM* 321/307~308, Deleuze *B* 17~18/30.

이라는 의미다 ──경험의 틀을 넘어 도약함으로써 우리가 지속을 의식할 수 있도록 하는 데 사용된다. 여기서 초월론적인 것은 다음과 같은 엄밀한 의미를 갖는다. 즉 우리는 일상적인 지각의 틀을 넘어 시간-이미지의 비전, 잠재적인 것의 경험, 지속의 정서 ──한순간의 순수 상태──에 도달한다. 따라서 경험의 조건들은 정신적인 것에 불과한(가능적인) 경험의 추상적 조건들과 관련되는 것이 아니라 탈인간화된(실재적인) 경험의 조건들과 관련된다. 다시 말하자면, 후자의 조건들은 경험이 더 이상 인간학적으로 주조되지 않고, 지각과 행동의 억견적 사용에 의해 가공되지 않는 것과 같다. 따라서 들뢰즈는 지속을 향한 이러한 도약을 통해, 이러한 '경험의 전환점'을 통해 사물 자체 안에 위치하면서 베르그손에게서 다음의 수단을 발견한다. 그것은 사물 자체에 맞추어 개념을 재단하는 수단이며, 의인론적이고 지성적이며 행동을 기초로 전사된 범주표를 파기할 수 밖에 없도록 정신을 뒤틀어 칸트 식의 심리적인 판본으로 환원되지 않는 초월론적 감성론을, 즉 '감각된 바의 존재 자체'를 되찾게 해주는 수단이다.

초월론적인 것은 공통 경험의 억견적 상태를 넘어 그것의 잠재적 조건들로 거슬러 올라간다. 초월론적 경험론은 바로 이 지점에서 성립한다. 베르그손적인 직관, 즉 생성의 사유는 운동-이미지의 억견적 개별화로부터 시간 자체에 대한 비전, 시간-이미지로 이행하기 위한 방법을 제시한다. 바로 이런 이유에서 들뢰즈는 서로 상관적인 다음의 두 측면을 항상 강조한다. 첫째, 경험을 넘어 경험의 조건들로 나아갈 것. 이는 경험의 비주관적 실재성과 관련된 것으로서, 들뢰즈가 **열림**이라고 부르는 우리 인식 능력들의 외적 한계를 직관이 그려 내는 것과 같다. 이 **열림**은 전복적이고 갑작스러운 숭고의 방식으로 나타나는 실재로서, 우리 인식 능력들을 한계 초과의 지점까지 데려간다. 따라서 둘째, 초월론적인 것은 필연적으로 비-억견적이다. 초월론적인 것은 잠재적 지속에 이르기 위해 행동의 범주들을 파기하며, 공통감으로부터 등을 돌려 일상적인 지각을 거스르기 때문이다.

베르그손의 직관에 힘입어 들뢰즈는 범주를 혁신하기 위한 자신의 프로그램을 정식화할 수 있게 된다. 베르그손이 말하는 직관, 즉 차이의 사유는 지속 안으로 침투하며, 따라서 지속을 '전제하고 있다'. 이런 이유에서 직관은 들뢰즈가 플라톤 이래의 대표적인 방법론적 문제라고 규정한 바, 즉 실재적 규정의 선들을 따라 복합물을 분석할 수 있게 해주는 나눔의 방법에 관한 문제를 해결할 수 있는 수단을 제공한다.[60] 이러한 나눔은 잘못 재단된 인간 경험의 범주들을 그냥 따라갈 것이 아니라 실재가 지닌 사실의 선들을 따라가야 한다. 따라서 베르그손이 말하는 직관은 들뢰즈의 초월론적 경험론에 부합한다.

두번째로, 들뢰즈는 시간에 대한 직관과 공간에 대한 지각이라는 베르그손의 구별을 이어받으면서도, 이제 그 구별을 변형시켜 시간 및 공간과 관련해서가 아니라 잠재적 주체성 및 현실적 개별화와 관련하여 이해한다. 베르그손과 마찬가지로 들뢰즈에게서도 지각은 항상 의인론적·심리적 경험이며 여전히 억견적인데, 이는 잠재적인 것이 인간적인 틀에서 해방된 경험에 속하는 것과 상반된다. 이 점은 『물질과 기억』이 갖는 중요성을 설명해 준다. 거기서 베르그손은 물질 속에 직접 위치하면서 물질적 사물이 지속의 한계를 이룬다는 사실을 보여 준다. 초월론적 경험론은 이미지론으로 이어진다. 이 이미지론은 인간 주체 및 이 인간 주체의 틀에 맞춰진 지각을 미규정성의 중심으로, 이미지들, 힘 관계들, 물질-지속의

---

60) Deleuze, *B* 24/39~40.

작용과 반작용들 사이의 간격으로 만든다. 이렇게 해서 이제 지각과 물질은 정도상으로만 구별될 뿐이며, 물질은 이미지들 전체를 포함하게 된다. 그에 반해 지각은 주체화된 하나의 특별한 이미지, 즉 **하나의** 신체를 중심 혹은 틀로 받아들여 이 이미지들을 향한 하나의 근시안적인^{myope} 관점을 열어 준다. 물질과 이미지는 동일시되며, 물질은 진동하는 시-공간의 블록에 불과하다. 이렇게 탈중심화된 우주에서, 인간의 주체성은 이미지들 사이의 프레임화^{cadrage}·단절·간격과 같은 내재적인 방식으로 만들어진다. 직관에 힘입어 우리는 이 탈중심화된 우주 안에 위치하게 되는데, 이는 우리를 경험의 억견적인 틀에서 해방시켜 주는 이론적 도약을 통해 가능한 일이다.

세번째로, 초월론적 방법은 내재면이라는 난해한 개념에 이르는 길을 열어 준다. 이 탈중심화된 우주에 존재하는 것은 시-공간의 블록들, 힘 관계나 물질-지속 관계의 합성물들뿐이다. 『물질과 기억』 1장을 따라, 들뢰즈는 이미지를 복수적·미분적 힘들이 맺는 관계의 배치로 규정하는데, 이 힘들의 관계는 탈중심화된 물질적 우주에서 유동적·잠정적인 개별화의 영역들을 구성한다. 따라서 모든 것은 이미지, 운동, 생성하는 힘이다. 이 운동하는 힘들의 우주, 탈중심화된 작용과 반작용의 우주에서, 우리는 부분적인 이미지들을 서로 엄밀하게 구별할 수 없다. 전체는 전체와 상호 작용한다. 물질을 운동하는 이미지, 다시 말해 힘과 동일시하는 이러한 출발점으로 인해 물질은 "어떠한 정박점이나 준거의 중심도 지정될 수 없을 어떤 물질-흐름$^{matière-écoulement}$"[61]이 된다. 이런 식으로 내재면은 생성하는 물질을 제시하되 최소한의 초월적 이탈도 허용하지 않는 것으로 이해

---

61) Deleuze, *IM* 84/115.

되어야 한다. 그런데 직관은 지속 안에 직접 위치할 수 있게 해주는 방법이자 우리 신체에 맞추어 중심화된 지각의 너머를 내다볼 수 있게 해주는 방법이다.

베르그손이 규정했듯이, 직관이라는 초월론적 방법은 평면을 내재적이고 탈중심화된 것으로 규정할 수 있게 해주는데, 이 두 가지 특성은 서로를 전제하고 있다. 지속에서 출발하고 지속의 운동 안에 위치하는 일은 불가피하다. 하지만 예컨대 현상학이 하듯이, 지각과 주체가 어떻게 중심화되는지를 발생적으로 보여 주고자 인간의 지각에서 출발해서 나아가는 일은 그렇지가 않다. 탈중심화된 평면에 위치하지 않고서는 개별화를 이해할 수 없기 때문이다. 초월론적 분석은 주관적 이미지가 어떻게 형성되는지를 보여 주며, 탈중심화라는 물질의 특성은 이미지의 개별화를 위한 조건에 해당한다. 지각적 이미지의 형성에 대한 물음은 개별화의 분화에 대한 물음과 동일한 것이기 때문이다. 그러나 그 물음을 이해하고자 한다면, 지속 안에 직접 위치하여 중심화된 지각의 인간적·감각운동적 틀에서 벗어나야 할 것이다.

아울러, 이런 이유에서 지각을 산출하는 것은 필수불가결한 일이지만 지각에서 출발하는 것은 그렇지가 않다. 그러나 들뢰즈에 따르면, 현상학은 지나치게 서둘러 지각으로부터 출발한다. 만들어 내야 하는 것을 미리 전제하는 위험을 무릅쓰면서 말이다. 이로부터 출발점이 갖는 중요성이 나온다. 먼저 지속적으로 변화하는 사물의 상태, 물질적 힘들의 평면이 있으며, 그로부터 간격·단절·시간적 지연으로서 지각이 나타난다. 따라서 지각은 지속에 대한 주관적 표상이 아니라 하나의 절단이다. 이 경우, 사진은 "사물의 내부 자체로부터 이미 현상되어 있다".[62]

바로 이런 점에서 베르그손의 직관은 초월론적 경험론의 모델을 제공한다. 직관이 지속의 심리적 판본으로부터 지속을 구해 내고 지속을 즉자적 실재성으로 제시하는 한편, 역으로 이러한 지속의 실재론은 직관이 사물 자체 안에서 초월론적 분석을 수행할 수 있게 해준다. 들뢰즈가 말하듯 "방법으로서의 직관이 없다면" 지속은 "심리적인 경험"으로 남았을 테지만, "직관과 지속이 일치"하지 않는다면 "직관은 우리를 사물 자체 안에 자리잡게 할 수 없을 것이다".[63]

초월론적 장은 지속의 잠재적 경험에 근거하는 것이지 가능한 경험에 대한 심리적·일상적 재단에 근거하는 것이 아니다. 논리학은 초월적 실행, 다시 말해 비자발적·수동적 실행에 도달한 어떤 인식 능력에 달려 있는데, 이 실행의 지점에서 사유는 기호와 폭력적인 만남을 겪는다. 이러한 만남은 경험의 잠재적인 선들을 현실화한다. 실제로 칸트의 분석론이 베르그손 덕택에 자신의 방법을 발견하고 사실을 향해 곧장 나아갈 수 있게 된다면, 이는 베르그손이 가능한 것을 잠재적인 것으로 대체하고 이처럼 사유 속에서 참된 창조가 일어날 수 있게 해주는 조건들을 규정해 주기 때문이다. 칸트가 철학의 개념적 시도에 부여하는 것은 이미 공인된 공통감의 배분을 정초하고 정당화하는 임무[64], 다시 말해 결국 그러한 시도에 선재하고 실제로는 그 도움을 조금도 필요로 하지 않았던 어떤 합리성

---

62) Bergson, *MM* 188/72, 162/23.; Deleuze, *PP* 78.

63) Deleuze, *B* 25/40. [옮긴이] 마지막 대목의 인용은 정확하지 않다. 해당 원문의 내용은 다음과 같다. "직관과 지속이 일치하지 않는다면, 직관은 앞선 규칙들에 부합하는 프로그램을 실현할 수 없을 것이다. 즉 참된 문제들의 결정 또는 진정한 본성상의 차이들의 결정[…]."

64) 칸트, 『판단력비판』, 18~22절, 40절, 그리고 들뢰즈가 『순수이성비판』의 '원리 선언'이라고 부르는 것을 참고하라. "인간 본성의 본질적인 목적들에 비추어 볼 때, 지고한 철학은 이 본성이 공통감에 부여한 방향보다 더 멀리 나아갈 수 없다"(칸트, 『순수이성비판』. 들뢰즈는 *DR* 179, n. 1./306, 주 9에서 이 대목을 인용한다).

의 모델을 합법화하는 임무다. 그에 반해, 베르그손——그리고 니체——에 힘입어 들뢰즈는 칸트의 도구를 합법화라는 목표로부터 분리시킬 수 있게 된다. 아울러 이 두 철학자는 그 도구에다 새로운 임무를 부여한다. 이제 그 새로운 임무는 목적이 아니라 추구, 즉 새로운 것의 창조를 추구하는 것이다.

6장
기호의 배움

프루스트의 사유 이미지 비판에 힘입어 들뢰즈는 주체의 사유에 폭력적으로 난입하는 기호를 제시하면서 칸트의 분석론을 수정할 수 있게 된다. 앞서의 분석은 텍스트의 복잡하고 풍부한 준거 장치와 콜라주 장치를 통해 이 점을 충분하게 보여 준다. 이제 기호의 문제로 되돌아가, 사유 이미지를 반박하고자 문학이라는 예술적 경험을 소환하는 들뢰즈가 프루스트와 관련하여 어떻게 이 까다로운 철학적 독해를 제시할 수 있었는지를 이해할 필요가 있다. 초월론적 경험론의 모든 문제가 바로 여기에 달려 있는데, 들뢰즈에게 기호는 물질적·강도적인 것이기 때문이다. 초월론적 감성론은 기호에 달려 있다. 문학과 철학의 관계를 규정하려면 이제 이 초월론적 감성론을 사유의 창조라는 관점에서 다루어 볼 필요가 있다.

감각론과 창조의 철학으로 나누어진 경험의 두 측면은 사유가 기호의 변용과 대결하고 있음을 보여 주는 배움 이론에서 서로 합류한다. 이는 우리가 앞으로 나아가야 할 여정을 분명히 해준다. 강도, 그리고 질베르 시몽동이 본질적으로 기여한 바를 규정하기에 앞서, 일의성과 알레고리에 대한 스피노자의 비판을 검토하고 의미의 내재적 생산이라는 구조주의적 가설과 이념의 극화를 분석할 필요가 있다. 『프루스트 I』에서 시작되는 이 풍부한 텍스트에서는 정교함에 가까운 어떤 엄밀함(**기하학적 방식에 따른**more geometrico 매너리즘)으로 관념론에 대한 거부를 함축하는 의미의 위상이 정립되고 있는데, 여기서 의미는 본질에서 구조로, 더 나아가 이념으로 가는 이행의 벡터에 해당한다. 혁신된 경험론의 토대 위에서 사유를 물질적 만남으로 보는 어떤 사유 이론이 만들어진다. 이 사유 이론에 힘입어 들뢰즈는 문학을 알레고리적으로 다루는 처리 방식을 우회하여 실험으로 사유할 수 있게 된다.

1. 진리 찾기와 알레고리

들뢰즈에 따르면, 프루스트의 작품은 잃어버린 시간 찾기, 절대적 시간 찾기나 시간의 정초 찾기에 근거해 있는 것이 아니라 기호의 배움에 근거해 있다. "배운다는 것은 필연적으로 **기호**와 관련되기"[1] 때문이다. 이러한 배움이 함축하고 있는 것은 의미에 대한 직접적인 파악이 아니라 기호에 대한 감수성이며, 기호와의 이러한 교류는 개념에 속하는 것이 아니라 소설의 영역에 속하는 기호 고유의 영역에서 이루어진다. 따라서 우리는 들뢰즈에게서 기호가 갖는 위상으로 되돌아가, 앞서의 분석에 비추어 그의 경험론에 물음을 제기할 필요가 있다.

앞서 살펴보았듯이, 『프루스트 I』이래로 기호는 여러 세계들 속에서 개진되어 왔다. 이 기호의 세계들은 체계성이 없는 것은 아니지만 그렇다

---

1) Deleuze, *P* 10/23.

고 해서 통일되어 있는 것도 아니다. 들뢰즈는 복수적·국지적 관점에 위치함으로써 기호의 유형, 기호가 형성하는 세계, 기호가 신호를 보내는 signalétique 방식을 복수화한다. 실제로 "이 기호들은 동일한 종류에 속하지 않고 동일한 방법으로 출현하지도 않고 동일한 방식으로 해독되지도 않으며 그것들이 나타내는 의미와 동일한 관계를 맺지도 않는다".[2] 들뢰즈는 『잃어버린 시간을 찾아서』에서 기능하는 서로 다른 네 세계의 목록을 구성한다(하지만 이 목록이 닫혀 있는 것은 아니다). 첫째, 화자가 곤충학자의 인내심과 속물의 흥분으로 해독하는 사교계의 기호. 둘째, 감내해야만 하는 비통한 사랑의 기호. 셋째, 인상이나 감각적 질이 야기한 기쁨을 통해 감동과 자극을 주는 인상 혹은 감각적 질의 세계(그러나 이 기쁨은 모호한 상태로 남겨져 있다). 앞서 살펴본 세 가지 정념적 변용 방식, 즉 사회적·성적·감각적 변용 방식에 네번째 세계가 덧붙여진다. 탁월한 위치를 점유하고 있는 예술의 세계가 바로 그것이다. "모든 기호들이 예술로 수렴되는 것이다."[3]

예술의 이러한 특권은 과연 어디서 성립하는 것일까? 우리는 이제 이 점을 살펴볼 것이다. 예술은 잠재적 본질, 한순간의 순수 상태로 가는 길을 열어 주며, 그에 힘입어 철학은 사유 이미지를 혁신할 수 있게 된다. 자크 랑시에르는 이 점에 착안하여 들뢰즈가 프루스트와 문학을 활용하는 이러한 방식에 반론을 제기하게 되는데, 그는 서둘러 이 반론을 들뢰즈의 전 체계로 확대한다. 지금부터 우리는 이 반론을 검토해 볼 것이다.

랑시에르에 따르면, 들뢰즈는 문학의 알레고리적인 사용을 거부할 수

---

2) Deleuze, P 11/24.
3) Deleuze, P 21/38.

있음에도 불구하고 놀라운 만큼 이론의 여지도 다분한 어떤 설명체계를 프루스트의 소설에 투사한다. 문학적 성공을 재현과 단절하는 능력에 따라 평가함으로써, 들뢰즈는 예술과 철학이 동등한 가치를 갖는다는 스스로의 문제제기를 무시하면서 갑작스럽고 부당한 방식으로 예술에다 철학의 과제를 부여한다. 문학은 철학에 종속되어 철학이 벌이는 싸움을 예증하는 일에 국한된 것으로 나타나며, 이를 통해 들뢰즈는 문학이 열등한 위상을 가질 수밖에 없게 만든다.

문학에서 재현에 맞선 참된 싸움을 발견한다고 주장하기는 하지만, 들뢰즈 자신은 문학작품을 결코 분자적이거나 강도적인 용어로 분석하지 않는다. 문학을 다루면서 형식적 방법, 그리고 문학적 기법에 대한 물질적 분석보다는 플롯, 우화, 상징적 해석이 우리에게 말해 주는 바에 관심을 두게 될 때, 들뢰즈는 재현으로부터 벗어날 수 없는 것으로 드러난다. 이렇게 함으로써 들뢰즈는 예술을 국한시켜 예술 고유의 능력에 대한 상징으로 만들고, 작품을 국한시켜 작품에 대한 알레고리로 만든다.

따라서 랑시에르에 따르면, 들뢰즈는 작품이 수행적이라는 견해를 인정하면서도 케케묵은 상징적 논리를 되풀이한다. 낭만주의적 입장에 비추어 보자면, 이 상징적 논리에 있어 작품은 작품의 역량에 대한 담론이 되고 예술은 예술 고유의 본질에 대한 자기목적적인autotélique 탐구가 된다. 『잃어버린 시간을 찾아서』에서 화자가 겪는 일련의 사건, 모비딕Moby Dick 을 뒤쫓는 일, 카프카가 소수문학littérature mineure을 쟁취하는 일, 바틀비 Bartleby의 정식에서 문제가 되는 바는 다음과 같은 것이다. 들뢰즈가 특권을 부여하는 모든 이야기는 문학이나 예술에 대한 알레고리를 제시할 뿐만 아니라, 재현이라는 부계적父系的 체계에 맞선 싸움 속에서 다가올 우애로운 공동체의 위대한 신화적 전투를 또한 보여 준다. 들뢰즈는 문학을 그것의 기능으로 국한시켜 재현으로부터 해방된 세계를 도래하게 만들려는 싸움에서 철학에 활기를 부여하는 것으로 만든다. 이렇게 함으로써 들뢰즈는 사실상 변화에 대한 사유를 가로막는다──이 싸움은 결코 정치적 실효화 속에서 실현되지 않으며, 여전히 허구에 갇혀 있기 때문이다. 들뢰즈는 낭만적이고 염세적인 예술관에 만족한다. 이러한 예술관은 모든 재현으로부터 벗어나 비유기적이고 어떠한 형태도 없으며 아무것도 살아남을 수 없는 어떤 절대의 미분화된 심연으로 향하는 치명적인 도약을 가능케 해준다. 들뢰즈는 문학을 철학에 종속시키고 사유 이미지를 교정할 것을 끊임없이 철학에 강요한다. 하지만 철학은 사유 이미지를 혁신할 능력도 없고 사회적 현실 속에서 그것을 이론화할 수도 없는 것으로 드러난다. 들뢰즈는 문학을 사유 이미지에 활기를 부여하는 것으로 국한시켜 파기하는 동시에, 자신이 무장해제시킨 철학, 허구의 도움 없이는 스스로를 혁신할 수 없는 철학을 또한 파기한다.[4]

　신랄한 적대감을 발하는 이러한 분석이 들뢰즈에게 적용하는 것은 바로 의미론이다. 의미론은 들뢰즈에게 낯선 것일 뿐만 아니라 그가 제시한 문학의 새로운 활용법을 특징짓는 것, 즉 유비, 알레고리, 이중적 의미에 대한 반론도 전혀 고려하지 않고 있다. 물론 들뢰즈가 철학자로서 소설가의 작품을 분석하고 있다는 사실은 인정할 수밖에 없다. 그러나 알레고리를 예술과 철학이 맺을 수 있는 유일한 관계로 간주하지 않는다면, 이로부터 들뢰즈가 문학을 알레고리적으로 해설하고 있다는 결론은 따라 나오지 않으며 이는 결코 정당화될 수 없는 주장이다.

---

4) Rancière, "Existe-t-il une esthétique deleuzienne?" art. cité, p. 536, 그리고 *La chair des mots*, *op. cit.*, p. 195~200.

그런데 알레고리는 본래적 의미$^{\text{sens propre}}$와 비유적 의미$^{\text{sens figuré}}$의 구별에 근거해 있다. 알레고리가 명시적으로 드러내는 바는 예술에서 비유^{figure}가 그 비유를 개념으로 번역하는 이성적 검토에 따라서만 그것의 참된 의미를 해방시킬 수 있다는 사실이다. 어쩌면 들뢰즈는 문학에서 출발했으면서도 문학의 텍스트를 넘어서는 어떤 담론을 재구성하고 있다는 인상을 줄지도 모른다. 소설에 근거해 있기는 하지만 그 철학적 함축과 귀결이 소설을 넘어서는 그런 담론 말이다. 문학적 재료로부터 자신의 개념적 장치를 이끌어 내는 어떤 담론이 알레고리적인 방식으로 문학적 재료에 대한 하나의 번역을 제시하고 있다는 반론으로부터 벗어날 수 있을까? 철학적 분석, 이해가 용이할 수도 있다는 그 분석의 이점, 그리고 특히 그 분석이 소설적이지 않은 어떤 사변적 수준에 도달한다는 사실과 관련하여, 철학에 부여되는 과제는 그 분석의 이론적 진실성을 작품으로부터 이끌어 내야 한다는 것이다. 우리가 기호라는 다채로운 재료를 기호가 지닌 의미작용적 내용의 표현, 즉 기호 의미의 표현 속에서 해독하듯이, 철학자는 작품이 지닌 문자 그대로의 의미^{littéralité}를 자신의 담론으로 대체한다. 아마도 우리는 다음 두 가지 중 하나를 선택해야 할 것이다. 그중 하나는 번역이다. 번역은 작품을 사변적인 측면까지 고양시켜 작품의 의미를 복원하고 작품을 보다 이해하기 쉽게 변형시키지만 이를 통해 작품 고유의 역량을 무력화시킨다. 다른 하나는 헤겔의 입장[5]이거나 그것의 재해석

---

5) 헤겔이 알레고리에 대해 제시한 반론은 분명 정당한 것이다. 그러나 헤겔의 경우에도 철학과 예술의 관계는 여전히 예술의 다채로운 재료를 그것이 사변적으로 의미하는 바로 대체하는 데서 성립하며, 이러한 대체야말로 알레고리를 규정해 주는 것이다. 다음을 보라. Hegel, *Cours d'esthétique*, trad. franç. J.-P. Lefebvre et V. von Schenck, Paris, Aubier, 1995, 3 vol.

에 해당하는 알레고리적 입장이다. 이 알레고리적 입장이 제시하는 바에 따르면, 작품은 그에 대한 해석으로 환원될 수 없다. 이것이 바로 해석학적 입장이다. 이는 가다머^{H. G. Gadamer}나 리쾨르^{P. Ricœur6)}와 같은 이들의 입장에 해당하는 것으로서 작품의 의미를 무궁무진한 저장소로 간주한다. 분절된 담론들은 서로 다른 위상을 갖는다. 따라서 철학은 예술적 산물을 자신이 제공하는 이해 가능한 설명으로 다 포괄할 수 없다. 그러나 철학은 작품 옆에 나란히, 담론들 간의 경쟁과 비-전체성 속에 위치한다.

해석학적 입장은 작품의 독립성을 보장하는 데 장점을 지닌 듯 보이지만, 그럼에도 알레고리적 입장으로부터 가장 중요한 다음의 두 가지 공준을 받아들이고 있다. 하나는 의미가 텍스트의 층위를 넘어선다는 점이고, 다른 하나는 의미란 표면에 있는 내용, 텍스트의 문자 그대로의 의미에 속하는 내용이 아니라는 점이다. 특히, 의미가 비역사적인 독립성 속에서 유지될 수 있는 것은 의미의 초월성 덕택이다.

들뢰즈는 다른 방향을 제시한다. 문학은 자신의 참된 의미작용이 받아들여지길 기다리는 수동적인 재료로서 철학에 주어지는 것이 아니라, 경험의 한 사례로서 주어진다. 기호에 대한 강조는 『프루스트와 기호들』의 1964년 판본에서부터 이러한 방향을 가리키고 있었으며, 1970년 판본과 1976년 판본도 이 점을 지속적으로 강조한다. 기호의 배움으로서의 진리 찾기는 서로 다른 감각적 기호의 세계들 속에서 동일한 방식으로 펼쳐지며, 알레고리적 문학의 두 가지 원리에 다음과 같은 반론을 제기한다.

---

6) Hans-Georg Gadamer, *Vérité et méthode*, 2e éd., 1965, trad. franç., 1977, nouvelle traduction revue et complétée, Pierre Fruchon et al., Paris, Le Seuil, 1996.; *L'actualité du beau*, 1977, trad. franç. Elfie Poulain, Aix-en-Provence, Alinéa, 1992.; Paul Ricœur, *La métaphore vive*, Paris, Le Seuil, 1975, et *Temps et récit*, 3 vol., Paris, Le Seuil, 1983~1985.

물질적 기호에 대해 정신적인 것이, 감성적인 것에 대해 지성적인 것이 갖는 어떠한 이론적 탁월성도 존재하지 않는다. 더 정확히 말하자면, 기호와 의미는 구별되지 않는다. 들뢰즈는 이런 식으로 나아간다. 배운다는 것은 필연적으로 기호들과 관계한다. 우리가 배움이 무엇인지를 알게 되는 것은 바로 문학의 영역에서인데, 정확히 말해 이는 문학의 임상의臨床醫, praticien인 프루스트가 재현 철학의 선입견들로부터 벗어나 배움을 기호와의 경험적인 만남으로 사유하기 때문이다. 그러나 예술의 방식으로 현실화될 때 이 경험적 만남은 들뢰즈가 실제로 본질이라고 부르는 것을 해방시킨다. 본질이 예술의 방식을 통해서만 현실화되는 것이기는 하지만, 본질이 예술의 본질에서 성립하는 것은 결코 아니다. 예술을 통해 예술의 본질을 드러내는 이러한 창조의 단계에 도달하는 것은 오히려 감각적 질, 정서, 예술 외적인 문화의 작용이다.

예술에다 본질에 이르게 하는 기능을 부여함으로써, 들뢰즈는 낭만주의적 입장에 근거해서 예술의 가치를 높이 평가하는 움직임에 몸담게 된다. 이러한 움직임은 『판단력비판』을 받아들이는 데서 시작되어 예술과 철학의 대면이라는 형태로 이어진다. 사유 자체는 문체가 되는 데 반해, 철학은 자신이 실행되는 생기적 조건들과 관련하여, 그리고 추상화로부터 벗어나는, 다시 말해 인식과 삶의 분리로부터 벗어나는 새 출발과 관련하여 예술에게서 어떤 답변을 기대한다. "레이몽 벨루Raymond Bellour에 따르면," 이것이 바로 "예컨대 들뢰즈가 철학에 맞설 수 있는 힘을 프루스트에게서 발견할 수 있게 해준 교류hantise에 해당한다. 이러한 교류는 프루스트에게서 철학 자체를 새로운 방식으로 다루기 위한 영감을 이끌어 내기 위한 것이었다".[7]

문학은 철학을 위한 혁신의 벡터로 나타나지만, 행로가 변경된 개념들의 도움을 필요로 한다. 행로가 변경되었다고 말하는 까닭은 들뢰즈가 이단적인 개념들의 그물망을 전혀 그 개념들을 필요로 하지 않는 소설에 다 적용하고 있다는 인상을 그 개념들이 주기 때문이다. 들뢰즈의 남다른 박식함은 이렇듯 과감한 독해를 요구한다. 그러나 이로부터 중요한 다음의 두 가지 귀결이 드러난다. 첫번째 귀결은 필연적으로 체계적일 수밖에 없는 철학적 인식의 성격이지만, 이러한 인식이 원텍스트를 주해하는 방식으로 진행되지는 않는다. 오히려 문제가 되는 것은 구체적인 사례에서 출발하여 철학을 다시금 활성화시키는 일이다. 들뢰즈는 디드로Diderot의 『수녀』를 다룬 자신의 첫번째 텍스트[8]에서부터 이미 이러한 방식을 사용하고 있으며, 항상 작품에다 내재적 체계성이라는 이 독특한 형식을 적용한다. 『프루스트 I』과 관련하여, 덧붙여 지적해 둘 것은 플로티누스적 행렬, 진리 찾기, 본질을 향해 가는 상승 변증법처럼 전통적으로 사용되던 기묘한 개념들의 가면을 이 체계성이 기꺼이 받아들이고 있다는 사실이다. 젊은 시절의 저작들이 반드시 성숙하지 못하다는 것은 아니지만, 스스로를 기꺼이 과거의 유산들로 치장하면서 그 저작들이 당황스러운 절충주의적 인상을 주고 있다는 것은 분명하다.

그러나 중요한 것은 발명의 방법이다. 들뢰즈가 즐겨 인용하는 정식에서 니체가 말하듯이, 새로운 힘은 이미 실행되고 있던 앞선 힘들을 흉내내면서만 나타날 수 있다. 어떤 힘은 "자신이 맞서 싸우는 앞선 힘들의 얼굴을 빼앗지 않는다면" 살아남을 수 없을 것이며, 이런 이유에서 해석

---

7) Raymond Bellour, "Michaux, Deleuze", in *Gilles Deleuze. Une vie...*, *op. cit.*, p. 537~545 (citation, p. 542).

8) Deleuze, "Introduction", in Diderot, *La religieuse*, Paris, Collection de l'Ile Saint-Louis, dépôt de vente 1, rue Bruller, Paris XIVᵉ, 1947, p. VII~XX.

의 기술은 또한 "가면을 꿰뚫어 보는 기술이고, 누가 가면을 쓰는지, 왜 그리고 어떤 목적으로 가면을 고쳐 가면서 그것을 간직하고 있는지를 밝혀내는"[9) 기술이기도 하다. 오랜 전통을 지니고 있지만 서로 양립할 수는 없는 개념들을 도발적인 방식으로 사용하는 이 가면의 이론, 흉내내기의 이론, 반역의 이론이 놀라울 정도로 잘 적용되는 것이 바로 프루스트에 대한 독해다. 새로운 것은 선재하는 힘들의 관계 속으로 스며들고, 이미 공인된 것과 경쟁하면서 그에 맞서 싸운다고 주장하기에 앞서 그것의 가면을 쓴다. 들뢰즈가 즐겨 사용하고 또 새롭게 비틀어 사용하는 절대, 이념, 진리, 시간의 본질 등의 양가적인 개념들도 사정은 마찬가지다.

완전히 다른 논의이긴 하지만, 역으로 우리가 랑시에르에게 인정해 줄 수 있는 바는 1964년 『프루스트 I』에서 들뢰즈가 낭만주의와 가까운 입장에서 다음과 같은 점들을 보여 주고 있다는 사실이다. 즉 들뢰즈가 알레고리 옹호자들의 글에서도 발견되는 본질이나 진리와 같은 용어를 활용하고 있다는 것, 아울러 마지막으로, 본질을 향해 가는 행렬이라는 플라톤주의적이거나 신플라톤주의적인 외형상의 틀을 체계적인 모태로 활용하고 있다는 것이다. 이 외형상의 틀이 물질적인 것에서 정신적인 것으로 나아가는 것이 아니라 사교계의 억견적인 것에서 비인격적인 경험으로 나아가는 기호의 세계들을 위계화하고 있다는 것은 분명하다. 사유 이미지를 혁신하기 위해서는 예술과 대면해야 하며, 들뢰즈에게서 프루스트는 방법론적인 역할을 수행한다.

이런 관점에서 보자면, 들뢰즈는 예술에 보완compensation의 기능을 부여하는 포스트칸트주의 이론에서 그다지 멀리 떨어져 있지 않다. 또한 그

---

9) Deleuze, *NP* 5/23, 6/23.

는 절대에 대한 인식이 불가능하다는 점에서 칸트와 의견을 같이하는 낭만주의자들과도 크게 다르지 않은데, 이들이 칸트에게 동의하는 까닭은 서둘러 더 멀리까지 나아가 예술에 지성적 인식의 결여를 메우는 현시顯示, révélation의 기능을 부여하기 위함이다. 우리가 『잃어버린 시간을 찾아서』를 삶의 여정, 예술의 발견에 이르는 정신적 여정으로 읽는다면, 그리고 이 여정을 철학적으로 번역하여 재구성할 수 있다면, 『잃어버린 시간을 찾아서』는 감성적인 것에서 정신적인 것으로 횡단하는 서사시로 읽힐 수 있으며 이 소설의 구조 자체는 알레고리적인 듯 보일 것이다. 그러나 이렇게 되기 위해서는 들뢰즈가 이론이 지닌 개념적 수단들을 모호한 상징, 절대의 상형문자와 맞바꾸면서 이러한 여정으로부터 철학적 내용을 덜어내야 하고, 이 소설을 예술의 본질에 대한 알레고리로 다루어야 하며, 셸링F. W. Schelling이나 노발리스F. Novalis 식의 독일 관념론이 보여 주는 낭만주의적인 의미에서의 비판적 태도를 받아들여야 할 것이다. 이럴 경우 예술의 이념은 반성적 인식보다 우월한 것으로서 그에 힘입어 철학은 제한된 이성이 절대에 반해 제시하는 진리의 이미지를 일부 재건할 수 있게 될 것이다. 그와 동시에 예술 고유의 해명은 재현 이하에 존재하는 사유의 역량에 대한 해명이 되며, 이러한 해명에 매혹된 예술은 자기 고유의 역량에 근거하는 한에서 필연적으로 "자기목적적"[10]인 것이 될 것이다. 하지만 실상은 그렇지가 않다.

　　『잃어버린 시간을 찾아서』는 철학적 독해라는 제약 아래 놓인 진리

---

10) 이것은 장-마리 세페르(Jean-Marie Schaeffer)가 쓴 표현이다(*L'art de l'âge moderne. L'esthétique et la philosophie de l'art du XVIIIe siècle à nos jours*, Paris, Gallimard, NRF, 1992).

찾기가 된다. 이 철학적 독해의 체계성, 그것의 형식적 내용, 그리고 그것이 모든 문학적 주석을 명시적으로 거부한다는 점에서 드러나는 바는 우리가 예술 철학을 다루고 있다는 사실이다. 그러나 실험인 한에서, 예술은 결코 자기목적적인 것이 아니다. 실제로 들뢰즈는 단 한 번도 알레고리적 입장을 취하지 않는다. 문제는 『프루스트와 기호들』의 서로 다른 판본들을 비교하거나 초판본의 모호함을 주장하는 데 있는 것이 아니라 이미 이 초판본에 아주 분명하게 드러나는바 초월론적 경험론이 확립해 주는 철학과 문학의 관계를 고찰하는 데 있다. 프루스트가 우리에게 권하는 비판, 사유 이미지에 대한 비판으로부터 우리는 새로운 경험 방식을 발견하게 된다. 『프루스트 I』에 등장하는 기호의 세계들은 사실 억견적 경험에서 초월론적 경험으로 나아가는 이러한 축을 따라 배열되어 있다. 문학이 철학에 초월론적 경험을 불러일으키는 까닭은 개념적 사유를 본떠 철학이 사유로부터 만들어 내는 재현적 이미지에 문학이 눈멀어 있지 않기 때문이다. 따라서 문학은 철학이 자신의 모호한 본질을 해명해 주기를 기다리기는커녕, 오히려 그 해명을 주도한다. 일반 심리학의 억견적인 틀을 뛰어넘는 자신의 능력으로 인해, 문학은 철학을 위한 실험실로 여겨지게 된다.

　　푸코의 『레이몽 루셀』과 마찬가지로, 들뢰즈의 『프루스트와 기호들』에서도 사정은 마찬가지다.[11] 푸코는 어떻게 루셀의 작품에 해설서를 쓰는 잘못을 범할 수 있었던 것일까? 같은 해 출간된 『임상의학의 탄생』에서 주해와 주석에 반대하는 방법론적인 서문을 발표했던 푸코가 말이다. 푸

---

11) Macherey, "Présentation", in Foucault, *Raymond Roussel*, p. I~XXX.; 또한 다음을 보라. "Foucault lecteur de Roussel: la littérature comme philosophie", in *À quoi pense la littérature? Exercice de philosophie littéraire*, Paris, PUF, 1990, p. 177~191.

코가 보기에 주석은 그 자체로 자신이 거주하는 공간을 분비하면서 말의 이중적 토대를 자극하는데, 이는 주석이 문자 그대로의 내용과 자신이 말하고자 하는 바를 분리시켜 텍스트를 동등하면서도 서로 구별되는 두 개의 층위로 나누기 때문이다.

담론을 겉으로 드러나는 바와 누군가가 말하려는 바로 나눔으로써, 주석은 알레고리의 조건에 해당하는 주해의 이원성을 산출한다. 이처럼 주석이 취하는 태도는 다음의 두 가지 공준에 근거해 있다. 첫번째 공준은 문자적 기표 아래 숨겨진 기의의 과잉이다. 기의의 과잉은 결코 다 드러날 수 없는 사유의 잔여물로서 존속하며, 보존된 본질의 내면성 속에 순결한 상태로 보존된다. 이 말해지지 않은 것은 항상 말을 통해 드러날 수 있다. 주석은 항상 과잉되어 있는 기의와 항상 자신이 의미하는 것 이상을 말하고자 끊임없이 떠들어 대는 기표 사이의 이 열린 틈으로 스며든다. 해석학적 주해는 이러한 알레고리적 입장으로부터 유지되며, 이 알레고리적 입장 자체는 의미의 이중성을 전제하고 있다.[12]

실제로 모든 해석학적 입장은 문화의 이러한 역사적 계기에 속한다. 이 역사적 계기는 의미의 기원이 신성하고 독특하며 숨겨진 상태로 현존하는 초월성임을 분명하게 보여 준다. 내재성에 부과된 초월성의 입장은 해석의 기술을 보장해 준다. 이 해석의 기술은 주석의 토대가 되고, 신학과 결속되어 있으며, 믿음의 체계, 교회^{Église}에 대한 예속, 현시의 형태로 나타나는 지고한 존재^{Être}의 실존에 대한 긍정을 함축하고 있다.

주석이 취하는 태도를 이렇게 비판한다고 해서 푸코가 루셀과 더불

---

12) Michel Foucault, *Naissance de la clinique*, Paris, PUF, 1963, rééd., Quadrige, 1993, p. XII~XIII.

어 위험을 무릅쓰면서까지 전적으로 상이한 여러 담론들을 비판하는 것은 아니다. 분석의 가능성은 이제 담론의 사실들을 의미작용으로부터 떨어져 나온 핵으로 보이게 만드는 것이 아니라 기능적인 선분으로 보이게 만들면서 바로 이 담론들에서 드러나게 된다. 들뢰즈와 마찬가지로, 푸코가 이 시기 자신의 이론적 작업을 문학 연구와 긴밀하게 연결시키고 있는 것은 우연이 아니다. 문학은 의미 및 의미작용의 철학과 관련하여 비판의 영역을 제공함과 동시에 정치적·심리적·성적 주변부를 탐험할 수 있는 새로운 영토를 제공한다.[13]

따라서 들뢰즈는 문학의 임상적 비판에 호소하면서 자허-마조흐와 더불어 문학이 징후학의 성립에 기여하고 있음을 보여 주는데, 심지어 이 징후학은 의학적인 질병분류학nosologie보다 더 우월한 것으로 드러난다. 또한 들뢰즈는 과타리와 함께 소수문학이라는 개념을 만들어 사회적·심리적 주변성의 경계들에 대한 이러한 실험을 이론화한다. 문학은 경험의 새로운 위상이 만들어지는 장소다. 피에르 마슈레Pierre Macherey가 정당하게 지적하듯이, 우리는 경험의 이 새로운 위상으로부터 출발해서, "어떤 의미에서 보자면 문학적 모델에 근거해서, 다른" 경험들을 "배제·지식·처벌·성의 경험으로" 이론화한다.

문학을 정상적인 것과 병리적인 것의 경계를 탐색하는 장소로 만듦으로써, 들뢰즈는 푸코나 과타리와 마찬가지로 문학과 철학의 관계를 완전히 전복시킨다. 문학이 경험을 이론화하는 전략적인 장소로 인정된다

---

13) "문학은 주변부를 탐색하는 데서 성립한다. 따라서 문학이 우리의 실천 및 지식의 역사를 전체적으로 규명해 주는 것은 문학이 지닌 주변성(marginalité) 자체로 인해 가능한 일이다." (Macherey, "Présentation", *op. cit.*, p. IX~X)

면, 이는 이 저자들이 이론을 허구로 은유화하여 와해시키거나 문학을 사유의 알레고리로 환원시키기 때문이 아니라 그들이 현상학적인 의식 활동과 같은 자발적인 체험으로 환원될 수 없는 경험, 즉 이론적·정신적 경험이 아니라 집단적·화용론적·실증적 경험에 대한 새로운 정의를 찾고 있기 때문이다. 그리고 문학은 그러한 경험을 불러일으킨다. 고유의 탐색 능력을 통해 이미 공인된 것이 더 이상 그 역량을 발휘하지 못하는 억견적 경험 너머에 직접 도달할 수 있는 것은 사실상 문학뿐이다. 푸코가 블랑쇼를 두고 사용했던 표현에 따르자면, 문학이 불러일으키는 것은 '바깥Dehors의 사유'다. 랑시에르가 보기에 들뢰즈의 방식이 여전히 모호하고 철학을 위해 문학을 축소시켜 사유와 감성적인 것의 관계에 활기를 부여하는 하나의 정식으로 만들고 있다면, 이는 랑시에르 자신이 경험이 갖게 된 이 새로운 위상, 그리고 경험이 함축하고 있는 의미의 새로운 정의를 무시하고 있기 때문이다. 이러한 두 측면을 분명히 하기 위해서는, 사유와 경험이 맺게 되는 새로운 관계와 관련해 개념과 이념의 관계, 그리고 기호와 의미의 관계를 주의 깊게 살펴볼 필요가 있다. 이런 관점에서 보자면, 철학에 있어 문학은 바깥을 통한 사유를 보증해 주는 경험의 한계에 해당한다.

2. 경험론적 만남으로서의 배움

배움이 필연적으로 관계하는 것이 의미가 아니라 기호라면, 이는 기호가 추상적·사적·내적·연역적 지식의 대상이 될 수 있기 때문이다. 기호와 시간이 맺는 관계는 추상적인 지식에 달려 있는 것이 아니라 시간이 흐르는 동안 진행되는 배움에 달려 있다. [통상적으로] 진리 찾기는 감성적인 것 안에서 전환의 계기를 만나게 되는데, 이 전환은 필연적인 것이라기보다는 유감스러운 것으로서 그로부터 최대한 빨리 벗어나는 편이 좋다. 하지만 사실 상황은 정반대다. 진리 찾기는 감성적인 것 안에만 존재하며, 감성적인 것으로부터 진리를 해방시킬 수 있는 것은 예술뿐이다. 진리가 예술작품 안에 있다면, 진리는 감성적인 것의 수준에서만 얻어지는 것으로서 예술을 통해서만 해방될 수 있다. 이런 점에서 보자면, 『잃어버린 시간을 찾아서』는 진리에 대한 가르침과 다를 바 없다. 이런 의미에서 철학은 예술의 가르침을 받아들이지만, 그 가르침을 만들어 내거나 번역하는 것이 아니라 그것을 배운다. 그러나 철학이 더듬더듬 예술의 가르침을 배우는 것은 자기 고유의 목적에, 여기서는 초월론적 감성론에 사용하기 위함이다. 그런데 초월론적 감성론은 이러한 배움과 동시에 소설작품에 대한 비판에 착수하는 데에는 큰 관심을 두지 않는다.

『잃어버린 시간을 찾아서』가 보여 주는 진리의 가르침은 기호가 사유를 강요한다는 데 있다. 바로 이런 점에서 예술은 철학에 새로운 사유 이미지를 제시하는 것이다. 기호를 만남의 대상으로 삼는 이 배움으로 인해 사유는 자신의 감각적인 바깥과 '침입'effraction의 관계를 맺게 된다. 들뢰즈는 블랑쇼의 바깥이라는 개념을 이어받지만, 이 개념을 경험론적으로 다룬다. 바깥은 이론적 환경에 한해 도출되는 지성적 직관이나 대상에서 관념화된 내용을 직접 도출해 내는 감각적 직관이 아니다. 바깥은 사유에 어떤 힘으로 부과되는 감각적 만남을 함축하고 있다. 사유가 필연적으로 수동적인 것으로 드러나는 이 힘들의 관계 속에서 사유가 마주치게 되는 것은 배움, 즉 사유가 자기 고유의 근거에서 이끌어 낼 수 있는 바에 대한 배움——기호에 대한 배움——이다.

들뢰즈는 『프루스트 I』의 한 비범한 단락에서 이를 요약하는데, 여기서는 초월론적 경험론의 난점들이 다음과 같이 압축적으로 제시된다.

배운다는 것은 필연적으로 **기호들**과 관계한다. 기호는 시간이 흐르는 동안 배워 가는 대상이지 추상적인 지식의 대상이 아니다. 배운다는 것은 우선 어떤 물질, 어떤 대상, 어떤 존재를 마치 그것들이 해독하고 해석해야 할 기호들을 방출하는 것처럼 여기는 것이다. 어떤 사물에 대해서 '이집트학자'*égyptologue*가 아닌 견습생은 없다. 나무들이 내뿜는 기호에 민감한 사람만이 목수가 된다. 혹은 병病의 기호에 민감한 사람만이 의사가 된다. […] 우리에게 무언가를 가르쳐 주는 모든 것은 기호를 방출하며, 모든 배우는 행위는 기호나 상형문자의 해석이다.[14]

기호에 대한 감수성으로서의 배움, 수용성으로서의 배움이라는 이 독특한 견해로 관심을 돌리기에 앞서, 우선 이 단락의 앞부분을 살펴보자. 배움이란 '필연적으로' 기호와 관계하며, 기호는 시간이 흐르는 동안 배워 가는 대상이지 추상적인 지식의 대상이 아니다. 들뢰즈는 기호를 상형문자로 규정하는데, 이는 기호가 지닌 모호함의 정도를 배가시킨다.

봉인되어 있는 이 모호한 상형문자는 본질 혹은 **이념**의 위치를 알려주는데, 들뢰즈는 역설적으로 그것을 감각적인 방식으로 기호를 방출하는 어떤 객체성*objectité*으로 파악한다. 이 객체성은 기호와 본질의 관계를 가리키며, 기호를 보다 물질적이고 보다 모호하게 만드는 데 쓰인다. 『프루스트 I』에서 때로 들뢰즈가 점진적인 탈물질화라는 측면에서 기호들의 위계를 이끌어 낸다 하더라도, 사유에 있어 배운다는 것은 진리를 진리 자체 안에서 발견하거나 진리를 어떤 탈육화된 의미 속에서 재발견하는 데서 성립하는 것이 아니라 경험적인 만남 속에서 주어지는 이 모호한 상형

---

14) *P* 10~11/23. 또한 다음을 보라. *DR* 35/71~73.

문자와의 만남을 통해 진리를 산출하는 데서 성립하는 것이다. 이제 우리가 검토해야 할 것은 바로 이 경험적인 만남이다.

두번째로, 배움이 시간이 흐르는 동안 진행되는 까닭은 그것이 시간의 순수 상태를 목표로 하기 때문이 아니라 기호를 방출하는 그 무엇, 물질, 대상, 존재와의 경험적인 만남을 통해 진행되기 때문이며, 특히 배움이 시간을 필요로 하는 어떤 전유에 근거해 있기 때문이다. 진리는 예측 불가능한 구체적·이질적 만남 속에서 시간화·현실화된다. 이러한 배움의 틀이 바로 감각적 생성이며, 이 감각적 생성의 한복판에서 배움은 자신의 짧은 지속을 펼쳐 보인다. 지식이 연역적인 형태하에서 저절로 생겨나는 것은 아니지만, 사유는 시간을 필요로 하고 특히 관념 형성 작용을 통해서가 아니라 감각적 만남을 통해 산출된다. 분명한 것은 들뢰즈가 일시적인 형태의 지성적 직관에 반대하는 입장을 취한다는 사실이다.

시간이 흐르는 동안 기호를 배워 감으로써 우리는 사유의 한 형태에서 다른 형태로, 추상적·일시적·불변적·직접적 지식에서 시간이 흐르는 동안 진행되는 배움의 경험적 지속으로 이행하게 된다. 사유의 한 형태에서 다른 형태로 가는 이러한 이행은 사실 프루스트에게서도 확인되는데, 그는 지성과 직관의 대립이라는 베르그손의 틀을 이어받아 반성적 사유와 문체의 작업 간의 구별이라는 다른 영역으로 옮겨 놓는다. 프루스트는 지성의 진리들을 비판하면서, 베르그손에게서 객관성에 대한 비판을 빌려 온다. 앞서 살펴보았듯이, 화용론적·공리적·집단적인 것에 불과한 사용과 관련해서 객관성이 만들어 낼 수 있는 것은 관습적인 진리, 다시 말해 상투적인 진리뿐이며, 이런 진리는 그것의 행위 능력으로 귀결되고 그것의 외재성에 의해 특징지어진다. 베르그손은 이런 진리를 두고 '지나치게 크고', '잘못 재단'되었다고 말한다. 우리가 기억하고 있듯이, 들뢰즈는 베르그손의 이 주제를 칸트의 범주들에 대한 비판, 즉 조건 지어진 것을 넘어서는 조건들에 대한 비판에 적용했다. 그러나 이 주제는 또한 두번째 귀결을 함축하고 있는데, 이제 그것은 언어 활동 및 의미작용의 위상과 관련된다.

베르그손이 언급한 이 지나치게 큰 진리는 일반 개념에 대한 비판을 담고 있다. 이 비판은 일반성의 담지자인 언어 활동에 대한 비판과 불가분적인 것으로서, 범주적 구조가 언어학적 그물망을 통해 포착되는 것임을 보여 준다. 다시 말해, 사유는 언어 활동에 종속되어 있다. "플라톤, 아리스토텔레스와 같은 이들은 실재성에 대한 재단이 전적으로 언어 활동 속에서 이루어진다는 견해를 취한다." 지성이 여전히 언어의 범주들에 예속되어 있다면, 이는 지성의 운동이 개념 및 범주에 의해 실행되는 데서 성립하기 때문이다. 이로부터 프루스트가 몸담고 있는 베르그손적 대립, 즉 과학과 지성을 한편으로 직관과 감성적 경험을 다른 한편으로 하는 대립이 나온다. 객관적 인식이라는 지성의 방식이 경험에다 적용하는 것은 이 지나치게 큰 범주들, 철학이 필요로 하는 엄밀성을 제공할 수 없는 범주들이다. 이 범주들이 엄밀성을 제공할 수 없는 까닭은 언어 활동이 실재성 속에서 행하는 재단을 사유가 채택한다 하더라도, 무엇보다 이 재단은 화용론적인 것이기 때문이다.

다시 말하자면, 앞서 칸트에게서 초월적 주체라는 인간적 구조를 가리키던 가능한 것을 유보함으로써 이제 화용론적인 동시에 공리적인 인간 언어 활동의 사회적 미덕이 드러난다. 이런 측면에서 베르그손은 언어 활동을 화용론적으로 분석한 선구자가 되며, 사회적 측면이나 정치적 측면에서 지성을 비판하게 된다. 베르그손의 생각에 따르면, "언어 활동은 명령이나 경고를 전달하며", 따라서 언어 활동의 사명은 "지극히 공리주의적"이고 "산업적·상업적·군사적이며, 언제나 사회적"이다. 노동의 조직화라는 사회적 측면에서 성립되는 공모, 언어 활동과 지성적 사유의 이러한 공모로 인해 논리학은 근본적으로 보수적인 장치, 다시 말해 물화하는, 물질 속에서 감속된, 지속을 파악하는 데 부적합한 장치가 된다.[15]

언어 활동은 물질을 향한 행동에 속하며, 물질로부터 자신의 태도와 방식을 빌려 온다. '직접적인 행동에 대한 호소'인 언어 활동은 상징화가 아니라 하나의 행위다. 베르그손은 언어를 수행적인 것으로 보는 견해를 밝히는데, 우리는 그러한 견해가 오히려 오스틴[J. L. Austin]의 글에서 발견되리라고 기대할지도 모른다. 즉 언어 활동은 의미작용적이기 이전에 화용론적이며, 의미작용을 하기에 앞서 어떤 행동을 야기한다는 것이다. 베르그손에 따르면, 우리가 규정적 질서와 기술적記述的 질서를 구별할 수 있다면, 첫번째 경우 문제가 되는 것은 직접적인 행동에 대한 호소이며 두번째 경우 문제가 되는 것은 "미래의 행동이라는 관점에서 본 어떤 사물의 특징 혹은 사물의 속성들 중 일부"[16]다. 이 두 경우에 있어, 언어 활동은 행동을 야기하는 신호에 속하며 의미작용이라는 기능에는 지극히 부차적으로만 접근할 수 있다.

언어 이론에서 결정적인 중요성을 갖는 이러한 측면이야말로 들뢰즈가 활용했던 것으로서, 『천 개의 고원』에서 그는 과타리와 함께 이러한 측면을 자세히 설명하게 될 것이다. 이러한 측면은 순전히 언어학적인 모든 관점, 언어 활동을 의미작용적인 것으로 보는 모든 관점을 평가절하하는

---

15) Bergson, *La pensée et le mouvant*, p. 1321/96~97. 그리고 Deleuze, *B* 38~40/58~61, 40/61~62. 과학에서 말하는 함수를 '감속장치'(Ralentie)로 만들면서 들뢰즈는 종종 이 점을 상기시킬 것이다. Deleuze, Guattari, *QP* 112/170~171.

16) Bergson, *La pensée et le mouvant*, p. 1321/96.

데 기여하며, 기술적 질서가 규정적 질서에 앞서는 문학에서 이해되는 바와 같이 언어가 어떤 감각적 반응을 야기한다는 사실을 앞서 보여 주는 데 사용된다. 그러나 우리가 프루스트와 더불어 생각할 수 있듯이, 이러한 충격을 일으켜 관습적인 의미작용의 틀을 깨뜨릴 수 있는 것은 문체의 작업뿐이다. 이 베르그손적인 주제를 니체가 쓴 『도덕의 계보』의 두번째 논문, 그리고 맑스와 연결하면서 들뢰즈와 과타리는 다음과 같이 쓴다. "언어 활동은 정보로서의 기호를 전달하는 것이 아니라 명령어$^{mot\ d'ordre}$로 기능하는 말을 전달한다." 언어 활동의 기능은 공리적인 것이기에 앞서 정치적인 것이다. 언어 활동이 목표로 하는 바는 어떤 필요에 복무하는 것이기에 앞서 지배하는 것이다. 말이 담고 있는 것은 정보가 아니라 지시, 명령, 판결, "삶에 명령을 내리는 작은 사형선고"[17]다. 말의 기능은 담론적인 것이 아니라 수행적인 것이며, 이러한 기능은 훈육을 위한 처벌의 질서에 속한다. 다시 말해, 말의 기능은 적극적·폭력적 방식으로 사회적 주체를 산출하는 데 있다. 베르그손에게서 언어 활동을 사회적 활동으로 보는 이러한 분석이 개괄적으로 제시되기는 하지만, 그 분석이 사회적 비판으로 이어지지는 않는다. 그 분석에 정치적 어조가 전혀 없는 것은 아니지만, 그 정치적 어조는 공간과 시간, 지성과 직관의 존재론적 대립으로 옮겨 가면서도 언어 활동이 속한 구체적인 사회장치들을 비판적으로 분석하지는 않는다. [하지만 어쨌거나] 이로부터 베르그손은 언어학적 재단을 사회적인 틀로, 다시 말해 형상이 부여된 질료를 기초로 노동에 대한 지배관계를 전사하는 사회적인 틀로 이해할 수 있게 된다. "언어 활동이 기술하는 사물은 인간 노동을 위해 인간의 지각이 실재로부터 재단해 낸 것이다."[18]

---

17) Deleuze, Guattari, *MP* 95~97/147~151.

하지만 베르그손은 언어 활동에 대한 분석을 사회적 코드에 대한 정치적 비판으로 밀고 나가지는 않는데, 여기서 사회적 코드란 신체에다 자신의 명령을 새겨 넣는 것, 이론보다는 지배에 속하는 것, 주체를 산출하는 것이다. 이와는 대조적으로 『안티-오이디푸스』와 『천 개의 고원』에서 들뢰즈와 과타리는 바로 이 측면을 고려하며, 이는 그 분석이 제시된 시기를 추정하는 데 좋은 정보를 제공한다. 그러나 이상의 모든 논증에서 간과되고 있는 것은 사회적 실효성을 띤 지배의 유형들을 분석하는 데서 드러나는 맑스적 측면이다. 1964년 들뢰즈의 관심은 물질과 정신, 공간과 시간의 일반적 차이라는 베르그손적 측면에 한정되어 있었으며, 들뢰즈는 억견적 지성과 초월론적 직관을 구별함으로써 그에 응답했다. 추상적인 지식과 구별되는 배움, 시간이 흐르는 동안 진행되는 배움은 "말"에서 벗어나 "사물로 향하는"[19] 베르그손의 직관을 이어받는다. 베르그손이 지성에 제약을 가한 것은 아니지만, 그는 다른 인식 능력, 보다 직접적이고 보다 정확한 다른 종류의 인식이 가능한 인식 능력을 지성과 나란히 위치시켰다. 그것이 바로 형이상학이며, 형이상학은 직관에 호소하고 지성적 과학과 대립한다.

언어의 틀에 맞춰질 때, 사유는 실재적 경험으로부터 몸을 돌려 가능한 것 속에서 이루어지게 된다. 그러나 사유가 유래하는 곳은 바로 이 실재적 경험이며, 이 물화된 사회적 차원은 억견적인 순응주의에 속하는 것이지 사회적 지배라는 폭력적 관계에 속하는 것은 아니다. 이처럼 베르그손은 들뢰즈와 과타리가 발전시켜 나가게 될 다수적인 것과 소수적인 것

---

18) Bergson, *La pensée et le mouvant*, p. 1321/97.

19) *Ibid.*, p. 1323/100.

의 이론에 기여했지만, 한동안 그 분석은 구체성이 떨어지는 형이상학적 공간에 한해 개진되면서 사회적 대립이라는 구체적인 측면에서 성립되지는 못했다. 1964년 당시 들뢰즈는 그 분석의 고유하게 정치적인 측면에 무관심한 듯 보였지만, 그럼에도 들뢰즈는 베르그손을 경험의 사상가로, 일상 언어가 파놓은 억견적인 함정들로부터 벗어나 초월론적 분석이 경험론과 관계하도록 보증해 줄 수 있는 사상가로 삼았다.

배운다는 것은 실재가 지닌 사실의 선을 따라가는 일이다. 지성 및 재현적 사유에서 초월론적 방식의 직관으로 가는 이러한 전환, 사유의 두 방식 사이에 놓인 베르그손의 이원론으로부터 벗어날 수 있게 해주는 전환을 들뢰즈는 다음과 같이 설명한다. 존재에 보다 직접적으로 다가갈 수 있는 능력을 직관에 할당하면서 사유를 조작적인 지각의 방식과 시간적인 직관의 방식으로 나누는 것은 이제 더 이상 문제가 되지 않는다. 앞서 살펴보았듯이, 들뢰즈는 베르그손에게 칸트적인 분열을 새겨 넣는다. 문제는 베르그손이 말하는 공리적인 경험, 칸트가 말하는 현상적인 경험을 넘어 그 경험의 초월론적 조건들로 나아가는 데 있다. "우리는 경험의 **상태**를 넘어 경험의 **조건들**로 나아간다." 들뢰즈는 베르그손의 분석을 이어받아 이번에는 새로운 칸트주의적 운동을 완수하는데, 이 운동은 칸트의 금기를 뛰어넘어 사물 자체를 재발견하는 데서 성립한다.

베르그손의 직관은 경험론적인 경험에서 출발해서 어떻게 그 경험의 초월론적 조건들로 되돌아갈 수 있는지를 보여 준다. 그러나 칸트와 달리 이 초월론적 조건들은 더 이상 가능한 것도, 주체의 구조에 의해 앞서 주어지는 것도 아니다. 주체의 수용성은 자발적이고 앞서 주어져 있으며 주관적인 것에 불과한 범주의 틀을 통해 내용을 얻는다. 베르그손과 더불어, 들뢰즈는 조건 지어진 것보다 큰, 가능한 것에 불과한 경험의 조건들에서 실재적 경험의 잠재적 조건들로 나아갈 수 있는 수단을 얻게 된다.

들뢰즈는 베르그손의 이원론을 수정하면서 공간과 시간을 현상적인 것과 초월론적인 것이라는 논리적인 방식으로 이해하며, 그와 동시에 가능한 것에 대한 베르그손의 비판을 칸트에게 적용한다. 베르그손에게서 칸트적인 영감을 드러냄으로써, 들뢰즈는 물질과 지속, 지성과 직관 사이의 존재론적 분열을 상당 부분 축소시킨다. 들뢰즈가 보기에 이 존재론적 분열은 잠재적인 것과 현실적인 것의 차이라는 점에서만 가치를 갖는다. 이러한 조건하에서, 들뢰즈는 현상적인 것과 초월론적인 것 사이의 간극이라는 칸트의 모델을 베르그손의 장치에 적용할 수 있게 된다. 이렇게 함으로써 들뢰즈는 베르그손과 칸트에게 심층적인 변형을 가한다.

베르그손에게서 경험의 상태는 인간화된, 일반 범주의 도식을 통해 파악된, 공리적, 추상적 경험을 가리킬 뿐만 아니라 지성적 의식에 의해 형태가 부여되는 경험, 다시 말해 주체와 객체 양쪽이 공히 실체론적이고 지속을 물화하며 주체와 객체를 분리시키는 경험을 가리키기도 한다. 칸트주의자인 베르그손은 인간화된·지성적·현상적 경험의 상태에서 벗어나그 경험의 조건들로 되돌아가고자 한다. 이때 그가 정신을 위해 마련해 줄 수 있는 것은 지성의 재현적 구조를 뛰어넘어 지속 안에 자리 잡음으로써 실재적인 경험, 잠재적인 사실의 선과 직접 접촉하는 일이다. 이러한 대가를 치름으로써, 경험의 상태에서 경험의 조건들로 나아가는 일은 들뢰즈가 이해하고 있는 바의 초월론적 경험론을 이끌어 내게 된다. 아울러 개념과 경험이 맺는 새로운 관계를 이론화할 수 있는 개념적인 기회가 철학에 주어지게 되는데, 이는 『잃어버린 시간을 찾아서』가 만들어 낸 효과의 이중적인 방향에서, 첫째, 문학의 경험으로부터 그리고 둘째, 프루스트가 자신의 텍스트에서 활용하는 임상의로서의 경험으로부터 가능한 일이다.

이는 임상의인 프루스트가 실재가 지닌 '사실의 선'을 따라갈 수 있기 때문이며, 그가 철학에 어떤 방법을 제시해 주기 때문이다. 프루스트는 예술이라는 매개를 통해 진리의 문제에 접근하면서, 들뢰즈가 재현적인 사유 이미지라고 부르는 것으로부터 벗어난다. 여기서 강조되어야 하는 것은 철학을 위한 실험의 영역으로서 예술이 수행하는 역할이다. 철학은 바로 문학이라는 이질적인 영역에서 개념들을 산출하며, 이 개념들은 작품을 번역하는 것이 아니라 작품 속에서 자신이 실행될 수 있는 기회를 찾아낸다. 들뢰즈의 용어에 따라 실재적 경험으로서의 초월론적 경험론을 좀더 분명하게 규정하자면, 그것은 재현적 사유를 전달하는 사유 이미지를 차이의 논리학으로 대체하는 것이며, 따라서 철학의 입장에서 보자면 재현적 사유로 환원될 수 없는, 재현적 사유와 구별되는 사유의 경험, 즉 예술의 경험을 통해 가르침을 얻는 것이다. 그렇다면 이는 예술에는 개념이 부족해서 철학이 해명해 주기를 기다리고 있다는 의미가 아니며(오히려 상황은 정반대다), 철학이 예술적인 것이 되어 예술처럼 시적 언표를 산출하면서 시적 언표가 지닌 소환의 능력으로 순수한 개념적 분절을 대체해야 한다는 의미도 아니다.

이런 관점에서 보자면, 들뢰즈가 『잃어버린 시간을 찾아서』를 선택했던 것은 우연이 아니다. 프루스트는 베르그손이 말하는 지성과 직관의 차이를 이어받아 단 하나의 감성적 영역, 감각의 영역, 다시 말해 예술과 관련된 단 하나의 영역이자 예술과 독점적으로 관련된 영역으로 데려간다. 그는 직관과 언어 활동의 억견적 사용 사이에 존재하는 베르그손적인 대립의 방향을 바꾸어 놓는다. 프루스트 자신은 작가이며 언어야말로 그가 지닌 창조의 재료이기 때문이다. 그러나 프루스트 자신도 직관적인 감성의 작업과 기만적인 지성의 작업을 끊임없이 대립시킨다. 이러한 대립은 베르그손의 철학을 포함하여 철학 전체에 대한 비판을 담고 있다. 그런데 특히 『잃어버린 시간을 찾아서』에서 이러한 비판은 부트루^{Boutroux}라는 인물을 통해서만, 부트루가 베르그손과 나누었다는 대화를 통해 심지어는 간접적으로만 드러난다. 이 인물은 단순한 엑스트라이자 풍자의 대상으로 희화화된 대학교수로서 그 비중이 크지 않다. 이 대화 자체도 소설 속에서 일회적이고 우스꽝스러운 모습으로 등장하는 수수께끼의 노르웨이 철학자가 부트루에게 들었다며 전해 준 것이다. 베르뒤랭^{Verdurin} 씨네 만찬에서 작은 역할을 수행하는 부차적인 인물인 이 노르웨이 철학자와 관련해서 특히 주목할 만한 점은 그가 금세 사라져 버린다는 사실이다. 그가 나타나고 사라지는 과정에서 프루스트가 자신의 판단에 따라 분명히 하는 바는 이러한 오고 감이 불편한 위장의 압박감에 서둘러 응답하려는 것이지 개념의 요구에 응답하려는 것은 아니라는 점이다. 베르그손을 소개하기에 적당한 인물이 아닌가! "베르그손 씨와 부트루 씨가 나누었다는 이 대화가 정확한 것인지 나는 알지 못한다. 노르웨이 철학자가 아무리 통찰력이 있고, 명석하며, 또 주의를 기울여 들었다 하더라도 잘못 알아들었을는지도 모른다. 개인적으로 나의 경험은 그와 반대의 결과를 가져왔다." 화자는 이렇게 간략한 논평을 덧붙이는데[20], 궤변을 부리는 철학자를 내쫓는 데에는 이 정도면 충분하다.

　『잃어버린 시간을 찾아서』에 등장하는 지성적 모티프들은 모두 풍자적인 것이다. 프루스트가 이론적 세계와 맺고 있는 관계는 조이스^{J. Joyce}

---

20) Proust, *À la recherche du temps perdu, op. cit.,* "Sodome et Gomorrhe", II, 984.; 8권, 『소돔과 고모라 ②』, 139쪽. 프루스트와 베르그손의 관계에 대해서는 다음을 보라. Bergson, *Mélanges, op. cit.,* p. 1610 et p. 1326.

나 무질^{R. Musil} 같은 이들이 맺고 있는 관계와는 다르다. 그들은 소설의 구조에다 지성적 모티프들이 기여한 바를 통합한다. 반면 프루스트는 끊임없이 다음과 같은 사실을 강조한다. 문학은 자신에게 고유한 가지성^{可知性, intelligibilité}의 힘을 지니고 있으며, 감각을 직접 포착하는 소설가의 작업과 의식적·자발적 개념을 다루는 사상가의 작업을 구별한다. 우리는 관념으로 문학을 하는 것이 아니라 문체를 통해 드러나는 가능한 가장 폭력적인 감각으로 문학을 하는 것이다. 바로 이런 감각적 복합체를 들뢰즈는 차례대로 본질, 구조, 이념, 그리고 자신의 마지막 저작에 이르러서는 지각이라고 명명한다. 이념은 감각의 복합체를 포착하지만, 그 복합체를 합리적으로 해명해 주지는 않는다. 오히려 예술 이론들이 가혹한 비판의 대상이 되는 이유는 그것들이 글쓰기의 작업 자체와는 무관한 억견적인 사교계의 방식에 속하기 때문이다. "참된 예술은 그처럼 많은 선언을 할 필요가 없이, 침묵 속에서 완성된다."[21] 참된 예술은 작품이 침묵하는 속에서가 아니라, 기성의 억견들이 침묵하는 속에서 완성된다는 것이다. 소설가의 작업은 쓰는 데서 성립하는 것이지, 분명 글쓰기에 대한 이론을 만들어 내는 데서 성립하는 것은 아니다.

예술의 효과를 해독하지 못하는 지성의 무능력으로 인해 미학 이론 및 예술에 대한 판단은 작품의 속성을 진부한 범속함으로 귀결시킬 뿐이며, 진부함을 벗어나지 못하는 소설가 자신이 예술에 대한 이차적인 반성을 기다려 본다 한들 별 소용이 없는 일이다. 예술이 이론에 제공하는 것은 다른 종류의 경험이 아니라 경험과 맺는 다른 관계다. "작가에게 생겨나는 지적인 작품을 쓰려는 망측한 유혹"을 상기시키면서, 프루스트는 다

---

21) Proust, *À la recherche du temps perdu*, *op. cit.*, III, 881.; 11권, 『되찾은 시간』, 270쪽.

음과 같이 답한다. "크나큰 상스러움. 이론을 나열한 작품은 가격표를 떼지 않은 상품과 다를 바 없다."[22]

이론적 정당화는 문학에서 아무런 가치도 갖지 못한다. 판단은 여전히 집단적이고 틀에 박힌 교환가치에 머물러 있어 예술의 시장가격과 억견에 따라 변동되기 때문이다. 가격, 즉 상인들이 합의한 값이 가늠해 주는 것은 더 이상 증여물의 가치가 아니라 비판적 지성이 작품의 질을 파악할 수 없다는 사실이다. 이는 니체적인 경향과 매우 가까운 상대주의적·엘리트주의적 입장이다. 다시 말해, 작품의 질을 평가한다는 것은 이론적 정당화가 예술가-사유, 성좌의 우의amité stellaire에 가하는 위험이다. 어쨌거나 **결국** 들뢰즈의 프루스트 독해에 사유에 대한 재평가가 존재한다면, 여기서 문제가 되는 것은 비개념적인 사유, 문학적 창조에 고유한 사유다. 그리고 이러한 사유는 문체가 인상으로부터 그것이 담고 있는 진실을 이끌어 내거나 문학 고유의 영역에서 이론적 귀결을 이끌어 내는 것이 아니라 글쓰기 내에서 벌어지는 감각적 현실화를 이끌어 내는 한에서 가능한 것이다. 여기서 진실은 인상으로부터 관념을 이끌어 내는 데서 성립하는 것이 아니라 그 인상을 느끼게 만드는 데서 성립한다. 요컨대 프루스트가 주장하는 바는 문학적 작업이 지닌 비지성적·문체적·감각적 특수성이다. 이런 의미에서 그는 문학이론가이자 문학비평가이며, 그런 한에서 『잃어버린 시간을 찾아서』는 하나의 예술론을 포함하게 된다.

그러나 프루스트가 변형을 가하는 것은 바로 이론적 체제이며, 들뢰즈는 자신이 비판에 부여한 니체의 위상에 대한 확증을 프루스트에게서 발견한다. 비판은 실천적인 것이지 반성적인 것이어서는 안 되며, 임상

---

22) *Ibid.*; 11권, 『되찾은 시간』, 271쪽.

적·생기적인 것이지 사변적인 것이어서는 안 된다. 프루스트가 비판적이라면, 이는 그가 파스티슈^{pastiche} 기법[23]을 실천하기 때문이다. 프루스트의 예술론은 여전히 그의 실천적 수행 방식, 그의 **작업방식**$^{modus\ operandi}$의 엄격한 지배하에 있으며, 이런 점에서 그것은 두번째 귀결, 즉 글쓰기 작업의 부대현상에 불과하다. 글쓰기가 하나의 이론을 포함하고 있기는 하지만, 이 이론은 이차적이고 부차적인 것에 불과하다.

이러한 입장이 이론적 지성에 호소할 수밖에 없는 철학자의 관심을 끄는 이유는 무엇일까? 이는 프루스트가 무의식적 이념을 만들어 냈기 때문이다. 이 무의식적 이념은 발산을 통해 일상적인 경험으로부터 벗어나면서 문체의 작업을 통해 감각의 층위에서 산출된다. 프루스트는 문체의 작업이나 문학적 성공이 철학의 정신적인 작업에서 기인한다는 데 결코 동의하지 않을 것이다. 그러면서도 그는 주관적인 인상에 빠져드는 일 또한 단호하게 거부할 것이다. 프루스트가 필요로 하는 것은 예술 고유의 사유체제를 규정하는 일이다. 예술 고유의 사유체제란 그가 창조에다 형이상학적 사변과는 무관한 특수한 경험의 영역을 부여해 만들어 낸 것으로서, 다른 측면에서는 들뢰즈가 베르그손을 두고 언급한 다음의 내용과 연결된다. "경험의 조건들은 개념보다는 순수 **지각**에서 결정된다."[24] 따라서 들뢰즈가 말하는 철학적 개념과 지각 사이의 대립은 그의 후기 철학에서 아주 잠깐, 그러나 주목할 만한 방식으로 처음 나타난다. 그러나 이 대립은 일찍이 1966년의 텍스트, 즉 『베르그손주의』에서 들뢰즈가 프루스트

---

23) [옮긴이] 혼성모방(混成模倣). 프랑스어로 모방문이나 모작을 뜻하는 말로, 흔히 어떤 대가의 문체나 글의 분위기 등을 본떠 창작하는 것을 말한다.

24) Deleuze, *B* 19/32. (강조는 소바냐르그)

의 소설에 주목함으로써 촉진되었던 것이다.

이 두 가지 형태의 진리 사이의 대립, 즉 진리를 사유의 자발적·방법론적 활동으로 보는 지성적인 사유 이미지와 진리를 수동적인 사유가 겪게 되는 폭력적인 침입으로 보는 창조의 형태 사이의 대립이 존재한다. 이러한 대립은 이 주제와 『차이와 반복』의 주제 사이에 엄밀한 연속성이 존재하고 있음을 보여 준다. 문제는 사유가 어떻게 사유의 내부에서 산출될 수 있는지를 분명히 밝혀내는 일이다. 다시 말해 감각적 만남에서 인식 능력들을 탈구시켜 그것들의 초월성, 한계로 데려가는 사유의 발생을 밝혀내는 일이다. 앞서 살펴보았듯이, 배움은 필연적으로 기호들과 관계한다. 사유가 만나게 되는 것은 사유 자신의 내부에 존재하는 지성적 직관으로서의 진리가 아니다. 들뢰즈에게서와 마찬가지로 프루스트에게서도 사유는 외재성을 통해 산출되는 것이기 때문이다.

3. 사유의 외재성

프루스트에게서 이러한 외재성은 주지주의intellectualisme에 대한 그의 불신에서 기인하는 것이다. 들뢰즈가 전적으로 타당하게 주장하듯 기호는 폭력적인 구속을 통해 만들어지고, 구속과 우연을 통해 우리가 겪게 되는 이 폭력은 그 반작용으로 자발적이지도 의식적이지도 않은 어떤 해석을 펼쳐 보인다. 프루스트가 줄곧 감각적인 방식으로 작동시키는 것은 다름 아닌 이 사유의 파토스적 발생이며, 이는 들뢰즈가 프루스트에게 관심을 갖게 된 이유에 해당한다. 『잃어버린 시간을 찾아서』는 1967년 들뢰즈가 프랑스 철학회에서 「극화의 방법」이라는 제목으로 소개한 이론, 사유와 감성적인 것의 관계를 다루는 이론에 유효한 영역을 제공한다. 『차이와 반복』에서 '극화의 보편성'이라는 제목으로 다시 논의되는 이 방법은 사유가 어떻게 기호의 침입으로부터 산출되는지를 다루고 있다.

프루스트에 대한 독해가 들뢰즈의 철학을 유효화할 수 있는 지점은 바로 여기에 있다. 프루스트에 대한 독해는 기호의 폭력 아래서 벌어지는 사유의 창조, 소설가가 문학을 통해 드러내 보인 창조를 다루기 위한 하나의 방법을 담고 있다. 이러한 창조는 철학의 바깥, 여기서는 문학이 철학을 변용시키는 방식을 가르쳐준다. 들뢰즈에 따르면, 진실이 오로지 철학과 관계하는 것은 아니며, 특히 철학은 이론적인 것에 불과한 사변적 상황에서 실효화되는 것도 아니다.

우리가 구체적인 상황과 관련하여 진실을 찾지 않을 수 없을 때, 그리고 우리를 이 진실 찾기로 몰고 가는 어떤 폭력을 겪을 때만 우리는 진실을 찾아 나선다.[25)]

프루스트는 실제로 이 점을 보여 준다. 기호란 우연히 마주치는 것이며, 기호가 해방시킨 진실은 비자발적인 기호에서 드러날 뿐이다. 진리 찾기는 외적인 우연에 달려 있으며, 정확히 기호의 침입에 대한 반작용에서 성립한다. 닥쳐온 폭력은 지성의 반응을 요구하며, 이런 이유에서 기호에 대한 해석은 기호를 펼쳐 내어 설명하는 수동적인 대응으로 간주될 수 있다. 이것이 바로 "『잃어버린 시간을 찾아서』가 항상 시간에 관계하는 이

---

25) Proust, *À la recherche du temps perdu, op. cit.*, III, 880.; 11권, 『되찾은 시간』, 268~269 쪽. Deleuze, *P* 24/39~40.

유"[26]다. 특별한 임무를 띤 물질성 속에서 파악되는 비담론적인 지표들, 기호의 편린들로부터 산출된다 하더라도, 이러한 펼쳐짐 자체는 담론적인 것이기 때문이다.

따라서 진실은 설명할 수 없는 도약을 통해 예술이 결부되어야 하는 어떤 초월적 절대가 아니다. 진실은 다름 아니라 기호와 만날 때 겪게 되는 충격에 대한 반작용이며, 여기서 기호란 대상이나 존재 속에 여러 모습으로 펼쳐져 있는 물질이다. 어떤 저자·존재·사물·질과의 만남이 어떠하건 간에, 기호를 방출하는 것은 우선 어떤 물질이다. 배운다는 것은 우리가 마주치게 되는 상형문자들을 "마치 그것들이 해독해야 할 기호들을 방출하는 것처럼"[27] 여기는 일이다. 배움은 기호의 힘을 따르는 일이다.

프루스트는 이런 식으로 나아간다. 프루스트야말로 대중과 반대되는 길을 따를 것을 표명하는 사람, 합리적인 표음문자에서 표의적이지 않은 암호의 해독으로 이행할 것을 표명하는 사람이며, 언표 자체보다 감각적 질(붉은 색, 피의 쏠림, 갑작스러운 침묵)에다 더 많은 확실성을 부여하는 사람이다. 또한 프루스트야말로 글을 쓰는 작업이 어떤 담론의 의미론적 내용을 목표로 삼는 것(이런 점은 거짓말이 갖는 중요성에서 드러난다. 거짓말은 연인 관계에서 질투라는 의미론적 갈망에 대한 유일한 답변에 해당한다)이 아니라 가장 때가 덜 묻은 물질성을 목표로 삼게 만드는 사람, 의미작용에 대한 담론적인 해석을 가장 희미한 감각적 질에 대한 기술記述로 대체하는 사람이다.[28] 작가는 담론적 발화를 해명하는 능력을 거부한다. 문학

---

26) Deleuze, *P* 25/42.

27) Deleuze, *P* 10/23.

28) 이 모든 분석은 기호론, 그리고 이것임의 이론과 상당 부분 결합되는 단계에 이르게 될 것이다. 여기서 기호는 마르코프 사슬 모델에 따라 예측 불가능한 것과 의존적인 것의 결합이자

의 작업은 의미작용적 언표의 측면에 있는 것이 아니라 감각적 질을 서술하는 문체에서 성립하는 것이다. 소설가는 자신이 해독하는 세계의 이집트학자가 된다고 말할 때 들뢰즈가 고려하고 있는 것은 바로 이러한 점이다. 이는 결국 그 글자들의 의미가 확정될 수 있는 표의표기법에서 음성적 소여와 그림문자의 예측 불가능한 혼합물인 상형문자로 이행하는 것이다. 세계를 해독해야 할 기호들의 수수께끼로 사유하는 것, 이러한 해독의 임무를 예술에 부여하는 것, 이것이 바로 프루스트가 말하는 바다. 그러나 프루스트가 말하는 바는 솜씨 좋은 방향 전환을 거쳐 우리가 프루스트에게 적용하는 해석의 모태로 사용된다. 이러한 절차상의 가역성은 자기목적성이라는 테제, 즉 문학이 목표로 삼고 있는 것이 그것이 기술하고 있는 세계라기보다는 그것이 지닌 고유의 기능이라는 생각을 장려하는 듯 보인다. 그러나 이는 『잃어버린 시간을 찾아서』가 담고 있는 기호의 세계들에 대한 기술이 얼마나 풍부한 것인지를 간과하는 일이 될 것이다. 문학에 대한 관심이 두드러지는 경우에도 그 풍부한 기술이 그러한 관심으로 축소될 수는 없다.

특히 들뢰즈는 좀더 멀리까지 나아간다. 그는 예술작품을 어떻게 해독하는지를 보여 주는 데 그치지 않으며, 종류에 상관없이 모든 배움을 다루고 있는 것이 분명하다. 들뢰즈가 즐겨 사용하는 베르그손적인 예는 수영이다. 배움을 화자의 수련에 한정시키는 것은 더 이상 문제가 되지 않는다. 더 이상 배움의 실행을 예술의 실행으로 제한할 수 없으며, 찾기를 문체의 발견으로 축소시킬 수도 없다. 『프루스트와 기호들』의 세 가지 판본을 가로지르는 이 배움, 『프루스트 I』에서 『차이와 반복』까지를 이어 주는

혼합으로 간주된다. 이 모든 점에 대해서는 『들뢰즈와 예술』 5장과 7장을 보라.

이 팽팽한 실에서 문제가 되는 것은 바로 사유의 감각적 발생이다. 소설가가 철학자를 인도할 수 있다면, 이는 소설가가 사유의 지적 재현이라는 이론적 측면으로 넘어가지 않으면서 고집스레 변용의 영역에 남아 감각적인 방식으로 그 변용의 결과들을 추적함으로써 이 감각적 발생을 분명하게 밝혀내고 있기 때문이다.

그 결과 문제는 전도되며, 따라서 우리는 모든 배움을 해독하는 패러다임으로 사용되는 이 과도한 특권을 어떻게 문학이 받아들이게 되는 것인지를 자문해 볼 필요가 있다. 문학은 더 이상 자기목적적인 것이 아닐 뿐만 아니라, 그 용어가 지닌 위험성을 감수한다면 타기목적적他己目的的, hétérotélique인 것이 된다. 문학적 창조는 예술의 본질을 상징화하는 자기 고유의 능력에 대한 비판적 가치평가와 동일시되지 않는다. 들뢰즈가 보여주듯이, 예술적 생산 자체가 그것의 효과를 가치평가하는 일로 축소된다면 그것은 아무런 관심도 끌지 못할 것이다. 문학의 관심사는 문학 자체가 아니며, 예술의 목적은 예술이 무엇인지를 밝혀내는 것이 아니다. 이에 대한 들뢰즈의 입장은 확고하다. 글쓰기는 되기이지만, 작가 되기는 아니다. 들뢰즈가 『대담』[국역본 『디알로그』]에서 제시한 다음의 정식[29]은 『비평과 진단』에서 문자 그대로 다시 사용된다.

글쓰기 또한 작가가 아닌 다른 것 되기입니다. 글쓰기가 무엇인지를 묻는 사람들에게 버지니아 울프Virginia Woolf는 이렇게 답했지요. '누가 당신에게 글쓰기에 대해 말하던가요? 작가는 그런 말을 하지 않습니다. 작가가

---

29) Deleuze, *D* 54/85.

신경 쓰는 것은 다른 일이죠.'[30]

작가가 신경 쓰는 것은 무엇인가? 경험, 즉 만남을 통해 사유를 산출하는 구성적인 이질성이다. 글쓰기는 결코 자신을 목적으로 삼지 않는다. 문학은 외재성의 방식으로 기능하며, 인격적인 것도 개별화된 것도 내재성의 방식으로 주어지는 것도 아닌 생기적·사회적 힘들을 포착하기 때문이다. 문학적 창조가 배움, 다시 말해 자신과 다른 무언가를 찾아 떠나는 여행인 것은 바로 문학이 예술적 본질의 표현은 물론 저자의 주관적 표현으로도 환원될 수 없기 때문이다.

그렇다면 배움이란 도대체 무엇인가? 기호에 대한 감수성이다. 모든 견습생은 이집트학자다. 이집트학과 관련된 다음의 구절들 속에서 엄밀하게 고려되어야 하는 것은 장인의 행위이자 규칙에 따른 실천인 기술에 대한 호소다. 목수는 나무에 대한 감수성을 갖고 있으며, 의사는 병에 대한 감수성을 갖고 있다. 들뢰즈는 어떤 기술에 대해 말하듯이 해석에 대해 말하며, 모든 **포이에시스**^{poièsis}[제작]에 내재적인 해석에 대해 말하지만, **예술**^{Beaux-Arts}을 해명해 주는 마법적인 덕에 대해 말하지는 않는다. 배움은 모든 배움에 적용되며, 그것이 수공업인지 자유기예^{art libéral}인지, 의학처럼 섬세함이 요구되는바 규칙에 따른 이론적 실천인지, 수영과 같은 운동 능력인지는 문제가 되지 않는다. 더 나아가 배움은 작가——사물의 기호에 대한 감수성을 지닌 사람——에게도 적용된다. 병에 대한 감수성을 지닌 사람은? 의사다. 나무에 대한 감수성을 지닌 사람은? 목수다. 따라서 배움은 사물의 기호에 대한 예지^{豫知, préscience}, 예감으로 나타난다. 홍

---

30) Deleuze, *CC* 17/24.; *D* 54/85.

미로운 운명. 우리는 우리에게 기호를 방출하는 물질 속에서만 현자가 된다—그러나 왜, 아니면 어떻게 우리가 기호를 받아들일 수 있게 되는가 하는 것은 아직 설명되지 않은 채로 남아 있다.

목수의 사례를 참조하는 것이 대수롭지 않은 일은 아니다. 이러한 참조는 플라톤의 취향, 그리고 특히 아리스토텔레스의 취향에 대한 신중한 경의를 담고 있는데, 이는 산업혁명 이후 평가절하되면서 그에 대한 기술적 사유가 타격을 입은 옛 기술의 용법을 면밀히 검토하기 위한 것이다. 물질적 원인이 지닌 역량에 이렇듯 주의를 기울이는 것은 들뢰즈가 시몽동의 이것임 개념을 참조하고 있음을 함축하는데, 이 개념은 앞서와 동일한 맥락이자 우리가 이후 다시 다루게 될 맥락에 포함된다. 그러나 나무와 관련하여 시몽동이 정당하게 명시하고 있듯이, 장인의 기술은 그가 연장에서 느껴지는 긴장감을 통해 재료가 방출하는 기호를 식별할 수 있다는 사실에서 성립하는 것이다. 시몽동이 보기에, 좋은 목수는 기술적 행위를 통해 재료가 함축하고 있는 형태를 간파하는 사람이다. 대패는 나무껍질 부스러기를 제거하는 데에만 사용되는 것이 아니다. 대패는 나뭇결에 대한 정보를 전달하면서, 나뭇결의 반응을 평가하고 나뭇결의 내구성·방향·유연성을 가늠할 수 있게 해준다. 기술적 행위는 사실 기호에 대한 수용성에서 성립하는 것으로서, 재료는 연장을 통해 장인에게 이 기호를 전달한다. 우리는 '나무가 방출하는 기호에 민감'해질 때에만 목수가 될 수 있다. 배움은 수용성이 된다.

1991년에는 친구^{Ami}라는 인물로 형상화된 동일한 예지가 친화성과 주장이라는 방식으로, 사물과 맺는 이러한 관계를 가리키게 된다. 친구 되기는 어떤 공모관계를 성립시킨다. 이 공모관계는 상호성으로까지 확대되지는 않지만, "나무와 목수의 친밀성과 같은 유용한 친밀성, 일종의 물질적 취향, 그리고 어떤 잠재력"을 포함하고 있다. "좋은 목수는 나무를 다룰 수 있는 사람이며, 나무의 친구다."[31] 역량의 물질적 기초 위에서 성립되는 것이긴 하지만, 이러한 공모는 여전히 비대칭적인 것으로 남는다. 이러한 공모는 상호분배, 상호선택을 함축하지 않는다. 그것은 어떤 요구를 제기한다는 의미에서 여전히 하나의 주장이지만, 이 요구가 나무의 잠재력, 혹은 나무와 공모관계를 맺고 있다고 주장하는 다수의 다른 관계들을 다 소진시키는 것은 아니다. 목수는 나무꾼이나 가구상과 마주하게 된다. 목수가 나무에 대한 역량을 보유한 유일한 사람은 아니며, 나무가 지닌 규정들 중 하나를 다루는 능동적인 작인일 뿐이다.

목수와 나무는 이 유용한 친밀성, 이 물질적 취향을 유발하는 하나의 배치 속에 함께 위치하게 된다. 배움, 인식은 이 수용적 공모에 속하며, 수용성은 의미작용에 주의를 기울이는 데서(가지적인 것에 대한 **관조**^theoria) 성립하는 것이 아니라 물질적 기호를 통해 변용되는 진단 능력에서 성립하는 것이다. 나무의 친구 되기는 이 휠레로서의 물질^matière hylétique에 수용적인 것으로 드러나며, 시몽동에게서와 마찬가지로 여기서도 나무는 물질의 역량을 검토하기 위한 핵심적인 예시로 사용된다. 이로부터 그 정식의 가역성이 생겨난다. 배운다는 것은 곧 (기호를) 해석한다는 것이며, 힘들에 포획된다는 것이다. 역으로, 기호의 수용자가 된다는 것, 기호가 투여되는 자리에 수동적으로 놓인다는 것은 곧 배운다는 것이다. **관조**의 감각적 수용성, **이념의 파토스**^pathos는 재료의 자발성과 동시에 존재한다.

---

31) Deleuze, Guattari *QP* 9/10, 그리고 14/19. 또한 다음을 보라. "Le philosophe menuisier"(entretien avec Didier Éribon), in *Libération*, 3 octobre 1983, p. 30~31. 이 인터뷰는 『시네마』 1권의 출간을 계기로 이루어진 것이다.

수용성과 자발성이라는 이 두 측면은 함께 고려되어야 한다. 한편으로, 여기서 들뢰즈는 칸트적인 방식으로 지성을 순수 자발성으로, 경험적 직관을 순수 수용성으로 만드는 자발성과 수용성 사이의 모든 분할을 거부한다. 이를 통해 들뢰즈는 마이몬의 것에 해당하는 어떤 관점에다 자신을 위치시킨다. 이념의 극화를 분석하면서 살펴보게 되겠지만, 들뢰즈는 실제로 마이몬의 관점을 참조한다. 다른 한편으로, 게다가 배움을 사물의 역동성에 대한 수용성으로 간주하는 이론이 역으로 함축하고 있는 바는 우리를 변용시키는 기호가 물질적인 기호로서 어떤 고유의 공속성을 담지하고 있다는 사실이다. 이러한 재료 이론을 다루기에 앞서, 우리는 먼저 기호 철학에서 매우 큰 중요성을 갖는 이념의 위상과 관련하여 앞서 언급된 첫번째 측면을 살펴볼 것이다. 이 첫번째 측면에서 우리는 체계의 중심부로 접어들게 된다. 들뢰즈에게서 기호가 갖는 위상은 기호학과 윤리학이 연결되면서 생겨난 것이다. 내재면을 일의성으로 규정하면서, 이념과 알레고리 사이의 모든 혼동을 막아 주는 것은 바로 이러한 연결이다.

7장
스피노자와 구조주의

의미라는 개념이 "되살아난 유심론의 피난처"가 될 수 있다는 사실에 분개하면서, 들뢰즈는 니체와 스피노자처럼 기호를 물리학, 행동학, 역량의 변이로 이해하는 이들과 고유한 의미와 은유적 의미의 구별, 즉 알레고리적 사용을 요구하는 분할법을 유지하고 있는 이들 간의 차이점을 지적한다. 후자의 방식을 택함으로써 "사람들은 낡은 신기루에 새 생명을 부여하고, **본질**Essence을 되살리며, 모든 종교적이고 신성한 가치들을 재발견한다".[1] 이것이 의미에 대한 들뢰즈의 입장을 규정한다. 다시 말해, 이것이 철학에서 의미를 비축물이나 원리, 선재하는 소여나 이미 확립된 의미작용으로 다루는 이들과 비판적·창조적 반론이라는 관점에서 의미를 낚아채는 이들을 가르는 참된 분할선을 규정한다.

알레고리에 대한 비판은 의미가 저장소, 원리, 기원은 물론 목적도 아니며, 그저 어떤 표면 효과에 불과하다는 사실을 보여 준다. 들뢰즈는 서

---

1) Deleuze, *ID* 189.

로 구별되면서도 동시적이고 또한 상호 불가분적인 두 측면에서 다음의 복합적인 운동을 실행한다. 한편으로, 스피노자와 더불어 들뢰즈는 다의성 및 유비에 비판을 가하는데, 이로 인해 그는 일의적 표현을 스피노자 체계의 중심으로 삼게 된다. 다른 한편으로, 다시 한 번 스피노자와 더불어 들뢰즈는 내재성의 형이상학을 개진한다. 기호를 유비적인 것으로 보는 모든 견해와 맞서 싸우면서, 『의미의 논리』에서 들뢰즈는 의미를 표면 효과로 보는 새로운 이론을 제시한다. 실체의 일의성으로부터 출발해서, 그리고 기호 비판 및 초월적 의미의 다의성 비판이라는 측면에서, 들뢰즈는 구조주의 이론과 만나게 된다. 이 논쟁에서 구조주의적 입장은 표현될 수 없는 의미의 초월성에 적합한 방책을 제공하며, 그에 따라 경험의 위상은 전적으로 재고된다. 따라서 기호학으로서의 문학은 상상적 의미작용이 아니라 실재적 경험이라는 위상을 받아들일 수 있게 된다.

1. 다의성의 도덕, 일의성의 물리학

자신의 박사학위 부논문인 『스피노자와 표현의 문제』를 통해 표현이라는 문제에 주의를 기울이면서, 들뢰즈는 유비에 맞선 투쟁과 알레고리 비판을 중심으로 스피노자의 전 저작을 새롭게 조직한다. 사실 들뢰즈의 모든 스피노자 독해가 요구되었던 까닭은 의미의 초월성에 대한 논쟁에 있었다. "우리가 생각하기에, 스피노자의 철학에서 다의성, 탁월성éminence, 유비라는 세 가지 개념에 맞선 부단한 투쟁을 보지 못한다면, 그의 철학은 부분적으로 불가해한 것으로 남겨지고 말 것이다."[2] 들뢰즈에 따르면, 스피

---

2) Deleuze, *Spinoza et le problème de l'expression*, Paris, Minuit, 1969(이하 *SPE*), 40/68.

노자의 신학에 내재성과 일의성의 지배를 보장해 줄 수 있는 것은 이러한 싸움뿐이며, 이런 이유에서 그는 자신의 독해를 표현의 문제에, 다시 말해 신의 탁월성이 지닌 다의적 초월성 및 그것의 유비적 체제에 대항하는 전쟁 기계machine de guerre에 집중시킨다. 존재가 자신의 모든 내생적 양상들에 대해 단일하고 똑같은 의미에서 언명된다면, 모든 개체화는 역량의 어떤 정도이자 힘 관계의 합성물이 된다. "이 일의성은 스피노자주의 전체의 요체다."[3]

사실 들뢰즈가 생성의 논리를 주장할 수 있게 되는 것은 일의성 덕택이며, 이 생성의 논리에 있어 사유와 물질은 더 이상 위계화되는 것이 아니라 상호 간의 구별을 유지하면서 공존한다. 동등한 자격을 지닌 사유 속성과 연장 속성은 스피노자에게서 동등한 것으로 평가되며, 위계도 물질에 대한 사유의 탁월성도 존재하지 않는다. 들뢰즈는 베르그손의 이원론이 일정 부분 견지하고 있는 모델, 즉 현실적 물질에 대한 잠재적 시간성의 절대적 우위라는 형이상학적 모델과 거리를 둔다. 스피노자에게 신은 타동적이지 않은 단 하나의 원인이다. 이는 신이 생산을 위해 유출하는 것이 아니라 자기 안에 머무르기 때문이며, 생산의 결과가 원인의 외부로 외재화되어 원인과는 별개의 낮은 단계로 존속하지 않기 때문이다. 내재적 원인들의 질서는 자연 전체를 무한한 방식으로 변용시키는 관계들의 합성과 해체의 질서다. 이에 힘입어 들뢰즈는 자신이 내재면으로 이해하고 있는 바를 분명히 할 수 있게 된다. 내재면은 힘 관계가 합성되는 면이며, 이 면을 분할하는 것은 양태적 현실화 전체 혹은 개체화하는 차이 전체다.

내재성이 논리적인 의미에서 규정하는 것은 경험론의 테제들을 강화

---

3) Deleuze, *Spinoza. Philosophie pratique*, Paris, Minuit, 1981(이하 *SPP*), 88/98.

해 주는 비판, 즉 추상적 보편성에 대한 비판이다. 내재성이 형이상학적 측면에서 함축하고 있는 것은 존재의 일의성에 대한 긍정이다. 존재는 어떤 단일하고 똑같은 의미에서 언명되지만, 그것이 언명되는 바 전체는 상이하다. 일의성이 보장해 주는 것은 바로 **차이**다. 들뢰즈는 니체나 베르그손의 생성이라는 프리즘을 통해 스피노자를 읽는다. 이런 이유 때문에 들뢰즈는 실체의 일의성으로 인해 동일성 사유에 빠지게 되는 것이 아니라 복수주의, 실사적 다양체에 대한 긍정으로 향하게 된다. 상이한 것이야말로 존재이며, 들뢰즈는 다시금 다양체를 분석하면서 양태적 개체화들 사이의 수적 구별이 결코 실재적 구별이 아니라 양태적 구별에 불과한 데 반해 실재적 구별은 결코 수적 구별이 아니라 다만 형식적 구별이거나 질적 구별이라는 사실을 보여 준다. 양태들은 실체의 개체화하는 요인들, 실체가 지닌 "강도상의 내생적 등급들"[4]이 된다.

들뢰즈는 이러한 일의성의 역사 속에서 둔스 스코투스^{Duns Scotus}와 니체의 옆자리가 스피노자에게 주어져야 한다는 점을 분명히 한다. 일의성을 견지했던 첫번째 인물인 둔스 스코투스는 판단에서 유비의 힘을 무력화한다. 신은 형식적으로 서로 구별되는 속성들을 지니고 있으면서도 자신의 통일성을 잃어버리지 않는다. 범신론에 빠지지 않으면서 일의성을 보증하기 위해, 존재는 자신의 표현에 대해 중립적이고 무관심한 것으로 사유되어야 한다——이 지점에서 들뢰즈가 중립성을 견지하는 까닭은 사건 혹은 의미를 사물의 상태 속에서 드러나는 그것의 현실화와 관련하여 중립적이고 무관심한 것으로 사유하기 위함이다. 신은 자신의 속성들과 형식적으로 구별될 뿐만 아니라 양태적 측면에서도 속성들과 구별된다.

---

4) Deleuze, *DR* 59/111.

일의성은 신의 양태들의 복수성을 개체화하는 강도적 요인들로 나타나며, 양태적 차이는 역량의 차이와 동등하다.

스피노자는 이러한 강도적·양태적 차이에 두번째 계기를 가져다준다. 일의적 존재는 무관심한 상태로 남는 것이 아니라 순수 긍정이 된다. 차이는 더 이상 자신이 변화를 시작했던 것과의 구별 속에 위치하는 것이 아니라 차이 자체로서 긍정되지만, 이는 어떤 다른 것과의 차이를 통해서가 아니라 근본적인 차이로서 그러하다. 그 자체로 달라지는 이 차이는 자신의 긍정적 일의성을 견지한다. 존재는 차이들, 실체, 실체의 양태들에 모두 동일한 의미로 언명되며, 신은 자기 원인이라는 동일한 의미에서 모든 사물의 원인이다.

그러나 들뢰즈에 따르면, 차이를 보장해 주는 긍정은 결국 어떤 불균형에 이르게 되는데, 이 불균형은 유일 실체를 그것의 양태들에 대하여 초월적인 장소에 위치시킨다. 양태들은 그것들의 원인인 실체에 의존하지만, 역으로 실체는 양태들에 전혀 의존하지 않는다. 내재성의 지배가 유지되기 위해서는 실체가 자신의 양태들에 대해서, 그것도 오로지 양태들에 대해서만 언명되어야 한다. 이것이 바로 니체와 더불어 극복되기에 이르는 마지막 단계다. 니체와 더불어, 우리는 유일 실체의 동일성에서 다수적 생성에 대한 긍정으로 나아간다. 존재의 일의성이 단 하나의 똑같은 의미에서 언명된다는 것으로는 더 이상 충분하지 않으며, 더 나아가 "자신의 모든 차이들에 대해 단 하나의 똑같은 의미에서 언명될"[5] 필요가 있다. 영원회귀는 바로 이러한 것으로서, 존재를 생성으로, 차이의 **회귀**로 변화시킨다.

---

5) Deleuze, *DR* 53/102.

『차이와 반복』에 등장하는, 스피노자에 대한 이 완곡한 칭찬을 오해해서는 안 된다. 들뢰즈가 이러한 망설임을 정식화하는 것은 생성을 통해 규정되는 어떤 철학사의 관점에서다. 들뢰즈가 실체의 동일성과 영원성이 아니라 유한양태 이론과 그것의 내재적 윤리학을 강조하게 되면서, 이 분석은 변화를 겪게 된다. 여기서 실체의 영원성보다 논증에 더욱 결정적인 중요성을 갖게 되는 것은 실체와 그것의 양태들 사이에 확립되는 지극히 새로운 유형의 윤리적 관계다.

더 나아가, 양태들에 대한 실체의 초월성을 견지하는 『차이와 반복』의 테제와 역으로 스피노자의 실체가 "자신이 그에 대해 내재적일 수 있는 그 무엇도 존속케 하지 않는다"[6]는 점을 읽어 낼 수 있는 『철학이란 무엇인가?』의 테제 사이에 너무나도 명백한 불일치가 존재한다는 사실은 굳이 언급할 필요도 없을 것이다. 『차이와 반복』에서 들뢰즈는 실체의 신학에서 생성 및 영원회귀의 니체적 철학으로 이행하고자 하며, 이러한 이행은 영원성의 토대 위에서 생성이 재개되는 이러한 효과를 들뢰즈가 마련해 두었다는 사실을 함축한다. 실제로 실체에 대한 관계는 단순히 추상적이거나 이론적인 것이 아니라 우선 윤리적이거나 생기적인 것이다. 이런 관점에서 들뢰즈는 항상 스피노자를 탁월한 철학자로 간주한다. 이는 스피노자가 자신의 체계에 대한 엄밀성을 견지하면서 귀감이 될 만한 삶을 살았기 때문이다.

철학자들의 철학인 스피노자는 들뢰즈의 체계 속에서 범접할 수 없는, 맑고 빛나는 자리를 차지한다. 들뢰즈가 즐겨 인용하는 모든 철학자들 중에서도, 스피노자는 분명 가장 열렬한 감탄을 불러일으키는 철학자,

---

6) Deleuze, Guattari, *QP* 47/70.

그의 합리적 형이상학과 실질적 관계들의 윤리학에 비추어 귀감이 될 만한 사상가, 의무의 도덕을 필연적 관계들에 대한 실천적 인식으로 바꾸어 놓은 철학자다. 스피노자에게 예외적인 자리를 부여해 준 것은 **기하학적 방법에 따른**^{more geometrico} 형이상학과 생기적 관계들의 윤리학 사이에 존재하는 이러한 일치다. 들뢰즈는 불굴의 열정으로 자신의 전 저작에서 스피노자에게 지속적으로 경의를 표한다. "아마도 그는 어떠한 초월성과도 타협하지 않으면서 도처에서 초월성을 추구했던 유일한 인물", 또한 초월성에 여격^{與格}으로^{dativement} 결부시키지 않고서 내재성을 사유하는 데 성공했던 유일한 인물일 것이다. "스피노자, 그는 그토록 많은 철학자들이 헛되이 벗어나고자 했던 내재성의 혼미^{昏迷}다. 우리는 끝내 스피노자의 영감을 받아들일 수 있을 정도로 성숙해질 수 없는 것일까?"[7]

스피노자의 저작들이 놀라운 까닭은 그것이 연역적인 역량을 지니고 있을 뿐만 아니라 삶을 긍정하고 실천적인 수단들을 이끌어 내기 때문이다. 그 저작들의 예외적인 이론적 역량은 상호 분리될 수 없는 방식으로 생기적이자 정치적인 것으로, 한마디로 말해 윤리적인 것으로 드러난다. 스피노자의 방법은 어떤 체계에 대한 이론적 설명에 한정되는 것이 아니라 진단적 실천에 속하며, 윤리학을 관계를 합성하는 기술로 만든다. 이 기술은 "좋은 만남을 조직하는 것, 체험된 관계들을 결합시키는 것, 역량을 형성하는 것, 실험하는 것"[8]에서 성립한다.

『윤리학』은 사변적인 지평을 밝혀 새로운 삶의 행로를 열어 주며, 연

---

7) Deleuze, Guattari, QP 50/74. 들뢰즈는 이 물음에 다음과 같이 답한다. 『물질과 기억』의 서두에서 "단 한번, 베르그손은 그러했다."
8) Deleuze, SPP 161/177.

역적인 정념의 물리학은 "슬픈 정념들의 끔찍한 연쇄"[9]에 종속된 '원한의 인간'의 몽타주를 그려 우리를 삶으로부터 떼어 놓는 무능력·증오·가책을 실천적으로 제거하는 데 사용된다. 들뢰즈는 항상 스피노자를 사상가들 가운데 가장 낙천적인 사람, 기쁨을 사변적 긍정의 상관항으로 만드는 '위대한 낙천가'로 소개한다. 인식의 질서 속에서 관계의 필연성을 이해하는 일은 역량과 해방, 다시 말해 정서의 질서 속에서 얻어지는 기쁨에 상응한다.

사실 스피노자에게 내재성은 양태들의 현실화를 넘어서 있는 어떤 실체에 여격으로 결부되는 것이 아니다. 다시 말해, 내재성은 실체'에' 내재적인 것으로 제시되지 않는다. 형이상학적 내재성은 급진적·일의적인 것으로서, 표현이라는 본성을 함축하고 있다. 신과 신의 생산 사이에 놓인 표현의 관계는 필연적·실재적이다. 또한 이 표현의 관계는 상이한, 숨겨져 있는, 초월적인, 설명될 수 없는 어떤 의미에 대한 상상적 참조를 전혀 함축하지 않는다. 신의 표현은 복제나 모방이라는 유비적 방식을 빌려 오는 것이 아니며, 의미작용이라는 별도의 방식으로 간접적으로 작용하는 것도 아니다. 신의 표현은 유출적이지도 유사 관계에 있는 것도 아니며, 물질적·직접적·무매개적이다. 실로 그것뿐이다.

원인의 일의성과 속성들의 일의성에 힘입어 스피노자는 기호 및 상상력을 비판하면서 자신의 실체 신학을 전개해 나간다. 기호 및 상상력에 대한 이 비판은 필연적으로 상호 전제하는 세 개의 개념, 즉 다의성, 탁월성, 유비에 대한 거부에서 기인하는 것이다. 다의성이 주장하는 바에 따르면, 신은 그가 자기 원인이라고 언명되는 것과 동일한 의미에서 피조물의

---

9) Deleuze, *SPP* 39/44.

작용인으로 언명될 수 없다. 유비가 요구하는 바에 따르면 신, 즉 자기 원인은 불완전한 창조물을 통해 그 창조물 고유의 실존에서 출발할 경우 부적합하고 파생적인 방식으로만 이해될 수 있다. 탁월성이 전제하고 있는 바에 따르면, 신은 근본적으로 초월적이고 다른 존재자들과 구별되며, 유일하고 다른 존재자들과는 별도로 존재한다. 이러한 신은 자신의 창조물과 구별되며, 만약 신이 피조물처럼 실존한다 하더라도 다른 존재자들과 근본적으로 구별되는 방식으로 그러하다. 유비의 체계가 신의 탁월성을 보장하는 것은 원인의 다의성을 통해서만 가능하다. 다시 말해, 유비는 탁월성을 보증하기 위해 다의성을 활용한다. 따라서 스피노자가 말하는 일의성 신학은 필연적으로 다의적 기호에 대한 비판, 존재의 유비에 대한 비판, 의미작용의 초월성에 대한 비판을 함축한다.

유비를 통해 나아갈 때마다, 우리는 어떤 분할을 실행하고 초월적 원인인 신과 신에게서 기인하는 세계 사이에 어떤 존재론적 차이를 확립한다. 이러한 분할은 신에게 탁월성을 보증해 주고, 우월한 원인 및 창조된 세계와 관련하여 존재가 하나의 의미에서 언명되지는 않는다고 가정한다. 따라서 이러한 분할은 다의성을 함축하면서 탁월성을 만들어 낸다. 우리가 신이나 신의 양태들에 속성들을 부여하는 바대로 그 속성들이 본성상 변화하지는 않는 한에서, 속성들이 신의 표현——이 표현의 형식은 실체와 실체의 양태들에 공통적이다——으로 이해되는 한에서, 유비의 체계는 해소된다. 존재의 일의성은 다음과 같이 정식화된다. 신, 즉 능산적 자연$^{nature\ naturante}$은 소산적 자연$^{nature\ naturée}$에 내재적이며, 유비에 종말을 고한다.

들뢰즈는 『스피노자와 표현의 문제』에서 이러한 논의를 개진하며, 『차이와 반복』에서는 물론 일의성을 제시할 때마다 그것을 되풀이한다.

스피노자의 일의성 신학은 탁월성, 초월성, 그리고 그에 상응하는 그것들의 파생물, 즉 다의성이나 유비와 단절한다. 신이 피조물들과 근본적으로 다른가 아니면 부분적으로만 다른가 하는 것은 별다른 중요성을 갖지 못하기 때문이다. 탁월성이 초월적이고 위계적이며 별도로 존재한다 하더라도, 신을 우리의 이미지로 환원한다는 점에서 그것은 여전히 의인론적·외생적·상상적이다. 그러나 만약 삼각형이 말을 할 수 있다면, 그것은 신이 '탁월하게' 삼각이라고 말할 것이다. 이는 초월적 형태의 가상을 이겨내지 못하고 신과 신의 창조물 사이에 어떤 유사성을 가정하는 이중의 착각이다. 신이 자신의 창조물인 인간이나 삼각형과 동일한 특성들을 지니고는 있지만, **"다른"**[10] 의미에서 그러하다는 것이다. 돌이킬 수 없는 방식으로, 들뢰즈는 원인의 탁월성, 원인의 외재성^{transitivité}에 대한 거부를 유비, 유사성, 위계, 본래의 의미와 비유적 의미로 나누어진 의미의 이원성에 대한 싸움과 결부시킨다. 따라서 초월성에 맞선 싸움은 의미를 표면효과로, 해석을 의미작용이 아니라 실험으로 보는 새로운 이론을 함축한다.[11]

능산적 자연과 소산적 자연의 관계를 내재성의 영역에 부합하게 만듦으로써, 스피노자는 의미작용의 체제를 변형시켜 최초의 조건, 즉 기호와 의미, 표현하는 바와 표현되는 바 사이의 존재론적 차이를 제거한다. 그에 따라 스피노자의 신학은 새로운 의미작용 이론에 이르는데, 첫 단계에서 그 이론은 기호에 적대적이다. "표현과 기호의 대립은 스피노자주의

---

10) Deleuze, *SPP* 88/98.
11) Deleuze, *SPP* 157/173.

의 기본 테제들 중 하나다."[12] 표현과 기호의 대립은 실체의 내재성을 보장하는 존재의 일의성을 약속해 주기 때문이다. 이처럼 들뢰즈에게 유비 비판은 스피노자의 철학과 윤리학, 알레고리적 의미론 비판에서 결정적인 중요성을 갖게 된다.

신의 본성이 표현적이라면, 속성들 속에서 드러나는 신의 일의적 표현은 알레고리적 의미작용이나 유비적·다의적 재현과 완전히 구별된다. 실체가 자신의 속성들 안에서 표현되듯이 속성들은 자신의 양태들 안에서 표현되며, 따라서 스피노자주의 전체는 스스로를 표현하는 실체, 실체를 표현하는 속성, 표현되는 본질이라는 삼위일체에서 성립한다. 일의성은 존재가 실체, 속성, 양태에 대해 동일한 방식으로 언명될 것을 요구하며, 따라서 창조된 세계는 자신의 창조자와 유비적인 어떤 유사성을 제시하지도 않고, 자신의 창조자와 그 의미가 구별되는[다의적인] 어떤 차이를 제시하지도 않는다. 기호는 신의 직접적인 표현에 속하는 것이 아니라 화용론적인 목적만을 갖는 관념, 상상 속에 새겨져 있는 관념이다. 다시 말해, 기호는 우리를 복종케 하고 우리로 하여금 "그 본성을 알지 못하는 어떤 신을 섬기도록"[13] 마련된 관념이다.

들뢰즈는 『윤리학』에서 드러난 스피노자의 물리학을 활용하여 자기 고유의 내재성 철학을 규정한다. 자신의 박사학위 부논문에서 폭넓게 활용했던 표현 개념에 힘입어 들뢰즈는 다의성, 유비, 의미의 이원성에 적대적인 새로운 기호의 물리학을 규정할 수 있게 된다. 표현하는 바와 표현되는 바 사이의 관계는 더 이상 의미작용적인 것이 아니라 양태적인 것이다.

---

12) Deleuze, *SPE* 165/249.

13) Deleuze, *SPE* 43/71.

2. 슬픈 정념의 윤리학과 알레고리의 진단

실체의 일의적 표현을 그 체계의 결정적인 개념으로 규정하면서, 들뢰즈는 스피노자의 형이상학을 해명하는 동시에 대안적인 기호론을 제안한다. 이 대안적인 기호론은 같은 시기에 출판된 다음의 세 가지 텍스트와 더불어 유비에 비판적인 체계를 세우는 데 기여한다. 먼저, 1967년 1월 28일 프랑스 철학회에서 발표된 「극화의 방법」은 사유와 경험의 관계를 변형시킨다. 다음으로, 「어떻게 구조주의를 식별할 것인가?」는 의미를 표면 효과로 보는 새로운 의미 이론을 제시한다. 마지막으로, 『자허-마조흐 소개』[국역본 『매저키즘』]는 자허-마조흐의 소설 ──그의 소설은 문학의 징후학적·진단적 소명을 성적 주변성에 대한 탐색과 결부시킨다── 을 진단적으로 소개하는 저작으로서, 기표 및 기표가 무의식과 맺고 있는 관계를 다루는 정신분석학적 해석을 해명한다. 들뢰즈는 이러한 비판적 관점 속에서 스피노자를 읽었으며, 이는 그가 박사학위 부논문인 『스피노자와 표현의 문제』에서 표현을 스피노자주의의 핵심문제로 삼았다는 사실을 설명해 준다. 신은 자신의 속성들 안에서 표현된다. 신의 이러한 표현은 의미작용적인 것이 아니라 실재적인 것이며 더 이상 유비적인 기호 이론을 경유하지 않는다.

　이처럼 내재성의 형이상학은 기호의 유비적 사용에 대한 비판을 수반한다. 들뢰즈는 두 단계에 걸쳐 나아간다. 먼저, 들뢰즈는 스피노자를 따라 이원성을 비판하는데, 이는 결국 기호를 결정적으로 거부하기에 이르는 듯 보인다. 하지만 두번째 단계에서 기호는 힘 관계의 합성·이것임·이미지로 재평가된다. 첫번째 단계에서 들뢰즈는 스피노자에게서 유비 및 다의성에 대한 비판을 발견하는데, 이는 표현 이론을 규정해 주는 것이다. 이 표현 이론이 지닌 추진력은 스피노자의 기호 비판과 상상 비판에 있어 본질적인 것에 해당한다.

알레고리적 기호의 이원성은 이론적이고 실천적인 두 측면에서 항상 비판의 대상이 된다. 이 비판은 불가피하게 인식론적인 동시에 정치적이다. 기호의 기능을 이해하지 못하고 기호의 본성을 오해하고 있다는 단 한 가지 이유에서, 우리는 다의적인 방식으로 다른 의미를 가리키는 비합리적인 능력을 기호에 부여하기 때문이다. 기호를 —— 알레고리의 원동력에 해딩하는 —— 다른, 숨겨진, 탁월한, 신비로운 의미작용의 전달수단으로 사유하는 것은 이론적 비일관성에 속하는 문제로서, 결국에는 정치적 종속에 이른다. 그 이유는 하나뿐이다. 우리는 비유적 의미라는 매개를 통해 말을 건넨다고 상상되는 신성한 표현의 직접적인 기능을 이해하지 못하며, 이러한 불투명성은 우리가 우리 자신과 지고한 원인 사이에 세운 거리를, 그리고 우리들 중에서 신성한 메시지의 다의성을 명법적인 명령으로 번역할 수 있는 전문가·해석학자·예언자를 지정해야 한다는 의무를 표현한다. 합리적인 측면에서 그 표현을 이해할 수 없기 때문에, 우리는 그 것을 복종과 종속이라는 노예의 영역으로 옮겨 놓는다. 따라서 스피노자는 철학을 탈신비화의 시도로 이해한다. 이러한 시도는 우리를 노예의 상태로 만드는 미신들을 감소시켜 우리를 예속의 슬픈 정념으로부터 실천적으로 해방시킨다. 유비 및 비유적 의미에 대한 이론적 비판은 이처럼 어떤 치료술이 되기에 이른다.

우선, 문제는 알레고리의 의미작용 체제가 지닌 이론적 비일관성이 필연적으로 지배의 실천에 이르게 된다는 사실을 보여 주는 데 있다. 기호는 항상 추상적이며, 1종의 인식으로 남는다. 기호는 자신의 원인으로부터 자의적으로 분리된 어떤 결과에 대한 관념이거나, 우리가 그 본성을 이해하지 못한다는 조건하에서 파악된 원인 자체다. 아니면, 마지막으로 기호는 미신을 통해 우리가 거짓된 관념을 갖게끔 하는 바깥의 구실을 한다는 점에서 예속의 도구로 드러난다. 부적합한 관념이 갖는 특성은 자신의 유효성을 강화하는 실천적 요소들을 요구한다는 데 있다. 예언적 기호, 성경의 이미지는 바로 이러한 질서에 속한다.

얼마나 다양하건 간에 모든 기호는 우리의 무지, 따라서 우리의 예속을 강화하는 이러한 간접적인 방식으로 나아간다. 기호의 메커니즘을 밝히고자 들뢰즈는 자신이 스피노자에게서 찾아낸 기호의 유형학을 자세히 설명한다. 혼합의 결과에 해당하는 지시적 기호는 우리 신체의 상태에 대한 가르침, 그리고 부차적으로 외부 신체의 현존에 대한 가르침을 줄 뿐이다. 초의 불꽃에 화상을 입었을 때, 나는 불을 내 고통의 기호로 만든다. 명법적 기호 혹은 계시[Révélation]의 결과는 실제로는 성장의 법칙, 신의 표현에 불과한 것을 역량의 한계나 도덕 법칙으로 오해하게 만들어 우리가 신의 법칙과 맺고 있는 관계를 위태롭게 한다. 예컨대 신은 아담에게 그가 저지를 행동의 해로운 귀결을 미리 알려주었을 뿐이지만, 우리는 신이 아담에게 사과를 먹지 말라고 명령했다고 생각하게 되는 것이다. 마지막으로, 해석적 기호 혹은 미신의 결과는 다른 두 가지 기호의 유효성을 보장함으로써 우리의 예속을 실천적으로 강화시킨다. 알레고리·이미지·성서의 잠언은 이러한 질서에 속한다.[14] 지시적 기호에서 명법적 기호, 그리고 해석적 기호에 이르는 이러한 단계들을 통해, 들뢰즈는 우리에게 비유적 사용의 유해성과 그러한 사용이 요청하는 치유의 본성을 가르쳐준다.

도덕은 명령 및 복종과 관련하여 자신이 나타내는 관계들의 본성을

---

14) Deleuze, *SPP* 143~145/158~160.

오해하고 있다. 이는 계시가 미신을 통해 숭배를 불러일으키는 것과 마찬가지인데, 자연의 빛만으로는 미신에 대한 더 큰 숭배를 조장할 뿐이다. 스피노자는 영역들 간의 환원 불가능성을 지적한다. 즉 관계들의 필연성이라는 윤리적 표현과 예속이라는 도덕적 기호 사이에는 이행이 존재하지 않는다. 직접적·일의적 표현은 결코 기호의 상상적 매개를 통하지 않으며, 기호의 지시작용은 언제나 혼란스러운 겉포장일 뿐이어서 그 속에서 관념은 자신의 원인을 표현할 수 없는 것으로 드러난다. 지시적 기호와 관련하여 우리가 이끌어 낼 수 있는 결론은 우리 신체의 상태를 넘어서는 무언가가 존재한다는 점이며, 명법적 기호와 관련하여 우리가 이끌어 낼 수 있는 결론은 그로 인해 우리가 자연의 법칙을 도덕적 명법으로 파악하게 된다는 점, 계시의 기호와 관련하여 우리가 이끌어 낼 수 있는 결론은 그로 인해 미신의 슬픈 정념이 신에 대한 숭배에 오점을 남기게 된다는 점이다. 이 모든 경우에 있어 기호는 여전히 부적합한 인식에 머물러 있다.

따라서 알레고리는 스피노자가 상상과 다의적 해석에 가하는 비판에 속하게 되는데, 이 양자는 상징·잠언·신비를 남발함으로써 소박한 이들을 종속시키고 기만한다. 들뢰즈가 끝까지 견지했던 지점이 바로 여기에 있다. 즉 신비가 펼쳐 보이는 것은 비의적인 의미가 아니라 복종의 실천, 종속의 훈련일 뿐이다. 은유화한다는 것은 곧 상투적인 표현을 따른다는 것이다. 들뢰즈가 보기에, 바로 이 점이 계시의 수사^{修辭, figure}에 대한 스피노자의 적대감을 요약해 준다. 명법적인 말씀^{Parole}은 설명하는 것이 아니라 명령한다. 들뢰즈는 표현 이론을 새로운 기호 철학의 매뉴얼로 만든다. 이 기호 철학은 해석적인 계시의 모델 및 명법적인 말씀과 직접적으로 대립한다. 신은 예언적 기호의 매개적·다의적 수사 아래서 그 기호가 뜻하는 바를 이해할 수 없을 때에만 우리에게 나타난다. 우리는 신이 명법적으로 말씀하신다고 믿지만, 사실 신은 자연의 법칙 속에서 직접적·지시적으로 자신을 표현한다. 내재적인 방식으로 우주를 주관하는 표현의 윤리학, 힘 관계의 행동학이 권위적이고 혼란스러운 **말씀**을 대체한다. **말씀**은 기호와 명령을 통해 나아가며, 복종을 위해 우리의 상상력을 저해한다. "영원한 진리, 즉 관계의 합성을 이해하지 못할 때, 그것은 명법으로 해석된다."[15] 따라서 설명적·내재적·필연적 윤리학이 권위적인·혼란스러운·편협한 도덕을 대체한다. 이런 점에서, 기호에 대한 인식론적 비판은 해방에 대한 진단을 담고 있다.

3. 진단과 징후학

『스피노자와 표현의 문제』를 읽으면서 우리는 들뢰즈가 기호와 이성을 명확히 분리시키는 데 동의했다는 결론을 내리려는 유혹에 빠지게 될지도 모른다. 슬픈 정념을 야기하는 상상의 다의적 언어, 상상이 지닌 해석적인 종속 체제와 현자의 해방을 증진시키는 일의적·합리적·기쁜 표현이 정확히 대립한다.[16] 기호는 명령을 뜻하며 실천적으로 복종에 결부되어 있는 데 반해, 표현은 우리에게 인식을 주는 어떤 본질을 표현한다. 그 무엇도 예속의 도구라는 위상으로부터 기호를 구해 낼 수는 없는 듯 보인다.

　다의적인 계시의 기호와 실체의 표현 간의 이 유용한 구별은 스피노자가 도덕과 윤리 사이에 확립해 둔 차이를 이어받아 확대하는데, 이는 물음을 완전히 변화시키기에 충분하다. 윤리는 필연성의 문제이며 내재적

---

15) Deleuze, *SPP* 144/159.
16) 스피노자, 『윤리학』, 2부 정리 17의 주석과 정리 18의 주석.

인 실존 방식들을 묘사하는 데 반해, 도덕은 초월적 가치들과 관련되며 실재를 설명하는 것이 아니라 실재를 심판할 것을 주장한다. 들뢰즈는 스피노자의 이러한 구별을 강조하면서 그것을 자신의 사유에 포함시킨다. 들뢰즈는 자신의 사유에 항상 수반하는 비판, 즉 **심판**Jugement에 대한 비판을 이러한 구별로부터 이끌어 낸다. 『대담』에서 말했듯이, "심판자 되기보다는 청소부 되기"가 더 나은 일이다. 자신의 마지막 저작인 『비평과 진단』에서 들뢰즈는 아르토에게서 빌려 온 '신의 심판을 끝장내기 위하여'라는 멋진 제목과 더불어 신학적인 심판 이론과 물리적인 신체 체계 간의 차이로 되돌아온다. "아마도 비밀은 거기에 있을 것이다. 심판하게 만드는 것이 아니라 존재하게 만드는 것." 이것이 바로 윤리의 가르침이자 도덕과 윤리의 차이다. "우리는 다른 존재자들을 심판해야 하는 것이 아니라 그 존재자들이 우리에게 적합한지 아닌지를, 다시 말해 그 존재자들이 우리에게 힘을 가져다주는지 아닌지를 느껴야 한다."[17] 도덕과 윤리의 차이는 사변적인 것이 아니라, 우선 생기적인 것이다.

신이 다의적·자의적 명법의 형태로 자신의 의지를 표현할 수 있으리라 믿는 것은 신의 본성에 대한 오해이며 신의 법을 폭군의 부당한 횡포와 혼동하는 것이다. 사실 신의 법을 오해하게 만들 수 있는 것은 도덕에 대한 우리의 거짓된 관점뿐이다. 우리는 변덕·금지·복종을 동원해서 신의 법을 꾸며내지만, 사실 신의 법은 질서와 필연성으로부터 만들어질 뿐이다. 모든 것이 이러한 축을 따라 생겨난다. 스피노자에 따르면, 내재적·필연적이며 사실에 근거한 법은 명령이나 의지행위를 표현하는 것이 아니라 자연의 실재적 질서를 표현한다. 그러나 우리는 신을 오해하고 이 무능력

---

17) Deleuze, *D* 15/20, *CC* 169/235~236.

의 심리학을 신의 탓으로 돌리면서 신의 법을 명법과 금지를 통해 나아가는 최종적인 원인으로 받아들인다. 하지만 신의 법은 스피노자가 영원한 진리라고 부르는 것, 즉 관계들이 합성되는 질서를 표현할 뿐이다. 과감하게 단순화해서 말하자면, 윤리와 도덕의 차이는 바로 여기서 기인한다. 기술적^{記述的} 윤리는 실효적 힘 관계의 측면에서 성립하는 데 반해, 심판하는 규정적^{規定的} 도덕은 초월적 가치들의 이름으로 삶을 비난한다.

들뢰즈는 스피노자에게서 도덕의 초월적 가치들에 대한 비판을 받아들인 후, 이를 니체에게로 가져간다. 우리는 다음의 유명한 분석을 알고 있다. 신은 아담에게 사과를 먹지 말라고 금지한 것이 아니라, 먹을 경우 죽음에 이르게 되리라는 사실을 알려주었을 뿐이다. 그러나 원인에 무지한 아담은 자기 행위의 자연적 귀결을 묘사한 단순한 경고를 도덕적인 금지로 받아들인다. 따라서 스피노자에게 선^{Bien} 일반과 악^{Mal} 일반은 없으며, 좋거나^{bon} 나쁜^{mauvais} 관계가 있을 뿐이다. 들뢰즈는 이러한 결론을 받아들여 니체적인 방식으로 정식화한다. 선과 악이 절대적으로 존재하는 것이 아니라 힘 관계의 유형학이 존재한다. 우리는 힘 관계 속에서 우리에게 적합하고 우리의 역량을 증대시키는 관계, 그리고 역으로 우리에게 해를 끼치고 우리의 역량을 감소시키는 관계를 찾아내야 한다. "선악의 저편, 이것은 적어도 좋음과 나쁨의 저편이라는 **의미는 아니다.**"[18]

따라서 좋음과 나쁨이 존재하지만, 이는 상대적인 의미에서만 그러하다. 좋음과 나쁨은 우리의 관계와 합성되면서 그 관계를 파괴하거나 촉진하는 객관적 관계다. 좋음과 나쁨은 이렇듯 이롭거나 해로운 만남의 방식으로 파악되어야 한다. 내재적인 정서의 행동학이 금지의 도덕을 대체

18) 니체, 『도덕의 계보』, 제1논문, 17절.

한다. 악은 항상 중독·부작용·부적합이라는 유형의 상대적 나쁨, 우리의 관계를 파괴하거나 해칠 수 있는 나쁜 만남이다. 바로 이런 의미에서 윤리는 실험이다. 우리는 행위와 의도에 기반한 도덕적 판단에 따라 심판받는 것이 아니라 우리의 상태가 겪게 되는 물리-화학적 시련에 따라서 심판받는다. 모든 것은 실효적 관계에 달려 있으며, 우리는 이 실효적 관계 속으로 들어가고 우리의 행위역량은 이 실효적 관계를 통해서 증가하거나 감소한다. 들뢰즈가 맺어 준 니체와 스피노자의 위대한 결합이 바로 여기에 있다. 이 위대한 결합에 따라 사유의 역량은 역량의 유형학을 참조하게 된다.

그런데 이 정서론^{affectologie}의 관점에서 보자면, 기호는 새롭고도 중요한 가치를 획득하고 필연적인 방식으로 우리 정서의 진단에 참여한다. 기호는 우리의 현재 상태와 우리 역량의 변이를 보여 주는 지표이기 때문이다. 해석의 도덕이 아니라 바로 이 신체의 물리학이라는 관점에서 들뢰즈는 기호의 중요성을 되살린다. 기호는 우리 신체의 개체화를 표현하며 우리 정서의 지도를 그릴 수 있게 해준다. 우리는 기호들 중에서 우리의 현재 상태를 표현하는 기호, 즉 지속 속에서 우리의 상태를 현행적으로 잘라내는 스칼라 기호와 우리 역량의 변이, 즉 우리 역량의 증가와 감소를 측정하는 벡터 기호를 구별할 것이다.

스칼라 기호와 벡터 기호 간의 이러한 구별은 스피노자가 말하는 개체화의 두 계기를 이어받은 것이다. 개체는 실체나 영혼으로 정의되는 것이 아니라 양태, 다시 말해 일종의 '관계들의 관계'의 합성으로, 특정한 역량에 부합하는 독특한 본질로 정의된다. 본질은 더 이상 논리적 가능성이나 기하학적 구조로 이해되어서는 안 된다. 본질은 역량의 일부, 다시 말해 일정한 정도의 물리적 강도가 된다. 그런데 역량은 변용시키고 변용되는 능력에 있으며, 이 변용 능력은 존재하는 관계들의 필연성 및 그 관계들의 실재적 적합·부적합에 달려 있다. 바로 이런 의미에서 윤리학^{Éthique}은 도덕 및 의무의 규정을 내재적 관계들에 대한 기술記述 및 그 관계들의 실재성에 대한 이해로 대체한다.[19]

역량 전체는 변용되는 능력, 필연적인 관계들에 의해 지속적으로 채워지고 실행되는 능력과 불가분적이기 때문이다. 인식한다는 것, 앎의 질서 속에서 적합한 관념을 형성한다는 것은 곧 나쁜 만남과 슬픔으로부터 벗어나 우리의 행위역량을 증가시키고 우리에게 기쁨을 주는 관계로 이행한다는 것이다. 따라서 철학은 앎이나 인식의 획득만을 목표로 삼는 것이 아니라 무엇보다도 기쁜 해방과 행위역량의 증가를 목표로 삼는다. 이런 관점에서 기호는 우리의 역량을 진단하는 필수적·합리적 수단이 된다. 기호의 가치가 징후학적이라는 점에서, 스피노자는 니체와 연결된다. 기호가 없다면, 우리는 정서 지도의 행동학적 윤곽을 그려 낼 수 없을 것이다.

스칼라 기호는 항상 어떤 정서다. 스칼라 기호는 다른 신체에 남겨진 어떤 신체의 흔적, 변용 질서의 흔적, 변용시키고 변용되는 두 신체가 합성되는 관계의 흔적이며, 예컨대 피부에 와닿는 태양의 열기와 같다. 이런 측면에서 들뢰즈는 앞서 논의되었던 기호의 유형학을 이어받는다. 물리적·감각적 효과를 담고 있는 지시적 기호는 우리 고유의 본성에 대한 가르침을 준다기보다는 우리를 변용시키는 신체에 대한 가르침을 준다. 추상적 기호가 생겨나는 것은 유한한 존재인 우리가 우리 자신을 변용시키는 것의 측면만을 고려하려는 경향이 있기 때문이며, 또한 우리 자신이 일

---

19) Deleuze, *SPP* 101/112~113.

반 관념의 추상화 속에 빠져드는 경향이 있기 때문이다. 명법적 기호 혹은 도덕적 기호가 만들어지는 것은 어떤 효과를 확인할 때 우리가 그 효과를 하나의 목적으로 받아들이고(우리는 태양이 마치 우리를 위해 뜨거워지는 것인 양 생각하므로) 이러한 목적성으로부터 명법적 규범 ──이 열매를 먹지 마라!──을 이끌어 내기 때문이다. 끝으로, 마지막 유형의 기호, 즉 해석학적 기호 혹은 해석적 기호는 상상적 효과에서 생겨난다. 감각과 지각은 우리로 하여금 그 효과의 원인일지도 모르는 존재를 생각하게 만들고 우리는 우리 자신을 변용시키는 그 무엇과 관련하여 그 존재를 엄청나게 거대한 이미지로 그려 내기 때문이다. 위대한 기호 전문가인 선지자는 추상적 기호, 명법적 기호, 해석적 기호를 결합시킨다.

이 세 가지 기호는 모두 변이 가능성을 공통적인 성격으로 갖는다. 모든 기호는 변동하는 물질적 연합의 연쇄, 신체적 효과의 연쇄를 결합하며, 우리로 하여금 기호가 그 기호 자체와는 다른 사물을 가리킨다고 믿게 만드는 다의성이나 유비를 통해 나아간다. 변용에 속하는 다음의 네 가지 스칼라 기호, 즉 감각적 지표, 논리적 도상, 도덕적 상징, 형이상학적 우상은 물리학에서 도덕으로, 감각적 효과에서 논리적 오류로, 가상에서 미신으로 이행하면서 점차 그 유해성의 정도가 커지는 데 따라 그 순서가 정해진다. 그러나 이제 이 스칼라 기호들은 정적인 기술(記述)에 속하게 되는데, 이러한 기술이 강조하는 바는 그 기호들이 지닌 가상의 역량이 아니라 역설적으로 우리의 상태에 대해 가르침을 주는 그 기호들의 능력이다.

이런 이유에서 들뢰즈는 이 스칼라 유형의 기호들에 새로운 종류의 기호를 덧붙인다. 이 새로운 기호가 기술하는 것은 더 이상 우리가 맺고 있는 관계들의 합성이 아니라 기호가 우리를 기쁨이나 슬픔으로 변용시킴에 따라 이 관계들이 규정하는 역량의 변이다. 들뢰즈는 이 새로운 기호를 정서의 벡터 기호, 다시 말해 기호의 증가하는 역량이나 감소하는 예속으로 명명할 것을 제안한다.[20] 스칼라 기호 전체는 벡터 기호를 규정한다. 우리가 맺고 있는 힘 관계의 합성은 역량의 변이로 표현되기 때문이다. 따라서 벡터 기호가 가리키는 것은 우리 행위역량의 증가나 감소다——우리는 여기에 세번째 유형의 기호, 즉 혼합된 기호 혹은 양가적인 기호를 덧붙일 수 있다. 이 기호는 우리를 동시에 기쁨과 슬픔으로 변용시키며, 이 기호의 다의적 사용은 역량의 감소로 인한 우리의 예속을 강화하고 우리를 슬픔으로 변용시킨다. 혼합된 기호 혹은 양가적인 기호는 기호 비판을 결정적으로 강화하는 듯 보인다.

4. 이것임과 징후학

우리가 기호에 내재적 독해를 적용하고 기호가 자신의 효과를 산출할 수 있게 해주는 실효적 힘 관계를 밝혀낸다면, 설명의 원리인 실험이 해석이나 해석학을 대체하게 될 것이다. 『윤리학』의 성과는 바로 여기에 있다. 스피노자의 중요성은 "실존을 언제나 초월적 가치들과 관계시키는" 도덕을 "윤리학, 즉 내재적 실존양태들의 유형학"[21]으로 대체했다는 데 있다.

내재성 및 일의성의 형이상학과 관련하여 들뢰즈에게 가장 중요한 철학자가 스피노자이기는 하지만, 1968년 무렵 그를 사로잡고 있던 기호와 의미를 둘러싼 논쟁과 관련해서는 스피노자가 가장 현실적인 참조점은 아닌 듯 보인다. 작품의 구조, 의미작용의 텍스트성textualité, 작품의 구조

---

20) Deleuze, *CC* 174/244.
21) Deleuze, *SPP* 35/40.

적 차원 내부에서 벌어지는 의미의 발생과 관련된 이 물음들은 오히려 다음과 같은 당대의 논쟁들을 참고하고 있다. 프로이트 및 라캉의 정신분석, 무의식적 구조라는 주제, 논리학이나 문학에서 의미와 무-의미의 경계, 예술의 징후학적 소명.

좀더 은밀한 방식이긴 하지만, 그럼에도 스피노자의 기여는 여전히 결정적이다. 스피노자는 비유적 의미작용과 실재적 표현, 성서의 부적합한 상징적 계시와 속성들을 통해 드러나는 실체의 직접적인 표현 간의 구별을 가장 멀리까지 밀고 나간 철학자다. 기호의 알레고리적 사용은 우리의 상상력에 호소하고, 우리로 하여금 복종의 원리에 불과한 것을 인식의 모델로 삼게 하며, 이론적 활동과 실천적 종속 사이의 착각에 근거해 있다. 들뢰즈는 알레고리적 사용에 대한 정치적 비판에 동의하면서, 스피노자에게서 기호의 사회적 실천에 대한 분석으로 나아가야 할 필요성을 받아들인다. 따라서 기호체제는 윤리학 혹은 비판적 징후학에 속하며, 그것이 분석하는 대상은 기호체제의 사회적 물리학이다. 그러나 중요한 강조점은 이른바 기호체제의 의미작용을 해설하는 데 있는 것이 아니라 기호체제를 성립시키는 실재적인 힘 관계, 기호체제들에 의해 우리가 그 내부로 밀려들어가는 실재적인 힘 관계를 드러내는 데 있다. 그와 더불어, 합리적·일의적이면서 기호를 기꺼워하는 철학 또한 가능해진다——『윤리학』과 『신학-정치론』에서 제시되는 것과 같은 철학 말이다. 알튀세르에 따르면, 스피노자는 해석 이론 및 역사 이론을 처음으로 시도한 철학자다. 실제로 스피노자는 기호의 화용론을 규정하면서 지배관계에 대한 설명을 그 화용론에 포함시켰다. 기호는 지배관계 속에 포함되며 종종 그 지배관계를 강화하는 데 사용되어 그에 기여한다. 기호가 실제로 드러내는 것은 힘 관계이지만, 우리는 기호를 의미작용으로 받아들인다.

초기 저작들 이래로 항상 스피노자를 내재성의 사상가로 상찬해 왔던 들뢰즈는 이러한 귀결이 어떻게 기호의 위상을 변화시킬 수 있는지를 보여 준다. 기호는 더 이상 자신의 물질적 신체를 어떤 지성적 형태와 결부시키는 '해석의 도덕'의 대상이 되어서는 안 되며, 기호의 실존을 실재적 기능으로 사유하는 윤리학, '실효적 힘의 행동학'의 대상이 되어야 한다. 들뢰즈는 기호를 의미작용이 아니라 변용시키는 힘으로 간주하는 새로운 구상을 이끌어 낸다. 그러나 이 두번째 의미에서의 기호는 더 이상 인간의 심리적 특질이나 상상력의 부적합한 형상화 작용이 아니다. 그것은 만남과 포획의 문제로서의 정서, 관계의 합성과 역량의 변이로서의 정서다.

따라서 기호는 더 이상 이성과의 갑작스러운 불일치에 속하는 것이 아니라, 이것임이 된다. 우리는 분석의 방향이 다음과 같이 바뀌고 있음을 확인한다. 1968년 『스피노자와 표현의 문제』에서 들뢰즈는 기호의 다의성과 표현의 일의성 간의 양립 불가능성을 강화한다. 그러나 1993년 『비평과 진단』에서는 오히려 기호에다 새로운 주제, 즉 그가 『스피노자. 실천철학』[국역본 『스피노자의 철학』]에서 활용했던 행동학 및 이것임이라는 주제를 덧붙인다. 이제 중요한 것은 일의성만이 아니다. 이것임의 이론, 그리고 신체 및 개체화를 경도(힘 관계의 합성)와 위도(역량의 변이)로 규정하는 이것임의 양태적 정의 또한 중요하다. 이것임에 힘입어 들뢰즈는 정서라는 이 이중적인 주제에 따라 스피노자의 기호 비판을 계승할 수 있게 된다.

스칼라 기호와 벡터 기호의 유형학은 허구적 기호라는 주제를 대체하며, 힘 관계 및 역량의 변이에 대한 분석을 이어받는다. 스칼라 기호는 힘 관계의 합성에 대응하며, 벡터 기호는 역량의 변이에 대응한다. 표현을 위한 기호의 배제라는 주제에서 복합적 관계의 행동학이라는 주제로 이행하면서, 들뢰즈는 자신의 스피노자 독해가 새로운 국면에 접어들었음을 보여 준다.

일의성은 우리가 이성을 자유롭게 사용할 수 없게 만드는 애매함과 예속을 일소한다. 그러나 이제 기호는 일의성의 지배를 위한 무기가 아니라 진단적 행동학의 필연적 벡터다. 이제 기호는 오류가 아니라 본성이다. 다시 말해, 기호는 실존 방식 및 신체표현에 상응하는 물질적 만남과 정서의 정념적 혼합물이다. 바로 이러한 행동학의 관점에서 기호 철학은 징후학적이자 진단적인 것으로 드러난다. 들뢰즈는 기호의 위상을 변형시키고, 해석되어야 할 명법적 기호로부터 진단적이자 비판적인 정서, 기호-이미지로 이행한다. 기호의 위상은 의미의 이중성으로부터 해방되어 실재적 만남 및 관계들의 합성으로 사유된다. 우리는 해석에서 실험으로 이행한다.

이런 측면에서, 기호는 표현이 되며 신체의 논리학에 속하게 된다. 들뢰즈는 스피노자에게서 유한양태 이론을 받아들여 개체성을 힘 관계의 합성, 역량의 변이에 따라 변동하는 운동과 정지 —정지는 운동의 부재가 아니라 상대적 느림이다— 및 빠름과 느림의 합성으로 규정한다. 경도, 즉 외연적 부분들의 합성과 위도, 즉 강도적 역량의 정도라는 이 두 가지 차원이 새로운 이것임 이론을 구성한다. 이제 들뢰즈는 내재성의 철학에 스피노자가 기여한 바를 다음과 같이 쓴다. "신체Corps에서 이 두 차원을 이끌어 내고 자연Nature의 평면을 순수한 경도와 위도로 규정한 것은 바로 스피노자였다."[22]

---

22) Deleuze, Guattari, *MP* 318/493.

이 새로운 측면에서, 기호는 정서론의 차원을 띤다. 스칼라 기호가 우리의 경도를 규정하는 데 반해, 벡터 기호는 우리의 위도를 표현한다. 바로 이것임 이론으로부터 출발해서 들뢰즈는 기호에 대한 이러한 구상을 혁신하여 실효적 힘 관계에 대한 지도제작으로 만든다.[23] 우리는 가상과 노예화라는 기호의 능력에 대한 논쟁으로부터 기호의 역량에 대한 행동학적 기술記述로 이행한다. 바로 이 지점에서 알레고리적 의미작용으로부터 이것임 이론에 함축되어 있는 윤리적 표현으로 가는 이행이 일어난다.

이처럼 이것임은 유비 비판의 마지막 측면을 이룬다. 들뢰즈는 스피노자에게서 출발하여 둔스 스코투스, 시몽동, 조프루아 생틸레르Geoffroy Saint-Hilaire를 창조적인 방식으로 결합함으로써 이 마지막 측면을 만들어 냈다. 이것임이라는 용어 자체는 일의성의 사상가인 둔스 스코투스에게서 빌려 온 것으로서, 그는 개체화를 형상의 궁극적 현실성으로 제시하면서 일의성 철학의 첫 단계를 이루는 강도 및 양태적 변용의 이론을 개진했다. 들뢰즈가 이 개념을 받아들이는 것은 개체에 대한 양태적 정의에 도달하여 우리를 실체, 주체, 형상, 유기적 통일성이라는 개념들로부터 결정적으로 해방시키기 위함이다. 들뢰즈는 이 개념을 만들어 내는 데 있어 스피노자는 물론 조프루아 생틸레르와 시몽동을 또한 참고하고 있다.[24] 시몽동은 개체화를 유도하고 물질 안에서 '형태의 만들어짐'prise de forme을 활성화하는 숨겨진 독특성의 원천, 다시 말해 "에쎄이떼eccéité라는 원천"[25]을 개체화 철학에 제시한다. 그 결과 강도적 개체화는 형상과 질료, 실체

---

23) 이것임에 대한 상세한 분석은 다음을 보라. "De l'animal à l'art", *op. cit.*, 191~202.

24) Deleuze, Guattari, *MP* 318, n. 24./494, 주 38, Simondon, *IGF*, p. 47 이하. 이 모든 물음은 다음 두 저작에서 이미 개진되었던 바 있다. "De l'animal à l'art" 그리고 *Deleuze et l'art*.

25) Simondon, *IGP*, p. 22.

와 주체, 그리고 신체의 내재성에 다시금 초월성을 도입할 수 있는 다른 모든 개념들에 권리상 선행하게 된다. "사람들은 '에쎄이떼'heccéité[이것임]를 에쎄ecce, 즉 '여기에 있다'라는 단어에서 나온 '에쎄이떼'eccéité로 쓰기도 한다. 이것은 잘못인데, 왜냐하면 둔스 스코투스는 엑Haec, 즉 '이것'에서 그 단어와 개념을 만들어 냈기 때문이다. 그러나 이것은 유용한 오류다. 에쎄이떼eccéité는 사물이나 주체의 개체화 방식과 분명히 구별되는 어떤 개체화 방식을 시사하기 때문이다."[26]

조프루아 생틸레르는 동물의 개체화가 운동학적인 힘의 장에서 벌어지는 양태적 변이로 이해되어야 한다는 점을 보여 줌으로써 그 개념적 장치를 완성하는 데 기여한다. 이런 방식으로, 서로 다른 종의 동물을 구성하는 형태와 기관은 별도의 거대한 동물 유類들에 따라 소극적인 방식으로 변이하는 것이 아니라(퀴비에G. Cuvier와 같은 이들이 주장하는 유비 이론), 강도적 변이와 동일한 구성재료의 변조를 통해 진행된다. 이 구성재료는 동물을 합성하는 유일한 평면인 **유일 동물**Animal tantum, 즉 모든 동물이 그것의 양태에 해당하는 유일 실체를 이룬다. 합성면合成面, plan de composition의 일의성은 모든 동물들 사이에 존재하는 차이를 단일한 강도적 변이로 귀결시킨다. 들뢰즈는 조프루아 생틸레르를 스피노자주의자로 평가하는데, 그는 오로지 빠름과 느림, 그리고 역량의 변이에서 출발하여 신체의 개체화를 구성하기 때문이다. 들뢰즈가 자신의 전 저작에서 제기하는 스피노자의 유명한 물음 "신체는 무엇을 할 수 있는가?"는 여기서 그 해답을 발견한다. 신체는 더 이상 주체, 주어진 형상, 작동하는 기능들의 집합으로 정의되어서는 안 되며, 오로지 신체의 경도를 구성하는 미분적 속도들의 복

---

26) Deleuze, Guattari, *MP* 318, n. 24/494, 주 38.

합적 관계와 신체의 위도를 규정하는 변용시키고 변용되는 능력을 통해 정의되어야 한다. 이처럼 신체는 그것이 **자연**의 합성면 위에서 그려 내는 정서·만남·생성의 지도에서 성립한다.

이것임은 신체의 양태적 개체화를 특징짓는 것으로서, 분자적 만남, 전과는 다른 대기, '오후 5시'에 해당하는 어떤 단계에서 일어나는 독특성의 분출을 규정한다. 따라서 이것임은 지속 가능한 것이나 정적인 것에 대립되는 덧없는 것이나 소멸하는 것이라는 시간적 규정으로 환원되지 않으며, 존재의 가장 낮은 단계로 환원되지도 않는다. 또한 이것임은 필연적인 것에 대비되는 우연한 것이나 규정된 것에 대비되는 형상이 주어지지 않은 것l'informe에 속하지도 않는다. 이러한 분할들은 모두 본질과 우연한 것, 필연적인 것과 우발적인 것, 영속적인 것과 덧없는 것, 형상과 형상이 주어지지 않은 것을 나누는 재현적 사유로 귀결된다. 이것임은 이러한 이론적 분할들을 낡은 것으로 만들면서 강도적 개체화의 사유에 도달한다.

이것임, 그리고 이것임이 이미 성립된 주체, 실체적 주체에 대해 갖는 논쟁적 기능과 관련해서, 우리는 앞서 다양체와 관련하여 살펴보았던 것과 동일한 운동을 발견한다. 첫번째 단계에서는 이것임이 실체적 존재를 평가절하고 고전적인 주체 이론과 형상 이론을 무효화하는 듯 보였던 것에 반해, 이제 두번째 단계에서 이것임은 정도·시간·번득임·운동처럼 고전 이론이 자신의 분석에 포괄할 수 없었던 존재들로 확대된다. 따라서 이것임은 주체(자아)로도 심지어는 형상과 질료의 결합으로도 환원되지 않는 어떤 개체화의 방식으로 드러난다. "어떤 풍경, 사건, 한낮의 어느 한때, 삶, 아니면 삶의 한 조각은… 다른 방식으로 나아간다."[27] 시간과 정도

---

27) Deleuze, "Le temps musical. Une conférence de Gilles Deleuze", Peter Szendy (ed.),

는 고전적인 의미에서의 주체가 아니다. 시간과 정도는 주체라는 용어의 위상에 이의를 제기하는 데 그치는 것이 아니라 주체를 산출하는 단 하나의 유효한 개체화 이론을 제시하고자 한다.

　다양체에 대한 분석에서 확인했듯이, 이원론적인 첫번째 단계는 사실상 이것임에 전적으로 독특성을 띤 존재자라는 위상을 보증해 주는 전략적 기능을 갖는다. 두번째 단계에서 주체와 실체는 서로 다른 개체화에 속하는 것이 아니라 전과 다른 개체화 이론에 속하게 되기 때문이다. 고전 이론에서 말하는 주체와 형상이 실존하는 존재자를 기술하는 한에서, 이 실존하는 존재자는 물론 고전 이론이 전혀 고려하지 못했던 것, 즉 전적으로 독특한 이것임이다. 이와 마찬가지로, 이것임과 이미 성립된 주체라는 이항적 대립도 더 이상 유지되지 않는다. 이 이항적 대립은 결국 재현적 사유가 지닌 초월면^{超越面, plan de transcendance}을 유지하게 될 것이기 때문이다. 이것임은 완전한 개체성으로서, 실체적 사유가 본질이나 이미 성립된 주체로 기술하는 것에도 적용된다. 이것임은 존재자들의 등급을 나누는 것이 아니라 지금 벌어지고 있는 생성을 포착한다. 바로 이런 이유에서 이것임은 동물·인간·사회체·관념과 관련되는 것은 물론 한낮의 어느 한 때(오후 다섯 시)·열기의 정도·흰색의 강도와도 관련된다.

　이렇게 해서 우리는 두번째 해석으로 넘어가게 된다. 이제 문제는 우리의 일상적 경험을 문법적으로 구조짓는 객체성과 주체성의 범주들을 거부하는 데 있다기보다는 그 범주들의 논리적 위상을 변형시키는 데 있다. 따라서 이것임은 서로 다른 개체성이나 신체성과 관련되는 것이 아니라 이러한 존재자들, 즉 고전 이론이 개체·주체·신체·사물로 간주했던 존

Lire l'Ircam, Editions Ircam-Centre Georges Pompidou, 1996, p. 152.

재자들을 다루는 전과 다른 이론과 관련된다. 우리는 두 유형의 실재성을 대립시키는 것이 아니라 두 유형의 개념화를 대립시키고 있으므로, 이것임과 주체 사이에서 이원론을 만들어 낼 필요가 없다. 1987년 『대담』의 영역본 주석에서 강조되었듯이, "**이것임**^{Haecceitas}은 존재자의 개체화를 가리키기 위해 둔스 스코투스 학파에서 자주 사용되었던 용어다. 들뢰즈는 이용어를 아주 특별한 의미로 사용한다. 그에 따르면, 개체화는 더 이상 대상, 인격과 관련되는 것이 아니라 오히려 사건(바람, 강물, 낮, 심지어는 한낮의 어느 한 때)과 관련된다. 그는 모든 개체화가 사실상 이러한 유형에 속한다고 주장한다. 이것이 바로 들뢰즈가 펠릭스 과타리와 더불어 『천개의 고원』에서 발전시킨 테제다".[28] 모든 개체화가 이러한 유형에 속한다면, 이미 성립된 주체 또한 이와 다른 개체화에 의해 특징지어지는 것이 아니라 개체화에 대한 전과 다른 구상에 의해 특징지어진다. 따라서 이것임이 재현의 사유에 대한 차이의 철학의 승리를 보증해 준다 하더라도, 이것임과 주체 사이에 이원론은 존재하지 않는다.

이것임 개념은 주체와 실체라는 기본적인 존재자를 힘과 정서의 합성을 통한 전과 다른 구성 방식으로 대체한다. 힘과 정서는 존재자를 더 이상 단일하고 닫힌 방식으로 규정하지 않으며, 존재자는 항상 이것임으

---

28) "들뢰즈 교수는 이 용어에 대한 설명으로 다음의 주석을 제시했다. 'Haecceitas is a term frequently used in the school of Duns Scotus, in order to designate the individuation of beings. Deleuze uses it in a more special sens: in the sense of an individuation which is not that of an object, nor of a person, but rather of an event(wind, river, day or even hour of the day). Deleuze's thesis is that all individuation is in fact of this type.' This is the thesis developed in *Mille Plateaux* with Félix Guattari." Deleuze, note additionnelle in *Dialogues*, trad. anglaise Hugh Tomlinson and Barbara Habberjam, New York, Columbia University Press, 1987, p. 151~152.

로 구성된다. 이는 실재적 다양체가 단일체들로 합성되는 것이 아니라 다양체들로 합성되는 것과 정확히 마찬가지다. 이것임은 오로지 역량의 정도로, 변용시키고 변용되는 능력의 정도로 구성되기 때문에, 이것임에 힘입어 우리는 속성의 논리학으로부터 벗어날 수 있게 된다.

이것임은 주체·사물·구성된 개체에서 기인하는 것이 아니며, 오히려 그것들이 이것임의 결과물에 해당한다. 그러나 이것임은 더 이상 어떤 근거의 선행성이라는 의미에서 주체와 사물이 귀속될 법한 합성면을 구성하지 않는다. 한편으로는 이미 성립된 주체와 식별 가능한 사물, 그리고 다른 한편으로는 그것들의 참된 시공간적 좌표, 즉 그것들에 대한 강도적 지도제작을 대립시켜 피상적인 이원론을 재건하려는 타협을 경계해야 한다. 이러한 타협은 형식-주체를 간직하면서 이미 성립된 주체와 식별 가능한 사물의 술어들을 변화시킬 뿐이다.[29] 모든 신체는 경도와 위도, 속도와 정서에 의해 규정된다. 힘의 징후학은 행동학 혹은 역량의 윤리학을 구성한다.

이런 맥락에서, 우리는 문학에 대한 들뢰즈의 견해를 스피노자적인 것으로 평가할 수 있다. 이러한 견해에 힘입어 들뢰즈는 프루스트를 활용하여 철학이 사유로부터 만들어 낸 이미지를 변형시킬 수 있게 된다. 이는 자허-마조흐를 활용하여 정신의학적 질병학^{nosographie}을 변형시키는 것과 정확히 동일한 방식이다. 문학, 그리고 실재적으로 현존하는 관계들에 대한 문학적 진단(『윤리학』)은 통상적인 지배 방식에 대한 비판(『신학-정치론』)에 도움을 준다. 예속의 도구라는 기호의 위상을 강화시키는 것은

---

29) Deleuze, Guattari, *MP* 320/496~497. 따라서 『천 개의 고원』은 두 가지 유형의 독해를 제시한다.

기호 자체라기보다는 우리가 기호에 적용하는 분석 방식이나 해석 방식이다. 이런 점에서, 들뢰즈는 스피노자와 거리를 둔다. 기호 자체는 예속의 벡터가 아니다. 기호는 우리 신체의 상황을 필연적인 방식으로 나타내며, 이런 점에서 기호는 스피노자의 구상에 포함되어 있다. 그러나 우리는 기호와 개념을 정면으로 대립시키는 데 만족할 수 없다. 실제로 기호는 항상 우리 신체의 상황을 보여 주며, 또한 우리 신체만큼이나 실증적이다.[30] 이처럼 들뢰즈는 스피노자의 기호론에 반대하기 위해 스피노자를 활용한다. 이는 우리가 앞서 살펴보았던 것처럼 변형된 칸트의 주제를 칸트주의에 도입하여 칸트주의를 변화시키는 것과 정확히 동일한 방식이다. 기호를 개체화, 힘 관계, 점진적으로 사용되는 역량으로 보는 구상은 들뢰즈가 스피노자에게서 찾아낸 신체의 행동학을 이어받는다.

따라서 들뢰즈가 보기에, 『윤리학』에서 인식의 과제에 해당했던 것은 결국 창조적 사유의 실험으로 귀결된다. 다시 말해, 그 인식의 과제는 내재성을 통해, 관계에 대한 단순한 진단적 설명을 통해 보다 큰 자유를 획득하는 데 있다. 들뢰즈에게 사유는 창조이지만, 사유가 인식에 국한되는 것은 아니다. 이러한 결론은 더 이상 스피노자적인 것이 아니다. 이러한 결론은 예술과 과학에 철학과 동일한 능력을, 창조·발명·해방의 능력을 부여한다. 해방의 기능은 더 이상 이론적 사유에만 주어지는 것이 아니다. 사유는 더 이상 자신의 적합성에 의해 규정되는 것이 아니라 혁신 능력, 창조 능력에 의해 규정되며, 그 결과 사유는 더 이상 철학의 전유물이 아니게 되기 때문이다. 개념을 통해 사유하는 것은 아니지만, 예술과 과학도

---

30) Pierre-François Moreau, *Spinoza. L'expérience et l'éternité*, Paris, PUF, coll. Épiméthée, 1994, p. 377.

철학과 동등하게 사유한다. 우리의 정서를 조사하는 특별한 능력을 지닌 예술과 문학은 혼란스러운 만남, 신체들 간의 혼합, 이러한 혼합을 금지하거나 장려하는 명법, 신체들의 이러한 상태를 해석하는 다소간의 망상으로부터 얻어지는 경험, 즉 우리의 경험론적 경험에 대한 가르침을 주는 데 있어 철학보다 더욱 강력한 무기를 갖추고 있는 것으로 드러난다. 문학과 더불어 우리는 실효적 경험들의 저장소를 갖게 되는데, 이러한 경험들은 더 이상 예측 가능한 억견적·관습적 기술^{記述}에 만족하는 것이 아니라 진정한 창조의 대상이 된다.

이러한 경험들은 유비나 상상이 아니라, 공속면^{共續面/共束面, plan de consistance} 위에서 벌어지는 속도와 정서의 합성이다. 다시 말해, 그것은 하나의 평면, 프로그램, 아니면 차라리 하나의 다이어그램, 문제, 문제-기계다.[31]

---

31) Deleuze, Guattari, *MP* 315~316/489.

8장
계열, 표면 효과, 분화적 차이소

구조 개념과 관련하여 기호의 세계, 그리고 담론의 사실은 그것들의 경험적 발생을 통해 규정되는 사건으로 다루어진다. 이에 대한 관심에서 들뢰즈는 알레고리의 사변적·해석학적 입장에 적당한 대안을 제공해 주는 구조 개념에 흥미를 갖게 된다. 언표의 의미는 전제되어 있는 그 언표의 기원——이 기원이 헤겔에서와 같이 외생적·합리적인 것이건, 가다머에서와 같이 자동적^{自動的, intransitif}이지만 초월적인 것이건 간에——에 따라 주어지는 것이 아니라 담론을 내적으로 분절하는 분화에 따라, 그리고 동시대적이거나 그렇지 않은 다른 담론들과의 관계에 따라 주어진다. 구조와 더불어, 의미는 더 이상 작품의 의미작용을 가능케 하는 초월적인 보관소나 무의식적인 저장소로 주어지지 않게 된다. 우리는 초월적 의미작용의 유비적 체제로부터 의미가 표면 효과로서 생겨날 수 있도록 보장해 주는 내재적 유희로 이행한다.

들뢰즈는 구조 개념을 원용하여 『프루스트 I』의 본질, 『차이와 반복』의 이념, 『의미의 논리』의 의미를 설명한다. 구조 개념이 지닌 장점은 그것이 그 구조가 구성하는 기호들의 잠재적·이상적 공존으로 설명된다는 점이다. "구조에 대해 우리는 다음과 같이 말할 것이다. **현실적이지 않은 실재, 추상적이지 않은 이상.**" 이는 우리에게 낯설지 않은 설명 방식이다. 따라서 1967년[1] 구조는 1964년 본질이 차지했던 개념적 위치를 차지하게 된다. 구조가 보여 주는 것은 의미의 개념이 "사라져 가는 본질의 뒤를"[2] 잇고 있다는 사실이다. 표면 효과로서의 의미의 문제는 구조(1967)에서 이념(1968)으로, 의미(1969)에서 1972년 『안티-오이디푸스』의 기계로 가는 용어상의 이행을 설명해 주는 개념망을 분명하게 드러내 준다. 의미는 초월적인 것이 아니라 텍스트의 내재성 속에서 비물체적·일시적 효과로서 산출되는 것이며, 따라서 들뢰즈는 모든 해석학적 입장으로부터 결정적으로 벗어날 수 있게 해주는 어떤 구상에 가치를 부여하게 된다.

상징적 다양체는 위치에 따라 달라지는 예측 불가능하고 파생적인 의미를 자신의 항들에 부여한다. 이러한 상징적 다양체로서의 구조 개념에 힘입어 들뢰즈는 모든 의미작용의 철학을 완전히 배제하게 된다. 따라서 구조는 본질에서 이념으로 가는 이행을 보증해 준다. 강조되어야 하는

---

1) Deleuze, "À quoi reconnaît-on le structuralisme?", in François Châtelet (éd), *Histoire de la philosophie, op. cit.,* 1973, p. 299~335, p. 313.; 「구조주의를 어떻게 식별할 것인가?」, 질 들뢰즈 지음, 박정태 엮고 옮김, 『들뢰즈가 만든 철학사』, 서울: 이학사, 2007, 363~420쪽, 386쪽. 이 텍스트의 네번째 문장에는 **"지금은 1967년이다"**라고 강조표시가 되어 있지만, 이 텍스트가 1967년에 쓰여진 것은 아니다. 연도를 1967년이라고 기입한 것은 텍스트를 작성하는 데 있어 일관성을 유지하기 위함이다. 그러나 들뢰즈가 이 텍스트의 출판을 **허락**한 것은 1973년의 일이다. 이 텍스트는 구조주의에 대한 강력한 독해, 큰 교육적 가치를 갖고 있지만 비판적이지는 않은 독해를 담고 있다. 반면 1972년 출판된 『안티-오이디푸스』의 중심축 중 하나는 바로 구조주의에 대한 비판이다. 따라서 '구조주의'에 대한 논문은 그에 앞서 쓰여진 것이다.

2) Deleuze, *Logique du sens*, Paris, Minuit, 1969(이하 *LS*), p. 89.; 질 들뢰즈 지음, 이정우 옮김, 『의미의 논리』, 서울: 한길사, 2000, 150~151쪽.

것은 기호와 의미의 통일체인 본질이 아니라 구조가 지닌 분화적 가치다. 구조는 항들이 차지하고 있는 위치에서 그 의미값이 유래하는 의미를 항들에 부여함으로써 결합을 통해 체계적으로 항들을 산출한다. 이는 전적으로 새로운 의미론으로 이어진다.

1. 구조의 내재성과 표면 효과로서의 의미

『의미의 논리』의 어느 신랄한 페이지에서 들뢰즈가 주장한 바에 따르면, "최근에 구조주의자로 불리고 있는 저자들"[3]이 공유하고 있는 것은 의미 체제에 벌어지고 있는 이러한 변동뿐이다. 그 저자들은 의미의 초월적 기원이라는 주제를 의미의 기계적·비의미작용적·무의식적 생산이라는 주제로 대체했다. 그 저자들과 더불어, 의미는 더 이상 인격적 의식 활동을 통해서 보증되는 것이 아니라 비인격적·내재적·집단적 생산의 효과가 된다.

스피노자적인 실체의 일의성을 다루었던 직전의 작업에 비추어, 들뢰즈는 의미의 생산을 새로운 초월성과 연결하여 다시금 어떤 외적 본질로 이끌어가기를 거부하는데, 이는 이 외적 본질이 우월한 원리·무의식적 보관소·기원·저장소로 규정된다 할지라도 마찬가지다. 들뢰즈는 천상의 원리(존재의 말)와 지하의 원리(인간의 징후)를 모두 참조하면서, 신학과 인간학의 공모를 보여 준다. 신학과 인간학은 모두 "우리가 충분히 이해하지 못할" 신에게서, 아니면 "우리가 충분히 살펴보지 못할"[4] 인간에게서

---

3) Deleuze, *LS* 88/149.
4) Deleuze, *LS* 89/151.

초월적 의미를 되살려 낼 것을 요구한다. 의미를 표면 효과로 정의하는 데 있어 문제가 되는 것은 바로 이 지점이다. 텍스트의 현실적 차원을 참조하게 될 때, 의미는 더 이상 그 현실적 차원에다 초월적 저장소를 겹쳐 놓을 수 없게 된다. 의미는 엄밀하게 내재적인 방식으로 이해되어야 한다.

따라서 의미가 본질적으로 망각되거나 결여되어 있음을 한탄하는 것은 헛된 일이다. 의미는 항상 충만하며, 결여되어 있는 것은 바로 기호다.[5] 의미를 생산으로 사유하는 일이 함축하고 있는 바는 의미란 숨겨져 있거나 초월적인 것이 아니라 항상 현실화된다는 사실이다. 그러므로 의미를 재발견할 것도 복원할 것도 없다. "오늘날 좋은 소식이 울려 퍼지는 것은 기쁜 일이다." 해석의 입장을 재치있게 조롱하면서 들뢰즈는 이어서 다음과 같이 쓴다. "의미는 결코 원리나 기원이 아니다. 의미는 생산된다."[6]

이러한 논의가 중요한 까닭은 들뢰즈가 차이와 반복을 어떻게 이해하고 있는지를 분명히 해주기 때문이다. 그러나 여기에는 다른 이유도 존재한다. 즉 이것은 들뢰즈가 동시대의 논쟁에 가담한 첫번째 사례다. 푸코가 그러했듯이, 들뢰즈는 구조주의에 가담하거나 심지어는 구조주의의

---

5) 들뢰즈는 푸코가 『레이몽 루셀』을 마무리하면서 남긴 다음의 지적에 아주 강한 인상을 받았다. "어리석음의 문학은 […] 우리 시대에 생겨난 경험의 맹목적·부정적 측면에 불과했다. 우리가 알게 된 바는 결여되어 있는 것이 '의미'가 아니라 기호라는 사실, 그러나 기호는 바로 이 결여를 의미할 뿐이라는 사실이다"(Foucault, *Raymond Roussel*, p. 209). 들뢰즈는 자신의 서평에서 이러한 지적을 받아들인다. "어리석음의 문학은 의미가 결여되어 있다고 믿었다. 그러나 사실 결여되어 있는 것은 기호다. 따라서 단어의 내부로 향하는 어떤 공백이 존재한다. 단어의 반복은 그 단어의 의미들 간의 차이를 봉합하지 않은 상태로 내버려둔다. 이는 반복이 불가능하다는 증거인가? 그렇지 않다. 루셀의 시도는 바로 이 지점에서 드러난다." Deleuze, "Raymond Roussel ou l'horreur du vide"(recension du *Raymond Roussel* de Foucault) in *Arts*, n° 933, 23~29 octobre 1963, p. 4.; dans *Structuralisme...* art. cité, p. 306 et *Logique du sens*, p. 63 et p. 88.

6) Deleuze, *LS* 89/151.

존재를 규정될 수 있는 하나의 운동으로 간주하는 것조차 항상 조심스러워했던 것 같다. 그럼에도 들뢰즈는 샤틀레[F. Châtelet]의 『철학사』를 위해 쓴 교육적 논문, 「구조주의를 어떻게 식별할 것인가?」에서 그 논쟁에 대한 자기 고유의 해설을 제시하는데, 이를 통해 우리는 그가 동시대의 논쟁에 어떻게 가담하고 또 그 논쟁을 어떻게 변형시켰는지를 살펴볼 수 있다.

들뢰즈는 가장 상이한 영역들——언어학, 정신분석, 민족학, 경제학, 수학, 철학——에서 구조라는 개념이 확산되고 있음을 강조하면서, 이러한 확산으로 인해 '구조주의자'라는 명찰을 단 추상적 보편으로 이러한 행보들을 묶어 낼 수 있다는 생각이 의심스러운 것이 되었음을 지적한다. 들뢰즈의 행보는 유명론적이다. 구조주의는 사유의 체계로서 존재하는 것이 아니며, 상이한 이론적 배치들을 하나로 묶어 내기 위한 일반명사에 불과하다. 그렇지만 구조주의라는 개념의 실천영역들을 존중한다는 조건하에서, 그 개념을 활용하기 위한 기준을 만들어 내는 것은 가능한 일이다. 들뢰즈는 매우 신중한 태도를 견지한다. 문제의 논문은 개념사의 운동들 중 하나로 이해되는 이른바 '구조주의'를 대상으로 삼는 것이 아니라 동시대의 사유 속에 등장한 새로운 문제제기적인 것들을 대상으로 삼는다.

따라서 들뢰즈는 자신의 논문에 '구조주의란 무엇인가?'라는 제목을 붙이는 것이 아니라 '구조주의를 어떻게 식별할 것인가?'를 묻는다. 이처럼 그는 본질을 겨냥하는 **'무엇인가?'**라는 물음으로부터 사례들 및 사상가들에 대한 개별적인 규정으로 이행한다. 들뢰즈는 '누가 구조라는 용어를 사용하는지', '누가 구조주의자로 일컬어지거나 그렇게 인정되는지'를 묻는다. 외견상으로는 미약해 보일지도 모르지만, 이러한 간극은 작업을 완전히 변형시킨다. 논문의 서두에 등장하는 '지금은 1967년'이라는 진술은 집필자 자신과 독자 모두를 이러한 변동의 장 속에 포함시켜 들뢰즈가 지적 실천 방식을 변형시킬 수 있도록 돕는다. 확인될 수 있는 사유의 운동을 경화硬化시켜 단순화하는 교과서적인 개론서와는 달리, 들뢰즈는 이 경험론적 발판(단순한 연도)을 딛고서 위기에 처한 장에 논쟁적으로 개입하며 그 장의 움직임을 파악하고 그에 대해 입장을 취한다. 처음에 이 논문은 일반 학생이나 교양인이 동시대의 논쟁에 접근할 수 있게 해주려는 백과사전적 논문집의 일부에 불과했다. 그러나 들뢰즈는 이러한 작업을 현재진행형의 사유에 대한 비판적인 게릴라작업으로 변형시킨다. 동시에 우리는 이 논문에서 들뢰즈가 당대의 인간과학에 대해 가졌던 입장을 파악할 수 있게 된다.

그렇다면 구조주의자로 일컬어지는 인물들은 누구인가? 들뢰즈가 작성한 다음의 목록은 시사적이다. 언어학자(야콥슨R. Jakobson), '사회학자sociologue'7) (레비스트로스), 정신분석가(라캉), 인식론을 변화시킨 철학자(푸코), 맑스주의 해석을 혁신한 맑스주의 철학자(알튀세르), 문학비평가(바르트R. Barthes), 익명의 저자모임(텔켈 그룹le groupe Tel Quel). 이상은 학문 영역별로 열거한 것이며, 여기서 철학은 과학과 예술 사이에 위치한다. 이렇게 열거함으로써 우리는 구조주의 운동이 확산되어 온 역사를 설명해주는 어떤 궤적을 따라 그 운동이 실제로 이동해 간 과정을 다시 그려 볼 수 있게 된다. 사실 구조주의 운동의 출발점은 언어에 대한 여러 학문, 즉

---

7) 들뢰즈가 『구조인류학』(*L'anthropologie structurale*)의 저자를 '사회학자'로 소개하는 것은 놀랄 만한 일이지만, 이는 다음의 두 가지 전략적 목표에 부합한다. 첫째, 인류학자(anthropologue)라는 용어는 레비스트로스가 자신의 모든 분석을 통해 와해시키고자 하는 인간주의적 차원을 재도입하는 것처럼 보일 수 있다. 둘째, 민족학자(ethnologue)라는 용어는 유럽식의 산업화된 인간성과 이른바 '원시적' 인간성 사이의 분할을 지나치게 강조할 위험이 있다. 사회학자라는 용어는 보편적 인간(Homme universel)이라는 실체적 형식으로 되돌아가지 않으면서 이러한 절단을 피할 수 있게 해준다.

기호들의 체계인 랑그에 대한 소쉬르F. Saussure의 연구 및 음운론phonologie 을 수반하는 트루베츠코이N. Troubetskoï와 야콥슨의 언어학에 있다. 레비스트로스는 친족관계를 연구하고자 야콥슨의 구조주의 음운 분석을 차용하며, 구조주의적 분화와 관련해 문화의 상징적 생산을 설명하고자 기표와 기의라는 용어를 다시 도입한다. 라캉은 프로이트의 가족주의와 단절하고자 레비스트로스에게 의존한다. 무의식을 언어처럼 구조지어진 것으로 제시하면서, 라캉은 자신의 취향에 비추어 지나치게 자연주의적인 프로이트의 위상학, 즉 자아Moi, 초자아Surmoi, 이드Ça를 상상계l'imaginaire, 상징계le symbolique, 실재le réel라는 삼중의 위상학적 분할로 대체한다. 이에 힘입어 라캉은 기표의 상징적 개입을 통한 주체의 발생을 설명할 수 있게 된다.

들뢰즈가 언어학·인간학·정신분석학이라는 구조의 삼위일체를 연대기 순서에 따라, 그리고 그것들이 지닌 내적 체계성의 순서가 아니라 지식이 확산되어 갔던 순서를 되짚어 주는 방식으로 열거하고 있음을 확인하는 것은 흥미로운 일이다. 그런 한에서, 구조주의는 이러한 인식론적 장들, 즉 랑그·사회·무의식에서 생겨난 위기의 차원에서 고려된다.

이러한 위기는 의미·기호·해석의 위상과 관련된다. 구조라는 개념이 소쉬르와 더불어, 그리고 동시에 모스크바 학파와 프라하 학파의 음운론 연구와 더불어, 우선 언어학적 장에서 방법론적인 개념으로 발전되었던 것은 그 개념이 지닌 방법론적 영향력 때문이었다. 랑그는 그것의 집단적 실존 속에서 어떤 개별적 주체의 의미 증여로 환원될 수 없다. 이러한 랑그를 다루는 연구는 특히 어떤 실존의 층위를 드러낸다. 이 실존의 층위는 현실적이지도 상상적(정신적·허구적)이지도 않지만, 그럼에도 실재적이다. 또한 이 실존의 층위는 변별적 규정, 다시 말해 구조지어진 규정을 지니고 있다.

구조주의의 부정적 통일성 전체는 이처럼 실체적 주체에 대한 비판을 통해, 따라서 또한 구조주의 자체를 경쟁관계에 있던 다른 사유의 흐름과 대립시키는 논쟁을 통해 주어진 것이다. 이 경쟁관계의 사유는 바로 현상학이다. 현상학은 전쟁 직후 프랑스 철학계를 주도하고 있었으나, 의식 활동으로 환원될 수 없는 이러한 현상들을 다루는 데에는 적합하지 않다. 이렇듯 구조주의적 지식들의 전략적 통일성이 분명하게 드러남에 따라, 1960년대 말 구조주의가 유행했던 이유가 설명된다. 언어의 사례에서 보여지는 바와 같은 생산, 즉 무의식적·집단적 의미의 생산을 어떻게 설명할 것인가?

언어학이 수행하는 선도적 역할뿐만 아니라 사회적 배치에 대한 검토, 다시 말해 사회학, 역사학, 사회적·문화적 표상들, 무의식적인 것에 대한 검토가 수행하는 선도적 역할 또한 이로부터 귀결된다. 이 집단적·역사적·정치적 경험성의 총체는 개별적인 의식의 장을 넘어서며, 주체를 자신의 산물들 가운데 하나에 불과한 것으로 갖는 어떤 생산적 심급으로 나타난다.

구조주의의 두번째 개념적 특질은 형식주의다. 형식주의는 주체라는 시작점을 경유하지 않으면서 의미작용의 형성물들을 설명하는 데서 성립한다. 이로부터 새로운 의미 이론이 생겨난다. 의미는 더 이상 어떤 기원적인 증여에서 생겨나는 것이 아니며, 구조의 효과로서 설명되어야 한다. 들뢰즈가 표면 효과라고 표현하는 바가 바로 그것이다. 표면 효과는 의미를 다른 차원, 즉 깊은 무의식의 차원이나 높은 정신의 차원으로 가는 초월적 도약의 결과물로 만드는 것이 아니라, 비의미작용적인 생산과 동시적이고 그 생산에 내재적인 결과물로 만든다. 이런 점에서 우리는 구조주의 운동에 대해 다음과 같이 말할 수 있다. 이 모든 이론적 실천들에 힘입어 우리는 의미작용 이론으로부터 물질적 생산의 내재적 이론으로 이행할 수 있게 된다. 이 이론적 실천들은 의미를 설명하고자 다음의 네 가지 특성을 결합한다. ①의미는 이차적인 것이지 일차적인 것이 아니다. ②의미는 요소들로부터 형성되는 것이지 기표들로부터 형성되는 것이 아니다. ③의미는 무의식적이다. ④마지막으로, 의미는 집단적이거나 사회적이다. 이는 의미의 존재 방식이 이론적인 동시에 실천적임을, 다시 말해 화용론적임을 함축한다.

　사회과학을 가로지르는 의미의 이러한 위상 변화는 철학의 위상을 완전히 변화시킨다. 우선, 문제가 되는 것은 새로운 분배다. 철학은 더 이상 자신의 연역적 장이 지닌 순수성 속에서 성립되는 것이 아니라, 필연적으로 다양한 경험적 지식들에 의존하게 된다. 「구조주의를 어떻게 식별할 것인가?」에서 들뢰즈는 이 새로운 장에 대한 간략한 설명을 제시하는데, 그것은 사회적인 것·권력관계·친족관계·제도·랑그·무의식·문학·텍스트적 실천 등에 대한 분석을 통합한다. 이 영역들, 그리고 이 문제제기적인 것들의 극단적인 다양성이 철학의 새로운 스펙트럼을 형성한다. 들뢰즈는 이 점을 『의미의 논리』에서 다시 보여 주며, 사회과학을 혁신하기 위한 책들을 과타리와 함께 집필하면서 이와 관련하여 자신의 진가를 발휘한다. 이 책들이 바로 정신분석학을 다루는 『안티-오이디푸스』와 인간학·역사학·정치학을 다루는 『천 개의 고원』이다.[8] 1968년 이후 철학의 역

---

8) 인간과학에 대한 들뢰즈의 입장 변화를 평가하기 위해서는 상이한 지표들을 이루고 있는 다음의 세 텍스트를 체계적으로 비교할 필요가 있다. ①논문집인 『본능과 제도』(*Instincts et institutions*, Paris, Hachette, 1953). 들뢰즈는 캉길렘(G. Canguilhem)의 지도 아래 이 책을 편집했으며, 직접 짧은 서론을 덧붙였다. 우리는 이 책의 텍스트 선별을 참고하여 생명과학, 의학, 그리고 마지막으로 제도 이론에 대한 정보를 얻을 수 있다. ②『차이와 반복』에 실린 매우

할은 달라진다.

언어학, 인간학, 정신분석학의 귀결들은 지식의 인식론(푸코)과 맑스주의의 부활(알튀세르)을 가로질러 철학 속에서 반향한다. 푸코와 알튀세르. 들뢰즈는 이처럼 비연대기적인 순서——푸코보다 연배가 높은 알튀세르는 한때 푸코의 선생이었으나, 들뢰즈는 이 사실을 무시한다——에 따라 두 철학자를 선택한다.

두 사람 모두 경험적 학문들의 실증적 차원에 개방적이며 정치적 현실성을 목표로 삼는 새로운 철학적 태도를 구현하고 있다. 문제가 되는 것은 물론 철학 체제의 변형이며, 이 텍스트에서 들뢰즈는 이러한 변형을 지식의 장에서 "영구혁명의 지점"을 구현하는 "치료적·정치적 실천"으로 규정한다.[9] '진단적 비판'이라는 개념의 정식화는 이러한 표현 아래 받아들여져야 한다. 이 개념은 여기서 처음 등장하는 것으로서, 철학의 비판적 진단을 실재의 변형이라는 임상적 과제와 연결시켜 지식의 새로운 정치적 배치를 보여 준다. 지식에 대한 이 새로운 입장은 주체를 실천으로 대체하기에 이른다. 이러한 대체는 인간주의적 인간학에 대한 비판을 함축하며 주체가 실천의 구성요소이기는커녕 실천의 결과물로서 형성된다는 사실을 분명하게 보여 준다.

유용한 서지목록. ③『천 개의 고원』이라는 도구. 이 책이 담고 있는 훨씬 더 풍부한 참고문헌은 박학다식하거나 이차적이고, 현학적이거나 장난스럽기도 하지만, 어쨌거나 유난히 전문화되어 있다. 이러한 참고문헌은 당대의 논쟁을 보여 줄 뿐만 아니라 과타리의 놀랄 만한 박학다식함을 보여 주는 것이기도 하다.

9) Deleuze, "Structuralisme…", art. cité, p. 334, *ID* 269/419.

2. 구조의 다이어그램과 상징계의 여섯 규준

들뢰즈는 의미라는 이 새로운 차원을 별도로 다루고자 몇 가지 규준을 채택한다. 이렇게 함으로써 그는 이 현재진행형의 지식을 파악하기 위한 하나의 절단을 제안하면서 구조주의의 다이어그램을 구성한다. 우리는 구조주의의 입장을 상징적 차원의 현전(첫번째 규준)과 동일시하는데, 이 상징적 차원은 위치에 따라 의미가 주어지는 방식으로 의미를 산출한다(두번째 규준). 다시 말해, 이 상징적 차원은 계열적(다섯번째 규준) 현실화(네번째 규준)의 변별적이고 독특한 유희(세번째 규준)를 통해 의미를 산출한다. 이 계열적 현실화는 계열들 사이에서 분화적 차이소^{différenciant}(마나^{mana}, 팔루스^{phallus}, 대상=x)의 역할을 수행하는 빈칸$^{case\ vide}$(여섯번째 규준)을 포함하고 있다.

이러한 규준들이야말로 들뢰즈가 차이에 대한 자신의 구상을 분명히 할 수 있게 해주었던 것이다. 따라서 우리는 이 규준들을 하나하나 다시 살펴볼 필요가 있다. 상징적이라는 개념은 경험적 질서와 개인의 정신적 질서 간의 거친 대립으로부터 사유와 감성적인 것의 관계를 이끌어 낸다. 상징적이라는 개념은 잠재적 이상성의 층위를 상정하는데, 우리는 이 층위를 개인적·관념적·상상적 활동으로 환원할 수 없을 뿐만 아니라 더 이상 경험적 소여와 혼동할 수도 없다. 실재와 상상계 사이에 새로운 질서, 상징계의 질서가 끼어든다. 소쉬르의 언어학적 체계, 레비스트로스의 구조주의 인류학, 라캉의 상징적 기표는 상징적 질서의 사례를 이룬다. 언어학적 기호, 예컨대 하나의 단어는 그 자체로는 의미작용을 하지 못한다. 단어는 (정신 활동에 의해 산출된다는) 일상적인 의미에서 주관적인 것도 아니고, 객관적인 것도 아니며, 실재에 의해 주어지는 소여도 아니다. 단어가 의미를 갖는 것은 그 단어가 포함되어 있는 체계, 즉 랑그 체계에 내적인 관계의 유희에 따라서만 가능한 일이다.

단어와 마찬가지로, 경험적 요소 또한 우리가 그로부터 만들어 내는 정신적이거나 상상적인 표상에서 성립하거나 그 단어가 가리키는 실재성에서 성립하는 것이 아니다. 경험적 요소는 계열의 다른 항들과의 대립을 통해 체계적으로 그 요소에 어떤 위치를 부여하는 랑그의 상징적 차원을 통해서만 설명될 수 있다. 이는 친족관계나 무의식의 구조에 있어서도 마찬가지다. 구조주의가 일으킨 인식론적 혁명은 다음과 같은 것이다. 랑그의 상징적 차원은 단어와 사물 사이에서 새로운 이상성의 영역을 발견한다. 이 이상성의 영역은 집단적·무의식적이고, 구조지어져 있으나 초월적이지는 않으며, 경험적 실재성에 구속되어 있지만 그와 동일하지는 않다. 이 잠재적 평면은 그 평면이 체계적으로 분배하는 요소들에 어떤 관계적 가치를 부여할 수 있는 내적 조직화의 역량을 지니고 있다.

상징적 평면은 어떤 이상성을 상정할 수 있게 해주는데, 이 이상성은 순수하게 관계적이고 변별화된 것이지만 개인의 심리 활동으로 환원될 수는 없다. 예컨대 토테미즘은 실재의 질서로 환원될 수 없을 뿐만 아니라 상상계로도 환원될 수 없다. 토테미즘 자체는 의미작용을 하지 않는다. 토테미즘은 자연적 질서 속에서 주어진 것이 아닐 뿐만 아니라 더 이상 토템적 가상에 속하거나 원시적 정신성의 산물에 속하는 것도 아니다. 토테미즘은 상상적 구조물인 심리적 평면에서 설명되지 않는다. 이러한 것이 바로 구조인류학이 지닌 방법론적 역량^{puissance opératoire}이다. 토테미즘은 완전히 새로운 평면, 즉 상징적 평면에서 설명된다. 상징적 평면은 자연적 유사성 및 심리적 유비의 질서에서 벗어나 이 사회적 현상을 문화적 분화로 설명할 수 있게 해준다. 이처럼 레비스트로스는 들뢰즈에게 매우 큰 중요성을 갖는 다음의 귀결을 만들어 낸다. "서로 유사한 것은 유사성들이 아니라 오히려 차이들이다."[10] 토테미즘의 사례를 다시 취하자면, 그것은 동물과 우리의 선조 사이에 존재하는 실재적 유사성이나 상상적 동일시에 속하는 것이 아니라 이 두 계열의 차이들을 분절하는 변별적 유희에 속한다. 여기서 두 계열은 동물종의 계열과 사회적 지위의 계열이며, 두 계열의 관계와 의미를 산출하는 것은 이 계열들을 조합하는 유희뿐이다. 따라서 문제는 실재적 사물들 간의 유사관계를 파악하는 것이 아니라 항들 사이에서 변별적 간격의 체계를 만들어 내는 데 있다. 이 항들 자체는 의미작용을 하지 않으며, 오로지 이 위치상의 유희로부터 자신의 의미를 얻게 된다.

두번째 규준은 의미가 위치에 따라 주어진다는 것이다. 문제가 되는 것이 발화행위·꿈·무의식의 생산·사회적 갈등·친족관계·신화 등과 구별되는 다른 요소들이라 하더라도, 이 요소들은 실재 속에서 주어진 어떠한 경험적 지시대상과도 무관하며, 논리적 의미작용이나 주어진 본질을 가리키지도 않는다. 그렇다면 이 요소들이 지닌 의미는 어디서 오는 것일까? 의미는 이 요소들이 체계의 다른 요소들에 대해 점유하는 위치, 즉 자리에서 생겨나는 효과다. 이 요소들은 소쉬르가 대립적이라고 부르는 상호적인 위치를 통해서만 분화된다. 다시 말해, 어떤 항이 지닌 가치는 동일한 열의 다른 항들과의 차이를 통해 주어진다. 의미는 복수의 요소들 간의 자리바꿈이나 결합을 통해 외생적인 방식으로 만들어진다. 이 요소들 자체는 의미작용적이지 않으며 서로 간의 위치를 규정해 주는 규칙들의

---

10) Lévi-Strauss, Claude, *Le totémisme aujourd'hui*, Paris, PUF, 1962, p. 111. 그리고 *DR* 153/263.

유희 속에서만 어떤 의미를 받아들인다.

이러한 항들은 지시대상, 다시 말해 외생적인 지시작용을 결여하고 있으며, 본질, 다시 말해 내생적 의미작용도 지니고 있지 않다. 과학적 설명을 근거 짓는 항들의 가치는 체계 속에서 자신의 자리를 점유하고 있을 뿐이다. 이는 이론과 실천이 맺게 되는 전적으로 새로운 관계를 규정하며, 의미를 지시대상에 대한 지시작용으로 환원하는 평범한 경험론과 논리학의 명제적 의미작용이건 고전적 합리론의 본질이건 간에 의미에 어떤 관념적 규정을 부여하는 여러 합리론 사이에서 새로운 길을 제시한다. 구조라는 개념은 지식에 대한 이러한 구별을 새롭게 정비한다. 구조 개념과 더불어, 경험론과 가지성의 관계가 혁신된다. 의미에 대한 설명은 경험적 실재성으로 환원될 수 없지만 그에 대해 초월적인 것도 아닌 어떤 내재적 구조에 근거하게 된다. 이 내재적 구조는 경험적 규정들의 일람표에서 변별적으로 도출된 것이지만 그 규정들로 환원되지는 않는다. 상징계는 실재와 상상계 사이에서 새로운 영역을 형성한다. 이 새로운 영역은 감각적 형태들에 대한 일상적인 경험론으로 환원될 수 없으며, 더 이상 지성적 본질의 방식으로 어떤 초월성을 되살려 놓지도 않는다.

의미는 이렇듯 위상학적·관계적 방식으로 산출된다. 의미는 구속력을 지닌 결합장치 속에 놓인 요소들의 자리에 따라 결정되므로, 의미는 항상 내재적 유희의 효과, 기계장치의 효과, 기계화의 효과, 무의식적·사회적·집단적인 기계적 생산의 효과다. 이런 이유에서 들뢰즈는 '사유는 주사위 던지기다!'라는 말라르메^S. Mallarmé^의 표현을 빌려 이 새로운 사유 이미지를 표현한다. 모든 의미의 생산은 우연한 만남, 힘의 부딪힘, 주사위 던지기로서 사유의 소여를 유희하는 어떤 재분배이기 때문이다. 이런 입장에서 보자면, 의미는 더 이상 주어지는 것이 아니라 우발적으로 펼쳐지는 독특성들——우리가 던진 주사위—— 속에서 '유목적 독특성'으로서 산출된다. 또한 의미는 더 이상 정주민적인, 고정된, 미리 주어진 할당에 속하지 않으며, 이미 확립된 의미작용들 속에서 벌어지는 의미의 원초적 분할에 속하지도 않는다.

남아 있는 과제는 이러한 만남 속에서 어떻게 의미가 차이의 두 계기를 따라 실제로 생산되는지를 설명하는 일이다. 먼저, 의미는 현실화되고 생산된다. 이는 차이의 첫번째 측면인 현실화에 부합한다. 다음으로, 이러한 의미의 현실화 혹은 생산은 의미의 잠재적 구조를 가리키는데, 이 잠재적 구조는 차이의 두번째 측면에 부합한다. 현실적이자 잠재적이라는 차이의 이원성은 의미의 생산을 표면 효과로 설명한다. 여기서 문제가 되는 것은 상징계라는 세번째 규준이다. 상징계는 변별적인 것과 독특한 것의 유희로서 보편적인 것과 개별적인 것, 일반적인 것과 특수한 것, 지성적인 것과 감성적인 것 사이의 추상적 대립을 대체하고 그 자격을 박탈시킨다.

그 자체로는 어떠한 규정된 가치도 지니고 있지 않은 요소들이 변별적 관계에 따라 현실화되면서 상호적으로 규정될 때, 이 관계는 상징적이다. 다시 한 번 랑그의 사례를 들어보자. 단어를 분화시키는 가장 작은 단위인 음소는 프랑스어에서, 그리고 루셀의 저작[11]에서 거의 유사한 다음의 두 단어, *billard*와 *pillard*를 구별할 수 있게 해준다.[12] *b*와 *p*라는 문자 자체는 이러한 차이를 통해서만 특이점으로 현실화되는데, 이 차이는 프랑스어에서 *b*와 *p*의 소리가 발화되어 들릴 때마다 생겨나는 것으로서 프

---

11) 들뢰즈는 자신의 구조주의 분석에서 푸코의 『레이몽 루셀』을 지속적으로 참고한다. 이 책은 언어학적인 음소 분석과 문학석 창조의 과정을 함께 다루고 있다.

12) [옮긴이] billard와 pillard는 단어의 첫번째 음소 b와 p 외에는 철자와 발음이 모두 동일하지만, '당구'와 '약탈자'라는 지극히 상이한 의미를 갖는다.

랑스어의 다른 음소적 관계들과 결부되어 있다. 다시 말해, *b*와 *p*의 차이
는 프랑스어의 음소 구조가 그것들의 잠재적 차이를 독특한 방식으로 보
증해 주는 지점에서 출발할 때에만 의미를 갖게 된다. 우리가 실효화하건
하지 않건(*b*와 *p*가 유희에 참여하는 단어를 우리가 발음하건 하지 않건) 잠
재적 차이가 있다는 것은 분명하다. 이런 이유에서 의미는 무감수적^{無感受的, impassible}이고 중립적이라고 말해진다. 의미는 그것의 실효화 여부와는 무
관한 것이기 때문이다. 그러나 의미는 발생이자 생산성이기도 하며, 차이
는 두번째 계기인 현실화의 계기를 또한 포함하고 있다. *billard*와 *pillard*
같은 단어가 경험적으로 실존하지 않는다면, 구조가 보여 주는 잠재적 독
특성들은 결코 식별될 수 없을 것이다.

　구조주의적 입장이 얻어 낸 인식론적 성과는 다음과 같은 것이다. 구
조는 자신이 현실화되는 지점들 바깥에는 존재하지 않는다. 구조는 경험
적 실재성에 전적으로 내재적이다. 또한 프랑스어에서 *billard*, *pillard*라
는 단어가 나타나지 않는다면, 우리는 결코 구조를 전제하거나 연역할 수
없을 것이다. 모든 것은 주어진 바의 실재성에서 기인한다. 그렇지만 모
든 것이 주어진 바의 실재성으로 환원되지는 않는다. 이 항들을 (*billard*와
*pillard*로서) 구별할 수 있게 해주는 특이점 *b/p*가 분화될 수 있는 것은 오
로지 그 항들이 독특한 것으로 만들어 주는 구조 덕분이다. 따라서 우리는
주어진 바에 전적으로 상대적인 이러한 이상성에 도달하게 된다. 경험적
요소들은 그 요소들이 현실화하는 구조의 유희를 통해서만 분화된 실존
을 갖는다. 그에 반해, 구조는 어떤 실재성이 주어지는 한에서 그 실재성
으로부터 출발할 때에만 규정될 수 있다.

　분석의 이 지점에서, 다음의 두 가지 오해를 조심해야 할 것이다. 먼
저, 구조의 특이점은 그 특이점을 실효화하는 실존 개체와 동일한 것이 아

니다. 차이의 잠재적 측면은 경험적 소여가 아니다. 이 독특성은 실존 개체가 점유하고 있는 자리를 규정하는데, 사실 이 자리는 독특하면서도 잠재적이다. 문제가 되는 것은 구조적 독특성으로서, 그것은 이러한 위치나 역할을 실효화하는 경험적 개체와 혼동되어서는 안 된다. 우리가 노동자나 부르주아, 아내나 딸, 외삼촌이나 조카, p나 b 등인 것은 구조의 변별적 요소를 가리키는 어떤 독특성을 현실화하는 한에서다. 그러나 실존 개체, 즉 노동자, 아내, 글자 p는 자신과 유사하지도 않고 자신과 혼동되지도 않는 잠재적 독특성을 현실화한다. 들뢰즈는 다음과 같은 새로운 분배를 제안한다. 체계가 규정하는 것은 일반적이지도 경험적이지도 않은 독특한 변별화다. 들뢰즈는 보편적인 것과 경험적 사례 사이에서 완전히 새로운 범주, 즉 잠재적 독특성을 규정한다.

다음의 두번째 오해 또한 피해야 한다. 변별적 독특성과 경험적 사례는 원리에서 결과로, 본질에서 실존으로, 패러다임에서 사본으로 가는 식의 인과관계 속에 위치되어서는 안 된다. 변별적이고 독특한 잠재적인 것은 자신의 결과로서 경험적인 것을 산출하지 않는다. 구조의 두번째 인식론적 원리는 다음과 같다. 독특성과 경험적 사례는 상호적으로 규정되며, 필연적으로 함께 공존한다. 바로 이 지점에서 구조는 지성적 본질과 파생적 외관이라는 식의 모든 분할을 배제한다. 구조는 자신의 독특한 사례들로 환원되는 것이 아니라 경험적 현실화 아래 내속하거나 존속한다. 하지만 사실상 구조가 이 사례들의 바깥에 존재하는 것은 아니다.

문제는 들뢰즈가 규정한 네번째 규준이다. 이 네번째 규준은 들뢰즈가 『차이와 반복』에서 만들어 낸 차이의 두 계기를 분명히 해준다는 점에서 특히 중요하다. 이 규준은 구조와 차이의 관계를 분명히 할 수 있게 해준다. 「구조주의를 어떻게 식별할 것인가?」에서 들뢰즈가 표현한 바에 따르면, 구조는 그 자체로 변별적이지만 자신의 결과에 있어서는 분화를 야기한다. 이 점은 다음과 같은 방식으로 설명된다. 모든 구조가 내재적으로 분화하는 까닭은 구조가 규정된 독특성들(잠재적 차이들)의 다양체로 이루어져 있기 때문이다. 그러나 구조는 자신이 산출하는 경험적 사례들 속에서도 차이를 만들어 낸다. 이처럼 모든 구조는 차이의 두 측면, 즉 잠재적 측면과 현실적 측면을 보여 준다. 구조와 마찬가지로, 차이는 경험적으로 실효화될 수 없는 독특성들의 이상적 분화를 포함하고 있다. 그러나 차이는 개체화를 또한 야기하며, 조프루아 생틸레르가 훌륭하게 보여 주었듯이 이런 점에서 차이는 자신의 현실화 양태들을 포함하고 있다.

구조에 대한 들뢰즈의 재해석은 차이의 철학에서 중요한 한 국면을 보여 준다. 구조는 잠재적인 것들을 통한 변별적 관계들의 체계로 정의된다. 이 체계에 따라 특정한 상징적 요소들이 상호적으로 규정되는데, 랑그 속의 단어, 무의식의 기표, 주어진 사회적 맥락 속의 사회적 관계나 친족 체계가 바로 그러하다. 이런 점에서 구조는 이러한 차이들의 현실화나 개체화를 설명해 준다.

이러한 차이의 두 측면은 현실적인 것과 잠재적인 것, 즉 경험적 현실화나 경험적 개체화로서의 차이를 한편으로, 구조의 변별적 관계나 잠재적 독특성을 다른 한편으로 하는 이원성을 다시 발견한다. 현실적이자 잠재적인 차이의 이러한 이원성은 현실화의 화살인 크로노스와 이미 지나간 과거 및 아직 오지 않은 미래의 비인격적 시간인 아이온의 시간적 이원성을 이어받는다. 모든 차이는 현실적인 것과 잠재적인 것이라는 이 두 가지 계기를 포함하고 있다. 한편으로 차이는 현실화하며, 여기서 문제는 잠재적인 것에서 현실화로 가는 이행이다. 그러나 다른 한편으로 잠재적 차이는 현실화와 혼동되지 않으면서 그와 공존한다. 들뢰즈는 잠재적 구조가

'분화를 야기한다'고 표현하는데, 이는 잠재적 구조가 경험적 현실화를 규정한다는 사실을 설명하기 위함이다. 이 두 차원은 항상 맞물려 있고, 상호적이며, 함께 주어진다. 또한 양자 사이에는 인과관계나 생산관계가 존재하지 않는다.

이 네번째 규준은 차이를 분명히 하고자 현실적인 것과 잠재적인 것의 개념쌍을 다시 도입한다. 그에 힘입어 우리는 앞서 지적되었던 두 가지 오해가 불러일으키는 위험을 다시 검토할 수 있게 된다. 잠재적인 것은 현실적인 것의 원인·원리·본질이 아니다. 앞서 규정된 바와 같은 구조 분석에 따라, 다시 한 번 친족관계의 구조가 있다고 해보자. 우리는 (예컨대 모계적일 수도 부계적일 수도 있는) 혈연이라는 상징적 요소, 잠재적인 변별적 관계(모계 혈통에서 혈족을 규정하는 어머니의 남자형제와 누이의 아들 간의 관계), 역할이나 태도를 분배하는(삼촌이나 조카 되기) 잠재적 독특성(삼촌, 조카)을 구별할 것이다. 이처럼 차이의 두 계기는 잠재적 변별화(모계적 구조를 규정하기)와 경험적 현실화(이 삼촌이나 이 조카 되기)의 이원성을 이어받는다. 그러나 삼촌이나 조카가 혈연구조에 의해 '야기되는' 것은 아니다.

친족에 있어 위치의 단위들은 고려되고 있는 상징적 체계에 의존하여 상호적으로 규정된다. 실효적인 친족관계를 해명하려면 바로 이러한 조합에 호소해야 한다. 이 변별적 요소들에 의해 산출되는 점點, point은 체계의 독특성(삼촌, 조카)이며, 이러한 독특성은 자신이 실효화하는 변별적 관계와 유사성을 갖지 않으면서도 위치의 질서를 형성한다. 따라서 우리는 독특성을 경험적 개체와 혼동하지 않을 것이다. 오히려 독특성에 의해 규정되는 것이 바로 경험적 개체이기 때문이다. 그렇다고 해서 이로부터 다음과 같은 결론이 나오는 것은 아니다. 어떤 특수한 사례가 보편적 원리에 의해 산출되듯이 독특성이 변별적 관계에 의해 규정된다는 결론 말이다. 오히려 독특성들이 없다면, 구조의 변별적 요소들은 실효화될 방도를 찾아내지 못할 것이다.

사회적 생산관계의 경우를 살펴보자. 구체적인 인간들은 구조적 위치가 그들에게 부여하는 독특한 역할을 현실화하면서 이 변별적 관계를 실효화한다. 그러나 이 독특한 역할은 그것이 포함되어 있는 역사적 생산 방식(부르주아, 자본가…)에 의존하는 것으로서, 비시간적이고 불변적인 방식으로 주어지는 것이 아니다. 다시 말해, 그 역할은 가변적인 것으로서 경험적으로 규정된다. 이는 항이 아니라 관계라는 점에서 그 역할이 이러저러한 주어진 개체와 동일시될 수 없다 하더라도 마찬가지다.

요컨대 경험적 사례는 그 사례를 들뢰즈가 초월론적 조건으로 분석하고 있는 바, 즉 구조 속에서 그 사례가 차지하고 있는 독특한 위치까지 데려갈 경우에만 이해될 수 있다. 어떤 사례를 규정한다는 것은 상징적 위치를 실효화하는 독특성의 위상을 그 사례에다 부여한다는 것이며, 이 상징적 위치는 독특한 출현으로부터 그 출현이 실효화하고 있는 위치로 거슬러 올라갈 때에만 규정될 수 있다. 이처럼 우리는 경험적인 것에서 초월론적인 것으로 이행한다. 구조는 경험적인 것의 초월론적 조건으로 드러난다. 내재적이고 순수한 구조는 경험적 현실화로 환원되지 않으면서도 그것과 공존한다.

구조에 대한 이러한 구상, 경험적인 동시에 초월론적인 구상에 힘입어 들뢰즈는 고전 논리학을, 다시 말해 일반적인 것과 특수한 것, 일자와 다자, 주어와 술어의 관계를 전적으로 새롭게 사유할 수 있게 된다. 구조는 개별적인 사유 활동으로 환원될 수 없는 것으로서, 친족관계, 사회적 규정, 랑그가 그러하듯 무의식적·집단적이다. 따라서 문화를 이끌어가는 주역은 더 이상 인간학적 주체, 다시 말해 행위하거나 사유하거나 인식하는 남성과 여성이 아니라 구조이며, 이 구조는 상징적 변별화와 현실적 독특성이라는 이중의 측면에 속한다.

　이로부터 구조의 마지막 두 규준이 귀결된다. 다섯번째 규준은 구조의 계열적 특성이다. 상징적 요소들은 필연적으로 계열적인데, 이 요소들은 상호적으로만 의미를 갖기 때문이다. 자신의 다양체 이론과 동일한 관점에서 들뢰즈가 보여 주는 바는 계열이 항상 계열적으로 이어진다는 점, 그리고 항상 계열들의 계열로 구성된다는 점에서 다중계열적 형태를 취한다는 사실이다. 이는 차이의 다음 두 가지 특성에서 기인한다. 먼저, 각각의 항을 규정하는 관계는 이질성을 통해 산출된다. 다음으로, 이 이질성은 정적인 것이 아니라 역동적인 것이다. 따라서 모든 구조는 계열들의 계열이다. 상징적 요소들은 필연적으로 하나의 계열 속에서 조직화되며, 계열들 중 일부——최소한 두 개의 계열——에서 상징적 실효성을 갖는 이러한 짝짓기가 이루어질 수 있기 위해서는 복수의 계열이 필요하다. 토테미즘을 예로 들어 다시 말하자면, 이는 다음과 같다. 문제가 되는 것은 인간과 동물 간의 관계가 아니라 항상 차이의 두 계열, 즉 동물종의 계열과 사회적 위치의 계열 사이에서 벌어지는 상호대조다. 수학에서 독특성의 사례는 이를 설명해 준다. 어떤 점의 근방에서 형성된 하나의 계열이 주목의 대상이 되려면, 이 계열이 다른 점의 주위에서 형성된 다른 계열과 관련하여, 즉 앞의 계열과 수렴하거나 발산하는 다른 계열과 관련하여 고려되어야 한다. 이런 이유에서 **"계열적 형식은 필연적으로 최소한 두 계열의 동시성 속에서 현실화"**[13]되는데, 그 중 하나는 기표에 해당하고 다른 하나는 기

---

13) Deleuze, *LS* 50/99.

의에 해당한다. 이 두 계열 자체는 특별할 것이 없지만, 고려되어야 하는 것은 그 계열들이 비대칭적 관계 속에서 받아들인 이러한 역할을 상호 수행한다는 점이다.

계열들이 서로 포개져 기표 계열과 기의 계열이라는 상호적인 역할을 수행할 수 있기 위해서는, 계열들 간의 순환과 교환을 보증해 주는 동시에 분화적 차이소의 역할을 수행하는 역설적인 항이 필요하다. 계열들 사이에서 의미의 순환을 보증해 주는 것은 바로 이 초월론적인 자리, 떠다니는 교환의 대상이다. 이 분화적 차이소가 바로 들뢰즈가 제시하는 여섯번째 규준이다. 그는 분화적 차이소에 온전한 자리를 부여하면서 분화적 차이소가 곧 '대상=x'라는 기발한 이론을 만들어 낸다. 앞서 살펴보았듯이, 이 '대상=x'는 라캉에게서 무의식을 구조짓는 팔루스의 자리, 모스$^{M.}$ ^{Mauss}에게서 **마나**의 자리, 맑스에게서 가치의 자리와 관련된다. 구조라는 장치 전체는 대상=x로서의 분화적 차이소에 달려 있다.

3. 분화적 차이소

독특하고 변별적인 사건인 의미는 최소한 두 개의 계열이 결합되는 유희를 통해 산출된다. 이 두 계열을 구성하는 각각의 항은 그 항들이 같은 계열의 다른 항들과 맺는 관계를 통해서만, 그리고 이 계열이 다른 계열과 맺는 변별적 유희를 통해서만 존재하며, 각각의 항은 분화적 차이소라고 불리는 어떤 항을 통해 다른 계열과 연결된다.[14] 주어진 두 개의 이질적인

---

14) 분화적 차이소는 빈칸, 그리고 조합 속을 순환하는 떠다니는 기표에 대한 레비스트로스의 분석을 이어받은 것이다. Lévi-Strauss, "Introduction à l'œuvre de Marcel Mauss", in

계열을 관계짓고 서로 연결하는 것이 바로 분화적 차이소다. 계열들을 조합하는 유희인 구조는 이처럼 그 자체로 변별적이다. 구조는 독특성을 띤 형식적 관계망을 조직하고, 자신의 결과로서 분화를 야기하며, 여러 상이한 개체화를 물질적으로 현실화하기 때문이다.

따라서 들뢰즈는 다음의 세 가지 조건을 통해 구조를 규정한다. 첫째, 최소한 두 개의 이질적인 계열이 있어야 하며, 그 계열들 중 하나는 기표로 다른 하나는 기의로 기능한다. 둘째, 각각의 계열은 상대적 가치만을 갖는 항들, 다시 말해 분화하는 사건이나 독특성의 방출처럼 그 계열의 다른 항들과의 차이를 통해 드러나는 가치만을 갖는 항들로 구성된다. 셋째, 두 개의 이질적인 계열은 두 계열의 관계를 보증해 주는 동시에 두 계열의 분화적 차이소로 나타나는 하나의 역설적인 요소를 향해 수렴한다. 이 세 가지 조건은 체계적으로 상호 연관되어 있으며, 들뢰즈가 어떻게 서로 다른 구조주의적 입장들을 다른 영역으로 옮겨 독창적인 입장에 도달하는지를 보여 준다.

두 계열이 상호적으로 기능하도록 기표와 기의의 상대적 연쇄를 둘씩 짝지으려면, 분화를 야기하는 어떤 항이 두 계열을 주파하고 두 계열의 연결을 보증해야 한다. 이 항이 바로 라캉의 큰 기표$^{grand\ Signifiant}$, 대상=x, 대^{大}운동자$^{grand\ Mobile}$, 수수께끼이며, 들뢰즈는 장난스럽게 그것을 '빈칸', 비어 있는 칸이라고 부른다… 이 빈칸은 분화적 차이소로 기능하며, 자신의 유희를 통해 구조 속에서 다른 항들의 순환을 보증해 준다. 이질적 계

Mauss, *Anthropologie et sociologie*, Paris, PUF, 1950. 라캉도 이 개념들을 받아들인다. 그가 규정한 바에 따르면, 기표 계열과 기의 계열을 만들어 내는 것은 기표다. Lacan, *Écrits*, Paris, Le Seuil, 1966, rééd. en 2 vol., coll. Points, 1971. 아울러 다음을 보라. Althusser et al., *Lire le Capital*, Paris, Maspero, 1965, t. 1, p. 242 sq.

열들이 수렴하는 것은 이 역설적인 항, 그 자체로는 의미가 없는 가치(레비스트로스), 자신의 자리에 없는 기표(라캉) 덕분이다. 들뢰즈는 이 역설적인 항을 과감하게 칸트의 대상=x로 환원시키는데, 이 항의 기능은 계열들을 연결하면서 기표 계열과 기의 계열의 역할을 분배하는 데 있다.[15]

　이처럼 들뢰즈는 라캉을 따라 레비스트로스가 말하는 떠다니는 기표의 역할을 받아들인다. 라캉은 『차이와 반복』과 『의미의 논리』에서 나타나는 다음의 분석에서 매우 큰 중요성을 갖는다. 라캉의 기표는 마치 지퍼처럼 기표와 기의 두 계열의 상호 접촉을 보증한다. 라캉은 레비스트로스를 통해 기표와 기의에 대한 소쉬르의 분석을 받아들인다. 그런 라캉이 보기에, 기의는 무정형의 연속적인 흐름이다. 이 연속적인 흐름은 어떤 기표가 그 흐름을 절단하는 순간에만 의미를 가질 수 있고 기의를 기표 계열과 이항적으로 짝지을 수 있다. 큰 기표는 기의들을 상대적인 기표들의 계열과 항대항으로 짝지으면서 기의의 자리에다 기의를 구성한다. 이 큰 기표(대문자 기표)는 (복수의) 상대적인 기표들과 혼동되어서는 안 되는 것으로서, 라캉은 매트리스 제작자의 작업에 비추어 그것을 누빔점^{point de capiton}이라고 부른다. 누빔점은 외부로부터 누빔을 가해 실재의 연속적인 직물을 고정시키고(상징계), 이 연속적인 직물을 어떤 규정된 주름(주체) 속으로 비틀어 넣는 위상학적 구조를 폭력적·외생적으로 그 직물에다 새겨 넣는다. 라캉의 기표는 언어학의 영역을 넘어선다. 상징적 기의들과 상징적 기표들로 이루어진 떠다니는 계열들을 연결해 주는 것은 바로 비-언어학적이고 탈-명제적이며 정신분석적인 라캉의 기표다. 소쉬르가 말하는 언

---

15) Deleuze, *LS*, 8번째 계열, '구조에 대하여'. 1972년 이후 들뢰즈는 과타리와 함께 정신분석의 위상에 의문을 제기하게 되는데, 이때 이 개념들은 모두 주의 깊은 비판의 대상이 된다.

어학적 기표 및 기의나 레비스트로스가 말하는 인류학적 기표 및 기의는 이제 상징적 기표 및 기의의 특수한 사례에 해당할 뿐이다. 라캉은 이 기표를 큰 기표, 팔루스, 아버지의 이름Nom du père이라고 부른다. 상징적 구조를 작동케 하고 그 구조의 생산성을 보증해 주는 것은 바로 이 큰 기표다.

들뢰즈는 기표 계열과 기의 계열을 접촉케 하는 기표의 기능을 받아들이면서도 이 기표에다 분화적 차이소라는 다른 이름을 부여한다. 이렇게 함으로써, 그는 그 분석을 단번에 완전히 다른 환경 속에 위치시키고 기표가 아니라 차이를 강조한다. 우리는 권위적으로 부과되는 상징계가 아니라 차이의 유희를 통해서만 비인격적·기계적 기능을 통한 의미의 생산을 이해할 수 있다. 비어 있는 능동적인 항——마나, 신성한 그 무엇machin, 레비스트로스의 떠다니는 기표, 비어 있는 자리, 누빔점, 라캉의 기표, 빈칸——에 호소함으로써, 우리는 기계적인 방식으로 이러한 의미 생산의 기능주의가 사회적·무의식적 효과임을 보증할 수 있게 된다. 아울러 들뢰즈는 구조주의의 기표, 스토아주의의 논리학, 루이스 캐럴Lewis Carroll의 역설적 논리를 연결하면서 다음과 같이 쓴다. "구조는 비물체적 의미를 생산하는 기계다(스킨답서스skindapsos)."16)

들뢰즈는 의미를 사건으로 이해하면서 주어진 바를 변화시킨다. 그는 기표의 기능을 받아들이지만 거기에 분화적 차이소라는 명칭을 부여하는 쪽을 택한다. 이 명칭은 예언과도 같은 방식으로 긴장의 지점 및 뒤이은 단절의 지점을 가리키고 있는데, 이러한 지점들은 지배의 도구로 제시되는 기표와 관련하여 들뢰즈가 갖게 될 돌이킬 수 없는 적대감을 점점 더 강하게 불러일으키게 될 것이다. 기표가 지배의 도구인 것은 기표의 관념

---

16) Deleuze, *LS* 88/150.

성, 죽음의 이상주의와 기표의 인접성, 기표가 차지하는 우월한 위치, 그리고 기표가 테러와 독재의 도구라는 점 때문이다. 그럼에도 우선 들뢰즈는 기표와 기의의 차이, 그리고 기표의 역할과 기의의 역할을 상호 수행하는 이질적인 계열들의 위치라는 구조주의의 원리를 활용한다. 계열적 형식은 이러한 두 계열의 동시성과 불균등성을 요구하는데, 들뢰즈는 이 불균등성이 대수롭지 않은 것임을 분명히 한다. 어떤 요소도 그 자체로는 기의나 기표가 아니다. 긴장관계에 놓인 계열들 속에서 분화적 차이소에 의한 위치상의 유희를 겪게 될 때, 바로 그 때에만 그 요소는 기의나 기표가 된다.

들뢰즈는 기표와 기의라는 개념을 받아들인다. 하지만 그는 이 두 개념을 특히 비물체적 사건과 사물의 상태를 구별하는 스토아주의의 틀 속에 포함시켜 그것을 변형시킨다. 이 대목에서 그는 여전히 기표와 기의의 분할을 받아들이고 있지만, 『안티-오이디푸스』 이후 이 두 개념은 더 이상 돌이킬 수 없는 비판의 대상이 될 것이다. 이는 이상의 모든 분석을 들뢰즈 사유의 전환점으로 추정할 수 있게 해준다.

그런데 들뢰즈가 규정한 바의 분화적 차이소는 소쉬르, 레비스트로스, 라캉이 이해한 바의 기표와 다음의 세 가지 실증적인 특성에서 구별된다. 먼저, 변별적 생산은 소쉬르나 라캉이 기대했듯 대립적이거나 부정적이지 않으며 결여로부터 만들어지는 것도 아니다. 변별적 생산은 차이를 긍정하는 가운데 실증적인 방식으로 성립되는 것이지, 선재하는 항들과의 간격 속에서 성립되는 것이 아니다. 소쉬르는 기표와 기의를 양 측면을 지닌 기호라는 단일체로 축소시키는데, 기호는 체계의 다른 기호들과의 대립을 통해서만 가치를 얻는다. 기호의 부정적 가치는 필연적으로 닫혀진 어떤 체계 속에서 내적 차이를 통해 주어진다. 들뢰즈가 보기에, 분화를 야기하는 가치는 독특성의 실증적인 방출로서 산출되며, 열린 체계를 요구한다.

레비스트로스는 부정에 구조적인 가치를 부여하면서 이항적 교환이라는 형식적 모델에 따라 구조적 관계를 규정한다. 들뢰즈는 구조적 가치가 역설적으로 생산된다고 주장한다. 이는 의미의 분배를 보장하기 위한 것인데, 의미는 독특성의 방출에 선재하는 것이 아니라 오히려 양식을 유일한 의미로, 공통감을 분할된 의미로 제시하는 의미작용의 고정된 할당에 선재하는 것이다. 들뢰즈는 분화적 차이소를 역설적인 항으로 이해하면서 역설이 의미에 보증해 주는 강도적 유동성을 강조한다. 의미의 예측 불가능하고 독특한 '유목적' 분배는 결정적으로 확정되는 것이 아니라 사유의 주사위가 던져질 때마다 다시 이루어진다.

따라서 들뢰즈와 더불어 분화적 차이소는 차이를 만들어 내는 참된 심급이 된다. 이 참된 심급은 열린 체계에 포함되며 주사위 던지기라는 유목적 분배에 따라 의미를 방출한다. 이는 라캉이 말하는 바 상징적 법칙을 부여하는 기표의 기능, 구조화하고 동일시하는 기능을 완전히 변형시킨다. 라캉이 기표를 상징적 질서의 명령으로 만드는 데 반해, 들뢰즈는 분화적 차이소를 어떤 종합을 향해 열어 놓는데, 사실인즉 그것은 동일성들이 아니라 차이들의 이접적離接的, disjonctif · 창조적 종합이다. 이질적인 두 계열이 주어질 때, 기표 계열은 기의 계열에 대한 자연적 과잉을 보여 준다. 이는 분화적 차이소, 떠다니는 기표, **그것**truc, 그 무엇, **어떤 것**aliquid, **스킨답서스**, 그 자체로는 의미가 없는 가치, 항상 자리를 바꾸면서 두 계열의 연결을 보증해 주는 주인 없는 자리 덕분이다.[17] 이 그것 혹은 그 무엇은 라캉

---

17) Deleuze, *LS* 51/99~100, 64/117.

의 기표를 특징짓는 중력을 실로 결여하고 있다.

들뢰즈가 기표의 단일화하는 특성을 암묵적으로 비판하면서 분화적 차이소라는 용어를 선택했다는 사실은 그 자체로 들뢰즈가 라캉과 결별하는 지점을 보여 준다. 계열들을 권위적인 기표 주위로 수렴케 하기는커녕, 들뢰즈는 분화적 차이소를 계열들이 발산·분화하게 해주는 특이점으로 제시한다. 시간을 '두 갈래로 갈라지는 길들이 있는 정원'으로 묘사하면서 지적되었듯이, 덤불처럼 자라난 이 계열들은 다양체를 이룬다. 들뢰즈는 종합을 오로지 이접적 종합, 새로운 것을 산출하는 종합으로 이해하며, 독특성들을 산출하는 분화적 차이소를 기점으로 발산하는 역동성이 라캉 기표의 단일화하는 명령을 대체하게 된다.

아울러 우리는 들뢰즈와 과타리의 이론적 시도가 서로 연결되는 지점에 도달하게 된다. 1969년 과타리는 「기계와 구조」라는 중요한 논문을 썼다. 거기서 그는 『차이와 반복』과 『의미의 논리』의 서평을 작성하면서 들뢰즈의 구조 개념이 새로운 구상, 즉 기계라는 구상으로 이어져야 한다는 점을 보여 주었다.[18] "기계의 본질은 대표자로서의 **기표**, '분화적 차이소'로서의 **기표**, 이미 구조적으로 확립된 사물의 질서와는 이질적인 인과

---

18) 장-피에르 페이(Jean-Pierre Faye)에 따르면, 이 결정적인 논문은 들뢰즈와 과타리가 만나게 된 계기를 제공했다. 이 논문은 라캉이 자신의 잡지 『실리세』(*Scilicet*)에 싣기로 되어 있던 『차이와 반복』과 『의미의 논리』의 서평으로 제안되었던 것이지만, 라캉은 이 논문을 잡지에 싣지 않았고 과타리는 그것을 들뢰즈에게 가져갔다. 「기계와 구조」라는 논문은 결국 페이에 의해 1972년 그의 잡지 『변화』(*Change*, octobre 1972, p. 49~59)에 실렸으며, 아울러 다음의 책에도 재수록되었다. Guattari, *Psychanalyse et transversalité. Essai d'analyse institutionnelle*, Paris, Maspero, 1972, p. 240~248.; 윤수종 옮김, 『정신분석과 횡단성』, 서울: 울력, 2004, 405~418쪽. 다음을 보라. Faye, "Philosophe le plus ironique", in *Tombeau de Gilles Deleuze*, Y. Beaubatie (éd.), Tulle, Mille Sources, 2000, p. 91~99, p. 92, p. 95.

적 단절로서 **기표와 결별하는** 바로 이러한 작용에 있다."[19] 따라서 과타리는 들뢰즈가 구조를 규정하고자 제시했던 세 가지 조건 중 앞의 두 가지만 받아들인다. 첫째, 이질적인 두 계열 중 하나는 기표로, 다른 하나는 기의로 규정될 것이다. 둘째, 사실인즉 이 두 계열은 각각 서로 상대적으로만 존재하는 항들로 구성된다. 과타리가 보기에, 세번째 조건, 즉 이질적인 두 계열이 분화적 차이소의 역할을 하는 어떤 역설적인 요소로 수렴한다는 조건은 기계의 질서에 속하는 것이었다.

　과타리는 이러한 분석을 결정적으로 변형시켜 기표와 기의의 질서지어진 연쇄를 뒤흔들고 큰 기표의 권위주의적 단절을 거부한다. 과타리는 재치있게도 이 큰 기표를 기계의 횡단적 소수성$^{minorité\ transversale}$으로 대체하는데, 이 기계 자체도 흐름을 절단하기는 하지만 더 이상 상징계나 담론의 의미작용적 질서 안에서 작동하지는 않는다. 생산의 사회적 질서에 속하는 기계와 의미작용의 상징적 질서에 속하는 구조를 일대일로 대립시키면서, 과타리는 기표 비판을 향한 결정적인 한 단계를 넘어선다. 「기계와 구조」는 사회적 물질성과 실재적 생산 능력에 속하는 구체적·정치적·기술적 기계와 사실상 상징적·의미작용적·변별적이지만 이상성의 질서에만 속하는 구조 사이에 존재하는 불일치의 지점들을 가늠할 수 있게 해준다.

　그러나 이 대목에서는 상징적 평면이 지닌 전략적 풍부함 또한 매우 분명하게 드러난다. 구조는 이상성에 변별적·비주체적 위상을 보장해 주며, 들뢰즈는 바로 이런 형태하에서 구조를 받아들인다. 들뢰즈가 서둘러 구조를 내재면이라는 개념으로 대체하긴 하지만, 상징적 평면은 내재면 개념의 첫번째 판본을 제공한다. 들뢰즈는 알튀세르의 가르침을 일부 받

---

19) Guattari, "Machine et structure", art. cité, p. 243/410.

아들여 다음과 같이 쓴다.[20] 의미에 대한 비주체적 규정으로서, 상징계는 "독창적이고 특수한 이론적 대상의 생산"을 사유할 수 있게 해준다. 상징적 평면이 지닌 장점은 철학을 포함한 이론에 독립적인 형식적 평면의 공속성을 보증해 주면서도, 그 공속성을 초월적 관념성이나 구성하는 주체에 종속시키지 않는다는 데 있다. 게다가 상징적 평면은 초월론적인 것과 경험적인 것의 혼동을 막아주는데, 이는 들뢰즈의 지속적인 과제에 해당한다. 따라서 들뢰즈는 구조를 관념성의 기원이라는 현상학적 테제의 대안으로 삼게 된다.

의미는 주체의 활동으로 산출되는 것이 아니다. 역으로 상징적 평면은 의미를 의식적 활동에서 떼어 놓으며, 랑그에 대해서는 횡단주체적이고 의식에 대해서는 하위주체적인 무의식적인 것을 의미의 생산자로 제시한다. 유목적 분배에 따라 의미를 분배하는 만남과 사건의 기계적·무의식적 효과인 의미는 기표가 아니라 분화적 차이소다. 들뢰즈가 보기에 빈칸을 순환하게 한다는 것은 바로 이 전개체적·비인격적 독특성들을 방출한다는 것이다. 이 독특성들은 주사기 던지기의 방식으로 의미를 던지고 앞선 의미들을 모두 새롭게 분배한다. 따라서 의미는 미리 확립된 의미작용과 구별되는 것으로서, 기표와 기의를 규정하기 위해 부여되는 것에 불과하다. 차이의 두 계기를 따라 의미는 차이로서 산출되고, 사물의 상태와 명제의 경계에서 의미는 사물 상태의 속성으로서, 명제의 표현된 바 l'exprimé로서 산출된다. 따라서 들뢰즈는 다음과 같이 쓴다. "사건, 그것은 바로 의미 자체다."[21] 의미는 자신의 방출, 발생, 경험적 구성에 선재하지

---

20) Deleuze, "Structuralisme...", art. cité, 304/372.
21) Deleuze, LS 34/79, 122/190~191.

않으며, 사물의 상태로 환원될 수도 없다. 차이와 마찬가지로, 의미는 무감수성無感受性, impassibilité과 발생, 잠재적 중립성과 생산성이라는 두 계기를 구별한다.

4. 다양체로서의 구조와 구조의 내적 시간성

따라서 구조는 여기서 상징적 평면으로 나타나는 횡단개체적·탈주체적·종별화種別化된spécifié 평면에서 의미의 출현을 사유할 수 있게 해준다. 상징적 평면이란 허구적·대상적 평면이 아니라 고유의 형식적 공속성을 지닌 무의식적·집단적 평면이다. 들뢰즈가 구조라는 개념을 전유하면서 보여주는 뛰어난 독창성이 바로 이 지점에서 드러난다. 사람들이 통시적 역사성과 구조주의적 분석의 공시적 경향 사이에서 확립하고자 하는 대립은 이 독창성에 비하면 그저 부차적인 것에 불과하다. 이러한 대립은 지금 문제가 되고 있는 의미의 생산 방식을 제대로 이해하지 못한다. 따라서 들뢰즈는 구조의 공시적 가치를 평가절하한다. 들뢰즈는 구조가 의미의 출현을, 당시 사용하던 표현에 따르자면 의미의 발생을 설명해 주리라고 기대하고 있기 때문이다.

들뢰즈가 그런 기대를 가졌던 것은 우선 그가 사유 행위의 발생·사유의 생식성 속에서 벌어지는 사유의 창조·사유의 독특한 출현을 설명하고자 했기 때문이다. 철학사에서 게루와 골트슈미트V. Goldschmidt를 대립시키거나 구조주의자들과 역사 옹호자들을 대립시키던 당대의 논쟁과는 달리, 들뢰즈에게 구조와 발생은 서로 모순적인 것이 아니다. 발생적 방법이 스스로의 소망을 이룰 수 있게 해주는 유일한 수단이 구조주의라고 여겼던 만큼, 들뢰즈는 발생과 구조를 화해시키는 데 어려움을 느끼지 않았다.[22] 한편으로는 구조를 편들면서, 들뢰즈는 모든 발생적 방법이 자기도 모르는 사이에 이미 구조를 활용하고 있음을 시사한다. 다른 한편으로는 구조의 옹호자들에 맞서, 들뢰즈는 앞서와 마찬가지로 대담하게 모든 구조가 필연적으로 시간성을 함축하고 있음을 분명히 하는데, 이는 구조주의자들이 생각하지 못했던 바였다.

이처럼 들뢰즈는 구조주의적 입장과 발생적 입장을 이중적·가역적인 이론적 불충분성으로 환원시킨다. 두 입장이 구조와 발생을 잘못 대립시켰다면, 이는 차이의 철학을 활용하지 못했다는 점에서 이 두 입장이 문제가 되고 있는 시간성을 규정할 수 없었기 때문이다. 여기서 우리는 차이의 문제를 이끌어 가는 이론적 동력을 발견하는데, 『차이와 반복』과 『의미의 논리』에서 들뢰즈는 그것을 미/분화différenc/tiation라는 복합적인 정식으로 설명한다. 우리는 앞서 이 정식을 살펴보았던 바 있지만, 여기서 다시 한번 분명하게 다뤄야 할 필요가 있다.

들뢰즈는 1967년 프랑스 철학회에서 「극화의 방법」을 발표하면서 이 미/분화라는 개념을 제안하고, 「구조주의를 어떻게 식별할 것인가?」에서 그 개념을 설명하며, 『차이와 반복』에서도 그것을 받아들인다. 미/분화는 구조와 구조의 현실화가 맺고 있는 관계를 설명해 주며, 이 미/분화와 구조주의의 주제들 간의 친화성은 구조주의에 해박한 들뢰즈의 유희, c/t의 음소를 대체하는 유희 속에서 이미 드러난다. 이러한 음소의 대체는 루셀을 독해하면서 푸코가 이론화했던 p/b의 차이를 받아들인 것이다.

---

22) 이처럼 들뢰즈는 뷔이멩의 입장을 받아들인다. 다음을 보라. Jules Vuillemin, *Philosophie de l'algèbre*, Paris, PUF, 1960. 들뢰즈는 다음에서 뷔이멩을 인용한다. "Structuralisme…", art. cité, 315/389. *DR* 237/400.

들뢰즈가 철자 t로 쓴 잠재적 차이는 이념적이지만 추상적이지 않은, 실재적이지만 현실적이지 않은 구조의 미분화를 표현한다. 들뢰즈가 철자 c로 쓴 현실적 차이는 잠재적 차이들의 문제제기적 장에서 기인하는 차이의 다른 계기, 즉 현실화 혹은 개별화의 계기를 표현한다. 이해하기가 쉽지 않은 이 구별을 단순화하기 위해, 차이가 항상 긴장과 연대 속에 놓이는 두 극, 잠재적인 것과 현실적인 것이라는 두 극을 따라 펼쳐진다고 말해 보자. 분화(철자 c)는 잠재적인 것의 현실화 운동과 관련되고, 잠재적인 것에서 현실적인 것으로 향하며, 개별화된 형식과 안정된 조직화의 발생을 규정한다. 역으로, 분화는 미분화(철자 t), 다시 말해 강도적 독특성들이 이루는 잠재적이지만 판명한 구조를 전제하고 있는데, 이 독특성들은 매 순간 체계 속으로 예측 불가능한 것을 다시금 도입하고 체계의 이념적 공속성을 규정한다. 따라서 들뢰즈에게 구조의 잠재적 미분화와 발생의 경험적 현실화는 서로 모순되지 않으며, 모순과는 거리가 멀다. 양자는 분명 연대적이고 연결되어 있으면서도, 동일한 것이 아니라 서로 구별된다.

여기서는 앞서 지적했던 두 가지 오해를 피하는 것이 중요하다. 첫째, 이념적이고 미분화된 잠재적인 것이 마치 현실화의 원천·원인·기원을 제공하기라도 하는 듯이, 이러한 차이의 두 계기 사이에 지성적인 것과 감성적인 것이라는 낡은 양극성을 되살려 놓아서는 안 된다. 들뢰즈는 끊임없이 다음을 분명히 한다. 잠재적인 것과 현실적인 것은 동일한 내재면에 공존하며, 따라서 차이의 두 국면 사이에서 현실적인 것을 잠재적인 것의 결과물로 만드는 발전의 방향을 설정할 수는 없다. 이러한 오해는 결국 잠재적인 것의 초월성을 재도입하게 될 것이다. 이 경우 잠재적인 것은 자신과 분리된 현실화에 선행하고 그보다 우월한 원리로서 사유될 것인데, 이는 셸링의 무한이나 미분화된 일자와 동일한 방식이다. 잠재적인 것은 현실적인 것의 원인이 아니다.

둘째, 상호 연결되어 있지만 동일하지는 않은 이 두 가지 경향, 즉 현실화와 강도적 미분화를 동일시해서는 안 된다. 잠재적인 것에서 현실적인 것으로 가는 운동과 현실적인 것 내부에서 잠재적인 것이 갖는 내속성은 상호 동등하지도 않고 가역적인 것도 아니다. 이 두 가지 운동은 서로 구별되며, 따라서 내화(內化, involution[23])와 현실화는 각각의 개별화에 있어 지속적으로 공존한다. 이는 일찍이 프루스트와 스피노자를 다룬 저작들에서 들뢰즈가 주상했던 바로서, 거기서 그는 펼침explication과 접힘implication의 공존, 개별화하는 현실화와 강도적 다양체의 공존을 규정하기 위해 복합complication이라는 신플라톤주의의 개념을 받아들였다. 잠재적인 것의 이러한 내속성은 『의미의 논리』와 『철학이란 무엇인가?』에서 맞-실효화라는 이름을 얻게 된다. 이 내속성은 자신의 대립물이 되지 않으면서 이중으로 실효화되기 때문이다. 현실적인 것 내부에서 벌어지는 잠재적인 것의 맞-실효화와 현실화하는 실효화는 모든 지점에서 서로 상응한다. 이는 사물의 상태에 속하는 경험적 실효화와 사건의 잠재적이고 독특한 구조 간의 차이를 보장해 준다. 친족관계가 그 관계를 현실화하는 개체들과 동일하지 않은 것과 정확히 마찬가지로, 구조 혹은 이념의 잠재적 미분화(철자 t)는 경험적 현실화로 환원되지 않는다. 따라서 구조는 이상적이지만

---

23) [옮긴이] involution은 생물학 및 의학에서 evolution, 즉 진화와 관련하여 퇴화나 퇴행으로 번역되는 용어로서, 그 동안 들뢰즈 번역서에서는 흔히 역진화나 역행(逆行)으로 번역되어 왔다. 그러나 이 번역어들은 '현실적인 것 내부에서 잠재적인 것이 갖는 내속성'이라는 이 용어의 의미를 충분히 전달하기 힘든 것으로 보인다. 여기서는 [잠재적인 것의] 내화라는 번역어를 선택했는데, 내화는 잠재적인 것이 현실화의 운동으로 다 소진되어 버리지 않으면서 현실적인 것의 내부에서 내속하는 과정을 가리킨다.

추상적이지 않은, 실재적이지만 현실적이지 않은 공속성을 갖는다.

들뢰즈에게 발생과 구조의 관계 문제가 그토록 중요한 것은 바로 이런 이유에서다. 차이의 잠재적 규정 및 현실적 규정은 들뢰즈가 구조에 이중의 시간성을 부과하면서 시간성과 구조적 질서를 어떻게 연결시키는지를 이해하는 데 필수적이다. "시간과 마찬가지로, 발생 또한 잠재적인 것에서 현실적인 것으로, 구조에서 구조의 현실화로 나아간다. 이런 의미에서 다수적인 내적 시간성과 서수적인 정적 발생이라는 두 가지 개념은 구조의 유희와 불가분적이다."[24]

한편으로, 시간성은 크로노스의 분화(철자 c)라는 시간의 화살을 따라 잠재적인 것에서 현실적인 것으로 가는 이행과 관련된다. 이런 관점에서 들뢰즈는 말하기를, 언제나 현실화의 시간이 존재하며 이 현실화의 시간에 따라 잠재적으로 공존하는 구조적 요소들이 경험적으로 실효화된다. 다시 말해, 사회적 구조가 실효적 친족관계를 규정하거나 음소적 차이의 양태가 어떤 규정된 어휘 속에서 실효화된다. 사건의 현실화와 관련된 것, 혈통 계승이라는 생기적 화살을 따라 정향된 것은 바로 이 첫번째 시간선이다. 다른 한편, 구조 자체는 자신의 요소들 간의 잠재적 공존관계에 활기를 부여하는 내적 시간성을 지니고 있다. 따라서 미분화(철자 t)는 현실적인 것은 아니지만 시간적이다. 다음 장에서 살펴보게 될 바와 같이, 들뢰즈가 이념의 극화와 더불어 탐험해 나가는 것은 바로 이 지점이다.

현실적인 것과 잠재적인 것이라는 두 극을 갖춘 차이의 이중적 규정에 힘입어 우리는 크로노스와 아이온을 따르는 다양체의 시간성을 분명히 할 수 있게 된다. 구조는 어떤 다양체이며, 그와 관련된 까다로운 주제인

---

24) Deleuze, "Structuralisme…", art. cité, 315/389.

다양체의 체계적 전체성은 실제로 어떤 이상적 시간성을 규정한다. 다양체는 요소들을 분화시키는 다수적 연관의 체계를 포함한다. 이 다수적 연관의 체계가 요소들에 상호적 가치를 부여하는 일과 다양체가 그 요소들을 서로 대면케 하는 일은 동시에 벌어진다. 이는 흔히 비역사적인 것으로 해석되지만 실제로는 전혀 그렇지 않은 방식, 서수적·정적 방식으로 이루어진다. 실제로 계열적 질서가 보증해 주는 것은 역동적 할당이 아니라 정적 할당이다. 이 정적 할당은 계열 내에 존재하는 질서와 자리의 내적 요인으로서, 체계가 만들어 내는 시간성의 유형이 흔히 간과되는 이유를 설명해 준다. 계열적 질서는 항들이 가리키는 양에 관심을 두면서 기수적인 방식으로 항들을 규정하는 것이 아니라 항들이 분배되는 자리를 고려하면서 서수적인 방식으로 항들을 규정한다. 현실화가 아니라 항들의 위치와 관련되어 있다는 점에서 여전히 정적인 것이기는 하지만, 이러한 발생은 미분화를 실효화한다. 이것이 바로 "초-역사성의 요소 안에서 진화하는 정적"[25] 발생으로서, 아이온이라는 초-시간성, 스토아주의에서 말하는 비물체적인 것에 부합한다. 아이온과 비물체적인 것은 연대기적인 것도 사물의 상태 속에서 현실화되는 것도 아니지만, 그럼에도 실재적인 것이지 초월적인 것은 아니다.

들뢰즈의 독창성은 이 서수적·정적 규정을 다양체로 규정된 내적 시간성과 분리 불가능한 것으로 제시한다는 데 있다. 따라서 잠재적인 것은 영원한 질서나 비시간적 질서로 환원될 수 없는 어떤 시간성을 지니고 있다. 차이가 지닌 시간성의 두 체제와 더불어 잠재적 구조가 시간적인 것과 대립하지 않는다는 사실이 드러나지만, 그렇다고 해서 구조가 연대기적

---

25) Deleuze, *DR* 238/401.

인 것이나 이전-이후라는 연속적 질서로 환원되지는 않는다. 오히려 문제가 되는 것은 다수적·이상적 연관이다. 이 연관이 시공간적 관계 속에서 현실화되는 것과 동시에 이 요소들은 현실적으로 구현되고 어떤 계열의 항들이 되면서 어떤 구조 속에서 구성된다. 의미는 항들의 논리적 자리와 그 항들의 현실화가 만날 때 산출된다. 현실화는 다양체나 분화로 규정되므로 발생과 구조를 분리해야 할 필요는 없으며, 이는 들뢰즈가 쓴 '서수적·**정적 발생**'이라는 구절을 정당화해 준다.

따라서 구조의 내적 차이를 규정하는 질서 및 위치의 문제제기적 시간과 그 시간의 역사적 현실화를 구별할 필요가 있다. 현실화의 세계 속에서와 마찬가지로 잠재적인 것의 질서 속에도 시간은 현존하지만, 그렇다고 해서 이 두 경우의 시간이 동일한 것은 아니다. 구조와 발생의 본래적 연관은 이념적 질서와 시간적 발생이 맺고 있는 엄밀한 상호관계 속에서 성립하며, 이는 잠재적인 것과 현실적인 것의 이원성 및 **아이온**과 **크로노스**라는 이중적 시간에 부합한다.

들뢰즈는 구조의 이상성과 관련하여 이 혁신적인 귀결을 이끌어 내면서, 의미의 발생에 대한 물음을 잠재적인 것과 현실적인 것이라는 용어로 새롭게 정식화한다. **차이**의 두 계기는 잠재적인 것과 현실적인 것의 시간적 이중성을 설명해 준다. 다양체는 우선 잠재적 차이, 즉 현실화되는 구조적·미분적 복합체를 함축한다. 그러나 다른 한편으로 현실화는 경험적 발생이나 구조의 현실화, 즉 의미라는 효과와 관련된다. 앞서 살펴 보았듯이, 구조는 계열들과 결부된 유희로서 이처럼 자신의 잠재적 시간성 안에서 그 자체로 미분적이며, 자신의 효과인 경험적 현실화 속에서 분화를 야기한다.

이 지점에서 구조와 사건을 대립시키는 것이 '부정확'한 이유가 드러난다. 들뢰즈는 "이 이상적인 사건의 목록에다 내적인 **역사 전체**"[26]를 포함시켜 그 목록을 통합한다──이것이 바로 그가 이념의 극화라고 부르는 것이다. 어떤 명제의 의미는 그것의 지시작용^{désignation}(소박한 경험론에 따르자면, 명제의 지시대상)이나 그것의 현시작용^{manifestation}(의식 활동의 현상학에 따르자면, 말하는 주체의 표현), 더 나아가 그것의 의미작용^{signification}(명제의 표상이나 논리적 일관성)과 동일시될 수 없다. 따라서 스토아주의 논리학에 따라 의미를 명제 속에서 현실화되는 잠재적·비물체적인 표현된 바로 이해할 필요가 있다. 이렇게 해서 『의미의 논리』의 프로그램은 엄밀히 말해 하나의 경험론으로 규정된다. 이 경험론에 있어 비물체적이지만 표현될 수 있는 의미는 경험적인 사물의 상태나 초월적 본질 속에서 실체화된 것^{hypostasié}으로 환원될 수 없다.

이제 우리는 들뢰즈가 구조를 통해 얼마나 많은 것을 얻을 수 있었는지를 가늠할 수 있게 된다. 의미의 논리학으로 규정되는 초월론적 경험론은 관념적 의미작용에 만족하는 평범한 논리학과 의식의 현시작용에 의존하는 현상학 사이에서 의미의 구조적 발생을 펼쳐 보인다. 의미의 구조적 발생은 명제에 속하는 표현된 바 및 사물의 상태에 속하는 속성과 불가분적인 것이다.

이처럼 들뢰즈는 논쟁의 방향을 완전히 바꾸어 놓는다. 이상성, 그리고 경험적인 현실화의 역사가 더 이상 상호 침투될 수 없는 것이 아니라는 점에서 더 이상 구조와 발생 사이에 대립은 존재하지 않는다. 뿐만 아니라, 이러한 분석은 문제를 변형시키는 하나의 결론에 도달한다. 발생의 관점에서 보자면, 미분화된(철자 t) 이념은 구조와 마찬가지로 의미로 개별화

---

26) Deleuze, *LS* 66/119.

되면서 현실화되며, 따라서 이제 대립은 비시간적 구조와 의미의 역사적 발생 간의 차이와는 무관한 것이 된다. 오히려 대립은 두 가지 사유 이미지 사이에, 철학에 대한 두 가지 견해 사이에 존재한다. 그 중 하나는 차이의 철학이고 다른 하나는 재현의 사유인데, 후자는 지성적인 것과 감성적인 것 사이의 부적합한 간극을 여전히 간직하고 있다.

차이의 철학에서, 현실화되는 의미의 발생을 설명할 수 있는 것은 잠재적 구조 혹은 이념뿐이다. 역으로 이념을 가능성이라는 개념[27]으로 규정한다는 점에서 들뢰즈가 거부하는 재현의 철학, 다시 말해 이념에 대한 그릇된 견해는 발생과 구조를 무익한 방식으로 대립시킨다는 이유에서 비난의 대상이 된다. 실제로 의미의 현실화를 낳는 것은 잠재적 구조다. 논쟁은 더 이상 구조와 발생 사이에서 양자택일을 구하는 것과는 무관하며, 오히려 두 가지 사유 이미지 사이에서 진행된다. 그 중 하나는 재현이라는 정적인 방식으로 관념성과 경험적 사례를 계속해서 대립시키며, 다른 하나는 구조를 시간화하여 독특한 것으로 만듦으로써 의미의 유목적 발생을 설명한다.

보통 구조라 불리는 것, 그것은 미분비와 미분적 요소들로 이루어진 어떤 체계다. 발생의 관점에서 본다면 이런 구조는 또한 **의미**이고, 이 **의미**는 구조가 구현되고 있는 현실적 결합관계와 항들에 준하여 성립한다. 진정

---

27) 『차이와 반복』에서 특징적으로 드러나는바(『의미의 논리』는 '이념'이라는 용어를 '의미'라는 용어로 대체한다), (재현적인) 개념과 이념 사이의 이러한 대립은 들뢰즈 사유의 일시적인 한 단계를 보여 준다. 들뢰즈는 지나치게 플라톤적인 이념을 포기하는 동시에 점차 개념을 재평가하게 된다. 그리고 『철학이란 무엇인가?』에 이르러, 그는 개념을 고유하게 철학적인 사유의 작용으로 삼게 된다.

한 대립은 다른 곳에, 즉 **이념**(구조-사건-의미)과 재현 사이에 있다.[28]

이런 이유에서 들뢰즈는 **이념**을 복합적인 '구조-사건-의미'로 정식화할 수 있게 된다. 자신의 이론 전체에 부합하도록, 들뢰즈는 **이념**을 탈-정신화하는 동시에 시간화한다. 그리하여 발생과 구조가 이렇듯 예기치 않은 방식으로 수렴되며, 그에 힘입어 들뢰즈는 의미의 발생을 독특성의 방출(의미라는 사건)로 나타나는 이상적 다양체(**이념** 혹은 구조)의 현실화로 이해할 수 있게 된다.

구조란 발생적 분절이라는 이러한 규정과 더불어, 들뢰즈는 자신이 '철학사를 구조-발생적 방법으로' 혁신한 게루와 가까워진다고 생각한다. 그 자체의 시간성을 오해할 위험이 있는 체계와 심리적 연대기로 타락해 버릴지도 모르는 발생 사이에서, 들뢰즈는 다음과 같이 논쟁에 종지부를 찍는다. 구조는 이유들의 질서에 따라 규정되어야 하지만, 이 이유들의 질서가 초월적 규정에 그칠 수는 없다. 이유들을 미분적 요소들로 규정해야 하며, 따라서 이 미분적 요소들을 그에 상응하는 체계의 발생기로 간주해야 한다.[29]

이유들이 인식의 이유에 그치는 것이 아니라 존재의 참된 이유로 규정될 때, 우리는 게루가 말하는 사유체계 연구의 방법과 골트슈미트가 말하는 발생의 과정을 대립시키는 거짓된 논쟁을 완전히 청산할 수 있게 된다. 들뢰즈가 보기에, "사물의 발생은 바로 체계에 의한, 체계 안에서 일어

---

28) Deleuze, *DR* 247/415~416.

29) Deleuze, "Spinoza et la méthode générale de M. Gueroult (recension de Martial Gueroult, Spinoza, vol. I)" in *Revue de métaphysique et de morale*, 74/4, octobre-décembre 1969, p. 426~437.

나는 체계의 발생이기도 하다."[30] 이는 들뢰즈가 초기에 쓴 개별연구서들을 회고적인 관점에서 해명해 주는데, 이 개별연구서들은 게루의 방법론을 확대하여 개념의 발생에 국한되었던 것을 텍스트의 발생으로 대체한다. 지금까지 확인했다시피, 개념의 발생에 국한된 방법론은 경험적 사건 및 독특성의 생산에 대한 관심과 결코 양립할 수 없다.

구조를 발생의 질서로 이해함으로써, 들뢰즈는 구조를 이념과 동일시하면서 구조를 복합적인 주제, 다시 말해 내적 다양체로 규정할 수 있게된다. 이 내적 다양체는 미분적 요소들 사이에서 국지화되지 않는 다수적 연관의 체계에 활기를 부여하는 시공간적 역동성을 갖추고 있다. 발생은 더 이상 구조와 대립적이지 않다. 발생은 현실적인 것에서 현실적인 것으로 나아가는 것이 아니라 잠재적인 것에서 그것의 현실화로 나아가기 때문이다. 발생은 "다시 말해서 구조가 구현되어 몸을 얻는 과정, 문제의 조건들이 해의 경우들로 나아가는 과정, 미분적 요소들과 이 요소들의 이상적 연관들이 매 국면 시간의 현실성을 구성하는 현실적인 항들과 상이한 실재적 결합관계들로 변화되는 과정이다".[31]

5. 경험적인 것과 초월론적인 것의 새로운 할당

의미는 더 이상 초월적 난입으로 제시되는 것이 아니라 비의미작용적 요소들의 결합에서 유래하는 구조의 순수 효과, 표면 효과가 된다. 따라서 우리는 의미를 선재하는 것으로 간주하지 않으면서 의미의 생산을 설명

---

30) *Ibid.*, p. 426.
31) Deleuze, *DR* 238/401.

할 수 있게 된다. 이런 조건들하에서 들뢰즈가 구조주의적 가설을 새로운 초월론적 철학으로 제시한다는 사실은 하등 놀라울 것이 없다. 이 초월론적 철학에서는 자리가 그 자리를 채우는 내용보다 우월하며, 또한 이 철학은 경험적인 것과 초월론적인 것의 새로운 할당을 가능하게 해준다.

이러한 표현을 사용함으로써, 들뢰즈는 자신을 푸코와 이어 주는 인접성을, 그리고 유한성 분석 및 경험-초월론적empirico-transcendantal이라는 낯선 이중항을 다루는 『말과 사물』의 몇몇 대목에 자신이 부여하고 있는 중요성을 보여 준다. 이 이중항은 인간을 경험의 지지대로 제시할 뿐만 아니라 또한 인간을 모든 인식의 초월론적 가능성의 조건으로 제시한다.[32] 구조 개념이 수행하는 역할에 힘입어 우리는 인간학적 입장으로부터 벗어나 의미의 생산을 이렇듯 비주관적·횡단주체적 수준에서 제시할 수 있게 된다. 이 비주관적·횡단주체적 수준은 이후 들뢰즈와 과타리가 함께 이론화하게 될 언표행위의 집단적 배치를 예비하는 것이다.

따라서 구조는 주체라는 개념을 인간학적 지지대로부터 벗어나게 해주는 데 사용된다. 이런 이유에서 구조주의는 새로운 유물론과 분리될 수 없다. 들뢰즈에 따르면, 이 새로운 유물론은 새로운 무신론과 새로운 반인간주의를 함축하고 있다. 이 공격적·전투적 사유는 자신을 둘러싼 인간주의를 청산하면서 주체에 대한 새로운 사유 방식과 새로운 기술記述 방식, 이를테면 습관의 수축, 분열된 **자아**, 애벌레 주체를 창조하고자 한다.

구조주의 운동의 통일성은 회고적이고 순수하게 논쟁적인 것으로서

---

32) Deleuze, "Structuralisme…", art. cité, 305 et 306, n. 1./374 및 374 주 5.; Foucault, *Les mots et les choses*, Paris, Gallimard, 1966, p. 329. 또한 다음을 보라. Juliette Simont, *Essai sur la quantité, la qualité, la relation chez Kant, Hegel, Deleuze. Les "fleurs noires" de la logique philosophique*, Paris, L'Harmattan, 1997, p. 193 et 400.

다음의 두 가지 규정이 상호 교차하는 지점에서 성립한다. 첫째, 내재적 형식주의에 대한 관심. 내재적 형식주의는 현상학에 대한 비판, 초월성 및 의식 활동으로서의 의미작용에 대한 거부를 수반하며, 현상학적 경험을 인식론적인 것으로 축소하고, 원초적·주관적 경험 아래 지식이 구성되는 차원을 보여 준다. 이에 힘입어 우리는 구조주의 운동을 규정할 수 있게 됨과 동시에, 푸코가 보여 주었듯 그것을 해소할 수도 있게 된다. 둘째, 의미를 형식적 효과로 규정하는 것. 형식적 효과는 초월론적 규정을 역사적으로 현실화한 결과물로서, 구조 개념의 전략적 관심사를 보여 준다. 구조 개념은 주체를 구성하는 것으로서가 아니라 구성된 것으로 사유할 수 있게 해주며, 현상학의 의식 모델로부터 이상성의 평면을 해방시킬 수 있게 해준다.

푸코는 구조주의적 형식주의에 대한 이러한 호소를 두 가지 실천적 명법을 통해 설명한다——이러한 설명은 이미 그 자체로, 구조가 순수한 지성적 공속성을 갖는다는 가설에 대한 하나의 반론을 이룬다. 한편으로, 비의적인 이상화 방식인 형식주의는 이데올로기로부터 사유를 보호하면서, 해석학적 설명을 통해 사유가 독단적인 압력을 피해 실행될 수 있게 해준다.[33] 다른 한편, 구조주의적 분석은 주체가 더 이상 의미를 부여하는 자로서 개입할 수 없는 현상들을 현상학보다 더 나은 방식으로 설명할 수 있게 해준다. 이처럼 구조주의는 사회과학을 변형시키는 거대한 운동의 일부가 되는데, 이 운동은 인간학·주체·인간의 특권을 문제시한다는 데

---

33) 1983년 제라르 로레(Gérard Raulet)와의 대담에서, 푸코는 1960~1970년대 '구조'가 수행했던 역사적 역할에 대한 자신의 해석을 제시한다. cf. Foucault, *Dits et Écrits*, Paris, Gallimard, 1994, t. IV, p. 434~435.

그 특징이 있다. 인간을 국가 속의 국가로 제시하기를 거부하는 스피노자는 여기서도 중요한 연결지점으로 나타난다.

구조주의를 형식주의적 도약의 영역 속에 녹여 내고, 이를 실체적 주체를 해소시키는 지식의 심층적 변화를 위한 계기로 삼는다는 것. 이에 힘입어 우리는 한 걸음 더 나아가 현대 사상 속에서 다른 하나의 흐름을 이끌어 낼 수 있게 된다. 아직 특별한 명칭을 부여받지는 못했지만, 우리는 정당하게도 이 흐름을 보다 결정적인 것으로 간주할 수 있으며 푸코는 기꺼이 이 흐름에 포함될 것이다. 여기서 문제가 되는 것은 인식론이다. 이 인식론은 오귀스트 콩트Auguste Comte의 계보 속에서 합리성의 역사를 제시하며, 단일한 이성의 역사로부터 합리성의 여러 양태들을 포괄하는 다수적 역사성으로 이행한다. 쿠아레A. Koyré, 바슐라르G. Bachelard에서 캉길렘G. Canguilhem까지 이어지는 이 복수적인 학문 역사의 계보 속에서, 니체는 캉길렘 만큼이나 결정적인 역할을 수행한다. "푸코는 덧붙여 이렇게 말했습니다. 확신컨대 들뢰즈는 나와 동일한 조건에서 니체를 만났을 것입니다. 사람들이 현상학과 더불어 활용하는 주체 이론은 과연 만족스러운 것일까요?"[34] 이러한 구조주의적 계보학이 지닌 장점은 구조에 대한 관심을 학문의 역사와 연결해 준다는 데 있다. 이 학문의 역사는 서구문명에 대한 비판의 역사라는 틀 속에서 니체의 니힐리즘과 맑스를 함께 고려하면서 주체 및 신학적 이성에 대한 비판으로 나아간다. 또한 이 학문의 역사는 니체에서 캉길렘으로 이어지는 계보를 강조하는데, 이는 푸코와 들뢰즈가 주장하는 바 인간주의적 인간학과의 단절을 이해하는 데 있어 결정적인 중요성을 갖는다. 이러한 단절이 뜻하는 바는 인간이 죽음을 맞이하게

---

34) Foucault, *ibid.*, p. 436.

되리라는 것이 아니라 구조가 인간을 어떤 공백으로 대체한다는 것이고, 들뢰즈의 설명에 따르면 인간이 없어져 버리게 될지도 모른다는 것이 아니라 우리가 초월론적인 것과 경험적인 것의 새로운 할당을 목격하게 된다는 것이다. 이 새로운 할당은 주체 개념에 대대적인 수정을 가한다. 주체는 "신도 인간도 아니고, 인격적이지도 개별적이지도 않으며, […] 동일성이 배제된 상태에서 비인격적 개별화와 전개체적 독특성으로 이루어진다".[35]

푸코는 이제 우리가 인간의 공백 속에서만, 인간의 죽음 속에서만 사유할 수 있다는 사실을 보여 주었다. 문제는 인간의 공백을 애도하거나 극화하는 것이 아니다. 사실상 이 공백은 바로 우리 시대가 사유해야 할 이 역사적 펼쳐짐 속에서만 성립하는 것이기 때문이다. 들뢰즈는 『말과 사물』을 위해 쓴 서평에서 경탄과 더불어 이러한 정식을 인용한다.[36] 또한 들뢰즈는 이제 우리가 결별해야 하는 사유 이미지, 즉 재현적인 사유 이미지를 가능케 했던 지식의 변화를 드러내면서 여기서 문제가 되고 있는 것이 푸코가 우리에게 권하고 있는 새로운 사유 이미지임을 분명히 한다. 사유 이미지는 경험적 학문들이 실효화하는 내재면 혹은 잠재적 규정의 평면으로 나타나며, 경험적 학문들은 이 잠재적 규정의 평면을 경험적으로 현실화한다. 푸코에 대한 서평에서 들뢰즈는 자신이 추구하는 초월론적 경험론의 정의 자체를 다음과 같이 정식화한다. "새로운 사유 이미지, 즉 사유한다는 것이 의미하는 바에 대한 새로운 구상이 오늘날 철학의 과제

---

35) Deleuze, "Structuralisme…", art. cité, 333/418.

36) Deleuze, "L'homme, une existence douteuse", in *Le Nouvel Observateur*, 1ᵉʳ juin 1966, p. 32~34.; 『들뢰즈가 만든 철학사』, 박정태 엮고 옮김, 서울: 이학사, 2007, 421~434쪽. Foucault, *Les mots et les choses, op. cit.*, p. 353, cité par Deleuze, art. cité, p. 330/415.

다." 뒤이어 들뢰즈는 "분열된 자아를 위한 코기토"[37]라는 말을 덧붙이는데, 앞서 살펴보았듯이 이는 『차이와 반복』의 서문에서 보여지는 바와 같이 주체의 해소라는 자기 고유의 시도를 특징짓고자 그가 사용하는 표현이다.

그렇다면 인간학의 혁신은 과연 어떤 지점에서 성립하는 것일까? 이와 관련하여 들뢰즈는 외견상 서로 구별되는 몇 가지 정식화를 제안한다. 1967년 「구조주의를 어떻게 식별할 것인가?」에서는 다음과 같은 구절이 발견된다. "구조주의는 결코 주체를 제거하는 사유가 아니다. 차라리 구조주의는 주체를 세분細分하고 체계적으로 분배하는 사유, 주체의 동일성에 이의를 제기하는 사유, 주체를 흩뜨리고 이리저리 이동시키는 사유다."[38] 따라서 『차이와 반복』에서 들뢰즈가 분명히 하고 있듯이, "세분은 언제나 전복을 동반한다".[39] 이렇게 말하는 까닭은 들뢰즈가 서평에서 전략적으로, 어리석음과 악의가 뒤섞인 그릇된 소송으로부터 푸코를 구해 내고자 하기 때문이다. 이 소송은 인간을 죽이려 드는 야만의 공범이 되었다는 이유로 푸코를 비난한다. 이러한 논쟁으로 인해 들뢰즈는 우선 주체의 제거와 주체의 분산을 일시적으로 구별한다. 1986년 쓴 『푸코』에서 들뢰즈는 이 문제들로 되돌아가 이 점을 분명히 한다. '인간의 죽음과 초인에 대하여'라는 제목이 붙은 그 책의 부록에서 그는 『말과 사물』의 분석을 받아들인다. 푸코는 주체를 제거했는가, 아니면 주체를 세분했는가? 푸코는 실체적 주체를 파괴했으며, 이렇게 함으로써 양태적·역사적 주체성이라는

---

37) Deleuze, "L'homme, une existence douteuse", art. cité, 33/434.
38) Deleuze, *ID* 267/415.
39) Deleuze, *DR* 263/441.

새로운 문제제기적인 것을 위한 공간을 열어 주었다. 이러한 주체성은 주체의 형식을 그것의 인간학적 정박점으로부터 해방시킨다.

문화적 보편자로서의 인간은 하나의 추상에 불과하다. 실제로 존재하는 것이 아니므로, 그런 인간을 죽였다고 푸코를 비난할 수는 없다. 인간은 초역사적인 본질로서 주어지는 것이 아니라, 역사적이고 가변적이며 경험적인 힘들의 배치를 통해 구성되는 하나의 형식으로서 주어지는 것이기 때문이다. 따라서 이 형식의 역사성은 우발성을 띤다. 고전주의 시대에는 아직 인간-형식forme-Homme이 구성되지 않았는데, 그때 인간은 신의 이미지를 따라 사유되었기 때문이다. 인간-형식이 생겨나기 위해서는 인간의 유한성이 신이 무한성과 더불어 구성되는 것이 아니라 실증적 지식의 유한성과 더불어 구성되어야 한다.[40] 푸코의 분석이 니체와 가까운 것은 이런 이유에서다. 문제는 인간을 이론적으로 파괴하는 데 있는 것이 아니라 인간이 '죽을' 수 있는, 다시 말해 변화할 수 있고, 따라서 변신할 수도 있는 역사적·잠정적 실존을 가지고 있을 뿐임을 보여 주면서 인간을 넘어서는 데 있다. 들뢰즈의 설명에 따르면, 초인은 인간을 변형시키고 넘어서기는 하지만, 위계적인 의미에서 인간보다 우월한 것은 아닌 예외적인 변이로 이해되어야 한다. 모든 역사적 진보를 거부하는 니체와 같은 사상가에게 위계적인 의미에서의 초인이란 분명 부조리한 개념에 불과할 것이다. 문제는 인간-형식의 역사적·상대적 성격이다.

『차이와 반복』에서 들뢰즈는 그 논쟁에 종지부를 찍는다. 소쉬르와 트루베츠코이가 말하는 구조주의의 언어학적 판본에서 대립이 수행하는

---

40) Foucault, *Les mots et les choses*, p. 326~327. 그리고 Deleuze, *Foucault*, Paris, Minuit, 1986(이하 *F*), p. 131~133.; 『푸코』, 허경 옮김, 서울: 동문선, 2003, 186~189쪽. *PP* 136~137.

역할을 비판하는 바로 그 대목에서, 그는 "세분은 언제나 전복을 동반한다"고 쓴다.[41] 따라서 중요한 것은 주체의 문제와 주체를 인간학적으로 구현하는 문제를 섬세하게 구별하는 일이다. 인간학적 단일체로서의 인간은 역사의 불변항이 아니라 문화의 구성물이다. 이 구성물의 역사적 실존은 고전주의 시대의 종말과 더불어 시대적으로 구분되어야 하며, 이 역사적 실존은 경험적·잠정적인 것으로 드러난다. 의인론적 주체의 표상이 반드시 인간-형식을 띠는 것은 아니다. 이로부터 푸코가 주체 구성 방식의 역사적 다양성에 대한 사유를 금지했다고 결론지을 수는 없으며, 우리는 주체 구성 방식이 확정적인 것으로 주어진 인간학적 본질로 환원될 수 없다는 사실을 알 수 있을 뿐이다. 『성의 역사』에 이르러 서구 주체성의 역사적 형성이라는 문제로 되돌아가면서도 푸코는 『말과 사물』의 분석을 부인하지 않는다. 들뢰즈가 경험적인 것과 초월론적인 것의 새로운 할당에 그토록 큰 관심을 두는 까닭은 그 할당이 주체적인 것을 그것의 인간학적 지지대로부터 해방시키고 초월론적인 것을 그것의 개별적인 구현으로부터 해방시키기 때문이다.

여기서 우리는 "신도 인간도 아니고, 인격적이지도 개별적이지도 않은",[42] 주체의 '신神-인간학적'théo-anthropologique 혁신이 어떻게 이해되어야 하는지를 알 수 있게 된다. 1967년 「구조주의를 어떻게 식별할 것인가?」에서 들뢰즈가 사용했던 하이데거의 표현은 『차이와 반복』에서 "죽은 신, 분열된 자아"[43]라는 니체의 정식에 자리를 내어 준다. 자신의 지속적인 행

---

41) Deleuze, *DR* 263/441.

42) Deleuze, "Structuralisme...", art. cité, 333/418.

43) Deleuze, *DR* 122/213.

보에 따라, 들뢰즈는 하이데거가 수행한 분석의 어떤 측면을 재전유하면서도 그 분석을 '신은 죽었다'라는 니체의 분석과 교차시켜 새롭게 명명하고 변형시킨다. 게다가 애초에 하이데거의 분석은 니체의 정식에서 유래한 것이었다. 들뢰즈는 니체에서 하이데거로 이어지는 이러한 계보를 거의 고려하지 않는다. 다시 말하자면, 들뢰즈는 거기서 보다 시급한 문제를 발견한다. 하이데거의 존재론적 표현을 이 신-인간학적이라는 용어로 바꾸어 놓으면서, 들뢰즈는 존재론과 신학의 쌍을 새로운 문제제기적인 것으로 대체한다. 이제 모든 것은 인간과 신 사이에서 벌어진다. 그러나 푸코와 마찬가지로, 들뢰즈는 유한에 대한 분석을 강조하는 하이데거의 칸트 독해와 생산적 상상력의 종합에서 시간이 수행하는 역할을 통합한다. 하지만 들뢰즈가 보기에 칸트는 데카르트의 코기토가 지닌 실체성을 깨뜨려 유한성에 대한 분석을 시작한 사람이며, 그 지점에서 데카르트의 코기토는 시간을 통해 균열된 나가 된다. 칸트의 가장 큰 장점이 사유에다 하이데거가 기꺼이 동의하게 될 바와 같은 시간의 형식을 도입하는 데 있다면, 이러한 장점은 존재론을 해소하는 데 사용되는 동시에 재현의 철학을 인간과 신의 만남으로 환원시킨다.

이로부터 현대 철학의 문을 열어젖힌 칸트의 중요성이 나온다. 시간의 순수 형식을 통해 균열된 나와 더불어, 신과 자아는 사변적 죽음을 인식한다. 『순수이성비판』에서 칸트는 바로 이 점을 적어도 한 번은 아주 깊이 꿰뚫어 보았다. 즉 이성 신학과 이성 심리학은 동시에 소멸하고, 신의 사변적 죽음은 나의 균열로 이어진다." 따라서 초월 철학의 가장 큰 장점은 "죽은 신, 균열된 나, 그리고 분열된 자아"[44] 사이의 이러한 개념적 연대

---

44) Deleuze, *DR* 116~122/202~213.

를 제시한다는 데 있다. 들뢰즈에 따르면, 결과적으로 이미 칸트에게서 주체는 신도 인간도 아니다.[45] 구조주의의 선봉은 사실상 칸트에게서 발견된다.

그러나 칸트의 전 작업이 그의 비판 작업이 해소시킨 이 형식들을 봉합하려는 데서 성립한다는 것 또한 사실이다. 적어도 칸트가 첫번째 비판에서 신학과 심리학이 동시에 소멸하게 되리라는 사실을 아주 분명하게 깨달을 수 있었다면, 그는 그 공격을 계속하지 않았을 것이다. 들뢰즈의 멋진 표현에 따르면, 신과 나는 "사변적 죽음"과 "실천적 차원에서의 부활"[46]을 인식한다. 칸트가 초월론적인 것에 대한 자신의 구상을 경험적인 것(억견적인 것)으로부터, 다시 말해 공통감으로부터 전사한다는 주장의 핵심은 바로 여기에 있다.

---

45) Deleuze, "Structuralisme…", art. cité, 333/418.
46) Deleuze, *DR* 117/205.

9장

이념의 극화

가지성이 내재적인 방식으로 규정될 뿐만 아니라, 특히 이념도 자신을 극화하는 시-공간적 역동성에 의해 변용된다. 우리는 들뢰즈가 칸트의 감성적 이념과 맺고 있는 관계, 상징을 상상력이 수행하는 도식작용의 유비적 측면으로 보는 그의 분석, 그리고 특히 구조에 내적인 시간성에 대한 그의 구상을 분석함으로써 이 점을 간파할 수 있을 것이다. 이념의 극화라는 까다로운 이론은 개념들을 종별화하는 법칙들과 더불어 개념의 기묘한 운동학적·공간적·시간적 극劇을 제공한다. 1967년 1월 프랑스 철학회에서 들뢰즈는 극화 이론의 위상을 분명히 했던 바 있다. 극화 이론은 『차이와 반복』에서 다시 채택되는 것으로 드러나는데, 우리는 『차이와 반복』으로 가는 이행이라는 관점에서 이를 철저하게 연구할 필요가 있다.[1] 이 대목에 힘입어 우리는 『프루스트 I』의 본질에서 『차이와 반복』의 이념으로 가

---

1) Deleuze, "La méthode de dramatisation", *op. cit.*, p. 282 sq[*ID* 132/489 sq]., 그리고 *DR* 280~282/466~469.

는 이론적 여정을 평가할 수 있게 된다.

들뢰즈는 칸트의 도식론을 받아들여 보완하면서 **로고스**의 평온한 중립성을 **드라마**^{drama}의 파토스적 두께로 대체한다. 이 **드라마**는 노에시스적 관계들에 생기적 운동학을 불러일으키고 개념의 중립적인 가지성에 정서의 파토스적 역량을 주입한다. 따라서 대문자 이념은 지성의 표상, 정신적 소여로 환원되지 않는다. 이념은 사유자의 심리 내적 투사를 통해 구성되는 것이 아니라 이상적 연관들의 잠재적 복합체 속에서 성립한다. 들뢰즈는 **에이도스**^{eidos}에 대한 플라톤의 폭넓은 규정, 즉 사유자에게 외부적인 공속성이라는 규정을 항상 강조해 왔으며, 플라톤과 마찬가지로 이념[이데아]을 인간 심리의 노에시스적 소여, 영혼의 변용으로 만들기를 거부한다. 그러나 플라톤과는 달리, 이념이 영원불멸의 지성적인 것이라는 분리된 영역에 있을 수는 없다. 이념은 실재적 다양체로 사유되어야 한다. 이 실재적 다양체는 잠재적 운동학에 종속되어 있으며 미분적 리듬 및 미분적 속도가 주는 시간적인 동시에 공간적인 운동으로부터 그 생명력을 부여받는다. 이 미분적 흐름과 이 현실화의 경향을 규정하는 일, 이념의 극화는 바로 이 지점에서 성립한다.

그러나 "이런 시공간적 역동성을 띤 규정들은 이미 칸트가 도식들이라 불렀던 것이 아닐까?"[2] 실제로 도식은 개념의 시간적 적용을 규정하면서, 그리고 개념의 공간적 구성을 위한 규칙을 직관에 부여하면서 개념과 직관의 일치 가능성을 보증해 주기 때문이다. 칸트는 범주적 구조와 감성적 변용 사이에 도식의 적용을 전제하고 있지만, 여전히 개념에 외부적이라는 점에서 도식은 설명될 수 없는 성질의 것으로 남는다. 들뢰즈가 재치

---

2) Deleuze, *DR* 281/467.

있게 명시하는 바에 따르면, 도식은 개념을 분화시키는 동인이자 개념을 시공간적으로 구성하는 규칙이기는 하지만, 도식을 작용케 하는 역량이 무엇인지, 다시 말해 신비로운 만큼이나 강렬한 힘으로 도식을 부여하는 바가 무엇인지는 설명할 수 없다. 들뢰즈는 도식이라는 **데우스 엑스 마키나**[deus ex machina], 시공간적 직관에다 논리상의 가능한 것을 배치하는 불가사의한 연결장치를 이념의 내적 역동성으로 대체한다. 바로 이 내적 역동성에 힘입어 우리는 구조를 고유의 시간성 및 공간성을 갖춘 하나의 다양체로 이해할 수 있게 된다.

칸트의 도식론에 대한 이러한 재평가와 더불어, 이 시기의 저작들은 높은 체계성을 회고적으로 부여받게 된다. 니체가 말하는 역량의 생기론, 베르그손이 말하는 잠재적 경험, 스피노자가 말하는 사유의 물리학, 표면 효과로서의 의미는 모두 동등하게 경합하면서 하나로 합쳐진다. 이는 재현적인 사유 이미지에 맞서 싸우기 위한 것이자 본질이 이념으로 변신할 수 있도록 보증해 주기 위한 것이다.

1. '누가?'라는 물음과 칸트의 도식론에 대한 니체의 재평가

칸트의 도식론은 두 방향에서 자신을 넘어선다. 하나는 변증론적 이념의 방향인데, 그것은 스스로 자기 고유의 도식이 된다(변증론적 **이념**은 인식 가능성의 조건들을 무시한다는 점에서 범주와 감성적 직관의 연결을 등한시한다). 다른 하나는 감성적 이념의 방향인데, 그것은 도식으로 하여금 상징주의의 복잡한 작업을 따르게 만든다.[3] 변증론적 이념과 감성적 이념 사이

---

3) Deleuze, *DR* 282, n. 1/468, 주 41.

에서 들뢰즈가 제안하는 접근 방식은 일견 놀랍고도 기발한 것인데, 이는 이 두 경우에 속하는 이념의 내적 역동성, 즉 변증론적 이념과 관련해서는 가상적이지만 감성적 이념의 상징주의와 관련해서는 실재적인 역동성이 존재하기 때문이다. 엄밀하게 칸트적인 관점에서 보자면, 이러한 독해는 고유한 내적 차이들의 생산이라는 측면에서 감성적 이념을 강제하며, 이념의 변증론적 사용이라는 측면에서 그러한 생산을 이끌어 낸다. 이는 칸트로서는 용인할 수 없는 입장이다. 이러한 독해는 개념에 대해서만 주어질 수 있는 객체성의 조건들과 참된 대상이 도식에 직접 주어질 수 없는 경우에도 도식만이 실제로 그에 부합하는 관념 속의 대상 간의 구별에 이의를 제기하기 때문이다.[4] 그러나 들뢰즈의 입장에서 보자면, 이러한 독해는 전적으로 용인될 수 있는 것이다. 이념의 극화는 들뢰즈가 초월론적 논리학을 혁신할 수 있게 해주는 개념의 실행자로서 재현적인 사유 이미지를 힘과 관련된 사유의 에너지적 기술記述로 대체하기 때문이다. 이러한 이념의 극화는 니체 및 칸트 연구와 더불어 철학의 영역에서 고안되었고 이후 문학(프루스트)에 적용되었다.

극화라는 개념은 『니체와 철학』 3장에 처음 등장한다. 3장은 칸트에 대한 니체의 공격을 다루는 장으로서 의미심장하게도 '비판'이라는 제목을 달고 있다. 거기서 들뢰즈는 니체를 원용하여 칸트의 비판을 혁신하고 과격화한다. 실제로 칸트가 경험적인 것으로부터 초월론적인 것을 전사하고 있다는 주장은 우선 니체의 주장인데, 여기서 경험적인 것——다시 말해, 억견적인 것——은 반응적인 삶의 유형학을 가리킨다. '초월론적

---

4) 다음을 보라. Kant, *Critique de la raison pure*, "Du but de la dialectique naturelle de la raison humaine", trad. Tremesaygues et Pacaud, Paris, PUF, 1944, rééd. 1975, p. 467.

인 것의 놀라운 발견자'인 칸트는 '최후의 고전 철학자'인 것으로 드러난다. 그는 재현의 가치들 자체에 비판적 분석이 가해지는 것을 결코 용인하지 않기 때문이다. 따라서 칸트는 비판을 중단시켜야 한다. 앞서 살펴보았듯이, 이는 참과 사유의 친화성을 전제함으로써, 참의 이상을 모든 이의 제기를 넘어선 어떤 원리로 제시함으로써 이루어진다. 이때 칸트는 진리를 사유의 실재적 발생이나 구체적 양상과 결부시키지 않으며, 요컨대 생기적 조건들 속에서 출현하는 사유, 사유의 현실화를 사유하지 않는다. 이런 조건들하에서, 칸트는 들뢰즈가 가장 민감하게 생각하는 문제를 구성하는 데 이를 수 없었다. 그 문제가 바로 사유 속에서 일어나는 사유 행위의 탄생, 다시 말해 창조다. 혹은 아르토를 따라 들뢰즈가 명명한 바에 따르면, '사유의 생식성', 모든 본유성에 맞서 솟구쳐 오르는 사유, 사유의 사건──사유자의 드라마──이다.

따라서 초월론적 비판은 우선 진리 개념을 그 대상으로 삼아야 한다. 진리 개념이 지닌 권리상의 가치를 규정한다는 것은 그것이 가리키는 힘들을 규정한다는 것이며, 그것이 촉진하는 생기적 정서에 대한 임상적 진단을 수행한다는 것이다. 아직 명사로 사용되기 이전, 극화 개념의 첫 등장을 따라가 보자.

> 니체는 진리에 대한 헛된 바람을 비판하는 것이 아니라 그 자체로서의 진리, 이상으로서의 진리를 비판한다. 니체의 방법에 따르자면, 진리라는 개념을 극화할 필요가 있다.[5]

---

5) Deleuze, *NP* 108/175.

개념을 극화한다는 것은 개념을 그것의 실행조건들에 결부시킨다는 것이며, 진리의 개념 자체에, 다시 말해 참에 대한 우리의 굴종에 비판의 망치를 휘두르게 하는 것이다. 이는 이중의 작용을 함축한다. 한편으로는 개념을 그것이 촉진하는 삶의 유형에 결부시키고, 다른 한편으로는 개념을 그것이 현실화하는 이념에 결부시키는 것이다. 따라서 진리 개념은 이중의 가치평가 대상이 된다. 첫째는 니체의 가치평가다. 그것은 진리 개념을 사유자의 진리의지에 결부시키고, 진리 개념을 사유가 진리에 대한 추구로서 산출될 때 실제로 사용하는 힘들의 독특한 복합체와 연결시킨다. 참에 대한 사유는 진리가 출연하는 무대장치, 진리가 등장하는 독특한 상황을 가리키는데, 우리는 임상의로서 그것의 내용·분위기·영향력을 평가할 필요가 있다. 따라서 재현적 사유는 진리에 문자 그대로 추상적인 이미지를 부여한다. 재현적 사유는 진리를 그것이 솟아오르는 실재적 상황과 단절시키고, 사유를 자극하는 잠재적 역동성을 띤 진리의 실재적 현실화를 무시하기 때문이다.

둘째로, 진리 개념이 이중의 가치평가 대상이 되는 또다른 이유는 진리 개념을 그것이 현실화하는 이념에 결부시켜야 하기 때문이다. 이런 관점에서도 진리 개념은 하나의 추상에 불과한 것으로 드러난다. 이처럼 극화는 차이의 두 측면과 관련된다. 한편으로, 이념은 사유자의 반응을 불러일으키며, 개념의 분화하는 현실화 혹은 개념의 개별화를 규정한다. 다른 한편으로, 이념의 잠재적 미분화는 그것의 시공간적 극화가 본래 어떠하건 간에 독특성들, 미분적 관계들, 공존하는 것들의 할당으로부터 산출되는 다양체를 함축하고 있다. 다른 모든 개념들과 마찬가지로, 진리 개념도이 "순수 규정들로부터 산출되는 기묘한 극釋"[6]에 다름 아니다. 이 극은 기호의 폭력적인 충격하에서 잔혹하게 솟아오르는 것으로서, 진리 개념을

'그것의' 사유자와 관계짓는다. 이런 식으로 이념의 내용에 대한 이념적 규정 혹은 합리적·비판적 규정은 이념의 극화를 위한 윤리에 다름 아니며, 이러한 윤리는 사유에 대한 진단, 사유자의 유형학에 착수한다.

예컨대 진리는 직관 속에서 몸소 드러난다는 것, 아니면 진리는 일련의 추론과 징표를 인내심 있게 뒤따른 결과라는 것이다. 직관 이론과 귀납 이론의 이 전통적인 분할 아래서, 우리는 자백과 수사라는 서로 구별되면서도 상호 경합하는 두 가지 드라마투르기를 쉽게 동일시한다. 그러나 이 두 경우에 있어, 개념이 참을 뒤쫓는 절차들은 상이하다. 실제로 직관 이론과 귀납 이론은 진리를 두고 서로 다른 가면을 제시한다. 이 이론들은 상이한 무대연출 방식에 속하며, 서로 다른 유형의 정서에 부합한다. 사유자의 유형학이 존재하기는 하지만, 이 유형학은 다양한 이론들에 상대적이다. 철학자는 더 이상 미리 확립된 진리를 제시하는 사람이나 어떤 보편적 방법에 따라 규정되는 중립적 절차의 끝에서 진리를 찾아내는 사람이 아니다. 오히려 철학자가 보여 주는 것은 이념의 춤이다. 이 이념의 춤은 진리 개념 속에서 사유자에게 주어지는 공간적 소요, 지시적 강도, 사유의 운동학 전체를 야기한다.[7]

니체의 명제는 사유자에게 주어지는 사건이라는 용어로 사유를 그것의 권력의지 유형과 관계짓는 데서 성립하는 것으로서, 여기서는 칸트의 도식론을 혁신하면서 이념의 내적 역동성을 보여 준다. 이것이 바로 이념의 행동학이다. 들뢰즈는 이 이념의 행동학을 유형학과 결부시킬 뿐만 아니라 위상학, 심지어는 초월론적 약량학藥量學, posologie과도 결부시킨다. 한

---

6) Deleuze, "Dramatisation", art. cité, p. 95[*ID* 137/497].

7) Deleuze, *DR* 118/206.

편으로, 들뢰즈는 사유 안에 시간과 공간을, 다시 말해 운동과 속도를 주입하면서 상황에 따라 개념을 개념 자체 안에서 작동하는 이념과 관계짓는다. 하나의 개념이 주어졌다면, 그 개념의 드라마를 규정해야 한다. 다시 말해 그 개념을 물질적으로 규정하는 역동성을 묘사해야 하며, 이 역동성은 사유자의 삶 속에서 그것이 현실화되는 독특한 상황 및 그것이 미분화되는 논리적 계기를 포함하고 있어야 한다. 이렇듯 엄밀한 현실화가 존재하지 않는다면, 개념은 여전히 단맛을 내는 추상적인 알약에 불과할 것이다.

사유의 극화는 프루스트가 관찰했던 바에 정확히 부합한다. 진리는 사유자가 원할 때, 아니면 사유자가 어떤 방법을 따를 때 나타나는 것이 아니라 이념과 생기적인 방식으로 만날 때 나타나는 것이다. 이제 사유를 추상적으로 재현하는 것으로는 불충분하며, 한 발 더 나아가 누가, 어떻게, 어떤 경우에, 어떤 상황에서 참을 원하는지를 물어야 한다. 진리는 다양한 세계, 기호, 삶의 유형들에 산재해 있다. 질투에 빠진 연인이나 속물은 동일한 질에 관심을 두지도, 같은 진리를 추구하지도, 동일한 정서의 지도를 사용하지도 않으면서 상이하고 단절된 세계들 속을 사실상 이리저리 옮겨다닌다. 이처럼 사유는 이러한 질, 이것임, 기질에 따른 변이, 물질적 사건들과 관계지어져야 하며, 이것들은 진리를 어떤 사례가 지닌 독특성에 따라 변이시키고 그로부터 초월론적 약량학과 이념의 결의론을 이끌어 낸다.

'무엇인가?'라는 물음을 '누가?', '무엇을?', '어떤 경우에?', '얼마나?'라는 물음으로 대체함으로써, 들뢰즈는 상이한 두 가지 개념적 재구성을 수행한다. 한편으로, 그는 본질의 우월성을 사례의 유형학으로 대체한다. 다른 한편, '무엇인가?'라는 물음, 즉 이념을 본질로 간주하는 플라톤의 규정은 이념의 극화에 자리를 내어 준다. 이념의 극화는 플라톤주의의 전복이라는 과제를 떠맡게 되는데, 니체는 그것을 철학의 가장 시급한 과제로 간주했다.[8]

플라톤주의의 전복은 정확히 어떤 지점에서 성립하는 것일까? 사실 우리는 플라톤주의의 전복을 본질 세계 및 가상 세계의 소멸로 환원할 수 없다. 이러한 전복은 **이미** 헤겔에 의해, 그리고 그에 앞서 칸트에 의해 성취되었던 것이기 때문이다.[9] 들뢰즈의 논증은 미묘하다. 한편으로, 니체가 이념에 시간을 도입한 첫번째 사람은 아니다. 일찍이 플라톤의 상기가 사유자의 영혼에 극적인 절차, 본유성과는 구별되는 재전유의 절차를 도입했기 때문이다. 플라톤이 이념의 시간적 전개에 민감한 모습을 보였던 것에 반해, 니체는 노에시스적 관계를 역동화하는 신체적 힘들의 복합체라는 측면에서 이 시간적 전개를 표현하면서 사유를 이념의 시공간적 복합체와 경험적으로 대면시킨다.

그러나 플라톤주의를 처음으로 전복한 것은 니체가 아니라 칸트다. 칸트는 본질과 가상의 낡은 이원론을 현상과 현상의 드러남으로 대체한다. 칸트에게 가상은 어떤 드러남, 어떤 **현현**顯現, *Erscheinung*이다. 가상은 더이상 지성적 본질과 그것의 감각적 가상이라는 이원론적 개념쌍 속에서 취해지거나 모델이나 원인으로서의 본질을 가리키는 것이 아니라 엄밀한

---

8) Deleuze, "Dramatisation", art. cité, p. 91[*ID* 132~133/489~490]. 문제가 되는 것은 논문의 첫 대목인데, 거기서 들뢰즈는 '극화의 방법'이라는 개념 자체를 규정한다. 플라톤에 대한 참조는 「플라톤주의를 전복하기」라는 논문과 수렴되는 지점을 보여 준다. 이 논문은 「극화의 방법」보다 1년 먼저 다음의 잡지에 실렸으며, 개정된 『의미의 논리』에 부록으로 수록되었다. *Revue de métaphysique et de morale, op. cit.*

9) 니체, '어떻게 '참된' 세계가 결국 우화가 되어버렸는지', 『우상의 황혼』.

의미에서 현상 자체가 드러나게 되는 초월론적 조건들만을 가리킨다. 이로 인해 현상학의 창시자는 헤겔이 아니라 칸트가 된다. 칸트야말로 가상과 본질이라는 이접적 개념쌍을 드러남과 드러남의 조건들이라는 통접적統接的, conjonctif 개념쌍으로 대체한 사람이다. 이는 현대 철학의 문을 열어젖힌 근본적인 변화에 해당한다.

이처럼 니체의 비판은 칸트에게서 받아들인 다음의 결정적인 모티프를 간직하고 있다. 현상의 드러남은 더 이상 가상 배후의 본질을 전제하고 있지 않으며, 나타난 바의 감각을 산출하는 내재적 조건들을 전제하고 있을 뿐이다. 들뢰즈가 받아들인 니체의 기호론 전체는 이렇듯 칸트가 열어놓은 길 위에 덧붙여진 것이다. 표면상의 드러남에 속하는 현상적 감각이 본질, 본질의 깊이, 본질이 점유하는 우월한 위치를 대신한다. 초월 철학과 더불어, 감각은 형이상학적 본질의 자리를 차지한다.

> 감각이 [칸트] 초월 철학 고유의 발견이라는 것, 그리고 감각이 낡은 형이상학적 본질을 대신하게 된다는 것은 사실이다.[10]

칸트는 초월론적인 것을 객체성 및 의식의 조건으로 제시하면서 감각을 그것의 발생적 생산성의 조건이라는 측면에서 발견한다. 하지만 칸트는 발생이나 구성을 거부함으로써 단순한 조건화에 그치고 만다. 따라서 '플라톤주의를 전복하기'는 단순히 본질과 가상의 위계를 전복하는 데서 성립하는 것이 아니라 우선 개념의 계보학에 착수하는 데서 성립하며,

---

10) Deleuze, "Platonisme", p. 426/23. *LS* 292/405. 이는 들뢰즈가 자신의 강의에서 종종 되풀이하는 분석이다(예컨대 다음을 보라. *Cours du 14 mars 1978*, p. 4).

이는 개념에 활기를 부여하는 권력의지, 다시 말해 개념이 실효화되는 경험적·생기적 사례와 결부되어 있다.

따라서 들뢰즈는 극화라는 자기 고유의 구상을 규정하고 플라톤주의의 전복을 진정으로 완수할 수 있게 된다. 들뢰즈는 논리상의 가능성에만 의존하는 칸트 도식론의 방향을 바꾸어 그것이 실재적으로 현실화되는 드라마 속으로 밀어넣는다. 칸트의 도식은 논리적 가능성을 초월론적 실재성으로 바꾸어 놓았으며, 범주적 구조 및 직관의 시공간적 역동성이 양립 가능하도록 보증해 주었다. 들뢰즈는 이 분석에서 논리상의 것에 불과한 가능한 것을 이념의 잠재적 실재성으로 대체하고, 칸트 식으로 역동성을 개념에 외적인 것으로 파악하는 것이 아니라 개념의 출현, 사유의 발생을 실재적으로 규정하는 이념에 내적인 것으로 파악한다.

사유자에게 개념을 드러내 주는 드라마에 관심을 두면서, 니체 및 프루스트와 더불어 들뢰즈는 개념이 현실화되는 시간적 계기를 강조한다. 따라서 칸트의 도식론과 들뢰즈의 극화가 맺고 있는 관계는 다음과 같이 확립될 수 있다. 가능한 개념과 관련하여 이러한 분화가 순전히 논리적인 방식으로 실행된다는 조건하에서, 도식은 개념과 직관을 이어 준다. 극화 개념은 논리상의 가능한 것에서 이념의 잠재적 실재성으로 이행할 수 있게 해주면서, 애벌레 주체^{sujet larvaire} 안에서, 정서의 운동학적 윤곽 안에서 이념의 시공간적 역동성에 따라 이념을 현실화한다. 이념에 내적인 것으로 이해된 시공간적 역동성에도 주체는 존재한다. 이 시공간적 역동성은 개체화의 기폭제를 담고 있는바 주체성, 드라마나 꿈, 강도적으로 동요하는 힘들의 윤곽을 규정하는데, 거기에는 애벌레적 강도들, 이것임들, 이러한 드라마투르기에 출연하는 유동적이고 잠정적인 배우들이 우글거린다.

'누가?'라는 물음을 통해 벌어지는 이러한 극화와 더불어, 니체는 이 논쟁에다 경험론적 전환점을 가져다 준다. 이러한 전환점은 경험의 조건들에 대한 초월론적 물음을 힘과 실재적 현실화의 영역으로 데려간다. 이에 힘입어 우리는 사유의 구체적인 발생을 가능한 것이라는 추상적인 영역에 한정시키는 것이 아니라 힘이라는 물리학적 용어로 고찰할 수 있게 된다. 이런 이유에서 들뢰즈는 다음의 사실을 강조한다. '누가?'라는 물음과 더불어 니체가 이성 내부에서 이성을 판단할 수 있는 방법을 손에 넣은 것에 반해, 칸트의 초월적 비판은 여전히 조건지어진 것에 외부적인 경험적 조건화의 원리들, 이성의 내적 발생을 설명할 수 없는 원리들에 가로막혀 있다. 따라서 들뢰즈는 칸트의 초월적인 것을 변형시켜 칸트에게 이성 자체의 발생을 묻고 이성을 힘이라는 니체의 용어로 파악한다. 칸트의 범주에 대한 들뢰즈의 비판은 바로 이 지점에서 성립한다.

> 우리는 이성 자체의 발생을 묻고, 지성 및 지성 범주의 발생을 묻는다. 이성과 지성의 힘은 무엇인가? […] 이성 뒤에, 이성 자체 속에는 누가 있는가?[11]

그러나 이성 뒤에 누가 있는지를 물음으로써, 우리는 다시금 의식 활동의 심리학에 편입되거나 사유자의 동기를 묻는 인간학적 기술記述에 그치게 될 위험이 있다. 이런 이유에서 들뢰즈는 다음을 분명히 한다. 초월론적 유형학은 인격적인 것은 물론 인간적인 것과도 전혀 무관하며, 힘과 의욕이 맺고 있는 관계, 즉 힘 관계로 이해된 의지에 관련될 뿐이다──초월론적 유형학은 들뢰즈가 스피노자에 기대어 행동학으로 규정하는 바

---

11) Deleuze, *NP* 104/168~169.

와 동일한 것이다. 니체가 '심리학'에 대해 말할 때, 그가 염두에 두고 있는 것은 힘들의 복합체에 대한 가치평가이지 자아나 인격적 동일성의 형식을 전제하고 있는 이러한 사례 연구가 아니다. 따라서 본질에 대한 물음인 '**무엇인가?**'를 극화의 '**누가?**'로 대체한다는 것은 지성론noétique을 인격론personnologie으로 대체한다는 의미에서 사유를 사유자의 정신현상으로 몰아가는 것이 아니라 오히려 사유에 활기를 부여하는 비인격적 생명을 인정한다는 것이다. 1963년 들뢰즈는 "'**누가?**'라는 물음이 요구하는 것은 인격이 아니라 힘과 의욕"[12]이라고 썼다. 스피노자의 유한양태를 분석하고 의지volonté를 의지작용volition으로 대체하게 되면서, 니체의 의지라는 용어는 들뢰즈의 어휘에서 사라지고, 힘 관계의 합성, 이것임, 애벌레 주체, 운동학적 신축성에 대한 분석에 그 자리를 내어 준다. 이 분석은 ──모든 일반적인 인간학과는 거리가 먼── 빠름 및 느림으로부터 만들어지는 경도, 그리고 역량의 변이 혹은 위도를 포함하고 있다.

개념에 속하는 '**무엇인가?**'라는 물음을 권력의지에 속하는 '**누가?**'라는 물음으로 대체함으로써, 우리는 개념의 위상학에서 힘의 유형학으로 이행한다. 따라서 '**누가?**'라는 물음은 사유의 발생을 설명해 주는 인식론을 함께 담고 있으면서도, 이를 **결의론**, 즉 사례 연구에 해당하는 이론을 규정하는 계기로 삼는다. 바로 이 지점에서 극화는 자신의 약량학藥量學과 사례 연구를 포함하는 사유의 진단을 함축하게 된다.

---

12) Deleuze, "Mystère d'Ariane"(sur Nietzsche), in *Bulletin de la Société française d'études nietzschéennes*, mars 1963, p. 12~15. 이 논문의 재판은 다음에 실려 있다. *Philosophie*, n° 17, hiver 1987, p. 67~72. 이 논문은 이후 개정되어 *Magazine littéraire*, n° 289, avril 1992, p. 21~24에 실렸으며, 이 개정된 판본은 『비평과 진단』에 재수록되었다. 위의 인용문은 『비평과 진단』에서 가져온 것이다. *CC* 126/180.

2. 사유의 물리학, 관계의 논리학: 경험론의 정의

들뢰즈에 따르면, 경험론이 방법으로서 본질적으로 기여한 바는 이러한 것들이다. 경험론을 합리론의 단순한 역으로 환원하는 이들에게 들뢰즈는 항상 『우상의 황혼』에서 이끌어 낸 다음의 결정적인 주장을 들어 반론을 제기하는데, 니체는 바로 이 주장을 통해 플라톤주의의 전복을 요약했던 바 있다. 즉 우리는 본질의 세계를 파괴함으로써 가상의 세계 또한 제거한다.

가상의 세계도 전복해 버렸다면, 경험론을 과연 어떻게 규정할 것인가? 경험론은 더 이상 개념의 감각적 발생이라는 지나치게 단순한 가설로 환원될 수 없다. 『경험론과 주체성』 이래로 들뢰즈가 반복해서 말하는 바에 따르면, 경험론은 다음과 같은 교과서적인 캐리커처로 한정되지 않는다. 관념은 지성이 아니라 감각에서 오고, 일반 관념은 존재하지 않으며, 본유성과 **선험적인 것**은 가상이라는 식의 설명 말이다. 경험론을 이러한 기성의 정식으로 요약한다는 것은 합리론의 정식을 뒤집는 데 불과한 것으로서 합리론의 명제를 거울에 비추어 반대로 제시하는 데 만족하는 것과 마찬가지다. 경험론에 대해 말할 때마다 들뢰즈는 자신이 겨냥하고 있는 분노스러운 몰이해, 경험론을 뒤집고 축소시켜 사변적인 폭을 결여한 합리론으로 환원하는 잘못된 과정을 강조한다.

따라서 들뢰즈는 경험론을 옹호하는 데 착수하면서 경험론에 가해져 왔던 통상적인 비판과는 정반대의 입장을 취하고, 경험론에 대한 진부한 이미지, 즉 체계적 엄밀성을 유지할 수 없는 감상적인 반합리주의라는 이미지를 제거한다. 경험론은 이론을 의심하고 체험된 경험에 호소하는 데서 성립하는 것이 아니다. 사유의 역사를 다른 방향으로 돌려놓는 경험론의 기여는 "한편으로는 정신의 물리학, 다른 한편으로는 관계의 논리학"[13] 이라는 두 가지 원리로 집약된다.

실재적으로 이해하자면, 사유의 논리학은 항의 논리학이 아니라 관계의 논리학이다. 관계의 논리학은 연속적인 사유의 질서, 정신적 자동기계automate spirituel를 규정하면서 정신의 물리학을 제공한다. 개념은 더 이상 정신의 구조, 다시 말해 정주민적인 범주의 구조에 의존하는 것이 아니라 실재적 경험이 야기하는 실천적이고 예측 불가능한 만남에 의존하는데, 이때 정주민적인 범주는 언제나 동일한 어떤 대상에 결부되는 판단의 논리적 기능에 의해 산출된다. 개념은 사유의 실행에 앞서, 다시 말해 사유 속에서 사유를 탄생케 하는 어떤 문제와 폭력적이고 위험한 방식으로 만나기에 앞서 정신에 선재하지 않는다. 개념은 더 이상 동일성·유사성·유비·대립이라는 4중의 굴레에 따라 조직되지 않는다. 경험론은 정신의 구조에다 개념을 할당하는 데 의문을 제기하면서, 개념과 경험의 유사성이라는 테제를 또한 파괴한다. 개념은 자신과 닮은 이미지, 앞서 주어진 정신의 본성을 기초로 자신이 전사하고 있는 이미지, 즉 선재하는 경험적 존재자들의 이미지를 더 이상 재생산하지 않는다.

그 결과 경험론은 더 이상 특정한 철학사가 끈질기게 주장해 왔던 바와 같이 개념을 불신하는 철학, 논리학을 서툴게 구사하는 소극적인 철학으로 나타나지 않는다. 대상들은 미리 주어져 있지 않으며, 오히려 개념의 구성면에 위치하여 대상들을 분배해야 한다. 루크레티우스, 흄, 니체는 저

---

13) Deleuze, "Hume", p. 67, *ID* 228/134. 이에 대한 최초의 정식화는 들뢰즈의 학부 졸업논문 인 『경험론과 주체성』에서 발견된다. "본성은 그것이 정신에 미치는 효과들 속에서만 학문적으로 연구될 수 있지만, 정신의 유일하고 참된 학문은 본성을 그 대상으로 삼아야 한다"(*ES* 8~9/30).

마다의 방식으로 합리주의적 추상화보다는 논리적 평면 위에 설 것을 고집하는 이론들을 제시한다. 합리주의적 추상화가 동일자와 내부성의 지평 속에서 움직이는 까닭은 추상화가 우리 사유의 습관을 변형시켜 우리를 어떤 정체불명의 세계로 투사하기 때문이다. 들뢰즈가 항상 주장하듯이, 경험론의 사변적 능력은 사유가 미지의 경험에 맞서 싸우는 모습을 보여 주면서 익숙한 것을 당혹스러운 방식으로 기술할 수도 있고, 공상과학소설과 경쟁할 수도 있다. 몽타주의 일람표인 논리학은 이러한 경험 속에서 전대미문의 재단을 행한다. 경험론은 재인 모델의 내부성에다 외부성 및 논리적 발명이라는 자신의 방법론, 즉 기호의 폭력 아래서 벌어지는 사유의 창조를 대립시킨다.

경험론을 머리가 없는 합리론으로 다루면서 사람들이 오해하거나 파기하려 드는 경험론의 비밀이 바로 여기에 있다. 이로부터 들뢰즈가 위험을 무릅쓰고 경험론에 대해 "개념의 신비주의와 개념의 수학주의"[14]를 요청하는 이 예기치 못한 정식들이 생겨난다. 개념은 초월적 주체라는 구조의 무기력한 귀결로서 앞서 주어지는 것이 아니다. 오히려 개념은 만남을 통해, 그야말로 전대미문의 경험에 맞서 작동하는 곳에서 이념적 다양체로 규정되며(수학주의), 이 이념적 다양체의 실효화 역량은 구조의 한 가운데 가장 잘 규정된 독특성을 포함할 수 있는 것으로 드러난다(신비주의). 클로드 앵베르Claude Imbert가 즐겨 말하듯이, 개념의 신비주의는 "개념의 작동과 맞물려 있는 실재론의 역량"에 있으며, 개념의 수학주의는 개념이 "다양체(혹은 변이성)의 수학을 특징짓는 이러한 계열성의 전략"을 실효화한다는 데 있다. 이때 클로드 앵베르가 집합이라는 용어보다 계열

---

14) Deleuze, *DR* 3/20.

성이라는 용어를 선호하는 까닭은 칸토어^{G.Cantor}와 그의 집합론이 지닌 논리적 아포리아를 피하기 위한 것이다.[15] 경험론의 독창성은 개념을 창조하는 이러한 능력, "이제까지 결코 보거나 듣지 못했던 지극히 광적인 개념 창조"[16]에 있다.

우리는 경험론이 이론의 위상에 가하는 변형을 평가한다. 합리론의 정식을 뒤집는 데 만족하기는커녕, 경험론은 사유의 정의를 변화시킨다. 이론은 수사搜査로서 하나의 실천이 된다. 이론을 법정으로 파악했던 칸트는 흄의 계승자로 드러난다. 그러나 경험론이 다만 하나의 판례로 이해했던 바를 이성적 권리——이성의 법정——라는 방식으로 합리화했기 때문에, 칸트는 각각의 사례에 따른 실천을 무시하면서 실제로는 항상 독특하고 상이한 상황들을 규정하는 하나의 법칙을 이끌어 낼 수 있다고 믿었으며, 따라서 지금 문제가 되고 있는 변형을 오해했다. 통상적인 의미에서 이론은 사실상 산산조각이 났으며, 보다 정확히 말하자면 이론은 자신의 참된 본성을 드러낸다. 이것이 바로 경험론의 "위대한 전환"이다. 이러한 전환은 이론을 실천으로 변형시키고, 이를 통해 철학적 사변을 인간과학이 수행하고 있는 각각의 실천들을 향해 열어 놓는다. "우리가 관념연합론이라고 부르는 것은 철학적 반성의 본성을 완전히 변화시키는 관계의 결의론 속에서, 법·정치·경제의 실천 속에서, 자신의 목적지와 진리를 발견한다." 경험론은 여러 분과학문과 관련된 지식을 현대적으로 기술하기에 이르며, 새로운 학문성의 절차를 규정한다. 구조주의의 모험을 가능하

---

15) Claude Imbert, "La triangulation du sens", in Bruno Gelas et Hervé Micolet (éd.), *Deleuze et les écrivains. Littérature et philosophie*, Nantes, Éd. Cécile Defaut, 2007, p. 495~506, citation p. 496.

16) Deleuze, *DR* 3/20.

게 해주는 것은 바로 경험론이다.

따라서 합리론이 관념과 인상 사이에 확립해 둔 관계를 경험론이 간직하고 있는 한에서, 경험론은 이성 속에서 사유와 감성적인 것이 차지하고 있던 위치를 대칭적으로 전복시킨 것에 불과하다고 규정된다. 그러나 이러한 규정은 불충분한 것이다. 경험론의 관점에서 보자면, 대상세계는 존재하지 않으며 관념은 기성의 할당을 뒤따르듯이 감성적인 것으로부터 나오지 않는다. 관념과 인상의 관계는 변화하며, 이제 경험론은 자신을 "우월한 역량"[17]——다시 말해, 들뢰즈가 말하는 초월론적 역량——으로 데려가는 정신작용에 대한 이론으로 규정된다.

앞서 살펴보았듯이, 이 우월한 경험론은 각각의 인식 능력을 그것의 한계까지, 그것이 고장나는 지점까지, 다시 말해 개념과 경험이 이접적 종합으로 서술되어야 할 강도적 관계 속으로 들어가는 만남의 지점까지 데려가는 데서 성립한다. 이것이 들뢰즈가 자신을 위해 요구했던 바의 경험론을 규정해 준다. 이러한 경험론은 결코 관념의 감각적 기원이라는 테제로 환원되지 않으며, 관계가 자신의 항들 외부에 있다는 사실을 긍정하는 데서 성립한다. 경험론을 우월한 역량으로 데려가는 흄의 혁신은 바로 여기에 있다. 차이는 더 이상 항, 즉 관념이나 인상에 근거해 있는 것이 아니라 두 종류의 인상, 즉 '항의 인상'과 '관계의 인상'에 근거해 있는 것이다.

따라서 감각 인상이 시간과 공간을 산출하는 일시적인 **최소단위**를 가리키기라도 하는 것처럼, 경험론의 참된 가르침이 원자론으로 환원될 수는 없다. 또한 이 가르침은 더 이상 반성 인상이 정신의 연합법칙을 가리킨다고 주장하는 관념연합론으로 환원될 수도 없다. 샤틀레를 위해 수행

---

17) Deleuze, "Hume", art. cité, p. 66~67[*ID* 227/131~132].

한 연구[18]에서 들뢰즈는 흄을 다룬 자신의 학사학위 논문에서 제시했던 대담한 테제를 받아들이지만, 감각 세계와 관념 세계의 간극을 은연중에 유지하고 있던 감각과 반성이라는 용어는 더 이상 사용되지 않는다. 이제 관심의 대상이 되는 것은 오로지 관념의 일시적 특성 혹은 관계적 특성이다.[19] 항의 인상과 관계의 인상이 흄 텍스트의 '감각 인상'과 '반성 인상'을 대체하는데, 후자의 용어들은 여전히 인상을 그것의 기원에 따라 국지화하면서 관계를 한편으로는 감각, 다른 한편으로는 반성이라는 항에다 종속시킨다.

"경험론이 본질적으로 제기하고 있는 문제는 정신의 기원이 아니라 오히려 주체의 구성이다."[20] 경험론의 **본질**을 추구하려는 강한 열망에 휩싸여 들뢰즈는 자신의 학사학위 논문에서 위와 같이 쓴다. 이제 우리는 알고 있다. 이 본질이라는 용어가 겨냥하고 있는 바는 『차이와 반복』이 자세히 설명해 주고 있듯이 경험의 초월론적 조건들과 그 조건들의 종합이다. 그러나 『경험론과 주체성』에서 들뢰즈는 이 문제를 다소 애매하게 정식화할 수밖에 없었다. "정신은 주체가 아니라 예속된 것이다. 그리고 […] 주체는 원리의 영향 아래 정신 안에서 구성된다."[21] 정신은 사유를 주재하는 법칙에 예속됨으로써 인간 본성이 된다. 사실 이 정신의 예속화는 정신의 주체-되기에서, 다시 말해 스스로를 주체로 구성하는 사유에서 성립하는 것으로서, 이는 칸트적인 방식으로 초월적 원리들의 영향 아래서가 아니

---

18) [옮긴이] 샤틀레가 편집한 『철학사』 4권에 실려 1972년 출판된 「흄」을 가리킨다. 이 논문은 이후 *ID*에 재수록되었다.

19) *Ibid*.; *ES* 15/40과 비교해 보라.

20) Deleuze, *ES* 15/40.

21) Deleuze, *ES* 15/41.

라 정신의 연합법칙들의 영향 아래서 어떤 주체-형식을 띤다.

이로부터 외견상 아주 낯선 구별, 즉 정신과 인간 본성 간의 구별이 나오는데, 그것은 다음과 같은 물음으로 『경험론과 주체성』의 서두를 장식한다. "정신은 **어떻게 인간 본성이 되는가?**"[22] 마치 정신이 사유 활동의 외부에 영속적이고 지고한 모습으로 존속하고 있는 것처럼 말이다. 그러나 이 구별은 사유 속성과 그것의 양태들 간의 구별처럼 스피노자적인 방식으로 이해되어야 한다. 이처럼 들뢰즈는 경험론에다 비판이라는 의미와 주체성의 구성이라는 의미를 부여하면서, 자신에게 흄을 읽을 수 있는 여지를 제공해 준 칸트적인 장치의 방향을 바꾸어 놓을 수 있게 된다. 인간 본성은 더 이상 초월론적인 기원이 아니라 사유 활동의 유동적인 귀결이 된다.

경험론은 사유를 극화하면서, 사유를 그것이 실효화되는 시공간적 조건들과 직접 관계짓고, 따라서 사유의 발생을 사유 자체의 외부에 놓는다. 경험론 일반의 귀결이자 특히 흄 철학의 귀결은 바로 다음과 같이 이해되어야 한다. 관계는 자신의 항들에 외부적이며, "묶는 것이 아니라 묶이는 것"[23]이다. 이는 사유를 이 구성하는 외부성과의 근본적인 관계 속에 위치시키는데, 들뢰즈는 이러한 외부성을 **바깥**이라고 부른다. 이로부터 경험론의 중요한 가르침이 나온다. 즉 창조적인 관계의 논리학은 정신 작용의 물리학을 만들어 낸다. 여기서 우리는 논리학과 물리학의 가역성을 발견한다. 『독일 이데올로기』에는 인간과 본성의 순환을 이어받은 하나의 주장이 등장하는데, 이 주장을 활용하여 들뢰즈가 자신의 학사학위 논문에

---

22) Deleuze, *ES* 2/19.
23) Deleuze, *ES* 7/29.; "Hume", p. 66[*ID* 227/132].

서 말한 바에 따르면, 우리는 본성을 조사함으로써만 정신을 연구할 수 있다. "본성은 그것이 정신에 미치는 효과들 속에서만 학문적으로 연구될 수 있지만, 정신의 유일하고 참된 학문은 본성을 그 대상으로 삼아야 한다"[24] ──게다가 인간은 문화의 역사적 본성 및 문화의 본성적 역사와 마주해 있다.

이 결정적인 정식화는 사유의 행동학으로서의 다양체의 논리학을 함축하고 있으며, 자연 철학과 정신 철학을 묶어 주는 관계를 분명히 해준다. 본질은 이러한 다양체만을 포함한다. 즉 이념은 『인간 본성론』에 담겨 있는 이러한 결의론, 기묘하면서도 친숙하고 너무나도 흥미로운 결의론을 함축하고 있다. 우리는 바다를 소유할 수 있는가? 법률 체계에서는 건물 면적보다 토지가 더 중요한데 왜 회화작품은 캔버스보다 더 큰 가치를 갖는가? 버려진 도성을 소유하기 위해서는 성문에다 창을 던져 꽂아야 하는가, 아니면 성문을 손으로 두드리는 것으로 충분한가? 이러한 물음들을 통해, 흄은 사실상 이념의 극화를 제시하고 있다.

그런데 이런 척도, 이런 방식, 이런 결의론에서 분리된다면, 본질은 아무 것도 아니고 일반성은 속 빈 강정이 된다.[25]

3. 이념: 마이몬 대 니체

따라서 이념을 극화한다는 것은 개념을 그것이 힘들의 복합체로서 생겨나

---

24) Deleuze, *ES* 8~9/30.
25) Deleuze, "Hume", p. 67[*ID* 227/131]. 그리고 *DR* 236/398.

는 상황과 결부시킨다는 것, 개념을 이념의 현실화로서 역동적인 방식으로 파악한다는 것이다. 우리는 이념을 독립적인 실존으로 제시하지 않을 수 없다. 이 독립적인 실존이 없다면 우리는 마지못해 심리적인 것에 불과한 이념의 판본을 제시하게 될 것인데, 이는 들뢰즈가 거부하는 바다. 따라서 이 지점에서 들뢰즈는 니체와 갈라서게 된다. 구조에 대한 분석에서 살펴보았듯이, 들뢰즈는 이념의 고유하게 철학적인 공속성을 거부할 수 없으며 이 공속성을 독립적인 실존이라는 위상 속에 간직하고 있기 때문이다. 이념의 공속성이 이념을 발생케 하고 이념의 가장 물질적인 삶 속에서 사유에 영향을 미치는 독특성들의 극화를 통해 현실화되고 있음에도 불구하고, 여전히 이념은 문제의 객관성으로 제시되고 있다. 들뢰즈는 이념을 심리적인 규정들로 해소하지 않는다. 그는 위험을 감수하면서도 이념을 감각적 원인들로, 생기적 변용의 방식으로 환원하며, 그러면서도 분명한 태도로 스스로를 변호한다.

1967년 프랑스 철학회에서 「극화의 방법」을 발표한 후, 알키에[F. Alquié]가 제기한 반론에 들뢰즈가 보인 반응은 이런 관점에서 매우 흥미롭다. 알키에의 지적에 따르면, '**무엇인가?**'라는 질문을 거부하고 그것을 물음의 **드라마**──'**누구를 위해서? 얼마나? 어떤 경우에?**' 등 ──로 대체함으로써, 다시 말해 본질을 굴절시켜 본질의 양상들을 다루는 결의론으로 만듦으로써, 사실상 들뢰즈는 철학을 사유자의 동기에 대한 검토로 해소하려 한다. 이것은 니체가 말하는 권력의지의 심리주의적 판본이다. 이렇게 함으로써 들뢰즈는 경험과학을 통해 물음들을 다루면서 그 물음들의 고유하게 철학적인 장을 제거하기에 이를 것이다. 또한 구조에 대한 그의 관심에 힘입어 추정할 수 있는 바와 같이, 들뢰즈는 개별학문(심리학, 정신분석학, 역사학, 경제학 등)에 속하는 사례들의 결의론 속에서 고유하게 철학적인 본질을 약화시켜 사실상 철학을 사회과학으로 해소하려 들 것이다. 알키에는 이에 반박하면서 경험과학에 속하는 물음('**얼마나?**' '**누가?**' 등)에 맞서 고유하게 철학적인 물음을 견지하는데, 그것은 바로 본질에 관한 물음이다. 알키에는 본질을 철학과 동일시한다. 따라서 그가 보기에, 들뢰즈는 위험을 무릅쓰고 철학을 깨뜨려 인간과학으로 해소하려는 것이다.

> 들뢰즈 씨가 바라듯 개념과 관련하여 과학적·심리적·역사적 문제들에 적합한 구상을 갖지 못했다고 철학을 비난하는 것을 저는 매우 잘 이해합니다. 하지만 제가 보기에는, 이 문제들과 구별되는 전통적인 철학적 문제들, 즉 본질에 관한 문제들이 있습니다.[26]

여기서 문제가 되고 있는 것이 화해할 수 없는 두 가지 입장임을 감안한다면, 우리는 알키에의 주장을 인정할 수 있을 것이다. 알키에는 철학에 순수한 **관념성**Idéalité을 요구하는 데 반해, 들뢰즈는 **이념의** 경험적 발생을 사유하고자 하며 이는 사실상 철학의 위상, 즉 자율적 관념성을 산출하는 분과학문이라는 위상에 대한 거부를 함축하는 것이다. 그런데 실상은 그렇지가 않다. 들뢰즈는 설득력 있는 답변을 제시한다. 그는 철학을 인간과학으로 해소하는 사상가로 여겨지는 것을 단호하게 거부할 뿐만 아니라, 본질에 맞서 싸운 결과가 철학의 특수성에 대한 포기라는 주장에도 강한 이의를 제기한다. 오히려 들뢰즈는 철학의 특수성을 열렬히 옹호하면서, 자신의 방법을 전적으로 철학적인 것으로, 또한 특수한 유형의 체계와 그 체계의 역동성, 전조, 애벌레 주체, 사상가의 유형 등을 만들어 내는 것으

---

26) Deleuze, "Dramatisation", art. cité, p. 105[*ID* 148].

로 규정한다.[27)]

　들뢰즈는 극화의 과정 속에서 본질을 실질적으로 와해시키고 그것을 사유하는 주체의 속성으로 간주하기를 거부한다. 흥미로운 것은 그런 들뢰즈가 사유와 참의 내생적 관계를 거부했던 것과 마찬가지로 관념성을 자연 속으로 완전히 해소시키는 듯한 인상을 준다는 점이다. 그는 사유자의 동기를 추적하면서 개념의 생기적 다이어그램을 드러내며, 그 결과 우리는 개별학문들과 구별되는 철학 고유의 과제가 정확히 어디서 성립하는지를 더 이상 알 수 없게 된다. 개념 속에서 극화의 방식으로 현실화되는 이념은 그로부터 그만큼의 이상적 사건들을 산출하는 미분적 관계들, 독특성의 할당들, 특이점의 분배들이 이루는 집합에 상응한다. 어떻게 이념을 이보다 더 정확하게 규정할 수 있겠는가?

　바로 이 지점에서 들뢰즈는 니체와 결별한다. 들뢰즈는 이념을 사유자가 지닌 권력의지의 표현으로 해소시키기를 거부하고, 이제 마이몬 쪽으로 돌아서 노에시스적인 것과 경험의 가장자리에서, 감성의 수용성과 지성의 자발성 사이에서 이념에 독특한 잠재적 객관성을 부여하기 때문이다. 이것이 바로 구조라는 개념이 함축하고 있는 바였다. 따라서 이념을 발생적으로 산출한다는 것은 사유자에 대한 계보학으로는 충분치 않으며, 마이몬이 파악하고 있었듯이 도식론으로 되돌아가 이념의 잠재적(구조적) 이상성과 그것의 경험적 현실화가 맺고 있는 관계를 이해해야 한다는 사실을 함축한다.[28)]

---

27) *Ibid.*, p. 106[*ID* 149~150].

28) Deleuze, *DR* 244 sq./410 이하. 그리고 쥘리에 시몽(Juliette Simont)의 훌륭한 해설을 보라. *Essai sur la quantité, la qualité, la relation chez Kant, Hegel, Deleuze. Les "fleurs noires" de la logique philosophique, op. cit.*, p. 181 sq.

칸트가 경의를 표했던 마이몬의 천재성은 범주와 순수직관 형식의 공통적인 발생을 제시한다는 데 있다. 다시 말해, 라이프니츠^{G. W. Leibniz}에게로 되돌아가 미분적 연속성을 확립한다는 데 있다. 그에 반해 칸트는 유한한 지적 존재의 내부에서 직관과 범주를 분리시켜 한편에는 인간 지성의 유한성을, 다른 한편에는 무한한 지성을 두었다. 마이몬이 말하는 미분적인 것과 코헨^{H. Cohen}이 말하는 강도적 크기는 지성과 감성, 자발성과 수동성 사이의 칸트적 단절을 비판하는 결정적인 두 요소다. 이념의 극화 이론은 수동적/능동적인 미분적인 것이라는 개념 및 판명-애매라는 주제와 마찬가지로, 마이몬에게서 직접 빌려 온 것이다. 들뢰즈에 따르면, 마이몬이야말로 "개념과 직관을 대립시키는 칸트의 이분법을 넘어서고자 하고, 그런 가운데 **비판** 철학을 근본적으로 재편하고자 하는"[29] 인물이다.

들뢰즈는 코헨과 마이몬에게 특히 관심을 두고 있지만, 그중 마이몬을 좀더 선호하는데 이는 그의 이론적 엄밀성과 특별한 운명 때문이다. 칸트가 칭찬했던 마이몬의 철학적 중요성과 그의 저작이 직면해야 했던 일반적인 것에 가까운 대중적 무관심은 들뢰즈에게서 하나의 매혹적인 결합물을 이뤘으며, 들뢰즈는 마이몬을 자기 철학의 만신전^{萬神殿} 속 조프루아 생틸레르의 옆자리에 위치시켰다. 소수의 사람들 속에, 독특한 창조를 이루어 낸 인물들 속에 말이다. 들뢰즈에게는 제도권에 속하지 않는 사상가에 대한 낭만주의가 존재하는데, 이는 철학자 중의 철학자인 스피노자에게서 정점에 이른다. 인식 능력들을 그것의 한계에 이르게 만드는 인식 능력들의 초월적 사용, 개념과 이념의 관계, 판명-애매라는 이념의 규정을 밝히는 데 있어 들뢰즈가 마이몬과 나누었던 논의는 큰 중요성을 갖는다.

---

29) Deleuze, *DR* 224/380.

『순수이성비판』에 반론을 제기하고자 칸트에게 헌정된 저작인 『초월 철학에 대한 시론』[30]에서, 마이몬은 감성과 범주 간의 균열을 무한소無限小, infiniment petit 속에서 벌어지는 한계로의 이행으로, 수학적인 의미에서의 미분적인 것으로 이해함으로써 칸트 도식론의 문제를 해소하고자 한다. 이것이 바로 칸트 도식론을 구해 줄 수 있는 라이프니츠적인 해결책이다. 마이몬에 따르면, 칸트는 도식론을 권리상quid juris으로가 아니라 다만 사실상quid facti으로, 즉 경험적인 방식으로 규정했다. 도식론을 보장해 주기 위해서는 그것을 발생적인 방식으로 만들어야 하며, 따라서 감성의 수동적 변용과 지성의 능동성은 서로의 내부에서 한계에 도달하는 것으로 나타날 수 있다. 라이프니츠가 말하는 연속성의 원리에서 영감을 얻어 그것을 되풀이함으로써, 마이몬은 직관의 질료를 지성의 능동성이 지닌 미분적인 것으로, 어떤 수동성, 어떤 **파토스**pathos와 동등한 능동성의 극한으로 제시한다.

수동적 변용은 지성의 자발성이 한계까지 이행하는 것이며, 이는 라이프니츠에게 있어 정지가 운동의 반대가 아니라 운동이 한계까지 이행하는 것임과 정확히 마찬가지다. 감각적 소여는 지성의 능동성이 지닌 미분적인 것이 되는데, 이 미분적인 것은 초월적 상상력에 의해 무의식적으

---

30) Deleuze, *DR* 249/417~419, *Pli* 118/161~163. 그리고 다음을 보라. Salomon Maïmon, *Essai sur la philosophie transcendantale*(Berlin, 1790), trad. franç. Jean-Baptiste Scherrer, Paris, Vrin, 1989. 마이몬의 놀라운 생애에 대해서는 다음을 참고하라. Maïmon, *Histoire de ma vie*, trad. franç. Maurice-R. Hayoun, Paris, Berg International, 1984. 들뢰즈는 다음의 두 훌륭한 연구에 기반해서 마이몬을 읽는다. Gueroult, *La philosophie transcendantale de Salomon Maïmon*, Paris, Alcan, 1931, 그리고 Vuillemin, *L'héritage kantien et la révolution copernicienne*, Paris, PUF, 1954. 이로부터 완전히 대립적인 결론을 이끌어 내기는 하지만(*DR* 226/382~383), 그럼에도 들뢰즈는 『차이와 반복』을 마무리하는 지극히 시사적인 참고문헌 목록에서 이 연구들을 언급하고 있다.

로 산출된다. 이러한 논의는 인식 능력들의 초월적 사용, 그리고 『차이와
반복』에서 칸트의 '지각의 예취' 및 강도량 이론과 관련하여 미분법이 수
행하는 방법론적 역할을 분명히 해준다. 들뢰즈는 칸트와 마이몬 사이에
서 벌어진 논쟁을 엄밀하게 뒤따르는데, 이제 우리는 이 논쟁을 재구성하
여 이념에 대한 들뢰즈의 입장, 즉 이념이 실재적이거나 허구적인 것이 아
니라 잠재적·미분적인 것이라는 입장을 밝힐 필요가 있다.[31]

'지각의 예취'에서 칸트는 모든 직관이 어떤 강도적 크기나 정도를 가
지고 있음을 보여 주었다. 직관의 공리들이 말해 주듯이 모든 직관은 외연
적 크기나 공간적 크기를 갖는다. '지각의 예취'가 보여 주는 바는 우리가
직관의 형식을 **선험적으로** 파악할 수 있을 뿐만 아니라 이러한 직관을 채
우게 될 질료의 본성을 또한 예취할 수 있다는 사실이다. 질료는 반드시
어떤 강도적 크기를 가져야 한다. 강도적 크기는 단일체들로 나누어질 수
는 없지만 무한소들의 총합에서 성립하는 그런 것이다. 모든 감각은 강도
적 크기를 갖는다. 예컨대 붉은 색은 의식의 0도와 완전히 현실화된 색 감
각 사이에서 분배된다. 무한소적 변이를 통해 의식은 의식의 부재에서 충
만한 의식까지, 감각의 0도에서 감각의 완전한 현실화에 이르는 모든 중
간 단계를 강도적으로 주파하며, 따라서 의식은 의식의 0도와 감각의 1도
사이의 모든 광도光度를 주파한다.[32]

마이몬이 보기에 지성에 의해 제시되고 **자아**의 무의식적 활동성으로

---

31) Deleuze, *DR* 225/381, 231/390.
32) Rivelaygue, *Leçons de métaphysique allemande*, Paris, Grasset, 1990, t. I: "우리가 붉은
색을 의식할 때, 거기에는 0와 X 사이 붉은 색의 모든 강도에 대한 지각이 존재했다. 우리가 암
흑 속에 있다가 갑자기 빛이 주어졌을 때, 거기에는 0와 X 사이 빛의 모든 상태들이 존재했으
며, 그 상태들은 파악되었고 그 상태들에 대한 종합이 의식을 산출한다." (p. 142)

부터 파생되는 이 미분적인 것은 무한소이자 의식의 극한이라는 그 위상에서 볼 때 그 자체로 애매한 것이다. 미분적인 것이 의식에 나타나기 위해서는, 상상력을 불러일으켜 규정된·유한한 크기의 대상을 산출하는 총합이 있어야 한다. 따라서 그 총합이 경험적 의식의 n도를 이루는 이 무한소들은 사실 초월적 상상력이 무의식적으로 산출해 낸 미분적인 것이다. 칸트가 감각적 변용의 수동적 만남 속에서 제시했던 수용의 수동성은 마이몬에게서 자아의 무의식적 능동성이 지닌 미분적인 것이 된다. 대상이 지닌 이 미분적인 것, 즉 이성 이념은 본체이며, 이 본체에서 기인하는 대상이 바로 현상이다.[33]

따라서 마이몬은 직관과 범주에 공통의 원천을 제시함으로써 초월적 도식론을 해소한다. 우리의 유한한 지성은 신적 지성의 한 양태일 뿐이다. 직관의 질료는 사실상 능동성의 미분적인 것에서 성립한다. 이 미분적인 것은 지성에 의해 제시되기는 하지만 지성의 한계에 있으며, 따라서 수동적 요소들과 동일하다. 이와 마찬가지로 외견상의 것에 불과한 지성과 감성의 구별은 우리 지성의 유한성에서 기인하는 것에 불과하다. 그러나 인간 지성과 신적 지성이 서로 다른 본성에 속하는 것은 아닌데, 신적 지성은 그것의 종합에 있어 능동적이고 스스로 그 종합의 내용을 제시하는 한에서 직관적이다. 인간 지성의 유한성은 어떤 제한에서 성립하는 것에 불과하며, 이 제한은 인간 지성의 능동성이 지닌 이러한 부분, 즉 미분적인 것들의 위치에 해당하는 부분에서 그 종합의 내용을 의식할 수 없게 만든다. 이로 인해 마이몬은 어떤 일반화된 관념론을 통해 그 장치에서 물 자

---

33) Maïmon, *Essai sur la philosophie transcendantale*, *op. cit.*, p. 50. "대상이 지닌 이 미분적인 것을 우리는 본체라고 부르며, 그에 반해 본체에서 기인하는 대상 자체는 현상이다."

체를 제거할 수 있게 된다. 본체는 미분적인 것이 된다. 다시 말해, 현상으로서 우리를 변용시키는 대상이 지닌 미분적인 것이 된다.

들뢰즈는 신적 지성에 대한 초월적 관념론을 제거함으로써 모든 논의를 초월론적 경험론의 영역으로 옮겨온다. 들뢰즈는 마이몬의 해결책을 받아들인다. 시공간적 역동성이 지성의 개념을 극화한다면, 이는 마이몬이 말하는 이성 이념과 마찬가지로 이 시공간적 역동성이 고유의 공속성을 지닌 이념을 현실화하기 때문이다. 들뢰즈는 결코 이념을 사유자의 능동성이나 신의 무한지성으로 해소할 수 없다. 이념은 정신의 능동성에 의해 구성되지 않으면서도 복합적인 잠재적 다양체로서, 다시 말해 미분화된 구조로서 존속한다.

들뢰즈는 "문제제기적 이념이 자연의 마지막 요소인 동시에 [라이프니츠적 의미의] 미세 지각의 대상, 의식 이하 차원의 대상"[34]임을 분명히 하면서, 자신이 앞서 규정한 이 우월한 경험론의 정신 속에 마이몬의 분석을 받아들인다. 따라서 이념은 개념, 즉 정신적 표상이 아니라 개념의 창조를 자극하는 미분화된 복합체다. 이념이라는 명칭은 "순수한 **사유되어야 할 것**^{cogitanda}을 위해서가 아니라", 마이몬의 미분적인 것이 그러했듯 "감성에서 사유로 가는, 그리고 사유에서 감성으로 가는 심급들을 위해" 아껴두어야 한다. 감성적인 것과 사유의 미분적 한계를 신적 지성에 근거하여 무의식적으로 생산되는 사유자의 능동성이 아니라 강도적 분화로 사유함으로써, 들뢰즈는 자신이 마이몬과 결별하는 방식을 또한 보여 준다. 시공간적 역동성은 들뢰즈가 어떻게 마이몬의 해결책을 변형시키는지, 마이몬의 해결책을 활용하여 어떻게 사유의 개념과 이념 간의 구별을

---

34) Deleuze, *DR* 214/363.

분명히 하는지를 보여 준다. "아마도 답변은 포스트칸트주의적인 방향 속에서 다음을 보여 줄 것이다. 순수한 시공간적 역동성은 **개념**을 극화할 수 있는 능력을 갖는데, 이는 무엇보다 이 시공간적 역동성이 **이념**을 현실화하고 구현하기 때문이다."[35]

들뢰즈는 마이몬의 이성 이념, 즉 자신의 대상을 산출할 수 있는 이념을 받아들여 이념과 개념이라는 자기 고유의 구별을 마이몬이 확립한 구별, 즉 감성적 변용을 야기하는 본체적 이성 이념과 지성 이념의 구별 속에 위치시킨다. 이러한 변형은 이념의 위상을 분명히 해준다. 첫째, 이념은 더 이상 이성이 지닌 자연의 빛에 의해 드러나는 정신적 개념이 아니라 자연에서 정신으로, 감성에서 사유로 가는 어떤 연속체 속에서 "도약하고 변신하면서 변별적 차이 관계에 놓이는 미광微光들처럼 반짝거리는"[36] 것으로 나타난다.

이처럼 들뢰즈는 데카르트적 재인 모델의 명석·판명을 불일치하는 사유의 판명-애매로 대체한다. 마이몬에게 이념은 의식에 그것의 한계로, 다시 말해 무한소로, 따라서 어떤 애매한 변용으로 나타난다. 들뢰즈에게 이념은 미분적 관계들과 특이점들로 이루어진 잠재적 다양체로 이해되어야 하며, 사유는 이 잠재적 다양체를 무한소, 현기증, 소멸, 지각할 수 없는 웅성임의 방식으로 파악한다. 라이프니츠는 사유를 미분적 무의식의 요소 속에 빠뜨려 사유를 미광과 독특성으로 둘러싼다.

들뢰즈가 잠재적인 것과 현실적인 것의 구별이라는 틀 속에서 애매와 무한소를 중요시하는 라이프니츠의 견해를 받아들이는 것은 그 견해

---

35) Deleuze, "Dramatisation", art. cité, p. 96[*ID* 138/499].
36) Deleuze, *DR* 190/325.

를 모티프로 삼아 이념의 애매한 배움과 억견적 앎의 명석한 재인을 인식론적으로 구별하기 위함이다. 아직 개념으로 현실화되지는 않은 이념, 잠재적으로 판명한 이념은 필연적으로 애매하다. 이념은 자신의 현실화에 앞서 의식에 선재하지 않기 때문이다. 역으로, 재인이 가져다주는 의심스러운 명석성을 띤 개념은 여전히 혼잡한 것, 이미 공인된 것, 어리석음의 질서에, 이념의 현실화를 통해 창조적으로 산출된 것에 속하지 않는바 명제들의 질서에 머물러 있다. 이러한 것이 바로 교과서적인, 억견적인, 혼잡한, 공통감의 질서에 속하는 앎이다.

그렇다고 해서 애매가 판명할 수 없는 것은 아니다. 바다의 이념을 구성하는 미세 지각들은 애매하다. 이 미세 지각들은 아직 의식 속에서 분화되지 않았기 때문이다. 규정된 미분적 관계들 및 독특성들로 이루어진 이 미세 지각들은 아직 명석하게 지각되지는 않았다 하더라도, 그 자체로는 전적으로 판명한 것이다.

따라서 데카르트가 말하는 명석이 여전히 혼잡하고 억견적인 상태로 남아 있다면, 이는 그 명석이 실효적인 극화의 대상이 아니기 때문이다. 데카르트의 명석은 재인의 방식으로 주어지는 어떤 앎에 머물러 있으며, 재인이 지닌 외견상의 명석성은 독창성 및 창조성을 갖지 못한 대가에 해당한다. 역으로, 판명한 것 전체는 필연적으로 애매하다. 여기서 문제가 되고 있는 것은 의식에 대해 아직 분화되지 않은 이념이기 때문이다. 따라서 사유의 창조를 자극하는 이념의 애매성은 이른바 올바른 의견이 지닌 자연적·억견적인 빛과 구별된다.

라이프니츠 및 마이몬과 관련된 이상의 논의를 통해, 이제 우리는 들뢰즈가 미분적인 것, 판명-애매, 개념 및 이념에 각기 부여한 역할을 이해하게 된다. 개념의 현실화는 더 이상 가능한 것의 논리 및 선재하는 참의 논리에 따라 이해되어서는 안 된다. 개념은 부분 및 전체와 관련된 분석에 따라, 그러나 이 새로운 논리, 잠재적인 것의 논리에 따라 사유 속에서 현실화되며, 이 논리에 비추어 보자면 개념의 현실화는 이념의 분화에서 기인하는 것이다. 들뢰즈는 이 점을 다음과 같이 결론짓는다. "판명하면서 애매하다는 것은 이념의 본성에 속한다. 정확하게 말하자면 **이념은 현실적이지 않지만 실재적이고, 분화되어 있지 않지만 미분화되어 있으며, 전체적이지 않지만 완결되어 있다.**"[37] 다시 말해, 이념은 전적으로 독특화되고 구별된 어떤 잠재적 복합체 안에, 사유의 응답, 사유의 현실화를 자극하는 어떤 잠재적 구조 안에 있다.

따라서 이념은 본유성으로서 사유에 주어지는 것이 아니다. 들뢰즈는 이념과 개념을 구별함으로써 이상성과 사유를 분리하고, 결국 개념을 하나의 응답으로, 다시 말해 감각적 난입, 이념의 변용에 대한 반격으로 제시한다. 이념은 사유의 미분적인 것으로서 감각적 만남을 통해 사유를 산출한다.

4. 조건화에서 발생으로

들뢰즈는 포스트칸트주의적 반론이라는 관점에서 사유자에 대한 니체의 계보학과 그것의 비판적 입장을 활용한다. 이 포스트칸트주의적 반론에 따르면, 칸트는 발생의 관점에 도달하지 못한 채 조건화의 관점에 머물렀다.[38] 마찬가지로 이러한 관점에서, 마이몬은 들뢰즈를 예고하는 전

---

37) Deleuze, *DR* 276/460.
38) Deleuze, *DR* 221/373.

조로 여겨진다. 마이몬이야말로 칸트에게서 초월적 비판이 여전히 경험적인—비순수한—상태로 남아 있다는 주장을 처음으로 제시한 사람이다. 칸트의 비판이 여전히 경험적인 이유는 규정하는 개념과 규정 가능한 직관 간의 차이를 만들어 내는 데 성공하지 못한 채 그 차이를 확인하는 데 그쳤기 때문이다. 다시 말해, 감성과 지성 간의 차이, 그리고 특히 상상력의 도식으로 인한 양자의 연결은 확인되는 데 그칠 수밖에 없었다. 감성과 지성의 일치는 **권리문제**가 아니라 **사실문제**인 한에서만 정당화된다. 이런 이유에서 "마이몬의 천재성은 초월론적 철학에 대하여 조건화의 관점이 얼마나 불충분한지를 보여 주는 데 있다".[39] 이 **사실상의** 조건화는 발생의 가능성을 설명해 주는 **권리상의** 실재적 규정에 자리를 내어 주어야 한다.

들뢰즈는 마이몬을 되살려 칸트를 비판한다. 칸트는 경험적인[억견적인] 초월적 철학에 머물러 있었으며 경험적인 것이 공통감에 종속되어 있다고 말하려 했다는 것이다. 들뢰즈가 보기에 칸트는 초월론적 철학이 요구하는 개념을 만들어 내기를 거부하고 집단적 가치들에 종속되어 사유와 실재의 관계에 대한 진부한 이미지로 도망간다. 그에 반해 들뢰즈는 초월론적 경험론을 요구한다. 초월론적 경험론이란 진부하고 회고적인 이미지에 따라 사유가 스스로에게 부여하는 경험의 이미지와 마주하는 것이 아니라 실재적 경험과 마주하는 철학이다. 경험이라는 용어의 이 서로 다른 용법을 구별하는 것은 어렵지 않은 일이다. 경험적인 것이 우선적으로 가리키는 바는 공통 경험의 형식이며, 들뢰즈의 용어법에 따르자면 이는 그 개념의 억견적·재현적 사용에 해당한다. 그에 반해 두번째 의미에

---

39) Deleuze, *DR* 225/380.

서 문제가 되는 것은 실재적 경험을 가리키는 철학적 개념이다.

우리는 이미 들뢰즈에게서 경험론이라는 용어가 갖는 미묘한 양가성을 강조했던 바 있다. 이 용어는 때로는 의견, 다시 말해 공통감이 유효한 것으로 인정하는 경험의 공통 형식을 가리키고, 때로는 실재적 경험을 가리킨다. 이 양가성에 힘입어 들뢰즈는 초월론적 경험론(두번째 의미)을 요구할 수 있게 된다. 초월론적 경험론은 경험적인 것(첫번째 의미)에서 초월론적인 것으로 가는 이행, 사유의 **사실상의** 이미지에서 사유의 **권리상의** 조건들로 가는 이행이라는 전적으로 칸트적인 프로그램을 적용하여 『순수이성비판』을 혁신한다.

정확히 말해, 마이몬이야말로 들뢰즈가 이러한 길로 나아갈 수 있도록 고무한 사람이다. 이 길은 『니체와 철학』에서는 아직 암묵적인 것에 불과했지만 『차이와 반복』의 3장 '사유 이미지'에 이르러서는 전적으로 명시적인 방식으로 개진된다. 거기서는 재현에 대한 비판, 들뢰즈에 따르면 **초월론적 변증론**이 완전히 성공적으로 수행된다. 이제 우리는 들뢰즈가 칸트 철학을 두고 비판한 바를 다음과 같이 정리해 볼 수 있다. 칸트가 단순한 조건화(**사실문제**)에 만족했던 것은 도식이라는 **데우스 엑스 마키나**에 기대어 인식 능력들의 외적인 것에 불과한 조화를 설명하기 위해서였다. 다시 말해, 진부한 사유 이미지라는 자연적 공준들을 보호하기 위해서였다.[40] '경험적으로'(억견적으로) 주어진 가치들에 종속된 자연적인 사유 이미지를 기초로 철학적인 사유 이미지를 전사한다는 점에서, 칸트는 초월론적 경험론을 경험적인 것을 기초로 전사한 초월론적인 것의 사본으로

---

40) Deleuze, *DR* 217/367.

대체한다.[41)]

칸트 철학이 전제하고 있는 이러한 사유 이미지는 정통성의 이상을 재건하거나 정당화하는 데 만족하는 어떤 할당, 경험적인 것과 초월론적인 것의 할당을 함축하고 있다. 따라서 "초월론적인 것이라는 놀라운 영역을 발견한 위대한 탐험가"[42)]인 칸트는 심리적 의식의 경험적 활동을 기초로 이른바 초월론적인 구조를 전사하면서, 모든 인식 능력들이 결부되어 있는 '나는 생각한다'의 상관항인 어떤 대상 형식하에서 인식 능력들이 재인의 종합에서 객체성을 구성하는 데 기여한 바를 기술하는 종합들을 『순수이성비판』 초판의 정점으로 만든다. 칸트의 천재성——그는 비판을 내재적이고 전면적인 것으로 파악했다——은 "타협의 정치학으로 돌아선다". 일찍이 『니체와 철학』에서 들뢰즈는 다음과 같이 썼다. "우리는 『순수이성비판』보다 더 타협적인 전면적 비판도, 더 공손한 비판도 본 적이 없다. […] 각각의 이상이 지닌 비판할 수 없는 성격이" 칸트가 사실(이성의 사실, 인식의 사실)이라고 부르는 바로서 "칸트주의의 중심에 남아 있다".[43)] 이런 이유에서 "칸트의 비판철학에는 여전히 너무 많은 경험주의가 남아 있다".[44)] 이제 이 말이 의미하는 바는 공통감과의 너무나 많은 타협, 이미 확립된 사실에 대한 너무나 많은 종속이 남아 있다는 것이다.

칸트의 비판에는 치안판사의 법정, 등기소, 토지대상 등 모든 것이 있다.

---

41) Deleuze, *DR* 186/318.

42) Deleuze, *DR* 175~177/300~303.

43) Deleuze, *NP* 102/165~166.

44) Deleuze, *DR* 221/374.

단지 사유 이미지를 전복해 버릴 새로운 정치의 역량만이 없는 것이다.[45]

결국 재현은 이미 확립된 가치들에 대한 예속, 철학을 **독사**^{doxa}에 종속시키는 순응주의에서 성립하는 것이다. "사람들은 **독사**를 합리적인 수준으로 끌어올려 그것을 보편화한다." 재현에 맞선 싸움이 논리적 측면에서만 일어날 수는 없다. 재현을 완전히 제거한다는 것은 윤리적 참여를, 억견적 가치들에 대한 불복종을 함축한다. 1964년 들뢰즈는 웅변적인 방식으로 「그는 나의 스승이었다」라는 제목을 붙인 논문을 썼다. 여기서 그는 노벨상을 거부했다는 이유로 심한 공격을 받고 있던 사르트르를 옹호하면서 이 점을 보여 주었다.[46]

들뢰즈는 작가이자 철학자인 사르트르를 전후의 위대한 창조적 인물로 높이 평가하는데, 이는 그가 명시적으로 재현의 체제에 맞서 싸울 수 있었기 때문이다. 재인의 모델에 대한 사르트르의 이론적 거부는 공인된 사유 이미지에 대한 이의 제기에서 기인하는 것으로서 이는 그가 노벨상 수상을 거부한 데서, 다시 말해 이미 확립된 가치들의 대표자나 대변인으로 보여지기를 거부한 데서 잘 드러난다. 재현의 질서는 도덕적 질서와 구별되지 않는다. 도덕적 질서가 소환하는 가치들은 재현의 우위를 자신의 인식론적 상관항으로 갖는데, 이때 재현은 이미 확립된 가치들에 종속적인 태도와 긴밀히 연관된 자발적·의식적 활동으로 나타난다.

따라서 재현에 대한 비판은 이미 확립된 가치들을 거부하는 임무를

---

45) Deleuze, *DR* 179/307.

46) Deleuze, "Il a été mon maître" (sur Sartre), in *Arts*, n° 978, 28 octobre~3 novembre 1964, p. 8~9.

수반한다. 들뢰즈에 따르면 사르트르의 노벨상 거부는 겉멋을 부리는 것이 아니라, 오히려 "하나의 동일한 태도를 실천적으로 이어나가는 것으로서, 이 태도란 정신적인 가치라 할지라도 실제로 무언가를 대표[재현]한다는 생각에 대한 혐오, 제도화되는 것에 대한 혐오"[47]다. 따라서 들뢰즈가 보기에 비판은 이미 확립된 가치들에 대한 저항을 경유하는 싸움, 즉 재현에 맞선 싸움과 구별되지 않으며, 칸트가 비판을 무산시켰던 것 또한 바로 이러한 측면에서였다. 그에 반해, 프루스트는 전혀 혁명적이지 않은 인물이었지만 이념의 파토스적 발생을 뒤따라갈 수 있게 해줌으로써, 그리고 재인이라는 재현적 독사를 폭력적인 만남의 감성론으로 대체함으로써 이러한 사유 이미지를 어떻게 전복시킬 수 있는지를 보여 주었다. 따라서 재현에서 기인하는 사유 이미지는 차이의 철학에 자리를 내어 주게 된다. 재현적 지성의 범주표에 따르면, 이 사유 이미지는 개념에서의 동일성, 규정에서의 대립, 판단에서의 유비, 대상에서의 유사성에 근거해 있다.

사유는 더 이상 정신의 본유적인 소여가 아니라 폭력적이고 강요된 만남의 결과물이다. 사유는 발생된 것, 생식적인 것이 된다. 무능이라는 사유의 규정이 지닌 수동성은 창조를 설명해 주는 것으로서, 들뢰즈가 마이몬과 니체를 예기치 못한 방식으로 접근시키면서 니체의 계보학을 이념론으로 옮겨 놓는 방식을 보여 준다.

본질과 가상을 전도시킴으로써, 우리는 시뮬라크르simulacre의 권리를 일반화된, 실증적인, 즐거운 **근거와해**로 승격시킬 수 있게 된다. 앞서 시간의 세번째 종합을 다루는 저작[48]에서 살펴보았던 이 **근거와해**라는 개념은

---

47) *Ibid.*, p. 8.
48) Deleuze, *LS* 303/418.

최소한의 토대나 근거에도 호소하지 않으면서 논쟁적인 방식으로 사유와 바깥의 관계를 규정하는 데 사용되며, 부재를 나타내는 **근거와해**라는 형식은 바로 여기서 기인하는 것이다. 기호의 외적인 난입 아래서 사유가 이와 같이 구성되는 것은 데카르트의 고정점이나 후설의 대지^{sol}가 아니라 사유와 감성적인 것의 만남이 야기하는 인식 능력들의 한계지점, 파토스, 고장을 표현하며, **바깥**을 그것의 폭력적이고 위험한 본성으로, 다시 말해 사유에 가해지는 위협, 인식 능력들의 고장으로 특징짓는다. 자신의 한계까지 떠밀려 병리적인 근거와해의 위험에 자신을 노출시키는 **바깥**과 직면하게 되었을 때, 사유의 창조는 이접적·분열적·문제적인 방식으로 모험에 나서고, 진단적 비판의 모든 분석을 담고 있는 사유와 광기의 인접성에 자신의 서명을 새겨넣는다. 사유의 창조를 한계에 도달한 인식 능력들의 초월적 사용으로 사유할 때, 들뢰즈는 사유란 의식을 혼란에 빠뜨리고 해체하는 위협이라고 생각하는 낭만주의적 관점에 가까워진다. 시간과 분열증에 의해 균열된 주체는 시간의 폭력적인 난입 아래서 자기 사유의 무능을 경험한다. 근거와해라는 개념은 시간-이미지의 비전, 그리고 시간-이미지가 지닌 감각운동 도식의 실패와 결합된다.

이념은 사유 속에서 주어지는 것이 아니다. 오히려 이념은 사유를 그것의 무능 및 근거와해(인식 능력들의 우월한 사용)와 폭력적으로 관계짓는 인식 능력들의 불일치하는 사용 속에서 시간적·비자발적 침입에 의해 부과된다. 따라서 이념의 경험적인 압력 아래서, 보다 정확히 말하자면 이념의 문제를 현실화하는 기호의 경험적인 압력 아래서 사유는 사유할 것을 강요받는다. 이런 이유에서 들뢰즈가 제시하는 이념은 사유로 하여금 자기 고유의 무능력에 맞서게 하는 이상적이면서도 실재적인 다양체다.

포스트칸트주의자들, 특히 마이몬과 피히테$^{J. G. Fichte}$가 칸트에게 제기했던 근본적인 반론, 참된 발생적 방법에 대한 요구를 무시했다는 반론이 칸트에 의해 해소되는 것은 단 한 번, 인식 능력들의 불일치하는 일치를 야기하는 숭고의 경우에서다. 소여를 산출하는 대신 소여의 조건들을 탐구했다는 점에서, 그리고 기성의 인식 능력들을 내세웠다는 점에서, 칸트는 비판적 시도를 조건화로 변형시켰다. 그에 반해, 숭고의 경우 소여는 인식 능력들의 정당화에 종속되어 있지 않다. 『순수이성비판』의 감성론이라는 틀 속에서 감성적 변용은 시간과 공간 속에 놓인 어떤 대상에 결부될 수 있는 어떤 질에 해당한다. 그러나 이제 우리는 이러한 감성론의 틀이 아니라 어떤 미학 안에 위치한다. 이 미학에서는 "감성적인 것이 감성적인 것 자체에 적용되며, 모든 논리를 넘어서는 어떤 파토스 속에서 펼쳐진다".[49] 로고스에 대립되는 이 파토스는 감수성이나 비합리성을 가리키는 것이 아니라 기호의 압력 아래서 탄생하는 사유를 가리킨다. 이러한 사유의 탄생은 기호의 강도적 본성, 그리고 시몽동의 불균등화를 고려하면서 우리가 이후 분석해야 할 어떤 이접 속에서 분명하게 드러난다. 사유의 **미학적** 발생은 이런 의미에서 존재하며, 그것이 바로 프루스트의 저작이 사유 이미지를 혁신할 수 있는 이유에 해당한다.[50]

들뢰즈는 지성의 자발성 속에 수용성을 주입하는 것이 아니라 역으로 변용 속에 자발성을 도입한 공을 마이몬에게로 돌린다. 변용과 자발성의 혼합이야말로 들뢰즈가 관심을 두는 것이며, 이념 아래서 벌어지는 **드라마**, 현실화되는 이념을 규정해 주는 파토스적 역동성, 즉 이념의 수동적 발생을 포착하겠다는 의도를 내세우면서 들뢰즈가 표현하고 있는 것 또

---

49) Deleuze, *CC* 48/68.
50) Deldeuze, "L'idée de genèse dans l'esthétique de Kant", art. cité, p. 129[*ID* 94/207].

한 바로 이 혼합이다. 따라서 우리가 무언가를 배우는 것은 사유가 독특한 기호에 의해 자극되는 한에서 스스로의 감성을 예민하게 만들 때뿐이다. 이때 각각의 인식 능력은 자신을 변용시키는 어떤 독특성의 폭력에 의해 초월적(비자발적) 실행으로 고양될 뿐만 아니라, 배운다는 것은 앎과 모름 사이의 '살아 있는 이행'이 된다. 이 살아 있는 이행은 문제제기적인 기호의 역량 아래서 산출되는 새로운 사유를 설명해 준다.

이렇게 해서 들뢰즈가 프루스트의 행보에 관심을 기울이는 까닭이 설명된다. 이는 『잃어버린 시간을 찾아서』가 묘사하고 있는 배움의 과정이 다음을 보여 주었기 때문이다. 기호는 주어진 객체성이나 주관적인 발견이 아니라 들뢰즈가 어렵사리 '본질'에 대한 배움이라고, 그럼에도 경험적·사실적·우발적·정서적 배움이라고 명명했던 것에 도달한다. 사실상 배운다는 것은 이념과의 만남을 표시해 주는 이러한 탈구적 관계 속에서 인식 능력들을 초월적 실행으로 고양시키는 것이다. 이념에 대한 탐구는 인식 능력들을 초월적 실행으로 고양시킨다. "배운다는 것은 이념을 구성하는 보편적 관계들과 이 관계들에 상응하는 독특성들 안으로 침투한다는 것이다."[51]

아무개가 어떻게 배우는가를 말한다는 것이 그토록 어려운 것은 바로 그런 이유 때문이다. 즉 거기에는 선천적이든 후천적이든 어떤 실천적인 친밀성, 기호들에 대한 친밀성이 존재한다. 이 친밀성을 통해 모든 교육은 애정의 성격을 띤 어떤 것이 된다. [···][52]

---

51) Deleuze, *DR* 214/363.
52) Deleuze, *DR* 35/72.

들뢰즈에 따르면, 문제가 되는 것은 기호이지만 기호는 이념에서 구조를 이끌어 낸다. 이념은 플라톤적인 이념[이데아]으로 제시되는 듯 보일 수도 있었을 터인데, 왜냐하면 이념은 문제 자신의 객체성 안에 존재하는 문제를 가리키기 때문이다. 기호를 개별화로 보는 분석과 더불어 실제로 확인하게 되겠지만, 배운다는 것은 이념의 미분화와 대면한다는 것인데 반해 안다는 것은 해들의 규칙을 억견적으로 소유하는 데 만족한다는 것이다. 따라서 기호는 이념과 더불어 어떤 문제제기적 장을 형성하는 데서 성립하는 어떤 배움의 대상, 즉 이념에 대한 탐구의 대상이 된다. 바로 이런 점에서 이념을 탐구한다는 것이나 어떤 인식 능력을 초월적 실행의 지점까지 데려간다는 것은 같은 의미가 된다. 배운다는 것, 사유와 이념 사이에서 숭고의 불균형을 경험한다는 것은 곧 극화를 경험한다는 것이다. 이 경우, 예컨대 수영할 때 우리 신체의 특이점들은 강물의 이념이 지닌 특이점들과 맺는 관계 속으로 들어가며, 그에 따라 사유는 자기 능력의 한계까지 떠밀려가 기호의 비자발적인 난입 아래서 갑작스럽게 드러난다.

10장
개체화, 변조, 불균등화

'무언가에 예민해질 때에만 배울 수 있다'는 말의 정확한 의미는 사실 여기서 한 걸음 더 나아간다. 우리는 사물 속에서, 사물 자체가 가리키는 바에 따라서 배운다. 들뢰즈는 니체를 읽으면서 감각이 관계적이라는 점을 받아들였으며, 흄을 연구한 이후에는 관계가 그것의 항들에 외부적이라는 점을 반복해서 지적한다. 따라서 감각은 사물 속에서 주어지거나 구성하는 주체의 의해 부과되는 것이 아니라 힘 관계를 통해 산출되는 것이다. 또한 니체가 말하는 '의지'——이는 들뢰즈가 말하는 힘 관계의 합성, 이것임, 개별화에 부합한다——는 바로 이 힘 관계에 따라 다른 의지를 지배한다. "아무개가 어떻게 배우는가를 말한다는 것이 그토록 어려운 것은 바로 그런 이유 때문이다." 배움은 기호와 더불어 애정의 성격을 띤 교류, 그러나 동시에 치명적인 교류로 드러난다.[1] 어떤 사물은 "그것을 지배할 수 있는 힘들이 존재하는" 만큼의 의미를 갖는데, 이는 본질에 대한 물음에

---

1) Deleuze, *DR* 35/72.

서 '**누가?**'라는 물음으로 가는 이행을 함축하는 것이었다. 이는 상대주의를 전혀 함축하지 않는다. 감각은 주체에 의해 부과되는 것이 아니라 우리가 계보학적 방법을 통해 평가할 수 있는 힘 관계를 표현한다. 따라서 모든 감각은 저마다 다른 가치를 지니며, 이로 인해 들뢰즈는 사물과의 친화성이라는 개념을 만들어 낸다. 이 개념은 감각의 복수성에 대한 미분적 이론을 주장하기 위한 것으로서, 앞서 살펴보았듯이 이 이론은 본질에 대한 초월론적 규정, 즉 본질이란 감각이 자신의 실재적 출현을 위한 조건들과 맺는 관계라는 규정을 제공한다.

오히려 우리는 사물의 모든 의미 가운데서, 그 사물과 가장 많은 친화성을 보여 주는 힘을 그것에 제공하는 의미를 본질이라고 부를 것이다.[2]

이제 노에시스적으로 주어진 의미와 물리적으로 주어진 힘이 맺는 관계, 또한 의미와 힘 관계의 합성──힘이란 복수적인 것이므로──이 맺는 관계가 구체적으로 어떻게 형성되는지를 규정해야 한다. 사물과의 친화성이라는 기준을 어떤 관점에서 유효한 것으로 만들 수 있는가? 이 물음에 함축되어 있는 것은 기호 철학 전체다. 이 기호 철학은 니체의 논리 안에, 자연철학의 영역에, 초월론적 방법으로 이루어지는 비판에 준하여 함축되어 있다. 초월론적 방법이 목표로 삼는 것은 사유의 발생적 조건들, 사유의 자연적 실재성, 다시 말해 사유의 삶이다. 이제 스피노자, 베르그손, 니체의 이론은 물론 질베르 시몽동의 철학까지 소환되어 초월론적 기호 철학을 재편하게 된다.

---

2) Deleuze, *NP* 5/22.

1. 시몽동의 결정적인 기여: 개체화, 불균등화, 변조

들뢰즈는 시몽동의 분석에 비추어 니체의 계보학과 스피노자의 윤리학을 되살려 내는데, 이는 『차이와 반복』에 등장하는 개념들을 고안해 내는 데 있어 큰 중요성을 갖는다. 시몽동은 여기서 결정적인 중요성을 갖는바 기호의 이질성에 대한 이론 및 재료에 함축되어 있는 형태에 대한 이론을 제시했다. 뿐만 아니라, 그는 이 이론을 특히 도식론의 문제를 재해석하는 데 적용한다. 이를 위해 그는 도식론을 근본적으로 확장시켜 감성과 지성의 관계에 대한 칸트의 아포리아를 질료-형상 관계의 한 사례로 만든다.

시몽동은 질료-형상 관계가 이론적으로 매우 중요한 것임을 강조한다. **질료형상**^{hylémorphique} 도식을 실제로 그것이 기인하는 기술적 차원에 한정시킨다면, 우리는 이 도식이 지닌 일반화의 능력을 오판하게 된다. **질료형상** 도식의 위상은 사실상 사유를 위한 패러다임으로 승격되어야 한다. **질료형상** 도식은 아리스토텔레스에서 보여지는 바와 같은 유와 종을 통한 분류체계를 지탱하고 있을 뿐만 아니라, 발생이라는 물리적 측면과 인식이라는 논리적 측면을 동시에 규정한다는 점에서 인식론적으로도 근본적인 역할을 수행하고 있음에 틀림없다. **질료형상** 도식은 특히 귀납에서 실재와 사유의 연결을 보장해 줌으로써, 양자를 교차시키고 양자의 결합을 설명해 준다. 이는 **질료형상** 도식이 개체화 철학에서 수행하는 역할을 설명해 주는데, 시몽동은 1958년 심사를 받은 자신의 국가박사학위 논문 『형태와 정보 개념에 비추어 본 개체화』에서 개체화 철학을 전면적으로 혁신할 것을 제안한다.

시몽동의 기여는 결정적인 것이다. 또한 바로 이 대목이야말로 생전에 거의 알려져 있지 않았지만 들뢰즈가 그 이론적 풍부함을 포착해 낸 한 사상가의 중요성을 복권시키는 지점이기도 하다. 2년 전에 출간된 시몽동의 국가박사학위 논문 요약본에 서평을 쓴 1966년부터, 들뢰즈는 시몽동을 "극도로 중요한 […] 새로운 개념들"을 만들어 낼 수 있는 사상가로 높이 평가한다. "이 개념들의 풍부함과 독창성은 독자에게 강한 인상을 주거나 큰 영향을 미칠 것이다."[3]

사실 시몽동이 제기하는 실체적 주체에 대한 비판은 문제제기적인 것, 불균등화, 신호^{signal}, 공명^{résonance}, 결정화, 막^{membrane}, 변조^{modulation} 등 독창적인 개념들로 하나의 성좌를 이루고 있다. 『차이와 반복』 이후 들뢰즈는 이 개념들을 검토하여 독창적인 이론으로 조직한다. 들뢰즈의 계속되는 불일치^{dispars} 개념은 시몽동의 불균등화 개념에 진심어린 경의를 표하기 위한 것이다. 위너$^{N.\ Wiener}$의 자연 철학과 정보 이론에서 기인한 시몽동의 기호론은 들뢰즈에게 물리학적인 틀을 제공한다. 이 물리학적인 틀에 힘입어 들뢰즈는 후설적인 방식으로 사유 속에서 역설적으로 생산되는 이상성에 초점을 맞추고 있던 의미의 논리를 참된 감각의 논리로 전환할 수 있게 된다. 이질적인 감성적 기호와의 난폭한 만남을 통해 산출되는 사유는 이제 이질적인 창조, 힘의 포획으로 이해될 수 있게 된다.[4]

이는 기호 철학과 초월론적 경험론에서 시몽동이 갖는 중요성을 말해 준다. 그러나 들뢰즈가 자기 시대의 가장 독창적인 철학자들 중 하나로

---

3) Deleuze, "Gilbert Simondon. *L'individu et sa genèse physico-biologique*" (recension), in *Revue philosophique de la France et de l'étranger*, CLVI, 1~3, janvier-mars 1966(이하 "Recension…"), p. 115~118, 인용문은 p. 118.

4) Simondon, "L'amplification dans les processus d'information", exposé au cinquième colloque philosophique de Royaumont, résumé dans *les Cahiers de Royaumont*, n° 5 et discussion avec MM. Wiener, Mac Kay et Poirier, Paris, Minuit, 1962.

높이 평가했던 이 저자는 자신에게 어울릴 법한 관심을 받지 못했다. 이는 아마도 시몽동의 사유가 지닌 반시대적 성격이 그의 동시대인들에게 오해를 야기할 수밖에 없었기 때문일 것이다.[5] 그의 주요 저작들이 모두 출판되는 데에는 거의 50년의 시간이 필요했다.

일부만 출판되었다는 사실이 의심스러울 정도로 국가박사학위 주논문이 큰 명성을 얻었던 것에 반해, 논문심사 후 바로 출판되었던 부논문 『기술적 대상들의 존재 방식에 대하여』는 사정이 달랐다.[6] 그러나 이러한 외견상의 인정은 시몽동에게 철학의 영역과는 거리가 먼 공학자의 이름표를 붙이는 데 기여함으로써 또 다른 불행이 되었다. 1993년에 이르러서

---

5) 또 하나의 이유는 시몽동이 쓴 저작들의 출판이 부득이하게 지체되어야 했다는 데 있을 것이다. 그의 국가박사학위 주논문의 앞부분은 1964년 장 이폴리트(Jean Hyppolite)의 주도로 출판되었다(Simondon, Gilbert, *L'individu et sa genèse physico-biologique, l'individuation à la lumière des notions de forme et d'informaton*, Paris, PUF, coll. Épiméthée, 1964, rééd. augmentée avec une préf. de Jacques Garelli, Grenoble, J. Millon, coll. Krisis, 1995). 들뢰즈는 바로 이 판본을 읽었으며, 들뢰즈가 제시한 주석을 살펴볼 필요가 있을 경우 우리는 이 판본을 참고하여 페이지를 제시할 것이다. 찬사로 가득한 이 1966년의 서평은 시몽동 사유의 어떤 측면들이 우선적으로 들뢰즈의 관심을 끌었는지를 보여 주는 중요한 텍스트다. 절단된 시몽동의 저작은 1989년 앞의 판본과는 다른 형태로 편집·출판되는데, 이번에는 당시까지 미출간 상태로 남아 있던 박사학위 논문의 뒷부분이 선택되었다(Simondon, *L'individuation psychique et collective: à la lumière des notions de forme, information, potentiel et métastatique*, Paris, Auvier, coll. L'Invention philosophique, 1989]. 이 책을 편집한 프랑소와 라뤼엘(François Laruelle)은 머리말에서 "20세기 프랑스 철학의 가장 창조적인 저작들 중 하나를 원상태로 복원해서 출판"해야 할 긴급한 필요성을 지적한다. 이는 결국 최근에 와서야 이루어졌다. 지금은 시몽동의 국가박사학위 논문 전체를 활용할 수 있다[Gilbert Simondon, *L'individuation à la lumière des notions de forme et d'information*, rééditée avec une préf. de Jacques Garelli, Grenoble, J. Millon, coll. Krisis, 2005].

6) Simondon, *Du mode d'existence des objets techniques*, Paris, Aubier, coll. Analyse et raison, 1958, rééd. Paris, Aubier, coll. L'Invention philosophique, préface de John Hart et postface d'Yves Deforge, 1989; 『기술적 대상들의 존재 양식에 대하여』, 김재희 옮김, 서울: 그린비, 2011.

야 비로소 시몽동에게 한 권의 비판적 저작이 헌정되기에 이르는데, 그 동안 이 주변적인 인물에게 예외적으로 관심을 기울였던 것은 들뢰즈와 과타리를 비롯한 극소수의 이론가들뿐이었다.[7] 그럼에도 강도의 철학에 시몽동이 가한 충격은 그야말로 본질적인 것이며, 이 점을 주의 깊게 연구하지 않는다면 우리는 『차이와 반복』을 이해할 수 없을 것이다.

시몽동은 자신이 질료형상 도식이라고 명명한 것에서 벗어날 수 있는 전적으로 새로운 개체화 이론을 제시하고자 했다. 그에 따르면, 질료형상 도식이 규정하는 것은 생성의 사유를 가로막는 실체론 속에서 전도된 서구 형이상학이다. 질료형상 도식은 물질적 개체에 외적인 개체화 원리, 물질적 개체에 하나의 틀로서 부과되는 개체화 원리의 영향력하에서 개체화가 귀결되는 모든 이론을 포괄한다. 질료와 형상의 외재성 및 초월적 형상에 대한 질료의 위계적 종속을 전제함으로써, 사람들은 구성된 개체를 설명하고자 그 개체에 선행하는 개체화 원리로 거슬러 올라간다. 그러나 미리 만들어진, 개체화의 작용을 넘어서 있는 개체화 원리를 제시할 경우 개체화의 생성을 실재적 과정으로 설명할 수 없게 된다. 따라서 시몽동은 개체화의 과정이 단일한 것으로 말해질 수 있다는 데 이의를 제기하며, 이러한 개체화 원리를 실재적 과정에 외부적인 형식적 원인으로 전제하기를 거부한다. 개체화 원리는 유명론적인 것에 불과한 추상적·설명적 원

---

7) Gilbert Hottois, *Simondon et la philosophie de la "culture technique"*, Bruxelles, Éd. De Boeck Université, coll. Le Point philosophique, 1993. 이 책에는 출간되지 않은 책들까지 포함된 시몽동의 전체 서지목록이 최초로 포함되어 있는데, 이는 미셸 시몽동(Michel Simondon)이 다음 학술지를 위해 작성한 서지목록에 근거한 것이다. *Cahiers philosophiques*, n° 43, juin 1990. 그후 몇 년이 지나자, 수많은 연구자들이 이 위대한 사상가에게 관심을 갖게 된다.

리에서 벗어나 실재적 개체화에 대한 현대적·발생적 원리가 되어야 한다.

이에 힘입어 시몽동은 아리스토텔레스가 말하는 바 자연과 감각에서 질료와 형상의 분리, 칸트가 말하는 바 질료와 형식 또는 감성과 지성의 분리, 그리고 형식을 힘의 수준에서 사유하는 대신 탁월한·초월적인·설명적인 원리로 제시하는 질료와 형식의 모든 분리를 한데 모아 동일한 비판을 가할 수 있게 된다. 이처럼 시몽동은 어떤 광범위한 기획을 공격하고 있는 것이다. 다시 말해, 그는 질료형상 도식을 비판함으로써 형이상학을 재건하려는 것이다. 시몽동의 비판은 바로 들뢰즈와 칸트를 대립시키는 논쟁에 포함되는 것으로서, 보다 결정적인 사실은 이 비판이 현대 과학과 직접 대면하는 생성의 철학에 의존해 있다는 점이다.

시몽동의 생각에 따르면, 사실 고대인들은 그들의 인식론에 따라 활용할 수 있었던 우주론의 토대 위에서 존재를 정적인 것으로 간주하는 구상에 특권을 부여했음에 틀림없다. 고대인들은 존재를 평형상태에 국한하여 인식했다. 그런 한에서 그들은 개체화를 형상적인 것으로 보는 구상에 특권을 부여하면서 형상과 질료를 분리된 것으로 제시하고 개체화의 작용 자체를 모호한 상태로 남겨 두었다. 시몽동이 밝혀내고자 하는 것은 바로 이 개체화의 작용 자체다. 이를 밝혀내기 위해서는 존재의 존재론에서 생성의 존재론으로, 다시 말해 개체발생^{ontogenèse}으로 이행해야 하는데, 이는 현대 과학이 체계의 준안정성을 위한 조건들을 연구하면서 생성에 대해 제시한 객관적 인식을 통해 가능하다.

이러한 인식론적 변형에 힘입어 시몽동은 '준안정적' 발생으로 이해되는 한에서 생성하는 존재를 개념화할 수 있게 된다. 여기서 생성하는 존재가 '준안정적' 발생으로 이해된다는 말의 의미는 다음과 같은 것이다. 생성하는 존재는 더 이상 포텐셜 에너지의 가장 낮은 수준——고대인들은 이러한 안정성만을 다룰 수 있었다——에 위치해 있는 평형의 유형으로 이해되지 않는다. 오히려 이러한 평형의 유형은 그로부터 귀결될 수 있는 질서나 정보/형태화^{information}(역엔트로피^{négentropie})가 증가하더라도 자신의 포텐셜 차이를 다 소진해 버리지 않는 변형, 어떤 체계 속에서 작용하는 변형을 이론화한 것이다. 이처럼 시몽동은 준안정성을 정보 이론, 그리고 물질의 양상변화를 다루는 물리학을 교차시키는 개념으로 이해한다. 그는 모든 개별화의 장에 적용되는 유효성을 부여함으로써 이 과학적 개념에다 형이상학적 외연을 제공한다. 따라서 준안정성은 모든 현실화의 조건들을 특징짓는다. 평형을 잃은 준안정적 존재는 잠재적인 것에서 현실적인 것으로 가는 긴장 및 새로운 것의 생산을 설명해 주는 근본적인 차이, 비대칭적인 비평형 상태를 함축한다.

이처럼 준안정성은 생성의 철학을 위한 열쇠 개념이 된다. 시몽동은 이 새로운 구상을 철학에 적용한다. 그것은 형이상학을 질료형상론으로부터 해방시키고 물질적·생기적 개체화를 심리적·집단적 개체화의 과정으로 확장시키는 새로운 문화 이론을 만들어 낸다. 횡단성을 띤 일반 개념$^{transgénérique\ concept}$인 준안정성은 분화의 윤리학을 가능케 해주며, 자연적 형식화와 정치적 정서를 동일한 평면에서 다룬다. 시몽동은 결정화를 연구하면서 준안정성 개념을 물질 이론으로 확대하며, 이 개념이 생명 이론, 즉 내부환경이나 막에 대한 분석은 물론 문화의 사회적 형성에도 적용된다는 사실을 보여 준다. 물질, 유기체, 심리적·집단적 개체화를 동일한 평면에서 다루는 이 연속주의^{continuisme}, 베르그손적이거나 심지어는 스피노자적인 연속주의는 들뢰즈에게 특히 잘 부합하는 것이다.

시몽동이 철학과 과학 사이에 확립한 유대관계는 뉴턴 물리학의 귀결들을 심사숙고했던 칸트의 유대관계나 상대성이론을 검토하고 생명과학을 연구했던 베르그손의 유대관계와 다르지 않다. 시몽동은 당대의 과학을 맹목적으로 추종하지 않으며, 과학이 철학의 개념적인 창조보다 우월하다는 데 동의하지도 않는다. 그의 평가에 따르면, 당대의 과학은 다만 그때까지 철학의 연역적 엄밀성으로부터 벗어나 있던 문제들을 다룰 수 있는 방법론적 도구들을 구성한다. 물리학의 패러다임은 진리로서가 아니라 하나의 연산자operateur로서 주어진다. 그러나 결정적인 중요성을 갖는 이러한 뉘앙스가 사람들에게 항상 이해되지는 못했으며, 그런 이유에서 때로 시몽동의 이론은 동시대인들에게 잘못 수용되었던 것이다.

시몽동은 더 멀리까지 나아간다. 베르그손과 더불어, 그는 과학의 진보를 고려하지 않고서는 형이상학에서의 창조도 있을 수 없다고 생각한다. 준안정적 상태는 어떤 체계의 포텐셜 에너지, 질서 및 엔트로피의 증가, 정보/형태화라는 개념을 개입시키지 않고서는 규정될 수 없다. 우리 시대의 과학은 생성의 형이상학을 요구한다. 생성의 형이상학은 준안정성이라는 측면에서 고대인들이 미처 깨닫지 못했던 것을 회고적으로 밝혀 주며, 여기서도 이러한 주장은 베르그손적인 것이다. 고대인들이 개체화 원리에 대한 준안정적 정의에 관심을 둘 수 없었다면, 이는 단지 어떠한 물리학적 패러다임도 그들에게 이 준안정적 정의를 사용하는 방법을 가르쳐줄 수 없었기 때문이다.[8] 들뢰즈는 철학과 과학의 이러한 일치를 강조하며, 당대의 과학에서 동시대 철학의 문제제기적인 것들을 혁신하기 위한 영감을 포착했다는 점에서 시몽동을 높이 평가한다.

요컨대 시몽동의 개체발생은 준안정성에 기반해 있으며 당대의 과학

---

8) 다음을 보라. Simondon, *L'individu et sa genèse physico-biologique*, op. cit.(이하 *IGP*) p. 24.

은 이에 관한 연구성과를 제공했다. 이러한 개체발생은 존재가 활동 및 차이가 되는 생성의 형이상학을 가능케 해주는 데 반해, 개체화의 형식 아래서 벌어지는 존재의 현실화는 시몽동이 '불균등화'라고 명명한 분화의 과정을 통해 이루어진다. 불균등화는 가장 혁신적인 개념들 중 하나를 차이의 철학에 보증해 준다. 불균등화는 최소한 두 가지 등급의 질서 사이에 어떤 본래적 차이를 개입시켜 분화, 즉 현실화를 설명해 준다. 시몽동은 포텐셜 에너지라는 개념을 바로 이렇게 이해한다. 그는 동시대 과학에서 이 포텐셜 에너지 개념을 찾아내어 그에 결정적인 중요성을 부여하는데, 이는 어떤 개체화의 생산을 문제제기적인 것의 해소, 다시 말해 포텐셜 차이의 해소로 설명하기 위함이다. 들뢰즈는 이 에너지적 긴장의 형이상학에 동의하며, 이 형이상학은 "어떤 근본적인 차이, 불균형 상태로서의 차이"[9]를 함축한다. 그는 『차이와 반복』에서 '감성적인 것의 비대칭적 종합'이라는 표현으로 이러한 차이를 받아들인다. '감성적인 것의 비대칭적 종합'은 물리적 개체화를, 분화가 현실화되는 국면을 특징짓는 것이다.

시몽동에 따르면, 비대칭은 포텐셜 에너지의 차이로부터 생겨나며 체계의 준안정성을 설명해 주는 것으로서 모든 개체화의 초월론적 조건이 된다. 이로부터 질료와 형상의 관계에 대한 새로운 철학이 나온다. 개체화·불균등화·변조라는 시몽동의 개념들은 바로 이 새로운 철학을 사유하는 데 사용된다. 시몽동의 뛰어난 개체화 이론은 들뢰즈에게 물질적·생기적·노에시스적인 모든 단계에서 형상과 질료의 추상적인 대립을 어떻게 모든 개체화에 적용할 수 있는 물질적인 분화로 대체할 수 있는지를 보여 준다.

---

9) Deleuze, *ID* 121.

시몽동의 장치에 힘입어 들뢰즈는 자신의 창조 이론을 완성할 수 있게 된다. 사유는 기호의 구속 아래서 생겨나며, 어떤 문제의 해소, 다시 말해 물질적으로 준안정적 체계에 속하는 포텐셜 에너지의 감소로 생겨난다. 이 준안정적 체계의 불균형은 새로운 개체화를 야기함으로써 해소된다. 질료형상적이지 않은 이 개체화 도식은 강도적 만남인 감각에 적용된다. 또한 이 개체화 도식은 기호의 이질적인 압력 아래서 벌어지는 사유의 생산에도 적용된다. 뿐만 아니라, 이 개체화 도식은 기호론에도 적용되는데, 시몽동과 마찬가지로 이제 들뢰즈는 기호론을 에너지적인 신호작용, 즉 물질을 동요케 하는 힘들의 관계, 재료의 생성으로 이해한다. 요컨대 이 개체화 도식은 모든 개체화에 적용되며, 따라서 그것은 들뢰즈가 『차이와 반복』에서 만들어 낸 감성적인 것의 비대칭적 발생을 이해하는 데 있어 필수 불가결한 중계점으로 드러난다.

따라서 우리는 두 사상가가 합류하는 지점을 가늠해 볼 수 있다. 시몽동을 발견했을 당시, 들뢰즈는 실체적 주체에 대한 비판이라는 관점에서 감성적인 것을 구성하는 자신의 철학을 구상하고 있었다. 이러한 관점에 힘입어 들뢰즈는 시몽동의 개체화 비판이 지닌 힘을 평가할 수 있게 된다. 두 사상가가 이렇게 합류한다고 해서 불일치나 비판이 불가능한 것은 아니다. 시몽동의 기술적·실증적 영감, 시몽동의 과학에 대한 관심은 들뢰즈에게 와서 앵글로-색슨 경험론에 영향을 받은 사유와 만나게 되고, 양자는 주체성이 개체화로서 구성된다는 결정적인 주장에서 서로 합류한다. 사실 시몽동은 어떤 개체 ——주체, 신체, 기관, 질 어떤 것이건 간에 ——가 결코 실체적으로 주어지는 것이 아니라 개체화 과정의 끝에서 산출된다는 사실을 보여 주며, 이 개체화 과정을 문제제기적인 불균등화로, 다시 말해 어떤 활동, 어떤 관계로 이해한다.

주체는 주어지는 것이 아니라 개체화 과정을 통해 구성되며, 들뢰즈에게서와 마찬가지로 이는 주체가 줄곧 미완성된 상태로 남아 있음을 함축한다. 주체가 완성되어 있다면, 그것은 주어진 결과로서 고정되고 말 것이다. 들뢰즈는 이러한 귀결을 전적으로 받아들인다. 이는 흄·스피노자·니체 연구를 통해 예비해 왔던 귀결이자 들뢰즈가 자기 고유의 이론에 포함시킨 귀결이기도 하다. 변조의 개념과는 달리, 들뢰즈가 특히 불균등화의 개념을 받아들이는 경우는 많지 않다. 들뢰즈는 종종 시몽동을 언급하지 않으면서도 변조라는 개념을 사용한다. 하지만 들뢰즈는 불균등화에 대한 시몽동의 분석을 문제제기적인 것에 대한 자신의 분석과 통합하는데, 변조를 이해하기 위해서는 이 두 가지 분석이 모두 필요하다.『차이와 반복』의 초반부에 등장하는 기호에 대한 다음의 정의는 전적으로 시몽동적이다. 기호를 발산하는 대상은 "불균등한 두 질서 ——기호는 크기나 실재성의 불균등한 질서들 사이에서 섬광처럼 번득인다—— 처럼, 필연적으로 어떤 수준의 차이를 드러낸다".[10]

2. 주형화와 변조

기호가 발하는 섬광을 이해하기 위해서는, 먼저 시몽동이 말하는 주형화와 변조의 구별이 어떻게 질료와 형상이라는 낡은 문제를 혁신하는지를 설명할 필요가 있다. 벽돌의 주형화는 인간 기술의 원형에 해당한다. 하지만 벽돌의 주형화는 특히 질료형상적 사유를 위해 참고하는 예시로서 그 사유에 가장 납득할 만한 유효성을 제시하는 듯 보인다. 주형화는 수동적

---

10) Deleuze, *DR* 35/72.

인 질료(점토)에 외적 형상(주형)을 부여하는 데서 성립하는 것이 아닐까?

시몽동의 답변에 따르면, 먼저 점토는 불활성의 질료가 아니라 준비된 재료로서, 자신의 화학적 구성, 가변적 조형성, 장인의 작업을 통해 형태가 부여되는 점증하는 내생적 속성들과 더불어 고유의 '함축된 형태'를 지닌다. 다음으로 주형은 추상적 형식이 아니라 물질적 장치로서, 자신의 재료 및 기하학적 형식 안에서 틀의 물리적 기능 전체를 실현하며 인내심을 요하는 제작, 선별작업, 재료의 배치로부터 만들어진다. 주형의 형상은 물질석이며, 점토의 질료에는 이미 형상이 주어져 있다. 질료와 형상이라는 개념을 간직하려는 이가 있다면, 그는 주형과 점토 양자가 모두 형상과 질료의 독특하고 변별적인 복합체를 제시한다고 말해야 할 것이다. 사실 형상과 질료라는 개념을 추상적으로 적용할 경우 반성적으로 고찰하기가 쉽지 않은데, 이는 형상이 부여되는 작용만을 고려할 뿐 그로부터 귀결되는 역동적이고 실재적인 '형태의 만들어짐'을 고려하지 않기 때문이다.

질료형상적 각인[刻印] 이론이 전제하고 있는 바에 따르면, 주형의 능동적인 형상은 수동적인 질료에다 자신의 형태를 새겨 넣는다. 하지만 실상은 그렇지가 않다. 물론 주형에 담긴 점토는 시간이 지난 후 거기서 벽돌의 형태가 되어 나오겠지만, 실제로 그 주형 안에서는 무슨 일이 벌어졌던 것일까? 시몽동에 따르면, 질료에 형상이 부여되었던 것이 아니라 주형과 재료 상호간의 '형태의 만들어짐'이 있었던 것이다. 시몽동은 구체적인 주형이 이렇게 실재적·시간적·가변적·연속적으로 적용되는 것을 변조라고 부를 것을 제안한다. 이 구체적인 주형은 주형화 이론이 전파하는 추상적 표상인 불변적인 주형과 대립된다. 점토는 벽돌이 되지만, 주형은 아마 작용이 끝난 후에도 존속할 것이다. 그러나 고려해야 하는 것은 주형이라는 물리적 틀과 재료의 힘이 함께 변조되는 방식, 양자가 어떤 공통의 체계,

연합 환경, 다시 말해 상호소통하는 실재적 힘의 환경으로 들어가는 방식이다. 형태와 물질은 물질적 힘의 평면에서 연속적으로 정보/형태화를 교환하면서 더불어 개체화——벽돌——의 작용을 현실화한다.

　이렇게 함으로써 형상과 질료 사이에 중간 차원의 지대, 독특성·이것임·재료에 함축되어 있는 형태의 지대가 드러나게 된다. 이 세 가지는 시몽동이 말하는 '문제제기적' 체계 속에서, 다시 말해 체계의 포텐셜 차이를 감소시켜 주는 준안정적 평형 속에서 주형의 힘들과 마주친다. 주형은 점토와 함께 변조되면서 벽돌의 개체화가 시작되게끔 촉발하는 어떤 독특성으로 작용하며, 이는 결정체의 싹이 과포화된 용액 및 결정의 형성으로부터 '형태의 만들어짐'을 야기하는 것과 마찬가지다. 따라서 추상적인 개념인 형상과 질료는 개체화를 설명하기에 충분하지 못하다. 고려되어야 하는 것은 전개체적 환경과 새롭게 나타나는 독특성 사이의 틈에서 산출되는 매개 지대, 그리고 주형의 힘과 점토의 힘이 상호 소통하는 한에서 힘의 평면에서 벌어지는 분자적인 변조, 이 두 가지가 시몽동이 '내적 공명'résonance interne이라고 부르는 것 속으로 들어간다는 사실이다. 따라서 수동적인 질료와 외적인 힘 간의 불모적인 만남이 존재하는 것이 아니라 언제나 주형과 재료의 공동 작용이, 다시 말해 힘의 평면에서 실효화되는 변조가 존재한다. 따라서 시몽동은 질료형상적 사유가 분리시켜 놓은 과정의 한가운데 위치한다. 이런 점에서 개체화 원리는 에너지가 현실화되는 동안 벌어지는 체계의 변형, 체계의 생성과 관련된다. "개체화 원리는 이 형태를 취하고 있는 이 물질의 내적 공명이 수립되는 유일한 방식이다."[11] 이 유일한 원리, 다시 말해 독특한 원리는 단일하지 않다. 오히려 그

---

11) *Ibid.*, p. 46.

원리는 주형과 함께 변조되는 동안 겪게 되는 점토의 상변화와 관련된다.

점토의 각 분자는 주형 벽이 가하는 압력과 소통하면서 주형의 구체화된 기하학적 형태와 지속적으로 상호작용한다. 점토가 주형에 맞서 저항하기 이전의 특정한 지점, 재료가 변형되는 지점, 주형이 점토에 구속을 가하는 지점까지는 점토가 주형에 의해 형태지어지는 만큼 주형도 점토에 의해 형태지어지는 것으로 드러난다.

사실 주형은 조형적인 흙이 확장되지 않도록 제한한다. 주형이라는 자신의 역할을 수행하는 한에서 그것은 이 확장을 정적인 것이 되게 하고, 적어도 흙의 압력과 같은 크기로 반작용의 힘을 전개한다. 그러나 스스로 변형되지 않는다면, 주형은 이 역할을 수행할 수 없을 것이다. 이런 이유에서 흙의 압력보다 조금 더 강해지는 주형 벽의 반작용을 미리 고려할 필요가 있는데, 이는 공기주머니가 생기지 않도록 하면서 주형이 정확하게 채워지도록 하기 위함이다. 따라서 주형은 점토를 위한 안내자의 역할을 수행한다. 주형 벽의 반작용은 정적인 힘으로서 점토가 주형 속에 채워지는 과정을 인도하고, 채워지는 재료가 특정한 방향으로 확장되는 것을 막는다. 따라서 주형 벽은 재료에 따라 유연하고 미분적인 방식으로 조금씩 휘어져야 한다. 얇은 나무로 만들어진 주형은 변형되었다가 다시 제자리로 돌아오겠지만, 주철로 만들어진 주형은 거의 변형되지 않는다.

따라서 시몽동은 주형의 형성작용을 분석할 것을 제안한다. 주형의 형성작용은 물질의 평면, 힘 관계가 합성되는 평면을 관통하고 있다. 주형은 자신의 물질적 유연성을 점토의 유연성에 대립시킨다. 이 부정적인 작용을 통해 주형은 점토의 변형을 중지시키고 점토의 확장을 제한하는데, 우리는 바로 이 부정적인 작용을 능동적인 형상을 부여받는 것으로 잘못 이해했던 것이다. 시몽동의 설명에 따르면, 사실 주형은 점토에 형상을 부여한다기보다는 점토를 제한하고 안정시킨다. 이러한 현상을 정확하게 고려한다면, 주형이 규정하는 것은 오히려 변형의 중지다. 주형은 자신의 형상을 부여하기는커녕, '형태의 만들어짐'이 성취되는 경계를 알려준다. 이는 주형이 어떤 규정된 윤곽에 따라 변형을 중지시킴으로써 이 '형태의 만들어짐'을 성취하기 때문이며, 주형이 점토의 윤곽선 전체를 **변조시킨 다고** 말해야 하기 때문이다. 실재적 변조와 주형화라는 거짓된 표상 간의 본질적인 차이는 바로 여기에 있다. 실제로 주형은 "고정되어 있는, 변조하는 손 전체의 역할"을 수행하는데, 이 손은 "정지 상태의 반죽하는 손으로 작용하는"[12] 것으로서 형상 속에서 힘 관계의 합성을 상대적으로 안정시킨다.

규범적인 단순성 속에서 이 예가 보여 주는 것, 즉 신석기의 문턱을 설정하는 주형화된 흙에 대한 지배는 기술적 수준 자체에 속한다. 그에 반해, 일견 성공적인 듯 보였던 아리스토텔레스의 질료형상 도식은 여전히 개체화 작용을 설명하는 데 무능력하다. 주형화라는 질료형상적인 구상 속에서 질료와 형상을 추상적으로 대조한다고 해서 힘의 수준에서 벌어지는 '형태의 만들어짐'을 설명할 수는 없다. 벽돌의 변조는 형상화된 질료와 질료적인 형상에 공통으로 작용하며, 그것들의 구체적인 상호작용은 동일한 실존의 수준에 속한다. 형상과 질료에 대한 추상적인 분석은 분자적 실존의 공통환경 속에서 벌어지는 힘 관계의 합성, 점토와 주형 사이에서 실효화되는 변조에 자리를 내어 준다. 이러한 힘 관계의 합성, 이러한 변조는 벽돌을 만드는 동안 점토의 힘과 주형의 힘 사이에서 현실화된다.

---

12) Simondon, *IGP* 40.

따라서 시몽동은 주형화의 표상 속에서 실행되는 형상과 질료의 정적인 대립을 힘과 재료의 환경에 놓인 역동적인 모델, 즉 변조의 모델로 대체한다. 또한 그는 힘의 평면 위에서 동시에 작용하는 상이한 세 가지 에너지의 상호작용을 문제로 삼는다. 첫째, 준안정적 상태에 놓인 무정형의 실체가 지닌 강력한 에너지(장인이 작업하여 준비해 놓은 점토). 둘째, 주형에 의해 야기되는 약한 에너지. 이것은 형태를 연속적으로 빚어 내는 에너지로 기능하며 점토의 변형을 이끄는 정보/형태화로 작용한다. 마지막으로 결정적인 중요성을 갖는 세번째 에너지가 있다. 이것은 공학적 분석이 계속 과소평가해 왔던 것으로서, 점토와 주형을 만나게 해주는 '결합 에너지'다. 가장 중요한 것은 바로 이 세번째 조건이다. 전개체적 실체와 그것의 변조하는 틀 사이에서 벌어지는 '형태의 만들어짐', 여기서는 벽돌 제조공이 작업을 통해 외생적으로 이루어 낸 '형태의 만들어짐'을 현실화하는 것이 바로 이 세번째 조건이다. 사람들이 이 조건을 무시해 왔다면, 이는 기술적 맥락에다 노동분업이라는 사회학적 모델을 적용했기 때문이며, 질료형상적 관계를 이론화하면서 그 관계를 주인의 지배라는 상황과 혼동했기 때문이다. 과제가 성취되게끔 지시를 내리는 사람이 주인이긴 하지만, 그 과제는 점토와 주형, 형상과 질료를 관계지어 물질적 개체화의 역동적 과정을 시작하는 장인의 구체적인 작업을 통해 성취되는 것이다.

　　들뢰즈는 변조에 대한 시몽동의 분석이 얼마나 뛰어난 것인지를 점차 깨닫게 된다. 시몽동의 분석은 아리스토텔레스에서 칸트와 후설에 이르는 고대 질료형상론의 분신들로부터 벗어날 수 있게 해줄 뿐만 아니라 특히 배치라는 개념을 적용할 경우 기술적인 것과 경험적인 것을 매우 강력한 방식으로 재평가할 수 있게 해주기 때문이다. 사실 시몽동이 관찰한 바에 따르면, 이론적 사유는 주형화처럼 외견상 단순한 활동도 이론화할 수 없는 듯 보였다. 이는 물론 학문적 불가능성으로 인한 것이지만,──고대인들은 안정적 평형만 알고 있었을 뿐, 현대 물리학의 성과인 준안정성 개념을 알지 못했다──특히 사회적인 선입견, 즉 계급에 대한 몰인식으로 인한 것이기도 하다. 이론가들은 자신을 주인계급과 동일시하며, 결코 작업실로 내려가지 않는다. 사상가들이 기술적인 분석에다 노동에 대한 사회화된 표상을 암묵적으로 채택하고 적용하는 것은 바로 이 때문이다. 사상가들은 이러한 표상을 어떤 질서를 수반하는 기술적 작업, 다시 말해 작업을 실행하는 노예에게 부과되는 바 주인의 추상적인 명령을 수반하는 기술적 작업과 혼동했다. 질료형상 도식은 우선 노동분업에 뿌리박고 있다. 그리고 질료형상 도식이 노동을 평가절하하는 고대의 표상을 이루고 있는 까닭은 다만 그 표상이 계급 분할의 사회학을 유예시켜 주기 때문이다. 이와 같이 개념화된 형상은 표현 가능한 것$^{l'exprimable}$에, 다시 말해 사회적 위계를 전제하고 있는 어떤 명령의 전달에 속한다. 이처럼 질료형상 도식의 약점은 사유와 물질 간의 사회적 반목에 있다. 만약 장인이 자신의 행위를 이론화했다면, 형상을 모든 벽돌에 추상적으로 적용되는 단일한 도식과 동일시하는 것이 아니라 매개 지대의 유효성, 다시 말해 물질적인 형상과 준비된 질료를 만나게 해주는 작업의 독특한 유효성을 인정했을 것이다. 그렇게 할 수 없었던 까닭은 개체화 원리를 질료가 아니라 형상과 동일시하는 주인의 관점에서 그 작용을 사유하고, 형상을 변조라는 물질적 작용으로 이해하는 대신 어떤 표현가능한 질서와 혼동했기 때문이다. 그러나 시몽동은 이 충격적인 비판을 사회적 논쟁이라는 방향으로 더 깊이 파고 들지는 않았으며, 맑스에게도 줄곧 관심을 두지 않았다. 이것이 바로 1960년대 프랑스의 지적인 배경 속에서 시몽동이 잊혀져 있었던 이유들 중 하나이며 들뢰즈가 그의 미온적인 태도를 비난하게 된 모

티프들 중 하나다.[13]

따라서 질료형상 도식의 기원은 기술적인 것이 아니라 사회적인 것이다. 기술적 조건들에 대한 실재적 분석은 문제가 힘 및 재료에 맞선 '형태의 만들어짐'에 있다는 사실을 보여 줌으로써 질료와 형상의 개념을 완전히 변형시키기 때문이다. 이처럼 변조에 대한 분석은 들뢰즈의 저작에서 점점 더 높은 평가를 받게 된다. 변조에 대한 분석은 들뢰즈가 스피노자와 조프루아 생틸레르를 깊이 고찰하면서 만들어 낸 강도적 형태라는 문제제기적인 것과 연결된다. 변조 이론은 이처럼 형상 이론을 혁신하면서, 형상을 힘과 재료의 관계로 파악한다.

주형과 변조의 구별은 주형화라는 새로운 구상을 활용한다. 주형화는 문제가 되는 것이 물질적 결정화이건 생물의 막이건 기술적인 벽돌이건 상관없이 우리가 '형태의 만들어짐'에다 적용하는 이론적 모델을 변형시킨다. 주형의 실재적 작용은 항상 변조하는 작용으로 드러난다. 변조는 이처럼 주형화와 구별된다. 이는 어떤 대상들은 주형화되고 다른 대상들은 주형화되지 않기 때문이 아니라 자연적이건 인공적이건 모든 개체화는 어떤 공통의 영역에서 일어나기 때문이다. 이 공통의 영역은 힘들이 교환되는 영역, 식별 불가능하고 분자적인 근방역近方域, voisinage의 영역에 해당한다.[14] 이런 의미에서 주형, 변조, 기술, 예술도 자연적 개체화와 마찬가지로 '형태의 만들어짐'에 속한다. 이 '형태의 만들어짐'이 문제로 삼는 것은 질료와 형상이 아니라 힘과 재료다.

---

13) "우리는 인간을 두 집단, 즉 명령하는 집단과 명령받는 집단으로 나누는 문명에서 기술적인 실례에 따라 개체화 원리가 필연적으로 때로는 형상에 때로는 질료에 부여되었지만, 결코 양자에 동시에 부여되지는 않았다고 말할 수 있을 것이다." (Simondon, *IGP* 56)

14) Simondon, *IGP* 85, n. 10.

요컨대 실재적인 의미에서 주형은 항상 더딘 변조의 작용을 표현하며, 지적인 의미에서도 그것은 질료형상 도식의 지배를, 시몽동을 따라 들뢰즈가 전적으로 거부하는 이론인 의심스러운 질료형상 도식의 개체화 이론을 가리킨다. 때로 들뢰즈가 이 두 가지 의미 사이에서 주저하고 있다는 인상을 주기는 하지만, 이 두 가지 의미를 분석적으로 구별하는 것은 어렵지 않은 일이다. 따라서 변조에 대한 분석은 질료와 형상의 추상적인 만남을 형태에 대한 새로운 분석으로 대체하는 데서 성립한다. 이 새로운 분석은 형태를 힘과 재료의 강도적 변이, 정보/형태화로 간주하는데, 그것은 개체화 가능한 준안정적 평형상태에 놓인 어떤 체계의 실존을 전제하고 있다. 이런 이유에서 변조는 불균등화에 대한 분석을 전제하고 있다.

3. 기호의 문제제기적 불균등화

불균등화는 변조의 과정, 다시 말해 주형과 점토라는 서로 다른 존재자들이 공명하는 방식, 그리고 주형과 점토가 벽돌의 개체화를 통해 양자의 문제제기적인 만남을 해결하는 방식을 설명하는 데 사용된다. 시몽동이 지각을 다루는 정신생리학에서 빌려 온[15] '불균등화'라는 용어는 쌍안雙眼 시각에서 깊이의 생산을 가리키며, 망막 이미지들의 양립 불가능성, 창조적 해결책으로서 삼차원 시각을 산출하는 망막 이미지들의 환원될 수 없는 불균등성을 규정한다.

    망막은 저마다 이차원 이미지로 덮여 있지만 두 개의 이미지는 시차視差로 인해 서로 일치하지 않는다. 누구나 먼저 한쪽 눈을 감고 그 다음에 반

---

15) Simondon, *IGP* 203, n. 15.

대쪽 눈을 감음으로써 이를 관찰할 수 있다.[16] 따라서 시몽동이 이차원성의 공리계라고 부르는 것, 즉 두 망막 사이 두 이미지의 비정합성을 해소할 수 있는 이차원의 광학 이미지는 존재하지 않는다. 시몽동의 용어에서 공리계는 어떤 장, 여기서는 시각의 객관적 구조화를 가리킨다. 이 장은 어떤 '문제제기적인 것', 다시 말해 준안정적이고 긴장된 객관적 상황, 문제의 해결을 요구하는 상황을 보여 준다.

두 망막 사이에 존재하는 불균등한 문제제기적인 것을 해소하기 위해, 인간의 뇌는 새로운 공리계에 해당하는 삼차원성이 정합성을 띠기 위한 조건으로서 이 문제제기적인 것을 통합한다. 부피, 깊이에 대한 지각, 삼차원 시각은 이차원적 대립의 해소로서 이처럼 새로운 차원, 즉 삼차원성을 실증적으로 창조할 때 생겨나는데, 앞서의 두 망막 이미지는 이 삼차원성을 포함하고 있지 않았다.

불균등화는 개별화의 모델에 해당하는 지각작용이 어떻게 하나의 상을 이루게 되는지를 파악할 수 있게 해준다. 아울러 불균등화는 부정성을 모순의 종합적 지양으로 보는 변증법 이론에서 벗어나기 위한 생산적인 대안으로 제시되는 동시에 창조를 위한 모델을 제공한다. 사실 불균등화가 세번째 차원을 산출하는 것은 두 망막 이미지의 불균등성을 해소하기 위함이다. 이 새로운 차원은 두 망막 사이의 대립을 사라지게 하는 것이 아니라 어떤 새로운 체계 속에서, 즉 깊이 속에서 그 대립을 통합한다. 이 새로운 차원으로의 도약을 설명해 주는 것은 오히려 망막의 불균등성이 유지되고 있다는 사실이다. 이 새로운 차원은 어떤 종합이나 화해를 초래하는 것이 아니라 문제를 완전히 다른 수준으로 가져가 어떤 통합을 이

---

16) Deleuze, *DR* 72/133.

루어 내며, 거기서 두 망막의 불균등성은 이제 새로운 의미를 획득한다. 시몽동의 설명에 따르면, "지각적 발견은 환원적인 추상화가 아니라 통합, 즉 확대작용이다".[17] 깊이에 대한 시각은 모순을 축소한다고 해서, 시차를 제거한다고 해서 발견되는 것이 아니며, 대립물들의 변증법적 종합을 통해 발견되는 것은 더더욱 아니다. 깊이에 대한 시각은 전혀 다른 작용을 통해 발견된다. 이 작용이 문제로 삼는 것은 발명적인 구성으로서, 선재하던 것이 아닌 새로운 차원을 고립된 망막 이미지에 덧붙인다. 해는 최초의 모순을 해소하는 데서 생겨나는 것이 아니라 최초의 문제 속에 포함되어 있지 않았던 새로운 차원을 창조하는 데서 생겨난다. 불균등화는 새로운 차원으로 확대하는amplifiant 작용에서 성립한다. 이러한 작용을 요구하는 것은 바로 체계를 형성하는 불균등한 망막 쌍의 존재이며, 그 결과 이 체계는 불균등한 것들의 구조적 불균형을 포함하게 된다. 그럼에도 망막 이미지의 수준에서 그 해결책이 삼차원 형식을 취하기를 **선험적으로** 요구하는 것은 아무것도 없다. 이런 점에서, 불균등화는 문제제기적인 동시에 창조적인 것으로 드러난다.

시몽동이 뜻하는 바의 문제제기적인 것은 구성적 불균등성을 규정한다. 구성적 불균등성이란 망막 이미지들 간의 차이가 줄어드는 것이 아니라 오히려 어떤 새로운 차원, 즉 부피에 대한 시각을 구성하는 계기가 되는 한에서 바로 그 망막 이미지들 간의 차이를 일컫는 것이다. 따라서 이 차이는 **사물 속의**in re 문제제기적인 것이며 어떤 '공리계'에서 성립한다. 시몽동의 용어에서 공리계는 객관적이지만 준안정적인 어떤 장의 구조화를 가리킨다. 이 장은 포텐셜의 불균형을 포함하고 있다. 문제는 이 포

---

17) Simondon, *IGP* 206.

텐셜의 불균형을 제거하는 것이 아니라 창조적인 방식으로 그것을 해소하는 일이며, 이를 위해서는 여기서 제기된 문제, 부피에 대한 시각이라는 문제에 선재하지 않는 새로운 차원을 산출해야 한다.

불균등화를 그 용어의 기원에 해당하는 정신생리학적 시각 현상으로 한정시키기는커녕,──감각하는 자와 감각되는 것의 틈, 살아 있는 개체와 환경의 틈에서 변조된다는 점에서 지각이 시각 현상의 특수한 사례를 구성하는 것은 사실이다── 시몽동은 우리가 위치한 모든 단계에서, 다시 말해 물리적 신호, 생명체, 공동체, 개념의 단계에서 불균등화를 개체화 전체로, 존재의 생산 전체로 확대한다. 모든 독특성은 문제제기적 불균등화를 통해 산출되며, 모든 변조는 불균등하다.

불균등화는 개체화의 결정적인 범주가 된다. 불균등화는 모든 실재적 발생과정을 일컫는다. 또한 불균등화는 시몽동이 존재의 준안정적 성격이라고 부르는 것을 설명해 줌으로써 잠재적인 것의 현실화라는 문제에 응답한다. 모든 개체화는 불균등화를 통해 이루어진다. 뿐만 아니라, 시몽동의 준안정성은 어떤 최초의 불균등이 연속적인 균등화를 통해 해소되는 균형화 과정이나 모순의 변증법적 해소로 이해되어서는 안 된다. 여기에 창조적 분화의 모델이 있으며, 시몽동은 이 모델을 형이상학적 원리의 반열에 올려놓는다.

시몽동은 자신의 이론을 '새로운 방법과 개념'에 근거한 '자연의 존재론적 공준'으로 제시한다. 존재란 활동이고, 하나가 아니라 이처럼 관계이며, 생성하는 존재의 양상이 생성된 존재의 모델에 해당하는 실체를 대체한다. 시몽동은 이 새로운 방법과 개념에 '변환traduction'이라는 이름을 마련해 두었다. 변환이란 물리적·생물적·정신적·사회적 평면에서 분화를 구조짓는 작용이다. 시몽동은 이 변환이라는 용어를 위상차位相差, déphasage

혹은 구조짓는 분화로 이해한다. 구조짓는 분화를 통해 개체화가 계속 진행되어 나가며, 그 결과 각각의 구조화된 영역은 앞으로 생겨날 영역을 위한 구성원리의 구실을 하게 된다.

변환은 이처럼 발생적 구조라는 역동적 개념을 이룬다. 발생적 구조는 점진적으로 생겨나며, 방법론적 측면과 경험적 측면에 동시에 적용된다. 변환은 존재의 작용과 사유의 작용을 동시에 규정한다. "따라서 이 연구의 목표는 물리적·생기적·사회심리적인 세 층위에서 존재 안에 개체를 위치시키기 위해 **형태, 양태, 개체화의 정도**를 연구하는 데 있다." 따라서 이 세 층위를 규정해 주는 것은 더 이상 다양한 실체들이 아니라 실체들 안에서 현실화되는 변환적 개체화의 방식이다. 이러한 스피노자적 입장은 들뢰즈에게 전적으로 부합한다.

변환이란 긴장 속에 놓여지기 전에는 존재하지 않았던 다수의 차원들이 준안정적 존재의 내부에 출현하는 일이다. 이러한 변환은 들뢰즈의 다양체와 공모관계에 있다. 다양체와 마찬가지로, 변환은 인식의 질서 속에서 참된 창조의 과정을 규정하며, 개체화를 분화의 체계로 사유할 수 있게 해준다. 또한 변환은 개체화 속에 다자를 포함시키는데, 변환은 개체화를 상대적·복수적인 것으로, 상이한 차원들 속에서 벌어지는 위상차의 귀결로 파악한다. 그러나 시몽동이 귀납과 연역의 중간에서 변환이라는 용어를 선택하는 데 반해, 들뢰즈는 사유가 차이에 도달하도록 보장하기 위해서는 반드시 실효적 파괴라는 논쟁적인 국면을 거쳐야 한다고 생각한다. 다양체는 재현적 사유의 과정을 순화시키면서 그 과정을 뒤따르는 것이 아니라 오히려 동일자 사유의 폐허에서 생겨난다. 시몽동에게 결여되어 있는 것은 바로 이 논쟁적인 국면이다.

들뢰즈의 생각에 따르면, 동일성을 변형시키거나 완화시킴으로써 차이에 도달할 수도 있겠지만, 그렇게 하기 위해서는 시몽동이 자신의 모든 분석에서 간직하고 있는 존재의 개념을 해체시켜야 할 것이다. 변환은 관계를 자신의 항들을 외부적이고 선행하는 것으로 사유할 수 있게 해줄지도 모른다. 이는 들뢰즈가 경험론적인 방식으로 도달한 귀결이다. 시몽동은 들뢰즈가 전적으로 동의할 이러한 귀결을 매우 훌륭한 방식으로 다음과 같이 표현한다. "변환작용을 통해 도달한 마지막 항들은 이 변환작용에 선재하지 않는다. 변환작용의 역동성은 다질적인 존재의 체계가 지닌 최초의 긴장에서 기인하는 것으로서, 이 체계는 자신을 구조화시키는 차원들에 위상차를 야기하면서 그 차원들을 전개시킨다. 변환작용의 역동성은 항들 사이의 긴장에서 기인하는 것이 아니며, 이 항들은 변환의 마지막 한계에 도달한 후 사라지게 될 것이다."[18]

따라서 시몽동이 보기에 일차적인 것은 변환이며, 변환은 두 항 사이의 관계로서가 아니라 존재 방식으로 이해되어야 한다. 아울러 실체가 더 이상 존재의 모델이 될 수 없는 것에 반해, 시몽동은 관계를 "자기 자신과 관계하는 존재의 비-동일성"[19]으로 이해할 수 있게 된다. 그러나 시몽동은 이질성에 우위를 부여하는 대신, 변환을 단일화 과정이라는 체제하에서 사유한다. 자신의 항들에 대한 관계의 이러한 우위, 관계를 '비-동일성'으로 보는 이러한 구상은 두 사상가 사이의 일치점과 불일치의 문턱을 동시에 보여 준다. 들뢰즈가 긍정적인 차이에 대한 사유를 요구하는 데 반해, 시몽동은 차이를 계속 비-동일성과 관련하여 제시하기 때문이다. 들뢰즈에 따르면, 이 비-동일성은 동일성 논리를 향한 용납될 수 없는 후퇴로서,

---

18) Simondon, *IGP* 31.
19) Simondon, *IGP* 30~31.

관계를 그것의 항들에 대해 일차적인 것으로 간주한다면 결코 정당화될 수 없다.

따라서 들뢰즈에 따르면, 실사적 다양체는 상^相전이된 존재^{l'être phasé}의 정의와 양립될 수 없다. 시몽동에 따르면, 상전이된 존재는 '존재 이상이자 통일성 이상'으로 정의되지만 그럼에도 통일성의 본질적 차원을 간직하고 있다. 시몽동의 준안정적 존재는 평형을 이루는 위상들 간의 이행을 함축하고 있을지도 모르지만, 이 위상들을 위상차 안에서 통일한다. 시몽동은 복합을 통해 다자를 획득하면서 일자의 체제하에서 작업을 지속해 나가며, 게다가 존재 '이상', 통일성 '이상'이라는 표현이 잘 보여 주듯이 암묵적으로 스스로 어떤 중심을 제시하고 있다. 두 사상가는 바로 이 지점에서 결별한다.

베르그손의 분석과 더불어 살펴보았듯이, 들뢰즈가 말하는 다양체는 통일성을 복잡하게 만든다고 해서 얻어질 수 있는 것이 아니다. 다양체는 단위들의 합성으로부터 귀결되지 않으며, 단위들에 무언가를 덧붙인다고 해서 형성되는 것도 아니다. 또한 다양체는 자신이 그려 내는 여러 위상차 궤도의 중심에 해당하는 동일성의 핵을 두고 진동하는 것도 아니다. 들뢰즈가 보기에, 일자에 부가적인 차원들을 덧붙인다고 해서 다자가 구성될 수는 없다. 사실 다자는 항상 그야말로 다수적인 방식으로 이해되어야 하는 어떤 실재성으로서 우리가 이질적인 차원들로 다루는 어떤 차원들로부터 주어진다. 본성상 변화할 때에만 나누어지는 것이라는 실사적 다양체의 정의는 이미 이러한 귀결을 함축하고 있다.

역으로 일자는 다자의 구성요소가 아니다. 이런 점에서 일자는 감산을 통해서, 우리가 지닌 전체성으로부터 뽑아낸 국지적·가변적 중심이라는 형식하에서, 항상 n-1에서 만들어진다. 들뢰즈는 『물질과 기억』에서 사용된 지각에 대한 창의적인 정의인 감산을 받아들여 베르그손과 시몽동을 대립시킨다. 『리좀』에서 들뢰즈는 과타리와 함께 이러한 분석을 반복한다. 즉 다자는 n+1에서 만들어지는 것이 아니며, 역으로 n-1을 통해 얻어지는 것이 바로 일자다. 진정한 다자이기 위해서는 위상차가 존재 '이상'으로, 그러나 통일성 '이하'로 이해되어야 한다.[20] 엄밀히 말하자면, 시몽동이 변환적 개체화라는 용어를, 들뢰즈가 다양체라는 용어를 각기 선택했다는 사실은 이미 두 사상가의 이러한 결별을 보여 준다. 변환과 개체화는 계속 단일한 극을 참조하고 있는데 반해, 들뢰즈는 다자의 분산을 요구한다.

변환은 들뢰즈가 말하는 차이를 산출하는 데 있어 한 가지 중요한 논리적 계기를 결여하고 있다. 또한 변환이 새로운 사유작용, 즉 차이의 철학을 함축하고 있는 것은 사실이지만, 들뢰즈에 따르면 시몽동이 계속 사용하고 있는 존재론의 용어는 더 이상 차이의 철학에 부합하지 않는다. 생성이 자신의 발산을 긍정할 때, 존재론의 형식하에서, 일자 존재를 다루는 담론의 형식하에서 형이상학에 대한 단일화된 시각을 간직하는 것은 헛된 일이다.[21] 시몽동이 개체발생을 규정하는 데 반해, 과타리의 멋진 표현을 선호하는 들뢰즈는 이형발생héterogénèse에 대해 말한다.

그러나 시몽동이 불균등화를 존재론의 반열에 올려놓는 방식을 들뢰즈가 받아들이고 있다는 사실은 분명하다. 시몽동이 변환적 개체발생이라고 부르는 존재의 이러한 비-동일성은 들뢰즈에게 와서 창조적 생성이

---

20) Deleuze, Guattari, *Rhizome*, 13[*MP* 13/18].

21) Simondon, *IGP* 22~30, et Deleuze, Guattari, *QP* 118/179. 프랑소와 주라비쉬빌리는 이 점을 정당하게 주장했던 바 있다.

되지만, 그럼에도 들뢰즈는 시몽동의 용어에 따라 이 창조적 생성을 불균등하고 문제제기적인 것으로 특징짓는다.[22] 따라서 생성의 근본적인 이질성이라는 점에서, 관계가 항들로 구성되는 특성을 갖는다는 점에서, 비대칭적 에너지론이라는 점에서, 들뢰즈는 시몽동과 견해를 같이한다. 이로 인해 개체화는 불균등화로서, 준안정적인 문제제기적인 것의 해소, 다시 말해 포텐셜 차이의 해소로서 생겨나게 된다.

4. 문제제기적인 것과 변증법

시몽동의 국가박사학위 논문 요약본에 대한 서평에서 들뢰즈는 열렬한 어조로 다음의 차원을 높이 평가한다. 즉 문제제기적인 것은 시몽동에 의해 범주에 준하는 위상으로 끌어올려지고, 객관적인 의미를 부여받는 것으로 드러난다. 문제제기적인 것은 더 이상 우리 인식의 잠정적인 불확실성을 가리키는 것이 아니라 전적으로 실증적인 존재의 계기를 가리킨다. 『의미의 논리』의 '9번째 계열: 문제제기적인 것에 대하여'나 『차이와 반복』의 4장에서 볼 수 있듯이, 들뢰즈는 이 모든 분석을 자기 고유의 체계에 결정적으로 통합한다. 그렇지만 『차이와 반복』에 등장하는 아래의 대목에서, 들뢰즈는 자신의 서평에서 시몽동의 독창성을 강조하고자 사용했던 용어들 자체를 통해 칸트가 문제제기적인 것이라는 개념에 기여했다는 사실을 인정하고 있다. 이 개념을 만들어 내는 데 있어 『순수이성비판』의 저자가 기준을 제공했다는 것은 분명하다. "이념은 본질적으로 '문제제기적'이다. 칸트는 이 점을 끊임없이 역설하고 있다. 거꾸로 문제는 이

---

22) *Ibid.*, p. 28.

념 자체다."[23] 물론 문제제기적이라는 개념을 고안해 낸 것은 시몽동이며, 앞선 텍스트인 서평은 이를 분명하게 보여 주고 있다. "시몽동의 사유에서 '문제제기적인 것'이라는 범주는 그것에 객관적인 의미가 주어지는 한에서 커다란 중요성을 갖는다. 사실상 이 범주는 더 이상 우리 인식의 잠정적인 상태, 미규정된 주관적 개념을 가리키는 것이 아니라 존재의 한 계기, 전개체적인 최초의 계기를 가리킨다."[24] 칸트의 진전을 평가할 수 있게 해주는 것은 문제제기적인 것에 대한 시몽동의 정의, 즉 객관적 구조뿐이며, 이는 불균등한 창조에 대한 해결책을 함축하고 있다.

들뢰즈가 헤겔의 변증법에서 받아들일 수 없다고 판단하는 것은 부정적인 것이 맡은 동인動因의 역할, 모순의 우위, 차이를 무력화하여 개념 안의 동일성으로 흡수하는 변증법을 통한 차이의 해소다. 불균등화와 더불어, 문제제기적인 것이라는 개념은 이러한 것들로부터 벗어날 수 있는 하나의 생산적인 방법을 제시한다. 앞서 니체를 선택했던 것과 마찬가지로, 들뢰즈는 시몽동을 활용하여 헤겔에 맞선다. 시몽동이 수행하는 전략적 역할을 강조하고자 들뢰즈는 다음과 같이 쓴다. "불균등화라는 개념은 대립이라는 개념보다 더욱 심층적이다." 이어지는 문장은 다음과 같다. 시몽동에게 있어 "문제제기적인 것은 부정적인 것을 대체한다."[25]

따라서 불균등화가 개념적 대립이라는 논리적인 것에 불과한 모델을 대신하고자 새로운 물리적·생리적 모델을 제공하는 데 반해, **사물 속의** 문제제기적인 것은 부정적인 것을 대체한다. 시몽동 자신도 불균등화를

---

23) Deleuze, *DR* 218/369.
24) Deleuze, *Recension*, p. 116.; *ID* 122.
25) *Ibid.*

변증법적 방식과 구별하는 데 주의를 기울였다. 불균등화는 모순관계와 동일시될 수 없으며, 적어도 다음의 두 가지 이유에서 삼항의 규칙적 운동을 해소하는 데 이르지 못한다.

먼저, 어떠한 종합도 모순을 극복함으로써 모순으로부터 벗어날 수는 없다. 그런데 모순을 극복한 것으로 가장하는 변증법의 운동은 앞선 항들을 위계적·존재론적으로 포함하는 방식으로 그 항들을 논리적으로 담고 있다. 모순의 해소를 통해 이루어지는 종합은 필연적으로 자신의 항들과 동질적이며 그 항들보다 우월하다. 불균등화와 더불어서만 해소와 대립 사이에는 엄밀한 등가성이 유지될 수 있으며, 특히 불균등화가 잠정적으로 관계 맺는 항들 사이의 대립이 극복되지 않을 수 있다. 엄밀한 변환에 있어 종합은 존재하지 않는다. "종합은 실효화되지 않으며, 결코 완수되지 못한다." 왜냐하면 관계는 "오히려 항들의 특징적인 비대칭을 유지하고 있기"[26] 때문이다. 다시 말하자면, 우월한 종합이 이루어지지 않는 까닭은 애초에 비대칭이 해소될 수 없기 때문이다. 두 망막 이미지의 양립 불가능성은 기술적으로 모순으로 규정될 수 없다. 양립 불가능성은 여전히 존속하고 있으며, 심지어는 해결책을 제시하기 위해 요구되고 있기 때문이다. 불균등화는 차이를 보존한다. 문제가 되는 것은 모순의 해소가 아니다. 헤겔이 내적 모순과 개념 안의 차이를 사유하는 데 반해, 시몽동은 실재적 불균등성, 항들 간의 이질성을 제시한다. 이 항들을 긴장 상태에 놓을 수 있는 것은 문제제기적 관계뿐이며, 문제제기적 관계가 그 항들의 이질성을 유지하고 있을 때뿐이다.

따라서 둘째, 헤겔이 동일성을 전제하고 있는 데 반해 시몽동은 차이

---

26) Simondon, *IGP* 109.

를 강조한다. 변증법은 통일하는 종합 속에서 대립물들의 동일성을 만들어 내지만, 변환적 불균등화는 이질성을 새로운 해결책의 발명을 위한 구성조건으로 만든다. 불균등화는 이러한 차이, 그것의 제거가 문제시되지 않는 차이를 통해 가능해진다. 비대칭, 즉 문제제기적 차이는 종합으로서가 아니라 준안정적 상황에 대한 응답으로서 개체화를 야기한다. 모순을 줄인다고 해서 종합의 작용이 실효화되지는 않는다. 종합의 작용이 가능한 것은 오히려 비대칭이 유지되기 때문이며, 비대칭이 창조적 해결책으로서 어떤 차원, 즉 비대칭 자체를 흡수해 버리지 않으면서도 거기에 새로운 의미를 제공하는 어떤 차원의 발명을 야기하기 때문이다. 따라서 부피에 대한 시각은 이차원적인 문제제기적인 것을 완전히 새로운 배치 속으로 통합한다.

따라서 헤겔의 모순은 그것이 변증법적 관계 속에 포함시키는 항들에 내적인 것으로 남아 있지만, 시몽동의 불균등화는 그것이 관계짓는 항들에 외적인 이질성을 유지한다. 니체와 마찬가지로 시몽동은 들뢰즈가 헤겔로부터 거리를 두고자 의지하는 사상가들 중 하나이며, 시몽동을 다루고 있는 『차이와 반복』의 여러 대목에서 들뢰즈는 항상 차이의 위상이 **개체화 원리**_principium individuationis_에 의존해 있다는 사실을 강조한다. 모순과 더불어, 차이는 순전히 논리적으로만 존재하기에 이른다. 이런 점에서 헤겔은 재현의 철학을 완성하는데, 한때 그러한 철학과 단절할 것을 주장했던 이는 바로 헤겔 자신이었다. 헤겔은 차이를 **절대**가 분화하는 단일한 과정에 종속시키며, 그 결과 모순은 정신의 자기발견, 동일자의 현상학에 다름 아닌 어떤 분화의 과정 속에서 차이에 부정적인 것의 지위를 보장해 주게 된다.

따라서 재현의 사유에 맞선 투쟁을 선언한다 하더라도, 헤겔의 변증법은 여전히 들뢰즈에게 걸맞는 적대자로 남아 있다. 변증법은 차이와 반복을 동일성과 부정적인 것에 종속시키기 때문이다. 게다가 『차이와 반복』 서두의 짧은 머리말에서, 들뢰즈는 자신의 시도를 '일반화된 반反-헤겔주의'의 분위기 속에 위치시키고, 시몽동에게 니체의 옆자리를 제안한다. "문제제기적인 것[시몽동]과 미분적인 것[니체]이 규정하는 어떤 투쟁과 파괴들. 이것들에 비추어 보면 부정적인 것의 투쟁과 파괴들은 외양에 불과하다."([ ]는 소바냐르그)[27] 변환적 불균등화와 차이의 영원회귀는 부정적인 것과 재현의 지배, "동일성에 종속되고, 부정적인 것으로 환원되며, 상사성과 유비 안에 갇혀 있는"[28] 거짓된 차이의 지배를 전복시킨다.

사실, 자신이 관계짓는 항들의 이질성을 유지하지 못할 때 차이는 동일성에 종속된다. 들뢰즈는 어떤 힘이 다른 힘과 맺는 본질적 관계가 결코 그 본질 속에 부정적 요소를 함축하고 있지 않다고 주장했으며, 니체의 저작을 가로지르는 '반-헤겔주의' ── 앞서 제시되었듯이, 이는 『차이와 반복』의 머리말에 등장하는 표현이다 ── 는 그의 힘 이론에서 발견된다. 어떤 힘을 항상 다른 힘과 맺는 본질적 관계 속에서 사유한다는 점에서 변증법과 가까운 듯 보이지만, 사실 복수주의는 변증법에 맞서는 '단 하나의 심오한 적'이다. 힘의 복수주의는 모순이라는 변증법의 재주를 결코 빌려오지 않는다. 오히려 힘의 복수주의는 복수적·실증적·투쟁적 독특성으로서 직접적·일방향적으로 긍정되며, 그 결과 힘은 힘 관계의 합성으로서 항상 복수의 것으로 주어지게 된다.

이런 점에서 들뢰즈는 니체, 스피노자, 베르그손을 규합하여 헤겔의

---

27) Deleuze, *DR* 3/20.
28) Deleuze, *DR* 39/79, 71/131.

변증법에 맞서 싸운다. 실체는 전적으로 실증적이다. 무, 악, 가능한 것, 결여라는 개념들은 지성이 불러일으키는 회고적이고 반응적인 환영이다. 따라서 부정적인 것은 거짓된 개념이다. 1962년 들뢰즈는 다음과 같이 썼다. "니체는 부정·대립·모순이라는 사변적 요소를 긍정과 향유의 대상인 **차이**라는 실천적 요소로 대체한다."[29]

1968년에도 논증은 그대로였다. 대립은 **반대로─말하기**[contre-disant]에 불과한 것으로서, 오로지 개념 속의 모순과 더불어 작용한다. 들뢰즈는 헤겔의 모─순[반대로─말하기][contra-diction]에 맞서고자 **부차─모순[부차적인 것─말하기]**[vice-diction]라는 신조어를 고안해 내어 개념 속의 모순을 라이프니츠와 재치 있게 비교한다. 차이를 줄이는 이 두 가지 방식은 차이를 담론으로 한정하여 '말하기' 안에서 다룬다. 그러나 헤겔이 사용하는 장치인 모순은 보다 온건한 라이프니츠의 부차적인 것[le vice]과 구별된다. 모순은 차이를 절대의 운동에 결부시켜 무한 속에서 해소하는 데 반해, 부차적인 것은 지각될 수 없는 무한소, 동일자를 해치는 비동등한 것, '말해진─부차적인 것[le vice-dit]'이라는 형식하에서만 무한을 도입할 수 있다. 그럼에도 차이를 같음의 충족이유에 결부시키는 지점에서 두 사상가는 다시 만나게 된다.

요컨대 들뢰즈로 인해 헤겔의 차이와 그것의 부정성은 두 가지 다양체의 구별에 호소하는 어떤 주장을 감내하게 된다. 추상적이고 명목적인 것에 불과한 헤겔의 차이는 통일성 및 통일성의 항들이 지닌 동일성을 보존하고 있다. 또한 헤겔의 차이는 진정으로 실체적인 차이를 만들어 내는 데 성공하지 못한 채로 동일자의 체제 안에 차이를 유지하는데, 이는 추상

---

29) Deleuze, *NP* 10/30.

적 다양체가 정적인 단위들을 덧붙여 나가는 것과 정확히 동일한 방식이다. 들뢰즈는 변증법적이고 동질적인 방식으로 운동하는 차이, 즉 개념 내적 차이를 복수적이고 환원 불가능한 차이, 즉 분화소^{différent}의 비대칭으로 대체한다. 『차이와 반복』의 첫 페이지에서 들뢰즈는 다음과 같이 쓴다. "차이는 동일자에 종속되는 한에서만 부정적인 것을 함축하고 마침내 모순에까지 이르기 때문이다."[30] 따라서 헤겔의 논리학은 여전히 '거짓 운동', 개념의 운동으로 제시된 매개, 정신의 자기 자신을 향한 진전 속에서 차이를 흉내내는 모순, 동일자를 낳으면서 종합이 해방시키는 상반되는 항들의 유사성에 머물러 있다. 유희적인 방식으로 헤겔의 반대로-말하기와 그것이 지닌 개념 속의 단일한 차이를 라이프니츠의 부차적인 것-말하기와 그것이 지닌 작은 차이들로 대체하면서, 들뢰즈는 개념 속의 매개, 다시 말해 무엇보다 사변적으로 사유된 운동에 스스로를 지속적으로 대립시킨다. 이러한 재현에 맞서 들뢰즈는 새로운 형태의 **차이**를 만들어 낸다. 이 **차이**는 재현의 파산과 더불어 생겨나 현대의 세계를 시뮬라크르의 세계로 규정한다. 들뢰즈는 이 시뮬라크르라는 용어에 본질과 실존, 원본과 사본의 차이를 넘어선 것이라는 의미를 부여한다.

시몽동의 불균등화는 헤겔의 지양$^{止揚, sursomption}$에 맞선 논쟁에서 자신의 역할을 수행한다. 그런데 들뢰즈는 왜 시몽동 자신에게 변증법의 용어를 계속 적용하고 있는 것일까? "G. S.[질베르 시몽동]의 변증법에서, 그는 문제제기적인 것이 부정적인 것을 대체한다고 썼다"([ ] 삽입은 소바냐르그). 이는 두 사상가가 결별하는 새로운 지점을 분명히 해준다.

시몽동은 개체화에 선재하는 두 차원 사이의 불균등화를 제시한다.

---

30) Deleuze, *DR* 1/17.

다시 말해, 시몽동은 전개체적인 독특성들의 장——앞서 살펴보았듯이, 들뢰즈는 이것을 초월론적 장에 대한 새로운 정의로 높이 평가한다——에다 관개체적transindividuel 개체화의 장을 덧붙인다. 어떤 의미에서 보자면, 이 관개체적 개체화의 장은 우월한 위치를 점유하는 어떤 차원 속에서 개체화의 과정을 포괄하는 것이다. 이런 방식으로, 개체화는 미분화된 잠재적 바탕에서 이루어지는 것이 아니라 전개체적인 것과 관개체적인 것이라는 연속적인 두 차원 사이에서 변조된다. 시몽동은 이 두 차원을 개체화 과정의 위상차를 규정하는 데 필수적인 경계로 다루며, 따라서 개체화는 샌드위치 안에서, 이렇게 말해도 좋다면 큼Grand과 작음Petit 사이에서 이루어진다.『차이와 반복』에서 들뢰즈가 시몽동에게 동의하는 모든 명시적 참조는 바로 이 점과 맞닥뜨리게 된다. 두 사상가는 바로 이 지점에서 결별하기 때문이다.

들뢰즈가 보기에, 차이를 전개체적 차원과 관개체적 차원 사이에서 벌어지는 불균등화로 제시한다는 것은 불균등화 이론 전체가 벗어나고자 하는 이 두 차원 간의 유비적 유사성을 되살려 놓는다는 의미에 불과하다. 차이가 일차적인 이상, 차이는 이 두 차원을 존재 속에서 주어지는 단계들로 실체화할 수 없게 만든다. 들뢰즈가 추정컨대 시몽동이 계속해서 이 두 차원에 호소한다면, 이는 그가 최대와 최소로 이해되는 어떤 통일성의 차원을 간직하고 있기 때문이다. 그에 반해 들뢰즈는 존재의 통일성을 생성의 다양체로 완전히 대체한다. 들뢰즈는 모든 것을 포괄하는 어떤 존재와 관련하여 차원들의 크기나 단계를 전제하지 않으면서 이 양태적 차원들을 변이로 만들어 내고자 모든 노력을 기울인다.

따라서 우리는『차이와 반복』에서 들뢰즈가 시몽동이 주장한 모든 측면들을 받아들이면서도 그와 어느 정도 거리를 두었다는 사실을 더 잘 이

해할 수 있게 된다. 들뢰즈와 시몽동의 결별은 다양체의 체제, 그리고 개
체화가 이루어지는 차원들 사이에 존재하는 점진적인 질서에서 비롯한
것이다. 들뢰즈의 평가에 따르면, 시몽동은 전-개체적인 것에서 관-개체
적인 것으로 가는 일종의 운동을 유지함으로써 차이들을 연속적인 발전
속에 통합하는 변증법적 과정의 한 형태를 간직하고 있다. 시몽동은 논리
적·시간적 진행의 축을 따라, 진화적 운동이면서도 전개체적인 것, 개체
화된 것, 관개체적인 것 모두를 통합하는 어떤 곡선에 맞추어 이 세 가지
에 질서를 부여한다. 이를 통해, 시몽동은 일종의 존재의 위계를 복구시
킨다. 개체화에 대한 그의 훌륭한 분석은 결국 낡은 보수주의가 되고 만
다——이는 특히 정치적 영역에서 두드러진다. 여기서 문제가 되는 것은
그의 국가박사학위 논문 말미에 있는 사회학적 분석이지만, 이러한 비판
은 모든 위계에 적용될 수 있다. 시몽동은 유기적인 전개체적인 것의 차원
과 집단적인 관개체적인 것의 차원 사이에 심리적 개체화를 유지시킨다.
이를 통해, 시몽동은 단일화하는 신학의 한 형태를 간직하면서, "상전이되
고 상다중화된 것으로 이해되는 자신의 불균등성 이론 혹은 개체 이론에
서 스스로 내쫓았던 **자아**의 형식을 복구시킨다".[31]

크기의 질서가 선재한다는 시몽동의 조건으로부터 벗어나기 위해, 들
뢰즈는 차이를 즉자적 차이로, 현실적인 것 안에서 머무는 잠재적인 것의
내속성으로 묘사한다. 또한 그는 개체화의 출현을 설명해 주는 포텐셜 차
이를 제공하는 경계들, 즉 선재하는 **큼**과 **작음**의 경계들 사이에 차이를 끼
워 넣기를 거부한다. 들뢰즈는 상전이된 개체화를 결과로서 야기하는 **큼**
과 **작음**의 이분법을 잠재적인 것과 현실적인 것의 진동으로 대체한다. 이

---

31) Deleuze, *Recension*, p. 118.

런 이유 때문에 들뢰즈는 시몽동을 다루고 있는 첫번째 주석에서 큼과 작음을 비판하는 논지가 개진되고 있는 와중에 시몽동을 참고할 것을 권한다. "체계들의 구성에 있어 불균등한 계열들과 이것들의 내적 공명이 차지하는 중요성에 대해서는 질베르 시몽동을 참조하라." 그러나 들뢰즈는 다음과 같이 덧붙인다. "시몽동은 계열들이 유사성을 요구하고 또 유희 관계에 놓인 차이들이 작아야 한다고 보는 까닭에 이 두 요구를 조건의 반열에 올려놓는다."[32] 여기서 문제가 되고 있는 것은 사실상 들뢰즈와 시몽동이 이론적으로 결별하는 지점이다. 하지만 앞서 우리는 그들이 합류하는 수많은 지점들을 또한 살펴보았던 바 있다.

시몽동이 미친 영향은 『차이와 반복』에서 그를 명시적으로 언급하는 주석들을 이해할 수 있게 해주는 것 이상으로 훨씬 더 큰 중요성을 지닌다. 들뢰즈는 대립에 맞서는 이론적 대안이라는 위상을 불균등화에 부여하면서, 이 점을 분명하게 인정하고 있다. 부정적인 것의 노동을 통해 해소되는 모순, 이와 같이 규정되는 변증법은 여전히 들뢰즈에게 걸맞는 이론적 적대자로 남아 있기 때문이다. 범례적인 두 가지 개체화의 사례, 즉 물리-화학적 결정체와 생물의 막에 대한 분석에서 확인하게 되겠지만, 두 사상가가 결별했다는 이유로 들뢰즈의 분화 이론에서 시몽동에게 주어져야 할 지대한 관심이 과소평가되어서는 안 된다. 이 두 가지 사례에 힘입어 우리는 시몽동이 자신의 저작에서 제시한 창의적인 개념들의 팔레트를, 그리고 들뢰즈의 저작에서 드러나는 그 개념들의 창조적 수용을 보여줄 수 있게 된다.

---

32) Deleuze, *DR* 304, n. 1/504, 주 22, 그리고 158 n. 1/270, 주 61.

11장

비인격적인 초월론적 장과 독특성:
결정체, 번개, 막膜

들뢰즈가 『차이와 반복』에서 고안해 낸 강도적 분화 개념을 이해하기 위해서는, 시몽동의 결정체 이론과 막 이론을 주의 깊게 검토할 필요가 있다. 이는 결정체가 무엇인지 정확히 규정하지 않는다면 엄밀하게 이해할 수 없는 비교로서, 들뢰즈에게 "사건은 결정체와 같고 가장자리에서만 생성하고 성장"[1]하기 때문만이 아니라, 아주 간단히 말해 들뢰즈가 강도를 시몽동적인 방식으로 규정하기 때문이다. 『차이와 반복』 결론의 한 페이지에서, 들뢰즈는 다음과 같은 분석의 계기들을 받아들인다. 시몽동은 우선 개체화가 '준안정적' 상태를, 다시 말해 불균등화의 존재를 포텐셜들이 분배되는 이질적인 두 가장자리로서 전제하고 있음을 보여 준다. 이 전개체적 상태는 포텐셜들의 존재 및 분배에 의해 규정되는 독특성들, 특이점들을 지니고 있다. "이렇게 해서 나타나는 것이 어떤 객관적인 '문제제기적' 장이고 이 장은 이질적인 질서들 사이의 거리에 의해 규정된다. 개체

---

1) Deleuze, *LS* 19/58.

화는 그와 같은 문제에 대한 해결의 활동으로 출현하거나, 결국 마찬가지이긴 하지만, 포텐셜의 현실화와 불균등한 것들의 소통 활동으로 출현한다."[2] 강도가 어떻게 산출되는 것인지를 분명히 하기 위해서는, 결정체의 물질적 개체화와 막의 생기적 개체화를 자세히 살펴볼 필요가 있다.

1. 결정체와 개체화

시몽동의 탁월한 예시에 해당하는 결정화結晶化는 들뢰즈가 자신의 전 저작에서 받아들이고 있는 개념으로서, 『시간-이미지』에 등장하는 시간의 결정체에서도 사건은 결정체로 규정된다. 결정체는 변환에 대한 가장 단순한 이미지를 제공한다. 결정체는 아주 작은 핵에서 출발하여 자신이 속한 전개체적 환경의 모든 방향으로 성장하며, 이미 형성된 각각의 층은 망상화網狀化가 진행됨에 따라 구성되는 이후의 분자적 층에다 구조화의 기반을 제공한다.[3] 변환은 이 진행 중인 개체화에서 성립하며, 우리는 이 개체화의 요소들을 다음과 같이 자세히 설명할 수 있다. 먼저 개체화의 전개체적 환경, 여기서는 모액母液, eau-mère이 있는데, 그것은 준안정적 평형에서 과포화된 용액, 포텐셜이 풍부한 용액이다. 결정화의 두번째 주역인 핵은 이 과포화된 용액을 갑자기 '굳어지게' 만든다. 개체화는 이 이질적인 첫번째 쌍, 즉 전개체적 환경 및 그 환경을 촉발하는 독특성과 더불어 작용한다. 결정핵은 독특성의 이러한 난입을 보여 주며, 그로 인해 준안정적 환경은 불균등화의 상태에 이르게 된다. 따라서 결정체는 하나의 결과로서, 모액

---

2) Deleuze, *DR* 316/524.

3) Simondon, *IGP* 31.

과 핵이라는 불균등한 실재들 간의 긴장을 창조적으로 해소하는 어떤 개체화로서 출현한다. 결정체의 개체화가 문제시하는 것은 불균등화를 통해 이루어지는 어떤 과정의 생성이며, 이 불균등화가 자신의 독특성 속에서 보여 주는 것은 실행되고 있는 변환이다.

결정체의 개체화가 실현되기 위해서는 준안정적 환경과 출현하는 독특성이 서로 만나야 한다. 시몽동이 '문제제기적 불균등화'라는 용어로 요약하고 있는 것은 바로 이 만남, 주사위 던지기, 예측 불가능하지만 자기 고유의 필연성을 촉발하는 우연이다. 들뢰즈가 이 용어를 빌려 온 것은 예측 불가능한 것과 의존적인 것의 혼합을 이론화하기 위함이며, 필연성에 대한 들뢰즈 고유의 구상은 바로 이 혼합에서 성립한다. 이 만남이 이루어지기 위해서는 체계의 정보/형태화로서 독특성이 출현해야 한다. 이를 위해 다음의 상이한 조건들이 요구된다.

첫번째 조건은 독특성의 난입이다. 정보/형태화를 전달하는 독특성, 촉발하는 독특성의 역할을 수행할 수 있기 위해서는 핵——불순물, 인공적인 결정화의 경우 의도적으로 도입되는 결정핵——이 돌발적으로 나타나야 한다. 그러나 둘째, 불균등화가 작용하기 위해서는 독특성이 전개체적 환경 속에서 출현해야 하는데, 이 전개체적 환경의 준안정성은 도입된 독특성, 여기서는 핵과 더불어 불균등화에 유리하게 작용한다. 모든 환경이 불균등화에 적합한 것은 아니다. 따라서 환경과 핵의 양립 가능성, 동일성의 질서가 아니라 차이의 질서인 양립 가능성이 필요하다.

갈등을 야기하는 이러한 접촉이 전개체적 환경과 독특성의 문제제기적 만남을 규정한다. 시몽동은 바로 이 문제제기적 만남을 불균등화로 규정한다. 문제제기적 만남이 이루어지기 위해서는 한 가지 보충적인 조건이 요구된다. 시몽동은 이 보충적인 조건을 환경과 독특성의 내적 공명,

다시 말해 독특성이 체계 내부의 정보/형태화로서 출현할 수 있게 해주는 객관적인 문제제기적인 것이라고 부른다. 용액, 즉 준안정적 상태에 있는 전개체적 환경은 이러한 조건에서만 '굳어'질 수 있다. 다시 말해, 결정화를 시작할 수 있다. 개체화가 문제의 해결로서 응답하는 바인 불균등화를 야기하기 위해서는 핵의 도입이 이러한 조건과 '공명'해야 한다.

따라서 개체는 전개체적 환경과 개체화의 출현 간의 불균등화를 실행하는 어떤 작용으로서 체계의 불균등화를 점진적으로 해소하는 것으로 이해되어야 한다. 결정체가 물질을 동화시키는 한에서, 우리는 결정체의 참된 내면성에 대해 말할 수 있다. 이 물질은 결정체가 펼쳐져 나가는 환경의 일부로서 원래는 무정형이지만 풍부한 포텐셜을 지니고 있어 질서가 부여된 특수한 배치에 따라 결정체를 점진적으로 구조화한다. 결정핵은 준안정적인 용액이라는 불균등한 문제제기적인 것을 해소하고, 반복을 통해 결정화를 유도한다. 결정체 구조는 결정핵이 도입되는 지점으로부터 방사상으로 펼쳐지면서 점점 퍼져 나간다. 결정 개체는 이런 방식으로 형성된다. 광물이나 생명체의 가장자리에서 성장을 관찰할 경우 문제가 되는 것이 물리-화학적 구조라는 점에서, 결정 개체의 규칙성·투명성·조직은 우리가 그에 대해 느끼는 매력을 설명해 준다.

이런 이유에서 시몽동은 변환을 이질적인 존재의 긴장으로 정의한다. 이 긴장은 상전이를 겪으면서 존재를 구조화하는 새로운 차원들을 개진한다. 결정체는 핵이 최초로 삽입되는 지점에서부터 성장하고, 결정화는 사방으로 커져 나가며, 결정화된 각각의 분자층은 지금 형성되고 있는 분자층에다 구조화의 기반을 제공한다. 결정핵에 의해 무정형의 실체가 분극화될 수 있기 위해서는 핵이 이 긴장 상태의 질료형상적 상황에 유효한 독특성으로 받아들여져야 한다. 이런 조건에서, 핵은 환경을 결정화하는 동시에, 이 최초의 지점을 둘러싼 환경을 파악하는 정보/형태화, 구조화를 야기하는 정보/형태화로서 작용한다. 결정화된 분자들의 첫번째 층은 그것의 가장자리에서 다른 층들을 조금씩 분극화해 나간다.[4]

결정화는 생성의 긴장 안에서 출현하는 차원들 및 구조들을 보여 준다. 여기서 문제는 상태의 변화가 아니라 위상의 변화다. 시몽동은 개체화를 일련의 역동적인 변형으로 이해하게끔 하면서, 변화를 이론화하는 우리의 능력을 소환한다. 먼저 과포화 지점에 도달하려는 결정 용액이 있고, 다음으로 문제제기적 긴장을 야기할 수 있는 결정핵이 도입되며, 그 다음에는 결정 개체의 형성을 촉진하는 불균등화가 발생하고, 마지막으로는 체계의 불균등화에 대한 창조적 응답으로서 결정체가 생겨난다. 여기에는 변환적인 위상들의 연속적인 변화가 존재하는데, 체계의 재편이 매번 새로운 변형의 출발점 구실을 하기 때문이다.

변환과 불균등화의 관계는 이제 분명하게 제시될 수 있다. 변환은 진행 중인 결정체의 개체화를 규정할 뿐만 아니라, 이러한 위상 변화를 이론화할 수 있는 사유의 작용을 또한 규정한다. 창조적 구조화는 각각의 구조화된 영역을 뒤따르는 영역의 구성원리로 사용할 수 있게 해준다. 따라서 변환은 이러한 창조적 구조화의 작용과 관련되며, 이 구조화의 작용은 우리가 결정체의 성장에서 살펴보았던 점진적인 증식에 따라 이루어진다. 변환이 쉼없이 이어지는 일련의 위상차와 재구조화로 규정된다는 점에서, 해의 발견은 장의 새로운 구조화를 촉발하고 과정의 각 단계에서 장을 완전히 변화시키는 결정화의 지점을 표시해 준다.

이처럼 변환은 창조와 분화를 함축한다. 이질적인 불균등화를 통한

---

4) Simondon, *IGP* 85~86.

구조화는 장을 완전히 재편하기에 이르는데, 이러한 재편은 분화를 야기하는 새로운 재구조화의 출발점 구실을 한다. 불균등화는 다음과 같은 유형의 변환적 구조화를 특징짓는다. 즉 그것은 불균등한 두 실재, 여기서는 핵과 결정체, 전개체적 환경과 변형의 담지자인 독특성을 문제제기적 긴장 관계에 놓음으로써 작용한다. 따라서 변환은 문제제기적 긴장에서 성립하며, 새로운 차원의 출현, 결정 개체의 형성은 그 문제제기적 긴장을 해소한다. 따라서 개체화는 동시에 "대립의 해소, 양립 불가능성의 발견, 형태의 창조"[5]로 제시된다.

체계의 형성에 대한 이러한 분석과 더불어, 시몽동이 제시하는 변조, 즉 형태와 물질의 불균등한 변조는 질료형상 도식을 완전히 새롭게 검토한다. 그 분석의 첫번째 귀결은 형태에 대한 다음의 새로운 구상에 있다. 이 새로운 구상은 개체와 개체 환경의 구성을 동시에 서로 맞물려 생각할 것을 요구한다. 개체화는 전개체적 환경의 객관적 불균등화를 해소하면서 그 환경을 변형시키는 준안정적 상황에 대한 응답으로 출현한다는 것이다. 이는 우선 무정형의 환경 속에서 어떤 구성된 개체가 출현할 수는 없으며, 오히려 존재하는 것은 항상 '형태의 만들어짐', 즉 우연의 방식, 촉발하는 사건의 방식으로 작용하는 변조, 다시 말해 환경과 핵의 불균등화에 의한 변조이기 때문이다. 들뢰즈와 마찬가지로, 시몽동에게서도 "개체는 개체화의 결과만이 아니라 개체화의 **환경**이기도 하다".[6] 개체는 결코 일차적인 것이 아니며, 심지어는 자신의 개체화와 동시간적인 것도 아니다. 개체가 출현하는 조건들을 규정하는 것은 바로 과포화된 모액과 결정

---

5) Simondon, *L'individuation psychique et collective*, *op. cit.*, p. 77.
6) Simondon, *IGP* 115.

핵을 공명시키는 문제제기적 불균등화의 존재이기 때문이다. 따라서 개체화의 조건은 바로 환경의 준안정적 불균등화다. 다시 말해 개체화의 환경은 이 근본적인 차이를 함축하고 있는 불균등한 질서들 속에 존재하는 어떤 실재성의 위상차, 예컨대 새로운 개체화로서 결정체를 산출하는 이러한 비대칭의 상태다.

환경과 개체가 필연적으로 연합되어 있다는 특성은 결정체의 예에서 드러난다. 개체는 환경으로부터 스스로 구별되어 나오는 것으로서, 환경과 구조적인 핵에 의해 도입된 독특성 사이의 창조적 불균등화의 결과로서 산출된다.[7] 사건·독특성으로서 도입되는 핵은 전개체적 실체──시몽동에 따르면, 이 전개체적 실체는 '무정형'이다. 이는 형태가 없다기보다는 질서가 없음을 함축한다──가 '형태를 만들어 내도록' 규정한다. 따라서 시몽동은 변환적·물질적 형태를 다루는 새로운 이론을 제시한다. 형태는 불균등화의 상태에 놓인 문제제기적인 것의 해결로서 산출되며, 더 이상 물질에 부과되는 능동적인 원리로 이해되지 않는다. 실제로 형태는 자신의 연합 환경과 더불어 변조에 들어간다. '형태의 만들어짐'은 환경과 개체 간의 변조를 통해 이루어진다.

개체화는 구조적 조건과 에너지적 조건의 만남에서 기인하는 것으로서, 개체화가 존재하기 위해서는 이러한 만남이 현실화되어야 한다. 개체와 개체의 구성환경 간의 이 영속적인 연대성으로부터 행동학 혹은 개체화의 생태학이 나오는데, 들뢰즈는 자신의 전 저작에서 거기에 가장 큰 중요성을 부여한다. 『차이와 반복』에서 들뢰즈는 개체화를 수축적·수동적

---

7) 들뢰즈가 『의미의 논리』에서 말한 바에 따르면, "개체는 세계와 분리될 수 없다." *LS* 133/204., *MP* 68/107.

종합으로 규정한다. 이 종합은 반복을 통해 환경의 이질적인 물질들(대기, 탄소 등)을 시간적으로 연결하면서 그것들을 현실화한다.[8]

　이 첫번째 종합, 즉 습관의 수동적 종합은 복수적·수동적 종합 방식에 따라 개체화의 구성을 생성된 통일성으로서가 아니라 생성하는 관계로 설명한다. 개체는 개체화 과정으로부터 결코 분리될 수 없으며, 이 개체화 과정은 개체와 그것의 연합 환경을 문자 그대로 함께 산출한다. 따라서 개체는 어떤 만남으로, 연관된 재료들의 외적인 종합으로 규정되어야 한다. 들뢰즈는 "우리가 밀이라고 부르는 흙과 습기의 수축이 존재한다"고 쓴다. 이 구절은 밀이 흙과 습기를 변형시키는 것은 오로지 "그런 변형을 이루어 낼 자신의 능력에 대한 주제넘은 믿음 덕분"[9]이라는 새뮤얼 버틀러[Samuel Butler]의 훌륭한 분석을 받아들인 것이다. 밀의 개체화는 그것의 연합 환경에 대한 불균등화를 통해, 이 식물 개체가 형성되는 과정에서 만남을 통해 연결된 모든 외적 구성요소들의 수축으로 이해되어야 한다. 들뢰즈가 습관으로 규정하는 종합, 이 기본적인 시간의 종합은 흄의 경험론, 플로티노스의 관조, 그리고 새뮤얼 버틀러의——미래를 두고 내기를 거는—— '미신적인' 생기적 연관을 연결시킨다. 이처럼 모든 개체화는 반복으로, 전적으로 외적인 방식으로 습관을 들이는[수축하는] 창조적인 반복으로 특징지어진다. 이렇게 해서 개체는 "반복에서 어떤 차이를 훔쳐내는 국면에 도달할 수 있는, 수축하는 기계"[10]가 된다.

---

8) 필자는 앞서 다음의 책에서 이 점을 분석했던 바 있다. "De l'animal à l'art".

9) Butler, Samuel, *La vie et l'habitude*, trad. franç. Valery Larbaud, Paris, Gallimard, coll. NRF, 1922, p. 86.

10) Deleuze, *DR* 107/187. 밀에 대해서는 또한 다음을 참고하라. *DR* 102~106/179~185.; Deleuze, Guattari, *MP* 68/107.; *QP* 200/306.

들뢰즈는 『천 개의 고원』에 실린 '도덕의 지질학'이라는 고원에서 과타리와 함께 이러한 분석을 받아들인다. 개체는 형태지어진 개체와 개체화의 환경을 더불어 생성케 하는 개체화 과정의 결과물이다. 이러한 생태학적 시각에 따르면, 연합 환경은 기관의 형태발생을 야기하는 것이기도 하다. 우리는 개체화가 자신의 환경에 가하는 변형으로부터 개체화를 떼어 놓을 수 없다. 실제로 개체의 형성과 개체가 자신의 환경에 가하는 변형은 이접적 종합의 방식으로 항상 함께 이론화되어야 한다. 이처럼 들뢰즈는 시몽동의 분석과 동물의 형태를 강도적 변이로 보는 조프루아 생틸레르의 분석을 연결시킨다.

따라서 형태는 단순한 구조가 아니라 진정한 형성이며, 이러한 형성은 그것의 연합 환경이 함께 구성된다는 사실을 함축하고 있다. 이제 개체의 개념은 완전히 달라지게 된다. 개체는 단일하거나 동일한 것이 아니라 상대적이고 상전이된 것이 되며, 이 지점에서 항상 문제가 되는 것은 개체화 과정과 연합 환경이다. 따라서 개체는 결코 실재성의 **단일한** 질서와 관련되는 것이 아니라, 항상 변환적이다. 개체는 상이한 차원들 간의 불균등화를 함축하고 있으며, 어떤 문제제기적인 것의 해소, 불균등한 것들 사이에 존재하는 긴장의 해소를 통해 산출된다. 개체는 응답으로 나타나며, 역동적인 동시에 발생적인 것으로 드러난다. 실제로 단일한 개체는 존재하지 않으며, 존재하는 것은 개체화의 다수적 과정들뿐이다. 게다가 개체는 어떠한 단일성이나 통일성도 함축하지 않는다. 그 이유는 개체가 이질적인 상들의 이질성을 요구한다는 데 있으며, 개체는 이 이질성으로부터 분화를 통해 생겨난다.

형태를 강도적인 것으로 보는 이러한 구상은 사건 및 독특성에 대한 새로운 이론을 함축한다. 물리-화학적 개체화의 모델인 결정체의 사례에 힘입어, 우리는 최초의 사건으로부터 확산되는 개체화를 연구할 수 있게 된다. 핵은 어떤 충격의 방식으로, 다시 말해 정보/형태화를 야기하면서 준안정적 환경 속으로 퍼져 나가는 어떤 독특성의 방식으로 작용한다. 환경이 준비되어 있다는(다시 말해, 준안정적이라는) 조건하에서 환경 속에 도입되자마자, 핵은 정보/형태화로서 작용하고 무정형의 환경이 지닌 에너지를 통제한다. 결정핵은 매우 약한 에너지를 담고 있을 뿐이지만, 자기 질량의 수십억 배에 달하는 질량을 구조화한다. 이는 핵이 자신의 구조 및 방향성에 따라 그 질량을 분극화하기 때문이다. 따라서 결정체는 핵이 최초로 도입되는 지점에서부터 연속적인 층의 형태를 띠며, 핵은 불균등화를 통해 자신의 주위에서 결정체가 굳어지도록 규정한다.

개체화는 원리상의 구조적 조건(규정된 구조 및 방향성을 제시하는 핵)과 원리상의 에너지적 조건(규정된 방향성은 없지만 풍부한 포텐셜을 지닌 준안정적인 무정형의 모액)의 만남으로부터 귀결된다. 그러나 이 만남, 이질적인 것들 간의 단순한 접촉이 필연적으로 문제제기적 연결을 야기하는 것은 아니다. 짝짓기가 일어나기 위해서는 이러한 연결이 분화를 야기하는 독특성으로 나타나야 한다. 이 세번째 조건은 시몽동이 '내적 공명'이라고 부르는 것으로서, 공명 관계에 놓인 요소들의 불균등한 연결을 보장해 준다. 따라서 개체화는 단순히 준비된 환경과 촉발하는 사건의 만남에서 귀결되는 것이 아니라, 독특성이 정보/형태화로, 다시 말해 개체화의 시작으로 작용할 수 있는 가능성에 또한 의존해 있다. 결정화가 일어나기 위해서는 상이한 질서를 지닌 이 두 가지 실재성, 즉 핵과 환경 사이의 소통이 확립되어야 한다. 이는 "해소되지 않은 체계의 양립 불가능성이 해결책 속에서 어떤 조직화의 차원이 되게끔 해주는 그 무엇"[11]으로서 핵이 나타날 수 있게끔 해주기 위함이다.

이처럼 시몽동에게서 내적 공명은 문제제기적인 방식으로 현실화될 때 불균등한 것들 사이에서 확립되는 이러한 관계 맺음을 가리킨다. 모든 차이가 공명하는 것은 아니다. 따라서 공명은 항상 내적이며, 불균등화가 문제제기적 체계에 대해 현실화될 때, 예컨대 어떤 특이점이 결정화되기 시작하면서 과포화된 모액과 결정핵을 준안정적 체계로 변형시켜 '굳어질' 때 존재한다. 모액이 담고 있지만 결정체의 개체화만이 현실화할 수 있는 포텐셜은 그 개체화와 정확히 상관적이다. 하지만 개체화가 일어나지 않는다면, 모액은 무정형의 상태로 남게 될 것이다. 이로부터 개체와 개체 환경의 상호성, 비대칭적이지만 모든 개체화 활동에 필수적인 두 주역의 상호성이 나온다.[12]

이 놀라운 분석이 지닌 상이한 요소들은 다음과 같이 요약된다. 첫째, 우리는 관계가 일차적이고, 존재란 바로 관계이며, 관계가 그것의 항들에 외적이라는 점을 확인한다. 둘째, 속성들은 항상 관계적이며, 시몽동이 '생성의 중지'라고 훌륭하게 명명한 독특성이 도입될 때에만 그것들의 작용을 촉발할 수 있다. 이로부터 다음의 세번째 귀결이 나온다. 셋째, 시간은 개체화에 외적인 것이 아니라 근본적인 비대칭이자 분화의 관계로서 개체의 한계에 개입한다. 이 놀라운 귀결은 생명체의 개체화 및 막에 대한 분석을 고려할 때에만 설명될 수 있을 것이다. 넷째, 전개체적 긴장 상태에 놓인 환경 속에서 벌어지는 어떤 구조의 발생 혹은 변환은 시몽동이 내적 공명이라고 부르는 바를 요청한다. 내적 공명이란 소통 관계를 맺게 되는 상이한 두 실재성 사이의 불균등한 연결이나 문제제기적 짝짓기다. 앞

---

11) Simondon, *IGP* 29.
12) Simondon, *IGP* 31, n. 11.

으로 살펴보게 되겠지만, 들뢰즈는 이 문제제기적 짝짓기를 **계속되는 불일치**, 어두운 전조^sombre précurseur, 분화적 차이소라고 부른다.

이처럼 시몽동은 형태에 대한 구상을 전적으로 혁신한다. 이와 관련하여 시몽동은 형태의 형성 및 정보/형태화의 출현이라는 강도적·물질적 이론을 제안한다. 형태는 그것이 변형시키는 물질에 외적인 것이 아니다. 오히려 형태는 힘의 수준에서 작용하면서, 어떤 신호로서, 다시 말해 정보/형태화로서 기능한다. 이 정보/형태화는 불균등한 것들이 소통하는 체계 속으로 난입하는 독특성을 통해 어떤 과정을 촉발할 수 있다.

따라서 내적 공명은 개체화를 가능케 해주는 체계의 긴장 속에 놓여 있는 것으로 규정된다. 이것이 바로 시몽동이 그 용어에 부여하는 특별한 의미에서의 정보/형태화다. 즉 정보/형태화는 규정된, 양화 가능한, 정적인 크기가 아니라 어떤 관계이며, 심지어는 개체화의 계기다. 사실 '형태의 만들어짐'은 어떤 정보/형태화를 전제하고 있으며, 이 정보/형태화의 변환을 위한 토대 구실을 한다. 따라서 정보/형태화란 상전이되어 생성하는 존재의 급격한 변화다. 정보/형태화는 "그 주위에서 새로운 개체화가 실현될 수 있는 핵"이며, 개체화의 상이한 위상들 간의 변환성을 확립한다.[13] 정보/형태화는 어떤 문턱의 내부에서 작동한다. 시몽동이 분명히 하듯이, 이런 이유에서 "기호를 방출하는 것과 기호를 받아들이는 것이 체계를 형성할 때 존재하는 것은 정보/형태화뿐이다. 정보/형태화는 불균등화 관계의 어떤 체계를 이루는 두 절반 **사이에** 존재한다".[14] 불균등화가 커질수록 정보/형태화도 증가한다. 하지만 이는 어떤 지점까지만 가능하

13) Simondon, *IGP* 241.
14) Simondon, *IGP* 221, n. 30.

며, 그 지점을 넘어설 경우 정보/형태화는 갑자기 0이 된다. 설명을 위해 시몽동이 예로 드는 것은 입체 사진술이다. 입체 사진술은 두 개의 이미지를 보여 주어 그 이미지들 간의 불균등한 공명을 강요함으로써 뇌가 입체적인 이미지를 창조하게 만든다. 우리가 두 장의 사진 사이를 멀리할 경우 어떤 한계까지는 입체 효과가 더 좋아지지만, 그 한계를 넘어설 경우 입체 효과는 더 이상 일어나지 않는다.

따라서 정보/형태화라는 개념은 동시에 복수적인 것이기도 관계적인 것이기도 상전이된 것이기도 하다. 정보/형태화는 결코 어떤 동질적 존재와 관련될 수 없으며, 오히려 불균등화 상태에 놓인 두 질서를 필연적으로 요청한다. 불균등화는 어떤 차이, 어떤 불균등성의 조건만을 요구하는 것이 아니라 내적 공명을 또한 포함하고 있는데, 이 내적 공명은 체계가 소통할 수 있게 해준다. 따라서 정보/형태화는 결코 주어지는 것도 전제되는 것도 아니다. 시몽동이 훌륭하게 말했듯이, 정보/형태화는 "불균등한 두 실재가 체계를 이룰 수 있게끔 해주는 차원을 개체화 작용이 발견할 때 생겨나는 의미작용"[15]——이 표현은 미래의 언젠가 이 의미작용이 갑자기 출현함으로써 정보/형태화가 갖게 될 창조적인 성격을 미래 시제를 통해 문법적으로 보여 준다——이다. 이는 쌍안 시각과 관련된 범례적인 사례였다. 쌍안 시각의 경우, 두 망막 이미지들 간의 긴장이 유지되는 한에서, 다시 말해 입체감이 생겨날 수 있게 해주는 필연적인 틈, 두 망막 이미지의 이원성이 야기하는 의미작용으로서 입체감이 개입할 수 있게 해주는 필연적인 틈이 유지되는 한에서, 두 망막 이미지들 사이에서 불균등화가 산출된다.

---

15) Simondon, *IGP* 31.

따라서 정보/형태화는 항들 사이의 긴장이지 항이 아니다. 정보/형태화는 적어도 불균등한 문제제기적인 것에 의존하며, 다가올 해결책으로서 미래에 개입한다. 정보/형태화는 항상 어떤 위상 변화를, 다시 말해 자신이 의미작용적인 것으로 제시될 수 있게 해주는 어떤 이질성을 함축하고 있다. 시몽동에게 정보/형태화는 "어떤 체계의 개체화를 가능케 해주는 의미"다. "따라서 정보/형태화는 개체화의 시작, **개체화에 대한 요구**이지 결코 주어진 그 무엇이 아니다."[16] 항이 아니라 항들 사이의 긴장인 정보/형태화는 불균등화 상태에 놓인 어떤 체계의 긴장을 전제하고 있으며, 어떤 문제제기적인 것을 요구한다. 시몽동은 불균등화 과정 속에서 변환되는 것을 신호라고 부른다. 형태는 신호를 받아들이는 바와 관련된 것이고, 정보/형태화는 외생적 신호(핵)와 내생적 형태(모액) 간의 불균등화를 겪은 후 수용체의 기능에 통합되는 것이다.[17]

이런 의미에서 정보/형태화는 신호다. 이제 들뢰즈가 『차이와 반복』에서 제시한 기호와 신호의 정의로 논의의 방향을 전환한다면 우리는 다음을 쉽게 납득할 수 있을 것이다. 들뢰즈는 바로 이 신호라는 용어를 통해 정보/형태화를 『차이와 반복』에 포함시키는데, 이 용어는 들뢰즈가 시몽동의 분석을 놀라운 방식으로 받아들인 것이다. 들뢰즈는 인과성이라는 논리적 관계가 신호화^{signalisation}라는 물리적 과정에 따라 파악되어야한다는 점을 보여 주면서 다음을 분명히 한다.

우리는 비대칭적인 요소들을 갖추고 불균등한 크기의 질서들을 거느리

---

16) Simondon, *IGP* 221.

17) Simondon, *IGP* 222.

고 있는 어떤 체계를 '신호'라 부른다. 그리고 그런 체계 안에서 발생하는 것, 간격 안에서 섬광처럼 번득이는 것, 불균등한 것들 사이에서 성립하는 어떤 소통 같은 것을 '기호'라 부른다.[18]

들뢰즈는 불균등한 체계, 일단 성립된 내적 공명, 예컨대 불균등화 상태에 놓인 두 망막이나 모액을 공명하게 만드는 핵을 신호라고 부를 것을 제안한다. 사실 시몽동에 따르면, 신호를 방출하는 것과 신호를 받아들이는 것이 체계를 형성할 때 정보/형태화가 존재한다. 들뢰즈가 신호라고 부르는 것은 바로 이 짝짓기다. 들뢰즈는 "그런 체계 안에서 발생하는 것, 간격 안에서 섬광처럼 번득이는 것"을 지칭하고자 기호라는 이름을 남겨 둔다.

문제의 해소로서 섬광처럼 번득이는 기호는 그것이 보여 주는 어떤 실재성, 선재하는 어떤 실재성을 모방하는 것이 아니라 창조적인 방식으로 어떤 대립을 불균등하게 해소한다. 여기서 불균등한 생성은 모방적 유사성을 결정적으로 대체한다. 기호라는 용어는 정보/형태화 이론을 대체하며, 들뢰즈가 소통이라는 용어를 받아들이는 것은 항상 내적 공명이라는 시몽동적인 의미에서다. 들뢰즈의 강도적 기호학은 이처럼 신호를 어떤 현상의 개별화를 촉발하는 준안정적 평형에 해당하는 불균등화로, 섬광처럼 번득이는 기호로 이해함으로써 형성된 것이다.

---

18) Deleuze, *DR* 31/66.

2. 번득이는 번개와 감성적인 것의 비대칭적 발생

그렇다면 기호란 과연 무엇인가? 여기서 우리는 『차이와 반복』에서 개진된 강도적 기호론 및 감성적인 것의 비대칭적 발생에 대해서 논할 수 있는데, 이념론은 바로 이 이론들에 근거해 있다. 기호는 포텐셜 차이에서 나온다. 기호가 방출되는 방식은 의미작용적 유형의 표현이 아니라 전자기적 유형의 강도다. 따라서 들뢰즈는 현상학적인 드러남보다 강도적인 번득임을 선호하며, 이 강도적인 번득임은 생성을 설명하기 위해서 명사와 형용사의 논리학보다는 그에 걸맞는 동사의 논리학을 요구한다. 이러한 긴장을 표현하기 위해 필요한 것은 명사의 안정성이 아니라 부정법不定法 동사다.

> 이질적인 계열들 사이에 소통이 일어나면, 이로부터 체계 안에는 온갖 종류의 귀결들이 따라 나오게 된다. 가령 가장자리들 사이에서 어떤 일이 '일어난다.' 번개나 천둥처럼 사건들이 터져 나오고 현상들이 번득인다.[19]

독특성으로서 번득이는 번개. "번개나 천둥과 같은" 어떤 일이 생겨나고, 구별되어 나온다. 번개는 자신의 물리적 속성들에 힘입어 차이의 철학을 위한 훌륭한 후보자가 된다. 들뢰즈가 강도를 전달하는 다른 유동적인 매체들, 예컨대 균열, 채찍, 스토아주의의 화살, 선禪의 대가가 그린 필

---

19) Deleuze, *DR* 155/266. 또한 다음을 보라. Deleuze, Guattari, *MP* 347/537.; Deleuze, *LS* 162/243, 172/257.

선^{筆線} 등을 사용하기는 하지만, 『차이와 반복』 내내 번개는 **차이** 자체를 사유하기 위한 모델 구실을 한다.

기호의 첫번째 성격은 비대칭적이라는 데 있다. 대문자 **차이**, 즉 현실화의 초월론적 원리는 일방향적인 구별로서 자신을 끄집어낸다. **차이**는 상이하거나 대립적인 다른 사물과의 관계에서 파악되는 것이 아니라 초월론적 **차이**로서 절대적인 방식으로 구별되어 나온다. "번개는 서로 차이나는 강도들 사이에서 번쩍"이며, "검은 하늘로부터 떨어져 나온다."[20] 번개는 밤하늘을 가르며 번득인다. 그러나 번개는 논리적 본질이라는 형태로 자신의 현실화에 선재하지 않는다. 또한 번개의 현실화가 지닌 새로움은 그것을 가능한 것과 구별해 준다. 번개는 자신의 바탕에 포함되지도 바탕과 뒤바뀌지도 않으면서 하늘로부터 떨어져 나온다. 구별되어 나오는 번개의 비대칭적 성격은 잠재적인 것에서 현실화로 가는 긴장을 표현하며, 번개의 인과적 성격(어떤 일이 일어난다)과 예측 불가능한 성격(사건은 앞서 존재하던 바와 단절한다)을 동시에 강조한다. 이런 이유에서 들뢰즈는 벼락이나 번개를 택해 사건의 갑작스러운 출현이 지닌 강도적 성격을 설명한다.

따라서 잠재적인 것에서 현실적인 것으로 가는 개체화의 긴장은 분화를 불균등한 것들 간의 소통으로 설명해 주는 어떤 비대칭을 따라 나아간다. 이러한 설명은 효과 일반의 생산 전체에 적용된다. 모든 현상은 하나의 기호이며, 기호는 어떤 포텐셜 차이의 해소로서 체계 안에서 섬광처럼 번득인다. 이러한 비대칭을 들뢰즈는 다음과 같이 명명한다. 즉 그것은 "즉자적 **비동등**^{Inégal en soi} 자체, 강도의 차이 안에, 차이로서의 강도 안에

---

20) Deleuze, *DR* 43/86, 156/268.

감싸여 있고 그 안에서 규정되는 **불균등화**"[21]다. 따라서 차이와 강도의 철학이 현상학을 대체한다. "강도는 감성적인 것의 이유에 해당하는 차이의 형식이다."[22] 여기서 우리는 강도적 분화의 모델을 얻게 된다. 섬광처럼 번득인다는 것은 모든 개체화의 활동에 두고 하는 말이며, 개체화의 활동은 매끈한 공간에서 어떤 분화된 현상, 어떤 기호의 출현을 그려 내는 독특한 잠재적인 것의 현실화로 이해된다. 벼락이나 번개의 갑작스러운 출현은 그것의 비대칭, 그것의 실증성^{positivité} 안에서 벌어지는 이러한 현실화를 가리킨다. 이 갑작스러운 출현은 시간의 화살에 의존하며, 이를 통해 생성의 불가역성과 생산성을 동시에 강조한다. 다음에서 보여지듯, 들뢰즈는 자신의 **초월론적 감성론**을 시몽동에게서 영감을 얻은 감성적인 것의 비대칭적 **발생**이라는 형태로 손질한다. "포텐셜 에너지는 항상 체계의 **불균형 상태에 연결**된 것으로 나타난다."[23]

둘째, 시몽동의 불균등화를 특징짓는 강도적 차이를 받아들이면서, 들뢰즈는 비대칭적인 방식으로 번득이는 강도가 "가장자리들 사이에서" 생겨난다고 쓴다.

도처에 있는 것이 수문^{水門}이다. 모든 현상은 어떤 신호-기호 체계 안에서 불꽃처럼 번득인다. 우리가 신호라 부르는 것은 어떤 체계다. 적어도 두 개 이상이고 서로 소통할 수 있는 이질적인 계열들, 불균등한 질서들에 의해 구성되거나 경계를 이루는 체계가 신호다. 현상은 어떤 기호이고,

---

21) Deleuze, *DR* 287/477.

22) Deleuze, *DR* 287/476.

23) Simondon, *IGP* 68. 비대칭이라는 개념을 만들어 내는 데 있어 또 하나의 중요한 원천은 로트망(A. Lautman)이다.

다시 말해서 불균등한 것들의 소통에 힘입어 이 체계 안에서 섬광을 발한다.[24]

강도는 어떤 포텐셜 차이를 담고 있는 수문에서 쏟아지는 이러한 비대칭을 따라 현실화――극화――된다. 중력에 따른 수문에서의 낙하, 여러 층 사이에서 벌어지는 수위 조절, 폭포의 소용돌이, 이 세 가지는 항상 동일한 방향으로 가는 시간적 흐름의 역동적인 가속을 포텐셜의 감소라는 에너지의 축과 결합시킨다.

개체화가 일어나는 전개체적·준안정적 환경이 이 불균등한 가장자리들, 그 사이에서 강도적 차이가 번득이는 가장자리들을 규정한다. 여기서 결정화의 사례는 모든 개체화, 번득이는 모든 기호에 적용된다. 강도적 차이는 가장자리들 사이에서 일어나는 이러한 양극의 긴장을 요구한다. 폭포를 만들어 주는 수위水位의 차이는 가장자리들 사이의 긴장뿐만 아니라 포텐셜 차이를 무효화하는 어떤 낙하를 또한 함축하고 있다.

이처럼 강도는 시몽동이 말하는 불균등화의 특성들을 받아들인다. 개체화는 이러한 창조의 성과물을, 다시 말해 장을 새로이 재편할 수 있게 해주는 어떤 해의 갑작스러운 출현을 포함하고 있다. 강도적 개체화는 적어도 두 개 이상의 이질적인 크기의 질서들이나 이질적인 실재성의 단계들 사이에서 불균등화를 통해 이루어지며, 이 이질적인 크기의 질서들 사이에서 그것들 간의 차이를 통해 규정되는 어떤 객관적인 문제제기적 장이 형성된다. 들뢰즈는 전적으로 시몽동적인 정식을 통해 다음과 같이 지적한다. "개체화는 그와 같은 문제에 대한 해결의 활동으로 출현하거나,

24) Deleuze, *DR* 286/476.

결국 마찬가지이긴 하지만, 포텐셜의 현실화와 불균등한 것들 사이의 소통 활동으로 출현한다."[25] 불균등한 것들의 소통 활동은 기호가 그 속에서 섬광처럼 번득이는 '가장자리들'을 규정한다.

이 지점에서 강도의 물리학(번개가 섬광처럼 번득인다)은 베르그손의 모델, 즉 물질 속에서 자기 고유의 유효성을 잃어버리는 엘랑 비탈(수문에서 물이 쏟아진다)과 서로 뒤섞인다. 들뢰즈는 자신의 강도론을 우선 베르그손이라는 환경 속에서 만들어 냈지만, 이후 그것을 되돌려 베르그손을 겨냥한다. 들뢰즈는 자신의 입장에 따라 다양체를 필연적으로 강도적인 것으로 규정한다. 베르그손을 이러한 다양체를 다루는 탁월한 다양체의 철학자로 간주하는 만큼, 들뢰즈는 강도에 대한 베르그손의 비판을 더더욱 인정하지 않는다.[26] 들뢰즈가 보기에, 강도량은 개체화하는 요인이다. 아마도 번개는 그다지 베르그손적이지 않을 것이다. 번개의 불일치하는 단절은 항존하는 지속과 쉽게 화해될 수 없다. 따라서 베르그손에게서 공간화하는 물질화에 해당하는 분화는 시몽동의 강도적 번득임에 자리를 내어 주게 된다.

우리는 사물로부터 어떤 상태를 분리할 수 없다. 여기서는, 현실화된 번개를 그것이 가로질러 생겨나는 포텐셜로부터 분리할 수 없다. 개체화 작용은 더 이상 공간화의 방식이 아니라 에너지의 방식으로 이해되어야 한다.[27] 개체 및 개체화하는 개체 환경을 공동생산되는 것으로 간주하고 관계를 그 관계의 항들에 외재적이고 선행하는 것으로 규정하면서, 들뢰

---

25) Deleuze, *DR* 317/524.

26) Deleuze *DR* 308/510~511.

27) Deleuze, Guattari, *QP* 145/219.

즈는 새로운 것의 생산과 그것을 둘러싼 공간의 관계를 다루는 전적으로 새로운 이론을 제안한다. 개체화는 더 이상 엘랑 비탈의 이완을 가리키는 것이 아니라 개체와 개체 환경을 동시에 공동생산하는 개체화 활동을 가리킨다. 따라서 들뢰즈는 베르그손의 엔트로피 모델을 생태학적(개체는 항상 자신의 환경에 연합되어 있다)·이접적(개체와 환경은 항상 상이하다) 모델로 대체한다.

따라서 환경을 통해 사유하라는 명법은 들뢰즈에게 단순한 방법론적 원리가 아니라 생태학적 원리이기도 하다. 현실화는 불균등한 것들 사이의 소통 활동으로서 환경을 통해 항상 '가장자리들 사이에서' 일어나며, 여기에는 시작도 기원도 결말도 존재하지 않는다. 이는 우선 번개와 번개 환경의 분리 불가능성을 함축한다. 『철학이란 무엇인가?』에서 들뢰즈와 과타리는 이 점을 분명히 한다. "우리는 사물의 상태[번개]를 그것이 작용하면서 가로지르는 포텐셜로부터 분리할 수 없다"[28]([ ] 삽입은 소바냐르그). 들뢰즈에게 독특성은 다른 모든 개체화와 마찬가지로 그것이 현실화하는 힘의 장, 그것이 생겨나는 내재면으로부터 분리될 수 없다. 여기에는 어떤 공동생산, 화이트헤드가 말하는 파악^{préhension}이 존재한다. 이처럼 모든 독특성은 힘의 행동학을 요구한다. 다시 말해 독특성은 자신을 체계에 주어지는 귀결이나 효과로서 출현케 하는 전개체적 환경을 고려할 것을 요구한다. 따라서 번개의 개체성은 일차적이거나 단일한 것이 아니라, 그것이 기인하는 집합적 장에 영향을 미치는 불균등한 것들의 해결로서 강도적으로 주어진다.

셋째, 다시 말해 섬광처럼 번득인다는 것은 다양체를 두고 하는 말이

---

28) *Ibid.*

다. 생성의 방식으로 번개가 번득이듯이, 포텐셜 차이는 '사이의' 생성으로서 산출된다. 다수이면서도 독특한, 요컨대 예측 불가능할 뿐만 아니라 선행하는 역사로 환원될 수도 없는 번개는 갑작스럽게 나타나는 사건을 위한 모델이다. 번개는 시간적 연쇄, 잇달음, 역사적 사전규정 없이 번득이면서도 내재적인 방식으로, 다시 말해 연대기적 잇달음을 찢어 놓는 위기의 방식으로 만들어진다. 지그재그 형태로 하늘을 가르는 번개는 특이점들 사이의──점이 아닌── 선, 연결, 분기를 그려 내면서 자신이 생겨나는 평면을 찢어 놓는다. 예측 불가능한 번개는 번득이는, 빛나는, 지각 가능한 특이점들의 출현을 통해 포텐셜 차이를 보여 주는 동시에 그것을 해소한다.

우리가 기억하고 있듯이, 분기는 생성에 대한 비선형적 구상을 가능하게 해주었다. 분기는 이전과 이후라는 제한된 잇달음으로부터 벗어난 시간의 모델, 비선형적·비연대기적 시간의 모델을 보증해 주었다. 들뢰즈에게 분화는 결코 동형적이지 않으며, 선형적 인과성이라는 단일한 방식으로 이루어지는 것이 아니라 급격한 리좀적 방식으로, 가능한 것들의 축적물을 단번에 산출하는 폭발의 방식으로 이루어진다. 시몽동의 변환을 이렇듯 강렬한 방식으로 받아들임으로써, 분기는 장의 예측 불가능한 재구조화를 표현하게 되는데, 이는 일련의 새로운 재구조화를 위한 출발점 구실을 한다. 이러한 이유에서 들뢰즈가 말하는 시간의 모델은 끝없이 두 갈래로 갈라지는 길들이 있는 정원을 참조하게 되었던 것이다. 이 정원에서 결정화의 지점에 해당하는 각각의 분기, 각각의 독특성은 새로운 분화의 선들을 촉발한다. 이처럼 생물학적 분화는 분화를 야기하는 현실화를 통해 이루어지며, 발산하는 계열, 분화의 다발, 분화들의 분화의 형태를 띤다.[29]

섬광처럼 번득이는 기호에 힘입어 우리는 잠재적인 것을 현실적인 것으로 해소하는 강도적 현실화의 관계는 물론 현실화 아래서 내속하고 항존하는 잠재적 차이의 불변적·무감수적 부분 또한 견지할 수 있게 된다. 현실화와 개체화가 잠재적인 것으로부터 현실적인 것으로 떨어져 나오는 분화를 가리킨다면, 잠재적인 것의 미광은 현실적인 것의 부분을, 다시 말해 번개가 번득이는 밤하늘을 밝혀 준다. 이 번득임은 잠재적인 것의 역량과 번개의 개체화를 함께 드러내 준다. 이 번득임은 임계점에 다다른 순간, 즉 지금 만들어지고 있는 지점이자 이미 지나가 버린 지점에서 나타나는 갑작스러운 출현인 아이온에 속하지만, 그와 동시에 크로노스에도 속한다. 전자는 현재를 피해 달아나는 강도적 생성을 수반하는 데 반해, 후자는 사물의 상태에 속하는 현재를 수반한다. 사실상, 이 번득임은 아이온과 크로노스를 묶어 주고 그것들의 식별 불가능한 근방을 표시해 준다.

번개는 독특하지만 단일하지 않으며, 유일하지만 집합적이다. 번개는 예측 불가능한 단절로서 개입하며, 실존을 창조한다. 이 모든 규정들은 사건이 기능하는 방식을 보여 준다. 다시 말해 이 모든 규정들은 어떤 잠재적 생성이 번득이는 방출로서 현실화의 역사적 환경 속에 포함되는 방식을 보여 주는데, 이러한 방출은 누구의 예상도 허용치 않으며 반시대적 생성으로서 역사로부터 벗어나 있다. 기호의 방식, 기호의 특징이 새로운 것의 생산 방식인 것은 바로 이런 이유 때문이다. 『잃어버린 시간을 찾아서』의 시간적 본질은 이러한 특징을 모든 기호들과 조심스럽게 공유하고 있으며, 모든 기호들이 그렇다는 데에는 의심의 여지가 없다. 사건의 생성과 현실적인 것의 개체화, 시간-이미지와 운동-이미지는 각각의 기호 속에

29) Deleuze, *ID* 37/296.; Bergson, *EC* 100/161.

서 서로 연결된다.

따라서 섬광처럼 번득인다는 것은 모든 개체화 활동에 적용되며, 개체화 활동은 전개체적 독특성의 장에서 출현하는 어떤 분화된 현상을 그려 내는, 다시 말해 기호를 그려 내는 독특한 잠재적인 것의 현실화로 이해된다. 기호의 현실화 방식은 은유적 개념이 아니라 물리적 개념으로 이해되어야 한다. 번개는 전형적인 방식으로 어떤 포텐셜 차이를 해소하면서 대기 속에 찢어진 틈을 그려 낸다. 다시 말해, 번개는 짧고 예측 불가능한 자신의 미광이 주파하는 특이점들에 생명력을 불어넣는 어떤 분기의 선을 그려 낸다. 이렇듯 섬광처럼 번득이는 것이 바로 강도의 차이다. 이제 우리는 생물학적 분화의 측면, 다시 말해 생명의 측면을 분석함으로써 이 차이를 분명히 해야 할 것이다.

3. 막膜, 그리고 주름 안의 생명

결정체·개체화·불균등화에 대한 시몽동의 분석은 비범한 것이지만, 들뢰즈가 서평에서 열정적으로 보여 주었듯이 그보다 한층 더 뛰어난 것이 바로 시몽동의 생명에 대한 분석이다. 생명을 정의하기 위해 시몽동이 필요로 하는 것은 두 가지 시공간적 조건뿐이다. 그 중 하나는 공간적 규정 혹은 위상학적 규정인 주름작용이다. 그리고 다른 하나는 주름작용의 시간 발생적 귀결인 어떤 시간성의 수립이다. 이 시간성은 생명체의 가장자리에 어떤 경로로서 주름잡히며 상대적 내부성과 상대적 외부성으로 분화되고 분기한다. 이 내부적인 것과 외부적인 것 간의 차이는 체험된 내부성과 다가올 외부성으로 시간화되며, 생명체의 문턱을 현실화하면서 실재 속에서 물질과 기억 간의 차이를 펼쳐 보인다. 물질의 조직 속에서 생명은 하나의 주름으로 나타난다.

여기서 문제가 되는 것은 들뢰즈가 베르그손이 말하는 이미지, 물질의 주름으로서의 이미지에서 영감을 얻어 이를 다시 사용하고 있다는 점이다. 들뢰즈가 보기에도 생명은 물질적 힘의 내재면 위에서 규정될 수 있어야 한다. 시몽동은 바로 이런 방식으로 나아간다. 생명은 특수한 화학적 구성요소들에 의존해 있는 것이 아니라 물리-화학적 평면에서는 지각될 수 없는 물질의 상이한 배치에 의존해 있을 뿐이다. 생명의 주체성은 위상학적 배열에 불과하다. 공간적인 주름작용은 시간발생적인 것^{chronogenèse}을 통해 표현된다. 공간적인 주름작용은 갑작스러운 단절이라는 형태로, 특별한 구조적 조건 혹은 에너지적 조건이라는 형태로 나타나는 것이 아니라 재료들의 단순한 주름작용에 힘입어 나타난다. 공간적인 주름작용은 전적으로 공간적인 개체화, 즉 어떤 특수한 조직의 출현에서 기인하는 것이다. 이 특수한 조직은 선별적 투과성을 갖추고 있어 한계로서 기능하는 화학적 속성을 띤다. 이 특수한 조직이 바로 막이다.

막은 이러한 시공간적 분화를 함축하고 있는 다음의 두 가지 속성을 통해 규정된다. 첫째, 모든 요소들이 아니라 특정한 요소들만을 지나가게 하는 선별적 다공성$^{多孔性, porosité}$이 있다. 이는 생명체의 표면에 활기를 부여하면서 준안정적인 기능적 속성을 갖추게 해준다. 그러나 둘째, 훨씬 더 놀라운 속성으로서 이 선별적 다공성은 두 개의 극^{極}을 갖고 있다. 막은 원심적·구심적 방향에서 선별적인 방식으로 자신의 다공성에 활기를 부여한다. 또한 막은 선별적인 방식으로 이러저러한 물체는 지나가게 하면서도 그와 다른 물체는 통과하지 못하게 가로막는데, 이는 미분적인 방식에 따라 원심적이거나 구심적인 방향으로 진행된다.[30] 미쇼가 말하듯, 생명체를 정의한다는 것은 주름 속의 생명을 기술한다는 것이다. 주름 속의 생명이란 막의 다음과 같은 기능적 특성에서 기인하는 물질의 배열이다. 즉 막은 생명체의 특징적인 비대칭에 따라 어떤 물질만 통과시키고 다른 물질은 통과시키지 않으며, 막 자체로부터 출발하여 공간을 조직한다. 이렇게 함으로써 막은 완전히 새로운 속성의 출현을 용이하게 해준다. 막은 순환의 방향을 유도함으로써 문자 그대로 내부성을 구성하고 창조한다.

이런 이유에서, 막은 생명체의 내부성을 경계짓게 될 어떤 불활성의 한계로 이해되어서는 안 된다. 막은 극을 형성함으로써 내부성의 환경을 규정한다. 막은 구성된 내부성을 조금도 전제하고 있지 않다. 오히려 내부와 외부를 분화시키는 것, 그리고 이로운 것과 해로운 것의 방식, 동시적·분극적 방식으로 이러한 분화를 야기하는 것이 바로 막이다. 막의 분극성分極性, polarité은 막이 섭취하고 저장하는 이로운 것과 막이 피하고 거부하는 해로운 것을 구별한다. 우리는 이러한 분석이 스피노자의 행동학과 얼마나 합치하는 것인가 하는 점에 주의를 기울일 필요가 있다. 기능적·능동적인 막의 분극성은 자신의 내부 환경을 구성하는 동시에 외부 환경을 형성한다.

이처럼 막은 생명체에 있어 화학적인 것의 도약을 규정하며, 새로운 속성, 즉 외부와 내부의 차이, 자신의 분화 작용이 야기한 결과물의 출현을 용이하게 해준다. 주름은 내부성과 외부성, 안과 바깥을 동시에 만들어낸다. 들뢰즈가 푸코에게 적용한 훌륭한 정식을 다시 사용하자면, 그 결과 안은 "바깥의 안"le dedans du dehors[31]으로서 형성된다. 따라서 분극화된 막은 자신의 얇은 유기적 외피를 주름지게 하고, 이러한 주름작용이 끝난 후

---

30) Simondon, *IGP* 223.
31) Deleuze, *F* 104/147.

자신의 바깥이 막 자체의 내부에서 내부성의 환경으로 재발견될 수 있도록 스스로를 안쪽으로 구부린다. 어떤 외부 물체들은 내부로 통과할 수 있지만 모든 물체가 그런 것은 아니며, 이와 동일한 선별이 그 일부만이 외부를 향해 옮겨가는 내부 환경의 물체들을 구별해 낸다. 이처럼 선별적 막은 내부성을 산출하기에 이른다.

시몽동의 독자인 들뢰즈는 내부성을 위상학적·관계적·미분적으로 규정한다. 내부성과 외부성은 절대적인 것이 아니라 서로 준안정적·유동적·관계적이며, 그것들의 표면 가장자리는 그 자체로 생성 중이고 관계 중이다. 이처럼 막은 환경이 지닌 극의 이원성을 야기한다. 환경의 내부성이나 외부성은 상전이된 것이기는 하지만 여전히 전적으로 관계적인 것으로 남는다. 생명체를 특징짓는 것은 그것이 유기체 속에서 내부·외부 환경을 증식시킨다는 사실, 신체 내부와 외부 세계를 정적인 방식으로 대립시키는 데 그치지 않는다는 사실이기 때문이다. 이처럼 인간 신체는 다양한 내부 공간, 즉 피가 직접 닿지 않는 소화를 위한 빈 공간으로 특징지어지며, 피 자체는 자신의 흐름 속으로 분비물들을 흘려보내는 여러 선^腺 등에 상대적으로 외부적인 것으로 드러난다. 따라서 외부성과 내부성은 상태로서 주어지는 것이 아니라 전적으로 관계적이다.

따라서 막 안에 포함된 살아 있는 물질이 막을 재생시켜 준다면, 생명체는 바로 이 막을 통해 규정되어야 한다. 내부성과 외부성 간의 유동적인 구별을 가능케 해주는 것은 바로 이 막뿐이다. 막은 이런저런 방향으로 자신이 받아들이거나 거부하는 물질을 분극화하여 구별하기 때문이다. 막은 생명체를 규정하며, 『의미의 논리』에서 들뢰즈가 경탄과 더불어 인용한 시몽동의 정식에 따르면 "생명체는 한계에서, 가장자리에서 살아간다". 생명의 특징적인 분극성이 자기 고유의 준안정성을 유지하는 역동적 위상학 자체의 한 측면으로서 산출되는 것은 바로 경계라는 장소, 피부의 외부성이라는 장소에서다.

이처럼 피부는 본질적으로 표면에 속하는 생기적인 포텐셜 에너지를 지니고 있다. 발레리P. Valéry의 유명한 정식, "가장 깊은 것은 피부다"는 은유가 아닌 바로 이런 방식으로 자신의 유효성을 표현한다. 이는 표면과 깊이를 손쉽게 뒤집었기 때문이 아니라 깊이가 문자 그대로 피부에 의해 산출되고 표출된 것이기 때문이다. 생명을 특징짓는 내부와 외부의 이러한 분화를 규정할 수 있는 것은 살아 있는 막, 다시 말해 피부의 특징적인 분극성뿐이다. 이 일방향적인 투과성은 아마도 화학적 평면에 존재하는 것으로서, 생명을 연속적인 변환으로 특징짓는다. 결정체는 돌이킬 수 없는 방식으로 분극화되는 반면, 막은 연속적으로 매번 새롭게 분극화된다. 어떤 경우든 개체는 변환의 체계로 규정된다. 변환은 복잡한 생물학적 체계들 속에서는 간접적·위계적인 것이 되지만, 물리학적 체계들 속에서는 직접적·비위계적인 것으로 남는다. 결정체는 결정화가 지속되는 장소인 가장자리에서만 변환적이므로, 결정체는 자신의 외부성을 바깥 층으로 가져간다. 그에 반해, "생명체에는 도처에 내부성과 외부성이 존재"[32]한다.

이로부터 첫번째 귀결과 맞먹을 정도로 강력한 두번째 귀결이 나온다. 분극화된 막은 내부성과 외부성을 분리시켜 시간성의 흐름을 분화시키고 체험된 시간의 내부성을 창조한다. 막의 분극화가 생명체를 특징짓는다면, 그것은 위상학적·공간적일 뿐만 아니라 시간발생적인 것이기도 하다. 다시 말해, 막의 분극화는 시간을 산출한다. 분극화된 얇은 외피는 외부성과 내부성을 구별하면서 생명체가 지닌 시간성의 가장자리를 두

---

32) Simondon, *IGP* 159.

개의 경로로 분리한다. 현재는 이롭거나 유해한 막의 외부에서 생겨난다. 현재는 행동을 촉발하며 다가오는 미래의 방식으로 갑자기 나타난다. 외부에서 생겨나는 일은 동화될 수도 그렇지 않을 수도 있으며, 살아 있는 개체를 해칠 수도 그렇지 않을 수도 있다. 외부성은 동화나 거부의 행위를 유도하며, 다가올 무언가와의 만남을 야기한다. 미래는 행동에 달려 있으며, 이로운 것과 해로운 것, 유용한 것과 유해한 것 사이에서 분열된다. 다른 한편, 내부성에 붙들려 있는 것은 바로 생명체의 유기적 기억, 생기적 동일성, 반복이라는 정식, 과거다. 이로부터 들뢰즈가 종종 인용하는 시몽동의 놀라운 정식이 나온다. "내부적 과거와 외부적 미래는 분극화된 막의 수준에서 만나게 된다."[33]

과거와 미래는 막의 두 측면에서 위상학적으로 교차하는데, 양자는 막의 이면과 막의 표면을 구별해 준다. 내부와 외부는 피부의 수준에서 위상학적으로 구별되며, 가장자리는 공간에 대해 그러하듯이 시간에 대해서도 시간발생적인 것, 시간을 산출하는 것으로 드러난다. 칸트가 시간과 공간을 내적·외적 방향의 질서로, 초월적 주체성의 **선험적** 형식으로 기술한 것은 잘못이었다. 사실 문제가 되는 형식은 막의 감성적 준안정성을 통해, 다시 말해 생명체 조직이 지닌 막의 분극성을 통해 물질적으로 산출되는 것이기 때문이다.

들뢰즈가 보기에, 시몽동의 이러한 분석은 베르그손이 말하는 이미지와 그의 유사 스피노자적인 개체화를 힘 관계의 합성(지각과 연장적 작용)과 역량의 변이(강도적 변용)로 계승한 것이다. 순수하게 기능적으로 보자면, 과거와 미래의 차이가 생명체에 포함되는 것은 그것의 가장자리에서

---

33) Simondon, *IGP* 226. 그리고 Deleuze, *LS* 126/196.

만, 그것의 주름에서만 가능하다. 생명체의 시간성은 결코 연속적이지도 단일하지도 지속적이지도 않다. 그러나 시간의 경과에 따라 생명체의 시간성은 내부적인 과거 및 외부적인 현행적 현재에 해당하는 이 상전이된 상이한 시간성들을 주름지게 접는다. 생명 조직은 시간을 산출하고, 이 발산하는 시간선들의 다발이 산출되도록 돕는다. 과거와 미래는 순수한 국지화에 따라 구별된다.

미래가 상대적 외부에 집중되는 데 반해, 과거는 상대적으로 지속 가능한 유기체의 내부성에 존속한다. 이러한 분석과 더불어, 들뢰즈는 생기적 개체화의 시공간적 특성을 얼마나 강한 의미로 이해해야 하는지를 지적한다. 생명체는 두 환경, 즉 상대적으로 외부적인 다가올 작용의 환경과 상대적으로 존속하는 변용의 환경을 분리시켜 복수의 시간성을, 다시 말해 시간성의 분화를 야기한다. 들뢰즈는 시몽동을 베르그손 및 니체와 함께 구성해 낸다. 피부의 가장자리, 감성적 접촉이 시간성을 창조하는 것으로 드러나는 데 반해, 유기체의 깊이는 기억을 수축시킨다. 지속을 담아내는 내부성은 시간의 수축기, 시간의 올가미가 된다.

내부성과 외부성을 창조하는 이 위상학적 분리는 들뢰즈가 스토아주의적 구별, 즉 물체와 비물체적인 것 사이의 구별을 다루는 복잡한 방식을 설명해 주는데, 들뢰즈는 이를 『의미의 논리』에 다시 도입했던 바 있다. 스토아주의에서 말하는 비물체적인 것은 지성적인 것과 감성적인 것이라는 플라톤적 대립으로는 다루기 힘든 것으로서, 물체를 유일한 실재성으로 인정하는 이론에다 비물체적인 것의 현존을 개입시킨다. 이런 이유에서 들뢰즈는 비물체적인 것에 관심을 기울이는데, 이는 표면에서만 작용하는 차이, 물체의 깊이와 비물체적 사건 간의 차이를 기술하기 위함이다. 이로부터 물체와 효과, 물체적 원인과 비물체적 효과 간의 새로운 할당이 나온다. 바로 이 지점에서 스토아 학파는 플라톤주의의 전복을 위한 위대한 첫 걸음을 내딛는다. 그러나 원인과 표면 효과 간의 이 새로운 할당은 어디로 향하는가? 가능한 이상성이 표면으로 거슬러 올라가 내보내는 그것의 인과적·정신적 유효성은 비물체적·이념적^{idéel} 사건, 다시 말해 "조금 전에 일어난 일이자 이제 곧 일어날 일이지만 결코 지금 일어나고 있는 일은 아닌 것"[34]이 된다. "물체에서 비물체적인 것으로 가는 이행은 경계선을 따라가면서, 표면을 따라가면서 이루어진다."[35] 폴 발레리는 바로 이 점을 발견했다. 여기서 들뢰즈는 스토아적인 소녀, 사건의 가장자리를 위상학적으로 관통하는 캐럴의 앨리스에게서 이 점을 보여 주고 있다.

"사건은 결정체와 같으며, 가장자리를 통해서만, 가장자리 위에서만 생성하고 커진다."[36] 사건의 가장자리, 잠재적인 것과 현실적인 것을 구획하는 표면은 이 분석에서 새로운 기능을 받아들여 경계를 다음과 같이 설명해 준다. 즉 경계는 더 이상 막의 물리적 내부성과 외부성 사이에서 생겨나는 것이 아니라 심리적 내면성과 지각된 물체적 외부성 사이에서 생겨나는 것이다. 이처럼 들뢰즈는 시몽동이 말하는 막을 빌려와서 의미를 물체 상태의 외부성과 비물체적 사건의 내부성 사이에서 차이를 산출하는 것으로 설명한다. 시몽동에게서 막이 다가올 외부성과 지나가 버린 내부성 사이에서 위상학적 차이를 산출하는 것과 마찬가지로, 들뢰즈에게서 의미는 물체의 외부성과 순수 사건의 비물체적 내부성 사이에서 차이를 규정한다.

---

34) Deleuze, *LS* 17/57.

35) Deleuze, *LS* 20/59.

36) Deleuze, *LS* 16~19/54~59

시몽동의 이론과 비물체적인 것에 대한 스토아주의 이론 간의 이 복잡한 몽타주가 들뢰즈가 『의미의 논리』에서 제시하는 의미 이론을 규정한다. 의미는 막의 시간발생적 기능을 받아들인다. 들뢰즈에 따르면, "사물과 명제는 근본적인 이원성 속에 있다기보다는 의미를 통해 드러나는 어떤 경계선에서 서로 맞붙어 있다".[37] 의미는 '경계선'으로서, 막의 방식으로 작동한다. 의미를 오해하여 사물과 말, 물체의 상태와 명제를 대립시키는 이원성의 항들 중 하나로 생각해서는 안 되는 이유가 바로 여기에 있다. 오히려 의미를 경계선, 다시 말해 "둘 사이에 존재하는 차이의 절단이나 분절"[38]로 생각해야 한다.

사건과 마찬가지로, 의미는 사유된 잠재적인 것에서 출발하여 물체적인 현실적인 것을 주름지게 하고 전자로부터 후자를 분리시키는 속성을 갖는다. 이것은 들뢰즈가 『의미의 논리』에서 확립한 구별, 물리적 깊이와 준안정적 표면 간의 구별을 설명해 준다. 물리적인 것이 지닌 호도론적 hodologique[39]·성적 깊이, 깊이의 미친-생성은 준안정적 표면이나 뇌의 표면과 구별된다. 한편으로, 의미는 사물과 명제를 분절하여 구별하고, 또한 의미와 사물의 상태 간의 구별을 보여 준다. 다른 한편으로, 지적 체제와 물체적 체제 간의 이러한 구별은 더 이상 플라톤적인 구별, 즉 개념과 물질의 구별을 통해 생겨나는 것이 아니다. 복수의 시간성은 이제 이 두 체제 간의 구별이 크로노스와 아이온 사이에 포함될 것을 요구하는데, 전자는

---

37) Deleuze, *LS* 37/82.

38) Deleuze, *LS* 41/87.

39) [옮긴이] 사람과 환경이 이루는 심리적 관계를 그래프로 나타내 주는 기하학적 체계. 독일의 심리학자 레빈(Kurt Lewin)이 사람과 환경이 이루는 생활 공간 속에서 개인의 행동을 예측하기 위해 고안해 낸 것이다.

사물 상태의 현재 혹은 깊이의 미친-생성이고, 후자는 표면의 형이상학적 시간, 과거 및 미래의 잠재적 시간성이다. "따라서 물체와 명제 사이에 어떤 경계선을 긋는 것은 표면 효과의 환경으로서, 혹은 사건의 환경으로서 아이온에 속한다." 이것은 의미가 "사건과 동일한 것이지만, 이번에는 명제와 결부된 것"[40]이라고 일컬어질 수 있는 이유를 설명해 준다. 따라서 의미의 가장자리는 사물에 대한 지시작용 및 의미의 표현, 물체에 대한 작용 및 비물체적 사건과 구별된다.

우리는 이 두 가지 시간성을 구별함으로써 이미지의 시간, 즉 물체의 현재에 해당하는 운동-이미지와 잠재적인 것의 시간-이미지를 다루는 베르그손의 방식을 되살려 『차이와 반복』의 세 가지 주관적 종합으로 되돌아갈 수 있게 된다. 크로노스의 시간은 이제 물체의 현재에 상응할 뿐만 아니라 물체의 현존, 다시 말해 베르그손이 엘랑 비탈의 이완, 억견적 공간화로 이해하는 바에 또한 상응한다. 이 억견적 공간화는 정지된 이미지, 대상들 간의 구별, 의식이 사물에 대해 가질 수 있는 영향력에 해당한다. 들뢰즈가 보기에, 크로노스의 세계는 현재에 속하는 물체의 세계이며 현재는 그것이 혼합물과 비물체화의 시간이라는 사실, 그리고 그것이 물체나 원인의 작용을 측정한다는 사실로 특징지어진다.

그러나 베르그손과 마찬가지로 들뢰즈에게서도 현재임은 존재한다는 것, 다시 말해 생성을 정지시키고 고정시킨다는 것이다. 이런 이유에서 들뢰즈는 크로노스와 아이온을 대립시킨다. 아이온은 더 이상 현재, 물체의 밀도, 생성을 응고시키는 능동적인 굳어짐의 시간을 나타내는 것이 아니라 과거 및 미래의 이중적 다발·막을 통해 열려진 시간발생의 경로를 나

---

40) Deleuze, *LS* 194~195/285~286.

타낸다. 현재란 작용이며, 실재를 사물로 변형시켜 포착하는 행동-이미지다. 실재는 막 주위에서 주름잡는다. 또한 실재는 이 순수 사건, 즉 다가올 잠재적인 것 및 결코 현실적이지 않은 과거의 형이상학적 표면 주위에서 분기한다. 막의 역할은 결국 **아이온**과 같다. 여기서 막의 역할이란 물체의 효과와 의미의 효과, 물체와 언어, 사건과 그에 대한 명제(이런 뜻으로 이해된 사건은 표현의 질서와 대립하는 것이 아니라 언어의 상징적 질서 및 인과관계의 질서와 대립하는 실재의 일부를 가리킨다)를 서로 분리시키는 것이다. **크로노스**는 현실적인 것이고, **아이온**은 잠재적인 것이다. 잠재적인 것은 현실적인 것의 비유동성을 형이상학적 표면으로, 다시 말해 표면 효과로 내보낸다. "잠재적인 것은 표면 효과의 환경이나 사물과 명제 사이에 경계선을 긋는 사건의 환경으로서 **아이온**에 속한다." 들뢰즈는 시몽동의 주장을 외피의 유기적인 막에서 말과 사물을 분리시키는 형이상학적 표면으로 이동시킨다.

『의미의 논리』에서 표면이 역설적인 의미의 장소가 되는 이유가 바로 여기에 있다. 들뢰즈에 따르면, 기호가 의미를 갖게 되는 것은 기호가 "두 계열(두 개의 기호-이미지, 두 장의 사진, 두 개의 발자취) 사이의 공명을 보증하는 표면의 조직화 내에서" 이해되는 한에서다.[41] 이는 시몽동의 불균등화를 문자 그대로의 되풀이한 것으로서 이제 독특한 사건의 갑작스러운 발생에 해당하는 의미에 적용된다.

---

41) Deleuze, *LS* 126/196~197.

4. 초월론적 장, 독특성, 시간성

이제 우리는 비인격적·전개체적인 초월론적 장을 규정할 수 있게 된다. 이 초월론적 장은 처음부터 초월론적 경험론, 그리고 그것을 규정하는 데 기여하는 독특성의 개념을 요구하고 있었다. 『의미의 논리』의 '독특성에 대하여'라는 계열에서, 들뢰즈는 의식의 단계를 경유하지 않고서도 그러한 장을 정의할 수 있게 해주는 특징들을 열거한다. 초월론적 장은 다음의 두 가지 조건에 부합해야 한다. 첫째, 초월론적 장은 미분화된 것 l'indifférencié 속에 잠겨 버려서는 안 된다. 둘째, 그런 한에서 초월론적 장은 경험적인 것을 기초로 초월적인 것을 전사하는 칸트의 오류를 되풀이하지 않아야 하며, 따라서 자신에게 상응하는 경험적 장과 닮아 있어서는 안 된다. 바로 이것이 잠재적인 것의 개념을 가능케 해준다. 즉 초월론적 장은 완전히 구조화된 어떤 차이를 보여 주면서도, 경험적 소여를 미리 내보이지도 않고 내재면에 구멍을 내는 인격적·주관적 의식으로부터 초월적 형상을 빌려 오지도 않는다.

개체화에 대한 시몽동의 정의는 들뢰즈에게 의식의 가설을 피해 갈 수 있는 방법을 가르쳐준다. 이를 위해서는 주관적인 초월적인 것을 완전히 미분화된(철자 t) 독특성들의 방출로 대체해야 하는데, 이 미분화된 독특성들에 힘입어 들뢰즈는 비인격적이거나 전인격적인 초월론적 장을 만들어 낼 수 있게 된다. 이러한 독특성들은 개체화 및 인간 주체화의 조건으로서, 다시 말해 "초월론적 이유"로서 산출되며, "개체 및 인간의 발생"을 설명해 준다. 독특성들은 어떤 포텐셜에 따라 할당되는데, 여기서 우리는 "그 자체로 자아나 나를 포함하고 있는 것이 아니라 현실화되면서 그것들을 산출하는" 시몽동의 준안정적 불균등화를 발견한다. 따라서 이러한 분석과 더불어 들뢰즈는 심리적 형상들이 초월론적으로 구성된다는 입장을 견지하는데, 물체적 개체화, 무의식적·언어적 주체화는 그것들을 개체화하는 전개체적 환경과 닮아 있지 않기 때문이다.

우리는 이 분석이 시몽동에게 빚지고 있는 지점과 들뢰즈가 창의적인 방식으로 이 분석을 새롭게 도입하는 방식을 동시에 가늠해 보게 된다. 개체화 이론에 힘입어, 들뢰즈는 독특성을 이질적 계열들에 상응하는 사건으로 규정할 수 있게 된다. 들뢰즈가 분명히 하고 있듯이, 이 이질적 계열들은 "안정적이거나 불안정적인 것이 아니라 '준안정적인' 체계 속에서 조직화되는데, 이 체계는 계열들 간의 차이들이 분배되는 포텐셜 에너지를 갖추고 있다".[42] 다시 말해, 포텐셜 에너지의 준안정적 환경과 개체화하는 현실화를 구별함으로써, 들뢰즈는 초월론적 구성을 견지하면서도 시몽동의 불균등화를 활용하여 전적으로 새로운 어떤 객관적인 것을, 초월론적 경험론을 구성하는 객관적인 것을 추구한다. 물론 시몽동 자신은 이러한 객관적인 것을 추구했던 바 없다.

개체 및 주체의 이러한 발생, 초월론적이면서도 경험적인 발생을 보장하기 위해 들뢰즈는 잠재적이면서도 완전히 규정된 '순수' 사건의 평면, 다시 말해 문제제기적인 초월론적 장과 그 장의 주관적 실효화 혹은 개체화하는 실효화를 구별한다. 현실적인 것이 잠재적인 것과 닮지 않은 것 이상으로(우리가 기억하고 있듯이, 실재와 닮은 것은 가능한 것뿐이다), 초월론적인 것도 주체나 개체의 형태를 띠지 않는다. 시몽동의 분석에는 함축되어 있지 않았던 이러한 구별에 힘입어 들뢰즈는 시몽동을 새로운 틀 속에서 읽어 낸다. 포텐셜 에너지는 초월론적 차이, 다시 말해 잠재

---

42) Deleuze, *LS* 125/195.

적인 것에 상응하는 데 반해, 개체화는 주어진 경험적 형태하에서 잠재적 평면을 현실화한다. 이러한 분석이 지닌 장점은 인간학적인 개체 및 주체의 평면인 **인간-형식**이 분화 및 개체화의 측면에서 재발견된다는 점, 그리고 그것이 더 이상 현실화에 선재하는 초월적 형식으로 전제될 필요가 없다는 점이다.

불균등화 및 변조에 대한 시몽동의 분석에 힘입어 우리는 개체화를 참된 창조로 이해할 수 있게 된다. 단순하게 말하자면, 창조는 동시에 실효화, 즉 분화다. 개체화를 현실적인 것과 잠재적인 것의 이원성이라는 틀 속에 받아들임으로써, 들뢰즈는 개체화를 큼과 작음의 경계 속에 포함시킬 필요가 없게 된다. 전개체적인 것, 개체화된 것, 관개체적인 것의 삼위일체는 개체화의 환경에 해당하는 전개체적인 잠재적인 것과 개체화의 결과에 해당하는 현실적인 것의 이원성에 자리를 내어 준다. 들뢰즈에게서 개체화는 잠재적인 것과 현실적인 것 사이의 유동적인 경계가 된다.

이렇듯 중요한 변화에 힘입어 들뢰즈는 시몽동을 "초월론적인 것에 대한 새로운 구상"을 지지하는 저자로 삼으며, 이번에는 칸트의 기획에 수정을 가해 살아 있는 개체 및 인식하는 주체의 발생을 설명해 주는 최초의 합리적인 독특성 이론을 제시한다. 초월론적 장에 대한 이 새로운 구상은 앞으로 하나하나 살펴보게 될 다음의 다섯 가지 규정에 근거해 있다. 장의 포텐셜 에너지, 계열들의 내적 공명, 막이라는 위상학적 표면, 의미의 조직화, 문제제기적인 것의 위상이 바로 그것이다.[43]

첫번째 규준은 전형적으로 시몽동적이다. 분화는 준안정적인 전개체적 환경에서 시작되는 비대칭적 생산으로 이해되어야 하며, 이 전개체

---

43) Deleuze, *LS* 124~127/193~197.

적 환경은 어떤 포텐셜 차이, 어떤 강도적 충전을 제시한다. 시몽동이 문제제기적 체계라고 부르는 이 장은 이러한 포텐셜 에너지를 지니고 있다. 이 포텐셜 에너지에 힘입어 들뢰즈는 구조적 계열들 속에 놓인 문제제기적인 것에 접근하는 탁월하고도 필연적인 방식을 실행에 옮길 수 있게 된다. 사실 우리가 다루고 있는 것은 동일한 문제다. 이 문제는 때로는 강도적 분화의 축(개체화와 관련된 축)을 따라서, 때로는 특이점들의 구조적 할당이라는 측면(구조적인 미분화의 축)에서 잠재적인 것을 고려한다.

시몽동에게 독특성은 계열들을 공명하게 하는 것으로서 불균등화의 조건 구실을 했다. 들뢰즈는 독특성을 활용하면서도, 앞서 분석했던 기표라는 의미에서 거기에 분화를 야기하는 기능을 부여한다. 따라서 독특성은 현실화를 유도하는 것(시몽동이 말하는 결정화의 핵)으로, 그리고 동시에 이질적 계열들이 '만날' 수 있게 해주는, 다시 말해 체계로 조직화될 수 있게 해주는 것으로 규정된다. 이에 힘입어 들뢰즈는 독특성을 "체계의 모든 평범한 점들과 연결되어 있어서 어떤 또 다른 독특성의 근방에까지 이르는 한 계열의 출발점"으로 이해할 수 있게 된다. "이 새로운 독특성은 또 다른 계열을 낳고, 이 새로운 계열은 먼저 있던 계열과 때로는 서로 수렴하고 때로는 서로 발산한다."[44] 개체화하는 요인들이 이루는 이 강도적 계열들은 개체화를 통해 구현되거나 현실화된다.

따라서 들뢰즈는 시몽동의 포텐셜 에너지를 물리적·강도적 방식뿐만 아니라 독특한 구조적 방식으로도(문제로서의 **이념**을 분석함으로써 우리는 이후 이 점을 확인하게 될 것이다) 사유할 수 있게 된다. 이런 점에서 잠재적·전개체적·비인격적인 초월론적 장은 이 독특성 이론에 힘입어 개

---

44) Deleuze, *DR* 356/583~584.

체 및 주체의 발생을 설명해 주는데, 들뢰즈는 독특성을 분화를 야기하는 포텐셜로, 그리고 미분적인 규정으로 정의한다.

들뢰즈가 순수 사건이라고 부르는 것은 바로 현실화의 포텐셜 속으로 할당되는 독특성들이다. 우리는 사건이 사물의 상태와 구별된다는 사실, 그리고 들뢰즈가 사건과 본질 간의 억견적인 혼동뿐만 아니라 사건과 우발적인 것, 사건과 사물의 상태 간의 경험적인 혼동과도 거리를 둔다는 사실을 기억하고 있다. 이처럼 사건이 가리키는 것은 잠재적인 부분이다. 따라서 사건은 순수하며, 다시 말해 경험적이거나 현실적이지 않으며, 자신의 경험적 현실화에 영향을 받는 것이 아니라 '무감수적'이다.

독특성들은 "항상 유동적이고 매번 위치가 바뀌는 자기-통일화의 과정을 겪는"데, 이 과정은 독특성들을 하나의 계열로 구성할 수 있게 해준다. 각각의 독특성은 어떤 계열의 원천이다. 이것이 보여 주는 바는 사실상 다음과 같다. 모든 독특성이 하나의 다양체라는 점에서 볼 때 다양체가 하나인지 여럿인지를 말하는 것이 대수롭지 않은 일이듯이, 독특성이 하나인지 여럿인지를 말하는 것도 대수롭지 않은 일이다. 다양체가 항상 다양체들의 다양체이듯이, 독특성도 항상 독특성들의 독특성이다(기계 또한 이와 동일한 방식으로 규정될 것이다). 우리가 기억하고 있듯이, 하나의 계열은 항상 계열들의 계열이고, 각각의 계열에 속한 각각의 점은 예측 불가능한 분출에 따라 분기점, 즉 계열들이 발산하는 점이 될 수 있다. 따라서 독특성은 이러한 이질적인 것의 종합, 다시 말해 유사성이나 전성설前成說이라는 조건을 경유하지 않으면서 개체화를 발생케 하는 이접적 종합을 설명할 수 있게 해준다. "의식 내에 존재하는 (혹은 의식 내에서 성립되는) 바와 같은 인격의 종합 및 개체의 종합을 넘어서는 데 적합한 것은 특이점 이론뿐인 것으로 드러난다."[45] 왜 그러한가? 독특성은 어떤 포텐셜이고,

이 포텐셜의 현실화——이 현실화는 나의 주체화 및 **자아**의 개별화를 야기한다——는 실효화되는 포텐셜과 닮아 있지 않기 때문이다. 인격 및 개체의 현실화는 이중의 이접적 종합을 따라 나아가며, 따라서 독특성은 "4인칭 단수"quatrième personne du singulier에 상응한다. 펄링게티L. Ferlinghetti는 이 "4인칭 단수"를 두고 개체적이지도 인격적이지도 않다고 말한 바 있다. 초월론적인 것의 혁신을 맡고 있는 것, 참된 "초월론적 사건"[46]으로 나타나는 것은 바로 이 독특성이다.

우리에게 남아 있는 문제는 독특성이 어떻게 개체 및 인격을 발생케 하는지를 분명히 하는 일이다. **자아**와 **생각하는 나**의 구별을 되살리는 이러한 구별은 물체의 개체화와 정신의 주체화를 나눈다. 들뢰즈가 보기에 개체화된 물체에 속하는 사물의 상태와 주체화하는 사유의 형성은 서로 동등하지 않다. 첫째로, 개체화는 물체, 막, 생물학적 개체의 형성에 적용된다. 이것들이 주체화되기 위해서는 무의식적·사회적 종합, 다시 말해 사유를 형성하는 종합이자 의미작용적인 언어의 세계 및 사회적 주체화의 방식들로 접어드는 입구를 규제하는 종합을 경유해야 한다. 따라서 들뢰즈는 개체와 주체성을 구별하지만, 인간 주체의 형성은 당연히 물체의 개체성과 정신의 주체화를 교차시킨다.

초월론적 장의 두번째 조건은 계열을 공명하게 하고 개체화를 촉발하는 분화적 차이소와 관련된다. 이는 들뢰즈가 어떤 방식으로 기표 계열과 기의 계열을 연결하는 분화적 차이소의 구조적 일람표에다 시몽동의 분석을 포함시키는지를 보여 준다. 우리가 기억하고 있듯이, 시몽동에게

---

45) Deleuze, *LS* 125/194~195.

46) Deleuze, *LS* 124/194.

서 어떤 신호가 정보/형태화가 되는 방식을 특징짓는 것이었던 내적 공명은 이제 이 분화적 차이소 혹은 '어두운 전조'를 규정하는 데 사용된다. 이 분화적 차이소는 레비스트로스나 라캉이 말하는 기표의 기능을 맡으면서 기표 계열과 기의 계열이 서로 결합될 수 있게 해준다.[47] 시몽동에게서 내부와 외부를 분극화하는 것이었던 막, 살아 있는, 감성적 막은 이제 기표와 기의의 양면을 가진 얇은 층에 연결되는데, 이 얇은 층은 의미의 앞면과 뒷면을 구별해 준다. 이와 같이 들뢰즈는 구조주의자들의 주장을 계열들의 복수성을 위한 조건으로 구성한다. 이 계열들이 공명하기 위해서는, 다시 말해 상위의 계열로 묶일 수 있기 위해서는 계열들을 공명하게 만드는 역설적 요소인 분화적 차이소가 도입되어야 한다. 그리고 이 역설적 요소는 우리가 앞서 구조를 규정하고자 살펴보았던 **계속되는 불일치**로, 어떤 사물$=x$로 이해되어야 한다. 들뢰즈의 이해에 따르면, 대문자 **차이**는 어두운 전조, 분화를 야기하는 계속되는 불일치에 힘입어 계열들 간의 이러한 분화를 야기하며, 이때 이 분화는 기표 계열과 기의 계열을 구별할 수 있게 해준다.

또한 계열들 간의 내적 공명은 들뢰즈가 어떻게 시몽동과 거리를 두면서 전개체적인 것과 관개체적인 것의 경계에서 불균등화를 제기하는 그의 숨겨진 진화론을 비판하는지를 보여 준다. 레비스트로스의 구조주의적 도식, 계열들은 항상 복수적이며 떠다니는 기표가 계열들을 분화시킨다는 도식을 시몽동의 불균등화에 적용함으로써, 들뢰즈는 시몽동과 개념적으로 단절한다.

물리학적·생물학적·심리학적 개체화를 겸하는 인간의 주체화가 어

---

47) 다음 장의 **계속되는 불일치**를 분석하는 대목에서 우리는 이 문제로 되돌아올 것이다.

떻게 이루어지는지를 이해하기 위해서는, 마지막 세 규준을 검토해야 한다. 이 과정에서 주의해야 할 것은 다음과 같다. 이 세 가지 규준은 연속성이라는 해 없이 제시된다는 점에서, 의식과 사회적인 것은 지극히 복잡한 개체화로 나타나지만 개체의 물리적 장과 단절된 것으로 나타나지는 않는다──스피노자가 바랐듯이 말이다.

세번째 조건은 막이라는 위상학적 표면과 관련된다. 앞서 우리는 시몽동을 독해했던 바 있으므로, 이제 이러한 표현이 불가해한 것은 아니다. 독특성과 포텐셜은 표면의 문제다. 정확히 바로 이런 의미에서 독특성은 선재하는 가능한 것이 아니라 포텐셜이며, 결정화와 더불어 우리가 확인했듯이 개체화를 촉발할 수도 촉발하지 않을 수도 있는 불균등한 충전이다. "모든 일은 가장자리에서만 성장하는 어떤 결정체의 표면에서 일어난다."[48] 그러나 시몽동은 표면에 속하는 것이 결정체의 개체화뿐이라는 점을 분명히 하면서 결정체의 개체화와 유기체의 개체화를 구별했다. 들뢰즈는 유기적인 막과 외피로 둘러싸인 결정체를 구별하는 시몽동의 입장을 받아들여 다음과 같이 주장한다. 표면에서 성장하는 것이 결정체뿐이라고 생각할 수 있었던 것은 결정체가 결정화가 이루어지는 외부층에서만 개별성을 갖기 때문이었다. 외부성의 차원과 내부성의 차원은 바로 이 가장자리에서만 만날 수 있다. 결정체의 개체화는 가장자리에서만 실행된다. 우리는 결정체의 성장을 중단시키지 않고서도 그것을 구성하는 물질로부터 결정체를 빼낼 수 있을 것이다. 결정체 표면의 개체성은 성장하고 있는 영역에 한정되며, 기억이라는 자신의 내부성을 산출하지 않는 것과 마찬가지로 물체의 외부성 속에서 굳어 버리지도 않는다. 반면 생명

---

48) Deleuze, *LS* 125/195.

체는 시간의 수축이라는 자신의 내면성을 산출한다. 생명체의 정체성이란 그것이 지닌 기억이다. 결정체에게 과거는 아무 쓸모가 없으며, 연속적인 시간은 수축되지 않는다. 이런 이유에서 들뢰즈는 시몽동과 더불어 결정체와 유기체를 구별하는데, 전자는 "자신의 가장자리에서만 성장"하는 데 반해 후자는 동화와 외재화를 통해 외부로 끊임없이 퍼져나가는 동시에 그것이 지닌 내면성의 공간에 집중된다. 그러나 막에 대한 분석이 보여주듯이, 내부와 외부는 이 위상학적인 접촉의 표면을 통해서만 생물학적 가치를 지니며, 따라서 어디서든 가장 중요한 것은 표면이다. 게다가 표면은 국지화의 문제가 아니다. 이는 무의식이 정신현상의 장소에 국지화되지 않듯이, 피부의 표피 에너지가 표면에 국지화되지 않는 것과 마찬가지다. 오히려 표면은 분극화되고 다시금 분극화되는 막의 능력과 연결되어 있다. 따라서 생명체는 내부와 외부를 분리하고 구별하는 자신의 한계, 그 한계 위에서 살아간다.

계열들의 내적 공명은 『의미의 논리』에서 의미가 갖는 상이한 특성들을 규정한다. 즉 의미는 무의식적·무감수적이며, 표면에 속한다. 네번째 조건에 해당하는 것으로서, 의미는 표면이라는 자신의 위치에서 기인하는 중립성과 무감수성을 보여 주기 때문이다. 들뢰즈에 따르면, 그 이유는 의미가 "의미작용·현시작용·지시작용을 얻어 내는 방식으로 자신을 질서지어지게끔 하는 차원들을 조감하기" 때문이다. 이는 정보/형태화에 대한 시몽동의 정의를 받아들인 것으로서, 그에 따르면 정보/형태화는 "불균등한 두 실재가 체계를 이룰 수 있게끔 해주는 차원을 개체화 작용이 발견할 때 생겨나는 의미작용"[49]으로 정의된다. 이 무감수성과 중립성은 의

---

49) Simondon, *IGP* 29.; Deleuze, *LS* 127/197.

미를 다음과 같이 정의하는 데 필수 불가결한 것이다. 즉 의미는 물체 계열과 명제 계열 간의 공명을 보증해 주는 표면의 조직화가 폭력적인 이접을 통해 갑자기 출현할 때 생겨난다. 의미는 창조로서 생겨난다.

다섯째로, 이런 이유에서 의미의 세계는 문제제기적인 것의 위상을 갖는다. 들뢰즈는 시몽동이 여성명사^{la problématique}로 표기했던 문제제기적인 것을 남성명사^{le problématique}로 실사화^{實辭化}하며, 시몽동을 따라 그것을 순수 사건으로, 독특성들을 개체화하는 준안정적 장으로 간주한다. 독특성들로 이루어진 실재적인 초월론적 장을 정의할 수 있게 해주는 것은 문제제기적인 것, 문제제기적 장이며, 이 독특성들은 극^劇, 이상적 사건——문제, 다시 말해 하나의 응답으로서 의미를 생겨나게 하는 문제——을 가능케 하는 완전히 미분화된 잠재적 장으로서 개체화를 야기한다. 우리는 이 문제제기적 장을 이념에 대한 분석의 후반부에서 다시 살펴보게 될 것이다.

따라서 들뢰즈는 유목적인 독특성들의 세계를 규정할 수 있게 된다. 이 독특성들은 더 이상 개체적이거나 인격적이지 않으며, 미분화된 심연과도 구별된다. 개체는 독특성들의 근방에서 구성된다.

실재적인 초월론적 장은 이러한 표면의 위상학으로부터, 이러한 유목적·비인격적·전개체적 독특성들로부터 산출된다.⁵⁰⁾

---

50) Deleuze, *LS* 133/204.

12장
차이와 강도

문제제기적 불균등화 이론은 변조가 차지하고 있던 위상을 요구하며, 감각과 사유의 관계, 다시 말해 기호의 압력하에서 사유가 생겨나는 방식을 설명해 준다는 점에서 들뢰즈 철학에서 점점 더 중요한 위치를 차지하게 된다. 불균등화는 감각하는 자와 감각되는 것의 틈에서, 초월적 사용에 도달한 인식 능력들의 틈에서, 다시 말해 인식 능력들의 한계에서 산출된다.

이제 우리는 이 인식 능력들의 한계를 객관적 불균등화로, 다시 말해 실재적 경험과 초월적 실행에 도달한 인식 능력의 상호적·탈구적 구성으로 이해할 수 있는데, 이는 감성적 효과(기호)의 폭력 아래서 사유의 개별화를 야기한다. 문제제기적 불균등화는 감각 및 사유의 개별화 전체에 적용된다. 하지만 들뢰즈가 보기에 초월론적 감성론은 사유의 창조, 예술의 특수한 작용을 해명해야 하며, 문학의 알레고리적 사용을 경유하지 않으면서도 『잃어버린 시간을 찾아서』에 호소하는 이유를 설명해야 했다. 『차이와 반복』에서 들뢰즈가 말하듯이, 감성론이 "감성적인 것의 존재 자체"에 근거한 "절대적으로 확실한" 분과학문이 될 때, 경험론은 사실상 초월

론적인 것이 된다.[1]

1. 변조: 시몽동, 칸트에 대한 비판

프루스트는 어떻게 어떤 감각을 보존하고 재생산할 수 있게 해주는 한계까지, 다시 말해 체험되었던 그대로가 아니라 즉자적으로 존속하는 그대로의 콩브레를 보존하고 재생산할 수 있게 해주는 한계까지 언어를 밀고나가는가? 이제 제기되는 바와 같이, 이 문제는 더 이상 문학에 국한되지 않는다. 이 문제는 들뢰즈가 예술을 정의한바 힘의 포획이면 무엇이건, 예컨대 프랜시스 베이컨^Francis Bacon의 그림과도 관련된다. 뿐만 아니라, 문제제기적 불균등화는 물질적 개체화와 잠재적 주체성 간의 관계를 규정할수 있게 해준다. 잠재적 주체성은 물질적 개체화에 영향을 미치고, 그것에 혼란을 야기하며, 사유할 수 없는 것, **열림**, 사유에 저항하는 것에 대한 사유를 감행한다.

불균등화가 감성적 지각을 이론화할 수 있게 해주면서도 시몽동에 의해 존재의 상^相, phase을 설명하는 개념들 중 하나로 확대되어 나타나는 것과 마찬가지로, 들뢰즈에게서도 감성론은 감성적인 것의 정의와 사유의 창조에 동시에 관련된다. 이처럼 문제를 불균등화와 관련하여 제기함으로써 우리는 1968년 들뢰즈가 감성론의 극복할 수 없는 이원성이라고 명명했던 바를 극복할 수 있게 된다.[2] 감성론은 가능한 경험의 객관적인

---

1) Deleuze, *DR* 80/145.

2) [옮긴이] 해당 논의는 1968년 출간된 『차이와 반복』에 등장하므로 1966년으로 표기된 원문을 수정했다. *DR* 93~94/165~166을 참고하라.

시공간적 형식에 해당하는 감성적인 것에 대한 이론과 실재적 경험의 포착에 해당하는 예술에 대한 이론으로 나누어져 있으며, 그러면서도 수용 철학의 기만적·감상적 경계에서 파악된다. 우리는 이러한 양자택일 속에서 칸트의 이중성을 발견한다. 칸트의 이중성은 그의 감성론이 감성에 대한 이론으로서의 에스테틱^{esthétique}, 즉『순수이성비판』에 등장하는 초월적 감성론과 바움가르텐^{A. G. Baumgarten}에게서 기인하는 에스테틱, 즉『판단력 비판』에 등장하는 바 표상의 아름다움이 야기하는 효과를 규정하는 예술론으로 나누어진다는 데 있다. 앞서 살펴보았듯이, 들뢰즈는 바로 이러한 칸트적인 틀 속에서 시몽동의 변조 이론을 받아들이고 불균등화와 관련하여 사유와 감성적인 것의 관계를 새롭게 규정한다.

들뢰즈가 어떻게 이 문제를 해소할 수 있었는지를 밝혀내기 위해서, 칸트 감성론의 이 날카로운 이원성으로 돌아가 보도록 하자. 칸트는 환원 불가능한 영역들 속에서, 다시 말해 감성적인 것에 대한 이론과 예술에 대한 이론 속에서 감성론을 구성하는 동시에 나누는데, 이는 그가 사유와 감성적인 것의 관계를 표상의 방식으로 제시하기 때문이다. 따라서 칸트는 이미 만들어진 감각을 직관의 질료로 제시하면서 감각을 표상의 **선험적** 형식에 단순히 추상적으로 결부시킨다. 또한 칸트는 감각을 단순한 수용성으로 환원하고, 이를 범주의 자발성과 대립시킨다. 지성의 범주라는 경험의 **선험적** 형식 및 감성의 **선험적** 형식은 양자 모두 감각의 질료에 대하여 추상적이라는 점에서 이제 가능한 것에 불과한 경험의 조건들을 규정할 수 있을 뿐이다. 이렇게 해서 칸트는 **감성론**^{Esthétique}을 두 부분으로 나누어 감각의 객관적 요소와 쾌와 불쾌라는 감각의 주관적 요소를 분리시키게 된다.

수동적으로 수용된 감각의 질료와 범주적 형식의 자발성을 대립시켰기 때문에, 칸트는 가능한 경험에 순응하는 감각의 질료만을 실재로부터 받아들일 수 있었다. 반면 감각의 실재성과 함께 고려되는 미 이론에서는 표상의 주관적 요소라는 형식하에서만 감각을 받아들였다. 이런 점에서 초월적인 것에 대한 칸트의 이론은 여전히 표상에 종속되어 있었다. 칸트의 이론은 초월적 형식을 감성적 질료와 분리시킴으로써, 이제 실재적 경험의 조건들이 아니라 가능한 경험의 조건들만을 규정하게 되었다.

그러나 들뢰즈는 베르그손과 더불어 다음의 사실을 보여 준다. 가능한 것은 자신의 고유한 발생을 설명할 수 없는 하나의 일반적·추상적·표상적 관념에 불과하며, 은연중에 경험적인 것을 기초로 전사된다. 추상적 사유가 어떤 것을 회고적으로 추출해 내고 사후에 진술할 수 있기 위해서는 우선 어떤 조건들의 집합이 경험적으로 주어져야 한다. 즉 어떤 다른 배치가 가능**했어야 한다**. 따라서 초월론적인 것의 "놀라운"[3] 발명자인 칸트는 수동적 질료와 능동적 형식의 대립을 재생산하면서 표상적인 억견에 순응했다. 그는 감성적인 것 안에서도 표상밖에 될 수 없는 바 위에 감성론을 정초함으로써, 그리고 사유와 감성적인 것의 관계를 형식과 질료의 대립을 통해 파악함으로써 감성론을 둘로 나누었다.

이는 왜 들뢰즈가 철학을 위해 사유 이미지를 혁신하고자, 다시 말해 "'체험'이 되기 위해서, 초월론적 경험론이나 감성적인 것에 대한 학문이 되기 위해 재현[표상]의 영역"[4]을 떠나는 초월론적 경험론의 해결책을 찾아내고자 다름 아닌 프루스트에게 기대를 걸어야 했는지를 설명해 준다. 문학적 체험, 실험으로서의 예술은 철학이 예술의 체험을 배울 때에만 실

---

3) Deleuze, *DR* 176/302.

4) Deleuze, *DR* 79/145.

효화에 이를 수 있는 그 무엇을 현실화한다. 이는 철학이 체질적으로 현실화하기 어려운 어떤 사유를 예술이 철학에 약속해 주기 때문은 아니다. 예술을 사유하는 철학은 사유의 생명력을 고려할 수 있다. 하지만 철학 고유의 관념 형성 방식이 가장 흔히 은폐하는 것 또한 바로 이 사유의 생명력이다. 예술에 호소할 때 사유의 객관적 가상은 일소된다. 이런 이유에서 예술의 역할은 결정적이고 역설적인 것으로 드러난다. 실재적 경험의 조건들을 규정함으로써, 감성론의 두 가지 의미는 "감성적인 것의 존재가 예술작품을 통해 드러나는 동시에 예술작품은 실험으로 나타나는 지점에서"[5] 다시 결합된다.

예술작품은 감성적인 것의 실험, 감성적인 것에 대한 실험이 된다. 예술작품은 의미를 창조하고 사유를 강요하기 때문이다. 들뢰즈가 보기에 사유를 강요하는 것은 난입하는 폭력적·경험적 만남의 대상——재인의 대상이 아니라 생기적 만남의 대상——이다. 다시 말해, 사유는 사유의 요소(재인) 안에서가 아니라, 바깥과의 이질적인 만남에서 만들어진다. 만남의 대상은 감각 속에서 감성을 분만하게 하며, 주어지는 것은 무정형의 질료와 텅 빈 형식의 반목이 아니라 소여를 주어지게 하는 바, 즉 어떤 기호, 감성적인 것의 존재다. 만남의 대상, 문제의 담지자인 기호는 불균등화를 통해 산출된다. 기호가 만들어 내는 의미는 기호에 선재하는 것이 아니라 시몽동이 말하듯 창조적·문제제기적 현실화로부터 나오는 것으로서, 이 현실화 자체는 스스로를 조감하면서 미래에 한해 생겨난다. 의미는 담론적 관념성이 아니라 문제의 해결로, "불균등한 두 실재가 체계를 이룰 수

---

5) Deleuze, *DR* 94/166.

있게끔 해주는 차원을 개체화 작용이 발견할 때 생겨나는 의미작용"[6]으로 정의된다. 의미작용은 이러한 긴장 관계에 선재하는 것이 아니라 이 두 실재를 소통케 하는 불균등화를 통해 실제로 구성되는 것으로 드러난다. 그렇지 않다면 이 두 실재는 즉자적 관계를 유지할 수 없을 것이다.

사유와 감성적인 것의 불균등화를 문제시하면서, 프루스트가 이 불균등화를 철학과 다른 방식으로 작동시키는 것은 아니다. 오히려 프루스트는 철학을 위해 이 불균등화를 보다 더 순수하고, 보다 덜 의심스러우며, 요컨대 보다 더 교육적인 방식으로 제시한다. 따라서 감성론, 기호론, 사유와 감성적인 것의 관계를 다루는 이론은 형상과 질료의 대립이라는 조건들을 재고할 것을 요구함으로써 새로운 길을 제시한다. 문제가 되는 것이 아리스토텔레스가 감각을 나누어 분리시켰던 형상과 질료이건, 칸트가 분리시켰던 강도적 크기에 해당하는 무정형의 질료와 감성의 형식이건 간에, 변조는 모든 질료형상론에 대한 명시적인 비판으로서 개입한다. 시몽동은 우리가 파악하려는 것이 "작용 없는 존재의 구조와 구조 없는 작용"[7]이라는 주장을 거부한다──이는 우리가 감성적 만남 속에서 범주적 구조와 사유의 발생을 함께 사유한다는 들뢰즈의 주장과 정확히 일치하는 것이다.

따라서 『차이와 반복』에서 들뢰즈가 비판을 가하는 재현적 사유는 구조와 작용을 나누는 사유에서 성립하는 것이다. 이는 사유 자체가 현실화되는 절차를 이해하기를 거부하는 사유로서, 사유가 실재적 개체화를 무

---

6) Simondon, *IGP* 29.

7) 이 표현은 시몽동에게서 가져온 것이다. *L'individuation psychique et collective, op. cit.*, p. 148.

시하는 것과 마찬가지다. 어느 경우건 재현적 사유는 조건짓는 능동적 형식과 형식지어지지 않은 질료를 분리시킨다. 시몽동에 따르면, 인식의 과정을 물질적·생기적·기술적 형성물과 더불어 파악하기 위해서는 질료형상적 사유가 분리시키는 바에 속하는 환경 ——바로 이 지점에서도 시몽동과 들뢰즈의 친화성은 실로 놀랄 만한 것이다——에 위치할 필요가 있다. 이러한 환경에 위치한다는 것은 질료형상적 사유가 분리시킨 틈, 추상적인 것에 불과한 형상과 질료의 틈에 위치한다는 것이며, 여기서 양자의 대립은 자연적인 개체화 작용이나 기술적인 개체화 작용이 요구하는 최소한의 구체적인 시험도 견뎌내지 못한다.

시몽동의 변조를 창조에 적용시킴으로써 들뢰즈가 얻게 되는 이점은 다음과 같은 것이다. 이러한 적용에 힘입어 들뢰즈는 헤겔적인 방식으로 형상과 질료라는 대립물들을 지양하는 것이 아니라 그 대립물들을 구성하는 차이 속에서 양자를 객관적인 것과 주관적인 것, 상상적인 것과 실재가 식별되지 않는 지점으로 제시함으로써 감성론을 분열시키는 그 대립물들의 환경에 위치할 수 있게 된다.[8] 언어학적인 감시에서 해방되어 더 이상 유비를 통해 어떤 언표로 환원되지 않는 한에서, 기호는 감성론의 두 분과를 결합한다. 이처럼 들뢰즈는 모든 유형의 기호를 "대상 자체의 변조"[9], 다시 말해 분화로 이론화한다. 이 분화에 따라, 신호를 보내는 물질, 언어학적인 것이 아니라 감성에 영향을 미칠 수 있는 물질은 "변조가 지닌 모든 종류의 특질들을 담게 된다."[10]

---

8) Deleuze, *IT* 16~31/24~44.

9) Deleuze, *IT* 41/65.

10) Deleuze, *IT* 43/68.

2. 강도

강도는 우선 물리학적 개념으로 고안되었다. 들뢰즈는 로스니[J.-H. Rosny]의 포텐셜 차이와 시몽동의 불균등화에 근거해 있다.[11] 비대칭 개념에 힘입어 들뢰즈는 시몽동의 불균등화 및 변환을 칸트의 '지각의 예취[豫取]' 분석과 연결할 수 있게 되는데, 지각의 예취는 감각의 실재성(**현상적 실재** *realitas phœnomenon*)을 강도적 크기로 이해한다. 감각의 실재성이라는 관점에서 볼 때, 칸트에게서 질의 범주에 따라 예취된 모든 현상은 어떤 강도적 크기, 어떤 정도다. 따라서 이러한 채움이 (정도에 따라) 연속적인 동시에 (물질이 감각되지 않아) 미규정되어 있는 한에서, 강도적 크기는 어떤 사물 일반의 척도, **감성적 질**[quale]의 척도에 해당한다. 들뢰즈에게 강도는 신호를 만들어 내는 비대칭적 효과를 가리킨다. 신호란 전기적 개념으로서, 물질적 번득임을 감각될 수는 없지만 불연속적으로 존재하는 에너지적 물질로 실재적으로 규정한다. 들뢰즈가 시몽동의 용어 중에서 불균형[dissymétrie]이 아니라 비대칭[asymétri]을 선택한 까닭은 그가 오히려 칸트를, 보다 정확히 말해 '지각의 예취'를 참고하고 있기 때문이며, 공간 속 대상의 비대칭을 다루는 칸트의 분석을 염두에 두면서 헤르만 코헨의 강도적 **공-간**[spatium] 분석 및 후설과 메를로-퐁티[M. Merleau-Ponty]의 훌륭한 분석을 경유하고 있기 때문이다.

좌우대칭의 물체가 보여 주는 대칭적 대상의 역설은 논의의 다음 측면에서 큰 중요성을 갖는다. 한 쌍의 장갑, 다시 말해 서로 겹쳐 놓을 수 없는 왼손 장갑과 오른손 장갑은 물체적 공간 속에서 이러한 역설이 갖는

---

11) Deleuze, *DR*, chap. V.

실재성을 보여 준다. 그러나 내생적이지도 개념적이지도 않은 이러한 차이는 실재적 대칭과 관련된 모든 것, 즉 왼쪽과 오른쪽, 위와 아래, 형식과 내용으로서 강도적으로만 분석될 수 있다.[12] 칸트는 합동을 이루지 않는 incongruent 대상들을 분석하면서 그 대상들이 개념으로 환원될 수 없는 어떤 차이를 드러낸다는 점을 발견했으며, 이에 힘입어 그는 공간이란 하나의 직관이며 외연적 동질성으로 환원되지 않는다는 점을 정당하게 논증할 수 있게 되었다.[13] 칸트에게 좌우대칭 대상들의 방향 차이는 어떠한 개념적 규정으로도 환원될 수 없는 감성적 직관으로 나타난다. 왼쪽과 오른쪽을 구별할 수 있는 것은 감성뿐이며, 이것이 감성과 지성의 구별을 규정해 준다. 감성적인 것의 특수성은 좌우대칭의 형태들이 합동을 이루지 않는다는 사실을 통해 드러난다.

이 주제와 관련하여, 메를로-퐁티는 좌우대칭이 아닌 이미지들, 좌우대칭이 아닌 두 망막의 표면에 대해 말한 바 있다. 그러나 메를로-퐁티가 말하는 문제제기적인 것이 여전히 신체 고유의 통일하는 종합에 속하는 것이지 위와 같은 감성적인 것의 비대칭적인 종합에 속하는 것은 아닌 한에서, 그는 시몽동이 하듯이 비대칭과 불균등화를 형이상학을 위한 결정적인 범주들의 반열에 올려놓지는 않는다. 시몽동은 이러한 메를로-퐁티의 주제들을 이어 나가는 중계 역할을 하면서도 현상학적인 문제제기적인 것으로부터 벗어난다. 들뢰즈에 따르면, 이 현상학적인 문제제기적인 것은 주체에 지나치게 초점을 맞추고 있으며, 들뢰즈가 재치 있게 말하듯

---

12) Deleuze, *DR* 40/80, 298/495.

13) 다음을 보라. Kant, *Prolégomènes*, § 13. 그리고 *Dissertation de 1770*, section III, § 15, in *Œuvres complètes*, Paris, Gallimard, coll. La Pléiade, 1980, t. I, p. 653.

이 **독사**에서 **원초적 독사**^{Urdoxa}로 이행한다 하더라도 공통감을 특권화한 다는 점에서는 칸트와 다를 바 없다.[14] 그러나 들뢰즈가 근거해 있는 것은 분명 감각하는 자-감각되는 것$^{sentant-senti}$에 대한 후설의 훌륭한 분석, 그리고 메를로-퐁티다. 후설의 분석에서 손의 촉각은 서로를 더듬으면서 대상화된 감각적 대상과 주체화하는 감성적 살의 차이를 탐색한다. 다만 들뢰즈가 보기에, 합동을 이루지 않음^{incongruence}이 우선적으로 참조하고 있는 것은 고유의 신체 혹은 전유된 신체가 아니며, 이러한 신체는 여전히 하나의 부차적인 개념에 불과하다. 이는 공간이란 유클리드 기하학적 외연이지 논리적 외연이 아니라는 칸트의 잘못된 주장과 정확히 동일한 것이다. 칸트는 이 역설이 좌우대칭 물체들의 강도적 본성에서 귀결된다는 사실을 깨닫지 못한 상태에서 그 물체들로부터 내적 차이를 식별했다. 그러나 재현이 공간을 해명할 수 없다는 사실을 설명해 줄 수 있는 것은 강도 개념뿐이다.[15]

이상의 모든 논의는 『차이와 반복』에서 들뢰즈가 강도에 부여하는 위상을 설명해 준다. 놀랍고도 충격적인 원리인 '지각의 예취'에 대한 재해석 작업에 힘입어 강도적 크기는 사물이 갖는 사물성의 지평에 해당하는 **감성적 질의 척도**, 어떤 사물 일반의 척도로 드러나게 된다. 이 강도적 크기의 지평은 감각 속에서 결코 감각되지 않는 바에 상응하며, 이는 외연적 크기에 해당하는 **개념상의 양**^{quantitas}이 **직관상의 양**^{quantum}의 척도, 즉 공

---

14) Merleau-Ponty, *Phénoménologie de la perception*, *op. cit.*, p. 267~270. 그리고 *DR* 179/306.

15) 이 주제와 관련하여, 우리는 다음의 훌륭한 저작을 참고할 것이다. Juliette Simont, *Kant, Hegel, Deleuze...*, *op. cit.*, p. 205~207. 이 대목은 들뢰즈에게 '환원될 수 없는 공간적 개체화'가 존재한다는 사실을 보여 준다.

간 자체의 척도이면서도 결코 감각 속에 주어지지 않는 것과 마찬가지다. 그러나 들뢰즈는 이 일군의 규정을 고유의 신체라는 현상학적 입장과 연결시키기를 거부하면서, 이 규정들을 강도의 기호학으로 이해한다. 한편으로, 들뢰즈는 강도적 차이를 계열성, 다시 말해 불균등한 것들의 계열에 연결시키는데, 이는 시몽동이 말하는 크기의 질서들을 배제하기 위함이다. 말하자면, 차이는 결코 홀로 존재하는 것이 아니라 항상 차이들을 연결하는 다양체로서 주어지며, 이는 힘들의 관계 속에서 항상 복수의 힘들이 현실화되는 것과 마찬가지다. 따라서 차이의 특성은 계열로 조직화된다는 데 있지만, 여기서 문제가 되는 계열은 우리가 앞서 분석했던 기표와 기의의 구조주의적 치환과는 구별된다. 이제 문제가 되는 것은 강도적·실재적이지만 상징적이지는 않은 계열, 어떤 물리적 체계 속에서 작동하지만 구조주의적 입장에 속하는 것은 아닌 계열이다. 이러한 계열은 강도가 곧 포텐셜 차이라는 분석에서 기인하는데, 이러한 분석은 강도를 포텐셜 차이의 생산으로 간주하는 강도의 기호학으로 그 분석을 확대하기에 앞서, 들뢰즈가 로스니에게서 찾아낸 것이다.

　계열적 차이는 우선 강도적이며, 들뢰즈는 강도를 에너지적으로, 즉 포텐셜 차이, 실증적 강도로 이해한다. 실증적 강도는 차이를 짝짓는다는 점에서 그 자체로 다른 차이들을 가리키며(E-E′에서 E는 e-e′를, e는 다시 ε-ε'를 가리키는 방식으로), 따라서 강도는 구조주의적이기는 하지만 두 항 사이의 대립으로 간주되는 것이 아니라 일차적·실증적 차이로 간주될 수 있다. 실제로 로스니는 강도가 이미 어떤 차이를 표현한다는 사실을 보여 준다. 차이는 동질적인 항들로 구성될 수 있는 것이 아니라 이질적인 항들로 이루어진 최소한 두 개의 계열을 함축한다. 강도가 함축하고 있는 차이를 이론화하기 위해서는 단일한 항에서 변별적인 계열로 가는 이행이 필수적인데, 여기서 계열이 변별적이라 불리는 까닭은 그것이 항들 간의 차이로 구성되어 있기 때문이다.

따라서 들뢰즈는 강도의 체계를 복수적·계열적인 것으로 규정하는데, 이때 각 계열은 변별적이며 그 계열을 구성하는 항들 간의 차이를 통해 규정된다. 그러므로 들뢰즈는 분화를 야기한다는 구조주의적 계열의 장점을 어떤 측면에서 간직하고 있으면서도, 소쉬르의 대립적인 방식, 닫힌·상징적 체계의 항들 간에 존재하는 내적 차이의 방식에 수정을 가한다. 요소는 그 요소 자체를 구성하는 계열 속의 차이로, 하나의 계열에서 다른 계열로 이행할 경우에는 차이의 차이로 드러난다. 이에 힘입어 들뢰즈는 두 가지 유형의 차이, 즉 첫번째 등급의 차이와 두번째 등급의 차이, 항-계열의 차이와 계열-계열의 차이를 규정할 수 있게 된다. 이 두 가지 유형의 차이는 차이를 강도적이지만 대립적이지는 않은 것으로, 물질적이지만 상징적이지는 않은 것으로 규정한다. 이는 시몽동이 말하는 에너지적 개념들, 즉 이질적인 계열들 간의 짝짓기, 체계 속에서 벌어지는 내적 공명, 강요된 운동을 강도에 대한 로스니의 구상과 결합한 것으로서, 들뢰즈는 로스니의 이러한 구상을 구조주의적 차이의 강도적 판본으로 만든다.

짝짓기, 혹은 계열들을 '공명하게' 만드는, 이접적인 방식으로 계열들을 서로 결부시키는 내적 공명은 강요된 운동을 야기한다. 다시 말해, 앞서 우리가 불균등화와 더불어 살펴보았던 포텐셜 차이의 해소를 야기한다. 들뢰즈는 이러한 짝짓기를 강도량 이론과 연결시킨다. 스스로 어떤 이질적 짝짓기(E-E′)를 가리키는 각각의 강도는 그 자체로 변별적이며, 여기서 짝의 각 요소는 다시 다른 질서에 속하는 다른 짝을(E는 e-e′를, e는 다시 ε-ε'를) 가리킨다. 이 불균등성, 이 불균등화는 초월론적인 방식으로 감성적인 것의 비대칭적 발생을 보증해 준다.

차이가 활동하기 위해서는 '차이를 다른 차이와 결부시키는 소통'이 필요한데, 그것이 바로 내적 공명이다. 내적 공명은 시몽동에게서 빌려 온 개념으로서, 들뢰즈는 이제 그것을 두번째 등급의 차이로 이해한다. 내적 공명은 소통을 보증하는, 다시 말해 첫번째 등급의 차이들을 서로 결부시키는 분화적 차이소의 역할을 수행한다.[16] 여기서도 이러한 차이, 분화를 야기하는 차이를 보여 주는 훌륭한 모델은 시각의 불균등화인데, 이는 양안 시각에서 깊이가 산출된다는 일상적인 의미에서 그러하다. 각각의 망막은 이차원 이미지로 덮혀 있으며, 이 이차원 이미지들의 비대칭은 불균등화를 통해 새로운 차원을 창조한다. 즉 삼차원 시각은 두 망막 사이에 존재하는 불균등성의 창조적 해소다. 시각적 부피감은 최초의 차이를 축소할 때 만들어지는 것이 아니라 오히려 최초의 차이를 구성적으로 확대할 때 만들어진다.

이처럼 강도라는 물리적 개념은 감성적인 것의 비대칭적 종합을 설명할 수 있게 해주며, 들뢰즈는 이 종합을 '불균등성', '끝없이 이분화되면서 끝없이 공명하는 차이의 상태'라고 부른다. 차이는 사실상 끝없이 다시 이중화되는, 분기하는 방식의 이중화로 이해되어야 한다. 한 계열의 내적 차이들은 이질적인 두 계열 간의 분화를 야기하기 때문이다.

따라서 들뢰즈가 말하는 강도적 개체화 이론은 전자기력을 참조하면서 개진된다. 들뢰즈는 베르그손적 기획(동시대 과학에다 그에 부합하는 형이상학을 제공하는 일)을 개체화 연구 및 기호 연구와 통합하는데, 이러한 통합은 자신의 사유와 시몽동의 사유가 결합되고 있음을 들뢰즈 자신

---

16) *Ibid.*, 154.

이 깨닫지 못할 정도로 활기차게 이루어진다. 사실 들뢰즈가 강도적 개체화에 대한 이러한 구상을 항상 시몽동의 공으로 돌리는 것은 아니다. 그러나 이 강도적 기호학에 기여한 바가 매우 크다는 점에서, 우리는 들뢰즈의 사유에서 그 구상이 차지하고 있는 모든 중요성과 『차이와 반복』을 저술하는 데 있어 그것이 수행한 역할을 잘 알고 있다. 게다가 『성의 역사』에서 푸코가 탐구했던 바 있는 주체성의 양태들을 규정하는 지점에서, 예컨대 들뢰즈는 다음과 같이 명시한다. "제가 생각하기에 주체성이란 주체와는 거의 무관한 것입니다. 오히려 문제가 되는 것은 전기적이거나 자기적인 장, (높고도 낮은) 강도를 통해 실행되는 개체화, 개체화되었지만 인격이나 정체성에 속하는 것은 아닌 장입니다."[17] 시몽동이 말하는 개체화야말로 주체의 물질적 형성 및 사회적 코드화가 강도적 개체화를 형성하는 방식을 설명해 주는 것이다.

이와 동시에 들뢰즈는 이러한 귀결들이 칸트적인 방식으로 다루어지게 만든다. 이러한 방식이 목표로 하는 바는 물리학적 분석을 감성론과 논리학으로 이중화하는 것이다. 이 감성론과 논리학은 경험의 초월론적 조건들을 보증하면서 물리학적 분석이 "완전히 다른 영역에"[18] 적용될 수 있도록 보장해 준다. 물리학의 장 개념을 감성론 및 지성론으로 확대함으로써 과학적 개념은 초월론적 비판을 감내하게 된다.

들뢰즈는 실재적이면서도 현상적인 경험인 과학의 실증성으로부터 그 실증성의 초월론적 조건들로 가는 전적으로 칸트적인 이행에 착수하며, 이에 힘입어 『차이와 반복』에서 현상적 강도와 순수 강도를 구별할 수

---

17) Deleuze, *Entretien avec Maggiori, 2 et 3 septembre 1986*, in *PP* 127~128.
18) Deleuze, *DR* 155/266.

있게 된다.[19] 따라서 강도를 물리학의 영역에서 "완전히 다른 영역"으로 데려간다는 것은 결국 자연 철학에서 초월론적 철학으로 이행한다는 것이다. 자신의 개방성 원리——범주들의 목록은 열려 있다——에 비추어, 들뢰즈는 이 참조점들을 총체화하기를 거부한다. "해당 체계들의 강도적 본성 때문에 우리는 이것들의 명칭에, 가령 기계 체계, 물리 체계, 생물 체계, 심리 체계, 사회 체계, 미학 체계, 철학 체계 등등과 같은 명칭에 선입견을 가지지 말아야 한다." 그러나 어떤 경우에서건 이는 자연 철학에서 넓은 의미의 정신 철학으로 가는 이행과 관련된다. 다시 말해, 들뢰즈는 기호를 통해 자연 속의 강도를 사유로 데려가는 데 관심을 둔다. "물론 각 유형의 체계는 아마 저마다의 특수한 조건들을 지니고 있을 것이다. 하지만 이 조건들은 위에서 언급한 특성들에 부합하고, 그런 가운데 각 경우에 적당한 구조를 그 체계들에 제공한다. [그러나 뒤따르는 예는 시사적이다— 소바냐르그.] 가령 단어들은 특정한 미학 체계 안에 있는 참된 강도들이다. 개념들 또한 철학적 관점에서 볼 때는 어떤 강도들이다."[20]

은유나 과학주의라는 상호 대칭적인 비난을 불러일으키지 않으면서, 어떻게 에너지라는 실증적 규정의 원리를 철학으로 확대할 것인가? 이러한 물음에 대한 들뢰즈의 답변이 칸트적이라는 데에는 이론의 여지가 없다. 즉 철학은 경험적 원리에서 초월론적 원리를 이끌어 낼 수 있는 것으로 드러난다. 어떤 영역을 규제하는 경험적 원리가 과학에 속하고, 다시 이 과학을 철학이 관할하는 것은 아니다. 오히려 초월론적 원리야말로 경험적 원리에 그 원리가 규제하는 영역을 부여해 주는 것이다.[21] 과학과 철

---

19) Deleuze, *DR* 288~292/479~485.

20) Deleuze, *DR* 155/265~266.

학의 결합을 규정하고자, 들뢰즈는 뷔이멩J. Vuillemin에게서 칸트주의를 활용하는 이러한 방법을 빌려 왔다. 이러한 칸트적 운동에 힘입어, 시몽동의 불균등화와 로스니의 강도는 초월론적 감성론을 제시하게 된다.

철학은 경험적 원리에서 초월론적 원리를 이끌어 낼 수 있는 것으로 드러난다. 즉자적 차이로서의 에너지, 즉 강도량은 초월론적 원리이지 과학적 개념이 아니기 때문이다. 이런 식으로, 초월론적 원리는 어떠한 영역도 규제하지 않는다. 다시 말해, 초월론적 원리는 인식이라는 과학의 작업을 대신할 수 없지만 그 원리에 대한 영역의 복종을 설명해 준다. 과학을 통해 경험적으로 확립된 강도의 원리는 과학의 초월론적 조건을 가리키며, 특히 이 초월론적 조건은 더 이상 과학의 방식에 속하는 것이 아니라 철학의 방식에 속한다. 강도의 차이는 초월론적 원리로 나타난다. 들뢰즈에 따르면, 이 초월론적 원리는 "경험적 원리의 범위 바깥에서 자기 자신 안에 보존된다".[22]

따라서 차이는 소여가 아니라 실재적 경험의 조건이다. 차이가 실재적 경험의 조건이지 가능한 경험의 조건이 아닌 까닭은 들뢰즈가 칸트의 가능한 것을 잠재적인 것으로 바꾸어 놓는다는 데 있다. 『차이와 반복』을 특징짓는 칸트적인 장치 안에서, 불균등한 계열들 간의 소통을 현실화하는 기호의 번득임은 우리 경험의 조건이 되고 우리 경험의 이유에 해당하는 차이는 현상의 가장 가까운 본체가 된다.[23] 다시 말해 감성적 기호는 여전히 현상적이지만, 그럼에도 자신의 초월론적 조건으로서 감각될 수 없는

---

21) Deleuze, *DR* 310/514. 그리고 Vuillemin, *L'héritage kantien et la révolution copernicienne*, Paris, PUF, 1954, p. 147.

22) Deleuze, *DR* 310/514.

23) Deleuze, *DR* 286/475.

강도, 지각되지 않는 어떤 **차이**를 함축하고 있다.

따라서 초월론적 조건에 해당하는 **차이**, 대문자 차이는 우리 경험의 한계 바깥으로 물러나는 반면, 우리에게 부과되는 기호는 이제 현상적 결과물에 불과한 것이 된다. "감성적인 것의 이유, 나타나는 것의 조건은 공간과 시간이 아니다. 그것은 오히려 즉자적 **비동등** 그 자체다. 강도의 차이 안에, 차이로서의 강도 안에 감싸여 있고 그 안에서 규정되는 **불균등화**가 감성적인 것의 이유이자 나타나는 것의 조건이다."[24]

기호란 어떤 활동이다. 다시 말해, 신호 속에서 공명하지만 기호 속에서 발견되는 강도적인 부정법 동사다. 따라서 들뢰즈에 따르면, 신호-기호의 체계인 현상은 즉자적 **비동등**, 불균등화를 조건으로 삼는다——앞서 살펴보았듯, 이는 들뢰즈가 경험의 초월론적 조건이라는 의미를 부여하면서 시몽동의 개념을 명시적으로 받아들이는 보기 드문 대목들 중 하나다. 그러나 초월론적 조건이라는 이 칸트적인 용어 때문에 착각을 해서는 안 된다. 여러 측면에서 볼 때, 그 용어는 전혀 칸트적이지 않은 개념들을 숨기고 있다. 초월론적 조건은 주관적인 것이 아니다. 초월론적 조건은 주체의 조직화에서 기인하는 것이 아니며, 인간의 감성 형식인 시간 및 공간과 동일시될 수 없다. 이제 **초월론적 감성론**은 초월론적 감성 이론에서 성립하는 것이 아니라 초월론적 강도 물리학에서 성립하게 된다.

그러나 칸트에서와 마찬가지로, 강도는 **차이**, 즉자적 **비동등**, 우리 경험의 외적 한계를 가리키며, 이 **차이**는 현상의 충족이유, 나타나는 것의 조건으로 드러난다. 따라서 기호는 **차이**가 아니라 차이의 현상적 나타남에 불과하다. 이와 같이 정의된 강도적 장이 시몽동이 개체화의 환경이라고

---

24) Deleuze, *DR* 287/477.

명명했던 바를 구성하기 때문에, 기호는 어떤 개별화된 체계 속에서, 불균 등한 강도들이 소통할 때 생겨나는 효과 아래서 섬광처럼 번득인다. 이 소통은 불균등한 강도들이 지닌 차이들을 공명케 하면서 현상적 차이(첫번째 등급의 차이), 나타나는 강도를 산출한다. 이런 이유에서 "질들은 어떤 기호들이고, 어떤 차이의 간격 안에서 섬광을 발한다".[25]

우리는 감성적인 것 안에서도 오로지 감각밖에 할 수 없는 것, 곧 감성적인 것의 존재 자체를 직접적으로 포착할 수 있다. 그때 경험론은 실로 초월론적 성격을 띠게 되고, 감성론은 절대적으로 확실한 분과학문이 된다. 여기서 이 감성적인 것의 존재는 차이, 포텐셜 차이$^{\text{différence de potentiel}}$, 질적 잡다$^{\text{divers qualitatif}}$의 충족이유인 강도적 차이 등을 뜻한다. 현상이 기호로서 섬광을 발하고 바깥으로 주름을 펼치는 것은 차이 안에서다. 바로 차이 안에서 운동은 '효과'로서 산출된다.[26]

3. 시뮬라크르와 계속되는 불일치

이제 우리는 **계속되는 불일치**라는 개념으로 돌아올 수 있게 된다. 『차이와 반복』에서 들뢰즈가 이 개념을 벼려 낸 것은 칸트 감성론의 이원성을 극복하고 자신의 강도적인 초월론적 감성론을 제시하기 위해서였다. 이 개념은 개념들의 창조와 관련하여 들뢰즈가 보여 주는 창의성, 그리고 저술을 거듭하면서 자신의 용어를 덧붙이고 변형하는 그의 끊임없는 재해석

---

25) Deleuze, *La méthode de dramatisation*, p. 95~96 (*ID* 137/496~497) 그리고 *DR* 288/479.
26) Deleuze, *DR* 80/145.

작업을 동시에 증언해 준다. 『차이와 반복』에서, 계속되는 불일치는 들뢰즈 식의 초월론적 도식론을 초월론적 장이 나타나게끔 하는 경계나 분기점으로 제시한다. 앞서 살펴보았던 것처럼, 또한 이 개념은 시몽동의 불균등화에 대한 들뢰즈의 재해석을 보여 준다. 어두운 전조나 분화적 차이소와 마찬가지로, 계속되는 불일치는 불균등한 계열들을 공명시키는 대상 =x다. 따라서 들뢰즈는 계열들 간의 짝짓기를 보증해 주는 역설적인 항을 대문자 **차이**, 두번째 등급의 차이로 규정한다. "**계속되는 불일치**. 우리는 어두운 전조, 이 차이의 즉자 존재를 그렇게 부른다. 이 두번째 등급의 차이를 통해 그 자체로 이질적이거나 불균등한 계열들은 일정한 관계 안에 놓인다."[27]

현상의 초월론적 조건은 계속되는 불일치, 다시 말해 이런 종류의 강도적 체계 안에서 분화소들을 서로 결부시키는 **차이**를 구성한다. 따라서 계속되는 불일치는 시몽동의 불균등화를 칸트적으로, 아니면 차라리 포스트칸트주의적으로 재해석한 것으로서, 경험의 초월론적 조건, 다시 말해 강도적 조건에 해당한다. 시각 현상과 관련하여 살펴보았듯이, 이 강도적 조건은 곧 분화적 차이소로 작용하는 어두운 전조, 즉자적 **차이**, 두번째 등급의 차이, 초월론적 **차이**다. 계속되는 불일치는 주체의 종합 활동인 상상력의 능동적 도식에 속하는 것이 아니라 상상력의 창조적 수동성에 해당하는 인식 능력들의 초월적 사용에 속하며, 불균등화가 객관적인 문제제기적인 것임을 알려준다. 모든 문제는 강도량을 감각을 채우고 있는 크기로 간주하는 칸트의 '지각의 예취'에서 출발하여 강도량을 물질의 속성으로 간주하는 전기적 강도 이론, 신호의 에너지론으로 이행하는 데 있다.

---

27) Deleuze, *DR* 157/270.

따라서 계속되는 불일치는 주체의 구조에서 물질의 포텐셜로 자리를 옮기며, 감각될 수 없는 차이, 감각될 수 있는 번득임을 산출하는 실재적 강도가 된다. 이처럼 들뢰즈는 칸트의 시도——초월론적인 것의 발견——를 경험론이라는 보다 확고한 영역으로 데려가야 한다고 생각한다. 계속되는 불일치는 잠재적 경험의 강도적 조건이 된다.

따라서 계속되는 불일치는 시몽동의 에너지론과 계열적 기표라는 구조주의 이론 간의 연결을 보증해 주는 기능을 맡는다. 계속되는 불일치는 분화적 차이소의 역할을 맡음으로써, 두번째 등급의 차이, 다시 말해 기호의 출현을 위한 초월론적 조건으로 나타난다. 하나의 기호가 만들어지기 위해서는 계속적으로 불일치하는 강도적인 것, 즉 어두운 전조가 있어야 한다. 어두운 전조는 계열들, '가장자리들' 간의 소통을 보증하며, 차이는 그 계열들 사이에서 번득인다. 따라서 계속되는 불일치는 현상 너머의 물 자체가 아니라 감성과 실재성 간의 관계를 중재해 주는 것으로 이해되어야 하며, 이것은 감각밖에 될 수 없는 감각될 수 없는 것을 감각하도록 감성을 강요한다.

이 개념이 아주 짧은 기간 동안만 사용되었다면, 이는 한편으로 원래의 계속되는 불일치가 (범주와 감성이라는 이질적인 장들을 연결시키고, 도식과 동일한 비판——명목상의 개념으로 어떤 본질적인 난점에 답한다——의 대상이 된다는 점에서) 여전히 칸트 이론과 지나치게 비슷했기 때문이고, 동시에 다른 한편으로는 실제로 자신의 위상에 걸맞게 사용되기에는 표현하기가 지나치게 까다로웠기 때문이다. 들뢰즈는 계속되는 불일치라는 개념을 『차이와 반복』에서만 활용하는데, 이는 구조주의적인 분화적 차이소를 이러한 강도적·실재적 관점으로 전환하기 위함이다. 우리는 『천 개의 고원』에서 이 개념이 간략하게나마 다른 형태로 등장하는 것을 발견하게 되는데, 이는 들뢰즈와 과타리가 두 가지 인식론적 체제를 구별하는 대목에서다. 정확한 척도를 지닌 왕립과학인 **공분**共分, Compars은 비정확한 것을 다루는 순회과학인 **이분**離分[계속되는 불일치]Dispars과 대립되는데, 후자는 그것의 소수적 방식과 모호한 본질로 특징지어진다.[28] 과학에 대한 이 두 가지 구상의 체제 차이는 거기서 척도가 수행하는 역할에 있다. 공분에서 척도는 물질을 자신의 범주들로 틀짓고 물질에 자신의 범주들을 부과하는 형식이지만, **이분**[계속되는 불일치]이라는 비정확한 과학에서 척도에 해당하는 것은 변조와 강도적 변이다. 여기서 시몽동의 질료형상설 비판에 대한 오마주가 드러나는데, 이 질료형상설 비판은 공분과 **이분**[계속되는 불일치]의 구별에서 분명 결정적인 중요성을 갖는다. 들뢰즈의 강도적 차이 이론에서 시몽동이 수행하는 역할은 명백하다.

　이는 또한 동일성 원리로부터 벗어나려는 그 개념의 비판적 기능을 분명히 해준다. 계속되는 불일치의 이접적 불균등화는 비교·유비·유사성의 체제와 대립된다. 이와 동일한 이론적 맥락에서 들뢰즈는 시뮬라크르 개념을 활용하는데, 이 개념은 계속되는 불일치와 마찬가지로 아주 짧은 기간 동안만 사용되었다. 시뮬라크르는 계속되는 불일치와 동일한 기간 동안 그에 상응하는 역할을 수행했던 것으로서, 공명하는 불균등한 계열들, 어두운 전조, 강요된 운동으로 이루어진 미분적 체계로 규정된다.[29] 시뮬라크르는 계속되는 불일치와 동일한 기능을 수행한다. 즉 시뮬라크르는 같음의 논리를 차이의 논리로 대체하며, 동일자를 경유하지 않으면서

---

28) Deleuze, *DR* 80/146, 92~95/162~167, 157/270, 189/323, 317/524~525. 그리고 Deleuze, Guattari, *MP* 455~461/705~715.

29) Deleuze, *DR* 165/283.

반복을 설명해 준다. 따라서 계열들 간의 유사성과 계열들이 얻게 되는 외견상의 연속적 성격을 설명할 필요가 있다. 예컨대 무의식적 삶의 환상 속에서, 아니면 어린 시절의 사랑이 어른이 된 후의 사랑에서 뒤늦게 반복되고 작용하는 방식 속에서 말이다. 『잃어버린 시간을 찾아서』의 화자가 어린 시절 어머니에게 느꼈던 사랑은 어른들의 계열, 즉 스완과 오데트의 계열, 알베르틴과 어른이 된 화자의 계열을 오염시키고 그리로 번져 나간다. 계열들의 이러한 반향, 이 강요된 공명을 사유하기 위해서는, 더 이상 같음과 유사함의 영원회귀에 머무를 것이 아니라 차이의 영원회귀, "시뮬라크르들만을 되돌아오게 하는" 분화, 불균등한 계열들로 이루어진 미분적 체계를 규정해야 한다.

클로소프스키[P. Klossowski][30] 및 푸코와의 우호적인 유사성 속에서, 들뢰즈가 시뮬라크르를 활용하는 것은 특히 전략적인 논문인 「플라톤주의를 전복하기」에서다. 여기서 시뮬라크르는 같음과 다름의 논리, 재현적 사유의 동일성 원리에서 벗어나기 위한 중계 역할을 해준다. 이러한 조건에서 시뮬라크르 개념은 플라톤주의를 전복하고 차이의 사유를 장려하는 이두 가지 작용을 동시에 보증해 준다. 들뢰즈는 플라톤주의를 시뮬라크르에 대한 진실된 모상[模像, icône]의 승리를 보장하려는 의지로 특징짓는 동시에, 그와 대칭적으로 현대성을 시뮬라크르의 역량으로 규정한다.[31] 이에

---

30) 들뢰즈 자신은 클로소프스키에 대해 혼자서 한 편, 과타리와 더불어 한 편, 이렇게 두 편의 논문을 썼다(Deleuze, "Pierre Klossowski ou les corps-langage", in *Critique*, n° 214, mars 1965, p. 199~219. 이 논문은 『의미의 논리』(초판 제외)에 실려 있다. Deleuze, Guattari, "La synthèse disjonctive", in *L'Arc*, n° 43, Klossowski, 1970, p. 54~62. 이 텍스트는 두 저자가 함께 쓴 첫번째 논문이라는 점에서 매우 중요하다. 이 논문은 수정되어 『안티-오이디푸스』에 실렸다).

31) Deleuze, *LS* 298/412, 306/422. *DR* 1/18.

힘입어 들뢰즈는 플라톤 자신에게서 다음의 두 가지 분유 방식, 즉 최초의 모델 및 진실된 사본-이미지의 분유 방식과 거짓된 시뮬라크르의 분유 방식 간의 체제 차이를 구별할 수 있게 된다. 들뢰즈가 보기에, 플라톤이 원형과 이미지 간의 차이를 내세우는 까닭은 다만 다음의 두 가지 유형의 이미지 간의 차이, 즉 진실된 모상과 환영 간의 차이를 확립하려는 데 있다. 다시 말해, 시뮬라크르를 쫓아내려는 데 있다. 실제로 『소피스트』는 이미지idole의 영역에 대한 이러한 나눔, 즉 정당한 모상과 허구적인 허상虛像, phantasme 간의 나눔을 제시한다.[32] 따라서 들뢰즈에게 문제가 되는 것은 모델과 사본 간의 할당이 아니라 서로 구별되는 유사성의 두 양상 간의 이러한 구별, 들뢰즈의 글에서 분유 이론이 참된 과제로 제시되는 이원성이다. 자신의 정당성을 주장하는 두번째 등급의 분유자인 사본-모상은 그것이 원본을 진실되게 분유하고 있음을 보증해 주는 유사성에 의해 보장된다. 반면 "유사성 없는 이미지"[33]인 시뮬라크르는 분유 자체의 한가운데 어떤 본질적인 불일치를 도입함으로써 같음과 다름이라는 플라톤의 할당에 이의를 제기한다. 따라서 한편으로 시뮬라크르는 동일자를 향한 도약 속에서 플라톤의 기획을 규정해 주는 것으로 나타난다. 그러나 다른 한편으로 시뮬라크르는 들뢰즈가 보여 줄 수 있었듯이 분유의 구성요소들에 해당하는 비유사성·불일치·차이를 분유의 한가운데 도입함으로써 그 기획을 위협하는 것으로 나타난다.

따라서 차이의 사유는 비유사성의 역량, 모델 없는 이미지인 시뮬라크르에 높은 가치를 부여한다. 같은 시기에 들뢰즈는 클로소프스키의 저

---

32) Platon, *Le Sophiste*, 236b, 264c. 그리고 「플라톤과 시뮬라크르」, 『의미의 논리』.
33) Deleuze, *LS* 295~297/409~411.

작 및 클로소프스키에 대한 푸코의 논문을 고찰한다. 거기서 나타남의 질서로 규정된 시뮬라크르는 언어 기호 및 신 현현顯現의théophanique 기호에 자신이 지닌 불일치 및 위장僞裝, simulation의 역량을 대립시킨다. 위장한다는 것은 다른 무언가와 함께 나타난다는 것venir ensemble이다.[34] 이상의 모든 논의에 힘입어 시뮬라크르는 비유사 관계에 기반한 기호론을 탐구하기 위한 좋은 후보자가 되는데, 이 기호론은 들뢰즈가 시몽동과 더불어 만들어 낸 것이다. 이로부터 『차이와 반복』의 몇몇 대목에서 들뢰즈가 시뮬라크르에 나타남 일반의 위상을, 비유사성의 번득임이라는 위상을 부여하는 이유가 설명된다.

그렇지만 동일성 없는 유사성의 문제가 바르게 제기될 경우, 시뮬라크르 개념은 계속되는 불일치 개념과 마찬가지로 자신이 벗어나야 하는 진실된 모델을 너무나 가까이에 남겨 두게 된다. 시뮬라크르가 계속되는 불일치와 다른 점은 자신이 변질시키는 모델의 현실성을 간직하고 있다는 것이다. 허구의 은닉dissimulation과 배반이 체계 속에 여전히 간직되어 있기는 하지만, 『차이와 반복』 이후 개념으로서의 시뮬라크르는 점차 사라지면서 그 개념에 힘입어 규정될 수 있었던 허구의 역량에 자리를 내어 주게 된다. 1990년 들뢰즈는 장-클레 마르탱Jean-Clet Martin에게 다음과 같이 쓴다. "오히려 저는 시뮬라크르라는 개념을 완전히 포기했던 것 같습니다. 그 개념은 큰 의미가 없습니다."[35]

하지만 시뮬라크르 개념이 즉자적 차이를 분명히 하는 데 일시적으

---

34) Foucault, "La prose d'Actéon", *La Nouvelle Revue française*, n° 135, mars 1964, 444~459, in *Dits et écrits*, I, p. 326~337. 이 대목은 p. 329~330에서 인용된 것이다.

35) Deleuze, "Lettre-préface", in Jean-Clet Martin, *Variations. La philosophie de Gilles Deleuze*, Paris, Payot, 1993, p. 8.

로나마 적극적인 역할을 수행하고, '유사성 없는 기호'의 생산 이론을 보증해 준다는 것은 여전히 사실이다. 이로부터 시뮬라크르와 계속되는 불일치의 상관관계가 설명된다. 앞서 살펴보았듯이, 계속되는 불일치는 들뢰즈가 시몽동의 불균등화로부터 만들어 낸 또 하나의 신조어로서 즉자적 차이, 즉 이질적인 계열들을 관계짓거나 공명시키는 분화적 차이소를 규정하는 데 사용된다. 따라서 계속되는 불일치는 감각이나 사유가 어떻게 포텐셜 차이의 해소로서, 다시 말해 강도적 차이로서 갑작스럽고 전복적인 방식으로 생겨나는지를 설명하는 데 사용된다. 앞서 우리는 『차이와 반복』에서 칸트의 숭고와 더불어 이 점을 살펴보았던 바 있다.[36] 감각하도록 강요하는 것은 바로 힘이며, 힘은 감성을 우월한 실행으로, 다시 말해 불균등화의 지점으로 데려간다. 이 불균등화의 지점에서 사유는 어떤 기호의 폭력적인 난입 아래 창조적인 것이 된다. 시몽동과 더불어, 들뢰즈는 이러한 난입이 강도라는 사실을 분명히 한다. "우리에게 사유가 일어나는 것은 언제나 어떤 강도를 통해서다."[37]

4. 감각 불가능한 차이

이처럼 기호는 어떤 강도적 차이의 경험적 효과로서 번득인다. 따라서 들

---

36) "감성이 지니는 특권은 […] 감각하도록 강요하는 것과 오로지 감각밖에 될 수 없는 것이 마주침[이는 감각과 감각된 대상의 마주침이자 사유와 감각의 마주침이다—소바냐르그] 안에서는 어떤 단일하고 똑같은 사태라는 점에서 드러난다. 사실 강도적인 것, 강도 안의 차이는 마주침의 대상인 동시에, 이 마주침을 통해 감성이 도달하게 되는 대상이기도 하다."(Deleuze, *DR* 188~189/322)

37) Deleuze, *DR* 188/322.

뢰즈가 보기에, 차이는 강도적 차이와 현상적 강도라는 두 측면을 연결한다. 강도적 차이, 즉 초월론적 차이 혹은 감성적인 것의 이유는 절대적·잠재적·무감수적 차이이며, 우리는 이러한 차이를 경험적 강도, 다시 말해 균등해지는 경향, 0을 향해 가는 경향을 지닌 현상적 현실화와 혼동하지 않을 것이다. 초월론적 차이란 곧 부정 없는 차이이며, 『차이와 반복』의 서두에서 들뢰즈는 바로 이러한 차이를 찾아내고자 했다. 초월론적 차이는 소멸되거나 모순에 이르는 것이 아니라 경험적으로 현실화된다. 이 생성된 강도, 칸트적인 의미에서의 경험적 강도는 공간적·질적 분화 속에서 스스로 부정되고 소멸되기에 이르는 차이다.[38] 기호에 해당하는 질적 번득임은 강도를 현실화·현상화하며, 이렇게 함으로써 강도를 소멸시킨다.

이런 식으로 들뢰즈는 강도를 둘로 나누고, 현상적 소여와 이 현상적 소여를 주어지게 하는 초월론적 강도를 구별한다.[39] 우리는 즉자적 강도와 관계하는 것이 아니라 즉자적 강도가 현상화·개별화·현실화된 그러한 강도와 관계할 뿐이다. 다시 말해, 우리가 관계하는 것은 눈에 보이는 번개, 번득인 뒤 해소되는 기호다. 우리는 개별화가 이루어지는 과정이 아니라 실효화된 개별화만을 포착할 수 있으며, 함축되어 있는 불균등화가 아니라 펼쳐진 강도만을 지각할 수 있다. 들뢰즈는 시몽동의 불균등화와 베르그손의 분석——그의 분석에 따르면, 지속은 감각될 수 없지만 물질로 현상화된다——을 연결시키면서, 이러한 칸트적 구별과 관련하여 앞서 자신이 만들어 냈던 차이를 분배한다. 즉자적 차이는 감각될 수 있는 것의 이유에 해당하는 감각될 수 없는 것이 되는 데 반해, 식별된, 현상적인, 신호

---

38) Deleuze, *DR* 288/479.
39) Deleuze, *DR* 292/485.

를 보내는 차이는 그것이 공명케 하는 우리의 감각 체계 속에서 불균등화를 통해 형성되는 정보/형태화가 된다. 따라서 차이는 다음의 두 가지 칸트적 속성을 띠게 된다. 먼저, 차이는 감각될 수 없는 한계로서 우리의 경험을 산출한다. 다음으로, 초월론적인 것임에도 차이는 칸트가 말하는 대상=x나 마이몬이 말하는 미분적인 것의 방식으로 우리의 실재적 경험을 넘어서 있는 외적 한계로 제시된다.

정의상 우리의 인식 능력들을 넘어서 있는 한에서, 차이는 초월론적 변증론을 만들어 낸다. 초월론적 변증론은 차이를 동일성이 지닌 4중의 굴레로 환원하지 않기 위해서 철학적 사유가 왜 그렇게 큰 어려움을 겪어야 했는지를 설명해 준다. 들뢰즈의 생각에 따르면, 차이에 대한 강도적 분석은 초월론적 가상의 참된 본성과 일체를 이룬다. 초월론적 가상은 이성 이념, 근본적으로 해결 불가능한 문제, 사변적 직관에 대한 우리의 욕망과 관련된다기보다는 현실화 속에서 소멸되는 강도가 우리와 맺고 있는 물리적 관계와 관련된다. 실제로 초월론적 가상은 강도량의 개별화와 관련되며[40], 이는 베르그손이 범했던 오류를 설명해 준다. 베르그손은 강도의 중요성을 파악하지 못했다. 그는 강도를 가장 낮은 단계에서 강도의 차이로서만 파악하고, 현실화됨에 따라 우리가 지각하게 되는 생성된 강도와 각각의 현실화 속에 존속하거나 내속하는 잠재적 강도, 즉 참된 차이를 전적으로 구별해야 한다는 사실을 알아차리지 못했기 때문이다.

따라서 현상적 강도는 항상 어떤 개별화된 체계를 통해 개별화된·지각된·변조된·물화된 강도다. 이는 시몽동이 말하는 개체화가 구성하는 장과 구성된 개체의 상호 연관적 개체화를 함축하고 있었던 것과 정확히

---

40) Simont, *Kant, Deleuze, Hegel...*, *op. cit.*, p. 212~215, 그리고 *DR*.

마찬가지다. 강도의 차이들은 개별화의 장 속에서 공명하며, 공명하면서 소멸된다. 차이로서의 강도는 우리의 감각 능력을 공명케 하는 감각될 수 없는 것이며, 우리가 포착할 수 있는 것은 우리의 행동을 촉구하는 그것의 현상적 결과물, 다시 말해 동일성을 통해 물화되고 응고된 추진력일 뿐이다. "요컨대, 우리가 알 수 있는 강도는 이미 어떤 연장 안에 개봉되어 있고 이미 어떤 질들에 의해 뒤덮혀 있다."[41] 순수 지속과 지성에 의해 물화된 공간을 나누는 베르그손의 구별은 여기서 강도적 공-간^{spatium}과 현상적 공간이라는 포스트칸트주의적 구별 속으로 사라진다. 베르그손의 구별은 강도를 어떤 양상적 차이로 다룬다. 순수 강도가 여전히 잠재적인 것인데 반해, 질화된 강도 혹은 현상적 강도는 잠재적인 것을 현실화한다. 이 현실화는 즉자적인 강도적인 것을 물화시키고, 응고시키며, 지층화하는 개별화다. 다시 말해 생성은 강도, 즉 차이다. 그러나 생성의 순수 잠재성은 차이를 소멸시키는 개별화 속에서 현실화되며, 이는 베르그손에게서 생명체가 지속을 가두어 공간화하는 것과 정확히 마찬가지다. 그런데 들뢰즈 철학이 보여 주는 이 전형적인 운동에 따르면, 차이는 현실화라는 엔트로피적 화살을 알고 있을 뿐만 아니라 비대칭적인 방식으로 벌어지는 잠재적인 것의 맞-실효화, 차이의 보존을 또한 알고 있다.

　강도의 초월론적 변증론, 즉 객관적 가상은 바로 이 지점에서 성립하며, 아울러 이 객관적 가상은 베르그손이 가졌던 오해를 설명해 준다. 베르그손이 강도의 중요성을 오해했다면, 이는 강도의 차이가 소멸되리라는 잘못된 생각을 불러일으키는 가상, 강도량의 초월론적 가상에 그가 압도되었기 때문이다. 단 하나의 참된 초월론적 연구만 존재했었더라도, 베

---

41) Deleuze, *DR* 288/478.

르그손은 실제로는 강도가 여전히 함축되어 있으며 잠재적인 방식으로 계속 차이를 개봉하고 있다는 사실을 발견할 수 있었을 것이다. 여기서 문제가 되는 것은 물론 칸트적인 의미에서의 초월론적 가상이다. 이 가상은 객관적이며, 그 가상이 생겨나는 과정을 우리가 이해한다 하더라도 사라지지 않는다. 들뢰즈에 따르면, 실제로 베르그손은 지속을 다양체로 정의하면서 그 정의 속에 다시금 강도를 도입한다. 어쨌거나 강도에 대한 초월론적 변증론이 물리적 근거를 지니고 있으며, 그저 우리 인식 능력들 사이에서 벌어지는 무분별한 유희, 이성에 내적인 변증론에서 기인하는 것이 아니라는 점은 변함없는 사실이다.

강도는 분화되어 자신이 산출한 연장과 질 속에 반영된다.[42] 우리는 현실화된 차이, 개별화된 차이와 관계할 뿐이다. 즉자적 강도, 즉 차이는 순수 잠재성이다. 어떤 생명심리학적 체계 속에서 현실화될 때 차이는 개별화되며, 개별화되면서 이완된다. 따라서 강도량의 번득임이 보여 주는 것은 잠재적인 것의 현실화다. 이런 이유에서 차이는 현실적 소여가 아니라 그 소여를 주어지게 하는 것, 다시 말해 잠재적인 것의 현실화 운동이며, 이 현실화 운동은 상호 연관적이지만 비가역적인 방식으로 현실적인 것 속에 항상 잠재적인 것의 맞-실효화를 함축하고 있다. 강도적 차이는 여전히 감각될 수 없고 우리가 도달할 수 있는 것은 현상적 현실화일 뿐이라면, 이는 잠재적 강도 혹은 강도적 차이가 질화된 현상의 초월론적 조건으로 나타나기 때문이다.

강도는 차이다. 하지만 이 차이는 연장 안에서, 그리고 질 안에서 스스로

---

42) Deleuze, *DR* 309/513.

부정되고 소멸하는 경향이 있다. 사실 질들은 어떤 기호들이고, 어떤 차이의 간격 안에서 섬광을 발한다. 그러나 정확히 말해서 질들은 어떤 동등화의 시간을 조정하고 있으며, 다시 말해서 차이가 자신이 분배된 연장 안에서 소멸하기까지 걸리는 시간을 조정하고 있다.[43]

실제로 강도는 현실화 속에서 동등화되지만, 여전히 잠재적인 것으로서 지각될 수 없는 방식으로 함축되어 있다. 따라서 이 동등화의 운동은 다음의 가상, 즉 강도가 실로 섬광을 발하기는 했지만 그 이후에는 사라져 버린 듯 보이는 가상에 유리하게 작용한다. 앞서의 인용문에서 들뢰즈가 시간적 강도와 그것의 공간적 동등화를 대립시키고 있는 것처럼 보였다면, 이는 그가 일시적으로 주저하고 있었기 때문이다. 문제가 되고 있는 방법론적 차이différence opératoire는 외연과 잇달음, 물화된 공간과 역동적 시간을 분리시키는 차이가 아니기 때문이다. 현전하는 한에서, 공간은 어떤 현실적인 것이다. 따라서 들뢰즈는 시간성의 두 가지 양상을 나누고 있는 것이지, 베르그손이 말하듯 지각적인 공간성과 직관적인 지속을 나누고 있는 것은 아니다. 비연대기적인 아이온이 그러하듯, 순수 강도는 잠재적이다. 반면 크로노스라는 현재의 시간성이 그러하듯, 개별화된 강도는 현실적이다.[44]

개별화되는 한에서만 감각될 수 있다는 점에서, 강도적 차이는 감성의 고유한 한계를 이룬다. 또한 강도적 차이는 이러한 한계가 지닌 역설적

---

43) Deleuze, *DR* 288/479.
44) 이 구별은 『의미의 논리』, 그중에서도 특히 23계열 '아이온에 대하여'에서 이루어진 것으로서, 다소 변형된 의미에서 『차이와 반복』 2장에 등장하는 시간의 세 가지 종합에 상응한다.

인 특성을 갖게 된다. 즉 강도적 차이는 감각밖에 될 수 없는 감각될 수 없는 것이다. 강도적 차이는 자신을 소외시키거나 저지하고 어떤 연장 속으로 분배하는 어떤 질에 의해 항상 뒤덮혀 있기 때문이다. 연장은 강도적 차이를 종별화한다는 점에서 그것을 펼치고 소멸시킨다. 이 소멸의 운동은 차이가 스스로 부정되는 헤겔의 논리학을 가리킨다기보다는 시몽동이 말하는바 체계를 해소하는(엔트로피) 동시에 정보/형태화를 산출하는(역엔트로피) 포텐셜 차이의 비가역성을 가리킨다.

그러나 감각을 제공하는 한에서, 다시 말해 초월적으로 실행되도록 감성을 강요하는 한에서, 강도적 차이는 한계로서 감각밖에 될 수 없는 것에 해당한다.[45] 강도를 파악하는 일은 감각적 왜곡의 대상이 되며, 이는 분열을 가져오는déchirant 강도의 특성을, 그리고 강도가 항상 현상적으로 파악된다는 사실을 설명해 준다. 이런 이유에서 들뢰즈는 강도를 감각밖에 될 수 없는 감각될 수 없는 것으로 규정한다. 이는 초월성을 함축하고 있는 듯 보이지만 실제로는 한계에 도달하는 동일한 이행에서 기인하는 것이며, 우리는 이러한 이행을 숭고 및 인식 능력들의 '초월적' 실행, 다시 말해 탈구적 실행과 관련하여 분석했던 바 있다. 강도는 결코 그 자체로 감각될 수 없다. 강도는 자신의 질들, 즉 일차적 질, 연장을 점유하고 있는 물질, **물리적 질** 및 이차적 질, 대상의 지시작용, **감성적 질**로 뒤덮혀 있기 때문이다.[46] 그러나 강도는 결코 감각되는 것 이외의 다른 어떤 것이 아니다. 감각을 제공하고, 감성의 고유한 한계를 규정해 주는 것은 바로 강도이기 때문이다.

---

45) Deleuze, *DR* 305/506.
46) Deleuze, *DR* 288/478.

따라서 강도는 **차이** 안에 있는 비동등한 것이자 소멸될 수 없는 것' inannulable 으로 규정된다. 강도는 **차이**를 긍정한다. 분열을 가져오는 강도의 특성은 여기서 기인하는 것이다. 이런 이유에서 강도는 지각의 예취가 아니라 지각의 한계 혹은 인식 능력들의 초월적·탈구적 실행이며, 이러한 실행을 통해 강도는 감성으로 난입하고 인식 능력들을 초월적 사용으로 데려간다.

감성의 특권은 여기서 기인하는 것이다. 감성은 모든 인식 능력들 중에서도 강도량과 함께 변조되는 첫번째 능력이다. 들뢰즈가 보기에, 모든 것은 감성에서 시작되며 이는 문학이 지닌 특권을 함축한다. 초월론적 경험론은 다음과 같이 표현된다. "강도적 사태에서 사유에 이르기까지, 우리에게 사유가 일어나는 것은 언제나 어떤 강도를 통해서다."[47] 이는 또한 문학과 철학의 관계를 설명해 준다. 문학은 이론적 사유를 자극하는 강도석 경험을 일으킨다. 기호의 폭력 아래 사유를 소스라쳐 놀라게 하는 충격은 이처럼 강력한 강도로 드러난다. "강도는 그 정도나 등급이 아무리 낮은 경우라 해도 분열을 가져오는 특성을 통해 자신의 진정한 의미를 복원하게 된다. 그 의미는 지각의 예취에 있는 것이 아니라 어떤 초월적 실행의 관점에서 드러나는 감성의 고유한 한계에 있다."[48]

따라서 칸트는 감성을 사유의 조건으로 만들었다는 점에서는 옳았지만, 이러한 우선성에 대해서는 잘못 생각했다. 감성이 우리의 인식 능력을 일깨운다면, 이는 감성이 경험적 질료와 **선험적** 형식을 결합하기 때문이 아니라 사유와 실재, 형식과 강도적 재료 사이의 틈을 변조시키기 때문

---

47) Deleuze, *DR* 188/322.
48) Deleuze, *DR* 305/506.

이다. 사유가 아닌 다른 인식 능력들, 예컨대 상상력이나 기억과 관련하여 감성이 지닌 특권은 감각하도록 강요한다는 데 있으며, 이 경우에는 감각밖에 될 수 없는 것이 어떤 단일하고 똑같은 강도일 뿐이라는 데 있다. "사실 강도적인 것, 강도 안의 차이는 마주침의 대상인 동시에, 이 마주침을 통해 감성이 도달하게 되는 대상이기도 하다."[49]

강도가 가하는 충격을 첫번째로 받아들이는 것은 오로지 감성이며, 사유는 감성 속에서 공명하는 기호를 통해 그 충격을 두번째로 받아들인다. 따라서 감성은 인식 능력들 중 첫째가는 것이며, 이는 감성이 가장 극단적인 인식 능력, 가장자리에 도달하는 인식 능력이라는 의미에서 그러하다. 그에 반해 사유는 감성을 통해 이미 개별화된 신호로서 그 충격을 받아들인다.

따라서 강도는 현상의 이유다. 강도야말로 우리가 앞서 검토했던 인식 능력들의 초월적 사용 혹은 탈구적 사용을 설명해 주는 것이다. 그러나 이러한 강도의 물리학에 비추어 볼 때, 이제 우리는 왜 감성이 감각하도록 강요받는지, 그리고 왜 감성이 감각될 수 없는 동시에 감각밖에 될 수 없는 것을 감각하도록 강요받는지를 설명할 수 있게 된다. 이 삼중의 역설적 규정은 강도의 정의와 연결되어 있다.

5. 한계와 부정적인 것의 가상

이러한 한계가 지닌 역설적인 특성은 사유 속에서 벌어지는 창조와 강도를 뒤덮고 있는 객관적 가상을 동시에 해명해 주며, 아울러 철학이 재현적

---

49) Deleuze, *DR* 188~189/322

형태하에서만 강도를 파악할 수 있다는 사실을 설명해 준다. 강도는 기호의 압력 아래서 사유를 산출하지만, 사유 안에서 강도는 개별화된 형태로 파악된다. 이런 이유에서 철학은 사변적 형태로 강도를 사유하는 데 이를 수 없었으며, 예술의 경험이 없었다면 끝내 강도에 도달할 수 없었을 것이다. 이는 예술이 철학보다 더 잘 사유한다거나 차이가 그 자체로는 여전히 표현될 수 없기 때문이 아니라 다만 차이가 의존해 있는 것이 바로 실재적 경험, 예술이 철학에 제공하는 실재적 경험이기 때문이다. 따라서 예술은 철학에 주어지는 초월론적 가상으로부터 벗어나 있다. 초월론적 가상이란 강도가 현실화되는 운동, 강도를 펼쳐내면서 소멸시키는 운동에서 기인하는 불가피한 가상이다.

따라서 초월론적 가상은 강도량의 본성에서 유래한다. 이제 우리는 『차이와 반복』에서 설명된 바대로 강도량이 지닌 세 가지 특성을 다음과 같이 요약할 수 있다. 첫째로, 강도는 즉자적 비동등을 포함하고 있는 양으로서 산출되지만, 이 양은 질 속에서 해소된다. 비동등, 즉 동등화될 수 없는 양은 사실상 양에 고유한 질로 나타나기 때문이다. 둘째로, 질은 긍정이지 모순이 아니다. 셋째로, 긍정은 분화, 다시 말해 개체화이거나, 혹은 현실화되는 잠재적 다양체다.

객관적 가상은 실제로 강도의 차이를 소멸시키는 현실화의 운동 자체와 관련된다. 따라서 들뢰즈는 차이를 둘러싼 자신과 헤겔의 견해차를 강조하는 동시에, 자신이 말하는 '긍정적' 차이와 모순 사이에 존재하는 불일치를 설명해야 한다. 헤겔이 말하는 모순의 변증법에 맞서 칸트는 사유에 주어지는 가상의 변증론을 말한다. 강도의 객관적 가상은 가상의 변증론이 수행하는 이러한 역할을 충족시킨다. 따라서 강도는 우선 어떤 정도상의 차이, 어떤 양이다. 그러나 같음의 동일성으로 환원될 수 없는 이 양은 동등화될 수 없다. 그런 한에서 강도는 질로 변한다. 기수에 앞서는 서수는 원래 강도적이다. 따라서 양은 앞서 주어진 어떤 차이를 전제하고 있다. 그러나 강도가 소멸될 수 없는 것이라 할지라도, 그것이 자신의 외부에 놓여지고, 현실화되면서 소멸된다는 것은 변함없는 사실이다.

즉자적 차이로서의 강도는 자신을 펼쳐내는 체계 속에서 소멸하는 경향이 있다는 점에서 단순화되지 않고서는 설명될 수 없다. 강도에 대한 이상의 모든 분석이 헤겔적인 뉘앙스를 띠게 된다는 것은 부인할 수 없는 사실이다. 헤겔에게서 차이로서 산출된 질이 양적 무차별성 속에서 스스로 부정되는 것은 존재가 차이로 규정되기 위함이다. 생성은 무 속에서 벌어지는 존재의 불균등화와 존재 속에서 벌어지는 무의 불균등화를 함축하고 있으며, 이를 통해 앞서의 존재와 무는 사라지면서 존재의 참된 규정에 해당하는 생성에 자리를 내어 주게 된다. 논리학을 분절하는 존재와 무, 질과 양 등의 대립적인 항들보다는 그 항들 고유의 차이가 차지하고 있는 위치들, 다른 것으로 생성하는 그 항들의 운동 속에서 소멸되는 국지적인 계기들이 오히려 보다 실재적인 존재자들이다. 들뢰즈는 부정적인 것과 모순이 차지하고 있는 위상, 헤겔적인 운동을 거부한다. 하지만 들뢰즈는 존재를 생성으로 다루는 존재의 논리학을 추구하려는 열망을 거부하지는 않으며, 야심차게도 재현으로부터, 칸트적인 제한으로부터 벗어나는 사변적 사유를 지속적으로 긍정한다. 차이의 철학이라는 기획은 다음의 두 측면을 받아들인다. 쥘리에 시몽이 보여 주고 있듯이[50], 헤겔과 들뢰즈 사이에서 이 예기치 못했던 일치가 발견될 수 있는 것은 장 이폴리트가 제시한 헤겔 독해와 관련해서다. 이폴리트가 보기에, 사실 헤겔주의의 결정적인

---

50) Simont, *Kant, Hegel, Deleuze...*, *op. cit.*, p. 250.

지점은 사유할 수 없는 것을 사유하기 위해 이렇듯 사유를 변형시키는 데서 성립한다. 즉 로고스^{Logos}는 비-사유를 사유하는 것이다. 다음과 같이 서술할 때, 들뢰즈는 이러한 입장에서 멀지 않은 곳에 위치한다. "어떻게 사유가 거기에 도달하지 않을 수 있겠는가? 어떻게 사유가 자신과 가장 대립되는 것을 사유하지 않을 수 있겠는가?" 실제로 차이는 사유와 전적으로 다른 그 무엇 속에서 "가장 높게 사유된 것임에도 우리가 끝내 사유할 수 없는 것"으로 주어진다.[51]

1954년 이폴리트의 책에 대한 서평[52]을 쓰면서, 들뢰즈는 의미의 논리학과 모순의 논리학 사이에 존재하는 분기점 ——최고 수준의 일치, 그리고 불일치 ——을 분명하게 지적한다. 들뢰즈가 지적하듯이, 헤겔에게서 반성과 존재 사이의 모든 외적 차이는 다른 한편으로는 **존재**^{être}와 **존재** 자신 간의 내적 차이다. 다시 말하자면, 존재는 차이와 동일하다. 따라서 이 조숙한 서평에서 들뢰즈가 강조하고 있듯이, "헤겔 **논리학**의 가장 중요한 주장"은 "형이상학을 논리학으로, 그것도 의미의 논리학으로 변형시키는" 데 있다. 따라서 들뢰즈는 자신의 체계를 구성하는 중요한 한 부분을 얻게 된다. 형이상학으로서의 철학이 의미의 논리학에 불과한 것일 수는 없다. 들뢰즈에 따르면, 문제는 오히려 "모순에까지 이르지 않을 차이의 존재론을 만드는" 데 있다. "왜냐하면 모순은 차이보다 **덜한** 것이지, 그보다 더한 것이 아니기 때문이다." 이것이 바로 우리가 『차이와 반복』에서 발견하게 되는 주장이다. 이 서평의 결론에서 들뢰즈는 다음과 같이 묻는

---

51) Hyppolite, *Logique et existence*, Paris, PUF, 1953, p. 131.

52) Deleuze, "Jean Hyppolite.—Logique et existence" (recension), in *Revue philosophique de la France et de l'étranger*, vol. XLIV, 7~9 juillet-septembre 1954, p. 457~460.

다. "이폴리트 씨는 차이가 **표현 자체**가 되고 모순이 모순의 현상적인 것에 불과한 측면이 되는 어떤 표현 이론을 정초한 것이 아닐까?"

사실상 모순은 여전히 현상적인 것, 다시 말해 억견적·의인론적이며 공통감에 종속된 것으로 남아 있다. 모순은 차이의 표현을 모순의 동일성으로 되돌려 놓기 때문이다. 모순이 차지하고 있는 논리적 위상과 변증법적 대립이야말로 들뢰즈가 거부하는 것이다. 차이는 동일성의 지배하에서 "끝까지 밀려갈" 때에만 모순에 이를 것이다. 이런 이유에서 들뢰즈는 "헤겔의 대담성"을 동일성이라는 "낡은 원리에 대해 표하는 최후의, 그리고 가장 강렬한 경의"[53]로 제시한다.

사유, 그리고 사유를 규정하는 사유 불가능한 것, 이 양자가 맺고 있는 이러한 인접성을 유지하면서, 이제 들뢰즈는 **차이**의 사유와 헤겔이 사용하는 장치를 구별해 주는 것이 무엇인지를 설명해야 한다. 강도의 두번째 특성은 바로 여기에 할애된다. 이 두번째 특성은 그 자체로 긍정적인 차이가 어떤 이유에서 부정적인 것과 모순이라는 (헤겔적인) 표상으로 전락할 수 있는지를 알려준다.

차이는 긍정적이다. 그러나 개별화되어 자신을 구성하는 차이를 덜어 냄으로써, **차이**는 모순이라는 가상적 형태를 띠고 사유 앞에 그 모습을 드러낸다. 사유로 하여금 차이를 긍정으로 파악할 수 없게 만드는 객관적 가상은 이제 다음과 같이 설명될 수 있다. 이 객관적 가상은 강도의 개별화 과정에서 기인하는 것으로서, 이 개별화 과정은 차이를 현실화하고 이를 통해 차이를 제거한다. **차이**의 사유가 직면하게 되는 가장 큰 위험에 해당하는 부정적인 것의 형상은 이처럼 초월론적 가상에 속한다. 따라서 부

---

53) Deleuze, *DR* 70~71/131.

정적인 것, 제한, 대립의 형태하에서, **"강도가 물구나무서서 나타나는 것은 질 아래에서, 연장 안에서다"**.[54] 부정은 사유가 발견할 수 없도록 강도를 뒤덮고 있는 객관적 가상을 통해 만들어진다.

자신에게 친숙한 기법에 따라, 들뢰즈는 헤겔에게 실제보다 더 헤겔적인 주장을 적용시킨다. 헤겔은 차이의 논리학을 파악하지도 못했고, 그가 바랐듯 재현의 체제로부터 벗어나지도 못했다. 그러나 이는 헤겔이 차이를 설명하면서 그것을 재현적인 동일성의 논리학에 종속시켰기 때문이다. 따라서 헤겔의 사변적인 주장은 충분히 사변적이지 않으며, 그의 존재론으로의 회귀는 여전히 주관적인 재현의 구조를 통해 드러난다. 그 주장은 "질 아래에서, 연장 안에서"만 차이에 도달하며, 차이의 운동이 아니라 질화된 대립만을 받아들인다.

앞으로 살펴보게 될 바와 같이, 헤겔의 사변적 주장은 차이를 그것이 현실화되는 방식 속에서만 반성할 뿐 차이의 생성을 포착하지 못한다. 다시 말해, 들뢰즈가 보기에 헤겔의 주장은 잠재적인 것에서 그것의 현실화로 나아가는 이행을 규정해 주는 긴장을 포착하지 못한다. 우리는 들뢰즈의 주장이 다음과 같은 형태하에서 전형적으로 헤겔적인 것임을 인정하게 될 것이다. 즉 사유는 사변적인 주장으로 상승하는 것이 아니라 재현의 이율배반에 머물러 있다. 여기서 들뢰즈는 맑스의 비판을 받아들여 부정적인 것을 "아래쪽에서 바라본 전도된 차이"[55], 물구나무선 채로 나아가는 차이로 규정한다. 그러나 들뢰즈가 가져온 맑스의 주장은 생기론적인 의미를 갖는 것이지 정치적인 의미를 갖는 것도 심지어는 명시적으로 유

---

54) Deleuze, *DR* 303/503.
55) *Ibid*.

물론적인 의미를 갖는 것도 아니다. 이는 사유가 자신이 실효화되는 사회 정치적 조건들이나 심지어는 자신의 물질적 실존조건들을 오해하고 있기 때문이 아니라 사유가 현실화의 압력을 거꾸로 뒤집어서 받아들이고 있기 때문이다. (높이, 즉 포텐셜의 상승을 표현하는 어떤 고도를 향한) 현실화의 분출 속에서 현실화의 압력을 고려하기는커녕, 사유는 포텐셜이 하강하는 "낮은 곳에서" 그것을 고려한다.[56] 맑스의 주장은 두 가지 분출을 설명하는 베르그손의 이론과 유사한 형태로, 어떤 생기론적 역동성의 형태로 표현된다.[57] 이러한 측면으로부터 우리는 이 분석이 가해진 시기를 추정할 수 있게 된다. 들뢰즈의 생기론은 우선 베르그손적 형태를 띠고 있었으나, 과타리와 만난 후 그것의 직접적인 정치적 차원을 받아들이게 되었기 때문이다.

마지막으로 세번째 특성은 다음과 같다. 강도는 함축되고 봉인된, 배壓를 지닌 양이다. 헤겔의 위협에 맞서기 위한 연대는 다음의 세 측면에 호소함으로써 이루어진다. 르네상스가 신플라톤주의로부터 물려받은 봉인된 표현 이론, 배를 지닌 라이프니츠의 무한소적 미분량, 조프루아 생틸레르의 강도적 변이 이론이 바로 그것이다. 이 셋은 모두 현실화 아래 존재하는 잠재적인 것의 문제제기적 내속성을 분명히 해준다. 이 세 가지 특성과 더불어, 들뢰즈는 의미의 무감수성, 사건의 이념적 부분, 이념으로서의 차이를 규정한다.

들뢰즈에 따르면, 헤겔의 모순으로부터 벗어날 수 있는 방법은 이 세

---

56) *Ibid*. 동일한 주장이 다음에서도 발견된다. *DR* 64/120, 78/142. "부정은 차이다. 그러나 작은 쪽에서 본 차이, 낮은 곳에서 본 차이다."

57) [옮긴이] 『창조적 진화』에서 베르그손은 고압 용기(容器)에서 분출되는 수증기의 사례를 들어 생명 진화의 추진력을 설명한다. *EC* 248/369~370 참조.

가지 특성을 뒤섞는 것뿐이다. 차이가 긍정적인 것은 불균등하기 때문이다. 차이는 부정을 통해 자신의 비대칭을 해소하면서 자신을 소멸시키는 어떤 종합을 산출하는 대립이 아니다. 차이의 실재적 운동은 생산적 분화의 운동이기 때문이다. 이를 입증해야 하는 대목에서 들뢰즈가 일관되게 선택하는 사례가 일상적인 의미에서의 불균등화 사례인 입체경이라는 사실은 전혀 놀라운 일이 아니며, 들뢰즈는 그 사례를 시몽동적인 방식으로 확대한다. 대립은 항상 평면적이다. 즉 대립에는 현실의 입체경적인 깊이가 결여되어 있다. 들뢰즈는 대립에 따른 차이들의 피상적인 종합과 차이들의 정신적인 것에 불과한 화해보다는 화해 없는 차이의 강도적·실재적 긍정을 선호한다. 시몽동의 도움을 얻어 들뢰즈가 실재적 불균등화를 통해 관념적인 것에 불과한 부정에 반대할 수 있었음을 보여 주면서, 우리는 앞서 이 생산적 분화의 운동을 살펴보았던 바 있다. 들뢰즈는 시몽동의 분석을 분자 그대로 받아들여 다음과 같이 지적한다. "모든 대립은 훨씬 심층적인 '불균등화'를 가리킨다. 대립은 시간과 연장 속에서 해소된다. 하지만 이런 해소가 일어나기 위해서는 먼저 불균등한 것들이 자신들의 소통 질서를 창안해야 한다."[58]

시몽동의 불균등화는 들뢰즈의 논리학과 개념의 논리학이 가장 가까워지는 지점에서 전자가 후자로 빠져나가지 않게끔 최대한 보장해 주는 방법론적 역할을 수행한다. 불균등화가 이러한 임무를 충족시킬 수 있는 까닭은 그것이 창조적 차이의 생기적 역엔트로피를 통해 대립으로서의 부정적인 것이 수행하는 엔트로피적 운동을 저지하기 때문이다. 부정적인 것이 낮은 곳에서 본 차이라면, 이는 개념의 논리학이 차이를 개봉된

---

58) Deleuze, *DR* 304/504, 72/134~135.

차이, 연장 속에서 펼쳐진 차이, 개체화 속 차이들의 동등화에서 기인하는 동일성에 종속된 차이, 요컨대 현실성의 위상에 종속된 차이로 이론화했기 때문이다. 이런 이유에서 들뢰즈는 다음을 분명히 한다. 부정은 낮은 곳에서 본 차이이며, 바로 세워놓고 보면 차이는 이내 긍정이 된다.[59]

긍정(강도의 두번째 특성)은 그 자체로 분화(세번째 특성)이며, 분화는 첫번째 특성을 상대적인 것으로 만든다. 강도량은 양에 따라 나누어질 수 있는 것도 아니고, 질에 따라 나누어질 수 없는 것도 아니다. 지속에 대한 베르그손의 정의, 일찍이 실사적 다양체를 규정하는 데 사용되었던 정의를 받아들여 들뢰즈가 덧붙이는 바에 따르면, 강도량은 "본성상의 변화를 겪으면서만 나누어진다". 다양체는 구성요소들로 나누어질 수 있는 것도 나누어질 수 없는 것도 아니며, 본성상의 변화를 겪으면서만 나누어진다. 들뢰즈가 『운동-이미지』에서 제안한 표현에 따라 이러한 다양체를 규정하자면, 시기를 거슬러 우리는 다음과 같이 말할 수 있을 것이다. 즉 강도량은 "개체분할적dividuel"[60]이다.

여기서 우리는 전자기적 강도에서 생물학적 분화로, 강도의 현실화로서의 잠재적인 것에서 생기적 화살인 개체화로서의 분화로 이행한다. 앞서의 분석들에서 은연중에 포텐셜의 약화──차이로서의 충전량이 감소하는 사태──로 이해되었던 것이 이제는 복합물을 향한 상승으로 나타난다.[61] 여기서 전자기적 모델은 생물학적 모델에 자리를 내어 주고, 물질적

---

59) Deleuze, *DR* 78/142.

60) Deleuze, *IM* 26/33.

61) 엔트로피적 기계론에서 역엔트로피적 생명으로 가는 이행에 대해서는 다음을 보라. Bergson, *L'Évolution créatrice, op. cit.*; Dalcq, *L'œuf et son dynamisme organisateur*, Paris, Albin Michel, 1941.; Prigogine, Stengers, *La nouvelle alliance. Métamorphose de*

강도는 생기적 분화가 된다.

이러한 분석 속에서, 들뢰즈는 베르그손과 가까운 것으로 드러난다. 엘랑 비탈은 헤겔의 부정에 맞선다. 부정은 여전히 엔트로피적이고 이차적인 것으로 남아 있다. 부정은 분화를 야기하는 생성의 선들을 빌려 오는 것이 아니라 개념의 낡아 빠진 성향을 빌려 오기 때문이다. 따라서 강도는 사물 속에서 어떤 초월론적 원리로서 주어진다. 이 초월론적 원리는 사유 자체의 생기적 운동과 일치하는 한편 과학이 다루고 개념화하는 양과는 구별되는 것이다. 물론 초월론적인 차이의 논리학이 고전 물리학의 낡은 고체 역학 및 유와 종의 생물학을 개체화의 물리학, 포텐셜 차이의 에너지론, 유체 역학 및 개체화의 생물학으로 대체하기는 하지만 말이다. 따라서 **차이**의 감성론은 새로운 논리학과 고유의 **변증론**을 함축하고 있다. 초월론적이면서도 경험적인 **차이**의 감성론은 경험적인 것과 **선험적인 것**이라는 칸트의 할당을 거부한다. 그러나 여전히 강도를 감각될 수 없는 한계로서, **차이**의 즉자로서 간직하고 있다는 점에서 **차이**의 감성론은 여전히 초월론적이다. 장 발이 다시 사용한 베르그손의 표현에 따라, 들뢰즈는 그것을 우월한 경험론이라고 부른다.

차이들로 가득한 강렬한 세계, 거기서 질들은 자신의 이유를 발견하고 감성적인 것은 자신의 존재를 발견한다. 그런 강렬한 세계야말로 우월한 경험론의 대상이다.[62]

---

la science, Paris, Gallimard, 1979, rééd. 1986, coll. Folio.
62) Deleuze, *DR* 80/145.

이 우월한 경험론, 즉 초월론적 경험론은 기호를 이질성으로 제시한다. 이처럼 기호는 삼중으로 이질적인 것으로 드러난다. 먼저, 기호는 자신을 방출하는 대상에 이질적이다. 기호는 크기의 두 질서 사이에서 불균등화로서 솟아오르기 때문이다. 다음으로, 기호는 또한 기호 자신에 이질적이다. 기호는 자신이 봉인하고 있는 대상, "자연이나 정신(이념)의 어떤 역량을 구현하고 있는"[63] 대상을 가리키기 때문이다. 마지막으로, 이는 기호가 자신이 불러일으키는 응답에 이질적인 것과 마찬가지다. 이 응답은 기호와 닮아 있지 않기 때문이다. 기호가 그렇게 하듯이, 들뢰즈가 문학과 철학을 그것들의 구성적 불균등성 속에서 연결할 수 있게 된 것은 바로 기호의 이질성 덕분이다. 앞서 확인했던 것처럼, 순수 사변에 반하지 않는 어떤 사유, 한동안은 사유라는 유일한 매개 속에서 움직이게 될 어떤 사유에 경험론이라는 명칭을 사용할 수 있도록 보장해 주는 것은 바로 이 이질성이다.

---

63) Deleuze, *DR* 35/72.

13장
문제제기적인 것에 대하여

이렇게 해서 우리는 들뢰즈가 시몽동에 대해 제시한 강렬한 독해, 그리고 감성적인 것의 비대칭적 종합을 고안해 내는 데 있어 시몽동이 기여한 바를 가늠할 수 있게 된다. 기호는 문제를 제기한다. 이제 이 표현은 엄밀한 의미에서 이해될 수 있다. 문제를 제기한다는 것은 수동적 종합을 산출하도록 감성을 강요하는 미분적 강도들의 문제제기적 장을 구성한다는 것이다. 이 문제제기적 장에서 기호는 어두운 전조, 계속되는 불일치에 뒤이어 나타난다. 우리는 계속되는 불일치라는 들뢰즈의 신조어에서 시몽동의 불균등화를 알아볼 수 있다. 시몽동에게서와 마찬가지로, 들뢰즈의 계속되는 불일치는 생성을 구성하는 우주론적 원리의 수준에서 비대칭, 압력으로 받아들여지며, 또한 감성적 변용의 수렴이 아니라 그것의 발산 및 이질성을 보증해 주는 구성적 차이로 이해된다. 따라서 감성적인 것은 이질성으로서 비대칭적 종합의 대상이 된다. 또한 불균등한 계열들 간의 소통을 보증해 주는 감성의 특권은 감각하도록 강요하는 분화적 차이소를 매개로 감성과 실재성이라는 이질적 계열들을 관계짓는 데서 성립한다.

시몽동의 변조 이론에서는 불균등화가 공명의 역할을 수행한다. 그러나 불균등화가 물질적 힘의 평면에서 물질과 형태의 소통을 보증하는 데 반해, 들뢰즈의 계속되는 불일치는 외부 기호의 강요 아래서 벌어지는 사유의 비자발적 창조를 설명해 주는 초월론적 개념이다. 또한 계속되는 불일치는 사유하는 주체에 대한 인간학적 입장을 거부하는 강도적인 초월론적인 것으로서, 이질적인 계열들 간의 소통을 보증해 주는 바인 분화를 야기하는 역설적 심급이기도 하다. 기호의 이질성에 대한 이러한 이론은 이념의 위상을 밝혀 준다. 우리가 기호의 압력하에서 무언가를 배운다면, 그리고 재료의 자발성과 마찬가지로 이념의 파토스가 존재한다면, 이는 기호를 방출하는 대상과 함께 체계를 형성하는 감성의 미분적인 것(마이몬)으로서 이념이 경험적 만남을 통해 산출되기 때문이다.

따라서 이념은 잠재적 다양체다. 잠재적 다양체는 어떤 사실의 상태 속에서 현실화되지만, 어떤 심리 체계를 통해 현실화되는 경우에만 관념적 현실성을 띠게 될 것이다. 우리는 이와 같이 규정된 이념이 어떤 점에서 구조를 통한 이행을 포괄하고 있는지를 가늠하게 된다. 즉 이념은 정확하게 규정된 독특성들의 할당으로서 사유 속에서 현실화되었는지의 여부와는 무관하게 주어진다. 이러한 이념은 심리적 소여와 일치하지 않는다. 따라서 이념은 사물 속에 있다. 이념은 주체의 노에시스적 목적 속에서 성립하는 것이 아니라 그것이 어떤 심리 체계와 공명할 때 정신 속에서 불균등화로서 번득인다. 『프루스트 I』이 작성되던 시기, 객관적 구조로서의 이념이라는 주제가 대문자 본질이라는 용어에 부응할 수 있었던 것은 바로 이런 이유에서다.

1. 문제제기적 이념

본질에서 구조로, 의미에서 이념으로 이행하는 복잡한 궤적을 관장하는 『차이와 반복』에 이르러, 이제 들뢰즈는 자신의 용어를 분명히 할 수 있게 된다. 대문자 이념은 개념은 물론 본질과도 구별된다. 이념은 정신의 활동을 가리키는 것이 아니라 어떤 존재론적 복합체를 가리키는 것이기 때문이다. 그와 동시에, 이념이 더 이상 '무엇인가?'라는 물음과 관련되는 것이 아니라 사건이나 의미와 관련된 것임을 분명히 한다는 조건하에서, 원한다면 본질이라는 용어를 잠정적으로 간직하거나 사용하는 것도 충분히 가능한 일이다. 이제 이념은 완전히 새로운 문제제기적 장, 잠재적 다양체의 장으로 옮겨 간다. 이러한 사실에 의해 이념에 대한 피상적인 관념론은 완전히 무력화되는 것으로 드러난다.

노에시스적이지도 물질적이지도 않은 사실의 상태 및 사유 활동의 한계에서, 이념은 자신을 현실화하는 주체의 사유 활동이나 자신이 그 내부에 존속하는 경험적인 사물의 상태로 환원될 수 없다. 이런 이유에서 구조는 본질과 이념을 중재한다. 구조는 이러한 계열화 및 잠재적 공존의 다양체를 함축하고 있으며, 이 잠재적 공존은 사물의 상태와 동일시되지 않는 어떤 영역을 규정해 주기 때문이다. 독특성이 지닌 특질들, 규정된 미분적 관계들이 반드시 현실화되지는 않는다 하더라도, 이러한 잠재성은 그 특질들 및 관계들을 담고 있다. 따라서 구조는 그 자체로 미분적이며 자신의 결과로서 분화를 야기한다. 이러한 규정들은 이념에 적용되는 것으로서, 이처럼 이념은 구조에 대한 앎으로부터 도움을 얻는다.

앞서 살펴보았듯이, 이념이라는 명칭은 순수한 **사유되어야 할 것** cogitanda, 즉 어떤 심리 체계 속에서 현실화된 사유와 관련해서 사용될 것이 아니라 감각 속에서 사유와 실재를 공명시키는 것, 감성에서 사유로 또 사유에서 감성으로 가는 심급, 사유와 감성을 불균등화 상태에 놓을 수 있는 어두운 전조와 관련해서 사용되어야 한다.

우리는 이 심급들에서 마이몬을 경유하는 라이프니츠적인 칸트 해석을 발견할 수 있다. 이제 이 심급들은 새로운 폭을 획득하게 된다. 시몽동이 문제제기적인 것의 위상을 확정했던 바로 그 의미에서 이념은 문제다. 이념은 개별화를 통해서만 현실화된다는 점에서는 잠재적이지만, 불균등화를 통해 어떤 질, 기호, 사유의 개별화를 야기한다는 점에서는 실재적이다. 프루스트가 기대했듯이, 이 문제제기적 심급들은 기호의 압력하에서 사유를 솟아오르게 만든다. 철학에서 문제가 되는 사유의 창조, 예술의 창조나 과학의 창조는 그 해의 조건들을 산출하는 이질적인 긴장으로 규정된다. 들뢰즈는 칸트의 숭고와 시몽동의 불균등화를 창의적으로 재해석함으로써 문제제기적인 것을 '불일치를 통한 일치'로, 다시 말해 어떤 임계점으로 만든다. 이 임계점에서 사유는 이념의 문제제기적 긴장을 해소하기 위해 새로운 것을 창조해야 하는 것으로 드러난다.

이는 사유와 이념의 관계를 분명히 해준다. 즉 이념은 사유에 창조를 강요한다. 사유의 물음은 이념의 문제를 현실화한다. 이념은 전개체적인 문제제기적 장으로 기능하는데, 이 문제제기적 장은 새롭고 창의적인 해의 형태로 사유가 개별화되도록 압력을 가한다. 따라서 객관적 이념과 사유 속에서 만들어지는 그것의 해 사이에는 유사성도 선행성도 존재하지 않으며, 본질에서 실존으로, 모델에서 사본으로, 원리에서 귀결로 가는 어떠한 관계도 존재하지 않는다. 우리가 사유 이미지를 변화시키고 어떤 감성적인 기호의 폭력적 압력 아래 사유 속에서 일어나는 사유의 탄생을 설명하는 한에서, 이 낡아 빠진 관념론적 표현들은 더 이상 사용되지 않는다.

아마도 사유는 자신을 자극하는 어떤 이념의 압박 아래서 솟아오를 것이다. 그러나 이 탄생, 이 솟아오름은 더 이상 외관·구현·출현으로 이해되어서는 안 되며, 여전히 본질에 대한 어떤 관점과 관련되어 있는 현상학의 정식들에 따라 나타나서도 안 된다. 오히려 그것은 우연한 만남, 독특성의 방출, 예측 불가능한 사건·주사위 던지기로 이해되어야 한다. 들뢰즈가 이념의 모험적 특성이라고 부르는 것은 어떤 장을 기술하는 이 개방적인 능력에서 기인한다. 이 장은 전혀 미리 규정되어 있지 않으며, 오히려 그것의 해가 지닌 문제제기적 활동 속에서 객관적이고 예측 불가능한 어떤 분화로 규정된다. 이념은 이러한 문제제기적 장으로서 사유의 개별화를 낳으며, 이 문제제기적 장의 분화는 새로운 것을 산출한다.

이는 들뢰즈가 왜 이념이라는 용어, 그가 지닌 경험론자로서의 소명과 외견상 거의 양립할 수 없는 듯 보이는 용어를 선택했는지를 설명할 수 있게 해준다. 우선 들뢰즈는 데카르트가 일으킨 혁명의 이편에 자신을 위치시키고 있으며, 분명한 것은 들뢰즈가 말하는 이념이 주체가 아니라 실체의 편에 서 있다는 사실이다. 이념은 **사유된 바**^{cogitata}로 환원될 수 없는 잠재적인 것의 객관성을 보여 준다. 게다가 플라톤의 이데아[이념] 개념, 즉 "현실적 개념들을 이중화하는 이미 사유된 것의 잠재적 이미지"[1]는 들뢰즈의 만신전에서도 가장 핵심적인 위치를 차지하고 있으며, 들뢰즈는 철학적 창조의 사례를 제시하고자 할 때마다 이를 참조한다. 형상, 감각 세계와 관념 세계의 단절, 초월성을 비판하면서도, 들뢰즈가 **에이도스**에 매력을 느끼는 까닭은 그것이 지닌 형식적·미분적 특성에 있다.

이제 우리는 들뢰즈가 어떤 창의적 재해석을 통해 칸트의 문제제기

---

1) Deleuze, Guattari, *QP* 43/63.

적 이념을 이러한 맥락 속에 도입할 수 있었는지를 평가할 수 있게 된다. 칸트와 더불어, 이성 이념은 초월론적 가상을 야기하는 한에서 선천적으로 그 자체 문제제기적인 것이 된다. 칸트의 변증론적 이념이 문제제기적인 까닭은 그것이 잘못 제기되었거나 거짓 문제에 불과하기 때문이 아니라 이성의 초월적 실행에 속하기 때문이다. 문제를 해소하거나 사라지게 만드는 것은 중요한 일이 아니다. 초월론적 가상은 이성을 즉자적인 문제제기적인 것의 능력으로 만든다. 들뢰즈는 『차이와 반복』에서 '변증론'이라는 용어를 사용하지만, 실증적으로 이런 관점에 한해서만 그 용어를 사용한다. 이에 힘입어 들뢰즈는 헤겔이 남긴 흔적을 무시하고 플라톤-칸트의 축을 특권화하면서 완전히 새로운 변증론의 역사를 만들어 낼 수 있게 된다. 그런데 이 변증론은 플라톤이 바랐듯 에이도스적인 것도 칸트가 주장했듯 불가능한 것도 아니며, 오히려 문제제기적인 것이다. 시몽동은 문제제기적인 것을 고양시켜 우리 인식 능력의 한계로 환원될 수 없는 인식의 객관적 구조라는 위엄에까지 이르게 만든다. 이러한 시몽동과 더불어 들뢰즈는 칸트가 말하는 인식의 불가능성으로부터 사유의 무능으로 이행한다. 이때 칸트가 말하는 인식의 불가능성은 우리 이성의 선천적인 유한성을 보여 주는 기호인 데 반해, 사유의 무능은 사유의 경험적 현실화와 사유의 수동성뿐만 아니라 만남을 통한 사유의 창조성을 또한 보장해 주는 것이다. 이러한 무능은 유한성의 지표나 만남의 지표에 불과한 것이 아니다. 이러한 무능은 여기서 우리가 설명하고자 하는 바 구조적 생식성을 또한 함축하고 있다. 사유의 무능은 자신의 발생적 차원 속에서 창조를 실증적으로 보장해 준다.

들뢰즈에게 "문제는 이념 자체"[2]다. 따라서 문제는 전개체적인 독특성들의 장에 해당하는 것으로서, 사유자의 삶 속에서 폭력적인 만남을 통해 산출되는 이념의 극화, 이념의 판명-애매한 현실화에 상응한다. 들뢰즈는 시몽동의 불균등화를 문제의 인식론이라는 베르그손적 전통과 연결한다. 이렇게 함으로써 들뢰즈는 시몽동의 에너지론에서 사유의 물리학으로 옮겨갈 수 있게 된다. 행로가 변경된 구조주의는 시몽동의 강도 철학을 혁신하고 이어나가면서, 더 이상 개체화의 관점에서가 아니라 이념적 미분화의 관점에서 잠재적인 것을 고려할 수 있게 해준다.

문제와 해 사이의 이러한 구별, 해를 구성하는 것이자 **창조하는** 것으로서의 문제 자체는 물론 앞서 베르그손이 관심을 기울였던 것이다. 그러나 그것은 또한 바슐라르, 불리강$^{G.\ Bouligand}$, 캉길렘, 그리고 특히 특권적인 방식으로 그 논의에 참여했던 로트망$^{A.\ Lautman}$이 관심을 기울였던 것이기도 하다. 수학적 인식론을 다루는 여러 저작에서, 로트망은 대문자로 표기된 플라톤의 이데아[이념]에 다시금 현대성을 부여하면서, 특히 그것을 현손하는 수학 이론들의 '구조적 도식'으로 규정한다. 이념이 제시하는 것은 수학적 존재들이 그 사본에 해당하는 어떤 초월적 모델이 아니라──로트망이 말하듯, 그 용어의 참된 플라톤적 의미에서──실효적 이론들을 조직화하는 구조적 도식이다. 따라서 로트망은 실효적인 수학 이론들, 경험적 이론들과 관련된 추상적·지배적 이념의 실존을 옹호한다. "수학 이론 고유의 운동은 어떤 추상적 이념들이 그것들 사이에서 지탱하고 있는 연결의 도식을 그려 낸다."[3]

로트망은 문제제기적 이념을 해소하는 이론적 개념과 그 이념 자체를

---

2) Deleuze, *DR* 190/325, 210/357. 그리고 *LS*, 9계열 '문제제기적인 것에 대하여'.

3) Albert Lautman, *Les mathématiques, les idées et le réel physique*, Paris, Vrin, 2006, p. 65.

분리시키면서 다음과 같이 주장한다. 이론이 관심을 두는 것은 구조의 관계이지 구조의 관계에 의해 규정되는 대상이 아니며, 구조 속에는 독립적인 기술의 대상이 될 수 있는 역동적인 긴장의 극極들이 존재한다. 요컨대 로트망은 문제들의 이념적 질서와 해들의 경험적 계열을 분리시키며, 문제를 참된 이념으로, 다시 말해 자신의 해들 바깥에 존재하지는 않으면서 그 해들을 규정해 주는 어떤 초월론적 심급으로 규정한다. 들뢰즈는 무감수적·잠재적 이념-문제와 주어진 이론들 속에서 벌어지는 이념-문제의 실효화를 구별하면서 바로 이 점을 받아들인다.

로트망은 수학, 특히 미분법에 독특성이라는 개념을 도입하여 문제-심급과 해-심급을 구별할 것을 제안한다.[4] 미분방정식에 대한 기하학적 해석은 서로 구별되는 두 가지 수학적 실재성을 보여 준다. 첫째로, 방향의 장이 있다. 방향의 장은 어떠한 방향으로도 고정되어 있지 않은 특이점들의 실존과 관련된 위상학적 우연들을 수반한다. 둘째로, 적분 곡선들이 있다. 적분 곡선들은 방향의 장에 속하는 독특성들의 근방에서 어떤 규정된 형태를 띤다. 물론 이 두 가지 논점은 상호 보완적이다. 독특성들의 본성은 그것들의 근방에서 적분 곡선의 형태로 규정되지만, 이 독특성들의 수학적 실재성은 판명하기 때문이다.[5] 이념-문제, 문제-심급을 가리키는 특이점들의 실존이나 할당과 해-심급에서 드러나는 특이점들의 종별화種別化, spécification 사이에 존재하는 이러한 본성상의 차이를 지적하면서, 로트

---

4) Lautman, *Essai sur les notions de structure et d'existence en mathématiques*, Paris, Hermann, 1938, t. II, p. 148~149.; Deleuze, *DR* 183/312, 211, n. 1./358~359, 주 34., 212~213/360~361.

5) Lautman, *op. cit.*, p. 138~139 et *Le problème du temps*, Paris, Hermann, 1946, p. 41~42. 이 대목은 Deleuze, *LS*, 127, n. 4./197~198, 주 4에서 인용된다.

망은 문제의 조건들이 사유가 그 조건들을 다루는 방식으로 환원될 수 없다는 사실을 보여 준다.

들뢰즈는 구조주의적 사유와 거리를 둔다. 문제가 실재적인 것도 가상적인 것도 아니라면, 그것은 더 이상 우리가 앞서 분석했던 구조의 의미에서와 같이 상징적인 것 또한 아니다.[6] 잠재적인 것은 제3의 질서라는 규정을 향해 나아간다. 이 제3의 질서라는 규정은 실재적인 것과 상상적인 것으로 환원될 수 없다. 우리가 이제 규정하려는 바의 문제제기적인 것은 상징적인 것을 이동시키고 그것을 대체한다. 구조와 마찬가지로, 문제는 자신이 노에시스적 다이어그램을 그려 주는 경험적 실재에 내재적이다. 그러나 구조와는 달리, 문제는 또한 발생적이며 개체화의 실재적 원천이다. 그리고 문제를 구성하는 독특성들은 의미작용적인 것이 아니라 미분적이다. 따라서 문제의 객관성은 인간학적·노에시스적·언어학적 구조로 환원될 수 없다.

이념은 상징적으로 존재하는 것이 아니라 실재적으로 존재한다. 이런 이유 때문에 여기서 들뢰즈는 이념의 실재론이라는 통상적인 의미에서 관념론에 가까워지는 듯 보이는데, 이념의 실재적 존속성과 공속성은 초월성에 준하는 듯 보인다.[7] 이런 방식으로 제시되는 이념을 이론에 선재하는 어떤 본질과 구별해 주는 것은 무엇인가? 이 본질이 외부로부터 이론에 부과되었던 것이며, 또한 어떤 사유자가 이론을 빌려 그 본질을 해결해 주기를 오래전부터 기다려 왔던 것이라면 말이다.

첫째로, 이념의 객관성은 노에시스적인 해들과 관련하여 이념의 독립

---

6) Deleuze, *DR* 230~231/388~390.

7) *Ibid.*

성을 보장해 준다. 들뢰즈는 로트망이 수학 연구에서 이끌어 낸 이러한 귀결을 사유 전체로 확대하여 철학뿐만 아니라 예술에도 적용한다. 문제는 자신의 해로부터 독립적인 의미를 가질 수 있다. 문제를 해결할 수 있는 수학적 수단들이 주어져 있건 아니건 간에, 로트망이 문제의 논리적 도식이라고 부르는 것은 사실상 존속할 수 있으며, 예술의 문제나 철학의 문제에 있어서도 사정은 마찬가지다. 논리적 도식은 문제의 평면에서 로트망이 "논리적 드라마"[8]라고 부르는 바를 수행하는데, 이 논리적 드라마는 그것의 현실적인 해로부터 영향을 받지 않는다. 이념의 완전히 규정된 독특성들은 다수적 연관의 체계, 즉 구조를 규정한다. 이 논리적 도식은 실재적으로 구별되어야 하며, 문제를 해결하는 데 필요한 수학적 수단들을 알고 있지 못할 때조차 수학적인 의미를 간직하고 있다. 그러나 이론 가운데서 이 논리적 도식의 현실화에 선행하는 것은 아무것도 없다. 어떤 이론에 있어 문제의 잠재적 미분화와 문제의 현실화 혹은 해는 이런 식으로 구별되어야 한다.

둘째로, 이는 기하학에 대한 문제제기적 구상과 정리적 구상 간의 차이에 다시금 현대성을 부여한다.[9] 정리적 속성들은 본질로부터 연역될 수 있는 데 반해, 문제제기적 속성들은 논리적 질료에 영향을 미치는 사건들(분할, 부가 등)을 보여 준다. 로트망과 프로클로스Proklos를 연결함으로써, 이처럼 들뢰즈는 문제를 사유가 야기한 여러 응답들과 본성상 구별되는

---

8) Lautman, *Essai sur les notions de structure et d'existence en mathématiques*, Paris, Hermann, 1938, t. II, p. 149.

9) Proclus, *Commentaires sur le premier livre des Éléments d'Euclide*, trad. Ver Ecke, Bruxelles, Desclée de Brouwer, p. 69. 이 대목은 Deleuze, *LS*, 69, n. 4./125, 주 4에서 인용된다. 들뢰즈는 『시간-이미지』에서 이 구별을 다시 활용하고 있다.

어떤 객관성으로 규정할 수 있게 된다. 이렇게 함으로써 들뢰즈는 문제와 사유를 상이한 두 가지 실재성으로 제시하는 동시에 그 둘 간의 관계를 설명할 수 있게 된다.

들뢰즈는 로트망이 문제를 규정하는 데 사용했던 세 가지 특질, 즉 문제와 해들 간의 본성상의 차이, 자신을 경험적으로 현실화하는 해들에 대한 문제의 초월성, 자신을 뒤덮고 있는 해들에 대한 문제의 내재성을 받아들인다.[10] 이 세 가지 특질은 함께 기능하며, 어떤 경우에도 서로 분리될 수 없다. 한편으로, 이념은 자신을 현실화하는 사유의 해와 동일시되지 않는다. 이는 의미가 무감수적인 상태로 남아 있거나 표현된 바가 자신의 표현 속에 존속하는 것과 마찬가지다. 이념의 잠재적 실재성은 이념의 실효적 독립성에 의존해 있다. 그러나 이념은 해들로부터 독립적인 동시에 해들을 구속하고 있으며, 이는 로트망이 자신의 입장에서 초월성을 언급하는 이유를 설명해 준다. 이념-문제가 자신을 현실화하는 해들에 내재적인 것으로 남아 있으며 그 해들과 동일시되지 않는다는 점에서, 이 상대적 초월성은 어떠한 우월성도 어떠한 선행성도 함축하지 않는다. 들뢰즈가 강조하듯, 문제는 이념 안에서 규정**되는** 만큼만 해에 의해 해소된다.

따라서 문제에 속하는 이념이 어떤 상대적 초월성을 띠고 있다 할지라도, 보다 정확히 말하자면 어떤 규정된 이론 안에서 벌어지는 자신의 현실화와 관련하여 어떤 존속성을 띠고 있다 할지라도, 자신의 이론적 실효화와 동일시되지 않는 한에서 이념은 여전히 해에 내재적인 것으로 남는다. 이 존속성은 어떠한 탁월성에도 이르지 못한다. 문제가 여전히 해에 내재적이라 할지라도, 이 존속성은 문제의 독립성을 표현할 뿐이며 문제

---

10) Albert Lautman, *Les mathématiques, les idées et le réel physique, op. cit.*, p. 260.

에 어떤 규정된 공속성을 부여한다. 바로 이런 점에서 들뢰즈는 내속성과 실존을 구별한다.

따라서 문제와 해가 맺고 있는 관계는 스피노자의 실체와 그것의 양 태들이 맺고 있는 관계와 유사하다. 해는 문제를 현실화하지만, 그 문제 는 자신의 현실화 아래에서 존속하고 내속한다. 그러나 문제가 해와 동일 하지 않다 하더라도, 문제가 해에 선재하여 이념의 하늘 안에 존재하는 것 은 아니며 해의 바깥에 존재하는 것도 아니다. 들뢰즈가 보기에 이미 만들 어진 문제란 존재하지 않는다. "문제는 자신의 조건들을 표현하는 특이점 들을 통해서만 규정된다."[11] 문제는 해가 아닌 다른 곳에서 규정되지 않으 며, 해들보다 앞서 주어져 있거나 해들에 원리적인 어떠한 개념적 의미작 용도 지니고 있지 않다. 문제와 해가 구별된다 하더라도, 문제는 해의 경 험적 실효화에 달려 있으며 이 경험적 실효화가 없다면 우리는 문제를 구 성할 수 없을 것이다. 그러나 우리는 문제를 다음과 같이 규정한다. 문제 란 해가 응답하기는 하지만 해와는 구별되는 그 무엇이다. 따라서 문제는 잠재적인 이상적 사건과 관련되는 데 반해, 시공간적 평면에서 문제를 실 효화하는 해는 문제의 현실적 분화로 나타난다. "모든 개념은 하나의 문 제, 아니면 여러 개의 문제들을 가리킨다. 이 문제들이 없었다면 개념은 아무런 의미도 갖지 못했을 것이며, 이 문제들 자체는 그것들의 해에 따라 서만 얻어지거나 구성될 수 있다."[12]

따라서 문제는 인식의 범주이자 전적으로 객관적인 존재의 유類가 된 다. 문제는 더 이상 주관적인 범주로 간주되어서는 안 되며, 그렇다고 물

---

11) Deleuze, *LS* 69/125.; *DR* 356/583.
12) Deleuze, Guattari, *QP* 22/28~29.

화되어서도 안 된다. 『철학이란 무엇인가?』에서 들뢰즈가 새삼 명시하는 바에 따르면, 문제의 잠재적 내속성과 초월성을 혼동한다면 치명적인 결과가 초래될 것이며 이는 문제가 해에 의해 제거되지는 않는다 하더라도 마찬가지다. 다만 이러한 관점에서, 자신의 해들에 대한 문제의 초월성은 다음과 같은 한에서만 존재한다. 문제가 자신의 실효화에 의해 영향을 받지 않는 한에서만, 사건의 생성이 자신의 역사적 현실화를 통해 다 소진되지 않는 한에서만 말이다. 그렇다고 해서 문제 혹은 이념이 자신의 해가 아닌 **다른** 곳에 존재하는 것은 아니다. 다시 말해, 문제가 다른 세계, 탁월하고 초월적인 세계에 속하는 어떤 본질로서 확립되는 것은 아니다. 문제는 자신의 조건들을 표현하는 특이점들을 통해서만 규정되기 때문이다. 이는 들뢰즈가 "이념의 경험론"[13]을 말할 수 있는 이유를 설명해 준다. 초월론적 경험론은 바로 이 지점에서 성립한다. 이념은 자신의 실효화가 경험적으로 출현하는 곳에서, 이념이 이상적 사건으로서 구현되는 해 안에서, 해가 응답하는 문제 안에서 주어진다. 바로 이런 점에서 이념은 계열들 간의 발산을 긍정하는 역량으로 규정되며, 이 불균등한 발산은 사유에 의미의 개별화를 요구한다.

2. 문제, 독특성, 사건

이제 『차이와 반복』의 이념-문제와 『의미의 논리』의 사건 혹은 의미 간의 관계를 정식화해 볼 필요가 있다. 언제나 그렇듯이, 들뢰즈에게서 문제에서 문제로 나아가면서 혁신되는 개념들, 변형된다고 일컬어지는 개념들

---

13) Deleuze, *DR* 356/583.

을 어떤 고정된 기능에다 할당하는 것은 까다로운 일이다. 그러나 이 개념들 간의 관계를 구성하고, 이 개념들이 어떤 복합적인 전략에 따라 서로 구별되는지를 명시할 수 없는 것은 아니다. 사실 이 두 권의 저작은 차이의 두 측면을 체계적으로 탐색한다. 『차이와 반복』이 생명 과학 및 물리학의 장을 참조하면서(조프루아 생틸레르, 베르그손, 시몽동) 생기적 개체화와 강도적 에너지론에 집중되어 있는 데 반해, 『의미의 논리』는 차이를 구조주의적·노에시스적·역설적·논리적 측면에서(스토아주의, 루이스 캐럴, 후설) 고찰한다. 그러나 이 두 측면은 함께 파악되어야 한다.

우선, 문제는 이념에 준한다. 들뢰즈는 이 두 개념을 함께 받아들인다. 즉 이념은 항상 문제제기적이다. 발생적이고 미분적인 이중의 차원에서, 문제는 사유 속에서 일어나는 사유의 탄생을 또한 설명해 준다. 따라서 이념은 그 자체로 복합적이고 미분적인 구조로, 독특성들의 할당으로 묘사될 수 있을 뿐만 아니라 문제에 대한 응답으로서 사유의 해를 유발하는 것으로도 묘사될 수 있다. 의미는 문제와 사유의 이접적인 만남으로서 산출된다. 이처럼 의미는 차이의 두 측면으로부터 성립된다. 의미는 일차적으로 이념적 의미로서 작용하고 이념의 문제제기적 심급 안에서 내속하지만, 또한 명제 안에서 겨냥되는 바로서 사유에 대해 산출된다.

따라서 의미는 이념과 사유 사이에서 확립되며, 이 놀라운 할당의 목표는 창조를 보장해 주는 데 있다. 이런 방식으로, 의미는 자신을 산출하는 사건에 선재하지 않기 때문이다. 의미는 이념과 사유가 맺는 관계의 바깥에서 주어지지 않으며, 이 관계를 통해 어떤 새로운 할당, 노마드적이고 모험적인 할당이 사유에 대해 이루어지기 때문이다. "따라서 우리는 사건의 의미가 무엇인지 묻지 않을 것이다. 사건은 바로 의미 자체다."[14] 의미 작용으로서나 본질로서 자신의 고유한 현실화에 선행하지 않는 한에서,

사실상 의미는 항상 사유에 주어지는 사건이다. 그러나 사건은 그것이 촉발하는 현실화로, 그것이 사유 속에서 얻게 되는 의미작용으로 환원되지 않는다. 이는 이념과 이념이 촉발하는 사유가 구별되는 것과 정확히 마찬가지다.

따라서 우리는 다음의 등가성을 얻게 된다. 어쨌거나 이념-문제는 그것이 하나의 기회로서, 하나의 모험으로서 야기하는 사유와 구별된다. 중요한 것은 문제의 자극에 반응하는 사유의 사건성^{événementialité}이다. 바로 이런 점에서 의미는 항상 사유에 주어지는 사건으로서 자신의 중지 능력 및 우발적인 출현 속에서 산출된다. "의미는 사건과 같은 것이지만, 이번에는 명제와 결부된다."[15] 그러나 의미를 사건의 주관적인 판본이나 정신적인 번역으로 이해할 필요는 없으며, 오히려 사유가 응답하는 문제나 이념으로 이해해야 한다. 언제나 그렇듯이, 들뢰즈는 단순한 경험론과 초월적 관념론을 동시에 평가절하한다. 사건은 '흘러가는 것'이나 경험적인 사물의 상태로 환원될 수 없지만, 사유의 실효화나 사유가 겨냥하는 바와 일치하지도 않는다. 사건은 사유에 주어지는 의미의 발생으로서 정확히 이념과 사유의 틈에 위치한다.

이념 자체는 응답을 야기하는 불균등한 심급으로 사유에 의해 파악되는 한에서만 사건이 된다. 따라서 이념은 언어의 영역과 실재성의 영역을 오가는 사건으로서의 말$^{馬, cheval}$로, 다시 말해 의미로 환원되지 않으며, 경험적인 사물의 상태로도 논리적인 의미작용으로도 환원될 수 없다. 이념의 구조적 요소들은 사유가 만들어 내는 응답이라는 형식하에서만 의미

---

14) Deleuze, *LS* 34/79.
15) Deleuze, *LS* 195/286.

를 갖는다.

이처럼 들뢰즈는 이념, 사건, 의미 사이에서 전적으로 새로운 할당을 보증해 준다. 사유는 실재, 즉 이념의 구조와 관련된다. 이념의 구조는 사실의 상태와 구별되지만 노에시스적인 것은 아니며 경험의 실재성 속에서 주어진다. 이념의 구조는 그 자체로 문제다. 사유를 야기하는 능력에 있어, 문제는 사건, 다시 말해 사유에 주어지는 의미가 된다. 그런 한에서, 문제는 (사물의 상태 안에서 주어지는) 경험적인 것도 (선재하는 어떤 본질이나 의미작용으로서 주어지는) 독단적인 것도 아니다. 오히려 문제는 자신을 소환하는 사유에 외부적인 것으로서, 사유의 사실을 통해 규정되는 잠재적인 성좌다. 따라서 이론에 대한 물음은 더 이상 독단적인 진리 이미지에도 그 이미지의 궤적에도 의존해 있지 않으며, 주관적 가설에 대한 물음은 더 이상 본질의 필연적 보편성에 의존해 있지 않다. 들뢰즈는 사유 이미지를 다음과 같이 변형시킨다. 의미는 모험적인 만남 속에서 산출되는데, 이 만남은 사유가 새로운 것을 창조하도록 강요하고 어떤 문제를 규정한다. 새로운 사유 이미지는 이처럼 새로운 현실화의 궤적을 규정한다. 이 새로운 현실화의 궤적은 문제제기적인 것에서 물음으로 이행하되, 문제들이 오래전부터 주어져 있었던 것처럼 물음을 선재하는 어떤 문제에 대한 응답으로 만들지는 않는다. 문제를 응답과 결부되어 있는 것으로서 발명하고 구성하는 것은 바로 그 응답이다.

따라서 의미라는 문제제기적 사건은 예측 불가능하고 우발적인 주사위 던지기로서 산출된다. 그것은 사유에 주어지는 단절·위기·불연속성으로서 의미를 던진다. 사유가 항상 사건으로서 산출된다 하더라도, 의미라는 문제제기적 사건은 사유의 출현으로, 사유 속에서 벌어지는 그 무엇으로 환원될 수 없으며, 사유의 바깥에 무감수적·이상적으로 내속하거나 존속한다. 이런 의미에서 의미는 이념이다. 다시 말해, 사유의 초월론적 조건이자 미분화된 구조다. 그러나 그와 동시에, 의미는 '독특성의 분출'이다. 또한 독특성으로서, 의미는 새로운 것을 이접적으로 산출하는 임계점이기도 하다. 새로운 것은 어떤 역사를 열어 보이지만, 이 역사의 간격과 휴지(休止)는 선행하는 순간으로 환원될 수 없다. 따라서 들뢰즈는 이상성과 경험적인 것의 새로운 할당을 확립한다. 이념은 사유 던지기로부터 귀결되지만, 그 던지기와 동일시되지는 않는다.

> 특이점들은 주사위 위에 있고, 물음들은 주사위들 자체이며, 명법은 던지기이다. 이념들은 던지기[놀이]들의 결과로 따라나오는 문제제기적인 조합들이다.[16]

철학에서와 마찬가지로 수학에서도, 의미는 이처럼 참된 초월론적 사건으로부터 산출된다. 독특성들은 문제제기적인 장 속에서 나타나지만, 우발로서가 아니라 그 장에 실제로 영향을 미치고 이념을 사유의 미분적인 것으로 만드는 위상학적 사건으로서 나타난다. 여기서 시몽동의 개체화는 논리적 장에 전적으로 부합한다. 사유는 개별화를 통해 산출되며, 이는 사유의 참된 물리학인 신경생물학에 대한 들뢰즈의 관심을 설명해 준다. 배움은 문제의 객관성과 마주한 이러한 주관의 반응에서 성립하며, 그에 힘입어 우리는 이념과 더불어 어떤 문제제기적 장을 형성하게 된다.

이는 또한 독특성의 위상을 분명히 해준다. 함수 이론에서 기인하는 수학적 개념인 독특성은 어떤 사물이 그 근방에서 변화하는 점으로 정의

---

16) Deleuze, *DR* 255/428.

된다. 변곡점이거나 첨점尖點에 해당하는 독특성은 곡선 위에서 어떤 일이 벌어지고 있는지를 보여 주며, 곡선에 영향을 미치는 변화를 관찰할 수 있게 해준다. V자형, 교차형, 집중형 등의 모든 운동학은 곡선에 미분적으로 영향을 미친다. 난입하는 독특성은 곡선의 규칙적인 점들과 분리되면서 사건을 형성하며, 들뢰즈가 이념의 극화라고 불렀던 것, 즉 이념이 분화되는 시간 및 이념이 현실화되는 공간에 상응한다.

따라서 독특성은 다음의 네 가지 특성을 갖는다. 첫째, 독특성은 이접·단절·휴지로서의 사건을 보여 준다. 그러나 둘째, 독특성은 관계들의 관계, 언제나 복수적인 다양체이며, 일군의 점들에 묶여 있지 않다. 독특성은 곡선의 우발이 아니라 어떤 관계를 일컫는다. 어떤 점이건 그것이 포섭되는 관점에 따라 특이한 것le remarquable에서 평범한 것l'ordinaire으로, 규칙적인 것le régulier에서 독특한 것le singulier으로 이행할 수 있다. 셋째, 독특한 것은 항상 규칙적인 것과의 차이에 따라 규정되며, 가까운 독특성의 근방에 이르기까지 평범한 것들이 의존해 있는 평범한 것들의 계열 전체와 이어진다. 이는 가능세계들의 이접적인 계열들을 활용하는 라이프니츠의 방법이 보여 주는 바와 같다. 가능세계들은 그 일부만이 공가능한compossible 것으로 드러나며, 『변신론』[17]의 마지막 대목, 두 갈래로 갈라지는 길들이 있는 형이상학적 정원에서는 여러 바로크적 세계들이 일으키는 소용돌이 속에서 가능세계들의 구성이 변화를 겪게 된다. 각각의 계열은 어떤 독특성들의 집합을 포함하고 있으며, 각각의 독특성은 다른 계열의 근방에 이르기까지 하나의 방향으로 펼쳐지는 어떤 계열을 규정한다. 따라서 새로운 독특성들과의 예측 불가능한 만남에 따라, 분기를 통해 공

---

17) Leibniz, *La Théodicée*, § 416~417.

명하고 새로운 계열들을 산출할 수 있는 특이한 점들이 존재하는 만큼, 하나의 구조 속에는 발산하는 계열들이 존재한다.[18]

논리적 독특성이나 수학적 독특성은 물리적 상관항으로서 임계점 혹은 현실화의 문턱(비등점, 융점, 빙점, 결정화 지점)을 갖는다. 철학에서, 임계점은 사건에 상응한다. 이것이 바로 바로 독특성의 네번째이자 가장 중요한 특질이다. 임계점은 이념을 계열들 간의 발산을 긍정하는 것으로 규정하기 때문이다. 그런데 발산은 바로 어떤 독특성을 특이하게 만들어 주는 것이다. "하나의 독특성은 한 계열의 출발점이고, 이 계열은 체계의 모든 평범한 점들과 접속되어 있어서 어떤 또 다른 독특성의 근방에까지 이른다. 이 새로운 독특성은 어떤 또 다른 계열을 낳고, 이 새로운 계열은 먼저 있던 계열과 때로는 서로 수렴하고 때로는 서로 발산한다. 이념은 발산을 긍정할 수 있는 역량을 지녔고, 서로 발산하는 계열들 사이에서 일종의 공명을 조성한다."[19]

독특성은 그것이 다른 계열들과 유지하는 관계에 따라 평범하거나 특이하게 된다. 수렴할 때, 독특성들은 평범하다. 특이하게 되기 위해서는, 독특성들이 발산해야 하며 체계 속에 새로운 무언가를 가져와야 한다. 이념의 가장 결정적인 측면은 다음과 같은 것이다. 즉 이념은 본질의 통일성과 의미작용의 동일성을 향해 수렴하는 것이 아니라, 발산을 긍정한다. 이념이 산출되는 것은 문자 그대로 발산이 존재할 때, 어떤 독특성이 드러날 때, 따라서 체계 속에 '어떤 일이 일어날' 때다.

이와 같이 규정된 문제는 순수 사건, 잠재적 객관성이다. 들뢰즈는

---

18) Deleuze, *LS* 67~69/121~124.
19) Deleuze, *DR* 356/583~584.

『의미의 논리』의 결정적인 삽입절에서 이 점을 분명히 한다. 즉 "(포텐셜 에너지는 순수 사건의 에너지인데 반해, 현실화의 형식들은 사건의 실효화에 상응한다.)"[20] 이념의 객관성은 들뢰즈가 순수 사건이라고 부르는 것의 평면, 다시 말해 실효화될 수 없는 이념의 잠재적 부분이라고 부르는 것의 평면에서 자신의 '에너지', 자신의 문제제기적 능력을 전개한다. 들뢰즈는 포텐셜 차이의 장 혹은 전개체적 장의 역할을 수행하는 문제제기적인 것을 잠재적인 것의 평면에 위치시키며, 이 문제제기적인 것은 어떤 해의 개별화 속에서 실효화된다. 따라서 문제제기적 사건은 경험적 우발뿐만 아니라 독단적인 본질과도 구별되어야 한다. 바로 이런 이유에서 이념은 자신의 현실화에 영향을 받지 않으며, 『의미의 논리』에서 들뢰즈는 의미에 무감수성과 발생적 생산성이라는 이중의 규정을 부여한다.

따라서 이념을 특징짓는 것은 바로 문제의 객관성이다. 들뢰즈는 이로부터 다음의 두 가지 귀결을 이끌어 낸다. 첫번째 귀결은 베르그손적인 것으로서, 문제가 어떤 점에서 응답을 규정하는지를 주목하는 데서 성립한다. 따라서 철학에서 문제는 항상 구성적이다. 초기 저작들 이래로 들뢰즈가 지속적으로 주장해 왔던 바에 따르면, 우리는 문제의 압력하에서만 창조할 수 있으며 사유 이미지를 변화시킨다는 것은 곧 새로운 문제를 이끌어 낸다는 것이다. 그러나 이제 드러나듯이 문제는 자신의 조건들을 표현하는 특이점들을 통해서만 규정된다. 우리는 물음을 변화시켜 새로운 문제제기적 장으로 옮겨 놓음으로써 간접적인 방식으로만 문제를 창조한다. 문제를 규정하는 것은 사유의 해 속에서 문제가 현실화되는 방식이다. 그렇지만 문제와 해는 독립적인 소여로서 존속한다. 문제는 사유를 통해

---

20) Deleuze, *LS* 125/195.

현실화되는 해들에 의해 다 소진되지 않기 때문이다. 또한 "해가 문제를 제거하는 것이 아니라 오히려 문제에서 자신이 어떤 의미를 갖는데 필수적인 존속하는 조건들을 발견한다면, 응답은 물음을 제거하지도 충족시키지도 않으며 되려 물음이 모든 응답들을 가로질러 항존하는 것이다".[21]

따라서 이 지점에서 들뢰즈는 베르그손을 계승하고 있다. 문제와 물음은 서로 독립적으로 존속하지만, 잠재적인 것이 현실화되는 운동을 통해 항상 연결되어 있다. 이로부터 다음이 귀결된다. 들뢰즈가 『의미의 논리』에서 말하듯이, "문제와 물음은 그 자체로 이념의 객관성을 가리키며 어떤 고유의 존재, 즉 **최소 존재**minimum d'être를 갖는다".[22] 이 **최소 존재**는 열외-존재extra-être로서, 이상성의 실존이 아니라 내속성을 규정하며 경험적인 것과 구별되지만 그렇다고 해서 초월적인 것으로 귀속되지는 않는다.

우리가 강도와 관련하여 확인했던 이원론, 앞서 살펴보았던 바와 동일한 완화된·유보적인·대안적인 이원론이 여기서도 발견된다. 문제는 전개체적인 개체화의 장을 구성하고, 사유는 그 장의 현실화를 구성한다. 『철학이란 무엇인가?』에서 들뢰즈는 자신의 용어를 거의 그대로 유지하면서 문제를 잠재적인 '내재면'으로 만든다. 모든 해('개념')는 이 '내재면'을 전제하고 있지만, 또한 그것을 절단하고 수정한다. 개념(해-심급)과 내재면(문제-심급)은 상관적이면서도 서로 구별되어야 한다. 내재면은 어떤 사유 이미지를 규정한다. 이 사유 이미지는 모든 개념이 전제하고 있는 것이지만 또한 개념으로부터 독립적인 것이며, 따라서 모든 철학은 "개념의

---

21) Deleuze, *LS* 72/129.
22) *Ibid*.

창조이자 내재면의 설립"[23]이 된다. 개념을 창조한다는 것은 곧 내재면을 설립한다는 것, 문제를 구성한다는 것이다.

> 하나의 개념은 앞서 주어진 개념들을 수정하거나 대체하는 문제를 요구
> 할 뿐만 아니라 공존하는 다른 개념들과 결합되는 문제들의 분기점을 또
> 한 요구한다.[24]

보다 근본적인 측면에서, 그리고 바로 이 지점에서, 이 주제는 더 이상 베르그손적인 것이 아니라 맑스적인 것이 된다. 개념과 내재면이 이렇게 독립적으로 실존한다고 해서 문제와 해가 어떤 동일한 역사적 맥락 속에 경험적으로 함께 귀속되거나 함께 기입되거나 그 속에서 함께 생성할 수 없는 것은 아니다. 문제가 어떤 물음 속에서만 현실화된다 하더라도, 물음은 문제를 구성하지도 그것을 다 소진시키지도 않는다. 물음은 문제의 우발적인 현실화를, 주사위 던지기를 제시할 뿐이다. 들뢰즈가 실로 맑스적인 어조로 결론짓고 있듯이, 따라서 "하나의 문제는 언제나 자신을 문제로서 규정하는 조건들에 어울리는 해를 갖는 것으로 나타난다".[25] 이러한 조건들이 사유 이미지를 규정하는데, 이 사유 이미지는 초월론적 평면의 설립이라는 강한 의미에서 이해된다.

의미 및 문제의 생성이 진리를 대체하고 배제한다. 사유를 사유의 대상들과 연결해 주는 관계는 여전히 현실화의 관계이며, 이 현실화 관계의

---

23) Deleuze, Guattari, *QP* 44/64.

24) Deleuze, Guattari, *QP* 24/31.

25) Deleuze, *LS* 69/126.

경험적 역사성은 인과적 규정으로도 비역사적인 상징적 표현으로도 귀결되지 않는다. 문제의 이러한 역사성은 사실상 사유의 생성을 통해 표현된다. 또한 문제가 어떤 이념적 객관성을 가리킨다면, 이 이념적 객관성은 인식 가능한 것과 이미 인식된 것을 동시에 만들어 내며 이것이야말로 사건을 경험적인 사물의 상태나 보편적인 본질과 혼동하지 않는 방식으로 문제의 역사성 전체를 규정해 주는 것이다. 이로부터 문제의 역설적인 위상이 도출된다. 즉 사건은 해가 아니라 문제를 가리킨다. "우리는 사건이 그 문제의 조건들을 규정하는 그러한 문제 안에서만 사건에 대해 말할 수 있다. 독특성은 문제제기적 장 안에서 펼쳐지고 해들은 독특성의 근방에서 조직화된다. 우리는 이러한 독특성인 한에서만 사건에 대해 말할 수 있다."[26] 그러나 해는 문제를 제거하지 않으며, 응답이 물음을 없애 버리는 것도 아니다. 들뢰즈가 보기에, 문제와 문제의 조건들이 맺고 있는 관계는 문제의 의미 그 자체를, 그것의 완전한 독특성 속에서 규정한다.[27]

이념은 문제와 마찬가지로 단지 우리의 머릿속에만 있는 것이 아니라 현실적인 역사적 세계가 생산되는 여기저기에 있다.[28]

3. 잠재적인 것과 현실적인 것, 아이온과 크로노스

따라서 사유에 있어 창조한다는 것은 어떤 문제, 어떤 이념을 현실화한다

---

26) Deleuze, *LS* 72/128.
27) Deleuze, *LS* 179/265~266.
28) Deleuze, *DR* 246/413~414.

는 것이다. 이념과 사유, 문제와 물음을 연결해 주는 관계는 잠재적인 것에서 현실화로, 강도에서 개별화로 가는 관계와 다르지 않다. 이제 우리는 이념의 잠재적 위상으로 되돌아갈 수 있게 되는데, 『차이와 반복』시기 들뢰즈는 그것을 미/분화$^{différenc/tiation}$라는 복합적인 정식으로 표현했던 바 있다. 이 개념은 앞서 면밀하게 살펴보았던 것으로서, 이에 힘입어 우리는 상호 연관적인 차이의 이중적 분출을 독특한 잠재적 다양체와 사유자의 심리 체계 속에서 벌어지는 현실화로 분명히 할 수 있게 된다.

이 미/분화라는 정식이 설명해 주는 것은 잠재적인 것에서 현실적인 것으로 가는 관계의 이중적 과정 속에서 진행되는 **차이**의 이중화다. 실재적이지만 이상적인 잠재적인 것은 현실화되지는 않았지만 자신의 내용 속에서 **미분화**(철자 t)되어 있다. 즉 잠재적인 것은 내적 규정, 독립적 공속성을 띤다. 여기서 문제가 되고 있는 것은 프로클로스의 주제정립적^{théorématique} 심급이나 로트망의 문제-심급이다. 다른 한편, 잠재적인 것은 현실화되면서 **분화**(철자 c)되고 개별화되는데, 이는 프로클로스의 문제제기적 심급이나 로트망의 해-심급에 해당한다. 이 미/분화라는 용어[29]가 표현하는 것은 차이의 두 계기, 잠재적인 것의 이원성이다. 이러한 이원성은 의미의 두 측면에 상응하며, 따라서 시간의 이접적 종합에도 상응한다.

잠재적 문제는 **미분화**(철자 t)되어 있다. 개별화되거나 물음으로서 현실화되지는 않았지만, 잠재적 문제가 지닌 독특성 및 공속성은 온전하며 이는 그것들이 무감수적이고 현실화와 무관한 것이라 할지라도 마찬가지다. 물음 혹은 사유의 해는 **분화**(철자 c)된다. 물음은 개별적·구체적 형태

---

29) Deleuze, *DR* 270/451 이하, 358/585~586. "Dramatisation", art. cité, p. 100(*ID* 143/506).

를 띠며 사유자의 뇌 안에서, 사유의 신경 매체, 예컨대 목소리나 문자라는 매체 안에서 물질화된다. 들뢰즈가 보기에, 이런 한에서 물음은 문제가 아니라 해의 편에 서 있다. 물음은 해와 닮아 있지 않다. 이는 정확히 말해 물음이 해를 현실화하기 때문이다. 따라서 이념은 사유 안에서 현실화되기 전에는 **분화**(철자 c)되지 않는다. 개별화되어 있지 않다는 점에서 전적으로 **미분화**^{未分化}된 이념은 "전혀 미규정"되어 있는 것이 아니라 오히려 완전히 **미분화**^{微分化}(철자 t)되어 있다.[30] 따라서 소설가가 자신의 방식에 따라 현실화하는 이념은 잠재적인 것의 현실화를 표현한다. 철학은 이 현실화를 문제로, 이념이 현실화하는 잠재적 내용으로 인도할 수 있다.

하지만 이로부터 철학은 문제에 직접 도달하는 데 반해 소설가나 현자는 해의 평면에 만족한다는 결론이 나오는 것은 아니다. 모든 사유는 신경적·언어적 현실화다. 그러나 철학적 사유 방식과 예술적 사유 방식 간의 구별에 힘입어 양자는 그 두 가지 사유 방식을 불러일으키는 문제제기적 이념의 해소를 저마다 고유한 물음의 형태하에서 시도할 수 있게 된다 ('해의 구성').

미분화가 문제로서의 **이념**이 지닌 잠재적 내용을 규정하는 반면, 분화는 이 잠재적 내용의 현실화와 […] 해들의 구성을 표현한다.[31]

들뢰즈에게서 이념이 지닌 문제제기적인·**미분화된**·다수적인·독특

---

30) Deleuze, *DR* 358/585~586. "전혀 닮지 않은 두 반쪽의 끼워 맞춤"을 설명해 주는 것은 바로 개별화다. 이는 시몽동에게서 변조가 두 개의 반쪽 사슬, 즉 형태적인 사슬과 물질적인 사슬로 설명되는 것과 정확히 마찬가지다(Simondon, *IGP* 41).

31) Deleuze, *DR* 270/451.

한 특성은 생성의 역동성에 속한다. 현실적인 것과 잠재적인 것의 양상들이 지성적인 것과 감성적인 것, 본질과 실존, 가능한 것과 실재 사이의 단절을 대체한다. 앞서 우리는 강도를 분석하면서 잠재성과 개별화라는 개념쌍과 마주했던 바 있다. 우리는 이 개념쌍을 **이념**과 문제의 개념쌍 안에서, 문제의 구조가 지닌 잠재적 규정과 사유의 해의 현실화라는 형태하에서 재발견한다.

시간을 생성으로 사유한다는 것은 시간을 물체 속에서 벌어지는 현실화(**크로노스**)인 동시에 잠재적 공존(**아이온**)으로 사유한다는 것이다. 이렇게 해서 들뢰즈는 현실적인 것의 정적인 현존과 영원한 것의 비시간성, 현재의 덫과 영원성의 덫을 동시에 피할 수 있게 된다. **크로노스**는 물체의 현존을 보여 준다. 그런데 들뢰즈가 보기에 시간은 현재가 아니라 생성과 관련되어 있으며, 이런 이유에서 미래와 과거의 시간인 **아이온**은 끊임없이 **크로노스**의 현재로부터 벗어난다. 이 두 가지 규정은 함께 고려되어야 한다. 들뢰즈에게 있어 시간은 **크로노스**와 **아이온**의 이러한 분기, **크로노스**와 **아이온**의 이접적 종합이다.

들뢰즈가 사건의 잠재적 생성과 물체의 잇따른 이행을 지속적으로 구별하는 이유가 바로 여기에 있다. **크로노스**와 **크로노스**에 속하는 물체 상태의 잇달음은 운동-이미지와 그것의 감각-운동적 현실성에 관련된다. 이 감각-운동적 현실성은 점착성을 띤 행동의 시간성인 지각의 현재를 통해 두께를 얻는 것으로서, 이 행동의 시간성은 자신이 포착한 것을 공고히 하고자 고체와 관련하여 사유하고 흐름을 지연시킨다. 반대로, **아이온**은 자신이 지닌 생성의 역량과 더불어 시간이 흘러갈 수 있게 해준다. 들뢰즈가 갑작스러운 삽입절을 통해 분명히 하고 있듯이, "(현재의 존재란 존재하는 것이지 생성하는 것은 아니기 때문이다.)"[32] 이런 이유에서 **아이온**은 현재로부터 벗어나 있으며, 물체의 현실성으로부터 시간을 뽑아내고 주어지는 잇달음으로부터 시간을 추출해 낸다.

들뢰즈는 현재의 모든 지점에다 생성의 이접적 역량을 주입한다. 아이온과 크로노스의 분기는 『차이와 반복』의 세 가지 종합을 이어받아 다음의 가장 중요한 이접 주위에다 집약시킨다. 즉 크로노스는 물체의 현재, 감각-운동적인 운동-이미지이고, 아이온은 현실성을 띠고 있지 않은 생성의 비연대기적인 시간-이미지다. 아이온은 시간의 두 가지 잠재적 규정, 즉 두 번째 종합의 순수 과거와 세번째 종합의 "시간의 순수하고 텅 빈 형식"[33]을 비연대기적인 근거와해와 결합한다. 표면 효과의 환경에 해당하는 아이온은 이처럼 사물과 명제 사이에 경계선을 긋는다. 시간 속에서 내속하는 것이 순수 과거와 비연대기적인 미래뿐이라는 사실을 보여 주는 것은 과거와 미래를 흡수하는 현재가 아니라 바로 이 아이온이다.

시간성의 이 두 가지 양상, 즉 물체의 현재와 생성의 난입을 함께 고려함으로써, 우리는 시간 개념을 해방시켜 역사적 잇달음으로 환원되지 않도록 하면서 그것을 사건의 생성으로 열어 준다. 따라서 들뢰즈가 보기에, 영원성과 역사는 부적합한 형태의 시간성들로서 둘 다 제거되어야 한다. 영원성과 역사는 결국 반시간적인 모델에 따라, 다시 말해 목적론적·인과적인 잇달음이라는 역사의 모델과 초월적 비시간성이라는 영원성의 모델에 따라 실재적 생성을 왜곡한다. 참된 창조적 시간성을 사유하기 위해서는 사건을 사유해야 하지만, 사건을 흘러가는 것이나 사물의 상태로 환원하거나 비시간성으로 해소시켜서는 안 된다. 사건이라는 개념이 목

---

32) Deleuze, *LS* 192/282.
33) Deleuze, *LS* 194/282.

표로 하는 바가 바로 여기에 있다. 들뢰즈는 항상 페기^{Ch. Péguy}의 훌륭한 텍스트를 참조하면서 사건을 다음과 같이 묘사한다. 사건은 "우리에게 기별을 보내고 우리를 기다리는 순수한 표현된 바를 도래하게 하는 것" 속에, 정적 발생 속에, "아무개의 광휘", "사건 자체의 혹은 4인칭의" 광휘 속에 존재하는 현실화의 문제제기적 이유에 해당한다.[34]

여기서 우리는 들뢰즈 철학의 가장 난해하고도 가장 훌륭한 규정들 중 하나를 접하게 된다. 사건에 대한 들뢰즈의 견해, 즉 사건이란 '현실적이지 않지만 실재적이고 추상적이지 않지만 이상적'이라는 견해가 바로 그것이다. 이 견해가 초월적인 듯 보이는 까닭은 사건이 사물의 상태를 조감하기 때문인데, 이때 사건은 사물의 상태 안에서 현실화되면서도 그 상태에 내재적인 것으로 남는다. 다시 말해, 사건은 "현실화되지 않는 그 무엇의 순수 내재성", "비물질적·비물체적·비체험적인 순수 저장물"[35]로 남는다. 사건은 물체의 질서에도 현실적인 것의 인과적 논리에도 속하지 않는다. 사건은 사전에 주어진 규정들의 연대기적이거나 인과적인 질서에 자신이 속하도록 허용하지 않기 때문이다. 사건의 가장 중요한 특성은 예측 불가능성이다. 이런 점에서 사건은 연대기에 충격을 가해 혼란을 야기하고 시간적 구별^{périodisaiton}을 만들어 낸다. 사건은 이제 곧 일어날 것이거나 이제 막 일어났던 것이지, 결코 지금 일어나고 있는 것이 아니다. 사건은 현재에 실효화되지 않으면서도 현재에 의미를 부여하는 것으로서 존속한다. 이런 이유에서 사건은 문제제기적이다. 다시 말해, "사건은 전적으로 문제와 관련되며 문제의 조건들을 규정한다".[36] 따라서 사건은 선행

---

34) Deleuze, *LS* 178/265.

35) Deleuze, Guattari, *QP* 148/224.

적인 것-후행적인 것의 질서로 환원될 수 없으며, 이는 스토아주의가 구별한 **아이온**과 **크로노스**에 대한 호소가 함축하고 있는 바이기도 하다. 사건은 시간 속에 열린 틈을 만들어 낸다.

따라서 사건은 역사적 질서와 구별되는 것이지만, 역사와 교차하는, 측면상의, '횡단적인' 생성으로서 번득인다. '횡단적'이라는 표현은 들뢰즈에게 상당한 중요성을 갖는 한 텍스트에서 페기가 사용했던 것으로서, 이 물음들을 다룰 때마다 들뢰즈는 항상 경탄과 더불어 그 텍스트를 언급한다. 앞으로 살펴보게 되겠지만, 횡단성은 과타리의 작업과 관련하여 상당한 중요성을 부여받게 될 것이다. 여기서 횡단성이 등장하는 것은 페기의 글에 등장하는 역사와 사건, 즉 규칙적인 잇달음 및 그것의 선형적인 연대기를 수반하는 역사와 비연대기적인 역량 속에 존재하는 사건을 구별하기 위함이다. 생성과 나란히 미끄러져 가는 긴 여정 속에서, 역사는 사건과 접촉하지도 사건 속으로 침투하지도 않으면서 사건을 따라 흘러간다. 연대기적 잇달음은 계속 평행을 이루면서 생성을 따라 미끄러져 가는 데 반해, 시간에 대한 실재적 경험, 기억과 늙어감에 대한 내적 경험은 우리에게 능동적인 시간으로 가는 길을 열어 주며, 역설적으로 사건 속에 '머무르는' 데서 성립한다.

들뢰즈가 제안하는 페기에 대한 이러한 독해에 따르면, 현실화된 역사의 수평선은 횡단적인 사건의 대각선과 교차된다. 사건은 사물의 상태 속에 구현되는 것이 아니라 섬광처럼 번득이며, 그러면서도 물체의 역사와 교차하는 자신의 현실화로 환원되지 않는다. 들뢰즈가 말하는 사건은 일어나는 것, 현실화되는 것이 아니라 페기가 말하듯 "내재적인 내적인

---

36) Deleuze, *LS* 69/125.; Zourabichvili, *Le vocabulaire de Deleuze, op. cit.*, p. 11.

것"l'internel immanent[37], 현실화를 통해 다 소진되지 않는 잠재적 부분이다.

  스토아주의적인 방식으로 들뢰즈가 사건의 '무감수성'이라고 부르는 것, 즉 사건이 자신의 실효화와 관련하여 갖는 중립성은 사실상 경험적 규정으로 환원될 수 없는 사건의 특성을 보여 준다. 따라서 실효화는 잠재적인 것에서 현실적인 것으로 가는 이행과 관련되며, 이러한 이행을 통해 우리는 이념의 압력하에서 사유하게 된다. 그에 반해 맞-실효화는 가역적이지 않은 역逆의 관계를 가리키며, 이 역의 관계를 통해 잠재적인 것은 자신의 실효화 속에서 해소되지 않을 수 있게 된다. 사건은 분기한다. 「68년 5월은 일어나지 않았다」[38]라는 훌륭한 텍스트에서, 들뢰즈와 과타리는 왜 역사적 현상들 속에서 사건의 일부가 사회적 규정, 인과적 잇달음으로 환원될 수 없는 것으로 남는지를 설명한다. 사건은 열린 틈을 만들어 내고 새로운 것을 산출한다는 점에서 연속적 질서와 유사하지 않을 뿐만 아니라, 그 여파와 귀결이 어떠하건 간에 어떤 시작의 역량을 간직하고 있다. 이런 점에서 사건은 크로노스라는 인과적 시간으로부터 벗어나 있다. 사건은 이탈한다. 이 이탈과 분기의 역량은 아이온과 크로노스의 이원성을 설명해 주며, 물체의 상대적 안정성 속으로 생성이 지속적으로 삽입되고 있음을 보여 준다. 사건은 내재성, 불가항력적인 비가역성, 우발성이라는 세 가지 역설적인 규정들을 결합한다. 사건은 아직-아님pas-encore과 언제나-이미toujours-déjà에 해당하는 것으로서, 결코 현재에 속하지 않으며 시간을 과거와 미래로 나눈다. 사건은 시간을 쪼개고 현재를 와해시킨다.

---

37) Deleuze, Guattari, *QP* 148/224.; Deleuze, *RF* 226/435~436.

38) Deleuze, Guattari, "Mai 68 n'a pas eu lieu", *Les Nouvelles littéraires*, 3~9 mai 1984, p. 75~76, rééd. *RF* 215.

따라서 사건의 무감수성은 초월성에서 성립하는 것이 아니라 물체의 현재와 단절하는 어떤 오염되지 않은 역량에서 성립한다. 이런 의미에서 사건은 어떤 방식으로 실효화되건 상관없이 문제로서 내속한다. 사건의 역량은 그것의 현실화에 의존하지 않는다. 가능한 것과 구별되는 잠재적인 것은 현실적인 것만큼이나 실재적이기 때문이다. 잠재적 **이념**으로서, 사건은 자기 역량의 완전성을 소유하고자 사실의 상태 속에 구현될 필요가 없다. 사건은 임박한 것, 내재적인 것, 현행적이지 않은 것으로서, 현실화되기를 기다리지 않는다. 사건은 그것의 비현행성 속에서도 충만하며, 현실화되지 않았다는 점에서 비물질적·비물체적인 것으로, 따라서 비체험적인 것으로 남는다. 우리는 사건 속에서 살아갈 수도 없고 사건 속에 자리잡을 수도 없다. 그러나 이와 동일한 이유에서 사건은 또한 끝없이 이어진다.

68년 5월과 같은 사건을 넘어설 수 없는 것은 바로 이런 이유 때문이다. 그 사건이 사방에서 배반당하고 조롱당하고 비판당하는 것으로 드러난다 하더라도, 아니면 그 사건이 이미 현실화된 것으로 드러났다 하더라도 말이다. 그 사건의 포텐셜, 그 사건이 담고 있는 열림의 부분은 그 사건에 뒤이어 오는 실재적인 인과적 규정들로 환원될 수 없는 것으로 남는다. 따라서 "사건이 이상적"[39]이라면, 이 정식은 원리상의 이상주의를 가리키는 것이 아니라 현실적인 것의 질서 속으로 불분명하게 해소되어 버리지 않을 수 있는 사건의 내속하는 능력을 가리킨다. 문제와 마찬가지로, 사건은 자신의 현실화에 저항한다. 사건은 실재 속에서도 계속적으로 문제를 제기한다. 이는 우리가 사건을 식별하는 지점에서도 정확히 마찬가

---

39) Deleuze, *LS* 68/124.

지다. 사건은 습관의 감각-운동적 연쇄 및 통상적인 인과성들을 깨뜨리는 능력을 지니고 있다. 여기서 두드러지는 것은 사건이 지닌 단절의 능력이다. 사건이 의미를 갖는 것은 새로운 시기를 열어젖히고 시대를 창조하는 문턱으로서, 다시 말해 임계점으로서다. "이것이 의미의 가장 일반적인 작용이다. 의미는 자신을 표현하는 것을 실존하게 만들어 주며, 따라서 순수 내속성은 의미를 표현하는 것 안에 실존하게 된다."[40] 사건은 이러한 현실화를 통해 규정되는 잠재적 내속성으로서 사유에 주어지는 의미를 만들어 낸다.

이런 이유에서 사건은 현실화 속에서 자신이 다 소진되도록 내버려 두지 않는다. 설령 원상태로 되돌아오게 된다 하더라도, 1968년 5월과 같은 사건을 넘어설 수는 없다. 번득이는 그것의 잠재적 일부, 그것의 정치적 포텐셜, 어제처럼 오늘도 다시 한 번 확립된 질서를 전복시킬 수 있는 그것의 손상되지 않은 능력에 있어서는 말이다. 또한 이러한 봄[voyance]의 현상을 통해 갑자기 한 사회는 그 사회의 생활 방식이 포함하고 있던 일부분이 더 이상은 용납될 수 없으며 그 생활 방식이 도약을 요구하고 있었다는 사실을 깨닫게 된다. 이처럼 사건은 역사의 선행성을 깨뜨리고 새로운 단계를 창조한다. 사건은 잇달음 속에 열린 틈을 만들어 과타리가 도주선이라고 부르는 현실화의 새로운 방향을 잠재적인 것으로부터 이끌어 내는데, 이러한 현실화는 경험적 일상 속에서 벌어지는 사건의 실효화로 환원될 수 없다. 사건의 이중적 특성에 해당하는 **아이온**과 **크로노스**가 설명해 주는 것은 현실성 속에서 도달하게 되는 타협이나 반작용이 어떠하건 상관없이 사건은 정치적으로 존속하고 비판적으로 항존한다는 사실이다.

---

40) Deleuze, *LS* 194/285.

아이온과 크로노스의 이원성은 들뢰즈가 지속과 공간을 대립시키는 이원론으로부터 지속을 벗어나게 함으로써, 그리고 특히 지속을 그것의 현존하는 부분으로부터 해방시킴으로써 베르그손의 지속을 어떻게 변형시켰는지를 보여 준다. 들뢰즈에게서 지속^{Durée}은 아이온이 되고 더 이상 지속되지 않는다.

베르그손과 갈라서는 이 휴지^{休止}의 지점으로 인해, 들뢰즈는 잠재적인 것과 현실적인 것이 연대기적 관계를 맺지 않는다는 사실을 강조할 수 있게 된다. 잠재적인 것은 현실적인 것에 선행하는 것이 아니라 문제제기적인 것으로서 현실적인 것과 공존한다. 물론 그럼에도 잠재적인 것은 현실화되며, 개체화의 화살은 잠재적인 것에서 현실적인 것으로 향한다. 모든 현실화는 분화를 통해, 발산하는 선들을 통해 이루어지며, 우리가 기억하고 있듯이 이는 강도의 세번째 특성을 가리키는 것이었다. 따라서 이념이 잠재적이라면, 잠재적인 것에서 그것의 현실화로 가는 비가역적인 화살을 통해 정향되어 있는 듯 보인다면, 이념은 엔트로피의 비가역성을 분화의 선들을 통한 현실화라는 시몽동의(정확히 말하자면, 베르그손의) 역엔트로피와 결합시킨다. 이는 강도가 현실화될 때 왜 헤겔의 변증법과 유사한 방식으로 이내 되돌아오고 또 동등화될 수밖에 없었는지를 설명해 준다. 체계의 안정화(엔트로피)를 통한 포텐셜 차이의 해소라는 열역학적 도식에서 생기적 분화로서의 현실화로 이행함으로써, 들뢰즈는 시몽동이 정보/형태화의 획득이라고 불렀고 들뢰즈 자신이 창조라고 부르게 될 것, 즉 창조적 불균등화를 통해 엔트로피에 이의를 제기한다. 또한 들뢰즈는 이러한 창조를 선행하는 순간으로 환원될 수 없는 새로움으로 이해한다.

이에 힘입어 들뢰즈는 비연대기적인 시간을 활용하여 베르그손을 새롭게 읽을 수 있게 된다. 베르그손의 지속은 잠재적 다양체가 된다. 잠재적 다양체는 예견할 수 없는 지속 속에서 자기 운동의 연속성을 집약하는 어떤 도약을 구성하는 대신 불연속적인 현실화를 통해 단 하나의 평면 위에서 나아간다. 따라서 들뢰즈는 엘랑 비탈과 지속에 대한 베르그손의 정의로부터 현실화란 하나의 창조라는 말의 중요성을 받아들여 간직한다. 그러나 들뢰즈는 연속성을 강조하는 베르그손의 입장에 이의를 제기한다. 들뢰즈가 판단하기에 연속성은 목적론적인 것으로서 창조라는, 다시 말해 창조적 '진화'라는 신학적인 구상에 지나치게 가까운 것이기 때문이다. 또한 들뢰즈는 도약 및 도약의 창조적 압력을 진동하는 불연속성으로, 다시 말해 [잠재적인 것의] **내화**로 대체한다. **내화**는 개체화 위에서 눈덩이를 굴려가듯 진화하는 것이 아니라 잠재적인 것을 개체화 자체와 공현존하는 어떤 평면으로 만든다. 개체화는 이 평면을 변용시키고는 오래지 않아 해소된다.

들뢰즈에 따르면, 『차이와 반복』에 등장하는 시간의 세번째 종합의 의도는 베르그손이 말하는 예견할 수 없는 지속의 도약을 예측 불가능하고 불연속적인 **영원회귀**^Eternel retour의 선별로 대체하는 데 있었다. 들뢰즈에게 있어 잠재적인 것은 현실적인 것에 내재하며, 아무리 포괄적인 잇달음이라 할지라도 우주론적인 이전과 이후 사이에서 잠재적인 것의 현실화를 담아낼 수는 없다.[41] 따라서 현실적인 것과 잠재적인 것은 서로 동등한 실재성을 갖지만, 양자를 구별해 주는 것은 양자를 연결해 주면서 이중화되는 분화의 과정이다. 실재적이지만 이상적인 잠재적인 것은 현실화

---

41) 바로 이러한 입장 때문에 들뢰즈가 역사와 맺는 관계는 매우 복잡해진다. 잇달음의 도식이 비연대기적인 생성의 번득임으로 끊임없이 갱신되는 불연속적인 역사성은 비시간적인 사유라는 오해를 받기 쉽다.

되지는 않았지만 자신의 내용 속에서 **미분화**되어 있다. 잠재적인 것은 현실화되면서 **분화**된다. 따라서 잠재적인 것과 현실적인 것은 생기적 운동, 분화의 운동이 지닌 상호 연관적인 두 극^極을 형성한다.

따라서 잠재적인 것의 현실화는 차이, 발산, 분화를 통해 나아간다. 그러나 사물의 상태에서 사건으로 거슬러 올라갈 수 있게 해주는 역의 운동, 상호적이지 않은 역의 운동은 현실화에 상응한다. "좋든 싫든 사건을 사물의 상태에 연관시킬 때마다 우리는 사건을 현실화하거나 실효화하게 된다. 반대로 사건의 개념을 이끌어 내기 위해 사물의 상태로부터 사건을 추상화시킬 때마다 우리는 사건을 **맞-실효화하게 된다**^{contre-effectue}."[42] 현실화와 맞-실효화는 상호적인 것이 아니다. 오히려 그것들은 공존하면서도 서로 구별되는 두 가지 시간선을 제시한다.

이렇게 해서 철학은 『잃어버린 시간을 찾아서』의 실재적 경험으로부터 가르침을 얻을 수 있게 된다. 문제가 되는 것은 낡아 빠진 용어로 '진리 찾기'라기보다는 이념과의 경험적인 만남이다. 이념은 문제제기적이면서 독특하고, 잠재적이지만 정신적이지는 않으며, 실재적이지만 상상적인 것은 아니다. 이념은 사유에 주어지는 충격적이고 예기치 못했던 만남을 통해 초월론적 경험론의 실효화를 규정한다. 『프루스트 I』에서 처음 제기되어 『차이와 반복』의 이념론과 『의미의 논리』의 의미 및 사건으로 확산되어 나갔던 문제들의 이론적 완결성은 바로 이 지점에서 체계적으로 규정된다.

---

42) Deleuze, Guattari, *QP* 150/227~228.

4. 차이에서 행동학으로

기호에서 사유로 나아가는 궤적은 사유의 창조적 특성, 그리고 들뢰즈에 게서 문학적 경험에 대한 분석이 수행하는 선도적인 역할을 설명해 준다. 이러한 궤적이 사유와 창조를 연결해 주고, 창조와 사유 속에서 일어나는 사유 행위의 탄생을 연결해 준다면[43], 이는 그 궤적이 감성을 강렬하게 변 용시키고 사유로 하여금 그것이 이끌어 낸 문제에 응답하게 하는 이념을 사유와 직접적으로 관계짓기 때문이다. 들뢰즈가 보기에, 잠재적·관념적 이념은 사유 활동에 외부적인 어떤 실재성을 지니고 있다. 그러나 이념은 감성의 매개를 통해 사유를 강제한다.

　따라서 들뢰즈가 제시하는 기묘한 인식 능력 이론은 다음과 같은 것 이다. 감성은 강도량을 변조하며, 이 변조는 기호를 질화된 강도로, 문제 를 비인격적이고 전개체적인 독특한 장으로 구성한다. 들뢰즈가 이 장을 초월론적 장이라고 부르는 것은 그가 문제제기적 이상성을 인간 정신의 바깥에 위치시키기 때문이다. 따라서 세계 속의 이상성, 잠재적 이상성이 존재하며, 그것은 기호의 매개를 통해 사유에 주어지는 문제로서 현실화 된다. 사유가 변용된다는 점에서(칸트의 자발성에 맞서는 수동적 종합, 사유 의 수용성) 사유의 실행은 수동적인 동시에 창조적이며, 이러한 실행에 몰 두하도록 사유를 강요하는 것은 바로 감성적 기호다. 그러나 이 수동성은 사유의 창조성을 위한 조건이다. 따라서 사유에 있어 창조는 자기 고유의 한계와의 만남, "자신에게 고유한 무능"[44]을 경험하는 위험으로서, 어떤

---

43) Deleuze, *DR* 165/283.
44) Deleuze, *DR* 192/327.

근거와 맺고 있는 관계에서 드러나는 것이 아니라 **근거와해**——사유의 초월적 실행——와 맺고 있는 관계에서 드러난다.

따라서 이념은 불균등화를 통해 먼저 감성을 강요하고, 다음으로 '경첩에서 벗어나' 불일치하는 일치에 들어서도록 사유를 강요한다. 이런 이유에서 칸트 최후의 전복에 해당하는 『판단력비판』의 가장 위대한 발견은 인식 능력들의 불일치하는 일치, "미래의 철학을 규정하게 될 모든 인식 능력들의 규제되지 않은 활동"[45]과 관련된다. 이념은 모든 인식 능력들을 공명하게 만든다. 이념은 인식 능력들을 우월한 실행으로 밀어올리는 충격을 가하기 때문이다. 그러나 이 우월한 실행은 탈구되어 있다. 따라서 칸트가 원했듯 이 우월한 실행은 종합이지만, 이질적·이접적 종합이다. 이런 의미에서 이념은 사유의 개별화를 위한 조건이지만, 사유·감정·정서의 형태하에서만, 다시 말해 어떤 현실적 개체의 형태하에서만 현실화된다. 따라서 강도가 우선 감성과 접촉하는 데 반해, 이념은 모든 인식 능력들을 변용시킨다. 감성은 우선 강도량을 변조시키지만, 이념은 독특성들의 장으로서 우선 사유와 관련된다.

이는 들뢰즈가 『프루스트와 기호들』에서 제시했던 본질에 대한 순수 사유의 위상을 밝혀준다. 순수 사유는 본질 직관이 아니다. 순수 사유는 오로지 불균등화가 일어나는 초월적 지점에 도달하게 된다는 점에서만, 그리고 감성을 경유하여 이념이나 이념을 소환하는 문제와 함께 변조된다는 점에서만 순수한 것이다.

사유는 오로지 폭력의 도화선의 극단에서만 자신의 고유한 **사유 대상**

---

45) Deleuze, *CC* 49/69[*PCK*(국) 154].

^{cogitandum}을 파악할 수 있다. 이 극단을 통해 어떤 운동에 빠져 들고 그래서 한 이념에서 다른 이념으로 전달되는 것은 무엇보다 먼저 감성과 그 **감성의 고유한 대상**^{sentiendum} 등등이다. 이런 극단은 또한 이념에서 비롯되는 가장 급진적인 기원으로 간주될 수 있다.[46]

이런 관점에서 볼 때, 사유를 이념의 근본적인 기원으로 간주하거나, 아니면 이념을 사유를 개별화하는 문제로 간주하는 것은 중요한 일이 아니다. 사유와 이념은 공동창조를 통해 함께 구성되기 때문이다. 시몽동이 보여 주었듯이, 이는 개체가 개체화의 환경을 형성하면서 현실화되는 것과 정확히 동일한 방식이다. 그러나 들뢰즈는 개체와 환경의 관계에서 드러나는 이 공동실존을 잠재적인 것과 현실적인 것이 유지하고 있는 관계로 옮겨 놓는다. 엄밀히 말해, 이념은 사유의 모험과 공동실존한다. 그러나 이념은 노에시스적 소여로 환원되지 않으며, 그렇지 않다면 사유 속에서 일어나는 사유의 탄생은 전혀 불가능할 것이다. 따라서 이념의 근본적인 기원은 이러한 공동실존을 가리킨다. 아울러 이 기원은 권리상의 구성이라는 의미에서가 아니라 현재의 현실화라는 의미에서만 존재한다. 또한 고전적인 철학 용어를 그와 대조적인 방식으로 재해석하는 자신의 작업과 관련하여 들뢰즈는 다음을 분명히 한다. 즉 기원은 더 이상 어떤 근거를 가리키는 것이 아니라 오히려 독특성들의 방출을 가리키며, 이는 앞서 본질이 사물이 즉자적으로 '존재하는' 바를 가리키는 것이 아니라 의미, 사건을 가리켰던 것과 정확히 동일한 방식이다. 현실화의 우발성·수동성·독특성 속에서, 들뢰즈가 온전한 의미에서의 창조, 가장 탁월한 철

---

46) Deleuze, *DR* 251/421.

학적 문제를 구성하는 창조, 사유 속에서 벌어지는 사유의 창조로 간주하는 것은 바로 이러한 현실화다.

따라서 이념은 사유 능력과 특수한 관계를 맺고 있으며, 개별적인 인식 능력의 대상이 아니면서도 사유와 독특한 관계를 맺는다. 이런 이유에서 들뢰즈는 이념을 "어떤 분열된 코기토의 균열된 나"와 결부시키고, 다시 이 균열된 나를 "초월적 실행에 놓인 능력으로서의 사유를 특징짓는 보편적 **근거와해**"[47)]와 결부시킨다. 밑바탕, 정초, 기원, 정적인 근거에 대한 논쟁을 야기하는 이 근거와해는 사유를 그것의 한계로, 초월적 실행으로 데려간다. 사유는 자신이 변조하는 이념과의 불균등화를 통해 현실화됨으로써, 분화되고 현실화되는 동시에 자신이 초월적 한계에 도달했음을 깨닫게 된다. 이처럼 이념의 현실화는 필연적으로 사유의 근거와해를 촉발하는데, 시간의 세번째 종합과 관련하여 들뢰즈는 이 **근거와해**를 경첩에서 벗어난 시간, 코스모스의 틀에 대한 낡아 빠진 예속에서 벗어난 시간으로 규정했던 바 있다. 『차이와 반복』에 등장하는 이러한 분석은 들뢰즈가 칸트에게 헌정한 훌륭한 텍스트인 「칸트 철학을 간추린 네 개의 시구」, 그리고 『운동-이미지』 및 『시간-이미지』의 귀결들과 연결된다. 이를 통해 들뢰즈는 사유와 사유를 구성하는 이질성, 외부성, 시간의 정서와의 폭력적인 만남을 이론화할 수 있게 되는데, 이 이질성·외부성·정서는 사유를 창조성의 조건 자체로서의 수동성과 결부시킨다. 따라서 수동성과 창조는 상호 밀접한 관계 속에서 사유의 탄생을 설명해 주는데, 이는 어떤 나, 다시 말해 자신을 불안정한 심리적 한계들로 데려가는 시간을 경험하면서 균열되는 어떤 나 안에서 일어난다. 이런 이유에서 아르토는 다음과 같이

---

47) Deleuze, *DR* 251/422.

말했다. "나는 선천적인 생식체다."[48]

이로부터 사유의 창조성이 지닌 애매성 혹은 중층결정^{surdétermination}이 나오는데, 이는 문제가 되고 있는 것이 사유이건 예술이건 마찬가지다. 앞서의 모든 장치가 목표로 삼았던 것은 평범한 사유의 탄생을 설명하는 일이었다. 또한 창조는 평범한 현실화가 지닌 특성이 되었다. 그러나 이와 동시에 들뢰즈는 니체적인 논리 속에서 창조를 사유의 탁월함으로, 사유의 성과물로 남겨둔다. 한편으로 잠재적인 것의 현실화로서의 창조는 모든 개별화에 적용되지만, 다른 한편으로 창조는 가치론적인 규준을 제공하면서 더 이상 사유의 방법을 규정하는 것이 아니라 사유의 성과물을 규정하게 된다. 결국 창조는 다음의 세 가지 측면으로 배분된다. 첫째로, 창조는 잠재적인 것의 현실화를 가리키며, 따라서 분화 전체, 현실화 전체에 적용된다. 다음으로, 사유의 성과물을 규정하는 창조는 더 이상 평범한 현실화에 적용되는 것이 아니라 탁월한 현실화에 적용된다. 마지막으로, 사유의 성과물에 상응하는 창조는 또한 예술의 방법을 일컫는다. 이상의 모든 문제들을 다룸으로써, 우리는 재현적 이성에 대한 비판에서 사유의 행동학으로 이행하게 될 것이다.

이러한 이행이 단순히 사유의 실행을 위한 생기적 조건들, 그리고 특히 문화적 조건들로 사유가 확대되었다는 사실만을 함축하고 있는 것은 아니다. 이러한 이행은 앞서 우리가 살펴보았던 분화 이론을 변형시키는 인식론적인 변화를 또한 포함하고 있다. 재료-힘 쌍의 시간적인 변조는 연속 변이의 이론을 함축하고 있는데, 거기서는 규범의 변동이 법칙의 영속성을 대체한다. 따라서 들뢰즈가 시몽동의 분석으로부터 이끌어 낸 귀

---

48) Deleuze, *DR* 150/257.

결들은 들뢰즈 고유의 체계에 결정적인 중요성을 갖는 것인 동시에 완전히 독창적인 것이기도 하다. 그 이유는 다음과 같다. 먼저, 시몽동은 이 연속 변이의 이론에 함축되어 있는 인간과학에 대한 비판에 착수하지 않았다. 다음으로, 시몽동은 소수적인 것$^{le\ mineur}$과 다수적인 것$^{le\ majeur}$의 구별로 나아가지도 않았는데, 이 구별은 불변항을 사용할 수 없게 함으로써 인간과학의 위상, 다시 말해 정신분석학, 민족학으로서의 역사학은 물론 언어학의 위상까지도 변화시킨다. 여기서 들뢰즈가 매우 강력한 방법론적 입장을 견지하는 것은 경험 과학의 영토에 단단히 발 딛고 서기 위함이다. 또한 불변항에 대한 비판이 방법론적으로 유용한 것이 되기 위해서는 이전 저작들에 결여되어 있었던 역사적·경험적·가변적 차원이 사유에 함축되어 있어야 한다.

이제 우리는 과타리와의 만남이 정치적·경험적으로 기여한 바를 평가할 필요가 있는데, 이는 캉길렘과 푸코에게서 영감을 얻은 들뢰즈가 어떻게 사유 실험의 장을 예술이 구성해 주는 철학에서 출발하여 **진단적 비판** *Critique clinique* 으로 이행할 수 있었는지를 규명하기 위함이다. 이 **진단적 비판**에서는 비판적 철학에 자양분을 제공하는 생기적·사회적 흐름을 진단적 예술이 직접 변조한다. 요컨대, 『차이와 반복』의 이론적 프로그램은 완성되기에 이른다. 앞서 예술은 재현적 사유에 대한 비판을 가능하게 해주었다. 이제 철학은 새로운 대상에 몰두하는데, 이 대상은 순수 사유의 영역에서가 아니라 사회를 살아 움직이게 하는 실재적 과정들의 영역에서 철학이 우월한 경험론을 개진할 수 있게 해준다. 한편으로, 들뢰즈와 과타리는 캉길렘과 푸코에 대해 작업하면서 소수적인 것와 다수적인 것의 개념을 벼려 낸다. 다른 한편으로, 행동학은 유사성을 되기로 대체하는 포획의 개념을 규명하는 데 기여한다. 들뢰즈는 외견상 어울리지 않는 이 분야들을 결합하여 작품이 야기하는 감성적 효과에 대한 이론을 이끌어 낼 수 있는 힘과 창의성을 지니고 있었다. 작품의 감성적 효과에 대한 이 이론은 동시에 창조의 논리학을 제시한다.

진정한 비판과 진정한 창조는 똑같은 조건들을 따른다. 자기 자신을 전제하는 사유 이미지의 파괴, 사유 자체 속에서 일어나야 할 사유 행위의 탄생이 바로 그것이다.[49]

---

49) Deleuze, *DR* 182/311.

14장
해석에 대한 비판과 횡단성

시몽동은 힘과 재료를 다루는 새로운 이론을 위해 형상과 질료의 관계를 해소하는 데 기여했던 바 있다. 이제 이 형상과 질료의 관계는 초월론적 경험론을 혁신한다. 프루스트의 기호론, 기호의 난입을 통해 산출되는 사유, 시몽동의 불균등화는 기호와 사유 사이의 간격을 하나의 변조로 제시하면서 사유를 실험으로 사유할 수 있게 해준다. 또한 이것들은 유형학적인 징후학과 사유의 계보학에 대한 니체의 정의를 받아들인다. 『의미의 논리』에서 시작된 사유와 물체성의 관계에 대한 진단적 분석, 문제로서의 이념은 초월론적 경험론 및 사유와 창조의 관계를 변형시켰다. 단절의 지점은 해석의 위상에 영향을 미친다. 니체와 프루스트를 다룬 자신의 초기 저작에서 들뢰즈는 해석의 원리를 받아들였던 바 있지만, 1972년 이후에는 과타리의 기표 비판이 가하는 영향력 아래서 해석의 방법에 이의를 제기하고 해석에 호소하기를 거부한다. 이러한 입장변화에 따라 정신분석 및 구조주의적 분석과의 단절이 가속화된다. 그러나 앞서 『차이와 반복』과 『의미의 논리』에서 이 두 이론은 의미의 초월성을 텍스트 내재적인 기능으로 대체하면서 해석학에 맞서기 위한 수단을 제공하고 있었다.

판단의 도덕을 스피노자의 정서론 및 윤리학으로 대체했듯이, 해석에서 실험으로 이행하면서 들뢰즈는 하나의 기표적 담론에서 다른 하나의 기표적 담론으로 가는 모든 유비적 독해, 모든 알레고리적 치환을 배제한다. 이제 그는 더 이상 해석이라는 용어를 사용하지 않을 것이며, 해석을 항상 실험과 대립시킬 것이다. 문학의 이 새로운 위상은 과타리와의 공동 저술 속에서 실천적으로 확립된다. "우리가 믿는 것은 카프카의 **실험**뿐이다. 거기에는 해석도 의미작용도 존재하지 않으며, 경험에 대한 기록이 있을 뿐이다."[1]

1. 파편과 파편화

『프루스트 I』에서 들뢰즈는 다음과 같이 지적했던 바 있다. "사유한다는 것은 항상 해석한다는 것이며, 다시 말해 설명하고, 개봉하고, 암호를 해독하고, 어떤 기호를 번역한다는 것이다."[2] 그러나 1970년 그는 이를 다음과 같이 바로잡는다. "해석한다는 것이 지닌 통일성은 횡단적 통일성뿐이다."[3] 여기서 이 횡단성이라는 개념의 출현은 들뢰즈의 저작에 과타리의 텍스트에 대한 참조가 처음으로 등장한다는 점에서 주목할 만한 일이다.

---

1) Deleuze, Guattari, *Kafka. Pour une littérature mineure*, Paris, Minuit, 1975(이하 *K*), p. 14.;『카프카—소수적인 문학을 위하여』, 이진경 옮김, 서울: 동문선, 2001, 25쪽. 이 대목에서 저자들은 카프카의 「학술원에 드리는 보고」를 인용하고 있다. 『들뢰즈와 예술』 5장에서 이 문제들에 대한 상세한 분석을 찾을 수 있다.

2) Deleuze, *P* I, 118~119.

3) Deleuze, *P* II, 156.

들뢰즈는 쓰기를, "앞서 우리는 프루스트의 저작에 나타나는 **횡단적 차원** dimension transversale, 횡단성이 갖는 중요성을 지극히 다양한 측면에서 살펴보았다". 그리고 그는 주석에 다음과 같이 명시한다. "정신분석학적 탐구에 있어서 펠릭스 과타리는 무의식의 소통 및 관계를 설명하기 위해 '횡단성'이라는 매우 풍부한 개념을 만들어 냈다."[4] 과타리의 횡단성은 내부성의 모델을 거부하면서, 『프루스트 I』의 아름다운 낭만주의적 몽타주를 무너뜨린다. 당시 횡단적이라고 일컬어졌던 것은 아마도 해석이었겠지만, 1975년 과타리와 함께 쓴 『카프카. 소수문학을 위하여』[국역본 『카프카-소수적인 문학을 위하여』]에서 들뢰즈는 해석에 대한 순수하고 꾸밈없는 거부로 향한다. 즉 새로운 횡단적 원리는 "사실상 실험으로 제안되었을 뿐인 어떤 작품을 해석하려는 시도들을 […] 봉쇄해야"[5] 할 책임이 있다.

『프루스트 I』에서 본질을 향한 여정이 지니고 있던 아름다운 통일성은 이 새로운 삭품본에 의해 완전히 배제되는 것으로 드러난다. 다른 한편, 연역적인 해석이 지닌 통일성은 안티 로고스적이고 탈구적인 텍스트 기계의 불균등한 기능에 자리를 내어 준다. 기호의 세계들은 본질을 향한 여정을 통해 단단하게 연결되어 있다. 그러나 다수의 파편들로 이루어진 이 문학 기계는 기호의 세계들에 대한 신플라톤주의적 독해를 파괴한다.

---

4) Deleuze, *P* II, 201. 들뢰즈가 참조한 것은 과타리의 다음 논문이다. "La transversalité", in *Psychothérapie institutionnelle*, n° 1, Alençon, 1965, p. 91~106, 이 논문은 이후 Guattari, *Psychanalyse et transversalité. Essai d'analyse institutionnelle*, Paris, Maspero, 1972에 재수록되었다. 들뢰즈는 이 책에 중요한 서문을 쓰는데, 거기서 그는 횡단성이 이론적으로 기여한 바를 설명하고 있다. Deleuze, "Trois problèmes de groupe", p. I~XI.; 윤수종 옮김, 「집단에 관한 세 가지 문제」, 『정신분석과 횡단성』, 서울: 울력, 2004, 9~26쪽.

5) Deleuze, Guattari, *K* 7/14.

들뢰즈는 니체와 블랑쇼에게 바치는 오마주에 해당하는[6] 파편 이론을 통해 횡단성을 받아들인다.

안티 로고스의 체제하에서, 파편은 더 이상 선재하는 어떤 총체성에 대한 호소로 이해되지 않는다. 파편은 더 이상 플라톤적인 상징이 지닌 특성, 즉 통일성을 향한 충동을 지닌 것이 아니라 총체화될 수 없는 부분, 불규칙적인 파편으로 존속한다. 이 불규칙적인 파편이 가하는 작용은 공감과는 무관하며, 융합적인 통일성이나 총체성을 되살려 놓는 것도 아니다. 이러한 파편 이론은 『향연』의 한 대목을 참조한 것이다. 거기서 플라톤은 잃어버린 통일성을 토대로 성적 욕망을 사유하면서 성(性)들의 이접, 프루스트의 동성애와 반향하는데, 이 동성애는 이질적인 두 계열, 즉 말벌과 서양란 사이에서 포획의 방식으로 진행된다. 아름다운 총체성을 띤 그리스 세계에서 그에 못지않게 신화적인 예루살렘으로 이행하면서, 들뢰즈는 유기적인 통일성을 식물의 공생관계로 열어 놓고 하나의 지배적인 성에서 당황스럽고 혼란스러운 동성애로 자리를 옮긴다. 이 동성애는 동성애자 공동체의 난해한 기호들을 해독하는 것으로 귀결된다. 아테네와 예루살렘, 총체화와 파편화, 소크라테스의 아이러니와 유태인의 유머라는 대조적인 두 극(極) 사이에 하나의 단층선이 새겨진다. 들뢰즈는 재현적 사유와 차이의 사유 사이에 존재하는 분열을 열린 체계에 대한 이론, 파편적인

---

6) Blanchot, *L'entretien infini*, *op. cit.*, p. 227 et p. 451~452. 이 저작은 들뢰즈가 쓴 다음의 글과 비교해 볼 필요가 있다. Deleuze, "Pensée nomade", in *Nietzsche aujourd'hui?*, t. 1: Intensités, Paris, UGE, coll. 10/18, 1973, p. 105~112.; Deleuze, Guattari, *L'Anti-Œdipe*, Paris, Minuit, 1972(이하 *AO*), p. 50~52. 아울러, 같은 시기에 푸코가 문학에 대해 쓴 텍스트들, 특히 블랑쇼에게 헌정된 아래 잡지의 특집호에 실린 텍스트를 보라. 푸코는 거기에 「바깥의 사유」를 실었다. La revue *Critique* de juin 1966, n° 229.

작품에 대한 이론이라는 새로운 방향으로 밀고 나간다. 이는 『프루스트 I』
의 결론이 요청했던 새로운 사유 이미지가 어떤 것이었는지를 우리에게
알려준다. 안티 로고스의 역량은 닫힌 체계를 붕괴시킨다. 온전하지만 총
체화될 수는 없는 어떤 파편의 풀려진 매듭이 부분으로서의 파편, 욕망이
복원하고자 하는 잃어버린 총체성에 대한 추구로서의 파편을 대체한다.
부분과 전체의 관계로 이루어진 체제는 변화를 겪게 된다.

들뢰즈는 문학작품의 위상을 변형시키고, 글쓰기를 다시 그것의 본질
적인 외부성으로 데려간다. 기호는 "더 이상 잔존하는 어떤 **로고스**에 의존
하지 않는다. 오로지 예술작품의 형식적 구조만이 그 구조 외부에 대한 참
조 없이, 달리 말하면 알레고리나 유비라는 그물을 사용하지 않고서, 자기
가 사용하는 파편적인 재료들을 해독해 낼 수 있을 것이다".[7] 예술의 기호
는 모든 우월성을 상실했다. 아울러 '한순간의 순수 상태'를 되찾는 일이
계속해서 문제가 된다 하더라도, 아름다운 문체의 원환 속에 보존된 시간
의 본질이 문제가 될 수는 없을 것이다.

은연중에 계속 문제가 되고 있는 것은 소설의 통일성으로서의 진리
찾기라는 최초의 의도다. 그러나 자신의 방법에 따라, 들뢰즈는 이 최초의
의도를 애써 서둘러 수정하지는 않는다. 대신 진리 개념을 횡단성 개념으
로 대체함으로써, 그는 주어진 바를 완전히 변화시킨다. 단일화하는 본질
의 기능은 이접적 역량으로 변형된다. 이 이접적 역량은 저작 전체를 실사
적 다양체로, 이를 통해 파편적 다양체로 만든다.

본질은 더 이상 경험적 파편들을 총체화하는 과정에 해당하는 초점
렌즈의 역할을 수행하지 않는다. 파편들은 '**누가?**'라는 물음의 극화를 대

---

7) Deleuze, *P* 137/171.

신하는 것으로서, 이제 복수적·탈구적 방식으로 흩어져 있는 조각들로 작용하며, 본성상의 변화를 겪을 때에만 나누어지게 된다. 파편들은 어떠한 집합도 가리키지 않으며, 이는 파편들이 총체화라는 소명에 실패했기 때문이 아니라 파편들이 귀속될 수 있는 어떠한 총체성도 존재하지 않기 때문이다. 불일치하는 파편의 부분들은 "더불어 어떤 전체를 구성하지 않는다". 또한 "파편의 부분들은 자신들이 떨어져 나온 어떤 전체의 각 부분을 나타내지 않는다".[8]

플라톤에게서 잃어버린 총체성의 상징이자 그 총체성을 다시 세우기 위한 호소에 해당했던 파편은 일자와 다자의 관계에 대한 이론과 되찾은 통일성에 대한 추구로서의 성적 욕망에 대한 이론을 이끌어 냈다. 전자의 이론에서 다자의 부분은 일자의 동질적인 통일성 속으로 사라져 갈 운명이었다. 그에 반해 들뢰즈에게 파편은 어떤 전체의 통일성에 속하지 않으며, 포괄적인 것도(이 경우 파편들은 통일되어 일자의 퍼즐을 이룬다) 국지적인 것도(이 경우 파편들은 어떤 국지적 총체성의 각 부분을 가리킨다) 아니다. 파편에 실사적 다양체의 원리를 적용하면서, 들뢰즈는 다음과 같은 블랑쇼의 분석을 재발견한다. 즉 파편은 그 자체로 가치가 있다. 파편은 차이로서 주어지며 파편화로서 가치를 갖는다. 파편이 지닌 분산의 역량은 부정이 아니라 실증적 창조에 해당하는 어떤 가치를 파편에 부여한다.

이 폭발과 변형이라는 가치는 종합에 대한 새로운 구상으로 이어진다. 같은 해, 들뢰즈는 두 사람이 함께 작업한 첫번째 논문인 「이접적 종합」에 펠릭스 과타리와 함께 서명한다. 이 논문은 니체의 열렬한 독자이

---

8) Deleuze, *P* II, 148. 장-클레 마르탱은 자신의 책에서 파편에 대한 훌륭한 분석을 제시했던 바 있다. *Variations. La philosophie de Gilles Deleuze*, Paris, Payot, 1993.

자 번역자인 클로소프스키를 다룬 저작, 문학적인 동시에 개념적인 저작에 수록되었다.[9] 이 새로운 종합의 방식은 헤겔적인 방식으로 단일한 총체성을 확립하는 것이 아니라 다수의 이접을 산출하면서 횡단적인 방식으로 조각난다. 그것은 체계 이론 및 공동저술의 실천으로서 그 가치를 지니며, 만남에 대한 구상을 변형시킨다. 만남은 더 이상 이질적인 것을 동일한 것 속으로 통합하는 데서 성립하는 것이 아니라 오히려 이질적인 것을 산출하는 데서 성립한다. 문제가 되는 것은 연접에 대한 새로운 구상이다. 들뢰즈와 과타리는 종합을 다수의 발산을 통일하는 관계로 간주하는 것이 아니라 오히려 다수의 차이를 산출하는 것으로 간주한다.

종합은 연접과 이질성을 통해 나아가지만, 이질적인 것들을 연결하여 어떤 통일성을 확립하는 데 그치는 것은 아니다. 종합은 자신이 만들어 낸 연접에 힘입어 실제로 이질적인 것을 창조한다. 이처럼 들뢰즈와 과타리는 종합이 이접적인 가치를 지니고 있음을 강조한다. 종합은 같음과 분화소를 재구성하는 것이 아니라 스스로 자신의 복수적인 이질성을 도입한다. 1976년 들뢰즈와 과타리는 체계에 대한 이러한 구상에 리좀이라는 식물의 이름을 부여하게 될 것이다. 그에 앞서, 이 지점에서 이러한 구상은 파편화된 체계로서의 문학작품과 프루스트의 저작을 가득 채우고 있는 성^sexualité을 통해 그 최초의 정식화를 발견한다. 이러한 구상이 지닌 분

---

9) "La synthèse disjonctive", in L'Arc, n° 43, Klossowski, 1970, p. 54~62. 처음으로 펠릭스 과타리와 함께 서명한 이 논문에서, 들뢰즈는 클로소프스키의 저작에서 드러나는바 신학의 변모와 관련된 칸트의 이접적 삼단 논법에 관한 자신의 독해를 가다듬는다. 들뢰즈는 일찍이 1965년에 클로소프스키에 대한 논문을 한 차례 썼던 바 있다("Pierre Klossowski ou les corps-langage", in Critique, n° 214, mars 1965, p. 199~219. 이 논문은 『의미의 논리』에 부록으로 재수록되었다).

506 · 들뢰즈 : 초월론적 경험론

산의 역량은 파편화된 작품과 새로운 형식을 띤 다수적·집단적 저술 방식에 모두 적용된다. 이 다수적·집단적 저술 방식은 들뢰즈와 과타리 두 사람이 함께 글을 쓰는 과정에서 고안해 낸 것이다.

체계에 대한 이 리좀적 구상은 파편으로서의 작품에 대한 이론을 요청한다. 들뢰즈는 블랑쇼, 「바깥의 사유」를 쓴 푸코, 그리고 니체에게 의지해서 외부성, 강도, 모든 통치성 모델에 대한 적개심이라는 세 가지 원리에 따라 니체가 철학 체계 속에 도입한 아포리즘과 형식상의 혁명을 규정한다. 아포리즘은 어떤 체계에서 떨어져 나온 조각이 아니라 텍스트를 그것의 외부에 존재하는 것과 연결해 주는 직접적이고 난폭한 힘들의 유희다. 이 기능주의적인 의미 이론은 의미작용의 내부성에 초점을 맞추는 모든 시도, 담론을 어떤 작가 주체의 심리적이거나 문법적인 통치성과 결부시키려는 모든 시도와 거리를 둔다. 이 기능주의적인 의미 이론이 지닌 힘은 그것의 비의미작용적인 외부성에 있다. 우리가 이후 『카프카』, 『리좀』, 『천 개의 고원』의 텍스트에서 찾아볼 수 있는 어떤 정식 속에서 들뢰즈는 다음과 같이 쓴다. "아포리즘은 아무것도 말하지 않고 아무것도 의미하지 않는다. 그것은 더 이상 기표도 기의도 지니고 있지 않다."[10] 아포리즘은 의미작용 너머에 있다. 아포리즘은 명제와 마찬가지로 그것이 표현하는 힘들의 상태와 관련해서만 의미를 가지며, 힘들의 상태가 지닌 의미는 그 아포리즘을 포획할 수 있는 새로운 힘들에 따라 달라진다.

이러한 외부성의 글쓰기는 단일하고 중심화된 조직화라는 정치적 모델에 맞서 문체를 통한 싸움에 나선다. 내부성에 맞선 전쟁 기계인 아포리

---

10) Deleuze, "Pensée nomade", *ID* 357/268. 이를 다음과 비교해 보라. *MP* 10/12~14, 그리고 *RF* 191.

즘은 강도적이다. 아포리즘이 불러일으키는 새로운 정서와 지각은 사유의 새로운 행보, 다시 말해 독자를 변형시키거나 변형시키지 못하는 개념의 참된 행동학을 규정한다. 아포리즘은 탄환이 된다. 이 탄환은 알레고리적이거나 유비적이지는 않지만 공격적이다. 다시 말해 아포리즘은 이미 확립된 코드들을 혼란에 빠뜨리는 사유의 직접적 표현, 사유의 힘이 가하는 충격이 되며, 우리가 사유해야 한다고 믿고 있는 바로부터 재치있게 우리를 떼어 놓는다. 이런 이유에서 니체는 "우리가 사유로부터 만들어 낸 이미지를 근본적으로" 변형시키고, "참과 거짓이라는 요소로부터 사유를 떼어 놓으며", 사유를 이끌어 새로운 역량을 결집시킨다. "사유한다는 것은 곧 창조한다는 것이다. 이것이 바로 니체가 남긴 가장 큰 교훈이다."[11]

운동학적인 파편은 더 이상 자신의 내적 동력에 해당하는 일자의 결여를 경험하지 않으며, 탈구되어 있으면서도 온전한 부분으로서 긍정된다. 파편은 인접성, 이행, 분기, 탈구적 소통에 대한 이론을 함축하고 있으며, 자기 고유의 차이, "이미 잃어버린 원초적 총체성도, 언젠가 도래하게 될 결과로서의 총체성도 참조하지 않는 고유의 차이"[12]를 제시한다. 파편을 다루는 이 미분적 이론은 통일성으로 환원될 수 없는 다양체를 활용한다. 이제 이 미분적 이론은 횡단성 개념과 더불어 새로운 이론적 규정을 얻게 된다.

---

11) Deleuze, *RF* 192~193.
12) Deleuze, Guattari, *AO* 50.

2. 화용론적 횡단성

1970년에 나온 『프루스트 II』와 1975년 『카프카』의 출간 사이에 파편 이론은 결정적인 방향전환을 겪게 된다. 원리의 위상으로 격상된 파편은 이제 해석과 정면으로 대립하게 된다. 총체화될 수 없는 부분들로 구성되어 있다는 의미에서 작품이 파편적이라고 말하는 것으로는 충분하지 않다. 이제 파편은 글쓰기와 구성의 원리로 사용되는 것은 물론 설명과 독해의 원리로도 사용된다. 작품으로 들어가는 입구를 선택한다는 것은 특권적인 입구가 아니라 평범한 입구, 예측 불가능한 입구, 평범한 한에서 작품의 다른 어떤 지점과도 연결될 수 있는 입구를 선택한다는 것이다. 파편의 고유한 특성은 복수적이고 다수로서 주어진다는 것이다. 더 이상 정적인 지점이 아니라는 점에서, 파편은 라이프니츠적인 독특성이 된다. 다시 말해, 발산의 지점이나 분기의 지점이 된다. 파편은 더 이상 분할된 것이 아니라 운동학적인 것이다. 파편은 어떤 궤적, 어떤 연접들의 다발을 가리킨다.

파편의 이러한 위상은 과타리의 횡단성 개념에 의해 규정된다. 횡단성 개념은 중심화된 조직화의 모델을 새로운 유형의 탈중심화된 다수의 연접들로 대체한다. 그런데 과타리에게서 횡단성은 우선 어떤 실천을 가리킨다. 다시 말해, 횡단성은 개별화되고 조직화되는 과정에서 수직적인 종속과 수평적인 제휴라는 연결, 다시 말해 구조화하는·위계적인·전통적인 연결로부터 벗어나는 어떤 유형의 조직화를 실천하는 것이다. 명령-복종 유형의 수직적 단계들의 층위 및 동일한 질서들을 연결하는 수평적 제휴——이 수평적 제휴는 위계화된 단계들의 실존을 또한 가정하고 있다——에 맞서, 과타리는 횡단적 조직화를 내세운다. 횡단적 조직화는 대각선상의 연접들을 배가시켜, 집단과 분파를 너무나 쉽게 배반하는 권력의 형성물들을 좌초시키는 일을 명시적인 목표로 삼는다. 억압에 저항하는 집단들, 그리고 특히 좌파 조직들만이 그 집단과 조직이 기능하는 방식에다 그것들이 원리상 맞서 싸우고자 했던 지배의 요소들을 다시 도입하고 있는 것은 아니다. 이로부터 과타리는 예속-집단groupes-assujettis, 다시 말해 위계적으로 기능하는 집단과 주체-집단groupes-sujets 혹은 횡단적 노선을 시도하는 분파 간의 유용한 구별을 이끌어 낸다.[13] 예속 집단을 움직이는 권력 현상을 분석함으로써, 과타리는 푸코의 분석과의 친화성을 보여 주는 동시에 들뢰즈를 자극하여 체계, 자기 중심적인 문학작품, 정치적 영역에서 자아가 지닌 심리적 지배력을 비판하도록 이끈다.

사실 문제가 되는 것은 권력의 형성물들을 좌초시켜 그것들로부터 다음의 두 가지 주도적인 개념을 제거하는 일이다. 그중 하나는 지배의 형태하에서 권력의 실행을 정당화하는 중심화이고, 다른 하나는 중심적인·유일한·일원화하는·중앙집권적인 권력의 형상을 주재한다는 점에서 지배의 실행을 규정하는 총체화다. 여기서 문제가 되고 있는 횡단성이란 하나의 신좌파적 개념으로서, 1975년 들뢰즈는 이 용어에 전문적인 의미를 부여했던 바 있다. 권력에 대한 비판은 부르주아적인 순응주의를 겨냥하고 있을 뿐만이 아니라 지배의 전략 속에서 변질된 혁명에 대한 신념을 또한 겨냥하고 있다.[14]

이 횡단성이라는 개념은 제도 분석analyse institutionnelle의 실천으로부터 형성된 것이다.[15] 과타리에게서 이 개념은 정신의학 제도에 적용되는데,

---

13) Guattari, "Groupes et groupuscules", in *Psychothérapie institutionnelle, op. cit.*
14) Deleuze, *F* 32/46~48.
15) 제도적 정신요법에 근거를 제공한 사람은 프랑소와 토스켈(François Tosquelles)인데, 그는 프랑코주의를 피해 도망친 카탈로니아 출신의 정신과 의사로서 1940년대에 생-알방

이 제도의 치료적 소명은 실제로 그 제도를 움직이고 있는 실천적이고(광기에 대한 제도) 이론적인(보편적 기표의 지배) 지배의 현상들에 의해 방해받는다. 프로이트, 그리고 특히 라캉에게서 가르침을 얻은 과타리가 하나의 구성된 존재자로서 주어지는 개인-권력의 표상에 이의를 제기하는 것은 놀라운 일이 아니다. 그가 받은 분석 교육은 자아라는 단일한 표상, 그리고 인격적 주체라는 표상에 이의를 제기하게 만들었다. 그러나 과타리는 이러한 주체 비판으로부터 직접적인 정치적 귀결을 이끌어 낸다. 즉 개체화에 대한 비판이 물리적·심리적·집단적 개체에 적용되는 것이라면, 그것은 사회적 조직화에도 적용될 것이며 결과적으로 중심화된 조직화라는 원리 자체에도 적용될 것이다. 과타리는 자아의 통일성에 대한 비판을 정치적 영역으로, 이론의 중심을 차지하게 된 권력의 문제로 옮겨 놓는다. 주체라는 인격적 표상에 맞선 논쟁은 중심화된 조직화에 대한 정치적 비판이라는 형태로, 그리고 체계라는 권위적인 구상에 대한 인식론적 비판이라는 형태로 확산된다.

들뢰즈는 현동적 다양체에 대한 이러한 구상을 주저없이 받아들이는데, 이 구상은 베르그손의 다양체를 다루는 들뢰즈 고유의 이론과 일치하는 것이다. 횡단성은 생각하는 나와 자아의 해소를 이런 방식으로, 그러나 다른 한편으로는 정치적인 방식으로 추구한다. 이 문제를 직접적으로 다

(Saint-Alban)으로 내려왔다. 레지스탕스 경험과 프랑스 해방을 둘러싸고 결집되었던 이 흐름이 흩어져 버린 지 10년 후, 장 우리(Jean Oury)는 라 보르드(La Borde)에 정착하여 수용자들을 포함한 40여 명의 조촐한 집단을 중심으로 토스켈의 경험을 받아들였다. 다음을 보라. Jean Oury, Félix Guattari, François Tosquelles, *Pratique de l'institutionnel et politique, op. cit.* et J.-C. Polack, D. Sivadon-Sabourin, *La Borde ou le droit à la folie,* Paris, Calmann-Lévy, 1976. 아울러 다음을 보라. "Histoire de la psychiatrie de secteur", *Recherches*, n° 17, mars 1975.

루고 있는 개념인 기관 없는 신체는 횡단성 개념을 계승한 것이다. 아울러 들뢰즈는 이 기관 없는 신체 개념을 앙토냉 아르토의 시적 생산과 관련하여 고안해 낸다. 들뢰즈는 기관들을 위계화하는 중심화된 조직화를 강도적 개체화로 대체하면서 정치적인 것을 포함하여 모든 신체에 적용될 수 있는 개체화 이론을 그로부터 이끌어 낸다. 담론들의 과감한 교배 속에 놓여 있다는 점에서, 아르토의 시적 발화에 의존해서 지배적·정치적·신체적 조직화를 비판하는 어떤 우회로를 수반한다는 점에서, 기관 없는 신체 개념이 이루고 있는 궤적 자체는 횡단적인 것이다. 여기서도 창조에 대한 이론은 새로운 체계 이론을 제시하기에 앞서 우선 문학적으로 규정된다.

문학작품을 독해하는 데 과타리의 횡단성을 적용함으로써, 들뢰즈는 피라미드식 위계의 수직적 모델 및 그것의 수평적 파생물인 질서지어진 연관을 새로운 유형의 탈중심화된 체계로 대체한다. 권력 및 위계화된 조직화에 대한 비판이 어떻게 작품의 총체성이라는 문학적 개념에 적용될 수 있는지를 들뢰즈가 애써 설명하지는 않지만, 이러한 방법론적 이동에 힘입어 문학은 정치적·사회적·정신요법적 문제의 장이 된다. 다시 말해, 우리는 사회적 정신병리학을 다루는 정치적 비판의 요소들을 작품에 적용하게 된다. 들뢰즈는 횡단성을 예술작품의 형식적 구조에 대한 설명으로 옮겨와 직접적으로 정치적인 두 가지, 즉 비판과 진단을 결합한다. 1967년 『자허-마조흐 소개』의 서문에서, 들뢰즈는 문학과 징후학의 관계를 단단히 확립하면서, '문학의 용도는 무엇인가?'라는 사르트르의 물음을 나름의 방식으로 받아들인다.[16] 문학에 고유한 바, 예술에 고유한 바는 문학

---

16) Deleuze, *Présentation de Sacher-Masoch*, Paris, Minuit, 1967(이하 *SM*), p. 11, p. 15~16.; 『매저키즘』, 이강훈 옮김, 서울: 인간사랑, 2007, 12~13쪽, 17~19쪽.

적 비판과 의학적 진단이 새로운 관계를 맺을 수 있게 해주는 감각 방식과 사유 방식을 창조하는 일이다.

정치적 차원이 문학적 비판으로 옮겨감에 따라, 작품의 위상은 변형되어 언어학 및 문학적 비판을 화용론적인 것으로 규정하게 되고 횡단성은 문학적 비판을 혁신하는 도구가 된다. "그러므로 작품의 형식적 구조라는 새로운 언어학적 규약이 바로 횡단성이다."[17] 작품은 더 이상 유기적 총체성을 가리키지 않으며, 작품의 기관 없는 신체는 규정된 방향도 고정된 의미도 제시하지 않는다. 작품의 입구는 파편적이다. 작품이 그 작품 속으로 길을 내는 어느 평범한 지점, 입구에 해당하는 지점을 선택하는 것은 불가피한 일이다. 미리 결정된 것이 아니라 평범한 것이야말로 비판적 입구에 해당하는 지점이다. "따라서 우리는 어느 쪽 끝을 통해서도 들어갈 수 있을 것이다." 비판적 입구로 들어가는 것이 평범한 일이 아니라면, 이는 무관심하다거나 자의적이라는 의미에서가 아니라 이 독해라는 사건에 비추어 예측 불가능하다는 의미에서, 다시 말해 특이하다는 의미에서 그러하다. "어떤 입구도 특권을 갖지 못한다." 이는 차원들을 위계화하고 말단들을 구별하는 총체성이 더 이상 존재하지 않기 때문이다. 입구는 "우리가 예상하듯, 곧 마주치게 될 다른 것과 연접"[18]된다. 운동학적인 난입이 현관문으로 규정된 입구를 대신하게 된다. 이러한 궤적을 규정하는 것이 바로 선택된 지점이라는 점에서, 이러한 난입은 작품에 대한 독해가 가져다주는 효과를 설명해 준다. 여기서 우리는 현실화가 적용되는 한 가지 사례를 발견한다. 즉 입구에 해당하는 지점은 작품의 재료 속에서 실현

---

17) Deleuze, *P* 202/261.

18) Deleuze, Guattari, *K* 7~8/13~16.

되거나 실현되지 않는 하나의 결정핵으로 작용한다. 따라서 모든 독해가 동등한 것은 아니지만, 각각의 독해는 지도제작이라는 리좀적인 방식으로 작품을 변형시킨다.

작품은 침입을 요청하는 것으로서, 어떤 효과를 산출한다. 이런 의미에서 작품의 기능이란 작동하는 것이지 메타담론적 평면에 위치하는 것이 아니다. 입구는 반드시 파편적이어야 한다. 이는 독해가 실효적 난입으로서 작동하고 있음을 입구가 보여 주기 때문인데, 이 실효적 난입은 독해의 우발성이나 현실성을 표현하는 것이 아니라 독해의 작동성을 표현한다. 현실화가 비판적으로 적용될 때 전제되고 있는 것은 리좀의 입구인 땅굴 속에서 일어나는 순환——이 순환은 작품을 기능하게 만들고 작품에 서식지의 공속성을 부여하는 배회증이다. 서식지는 피난처이기도 하다. 다시 말해 그것은 순환의 공간(땅굴)이자 영양섭취의 그물망(리좀)이며, 이 그물망의 뿌리들(혹은 궤적들)은 미리 규정된 방향 없이 다양한 방식으로 되풀이되며 뻗어나간다——이다.

읽는다는 것은 곧 어떤 실재적 영토를 측량한다는 것이다. 이 이론적 복합체는 들뢰즈와 과타리가 역동적인 지도제작이라고 부르는 것, 그리고 그들이 사본이라는 정적인 도면에 대립시키는 것에 상응한다. 해석은 텍스트를 강제하여 모방적인 사본이라는 형태 아래 숨겨져 있거나 예비되어 있는 의미를 그 텍스트 속에서 포착하게 만든다. 그에 반해 지도제작은 텍스트의 난입적인 작용(땅굴 속으로 들어가기)을 구체적으로 받아들인다. 이 난입적인 작용은 살아 있는 듯한 작품의 특성, 다시 말해 독해에 필요한 서식지의 영양섭취 그물망과 역으로 작품이 그런 방식으로 설명-탐색되어야 할 필연성을 보증해 주며, 이러한 설명-탐색은 작품의 지도를 그려 내는 동시에 그 영토를 변형시킨다. 따라서 독해 이론으로서의 리좀은 한편으로 독해 활동을 설명하면서도, 다른 한편으로는 수용을 능동적인 생산으로, 다시 말해 작품과 독해의 '공동생산'으로 만든다.

삶의 영역으로 자리를 옮김으로써, 우리는 횡단성과 행동학의 관계를 파악하고 횡단성 개념이 확산되는 과정을 추적할 수 있게 된다. 첫째, 권력 비판을 정신의학의 치료 제도에 적용하는 데서 출발했던(과타리) 횡단성은 이제 지식의 화용론에 도달한다. 둘째, 지식의 화용론은 이론적 횡단성, 연접되는 이론적·실천적 파편들에 대한 이론(푸코와 과타리)이 작품에 적용될 것을 요구하는데, 1970년 이후 들뢰즈는 그것을 다양체의 이론-실천이라고 부른다. 셋째, 다양체의 이론-실천은 생기적 운동의 행동학에 이른다. 들뢰즈는 이 생기적 운동의 행동학을 프루스트에게서 발견하는데, 그것은 배치의 생산 및 분절을 다루는 이론을 제공하는 횡단적인 성이론, 횡단적인 포획 이론의 형태하에서 드러난다.

우리가 지나온 과정을 요약해 보자. 1970년 들뢰즈는 총체적인 작품이 아니라 파편적인 작품과 관련하여 횡단적 해석의 가능성을 인정했다. 하지만 1975년 작품의 파편적인 체계, 즉 리좀은 해석의 사용을 전적으로 금지하는 기능을 부여받는다. 이처럼 실험은 해석을 완전히 제거한다. 이는 실험이 자신의 징후학에 따라 사회적 장으로부터 도출해 낸 힘들에 대해서는 물론 작품이 지도제작의 원리에 따라 가능케 해주는 궤적들에 대해서도 마찬가지다.[19]

따라서 파편은 기표 및 기의와 관련하여 해석을 거부하며, 의미작용의 차원에 대한 이러한 거부는 통일성, 의미의 초월성, 의미의 실체적 동일성, 의미의 위계적 통치성에 대한 비판, 정치적인 동시에 인식론적인 비

---

19) Deleuze, Guattari, *K* 7/13~14.

판에서 기인하는 것이다. 모든 독해는 작품의 기능에 참여한다. 가능한 궤적들이 존재하는 그 만큼의 독해가 존재하며, 영토를 탐험하는 그 만큼의 지도제작이 존재한다.

3. 푸코의 대각선

횡단적인 것은 어떤 화용론을 이끌어 내는데, 이번에도 들뢰즈는 푸코와 더불어 이 화용론을 만들어 낸다. 푸코는 이 새로운 형태의 작품 및 방법과 관련해서도 결정적인 역할을 수행한 대화상대였다. 같은 해, 즉 1970년 3월 들뢰즈는 대단히 밀도 있는 한 논문을 통해 『지식의 고고학』에 대한 서평을 작성한 바 있는데, 이 논문은 개정되어 1986년 출간된 『푸코』의 1장을 이루게 된다.[20] 들뢰즈의 설명에 따르면, 푸코의 독해 방식에는 결정적인 지점이 있다. 푸코의 독해 방식은 수직적 분절이라는 위계적 측면은 물론이고 동일한 단계에 속하는 관계들이라는 수평적 측면도 고려하지 않는다. 이때 수직적 분절은 명제의 논리에 속하는 공리들의 체계를 가리키며, 수평적 측면은 저자-독자 및 문맥을 가리키는 담론적 문장들 사이에 존재한다. 담론적 형성물의 조건인 발화 가능성^{dicibilité}을 특징짓는 언표는 논리적 관념성에도 인격적인 담론 활동에도 의존하지 않는다. 들뢰

---

20) Deleuze, "Un nouvel archiviste"(recension de Foucault, *L'archéologie du savoir*), in *Critique*, n° 274, mars 1970, p. 195~209. 이 논문은 내용이 덧붙여지거나 수정되지 않은 채 별책으로 발간된 재판본(Paris, Fata Morgana, 1972)을 확인하는 데 있어 매우 큰 중요성을 갖는다. 그에 반해, 『푸코』(1986)에 재수록된 판본은 주의를 환기시키기에 충분할 만큼 크게 개정되었다. 이 개정으로 인해 1970년 논문과 1986년 판본의 차이가 드러날 경우 우리는 이를 지적할 것이며, 필요한 경우 이 논문의 페이지를 참조할 것이다.

즈는 담론의 분절에 대한 이러한 구상에다 과타리의 횡단성을 적용한다. 들뢰즈는 과타리에게서 푸코와 동일한 작용을 발견하는데, 그것은 수직적 단계들 및 그 단계들이 결합된 수평선들로 이루어진 위계적 상응관계를 새로운 연결 방식으로 대체한다. 이제 수직적 배치는 명제들의 논리적 위계와 관련되고, 수평선은 문장·낱말·사물의 수평적 상응관계와 관련된다. 그런데 이 작용을 특징짓고자 할 때 들뢰즈가 적용하는 것은 과타리의 횡단성 개념이 아니라 불레즈에게서 받아들인 그와 유사한 개념, 즉 대각선diagonale 개념이다. 푸코가 담론과 관련하여 고안해 낸 것은 새로운 종류의 차원, 대각선의 차원이다. "그는 유동성을 견지하면서 일종의 대각선상에 위치할 것이며, 더군다나 이 대각선은 우리가 이해할 수 없었던 바, 정확히 말해 언표를 이해할 수 있게 해줄 것이다."[21] 우연하게도 들뢰즈는 대각선적인 것과 횡단적인 것의 동등성에 대해 다음과 같이 말했던 바 있다. "언표는 수평적이거나 수직적인 것이 아니라, 횡단적이다."[22] 따라서 대각선은 담론과 맺는 새로운 유형의 관계, 정확히 말해 횡단성이 규정해 주는 관계를 이끌어 낸다. "언표는 일종의 대각선상에 위치해 있다[…], 그것은 횡단적이다."[23]

횡단성이라는 문제제기적인 것은 어떤 점에서 푸코의 언표를 분명하게 해주는가? 담론적인 것은 명제들의 수직적 접합도 문장들의 수평적 삽입도 개입시키지 않는 새로운 유형의 분석에 속한다. 이때 전자의 명제들은 논리적 계통이라는 의미에서 우월한 단계에 속하는 공리들을 가리키

---

21) Deleuze, *F* 11/16.

22) 이렇게 분명하게 서술된 것은 이후 1986년의 일이다. Deleuze, *F* 15/20.

23) Deleuze, *F* 13/18, 15/20.

며, 후자의 문장들은 수평적으로 서로를 참조하면서 한편으로는 화자 주체를 향해, 다른 한편으로는 화자 주체가 목표로 하는 대상을 향해 열린다. 이처럼 푸코는 논리적 함의가 지닌 수직적 위계는 물론 통사론적 형성물이 지닌 수평적 연결과도 무관한 어떤 전대미문의 차원 속에 자리잡는다. 그는 논리학과 언어학으로부터 벗어나 언표를 역사적인 담론적 형성물에 의존하게 만든다. 명제들의 연역적 체계와 문장들의 언표적 집합이 언어학적 구조나 언표행위 활동으로 간주된다 하더라도, 역사적인 담론적 형성물이 이 두 가지로 귀결되지는 않는다.[24] 이처럼 푸코는 담론에 대한 새로운 화용론을 고안해 낸다.

푸코의 방법은 당시까지 담론 연구를 지배하고 있던 경쟁관계의 두 이론형태, 즉 구조주의적 형식주의와 해석학적 해석을 모두 거부한다. 앞서 살펴보았듯이, 『지식의 고고학』이래 푸코는 우선 알레고리적 해석, 주해는 물론이고 당시 인간과학에서 주해를 대체할 대안적인 모델로 인정받고 있던 구조주의 유형의 형식주의도 기각한다. 푸코는 해석과 형식주의로부터 벗어나 해석과 구조의 공모관계를 보여 준다.[25]

해석은 의미를 잉여가치, 초월적 저장소로서 제시하는 어떤 해석학을 전제하고 있다. 그러나 구조주의를 그것의 가장 중요한 이론적 영감으로 축소시킬 경우 얻게 되는 형식주의는 사실상 해석학과 동일한 방식으로 부가하고 분리한다. 즉 양자는 모두 텍스트와 동일하지 않은 어떤 설명의 차원을 텍스트에 덧붙인다. 실제로 푸코에 따르면, 해석학적 입장과 구조주의적 입장은 말해진 바에 만족하기를 거부한다는 점에서 서로 유사

---

24) Deleuze, "Archiviste…", art. cité, p. 198.
25) Foucault, *L'archéologie du savoir, op. cit.*, p. 177.

하다. 양자 모두 텍스트에 포함되어 있지 않은 어떤 부가적인 차원을 덧붙여 텍스트를 '주해한다.' 성의 영역에서 한 가지 사례를 취해 보자. 멜라니 클라인$^{Melanie\ Klein}$의 경우에서 볼 수 있듯이, 정신분석학적 해석은 주체의 경험과 환상에 호소한다. 라캉의 경우에서 볼 수 있듯이, 구조주의적 해석은 체험된 경험을 무시하면서 주체를 지배하는 상징적 구조를 특권화한다. 정신분석학적 입장은 담론 아래서 어떤 초월적 의미를 가리키는 말해지지 않은 것을 찾는다. 푸코에 따르면, 이것은 주석의 입장으로서 담론을 초과하는 어떤 의미의 차원을 텍스트에 덧붙인다. 구조주의적 접근 방식은 외견상 담론의 형식적 구조에 만족하는 듯 보이며, 환자의 언표행위를 의미의 경험적 그물망으로 간주하면서 그로부터 가지적 구조를 추출해 내야 한다. 라캉에 따르면, 문제는 더 이상 기의가 아니라 기표다. 그러나 앞서 해석학은 의미가 초월적 저장소로서 제시된다고 전제하고 있었다. 구조주의를 그것의 가장 중요한 이론적 영감으로 축소시킬 경우 얻게되는 형식주의는 사실상 어떤 유비작용을 수행하고 있다.

이 두 가지 이론적 실천, 즉 해석학과 구조주의는 텍스트와 동일하지 않은 초월적 차원, 설명의 차원을 텍스트에 덧붙인다. 이 설명의 차원이 초월적 기의로 규정되느냐 의미작용적 구조로 규정되느냐 하는 것은 중요하지 않다. 해석학적 해석은 문장에서 출발하여 문장의 숨겨진·잠재된·신성한 의미로 나아간다. 구조주의적 분석은 텍스트의 경험적 출현과 어떤 가지적 구조를 중첩시킨다. 두 경우 모두 텍스트는 텍스트 외부의 말하고자 하는 바$^{un\ vouloir-dire}$와 결부된다. 따라서 들뢰즈에 따르면, 푸코는 두 가지 태도 중 어느 것도 지지하지 않으며, 텍스트의 문자에 만족하는 경우에도 사실 구조주의는 내재적 독해에 착수하는 것이 아니라 (실제로는 내재적인) 텍스트의 기능을 우월한 단계에 속하는 어떤 초월적 위격^{位格}

에, 즉 기표에 결부시키고 있다는 사실을 보여 준다. 푸코는 바로 이 단계 상의 단절을 비난하면서 텍스트의 글자에 만족하라는 스피노자의 격언을 재발견한다.

따라서 번역되어야 할 어떤 기호를 위한 지식의 언표를 포함하고 있지 않은 한에서, 푸코가 제안하는 새로운 지식의 고고학은 해석학적인 학문이 아니다.[26] 언표는 더 이상 문서, 변환되어야 할 기호, 의미작용으로부터 발견되어야 할 담론이 아니다. 언표는 하나의 기념비이자 물질적인 것으로서, 우리는 그것의 구체적인 실존 방식을 면밀히 살펴볼 필요가 있다. 이런 방법론적인 방식이 갖는 새로움은 오로지 말해진 바를 기록하는 일에 만족한다는 데 있다. 다시 말해, 지식의 언표들이 지닌 실증성 속에서 지식을 전달하는 일에 만족한다는 데 있다. 고고학이라는 용어는 잃어버린 진리의 회복이나 기원에 대한 추구를 함축하고 있는 것이 아니라 과거의 물질적 지층들을 발굴하는 현행적인 조사 및 검토의 과정을 함축하고 있다.

말해진 바[dictum]의 실증성 속에서 그것을 기록하는 데 만족하는 한에서, 이러한 방법은 본질적으로 구체적이다. 그에 반해, 텍스트의 표면에 만족할 수 없는 구조주의적·형식주의적 기법과 해석적·해석학적 기법은 구조라는 넘어서서-말해진 것[le sur-dit]이나 저장소에 보관된 의미라는 말해지지-않은 것[le non-dit]을 이끌어 낸다.

언표에 대한 이러한 설명에 힘입어, 마지막으로 우리는 들뢰즈가 의미의 표면으로 이해하고 있는 바를 분명하게 제시할 수 있게 된다. 언표는 공리계 유형의 나무형태로 귀결되지 않는다. 이 나무형태는 어떤 명제들

---

26) *Ibid.*, p. 182.

이 그 명제들에 근거를 제공하거나 그 명제들의 결과로서 생겨나는 다른 명제들을 가리키는 어떤 논리적 공간을 펼쳐 보인다. 언표는 더 이상 어떤 주관적 경험을 일깨워 주는 역할에 국한되지 않는데, 이러한 주관적 경험에 있어 언어 활동의 목표는 사물의 상태를 포착하는 데 있다. 언표는 내부성이라는 의미에서 이상적인 것도 주관적인 것도 아니며, 근본적으로 역사적이고 인식론적이다. 또한 언표는 실제로 그 언표가 귀속되는 담론적 형성물에 우발적인 방식으로 의존해 있다. 언표는 형식적인 것에도 기표에도 속하지 않으며, 담론 속에서만 작동한다. 언표는 이 담론으로부터 언표행위의 초월론적 조건들, 역사적 조건들을 이끌어 낸다. 따라서 역사적 **선험성**에 대해 말한다고 해서 용어를 일관성 없이 사용하는 것은 아니다. 여기서 우리는 초월론적 경험론의 마지막 규정을 파악할 수 있게 되기 때문이다. 즉 문제는 담론의 초월론적인 동시에 경험적 조건들을 이끌어 내는 데 있다. 이러한 조건들은 담론적인 것을 논리적·관념적 평면이나 토대에 해당하는 경험에 투사하지 않는 어떤 역사성 속에서, 담론적인 것을 그것 고유의 실증적 실존, 그것의 사실적 출현, 그것의 물질적 문서보관소, 그것의 실재적 역사성으로 데려가는 어떤 역사성 속에서 파악된다.

따라서 언표는 순수한 표면에 속한다. 언표는 깊이를 갖고 있지 않으며, 논리적 관념성의 초월세계도 내밀하거나 무의식적인 주관적·사적 경험의 지하세계도 심지어는 선술어적인 삶의 세계나 사회적인 하부구조도 전제하고 있지 않다. 푸코는 오로지 말해진 바에 만족한다. 그리고 이러한 입장은 통상적인 담론들과 미세하게 어긋나 있어 실제로 그 입장을 유지하기는 매우 어려운 것으로서, 주석가들 사이에 짜증과 빈정거림을 유발한다. 들뢰즈는 조롱하듯 재치있게 다음과 같이 비판한다. 언표는 발화 가능성이라는 그것의 조건을 통해 규정되지만, "모두가 이러한 조건들 속에서 푸코가 어떻게 언표들을 산출할 수 있는지를 묻는다". 더 큰 문제는 이러한 조건들 속에서 흔히 빠진 천재론이라는 의미에서 어떤 언표를 산출하는 불멸의 저자가 존재한다고 주장하는 일이다. 따라서 푸코는 다음을 "더욱 확신하게 된다". 즉 언표를 산출하는 데 독창성은 전혀 필요하지 않으며, 누구나 언표를 산출할 수 있다. 또한 "더 이상 기원의 문제가 제기되지 않는 만큼 독창성의 문제도 제기되지 않는다".[27] 우리는 창조자를 자부하는 이들에게 이러한 이론이 얼마나 큰 기쁨을 줄 것인지 가늠해 볼 수 있을 것이다! 저자는 더 이상 절대적인 출발점, 천재적인 주체가 아니라 가변적인 역사적 기능, 지식 세계의 제도, 사회학적인 창작물이 된다. 그 결과, 또한 푸코는 기원과 선구자를 지정하려는 개념사적 편집증에 반대하는 입장을 취하게 되며, 니체와 마찬가지로 자신을 향한 악의와 어리석음을 불러일으키게 된다. 푸코와 니체 두 사람이 모두 나르시스적인 분노를 야기하는 까닭은 그들이 인간의 죽음을 공표했기 때문이다——왜냐고? 현재의 인류가 이론의 여지 없이 어떤 목적론의 결과물이라면, 이 목적론이 우리 고유의 실존을 문제시하는 것은 지극히 당연한 일이 아닐까?[28]

4. 초월론적 언표와 경험적 언표

그렇다면 언표는 어디서 성립하는가? 들뢰즈는 언표를 규정하는 세 가지 방식을 이끌어 낸다. 언표는 자신을 둘러싸고 적어도 세 가지 유형의 상호

---

27) Deleuze, *F* 11~14/15~19.
28) Deleuze, "Archiviste…", art. cité, p. 200. *F* 94/135~136.

분리된 공간을 만들어 낸다. 첫째, 방계적傍系的 공간espace collatéral은 어떤 언표가 다른 언표들과 맺는 관계와 관련되며, 어떤 담론 체제 안에서 복수로서 집합적으로 주어지는 언표들의 다양체를 묘사한다. 둘째, 상관적 공간espace corrélatif은 언표가 주체·대상·개념의 위치를 만들어 내는 방식을 고려하는데, 언표는 주체·대상·개념을 담론 속에서 주어지는 위치들에 불과한 것으로 규정한다. 셋째, 보충적 공간espace complémentaire은 담론적인 것과 비담론적인 것의 분절, 다시 말해 담론의 화용론적 특성을 다룬다.

우선 언표는 동일한 담론적 형성물에 속하는 다른 언표들과 방계적 관계를 맺는다. 어떤 집단에 귀속된다는 사실은 희박성rareté과 규칙성이라는 기능에 따라 언표에 영향을 미친다. 우리가 모든 것을 말할 수는 없다는 점에서, 언표는 본질적으로 그 빈도가 낮다. 푸코는 이미 『레이몽 루셀』에서 이런 생각을 개진했던 바 있으며, 이런 점에서 우리는 그의 분석이 광범위한 영역에 걸쳐 있음을 헤아려 볼 수 있을 것이다. 『분석론 전서』에서 아리스토텔레스가 지적했듯이, 결여되어 있는 것은 더 이상 기호가 아니다──말하기의 조건들이 보여 주는 것은 명제도 아니고 심지어는 제한된 문장도 아니며, 오히려 그 빈도가 낮은 언표행위의 방식들이다. 칸트의 단조로운 반복은 바로 여기서 기인한다. 담론을 구성하는 어떤 유한성이 존재하지만, 초월론적인 방식으로 주어지는 한에서 그 유한성은 모든 언표행위가 역사 속에 포함되어 있다는 사실에서 기인하는 것이다. 따라서 언표는 다른 언표들을 가리키며, 언표들의 필연적인 복수성은 모든 언표에 공통적인 형성물의 규칙들로부터 출발하여 언표들의 희박성과 규칙성을 규정한다.

이러한 조건들 속에서 언표는 어떻게 철학이나 예술에서 벌어지는 사유의 창조를, 그리고 담론의 성취나 새로운 것의 생산을 설명할 수 있을 것인가? 여기서 문제는 같은 말을 되풀이하는 상동증常同症이 된다. 이러한 구상 속에는 규범에서 벗어난 언표행위를 위한 공간, 표준적인 언표와 그것을 넘어서는 변이 간의 차이를 위한 공간이 존재하지 않는다. 푸코의 이론은 걸작의 탄생을 위한 공간도 사유의 창조를 위한 공간도 남겨 두지 않는 듯 보인다. 담론적 형성물 가운데서, 모든 생산은 동일한 상동증에 종속된다.

둘째, 언표는 창조를 위한 공간을 마련해 주는 상관적 공간을 가리킨다. 상관적 공간은 더 이상 언표와 다른 언표들 간의 관계를 문제로 삼는 것이 아니라 언표와 방법론적 개념들 간의 관계, 언표가 펼쳐 보이는 주체 및 대상의 위치를 문제로 삼는다. 여기서 들뢰즈는 시몽동의 개체화, 그리고 개체화와 개체화 환경의 동시적 생산을 완전히 다른 차원으로 옮겨 놓는다. 언표는 창조적인 것이 된다. 이는 곧 언표가 개념을, 다시 말해 언표가 요청하고 또 허용해 주는 인식론적인 형성물을 창조한다는 것이다. 그러나 한 발 더 나아가, 이를 통해 언표는 자신의 담론 대상들과 주체화 방식들까지도 구성한다. 예컨대 광기·생명·화폐·기호는 담론의 외생적 대상이지만, 담론이 없다면 그것들은 어떠한 실존도 갖지 못할 것이다. 담론이 전제하고 있는 주체와 마찬가지로, 담론이 겨냥하고 있는 대상 또한 불변적인 것도 아니고 담론에 선행하는 것도 아니다.

이것이 명제가 지향적인 내생적 변수라는 의미에서 지시대상을 갖지 않는다든지 ── 물론 말한다는 것은 무언가를 말한다는 것이다 ── 사물의 상태를 겨냥하는 외생적 변수라는 의미에서 지시대상을 갖지 않는다는 뜻은 아니다. 내가 무언가를 두고서 말한다는 것은 어떤 의미(율리시스 Ulysse)를 가질 수 있지만, 미리 주어진 사물의 상태라는 형태로 어떤 대상을 지시하는 것은 아니다. 담론은 그 대상을 발견하게 되었을 뿐이다. 과학적 사실과 관련하여 바슐라르가 보여 주었듯이, 이 대상은 자연이라는 실재 속에서 주어지는 것이 아니라 화용론적 공속성을 보여 주는 이론적·실천적 실험의 산물을, 다시 말해 **이론적 사실**^fait théorique^을 구성할 뿐이다.

따라서 담론이 겨냥하고 있는 대상은 언표의 파생물이지 미리 주어진 사물의 상태가 아니며, 이론은 실재 속에서 사물의 상태를 발견하는 데 만족할 것이다. 따라서 언표는 담론의 대상을 산출하는 동시에 담론의 주체를 규정한다. 우리가 앞서 대상과 관련하여 제시했던 분석은 그와 상관적으로 주체에도 필연적으로 적용되기 때문이다. 대상이 언표에 의해 구성되는 것과 마찬가지로, 언표행위의 주체, 담론의 원천인 듯 보이는 주체도 언표행위가 낳은 하나의 결과물로서 언표행위로부터 나오는 하나의 파생물에 불과하다.

이처럼 푸코는 들뢰즈에게 인격적 개체화 비판 및 언어 이론을 위한 결정적인 확증을 제공한다. 원초적인 나도 실체적 코기토도 언표행위 아래 존재하지 않으며, 그것들이 담론을 개시할 수 있는 능력을 지니고 있는 것도 아니다. 주체의 위치는 언표 자체에 의해 산출되며, 언표행위의 활동과 자의적으로 구별된 언표행위의 주체(즉 말하는 주체)는 언표의 주체(즉 언표행위의 주체가 언표하는 대명사)의 초월적 원인으로 제시된다. 들뢰즈는 앞서 우리가 칸트의 코기토 분석에서 살펴보았던 **생각하는** 나와 경험적 자아의 분열을 받아들이지만, 이제 그 분열을 언표에 관한 내재적인 담론 분석을 저해하는 것으로 간주한다. 언표행위의 주체와 언표의 주체 간의 나눔을 거부할 때에만, 우리는 푸코가 권하는 이러한 설명, 담론에 대한 내재적인 설명에 도달할 수 있을 것이다.

이상의 논의는 이제 곧 언급될 언어학적 분석과 현상학적 형태의 해석학 간의 공모를 드러내 준다. 그에 힘입어 들뢰즈는 언어학에 대한 입장을 결정하고 연동소^{連動素, embrayeur} 이론, 다시 말해 야콥슨의 **전환사**^{shifter} 이론이나 벵베니스트^{E. Benveniste}의 자기-지시성^{sui-référentialité} 이론을 거부할 수 있게 된다. 게다가 이는 주체가 가상적인 형식이기 때문이 아니라, 완전한 형식으로서 파생된 것이기 때문이다. 따라서 주체가 존재하고 주체의 다양한 유형들도 존재하지만, 그것들은 담론의 기원이 아니라 오히려 담론 속의 위치로서 담론에 의해 산출된 것이다. 따라서 주체의 위치는 언표의 기원인 시원적인 나의 형태를 보여 주는 것이 아니라, 언표의 결과물에 해당한다. 따라서 주체를 "익명의 중얼거림이 지닌 두께" 속에 위치시켜야 하며, '누군가'^{IL}와 '아무개'^{ON} 또 '누군가가 말한다'와 '아무개가 말한다'를 담론을 산출하는 비인격적인 심급, 비인격적인 주체화의 방식으로 만들어야 한다.[29]

언표는 다른 언표들(방계적 공간)을 가리키며, 그것의 개념·주체·대상이 차지하고 있는 위치(상관적 공간)를 산출한다. 앞서의 규정과는 반대로, 여기서는 문학이 결정적인 역할을 맡는다. 현대 문학, 특히 블랑쇼가 말하는 현대 문학은 자기목적적인 동어반복의 장소가 되는 것이 아니라 언어 활동의 전개를 드러내면서 자신의 순수한 외부성을 펼쳐 보인다. 푸코는 문학에 할애한 지극히 간명한 연구들을 통해 이 점을 훌륭하게 표현했다. 들뢰즈는 고도의 집중력을 발휘하여 푸코가 블랑쇼에게 바친 오마주인 「바깥의 사유」를 읽는다. 따라서 문학이 문제로 삼는 것은 "논란이 많은 현시작용의 지점에 이르기까지 언어 활동 자체와 가까워지는 언

---

29) Deleuze, *F* 17/23. Foucault, *L'ordre du discours*, Paris, Gallimard, 1970. Blanchot, *La part du feu*, Paris, Gallimard, 1949, p. 29, et *L'espace littéraire*, Paris, Gallimard, 1955, p. 160~161.

어 활동"이 아니라, 블랑쇼가 이론화하고 실천한 바 "언어 활동 자체로부터 가장 멀리 떨어져 있는 언어 활동", 다시 말해 "'언어 활동의 바깥에' 위치하기"[30]다. 문학이야말로 외부성의 표면을 만들어 내는 것이며, 이 외부성의 표면은 바깥의 사유, 즉 지고의 내부성을 결여하고 있는 언어 활동을 보여 준다. 이는 들뢰즈가 만들어 낸 문학의 사용법을 설명해 준다. 들뢰즈는 문학을 현상학적 주체의 시원적 경험과는 무관한 진단적 외부성으로 만든다. 중립적인 경험, 필링게티의 멋진 표현에 따르자면 3인칭이나 심지어는 4인칭의 외부성에 해당하는 문학이 현상학적 체험을 대체한다. 또한 이러한 문학은 경험과 인격의 동일시, 경험과 언표행위에 속하는 나-너의 동일시를 전적으로 거부하는데, 이는 언표행위의 비인격적 배치를 위한 것이다.

문학은 알레고리적 매체로 제시되기는커녕, 갈라진 틈으로 작용하여 언어 활동을 생산주체의 지배하에 두는 내부성의 원환을 파열시킨다. 이 갈라진 틈은 형이상학을 문법, 그리고 명령어의 강압적인 권력과 연결시키는 사드[M. Sade], 횔덜린[F. Hölderlin], 니체에게서 기인하는 것이다. 또한 이 갈라진 틈은 **주사위 던지기**[Coup de dé]의 예측 불가능하고 비인격적인 자율성을 말하는 말라르메, 발화의 신체적이고 폭력적인 내부를 보여 주는 앙토냉 아르토, 깨어진 주체성의 담론을 검토하는 바타유[G. Bataille], 시뮬라크르를 그것의 외부성 속에 배치하는 클로소프스키에게서 기인하는 것이기도 하다. 이 놀라운 계보에는 블랑쇼, 푸코, 들뢰즈도 포함되며, 그 계보에 힘입어 그들은 문학을 어떠한 의미작용이나 알레고리적 사용도 없는 실험의

---

30) Foucault, "La pensée du dehors", *Dits et Écrits*, Paris, Gallimard, 1994, t. I, p. 519~520. 이를 다음과 비교해 보라. Deleuze, Guattari, *MP* 324/502~503.

장소, 언어 활동과 주체성이 맺는 관계에 대한 실험의 장소로 만들 수 있게 된다. 문학은 내부성의 저장소가 아니라 외부성의 실험실이며, 그 실험실이 지닌 창조력은 기성의 억견과 경험이 지닌 진부한 표현들을 깨뜨리는 능력에 따라 평가된다.

문학의 독특성은 이 지점에서 분명하게 드러난다. 문학은 이렇듯 담론을 실험하는 장소가 되며, 거기서는 사유의 생산적·창조적 역량이 실로 긍정된다. 인격이나 언표행위의 주체로 환원될 수 없는 화자 주체는 담론의 기원을 구성하는 것이 아니라 담론 활동의 결과물이다. 사상가 푸코는 물론이고 작가 푸코, 시인 푸코를 칭찬하면서, 들뢰즈는 다음을 분명히 한다. 블랑쇼와 마찬가지로, 푸코는 그의 가장 감동적인 문장들 속에서, 주체들의 위치를 분배하는 "익명의 중얼거림이 지닌 두께 속에" 창조를 위치시킨다. "푸코는 바로 이 시작도 끝도 없는 중얼거림 속에 자리하고자 할 것이다."[31] 문학의 창조력은 비인격적인 것 속으로 용해될 수 있는 소질, 하나의 고유명사, 즉 '푸코-효과'를 창조하여 어떤 효과를 야기할 수 있는 소질에 따라 평가된다.

그러나 고유명사가 더 이상 인격의 속성이 아니라 작품에서 개인들을 가로지르며 벌어지는 주체화의 작업으로 여겨지는 한에서, 저자가 된다는 것, 어떤 효과를 발견한다는 것은 곧 주체적 동일시의 과정을 해체하는 '가혹한 탈인격화의 실행'에 착수한다는 것이다. 이와 마찬가지로, 언표는 독특성의 방출이며, 이 독특성은 담론적 형성물이 이루고 있는 곡선을 통해서만 의미를 갖는다. 따라서 언표와 담론적 형성물의 관계는 로트망이 확립한 문제와 해의 관계에 연결되며, 사유는 곧 창조라는 정의를 분

---

31) Deleuze, *F* 17/23. 이 단락 전체는 1986년 판본에 추가된 것이다.

명히 해준다.

들뢰즈는 로트망을 활용하여 언표가 그것의 외부성과 맺고 있는 관계, 언표가 그것의 역사적 개별화의 장과 맺고 있는 관계를 중재한다. 우리가 기억하고 있듯이, 로트망은 벡터의 장(문제)과 그 장을 채우게 되는 독특한 적분 곡선(해)을 구별했다. 들뢰즈가 이 구별을 참조하는 것은 푸코의 방법을 "독특성 및 곡선에 기반한 계열적 방법"[32]으로 서술하기 위함이다. 이러한 방법은 실제로 언표의 본성을 설명할 수 있게 해준다. 언표는 그것의 자료군資料群, corpus에 선재하는 것이 아니라 그로부터 경험적으로 도출된다. 또한 언표가 자료군으로부터 도출되는 것은 어떤 변이를 통해서만 가능한 일로서, 이 변이는 필연적인 방식으로, 그러나 항상 회고적인 방식으로 언표가 담론 속에서 실제로 차지하고 있었던 위치를 보여 준다. 따라서 언표와 담론적 형성물의 관계는 우리가 앞서 검토했던 독특성과 구조의 관계를 변형시켜 받아들인다. 언표는 어떤 독특성이며, 이 독특성은 언표가 경험적으로 속하게 되는 언표 곡선을 따라서만 규정된다.[33]

이처럼 푸코가 말하는 계열적 방법은 구조주의적 질서와 구별된다. 언표는 경험적인 자료군의 초월론적 조건으로서 도출되며 항상 복수적인 계열들의 구성을 통해 드러나는데, 이 계열들은 특정한 지점에서 특정한 방향들로 발산하거나 연장되기 시작한다. 이로부터 경험적인 동시에 초월론적인 어떤 방법이 규정되며, 이 방법에 힘입어 우리는 경험적인 분배와 언표의 역사성에 주목할 수 있게 된다. 이러한 것이 바로 푸코가 말하

32) Deleuze, *F* 29/41.

33) Deleuze, *F* 21/29.

는 역사적 **선험성**의 특성이다.

따라서 언표는 단어, 문장, 논리적 명제와 혼동되지 않으며, 변화가 산출되는 장소인 자료군 속에서 나타나는 기능에 해당한다. 문제가 되는 것은 "문장의 주체, 명제의 대상, 단어의 기의가 '아무개가 말한다' 속에 자리잡으면서, 언어 활동의 두께 속으로 분배되고 분산되면서 **본성상 변화**할 때, 오로지 그것들의 자료군 속에서 도출되는 형성물"[34]이다. 우리는 언표의 경험적 본성을 보다 분명하게 보여 줄 수 있게 된다. 언표의 잠재적 다이어그램은 주어진 수집물로부터 회고적으로 도출되지만 이 수집물과 혼동되지 않는다. 초월론적 경험론은 바로 담론에 대한 이 새로운 접근 방식에서 성립하는 것이다.

이는 언표가 담론의 특이점들로부터 도출되는 어떤 초월론적 기능이 되기 때문이다. 이 초월론적 기능은 구체적으로 존재하지만, 우리가 경험적인 자료군으로부터 그 초월론적 기능을 추출해 내지 않는 한에서는 지각될 수 없다. 우리는 변수들의 변이를 통해 언표를 도출해 낸다. 언표는 선재하지 않으며, 본질적인^{eidétique} 변이가 아니라 실증적인 변이를 통해 문서보관서로부터 추출된다. 이 실증적인 변이는 담론의 개념, 대상, 주체가 언제, 어디서, 어떻게 변화하고 변형되는지를 보여 준다. 따라서 언표는 어떤 소여라기보다는 관계들의 관계이며, 대상·주체·기의·개념이 본성상 변화할 때 도출되는 변수들의 기능에서 성립하는 것이다.[35] 바로 이런 의미에서, 언표는 연속적인 변이를 함축하고 있으며 자신의 이접적 역량을 드러낸다. 언표가 두드러지게 나타나는 것은 어떤 새로운 상동증이

---

34) Deleuze, *F* 27/37.
35) *Ibid*.

개입할 때, 즉 담론 속에서 무언가가 변화하는 지점에서다. 언표들이 응답하는 이념-문제를 우리가 구성할 수 있게 해주는 것은 담론들의 경험적 배치에서 주어지는 수집물뿐이다. 이런 식으로, 언표가 응답하는 초월론적 조건을 우리가 도출해 내지 못할 경우 언표는 숨겨져 있는 것이 아니라 지각될 수 없는 상태로 남아 있는 것이다. 또한 언표는 우리가 스스로의 관점을 변화시킬 때, 다시 말해 우리가 질문을 던지는 관점이나 우리가 지닌 자료군의 정의를 변화시킬 때 도출해 낼 수 있게 되는 다양한 이념-문제들을 예단하지는 않는다.[36]

들뢰즈에 따르면, 바로 이 지점에서 푸코는 창조의 시학을 규정하는 동시에 그의 사유 자체가 시에 도달한다. 푸코가 창조를 구성하는 익명의 장소로부터 말을 건네고 사유 이미지를 변화시켜 새로운 것을 만들어 낼 수 있었다면, 이는 주체 및 저자에 대한 자신의 입장이 어떻게 구성되었는지를 자신이 변조시킨 특정한 유형의 언어 활동 경험을 통해 푸코 스스로가 보여 주었기 때문이다. 들뢰즈에게 언표와 주체의 관계는 그 자체로 언표에 내생적인 어떤 변수를 구성한다. 들뢰즈의 글에 등장하는 사례가 『잃어버린 시간을 찾아서』의 첫 문장이라는 사실은 놀라운 일이 아니다. "오랫동안 나는 일찍 잠자리에 들었다…"[37]라는 평범한 문장은 주체의 변이 가능성을 보여 준다. 이 변이 가능성에 따라 우리는 이 언표를 어떤 화자에게, 다시 말해 작가인 프루스트나 아니면 이런 식으로 『잃어버린 시간을 찾아서』를 시작하는 화자에게 결부시킨다. 따라서 주체의 위치가 언

---

36) 이 이념-문제는 들뢰즈가 자신의 여러 후기 텍스트에서 다이어그램, 추상 기계라고 부르는 것에 상응한다.

37) Deleuze, *F* 16/22.

표의 변수인 한에서, 주체의 위치가 언표로부터 파생되고 추론되는 한에서, 주체는 변수다. 이런 이유에서, 푸코가 남긴 가장 감동적인 문장들은 변수의 새로운 위치를 제안하면서 언어의 시적인 문턱에 도달하는 문장들이다. 익명의 중얼거림은 언표와 창조가 결합되는 지점을 표시해 준다. 창조한다는 것은 언어에 주어지는 새로운 변수들을 고안해 낸다는 것이고, 개념·대상·주체의 위치를 혁신한다는 것이며, 언어가 그것의 연합 환경으로서 산출해 내는 세계를 변형시킨다는 것이다. 시의 역할을 언어의 생산적 기능과 관련하여 사유하는 푸코는 시인으로서 그 역할을 수행하고 시적으로 사유한다. 따라서 언표는 창조적인 것으로 드러난다. 또한 언어 활동과 관련된 예술은 말하기의 상관적 공간들을 탐색하고 그 공간들을 변형시키는 데서 성립한다. 그러므로 언표를 일상적인 언어 활동에 속하는 단어·문장·명제와 구별해 주는 것은 하나의 세계를 포괄할 수 있는 언표의 능력, 그리고 주체·대상·개념이라는 이러한 기능들을 자신의 파생물로서 만들어 낼 수 있는 언표의 능력이다. 요컨대 언표는 구성적이다.

따라서 담론적 형성물이 담론적 상동증이라는 의미에서, 그리고 통계적인 반복이라는 의미에서 규칙적인 언표들만을 산출하는 것은 아니다. 담론적 형성물이 규칙성을 창조하는 것은 그 용어의 두번째 의미, 즉 담론 속에서 산출되는 위치들의 독특성에 적용되는 규칙이라는 의미에서다. 아울러 주체·대상·개념이 언표로부터 파생된다면, 들뢰즈는 다음과 같이 결론지을 수 있다. 담론의 생산성에 주의를 기울였다는 점에서, 푸코는 새로운 화용론을 정초한다. 이 내생적 화용론은 화용론에 대한 규정, 새로우면서도 훨씬 더 강력한 규정에 도달한다. 이처럼 언표의 세번째 특성은 들뢰즈가 다양체의 이론-실천이라고 부르는 것을 규정한다. 이 다양체의 이론-실천과 더불어, 우리는 1968년 5월 이후 확립된 배치 이론을 살펴보게 될 것이다.

　여기서 문제가 되는 것은 언표의 세번째 특성, 즉 보충적 공간이다. 보충적 공간을 통해 언표는 더 이상 다른 언표나 자신의 파생적 생산물을 가리키는 것이 아니라 비담론적·실천적·실재적 형성물을, 다시 말해 집단적 배치를 가리키게 된다. 여기서 우리는 담론에 내재하는 기호 이론(의미론), 그리고 담론 체제와 비담론 체제를 연결할 것을 요구하는 들뢰즈 기호학, 이 양자를 결합하기에 이른다. 여기서도 문제가 되는 것은 들뢰즈와 푸코가 본질적으로 만나게 되는 지점이다. 언어 활동의 바깥, 구성적인 바깥은 곧 언어 활동의 비언어적인 한계다. 들뢰즈의 주장에 따르면, 푸코가 위대한 사상가인 것은 바로 이 지점에서이며, 푸코의 정치철학을 찾아내야 하는 것 또한 바로 이 지점에서다.

　보충적 공간은 담론의 불완전성에 대한 이론을 담고 있다. 보충적 공간은 어떤 실재적 화용론을 이끌어 내면서 담론과 발화 가능성이라는 담론의 조건들을 비담론적 형성물과 결합시킨다. 비담론적 형성물은 언표를 언표의 바깥과 관계짓는 것으로서, 그와 관련하여 우리는 당분간 다음의 부정적인 규정에 만족해야 할 것이다. 즉 언표의 바깥은 담론적이지 '않은' 것이다. 주체·대상·개념의 위치를 창조하는 언표의 화용론에 응답하는 것은 바로 언어학적 기호와 비언어학적 기호체제 간의 필연적인 관계를 다루는 이 외생적 화용론이다. 후자의 비언어학적 기호체제는 언어 활동을 그것을 구성하는 사회정치적 장과 관계짓는다. 이제 우리는 기계 이론과 더불어 바로 이 점을 살펴보게 될 것이다.

15장

기호, 기계, 서양란

이제 들뢰즈는 초월론적 경험론을 혁신하는 횡단성을 실천하면서 이론과 실천의 관계 문제를 전면에 제기한다. 언표와 비담론적 형성물이 이루고 있는 대각선상의 관계는 모든 수직적 인과성을 앞서 거부한다. 이 수직적 인과성에 있어 사건·제도·생산 방식은 분명 사람을, 다시 말해 언표가 전제하고 있는 저자를 규정하는 것이 아니라 사회적 주체화의 방식을 규정할 것이다——이는 맑스주의에 대한 통속적인 독해와 대립된다. 이와 동일한 방식으로, 들뢰즈는 상징적 구조화를 통해 물질적 관계들을 수직적으로 표현하는 일에 전적으로 이의를 제기한다. 물론 언표는 비담론적 형성물 없이는 존재하지 않는다. 하지만 푸코의 장치 개념에 상응하는 들뢰즈의 배치 개념은 공동생산의 형식하에서 언표와 비담론적 형성물의 상호작용을 분명히 해준다. 즉 상호적으로 상징화되는 두 표현 사이에는 수직적 평행관계도 동형관계도 존재하지 않는다. 또한 실천이 이론을 만들어 내게 하거나 이론이 실천을 만들어 내게 하는 수평적 인과성도 존재하지 않는다. 뿐만 아니라, 서로 구별되는 두 지층 간의 동일한 표현도 존재하지 않는다.[1] 들뢰즈는 선형적 인과성에 대한 비판을 다시 가져온다. 이 비판은 『의미의 논리』에서 들뢰즈 자신이 스토아주의적인 방식에 따라 물체의 인과성과 비물체적 효과를 이접적인 계열들로 나누면서 만들어 냈던 것이다. 그러나 여기서 그는 한 걸음 더 나아간다.

1. 다양체의 이론-실천

들뢰즈는 형식주의적·해석적 기법들을 자신이 다양체의 이론-실천이라고 부르는 화용론으로 대체한다.[2] 대각선상의 다양체는 ① 그것의 분절 방식, ② 그것을 규정하는 데 기여하는 인접한 다양체들과의 실재적·실증적 연접, ③ 그것의 설명 방식, 이 세 가지를 통해 해석학 및 구조주의와 대립되는 세 가지 특성을 이끌어 낸다. 방법론적으로 볼 때, 대각선상의 다양체는 실증적인 동시에 외생적이다. 여기서 문제가 되는 것은 외부성의 원리다. 들뢰즈는 푸코와 관련하여 이 외부성의 원리를 언급하지만, 그것은 사실상 들뢰즈 고유의 체계를 이끌어 가는 원리에 준하는 것으로서 **상세히** 인용될 만한 가치가 있다.

> 그것은 방법 일반의 문제다. 말과 사물을 그것들을 구성하는 외부성으로 되돌려주기 위해서는, 외견상의 외부성에서 본질적인 '내부성의 핵'으로 가는 대신 가상적인 내부성을 배제해야 한다.[3]

---

1) Deleuze, *F* 68/98~99.
2) Deleuze, *F* 22/30~31.
3) Deleuze, *F* 50/74 et Foucault, *Archéologie...*, p. 158~161.

따라서 언표는 해석학의 말해지지-않은 것이나 구조주의의 넘어서서-말해진 것에서 벗어나 수평적 기능으로 나아간다. 이 수평적 기능은 말과 사물, 주석과 텍스트 간의 단절을 우회하면서 그 단절을 연접적 생산으로 대체한다. 담론적 형성물은 자신의 대상·주체·개념을 창조한다. 이처럼 언표는 문장과 명제로 구성된다기보다는 언표 자신으로 인해 가능해지는 언표행위의 선결조건들, 문장과 명제의 언표행위를 위한 초월론적 조건들을 형성한다. 들뢰즈는 푸코의 분석, 즉 언표를 잠재적 이념으로, 혹은 경험적인 문장 및 명제가 현실화하는 초월론적 문제로 보는 분석을 다시 도입한다. 문제제기적 언표는 문장과 명제가 문제시하는 다이어그램을 그려 낸다. 따라서 잠재적 문제는 경험적 해들의 바깥에 존재하지 않는다. 경험적 해들은 잠재적 문제를 현실화하지만 그럼에도 잠재적 문제가 경험적 해들로 환원되지는 않으며, 이는 이념이 개념으로 환원되지 않고 문제가 해로 환원되지 않는 것과 마찬가지다. 언표와 텍스트 형성물 간의 관계는 사건과 사물의 상태 간의 관계, 추상기계와 배치 간의 관계, 생성과 역사 간의 관계가 된다.

횡단성과 그것의 대각선상의 배치는 언표와 언표의 대상을 직접적인 생산관계에 놓고, 또한 언표와 시공동적인 의미에서 전개체적 장에 해당하는 언표의 환경을 연접관계에 놓는다. 횡단성과 대각선상의 배치는 어떤 화용론적인 분신을 함축하고 있다. 실재적 효과를 가능하게 해주는 주체적·대상적·개념적 효과의 생산자인 담론이 하나이고, 담론적 시퀀스와 비담론적 형성물 간의 관계가 다른 하나다. 언표는 역사적인 담론적 형성물로서, 지식의 지평, 상이한 담론적 실천들, 대상화 및 주체화 방식들의 생산자가 아니다. 이것들은 언표로부터 벗어나 있으며 그 자체로는 실재의 효과에 해당하지 않는다.

그런데 이 실재의 효과는 담론과 실천 간의 분절을 규정해 준다. 바로 이 지점에서 푸코의 방법은 횡단성과 만나게 되며, 횡단성을 가로질러 과타리가 가했던 비판과 만나게 된다. 권력의 효과로부터 이론적인 것을 분리시킨다는 점에서, 과타리는 지식으로부터 분리된 질서에, 위계적으로 분절된 방법이라는 단일한 구상에 비판을 가했다. 들뢰즈는 푸코에게서 발견한 몇 가지 테제들을 과타리에게서 찾아내는데, 이 테제들은 들뢰즈 자신의 다양체 이론이 지닌 새로운 측면, 즉 통치성에 대한 정치적 비판을 분명히 하는 데 활용된다.

들뢰즈는 자신의 다양체 이론을 재차 소개하면서 여느 때처럼 리만과 베르그손을 동시에 참고하며, 아울러 리만과 관련해서는 구조주의의 논리적 극단을 대표하는 후설을 언급한다. 이제 들뢰즈는 왜 "이 두 방향 속에서 다양체 개념이 유산되었는지"[4]를 분명히 한다. 베르그손의 다양체는 두 가지 유類를 구별하면서 이원론을 되살려 놓는다. 즉 시간적 유와 공간적 유의 구별은 단순한 이원론을 되살려 놓는다. 후설이나 리만이 말하는 다양체는 자신의 형식주의와 직면하게 된다. 또한 그들이 말하는 다양체는 주체에 내재적인 형식, 실재적인 논리적 구조라는 형식(초월적·주체적 형식주의)하에서 그 구조가 기여한 바에 힘입어 비로소 성립되었던 바로 그 다양체를 경화硬化시킨다. 이 두 방향에 있어, 다양체는 **일자**에 대립될 수 있고 주체에 귀속될 수 있는 어떤 술어 속으로 흡수되어 버린다.

들뢰즈가 푸코에게 그토록 특별한 위치를 부여하는 이유는 푸코가 다수적 내재성을 초월적 주체에 귀속시키지 않는 참된 다양체 이론을 가능하게 해주기 때문이다. 이제 이 다수적인 것의 다양체는 들뢰즈의 분석

---

4) Deleuze, *F* 22/31.

에 진정한 변화가 시작되었음을 알리는 이론-실천의 분절과 더불어 나아간다. 들뢰즈는 푸코를 다양체의 이론-실천을 수행한 철학자로, 구체적 방법의 발명가이자 임상가로 높이 평가하는데, 이 구체적 방법은 담론적 형성물을 참된 실천으로 간주할 수 있게 해준다.

이러한 담론적 실천을 해석 및 형식화와 대립시키는 가장 중요한 특성은 담론의 작용적 특성이며, 이에 힘입어 들뢰즈는 다음과 같이 주장할 수 있게 된다. "푸코는" 철학을 위한 제3의 길을 마련해 주는 "참된 화용론을 정초한다".[5] 참된 화용론은 형식주의적 공리계도 아니고 미규정된 경험에 호소하지도 않으며, 역사적 실천과 횡단적 관계를 맺는 한에서 담론적 양상들을 구체적으로 분석한다. 형식주의적이거나 구조주의적인 규칙을 그 규칙의 내적 체계성 속에서 고려하기 위해서는 그것의 실재적 기능을 간과해야 한다. 그러나 그 규칙은 어떤 형식주의적 체계의 무해한 관념성 속에 존재할 뿐만 아니라 강제의 도구, 정밀하고 일상적이며 개별화된 도구로서 작용하기도 한다. 의미는 담론을 통해 산출되며, 담론에 외부적이거나 담론에 선행하는 것이 아니다. 의미를 표면 효과로 설명할 때 함축되어 있었던 바가 바로 여기에 있다. 또한 이런 이유에서 들뢰즈는 다음과 같이 주장한다. "푸코의 책은 다양체의 이론-실천에서 가장 결정적인 진전을 보여 준다."[6]

이러한 화용론은 사회적 투쟁에 실제로 가담한다는 의미에서의 정치나 정치적 도구로 환원될 수 없다. 또한 이 화용론은 실증적 투쟁을 고려하고 있을 때조차 단순한 맥락화로 환원될 수 없는데, 이는 우리가 맥락화

---

5) Deleuze, *F* 18/26.

6) Deleuze, *F* 23/31, 25/35.

를 언어학적으로 이해하고 있기 때문이다. 언어학에서 화용론은 언표행위의 맥락에 대한 고려를 함축하고 있다. 앞서 살펴보았듯이, 언표행위의 맥락은 담론적 형성물의 유형에 함축되어 있으며, 어떤 언표는 구체적인 주체화의 관계들을 함축한 채로 담론적 형성물의 내부, 담론적 형성물이 지닌 언표행위의 기능 속에서 나타나기 때문이다. 그러나 들뢰즈에게서와 마찬가지로 푸코 자신에게 있어서도 이 화용론은 정치적 행동으로 나아가는 어떤 변화를 수반하는데, 과타리는 1960년대 이후 이미 이 점을 성취하고 있었다.

이론에서 행동주의로 가는 이러한 전환은 68혁명-이후의 효과에 해당한다. 들뢰즈가 보여 주는 바에 따르면, 푸코의 담론적 형성물은 참된 실천으로 간주되어야 하며, 이 실천은 "혁명적 실천과 구별되지 않는다"라고 일컬어지는 "생산에 관한 일반 이론"[7]에 호소한다. 대각선은 **바깥**을 향한 담론의 개방을 함축하고 있었다. 사회정치적 바깥——들뢰즈는 『지식의 고고학』에 대한 서평에서 이를 검토하고 있다——은 『감시와 처벌』의 명시적인 선언을 기다릴 필요가 없었다. 그러나 담론의 한계이기도 한 **바깥**은 들뢰즈의 앞선 분석을, 다시 말해 기호의 충격적인 난입을 통해 한계에 도달한 인식 능력들의 초월적 사용에 대한 분석을 다시금 활용한다. 다만 이제 이 **바깥**은 비인격적인 원천으로, 다시 말해 주체화 방식들의 초월론적 조건으로 규정된다. 블랑쇼가 말하는 문학적 생산의 논리는 언표행위의 주체를 하나의 부차적인 변수로 만들어 독특하고, 복수적이며, 중립적[8]이라는 이 규정들 사이에 엄밀한 유대관계를 부여할 수 있게 해주

---

7) Deleuze, *F* 23/30.
8) Deleuze, "Archiviste…", art. cité, p. 203.

며, 들뢰즈와 과타리가 이후 '언표행위의 집단적 배치'라고 명명하게 될 무언가를 앞서 예고한다. 문학적 창조와 정치적 사유는 바로 이 지점에서 서로 연결된다.

블랑쇼의 비인격적인 바깥은 그것이 지닌 외부성의 기능이 순수한·야생적인·선술어적인·관념적인 경험, 심지어는 광기어린 경험을 가리키지 않는 한에서 열림에 관한 현상학적 이론을 함축하지는 않는다. 따라서 바깥은 초월적인 것도 미규정된 것도 아니며, 범속하고 경험적이면서도 사회학적인 규정의 장으로 환원되지 않는다. 그러나 바깥은 이 역사적인 동시에 정치적인 장 속에서 벌어지는 실재적인 기입과 관련된다. 이 지점에서 푸코는 과타리와 만나게 된다. 왜냐하면——여기서 우리는 『감시와 처벌』의 귀결들을 앞당겨 논하고 있다—— 바깥의 사유는 구체적인 사회적 장과 관련하여 횡단적인 것으로 산출되는 경우에만 그 사회적 장과 실천적으로 연결되기 때문이다. 과타리에게서와 마찬가지로 푸코에게 있어서도, 실천은 규정의 인과적 심급이 아니라 오히려 저항으로서의 사유를 낳는 환경이다. 여기서 우리는 이 두 저자가 만나는 지점을 발견한다. 푸코는 1970년대 감옥정보그룹GIP[Groupe Information Prisons]의 투쟁과정에 참여했던 이론가이고, 과타리는 전투적인 정신분석가로서 자신의 정치적 참여를 이론화했다.

과타리에게 횡단성은 '저항', 권력에 대한 실천의 저항을 보여 주는 개념이다. 이는 푸코의 담론 분석이 『지식의 고고학』과 『감시와 처벌』 사이에서 방향을 바꾸어 능동적인 투쟁에 대한 성찰이라는 의미를 갖게 되고 사회적 장이 권력에 저항하는 방식이 되는 것과 마찬가지다. 따라서 횡단적인 것은 권력의 피라미드 도식에 맞서는 저항의 운동에서 기인한다. 횡단적인 것은 사회적인 것 속에서 드러나는 권력의 효과에 맞선 저항으로서, 또한 사유 속에서 드러나는 총체화의 효과에 맞선 저항으로서 생겨난다. 횡단적인 것은 실천으로부터 생겨나 이론을 변형시키며, 시몽동의 불균등화처럼 방법 일반의 개념이 되어 사유 속의 보편-개별 체제에 적용된다. 횡단적인 것은 지식의 비-총체화로서, 담론 계열과 비담론 계열 사이에 끼어드는 인접성과 한정된 선분들로서 이론적으로 제시된다. 이러한 횡단적인 것은 지적인 것의 위상은 물론 담론과 담론의 대상이 맺는 관계도 변형시킨다. 들뢰즈는 다음과 같이 주장할 수 있게 된다. "현행적 투쟁들의 횡단성이란 미셸 푸코와 펠릭스 과타리가 공통으로 지니고 있는 개념[이다.]" 임상가라는 과타리의 입장은 이론 분야에서 그가 지닌 독특한 생식성을 설명해 준다. 과타리는 상황에 부응하는 저자이며, 이는 그가 보잘것없는 이론가라는 의미가 아니다. 오히려 이는 과타리에게 있어서는 이론이 그것의 실천적 현실화에 엄격하게 종속되어 있고, 현실적 문제에 응답하는 실천에서 나오며, 횡단적인 방식으로 작동하게 되어 있다는 의미다. 이는 이론이 어떤 '무질서' 속에서 주어지는 필요와 만남에 따라 인접한 이러저러한 이론적 선분에 자신의 국지적 분절과 독특한 기능을 제공하기 때문이다. 들뢰즈가 보기에, '무질서'는 이미 구성된 규범들과 무관하면 할수록 그만큼 더 창조적이다. 들뢰즈는 과타리의 첫번째 논문집인 『정신분석과 횡단성』에 서문을 작성하면서, 이론이 이처럼 실천 속에 기입될 경우 갖게 되는 방법론적 풍부함을 뚜렷하게 보여 준다. "이 논문집의 모든 텍스트는 상황에 부응하는 논문이다."

과타리의 글은 실천적 문제, 제도적 정신요법의 전환, 전투적인 정치적 삶의 계기, 프로이트 학파와 관련된 측면이나 라캉의 가르침과 관련된 측면 속에서 개별화된 것이다. 그러나 타고난 상황의 맥락 속에서와는 다른 방식으로 작동할 때, 그 글 또한 '굳어지고' 결정화結晶化된다. 이론을 실천으로 간주하는 이 새로운 설명은 책의 새로운 화용론을 함축하고 있다. "책은 여기저기에 흩어져 있는 기계 부품들, 톱니바퀴들의 조립이나 설치로 이해되어야 한다. 너무나 작고 정밀한 톱니바퀴들은 때로 무질서하게 뒤엉킨다. 그러나 이 톱니바퀴들은 그런 만큼 더더욱 필수불가결한 것이다. 책은 욕망 기계, 다시 말해 전쟁 기계이자 분석 기계다."[9]

국지적 이론이 지닌 이러한 위상, 기능적이고 혼란스러우며 반체제적인 위상은 실천적 과제들로부터 만들어진 것이다. 이러한 위상은 작품을 새롭게 규정하는 데, 다시 말해 작품을 닫힌 구조가 아니라 열린 기계로 규정하는 데 기여하며, 이론에 대한 화용론적 규정을 사회 기계[machine sociale]의 부품으로 만들어 준다.

2. 기계와 기능주의

푸코의 화용주의[pragmatisme]에 힘입어 들뢰즈는 과타리가 만들어 낸 기계 개념에 주의를 기울이게 된다. 앞서 살펴보았듯이, 기계 개념은 과타리가 『차이와 반복』과 『의미의 논리』에 대한 서평[10]에서 다름 아닌 들뢰즈와 관련하여 구조 개념을 비판적으로 보완하고자 사용했던 것이다. 과타리에

---

9) Deleuze, "Trois problèmes de groupe", art. cité, 1972, p. XI/25~26쪽.

10) Félix Guattari, "Machine et structure"(1969). 앞서 상기했던 바대로, 이 논문의 일부는 『의미의 논리』와 『차이와 반복』에 대한 서평이며, 과타리는 이 서평을 라캉의 잡지인 『실리세』(Scilicet)에 실을 생각이었다. 하지만 라캉이 거절하자 과타리는 이 서평을 다름 아닌 들뢰즈에게 보냈고, 이는 두 사람이 만나는 계기가 되었다. 3년 후 장-피에르 페이는 이 논문을 자신의 잡지에 발표할 수 있게 해주었다(Change, n° 12, octobre 1972, p. 49~59). 이 논문은 다음에 재수록되어 있다. Guattari, Psychanalyse et transversalité, op. cit., p. 240~248/405~418쪽.

따르면, 기계는 구조를 거부하면서 구조를 사회적인 것을 향해 열어놓고, 또한 구조에 상징적인 기능만이 아니라 실재적인 정치적·화용론적 실효성도 함께 부여한다. 지적인 측면, 심지어는 그저 담론적인 측면에 몰두하는 것은 과타리와는 무관한 일이다. 들뢰즈는 과타리의 서평에 특별한 중요성을 부여한다. 이 서평에 힘입어 들뢰즈는 구조 개념의 단점인 추상적 형식주의를 고발하면서 "**기계**의 원리 자체는 구조의 가설에서 해방되고 구조주의의 속박에서 풀려난다"[11]는 점을 보여 줄 수 있게 된다.

과타리는 구조의 상징적 분절과 사회·정치적인 역사적 유형의 기계를 결합하고자 하는데, 그는 이 기계 개념을 기술의 역사에서 차용했지만 이내 사회 기계[12]라는 의미로 변화시킨다. 사회 기계란 생산장치의 과학기술적 상태와 맑스의 생산관계를 겸비한 기계적 배치로서, 이때 맑스의 생산관계는 어떤 사회가 자신의 주체들을 생산할 수 있게 해주는 사회 기계로 이해된다. 과타리에 따르면, 1969년 기계 개념은 구조주의적 유형의 담론적 형성물과 주체를 생산하는 비담론적 방식, 즉 사회적·제도적 방식을 결합시켰다. 바로 이런 점에서 과타리는 정신분석의 사적·가족적 차원, 개인적 특성, 무의식의 내부성을 거부하면서 기표에 정치적 비판을 가한다. 맑스주의자이자 정신분석 임상가인 과타리는 바로 이 생산관계의 측면, 주체화의 유형들을 야기하는 생산관계의 측면에서 구조 비판의 방향성을 결정한다. 이 지점에서 과타리는 푸코와 만나게 된다. 사회적 장치는 기계적이며, 하나의 기계는 기술적이기에 앞서 항상 사회적이다. 따라서 기계적인 것이 함축하고 있는 바는 주체들이 겪게 되는 효과 없이는 생산

---

11) Deleuze, "Trois problèmes de groupe", art. cité, 1972, p. XI/26쪽.
12) 이 문제들에 대해서는 다음을 참고하라. *Deleuze et l'art.*

관계도 존재하지 않는다는 사실이며, 생산관계의 과학기술적 형식은 항상 생산력·생산관계·권력·지식의 특정한 상태에 의해 규정된다. 이는 맑스가 말했던 바와 다르지 않다.

그러나 과타리는 더 멀리까지 나아간다. 사회 기계는 무의식적 주체화의 유형들을 산출하며, 사회 기계가 우선적으로 산출하는 것은 바로 생산적·집단적 무의식에 의해 규정되는 주체들이다. 따라서 과타리는 푸코와 만나게 된다. 푸코에게서도 주체들을 산출하는 것은 사회적 장치이지만, 과타리는 맑스의 분석에 호소하는 쪽을 택하면서 그 분석을 라이히W. Reich 식보다는 라캉 식의 프로이트 독해와 연결시킨다. 이 모든 분석은 이후 『안티-오이디푸스』의 개념적 틀을 이루게 될 것이다. 하지만 기계라는 개념을 처음 빌려 왔을 때 들뢰즈는 그 개념의 정치적·사회적 맥락에는 아직 관심을 두지 않으면서 그것을 독해의 원리로 활용하고 있었다. '문학 기계'는 현대 예술을 특징짓는 형식적 발견들과 관련되고, 『잃어버린 시간을 찾아서』의 기능을 구체적으로 설명할 수 있게 해주며, 무엇보다도 작품에 대한 새로운 기술記述에 속한다.

이런 식으로 들뢰즈는 『잃어버린 시간을 찾아서』에서 세 가지 유형의 기계, 즉 부분대상 기계(충동), 공명 기계(에로스), 강요된 운동 기계(타나토스Thanatos)를 찾아낸다. 이 세 가지 기계는 『차이와 반복』에 등장하는 시간의 세 가지 종합을 이어받으면서, 각각 클라인의 부분대상 이론, 시몽동의 공명 및 강요된 운동 이론, 프로이트의 에로스와 타나토스 간의 대립을 프루스트가 말하는 시간과 글쓰기의 관계에 적용하는 복잡한 몽타주 속에 존재한다.[13] 이제 시간을 산출하는 세 가지 기계는 『프루스트 I』의 네 가지

---

13) Deleuze, *P* chap. IV, *DR* chap. II.

기호의 세계에 상응한다. 이 세 가지 기계는 『차이와 반복』에 등장하는 시간의 세 가지 종합을 이어받으면서, 본질이 도달하게 되는 바, 즉 '한순간의 순수 상태'를 규정할 수 있게 해준다.

이 세 가지 기계는 시간성을 산출하는 세 가지 방식에 상응한다. 첫번째 기계는 상기^{réminiscence}와 독특한 본질, 부분대상과 파편적 반영이라는 형식하에서, 되찾은 시간을 산출한다(마들렌, 부분기억, 화자를 비틀거리게 하는 포석). 두번째 기계는 기쁨과 고통의 형식하에서, 미학적 효과를 야기하는 공명을 통해 잃어버린 시간을 산출한다. 마르탱빌^{Martinville}의 종탑은 공명을 통해 다른 인상들을 불러일으키는데, 이 인상들은 상기의 질서에 속하는 것이 아니라 서로 연결되어 어떤 정신적 풍경을 만들어 낸다. 가장 큰 혼란을 야기하는 세번째 질서는 시간의 질서와 관련되는데, 늙음과 죽음의 비생산적·파국적 시간인 **크로노스**는 평범한 생산으로 환원될 수 없는 듯 보인다.

그러나 화자는 늙음이라는 파국을 경험하는 동시에, 강요된 운동을 통해 그 경험 속에서 과거와 현재의 빛나는 공존, **아이온의 선**^{線}, 서로 다른 지속들의 이행을 가능하게 해줄 수 있는 비연대기적 시간을 발견한다. 이것이 바로 "횡단적"[14] 시간일 것이다. 들뢰즈는 짝짓기, 공명, 강요된 운동이라는 개념들을 통해 시몽동이 말하는 기호의 특성을 받아들이며, 무의식의 운동을 다루는 정신분석학적 기술^{記述}에 이 개념들을 적용한다.

문제는 어떤 소설의 기능을 해명해 주는 작고도 무시무시한 기계들을 제시하는 것이 아니다. 또한 문제는 이제 현대 예술작품의 참된 소명으로 드러나는 기계로서의 작품, 화용론적 차원으로서의 작품을 새롭게 기

---

14) Deleuze, *P* 157/200.

술할 수는 없는지를 탐색해 보는 것도 아니다. "프루스트에 따르면,『잃어버린 시간을 찾아서』는 하나의 기계다. 현대 예술작품은 그것이 작동하는 순간 […] 우리가 바라는 모든 것이다. 현대 예술작품은 하나의 기계이며 기계로서 기능한다."[15]

기계는 파편 이론과 결합되어 안티로고스^{Antilogos}의 틀을 대체한다. 널리 알려져 있는 초판본의 진리 찾기는 텍스트 내재적 기능에서 성립할 따름이다. 기능주의적 작품 이론은 작품의 작동 방식으로 축소되어 본질에 대한 해석을 대신하게 된다. 들뢰즈는 이 기능주의적 문학 이론과 관련하여 종종 프루스트의 중요성을 강조한다. "흥미로운 점은 순수 지식인으로 인정받고 있던 저자인 프루스트가 아주 분명하게 다음과 같이 말했다는 사실입니다. 저의 책을 바깥을 바라보는 안경으로 다루어 주십시오. 그 안경이 쓸모가 없다면 다른 안경을 쓰시구요. 싸움에 쓸모가 있는 도구를 스스로 찾아내세요. 이론이라는 것은 총체화될 수 없으며, 배가되어야 하고 배가시켜야 합니다."[16]

실제로 우리는 프루스트에게서 기술기기의 작동 방식에 기반한, 문학적 효과에 대한 분석을 발견한다. 여기서 기술기기란 일종의 승강기, 자동차, 기차, 비행기, 구체적인 교통수단 및 통신수단을 말하며, 덕분에 이

---

15) "로고스와 안티-로고스가 대립한다. 로고스는 그것이 귀속되는 모든 곳에서 의미를 발견해야 하는 기관이자 오르가논인데 반해, 안티-로고스는 그것의 의미(당신이 바라는 모든 것)가 오로지 기능, 작동, 떨어져 나온 부품들에만 의존하는 기계이자 기계장치다. 현대 예술작품에는 의미의 문제가 존재하지 않는다. 사용의 문제가 있을 뿐이다."(Deleuze, P II, 175~176. Proust, *À la recherche du temps perdu*, t. III, 911, 1033.; 11권,『되찾은 시간』, 311~312쪽, 478쪽.)

16) Deleuze, Entretien avec Michel Foucault, "Les Intellectuels et le pouvoir", in *L'Arc*, n° 49, Deleuze, 1972, p. 3~10, p. 5.

것들 없이는 여전히 지각될 수 없었을 실재성들이 창조된다. 『되찾은 시간의 시학』에서 프루스트는 창조를 원초적인 기록의 작업, 사진적인 의미에서 "실재성 자체가 우리 안에 만들어 내는 인상을 기록하는" 창조적 독해의 작업으로 묘사하면서 작가가 인상을 펼쳐 보이는 일을 과학자의 실험과 비교한다. 작품이란 작가가 독자에게 제공하는 "일종의 광학기구", 창조적인 가시성의 도구에 불과하며, 이 도구가 지닌 "반성 능력"은 지적인 능력이 아니라 망원경이나 안경의 능력이다.[17] 베르고트^{Bergotte}는 당대의 다른 작가들에 비해 설득력이 부족해 보일지도 모른다. 그가 고안해 낸 장치의 유형을 우리가 이해하지 못한다면, 다시 말해 작동시키지 못한다면, 우리가 그의 기법을 활용하지 못한다면 말이다. 프루스트의 묘사에 따르면, 베르고트의 문체는 경비행기와 같다. 물론 이 경비행기는 베르고트의 동시대인들이 소유하고 있던 멋진 자동차에 비견될 수 있겠지만, 수평 이동이라는 측면에서나 독해의 용이함이라는 측면에서 보자면 확실히 그 자동차보다는 열등한 것이다. 허나 이는 베르고트가 전혀 다른 효과를 목표로 하고 있기 때문이다. 그것은 무게로부터 자유로워지는 효과, 땅에서의 수평이동을 상승하는 힘으로 변환하고 중력에 종속된 도로 및 이차원의 홈으로부터 비행기가 날아다니는 하늘의 매끄러운 공간, 미리 규정된 항로가 없는 삼차원 공간으로 이행할 수 있게 해주는 효과다. "멋진 롤스로이스를 가진 사람들은 베르고트의 저속함을 은근히 멸시하면서 차에 올라탔을지도 모른다. 그러나 베르고트는 조금 전 비로소 '이륙'한 자신

---

17) Proust, *À la recherche...*, III, 879~880, 888, 891, I, 555, II, 327.; 11권, 『되찾은 시간』, 267~269쪽, 279~280쪽, 283~284쪽, 3권, 『꽃피는 아가씨들 그늘에 ①』, 185쪽, 6권, 『게르망트 쪽 ②』, 24~25쪽.

의 경비행기를 타고 그들 위로 날아가 버렸다."[18] 창조력에서 문제가 되는 것은 순이론적인 타당성이라기보다는 어떤 도구를 몽타주하는 데서 드러나는 기발함이다. 그것이 없었다면 여전히 지각될 수 없었을 가시성의 층위들을 감각할 수 있게 해주는 도구 말이다. 바로 이런 이유에서 들뢰즈는 예술을 힘의 포획으로 정의한다.

가벼워지기 위해서, 베르고트의 비행기는 자신의 라이벌을 땅에 들러붙어 있게 만드는 무게로부터 자신을 해방시킨다. 텍스트 기계는 프루스트의 장치 속에서 작동하는 이 기능주의를 묘사한다. 아울러 들뢰즈는 말콤 라우리[Malcolm Lowry]에게서, 그리고『화산 아래서』를 소개했던 자신의 글에서 소설-기계란 "당신이 바라는 모든 것"으로 작동할 수 있는 기계라는 정의를 빌려 온다. "우리는 소설-기계를 일종의 기계장치라고 생각할 수 있다. 그 기계장치는 작동한다. 이 점은 믿어도 좋다. 내가 그것을 시험해 보았으니까."[19]

따라서 진리 찾기는 어떤 효과의 생산을 찾는 데서 성립한다──『프루스트 I』의 로고스에서 『프루스트 II』의 안티-로고스로 가는 이행이 함축하는 바가 바로 여기에 있다. 따라서 생산에 상응하는 것은 구조주의적 판본의 텍스트에 따른 텍스트-기계의 자율성이라기보다는 어떤 효과의 미규정성이다. 이 효과의 미규정성은 진리 및 의미작용의 모델 전체를 거부

---

18) Proust, *À la recherche...*, I, 554~555.; 3권,『꽃피는 아가씨들 그늘에 ①』, 184~185쪽. 아울러 다음을 보라. 가시성의 도구로서의 음악에 대해서는 III, 382.; 9권『갇힌 여인』, 514~515쪽. 망원경과 안경에 대해서는 III, 911, 1033.; 11권,『되찾은 시간』, 311~312쪽, 478~479쪽. X선 사진에 대해서는 III, 889, 718.; 11권,『되찾은 시간』, 280~281쪽, 45~46쪽.

19) Deleuze, *P* II, 175. Lowry, *Au-dessous du volcan*, trad. franç. Stephen Spriel avec la collaboration de Clarisse Francillon et de l'auteur, Paris, Club français du livre, 1949, rééd. Paris, Buchet-Chastel, 1976, préface non paginée, Deleuze, Guattari, *AO* 130.

하는데, 이는 텍스트 자체에 대한 독해를 화용론적으로 담고 있는 텍스트를 생산하기 위한 것이다.[20] 작품은 어떤 효과를 생산하는 기능주의적 몽타주가 된다. 이는 책에 대한 시몽동적인 구상으로서 작품을 총체성, **전집**, 완결된 체계로 보는 모든 구상으로부터 벗어나 있다. 생산이라는 개념은 강도의 생산이라는 물질적인 의미로 확대된다. 또한 작품은 독자에게 어떤 강도를 전달하거나 전달하지 못하는 어떤 장치가 된다. 그에 반해, 그 물망의 방식으로 이해되는 작품의 수용은 접속을 이루어 수용자에게 공명과 강요된 운동을 야기한다. 통 유형의 의미작용적 해석(여기서 통은 우리가 기의를 추출해 내는 어떤 내부를 가리킨다)은 내재적·비의미작용적 기능, "전원 접속과 같은 식"[21]의 효과로 대체된다. 이 효과는 문학적 표현을 연접으로, 다시 말해 외부 실재성과의 접속으로 사유하며, 책을 기계로, 다시 말해 사회적인 것의 역사적 현실성을 향해 열려 있으면서 흐름을 단절하는 효과를 생산하는 기계로 사유한다. 위대한 전집이라는 책의 이미지는 리좀이라는 개방적·파편적 체계에 그 자리를 내어 준다. 책의 유일한 문제는 어떤 일이 일어났는지 아닌지, '어떻게 그 일이 일어났는지'를 아는 것이지 '무엇을 말하고자 하는지'를 아는 것이 아니다. 의미는 더 이상 내부적·초월적 의미작용의 질서에 속하는 것이 아니라 기계적·비의미작용적인 것이 된다. 결국 책과 바깥의 관계는 대각선적인 것이지 표현적

---

20) 『프루스트 II』의 텍스트는 다소 혼란스럽다. 들뢰즈는 1부가 무효화되지는 않을까 우려하면서 최대한 타협 지점을 찾아내고자 한다. "『잃어버린 시간을 찾아서』는 발견된 진리의 생산이다." 그러나 생산의 모델은 진리에 대한 호소를 거부하고 그 자격을 박탈한다. 이로부터 다음의 구절이 나온다. "아직 진리는 존재하지 않지만, 생산의 질서로서의 진리의 질서는 존재한다"(P II, 178).

21) Deleuze, "Lettre à Cressole", 1973, PP 17/31.

이거나 인과적인 것이 아니다. 한 권의 책은 실재성의 일부가 되며, 유일한 문제는 책이 어떻게 "훨씬 더 복잡한 외부 기계장치"[22] 속에, 실재성의 기능 속에 포함되는지를 아는 것이다. 이런 관점에서, 문학은 자기목적적인 닫힘 속에 존재하기는커녕 바깥을 향해 열린다.

이로부터 변형되어 나오는 것이 바로 이론과 실천 간의 단절이다. 이론은 해석적인 것도 구조적인 것도 아니다. 한편으로는 초월적 저장소이고 다른 한편으로는 계열체적 구조인 해석과 구조적인 것은 기표에서 서로 수렴하기 때문이다. 이론은 그것의 내재적 기능으로 환원된다. 이러한 이론은 필연적으로 이론적 선분과 실천적 선분 간의 관계를 함축하고 있으며, 따라서 이론은 그것의 실천적 효과를 통해 규정될 수 있다. 이는 푸코가 언표를 비담론적 형성물과 관계지었던 것과 정확히 동일한 방식이다. 이로부터 자기목적적 경향은 결정적으로 무효화되기에 이르는데, 들뢰즈는 언어가 도구상자라는 비트겐슈타인[L. Wittgenstein]의 정식을 빌려 이를 다음과 같이 정식화한다.

> 그렇습니다. 이론은 정확히 하나의 도구상자와 같죠. 기표와는 아무 상관도 없습니다 … 이론은 쓸모가 있어야 하고 작동해야 하죠. 하지만 이론 자체를 위해 그래서는 안 됩니다.[23]

---

22) Deleuze, *PP* 17/32.

23) Deleuze, entretien avec Michel Foucault, "Les Intellectuels et le pouvoir", in *L'Arc*, n° 49, Deleuze, 1972, p. 3~10, p. 5. 이 대목은 후기 비트겐슈타인에 대한 들뢰즈의 관심을 입증해 주는 것으로서, 들뢰즈는 그에게서 언어를 도구상자로 보는 이론을 문자 그대로 빌려온다. 다음을 보라. Wittgenstein, *Investigations philosophiques*(1945), trad. franç. Pierre Klossowski, Paris, Gallimard, 1961. 아울러 다음을 보라. Foucault, *DE*, rééd. "Quatro", I, 1407.

파편적 횡단성은 이론과 실천의 연결지점을 변형시킬 때에만 작품의 독해에 적용될 수 있다. 이론과 실천 사이에서 때로는 이론이 실천에 의존하고 때로는 이론이 실천에 적용되는 이항적·인과적·가역적 적용관계를 생각해서는 안 된다. 오히려 이제는 양자의 관계를 총체화의 과정이라는 형식하에서 생각하지 않아야 하는데, 총체화는 양자의 영역을 분리된 상태로 유지함으로써 그 둘의 관계를 사실상 이해할 수 없게 만든다. 이론과 실천의 관계는 부분적·파편적 방식으로 이해되어야 하며, 양자 간에 적용관계가 존재한다면 그것은 횡단성을 이질적인 선분들의 연접으로 받아들이는 생산적인 개입으로서 그러한 것이다. 따라서 이론과 실천을 더 이상 물화시키고 고립시켜서는 안 된다. 이론은 자율적인 차원도 실천을 위한 총체화의 심급도 아니며, 그 역 또한 아니다. 마찬가지로 이론과 실천은 분리된 상태로 전체를 이루는 두 개의 영역으로 추상적으로 대립되어서도 안 된다. 어떤 이론도 실천적 선분 없이는 이해될 수 없으며, 그 역 또한 마찬가지다. 이론과 실천의 이러한 파편화는 양자의 횡단적 분절, 그리고 하나의 체계에서 다른 하나의 체계로 가는 강도의 이전移轉을 설명해 준다. 이론은 여전히 국지적인 것이다. 이는 우연히 탈구된 다른 이론적 선분들과 더불어 배치되고 연접되기에 유리한 것은 물론 다른 실천들과 더불어 배치되고 연접되기도 유리한 이론의 불완전성과 미완성을 규정해 준다. 들뢰즈는 양자를 포괄적으로 대립시키는 것이 아니라, 담론적 형성물과 비담론적 형성물의 새로운 뒤얽힘을 규정해 주는 다수적·국지적 연접들을 생각해 낼 것을 제안한다. 리좀 이론은 이러한 프로그램을 추구한다.

그러나 파편은 연접적이다. 이론은 자신을 다른 유형의 담론으로 이행하게 만드는 중계지점, 경우에 따라서는 비담론적 형성물로 이행하게 만드는 중계지점 없이는 자신이 직면하게 되는 국지적인 문제들을 해결할 수 없다. 따라서 이론적 파편과 실천적 파편의 이러한 연접은 국지적 접속에 의해 작동하는 것이지 하나의 차원이 다른 하나의 차원을 포괄적으로 표현함으로써 작동하는 것이 아니다. 이로부터 실천을 대하는 지식인의 입장과 그의 이론적 역할이 변형되어 나온다. 이제 이론은 실천을 총체화하는 하나의 차원이 아니며, 지식인은 더 이상 대중의 대변인이 될 수 없다. 사르트르가 보여 주었듯이, 표상의 두 가지 기능, 즉 사변적 기능과 정치적 기능은 동시에 그 자격을 상실한다. 이는 또한 들뢰즈가 별다른 문제의식 없이 여러 이론에 수정을 가할 수 있었던 이유를 설명해 준다. 우리는 어떤 이론으로 되돌아가는 것이 아니라 그 이론으로부터 새로운 것을 제시한다. 우리는 횡단성이라는 이름의 생성을 통해 실천 및 지식에 대한 새로운 비전에 도달한다.

3. 말벌과 서양란의 포획

들뢰즈는 자신의 독해를 실천하면서, 단절된 파편들이 효과를 산출하는 방식을 보여 주는 대표적인 사례를 제시한다. 행동학은 생물학의 공생관계를 참조하면서 과타리의 기계와 푸코의 언표를 이어받아 새로운 형태의 횡단성을 보여 준다. 1972년 횡단성이 뜻하는 바가 정확히 무엇인지, 들뢰즈가 왜 『잃어버린 시간을 찾아서』를 구조화하는 다른 관계들에 비해 횡단성에 어떤 특권을 부여하는 것인지를 알아내고자 고심하던 장-피에르 리샤르Jean-Pierre Richard에게 들뢰즈는 다음과 같이 대답한다. 우리는 수직적이지도 수평적이지도 않은 어떤 차원을 횡단적이라고 부를 수 있으며, 문제는 "횡단성이 무엇인지"를 아는 것이 아니라 다만 "횡단성이 어디에 쓰이는지"[24]를 아는 것이다. 그런데 프루스트에게서 횡단성은 동성애의 물리학을 규정하는 데 사용된다. 동성애의 물리학은 『잃어버린 시간을 찾아서』의 모든 인물들을 사로잡고 있는 것으로서 성적 규범성에 따른 나눔과는 무관한 행동학, 새로운 성의 행동학을 조사한 기록물로 사용된다. 이 최초의 정식화 속에서 들뢰즈는 이러한 유형의 소통을 '변태적'變態的, aberrante이라거나 '칸막이로 분리된'cloisonnée 것이라고 말하는데, 이는 이 소통이 이질적인 차원들을 따라 작용하고 이접적 종합의 사례를 제공하기 때문이다. "이러한 유형의 소통을 보여 주는 유명한 사례는 뒝벌과 서양란이다. 모든 것은 칸막이로 분리되어 있다." 여기가 곤충과 꽃의 공생이 처음으로 등장하는 지점이다. 프루스트는 이러한 공생을 빌려 샤를뤼스Charlus와 쥐피앙Jupien의 구애행동을 묘사하며, 들뢰즈는 이를 말벌과 서양란의 포획이라고 명명한다.[25]

프루스트가 이 칸막이로 분리된 횡단성을 활용하는 까닭은 다음과 같다. 첫째, 프루스트는 『잃어버린 시간을 찾아서』에서 사람들 및 무리들(샤를뤼스, 젊은 아가씨들…) 간의 의사소통이 불가능함을 주장하는 사랑의 물리학, 정서론을 보여 준다. 둘째, 프루스트는 뒝벌과 서양란의 만남

---

24) Deleuze, *RF* 37.

25) 이 최초의 지점은 들뢰즈가 1972년 울름(Ulm)에서 한 발언에서 발견된다. 이는 다음과 같이 출판되었다. "Table ronde", in *Cahiers de Marcel Proust*, nouvelle série, 7, 1975(이하 "Table ronde Proust…"), p. 87~115.; p. 96. 들뢰즈는 프루스트를 인용하면서 뒝벌에 대해 말하지만, 1975년 이후 프루스트의 뒝벌을 말벌로 대체한다. 뒝벌은 배가 나온 샤를뤼스 남작에게 놀라울 만큼 잘 어울린다. 그러나 실제로 뒝벌이 수정시키는 것은 레드 클로버인데 반해, 서양란을 수정시키는 것은 말벌이다. 이와 관련하여 들뢰즈는 다음을 참고하고 있다. Rémy Cauvin, "Récents progrès éthologiques sur le comportement sexuel des animaux", in Max Aron, Robert Courrier et Étienne Wolff (éd.), *Entretiens sur la sexualité*, Centre culturel international de Cerisy-la Salle, 10~17 juillet 1965, Paris, Plon, 1969, p. 200~233, p. 204. 다음을 보라. "De l'animal à l'art", p. 166.

이라는 놀라운 사례를 통해 동성애의 기호학을 펼쳐 보인다. 뒝벌과 서양란의 관계에 대한 분석은 『소돔과 고모라』에서 인간 성의 실험을 기록하는 역할, 결정적이지만 은유적인 것은 아닌 역할을 수행한다. 프루스트는 인간의 성을 탐험해 나가면서 쥐피앙-샤를뤼스 커플을 식물 계열(서양란)과 동물 계열(뒝벌)의 일견 어색해 보이는 공생과 동일시한다. 이 이질적인 만남은 기묘한 유형의 소통에 도달한다. 결합되고자 하는 바의 차원들, 곤충을 한편으로 서양란을 다른 한편으로 하는 차원들 중 하나에서 작동하는 것이 아니라 횡단적인 차원에서, 이접적인 계열들 간의 만남이 일어나는 차원에서 작동하는 한에서, 들뢰즈는 이러한 소통을 '변태적'이라고 규정한다. 이런 이유에서 이 소통은 동성애를, 다시 말해 사회적 주변성을 띤 그것의 위상으로 인해 복잡하고 예측 불가능하게 된 만남을 이룰 수 있게 된다.

앞선 형태들을 뒤따르는 이 새로운 형태의 횡단성은 텍스트적 실천으로부터 충격적인 방식으로 도출되고, 어떤 만남의 모델, 곤충과 서양란의 결혼이라는 모델이 예술을 도와 모험적인 성을 탐험할 수 있게 해주는 방식을 기술하며, 모방·유사성·재생산의 위상을 변형시킨다. 문제는 더이상 작품은 곧 기계라는 선언이나 시간적인 종합이 아니라, 텍스트의 파편이다. 이 파편은 텍스트의 실타래 속에서 이접적 만남의 사례로 작용하며, 문학적 언표의 방향을 돌려 문학과 삶의 관계를 변형시키는 생기적 화용론으로 만든다. 새롭게 규정된 이 횡단성은 그 자체로 문학작품의 모델에서 윤리적·사회적 분화로 이행하며, 파편의 불연속성, 파편의 소통, 한 부분에서 인접한 다른 부분으로 가는 강도의 전달을 설명해 준다.

들뢰즈는 "모든 것은 칸막이로 분리되어 있다"고 덧붙인다. 그런데 '칸막이로 분리'되어 있다는 말은 피에르-펠릭스 과타리에게서 나타나는 "정치적 투사와 정신분석가의" 기묘한 "만남"[26]을 규정하고자 들뢰즈가 선택했던 형용사였다. 파편을 가리키는 이 새로운 용어는 소통 불가능한 부분, 닫힌 꽃병, 더 이상 어떤 전체를 증언해 주지 않는 조각을 가리킨다. 들뢰즈는 이러한 만남의 불연속성을 강조하는데, 그 만남이 산출하는 것은 통일성이 아니라 불연속성, 인접성이다. 항상 문제가 되는 것은 플라톤의 상징이 지닌 통일하는 덕에 이의를 제기하는 일이다. 이 경우 문제는 성을 잃어버린 총체성에 대한 호소로 간주하는 플라톤의 구상을 가로질러, 로고스와 안티-로고스의 대결이라는 추상적인 방식으로가 아니라 어떤 결합 이론을 제시함으로써 통일하는 덕에 이의를 제기하는 것이다. 이 결합 이론은 앞선 작업을 이접적인 계열들에 다시 도입하면서, 생기적 공생의 영역과 논리적 종합의 영역을, 체계 이론과 사회적 조직화에 대한 비판을 횡단적으로 관계짓는다.

문학이 정서론으로서 갖는 실험적 기능은 성에 대한 우리의 견해를 변형시킨다. 들뢰즈는 『잃어버린 시간을 찾아서』의 곤충학적 측면, 『소돔과 고모라』와 『되찾은 시간』에서 나타나는 동성애의 물리학을 강조한다. 이 동성애의 물리학은 규범성의 밝은 측면에 위치해 있는 것이 분명해 보이는 모든 배역들을 주변성의 관점에서 굴절시키고 비틀어 다시금 활성화시키게 된다. 이러한 변화는 점차 모든 인물들을 사로잡는다. 동성애로부터 아주 멀리 떨어져 있는 듯 보였던 오데트Odette, 질베르트Gilberte, 심지어는 생-루Saint-Loup까지도 뒤늦게 그러한 변화의 일부가 된다. 화자

---

26) 「집단에 관한 세 가지 문제」라는 논문은 다음과 같이 시작된다. "정치적 투사와 정신분석가가 동일한 사람 속에서 만나는 일이, 또한 이 양자가 칸막이로 분리된 상태로 남아 있는 것이 아니라 끊임없이 뒤섞이고 간섭하고 소통하는 일이 일어났다." Deleuze, "Trois problèmes de groupe", p. I/9쪽.

의 정서를 연주하는 모든 남성과 여성은 동성애의 길에 사로잡히게 된 다——물론 화자와 가족 구성원들, 그리고 사회적인 배역들(베르뒤랭 부부les Verdurin, 코타르Cottard 등)은 예외다. 『잃어버린 시간을 찾아서』에는 동 성애자-되기가 존재한다. 들뢰즈가 저술 활동을 하던 시기의 주석가들 은 이 점을 전혀 강조하지 않거나 수치스러운 결점이라는 식으로 전기적 인 영역에 한정시켰다("더러운 작은 비밀"). 따라서 들뢰즈는 이 점을 강조 한 소수의 주석가들 중 한 명이며, 『잃어버린 시간을 찾아서』는 동성애를 다루는 책이다. 들뢰즈가 지닌 장점은 이 책의 가장 중요한 특성, 즉 선악 을 넘어선 물리적·기술적記述的 측면을 강조하면서, 합당한 찬사를 곁들인 폭넓은 논의로 이러한 탐험을 검토했다는 데 있다. 혼란을 야기할 수 있는 '변태적'이라는 형용사를 사용하고 있음에도 불구하고, 이런 이유에서 들 뢰즈는 『잃어버린 시간을 찾아서』에서 유죄성有罪性, culpabilité이 종속적인 역 할을 수행하고 있을 뿐이라는 사실을 보여 준다. 프루스트가 자신의 분석 을 위치시키고 있는 층위는 도덕적 판단의 자격을 박탈하는 윤리학 혹은 성의 물리학의 층위이며, 이 층위가 목표로 하는 것은 오로지 실효적 만남 및 힘 관계의 측면이기 때문이다.

이 정서론, 이 만남의 지도는 프루스트가 말하는 사랑의 물리학과 스 피노자가 말하는 윤리학, 즉 생성과 역량의 행동학을 연결해 준다. 들뢰즈 에 따르면, 프루스트는 통계상의 이성애나 포괄적인 동성애보다 더욱 심 층적인 성적 횡단주의transsexualisme를 활용하고 있으며, 이것이 성적 규범 성과 맺고 있는 관계는 위반이나 타락이라는 순응주의적 공준들을 근본 적으로 넘어선다. 이 동성애 이론은 성별의 나눔 및 사회적 역할의 나눔으 로부터 식물의 성적 횡단성transsexualité으로 나아가는데, 이 성적 횡단성은 동물의 법칙 및 동물의 성적 재생산 모델과는 무관한 것이다. 말벌과 서양란의 사랑은 우리에게 성적 만남에 대한 완전히 새로운 시각을 권한다.

소설가는 풍속을 다루는 비판적·진단적 분석가가 되며, 예술작품은 처방, 사회적 금기, 동일성 역할의 측면에서 작용하는 욕망을 해명하는 것이 아니라 힘·사실·과정의 측면에서 작용하는 욕망을 해명하게 된다. 문학의 진단적 소명은 성적 동일성이 자연적인 것이라는 생각 자체에 이의를 제기하고, 특히 생물학적 귀속관계, 사회적 성 역할, 성과 욕망의 질서를 규제하는 금기들이 성별의 나눔을 화해시킬 수 있다는 생각을 거부하면서, 성별의 나눔, 동물의 성적 본성과는 무관한 성에 대한 이러한 분석을 통해 표현된다. 들뢰즈에 따르면, 이런 점에서 프루스트는 유(類)에 대한 비판적 성찰에 착수한다.

프루스트가 제안하는 것은 사실상 성의 물리학이며, 이 성의 물리학을 "포괄적이고 특수한 동성애"와 혼동한다면 이는 잘못일 것이다. 포괄적이고 특수한 동성애에서 남성과 여성은 모두 구성된 존재자이자 고정된 정체성으로서의 남성과 여성을 가리킨다. 그러나 탈구된 파편에 대한 분석에 따르자면, 성의 물리학은 '국지적이지만 특수한 것은 아닌 동성애'에서 성립한다. 따라서 프루스트는 우리에게 두 가지 층위가 아니라 세 가지 층위를 구별할 것을 제안한다. 들뢰즈에 따르면, 첫번째 층위는 표준적인 생식성의 우위와 관련된 것으로서, 오늘날의 양성애나 규범적인 이성애가 여기에 속한다. 두번째 층위는 흔히 동성애로 이해되는 것에 상응하지만 실은 첫번째 층위와 동일한 포괄적·통계적 할당에 그치는 것으로서, 여성과 남성이라는 두 개의 분리된 계열이 여기에 속한다. 동성애를 성별의 분리로 생각한다는 것은 우리가 온전한 역할에, 성적 정체성에 대한 포괄적·인격적 규정에 만족하고 있음을 보여 준다. 사실 성적 정체성이란 통계적·억견적인 것에 불과할 수도 있는데 말이다. 이 이접적인 두 경향을 나눈다는 사실은 유類에 대한 우리의 생각이 여전히 규범적인 성적 정체성과 유죄성에 의해 지배되고 있음을 보여 준다. 이 유죄성은 항상 동성애를 경멸적으로 바라보는 동일한 표상, 그리고 동성애가 부여받게 되는 규범적인 형태에 상응하는 것이다.

세번째 층위만이 성별의 분리를 넘어 기본적이면서도 참된 성적 횡단성을 제시한다. 성적 횡단성은 이미 구성된 나눔들, 그리고 개체 및 유類라는 상상적 존재자들을 넘어선다. 성적 횡단성은 "개체" 안에 "공존하는 두 가지 성별의 파편들"을 가리키며, "칸막이로 분리된 성별 사이에 존재하는 횡단적 차원"[27]을 따라 펼쳐진다. 이러한 층위에서만 성은 어떤 남성의 남성적 부분이 "어떤 여성의 남성적 부분이나 어떤 여성의 여성적 부분뿐만 아니라 다른 남성의 여성적 부분이나 다른 남성의 남성적 부분"[28]과도 공명할 수 있는 유목적·다성적 연접들로 퍼져나가게 된다.

유일하게 실재적인 것은 이 다성적·다수적multiple 성뿐이다. 앞서 언급된 두 층위는 통계적이고 다수적인majoritaire 이성애의 층위, 그리고 이성애와 마찬가지로 다수적인 모델에 이끌려 가는 소수적인minoritaire 동성애의 층위였다. 이 두 층위는 여전히 사회적 역할 및 온전하고 인격적인 성별과 관련된 포괄적·지배적 할당을 간직하고 있으며, 가족 형태의 규범성 모델을 재생산한다. 생명체의 횡단적인 연대 및 예측 불가능한 행보와 관련하여 성에 대한 비규범적인 비전을 제시할 수 있는 것은 세번째 층위뿐이다. 행동학이라는 기능적 규범에 따라 성을 정의함으로써, 그리고 프루스트를 해명하고자 말벌과 서양란의 모델을 제시함으로써 들뢰즈는

---

27) Deleuze, *P* II, 164~165.
28) Deleuze, *RF* 38.

캉길렘, 그리고 캉길렘이 의학 인식론에서 제안한 규범에 대한 구상을 받아들인다. 생기적 영역에서 규범의 지배는 초월적·처방적 규범의 형태가 아니라 무질서, 연속적인 변이, 지속적으로 생겨나는 예외의 형태로 나타난다. 주변적 예외를 일탈로 규정하는 규범의 사회적 모델에 맞서, 캉길렘은 무질서의 생기적 모델, 내재적·유동적 규범의 생기적 모델을 제시하는데, 각 생명체에게서 이 생기적 모델은 연속적인 변이와 구성하는 차이로 변형된다. 성을 규범적이거나 주변적이라고 여기는 것은 생명에 대한 분석에 속하는 것이 아니라 신체적 교류를 규제하려는 사회적 지배의 실천에 속한다. 유죄성의 지배는 앞의 두 층위에 국한된다. 유죄성은 지배적인 모델과 맺고 있는 규범적인 관계에 힘입은 것으로서, 그 모델에 대한 종속과 관련하여 재생산이라는 자신의 사회적 전략을 실행에 옮기기 때문이다.

프루스트는 단일하고 서로 구별되는 성별의 나눔으로부터 n개의 성을 지닌 다수적인multiple 성적 횡단성 이론으로 이행하면서, 동성애의 위상을 변형시킨다. 가족적인 오이디푸스 모델을 제거함으로써, 우리는 법과 관련되어 있는 욕망에 대한 규범적 구상을 제거하는 동시에 규범에서 벗어난 성적 실천을 객관적인 타락으로 규정할 수 있는 모든 가능성을 또한 제거한다. 포획에 힘입어, 다시 말해 강요된 공명을 통한 이접적인 소통에 힘입어 우리는 시몽동이 말하는 미분적인 강도의 물리학에서 생기적인 기호의 행동학으로 이행하게 되며, 이제 이 생기적 기호의 행동학은 법과 사회적 지배의 모델에 대한 정치적 비판을 포함하게 된다.

프루스트는 동물의 성에서 식물과 곤충 간의 기묘한 교류로 이행한다. 들뢰즈에 따르면, 이렇게 함으로써 프루스트는 진단적 문학의 새로운 위상을 우리에게 가르쳐주는 여러 작용을 성취하게 된다. 식물 모델은 동물의 총체성 모델을 대체하며, 성에 대해서는 물론이고 예술에 대해서도 유기적 구상에 대한 리좀적 비판을 추구한다. 앞서 주변적 성에 적용되었던 횡단성은 이제 모든 성이 칸막이로 분리된 소통으로서, 불균등한 만남으로서 횡단적인 것을 포함하고 있음을 규정해 준다. 생명은 이질적인 생물 계열들 간의 공생과 더불어 연대의 모델을 제시한다. 이 연대의 모델은 유사한 것을 통한 유사한 것의 재생산이라는 모델, 생물학적 정체성을 둘러싼 종의 폐쇄성과는 무관한 것이다. 종 내부의 생식이 불가능한 서양란은 외적 재생산자의 중재를 통해서만 자신의 재생산을 보증할 수 있다. 수분受粉의 매개자인 곤충을 유인하기 위한 서양란의 전략은 유효한 것이다. 극도로 이질적인 이 장치의 도움을 얻어 서양란은 재생산을 거듭해 왔기 때문이다. 이 장치는 이접적인 계열들 간의 횡단적 소통, 칸막이로 분리된 소통의 사례를 보여 준다. 여기서 이 이접적인 계열들은 직접적으로 소통하지 않으면서도 공명을 이루는데, 이는 말벌이 서양란의 정서에 반응하는 것이 아니라 서양란이 보여 주는 말벌의 이미지에 반응하기 때문이다.

> 우리는 서양란이 자신의 꽃에서 더듬이를 지닌 곤충의 이미지를 보여 준다는 사실을 알고 있습니다. 곤충이 수분하는 것은 바로 이 이미지로서, 그것이야말로 수꽃이 암꽃을 수분할 수 있도록 보증해 주는 것이죠. 서양란의 진화와 곤충의 진화 사이에서 존재하는 이런 종류의 교차, 수렴을 지칭하고자 현대의 한 생물학자는 비평행적 진화évolution aparallèle에 대해 논했습니다. 제가 변태적 소통이라는 말로 이해하고 있는 것은 바로 이 비평행적 진화입니다.[29]

이처럼 행동학적 사례는 생명·성·예술에 대한 우리의 견해를 변형시키는 어떤 포획에 도달한다. 문제가 되는 것이 재생산이건 모방이건 유사성이건 간에, 이 재생산 방식은 반복에 대한 우리의 규범적 구상을 넘어선다. 말벌과 서양란의 포획은 유사한 것을 통해 유사한 것을 재생산하는 사례로도 어떤 모델에 대한 모방으로도 사실상 귀결되지 않는다. 더 나아가 말벌과 서양란의 포획은 더 이상 낡아 빠진 의인론에 따라 서양란이 "말벌 행세"를 하는 것처럼 거짓된 유사성의 시뮬라크르로 귀결되지도 않는다. 이 생기적 사례는 새로운 것의 생산을 파악하는 우리의 능력을 궁지에 몰아넣는다. 공생하는 항들은 서로 구별된 상태로 남아 있으면서도, 이접적인, 상호 연관된, 식별 불가능한 생성의 형태를 띤다.

이렇게 생기적 공생을 참조함으로써 우리는 개인사, 사적인 신경증, "더러운 작은 비밀"로부터 동성애를 구해 내고, 동성애와 법의 관계 속에 존재하는 모든 유죄성으로부터 동성애를 분리시킨다. 사실 우리는 프루스트에게서 동성애의 유죄성, 저주받은 종족, "두 개의 성은 따로따로 죽어갈 것이다"[30]와 관련된 서술을 발견한다. 그러나 이러한 서술은 우리가 법과 맺고 있는 근대적인 관계를 표현하는 것이지 이러한 성적 실천에 대한 평가절하나 그리스의 순수성을 되찾을 수 없다는 유럽인들의 근심을 표현하는 것은 아니다. 앞서 파편 이론은 동성애가 완전하다는 가설을 평가절하했던 바 있다. 이런 형태의 유죄성은 칸트적·추상적·형식적이다.

---

29) "Table ronde Proust…", art. cité, p. 97~98. 여기서 들뢰즈가 염두에 두고 있는 생물학자는 레미 쇼뱅(Rémy Chauvin)이다. Rémy Chauvin, "Récents progrès éthologiques sur le comportement sexuel des animaux", in Max Aron, Robert Courrier et Étienne Wolff (éd.), *Entretiens sur la sexualité*, Centre culturel international de Cerisy-la-Salle, 10~17 juillet 1965, Paris, Plon, 1969, p. 200~233.

30) Proust, *À la recherche…*, II, 616.; 7권, 『소돔과 고모라 ①』, 26쪽.

즉 선이 무엇인지를 법이 말해 주는 것이 아니라 법이 말해 주는 것이 선이다. 『자허-마조흐 소개』에서 상세하게 분석된 이행, 플라톤의 선^{Bien}에서 법의 형식주의로 가는 이행은 타락에 대한 도덕주의적 독해 전체를 예고한다. 프루스트가 말하는 유죄성은 이처럼 도덕적인 것이기보다는 사회적인 것으로, 들뢰즈의 평가에 따르자면 피상적인 것으로 남아 있으며, 특히 그것은 "식물의 성과 관련하여 순수의 테마와 뒤섞인다".[31]

들뢰즈가 변태적 소통에 대해 말하기는 하지만, 이 표현은 동성애를 도덕적으로 규정하는 것과는 무관하다. 변태적 소통은 공생의 이질성을 그것의 인접한·이접적 소통과 관련시킨다. "횡단적인 곤충은 칸막이로 분리된 성별 자체를 통해 성별을 소통하게 만든다."[32] 따라서 문제는 성적 교류를 심판하는 데 있는 것이 아니라 어떤 만남에 관심을 기울이는 데 있다. 이 만남은 상이한 계열들을 서로 공명하게 하며, 따라서 문자 그대로 변태적이다. 다시 말해, 이 만남은 재생산에 대한 우리의 견해, 종種 및 생물학적 계통이라는 개념에 초점을 맞추는 우리의 견해에 비추어 볼 때 부적합한 것이거나 규범에서 벗어나 있다. 이러한 변태는 그것을 구성하는 비규범성^{anomie} 속에서 횡단성의 실증적 역량으로 드러나며, 생기적·사회적 성 역할을 조형적인 방식으로 변형시킨다. 변태는 생기적인 것을 구성하는 비규범성을 특징짓는다.

동성애에 대한 탐구를 검토하는 데서 드러나는 들뢰즈의 집요함은 성적 주변성을 분석하는 문학의 기능을 보여 준다. 이러한 문학의 기능은 가치론적인 것이 아니라 사실에 근거한 것이다. 또한 이러한 문학의 기

---

31) Deleuze, *P* 161/208.
32) Deleuze, *P* II, 164, 202.

능은 주변적 욕망을 옹호하는 데 국한되지 않는 것으로서, 이러한 옹호는 도덕적 비난을 그저 대칭적으로 전복하는 데 그치고 말 것이다. 변이로서, 성의 가변성으로서 동성애가 지닌 주변적 가치야말로 생명체의 행동과 태도를, 그리고 생기적·사회적 질서 속에 존재하는 규범들 사이의 관계, 즉 규범성과 비규범성을 조사하는 기능을 문학에 부여해 주는 것이다. 그러나 공생은 성을 욕망과 법의 관계 문제로부터 벗어나게 만들며, 특히 서양란이나 말벌과 관련해서는 이 문제가 거의 효력을 갖지 못한다! 일견 어색해 보이는 말벌과 서양란의 공생이 구체적인 성 현상들을 조사한 기록물의 구실을 한다면, 이는 문학이 욕망과 법의 관계를 탐색하기 때문이 아니라 문학이 이질적인 계열들 사이에 존재하는 생기적 작용, 즉 포획이기 때문이다. 이때 전자, 즉 욕망과 법의 관계에 대한 탐색은 들뢰즈가 거리를 두고 있는 정신분석학적 해석의 기록물이 기대하는 바로서, 말벌이나 서양란과는 사실상 무관한 것이다.

횡단성은 동질적인 것으로 가정된 어떤 법과 동성애가 맺고 있는 관계로부터 동성애를 구해 내면서, 프루스트와 분열증적 입장이 서로 가까워질 수 있도록 예비한다. 여기서 분열증적 입장이란 1976년에 나온 『프루스트 III』의 입장에 해당한다. 정신병이란 법에 대한 무관심이라는 라캉의 정의 및 정신분열증에 대한 과타리와의 공동작업에 근거해서, 들뢰즈는 식물의 순수성 및 성적 타락을 다음과 같은 상태에다 연결시킨다. 이 상태에 있어 법은 욕망의 흐름을 단일하게 규정해 주는 것으로서 주어지는 게 아니라 욕망과 사회적 생산의 관계가 낳은 귀결로서 생겨난다. 법은 우리의 욕망을 코드화하는 것이기는커녕 사회적 생성들을 억누르는 지배 운동의 규범적인 효과가 되고, 동성애는 코드들을 실재적으로 소수화하는 과정, 이미 확립된 코드들로부터 벗어나는 해방의 역량이 된다.

따라서 변태적이라는 용어는 정서론, 다시 말해 해방의 역량을 활성화시키는 실재적 관계들에 대한 진단적 기술^{記述}과 관련된다. 그러나 이 용어가 다른 관점에서 이 실재적 관계들이 영감을 부여할 수도 있을 심판과 관련되거나, 내면화된 도덕으로서가 아니라 사회적인 체험으로서 때로 이 관계들로부터 귀결되는 유죄성과 관련된 것은 아니다. 따라서 들뢰즈는 동일한 시기에 다음과 같은 활동을 할 수 있었다. 들뢰즈는 동성애에 대한 억압과 그에 대한 도덕적 비난을 단호하게 평가절하했으며, 동성애 혁명운동전선^{FHAR[Front homosexuel d'action révolutionaire]}의 출범에 찬성하면서 그에 동참했다. 아울러 그는 잡지 『탐구』^{Recherches}의 『동성애 대사전. 30억의 도착자들』^{Grande Encyclopédie homosexualités. Trois milliards de pervers}에 참여했으며, 1974년 발간된 오켕겜^{G. Hocquenghem}의 책 『5월 이후의 목신들』^{L'Après-Mai des faunes}에 서문을 썼다.[33] 동성애를 보는 관점은 변화되었으며, 우리는 초월적인 도덕 판단에서 스피노자적인 윤리학, 내재적인 정서의 물리학으로 이행했다. 이 정서의 물리학은 더 이상 동성애를 도덕적으로 규정하는 데 관심을 두지 않으며, 심지어는 동성애를 구성된 실체로 옹호하는 데에도 관심을 두지 않는다.

들뢰즈는 동성애로부터 성적 횡단성 이론을 만들어 냈다. 이러한 사실은 성적 횡단성으로 하여금 불가피한 타락이라는 다수적인^{majeur} 위상을 떠맡게 만드는 데서 성립하는 것이 아니며, 성적 횡단성을 평범한 성의

---

33) *Recherches*, n° 12, mars 1973, *Grande Encyclopédie des homosexualités. Trois milliards de pervers*. 들뢰즈는 1973년에 쓴 「크레솔(Cressole)에게 보내는 편지」[국역본: 「어느 가혹한 비평가에게 보내는 편지」, 『대담 1972~1990』, 김종호 옮김, 서울: 솔, 1993]에서 자신이 동성애와 맺고 있는 관계를 설명한다. 크레솔은 요컨대 들뢰즈가 "동성애자도" 아니면서 동성애 해방의 물결에 "몸을 실었다"고 비난한 바 있다.

예외로 환원하는 것으로 귀결되지도 않고, 모든 동성애를 무의식으로 확대하는 것으로 귀결되지도 않는다. 사실상 상호 대칭적인 두 가지 위험이 전투적 담론의 윤곽을 이룬다. 그중 하나는 모든 사람을 무의식적인 동성애자로 만드는 것으로서, 이는 전체로서 이해된 성 속에서 동성애를 추상적인 방식으로 약화시킨다. 다른 하나는 동성애를 실체화하는 것으로서, 이는 마치 동성애가 이성애와 구별되면서도 이성애만큼이나 특수하고 규범적인 상태를 이루고 있는 것과 마찬가지다.[34] 프루스트는 더 멀리까지 나아간다. 동성애를 그 자체에다 가두어 구성된 실체로서의 동성애를 하나이자 동일하다고 여겨지는 다른 형태의 성에 대립시키기는커녕, 프루스트는 동성애를 새로운 관계들의 증식을 향해 열어 놓는다. 들뢰즈에 따르면, 이 새로운 관계들은 "미시논리적이거나 미시심리적이며, 본질적·가역적·횡단적이다. 남성과 여성 사이에 새로운 관계들을 배제하지 않는 어떤 배치들이 존재하는 한에서, 이 새로운 관계들은 그 배치들만큼이나 많은 성들을 수반한다". 들뢰즈가 이렇게 말하는 까닭은 "문제가 더 이상 남성이나 여성이 되는 것이 아니라 여러 가지 성을 고안해 내는 것이기 때문이다". 이런 의미에서 "일찍이 프루스트는 배타적인 같음의 동성애와 한층 더 다수적multiple이고 한층 더 '국지화된' 동성애를 대립시켰다. 이 후자의 동성애는 모든 종류의 성 횡단적transsexuel 소통을 포함하고 있으며, 여기에는 꽃과 자전거도 포함된다".[35] 동성애와 이성애는 모두 이러한 이접적인 만남과 이러한 변이의 위도를 포함하고 있지만, 동성애는 이성애보다 이

---

34) "문제가 '모든 인간은 동성애자'라고 말하는 데 있다면, 어떠한 관심도 어떠한 명제도 필요치 않을 것이다."(Deleuze, "Préface" à Guy Hocquenghem, *L'Après-Mai des faunes*, Paris, Grasset, 1974, p. 7~17, p. 11.; *ID* 397).

35) Deleuze, *ID* 399.

를 더욱 분명하게 보여 준다.

우리는 이러한 정서론을 스피노자의 행동학 및 강도적 변이로서의 괴물성monstruosité에 대한 긍정적 가치평가와 관련지을 필요가 있다. 캉길렘이 보여 주었듯이, 문제는 규범성이 아니며 일탈은 초월적인 것으로 가정된 어떤 규범의 결여가 아니라 생명체의 비규범성을 보여 주는 운동학적 변형이다. 모든 다양체는 비규범적이다. 행동학과 식물의 영역을 경유하는 이행은 동물의 영역보다 덜 가족적이고 덜 중심화된 것이다. 이러한 이행은 성을 다음과 같이 기술할 수 있도록 보증해 준다. 즉 성은 더 이상 이성애의 정상적·규범적 가치를 경유하지 않으며, 재생산을 사회적 지배의 도구로 만든다. 역으로 이런 이유에서 동성애에 다수적인majeur 입장을 요구하면서 어떤 상태로서의 동성애에 더 높은 가치를 부여해서도 안 된다. 이 다수적인 입장 또한 상상적인 정체성 속에서 동성애가 지닌 유연성을 경화시킬 것이기 때문이다. 오히려 성적 횡단성을 n개의 성으로, 이성애는 물론 동성애마저도 넘어서는 소수자-되기로 규정해야 한다.

이렇게 해서 들뢰즈는 사회적 역할과 규범적 생식 능력의 우월성에 초점이 맞춰진 다수적·통계적 이성애에서 이 기본적인 성적 횡단성으로 이행한다. 후자는 과타리의 기여를 보여 주는 것으로서 정신분석에서 법이 갖는 위상에 대한 정치적 비판에 착수하는데, 들뢰즈와 과타리는 『안티-오이디푸스』에서 이를 정식화하게 된다. 이렇게 해서, 반항적인 아이에게 가해지는 강압적인 오이디푸스화에 대한 비판이 성의 테마와 소통하게 되는데, 여기서 말하는 성은 부부에 대한 것도 아니고, 성적 재생산이나 사회적 재생산에 초점이 맞춰진 것도 아니다. 말벌과 서양란의 만남은 규범적인 불변항을 고수하는 입장이 어떠한 이론적 필요성에도 부응하지 않으며, 다만 사회적 코드화라는 지배의 명법에 부응할 뿐이라는 사실을 보여 준다. 이를 통해 말벌과 서양란의 만남은 규범적인 부부관계라는 사회적 모델에 해독제를 제공하게 된다.

우리는 동물적인 모델, **위대한 생명체**^{Grand Vivant}로서의 로고스에 초점이 맞춰진 모델에서 횡단적이고 식물적인 새로운 모델, 말벌과 서양란의 이접적인 만남이라는 모델로 이행했다. 포획 이론의 이러한 출현에 힘입어 들뢰즈와 과타리는 리좀을 개념화할 수 있게 되며, 우리는 초월론적 경험론에 대한 결론을 이끌어 낼 수 있게 된다. 문제는 더 이상 경험론의 초월론적 조건들을 규정하는 것이 아니라 이접적 종합들의 이질적 연접이 규정해 주는 다양체의 논리를 탐색하는 것이다. 말벌과 서양란의 포획은 『프루스트 II』에서 『천 개의 고원』에 이르기까지 이처럼 이접적인 계열들 간의 연접을 규정하는 데 사용된다. 이는 공생을 (동일시를 통한) 물질적·상상적 참여나 (관계의 일치를 통한) 상징적 참여와 구별할 때, 그리고 변조에 대한 시몽동의 분석이나 조프루아 생틸레르의 분석이 앞서 보여 주었듯이 몰적 평면에 놓인 식별 불가능한 근방을 통해 공생을 생성으로 파악할 때 가능한 일이다. 말벌의 계열과 서양란의 계열이 그러하듯이, 이 이접적 종합은 분화된 계열들 간의 실효적 충돌에서 생겨나는 이중의 생성을 규정한다. 그러나 말벌의 계열과 서양란의 계열은 분화를 야기하는 포획을 통해, 다시 말해 각 계열의 차이를 보존하면서 그것들을 연결해 주는 포획을 통해 어떤 생성의 블록 속에서 생겨난다. 이러한 포획은 분화적 차이소의 역할을 수행한다. 이제 분화적 차이소는 구조주의적 원리로 이해되는 것이 아니라 실효적 만남으로 이해된다. 여기서 실효적 만남이란 어떤 외생적 필연성을 경험적으로 야기하는 예측 불가능하고 의존적인 우연적 결정을 가리킨다. 특히 『대담』에서 들뢰즈는 이 포획을 융합적이거나 제도적인 부부관계가 아니라 "두 계^界 사이의 결혼"으로, 이접적인 연대로 이론화한다. "말벌과 서양란은 그 본보기에 해당한다."[36] 연접적인 포획의 논리에 힘입어 우리는 계열들, 이것임들, 다양체들 간의 관계를 이질적인 만남으로 제시할 수 있게 된다. "누군가가 무언가로 변하는 한에서 그가 변화해서 되는 것 또한 그 누군가만큼이나 변화를 겪는다"[37]는 점에서, 생성한다는 것은 모방한다는 것도 순응한다는 것도 아니기 때문이다. 따라서 만남 속에서 각각의 항들이 겪게 되는 변형은 총체화나 융합이 아니라 여전히 연대적이고 이접적이며 인접한 것으로 남는다. 다양체는 물론 포획도 고정된 동일성의 평면에 한정되는 것이 아니라 개체화의 모든 단계에서 작용한다. 따라서 구성된 동일성의 평면에 존재하는 것은 포획이 아니라 분기·증식·리좀의 집적물이다.

들뢰즈는 횡단성을 활용하여 예술과 성의 관계를 연결하면서, 과타리와의 만남이 가져다준 실천적 효과를 이론화한다. 실제로, 철학적 글쓰기의 코드라는 관점에서 볼 때, 이러한 변태적인 소통은 철학자와 전투적 정신분석가의 일견 어색해 보이는 만남 속에서 이루어진다. 다른 한편, 우리가 저자-기능을 유일하고 지고한 것으로 이해할 경우, 그리고 이론의 영역과 실천의 영역을 상호 분리된 동질적 차원으로 간주하는 할당에 머물러 있는 경우라면, 이 변태적 소통은 우리에게 놀라움을 안겨줄 것이다. 이런 이유에서 들뢰즈는 과타리와의 공동작업을 항상 횡단적 실천의 난입으로 묘사하면서, 그와 함께 한 저술 활동을 통해 이를 실제로 실천에 옮겼다. 문제는 더 이상 다양체를 사유하는 것이 아니라 두 사람이 함께 글을 쓰면서 '다양체를 만드는' 것이다.

---

36) Deleuze, *D* 8/9.
37) *Ibid.*

이는 어떤 학파나 인식 과정과는 아무런 관련도 없으며, 오히려 만남과 더 크게 관련되어 있습니다. 또한 생성, 본성을 거스르는 결혼, 비-평행적 진화, 두 가지 언어의 병용bilinguisme, 사유 훔치기를 다루는 이 모든 이야 기는 내가 펠릭스와 함께 했던 것들입니다.[38]

새로운 사유방법은 사유에 대한 새로운 구상을 만들어 낸다. 사유의 창조는 더 이상 노에시스적 주체의 활동이 아니라 어떤 화용론이다. 다시 말해, 주체, 인격, 저자, 사회적·정치적·생기적 차원들을 변조하고 사유를 다른 기호체제들과 연결해 주는 비인격적 배치다. 포획 개념과 더불어, 우 리는 의미의 논리에서 다양체 이론으로 이행한다. 들뢰즈는 텍스트의 구 성이라는 다양체적 체제를 채택하고, 저자와 관련하여 다양체적·비인격 적 위상을 고안해 내며, 그와 동시에 담론적인 것, 비-담론적인 것, 이론적 인 것, 실천적인 것과 관련하여 글쓰기에 대한 참된 다양체적 논리를 추구 한다. 사실 들뢰즈가 이러한 논리를 받아들일 수 있게 된 것은 무엇보다도 과타리와의 만남 덕분이었다. 과타리와의 만남은 철학에 대한 들뢰즈의 생각을 바꾸어 놓은 중요한 전환점이자 참된 변형에 해당한다. 들뢰즈의 초기 저작들에서 드러나는 체계성, 다시 말해 초기의 개별연구서들과 『프 루스트 I』에서 너무나 분명하게 드러났던 구성에 대한 관심은 텍스트와 사유를 바라보는 완전히 새로운 구상에 자리를 내어 주게 된다. 이제 텍스 트와 사유는 그 자체로 열린 것이 된다. 그와 동시에 이 불임적인 연대 이 론, 즉 재생산과는 무관한 기묘한 연대 이론이 개진된다. 이 연대 이론은 텍스트를 그것의 인격적인 원천에서 해방시켜 사회적 변동과 증식은 물

---

38) Deleuze, *D* 23~24/36.

론이고 다양한 이론적 선분들이 침투할 수 있는 연접적인 배치로 이해한다. 바디우가 보기에, 이것은 현대적인 이종교배異種交配였다. 바디우에 따르면, "세계의 **혼돈**을 기꺼워했던 사상가"[39]인 들뢰즈는 바디우 자신은 여전히 이해할 수 없는 어떤 방법론적 유형을 사실상 처음으로 만들어 냈다.

---

39) Badiou, *Deleuze*, *op. cit.*, p. 18/47.

결론
생성과 역사

> 그 가장자리가 서로 일치하지 않는다는 점에서, 철학적 개념들은 서로 꼭 들어맞지 않는 파편적인 전체들이다. 철학적 개념들은 하나의 퍼즐을 구성한다기보다는 주사위 던지기로부터 생겨난다.[1]

들뢰즈는 사유의 범주표 위에 경험론과 초월적인 것의 주사위를 다시 던져 철학사의 한가운데서 여러 상이한 작용들을 야기한다. 첫번째 작용으로, 들뢰즈는 칸트주의를 수정하는 놀라운 독해를 제시한다. 여기서 초월론적인 틀은 베르그손적·구조주의적·강도적 변형을 겪게 된다. 초월론적 경험론의 프로그램은 두번째 작용에 힘입어 『차이와 반복』에서 실현되는 것으로 드러난다. 이 두번째 작용은 사변적 사유가 해소하고자 하는 짐스러운 문제를 문학에 위임하는 데서 성립한다. 문학을 알레고리적 위상으로 내쫓아 이론적 형식에 제공되는 수동적인 재료의 역할을 수행하게 만들기는커녕, 들뢰즈는 문학적 창조와 함께하는 독창적인 연대를 고안해 낸다. 이러한 연대는 철학을 자극하여 혁신적인 응답을 정식화하도록 강요하는 실재적 문제로서 그 장치에 개입하게 된다.

따라서 초월론적 경험론은 예술과 철학의 관계에 대한 새로운 할당

---

1) Deleuze, Guattari, *QP* 38/55.

을 제안한다. 이는 문학이나 예술 일반이 억견적인 경험 방식이 아니라 독특한 경험 방식을 보여 주면서, 사유의 새로운 개별화를 야기하는 이념으로서 이론적 사유를 촉발하기 때문이다. 상호 연대적인 차이의 두 극極을 이루는 잠재적인 것과 현실적인 것을 규정할 때 들뢰즈가 항상 프루스트를 참조하는 까닭은 문학이 이러한 특권을 지니고 있기 때문이다. "잠재성의 상태를 규정하기에 가장 좋은 정식은 '현실적이지 않은 실재, 추상적이지 않은 이상'이라는 프루스트의 정식"[2]일 것이다. 잠재적인 것을 규정하는 일이 문제가 될 때마다 들뢰즈는 이 정식을 되풀이하지만, 우리는 그의 이론적 해결책이 변형을 겪었으며 초월론적 경험론을 구성하기까지 서로 다른 단계들을 거쳐야 했다는 사실을 확인한다. 『프루스트 I』은 다음과 같이 제시했던 바 있다. "이 이상적 실재, 이 잠재적인 것이 바로 본질이다."[3] 그후 "의미의 개념"이 "사라져 가는 본질"[4]의 뒤를 이었으며, "본질과는 무관한 구조"[5]가 "잠재적인 것의 실재성"[6]이 되었다. 강도에 대한 작업에 힘입어 들뢰즈는 구조주의의 형식적 특성을 제거하고, 잠재적인 것을 비물체적 사건, 상징적 사건이 아닌 실재적 사건, 논리적 사건이 아닌 강도적 사건으로 간주할 수 있게 된다. 잠재적인 것은 이념이 된다. 이념은 "현실적이지 않지만 실재적이고, 분화되어 있지 않지만 미분화되어 있

---

2) Deleuze, *B* 99/135.; "Dramatisation", art. cité, p. 99 (*ID* 141/503).; *DR* 269/450.

3) Deleuze, *P* I, 76.

4) Deleuze, *LS* 89/150~151.

5) Deleuze, "Structuralisme", art. cité, p. 303 (*ID* 242/371).

6) Deleuze, *DR* 270/450. "구조에 대해 우리는 다음과 같이 말할 수 있을 것이다. 구조는 **현실적이지 않지만 실재적이고, 추상적이지 않지만 이상적이다.**", "Structuralisme", art. cité, p. 313 (*ID* 250/386).

으며, 전체적이지 않지만 완결되어 있는"[7] 것으로서 "비물체적인 순수 사건"[8]이고, "다양체"[9]이며, "개념의 실재성"[10]이다. 이러한 변화는 이념의 위상과 그것의 시간적 규정이 맺고 있는 섬세한 관계를 따라갈 수 있게 해주며, 문학과 철학이 한 쌍을 이루어 완전히 새롭게 공명한다는 사실을 고려할 수 있게 해준다. 한편으로, 작품은 '한순간의 순수 상태'를 보여 주며 프루스트는 우리가 경험하는 시간을 변형시켜 시간을 우리가 그 속에 존재하는 그 무엇으로 규정할 수 있게 해준다. 그러나 다른 한편으로, 문학은 사유 이미지를 혁신한다.

재현적 이성에 대한 이 비판은 다음과 같은 프루스트의 정식에 근거해 있다. 사유는 기호의 폭력하에서, '한순간의 순수 상태'에서, 사유 자신의 억견적 지배를 포기하고 허구적인 두 극極, 즉 주체와 객체에 초월론적인 평면을 더 이상 결부시키지 않을 때 산출된다. 앞서 사유 비판이라는 칸트적인 틀에서 제기되었던 초월론적 경험론의 문제는 프루스트의 분석에 힘입어 방법론적으로 활용된다. 프루스트의 분석은 예술과 문학으로 하여금 철학의 초월론적 혁신과 이러한 사유 이미지의 변형을 가속화할 수 있게 해준다.

프루스트가 말하는 비자발적 기억에 힘입어 들뢰즈는 칸트의 가능한 것을 베르그손의 잠재적인 것으로 대체하고, 잠재적인 것을 초월론적인 것과 연결하면서 작품의 구조를 '한순간의 순수 상태'를 불러일으켜 잠재적인 것을 현실화하는 감각적 계기로 제시할 수 있게 된다. 소설가는 난

---

7) Deleuze, *DR* 276/460.

8) Deleuze, *LS* 174/259.

9) Deleuze, Guattari, *MP* 19/28.

10) Deleuze, Guattari, *QP* 151/228.

입하는 기호의 폭력 아래서 어떻게 사유가 생겨나는지를 제시함으로써, 사유와 감성적인 것의 관계를 정확하게 보여 주는 인식 능력들의 유형학을 만들어 낸다. 문제가 되는 것은 '구조'(1967, 1969), '이념'(1968), '문제'(1969), '이것임'(1978)으로 잇달아 변형되는 이 '본질'(1964)을 규정하는 일이다. 니체에 대한 독해, 칸트와 마이몬에 대한 독해, 그리고 특히 시몽동에 의해 개진된 변조와 불균등화에 힘입어 들뢰즈는 자신이 '초월론적 경험론'이라 명명한 이 변형된 칸트주의의 귀결들을 이끌어 낼 수 있게 된다. 기호는 불균등한 강도(시몽동)이며, 예술은 철학이 강도적인 초월론적 감성론을 개진할 수 있게 해준다. 차이, 개체화, 잠재적인 것의 현실화에 어떤 분명한 내용을 제시하기 위해서는, 시몽동에게서 강도에 대한 설명을 추가로 빌려와야 한다. 들뢰즈가 형이상학적인 측면에서 이러한 내용을 필요로 하는 것은 자신의 철학을 주도하는 개념들을 보증해 주기 위함이다. 시몽동에게서 빌려 온 변조라는 개념과 더불어 기호학이, 다시 말해 물질론적인matériologique 기호 분석이 전면에 등장하게 된다. 스피노자의 유비적 의미작용 비판을 구조주의적으로 분석하고 의미를 표면 효과로 제시함으로써, 들뢰즈는 의미작용에 대한 비판을 완성하기에 이른다.

문학을 철학적으로 다룰 때 나타나는 문제들은 개념의 생기적 운동을 설명하고자 할 때 철학 자체가 어떻게 변형되어야 하는지를 보여 준다. 『차이와 반복』 이전 시기 들뢰즈는 감각과 사유, 기호와 의미의 관계를 검토하는 데 만족했다. 그에 반해, 1969년 이후 들뢰즈는 정치, 사회적 조직화, 물리적·생물적 개체화 간의 관계에 대한 밀도 있는 논의를 포함시켜 전자의 관계가 문화의 행동학에 속한다는 사실을 보여 준다. 문화의 행동학은 초월론적 경험론을 변형시키는 관계, 즉 경험과 철학의 관계를 보여 주는 보다 훌륭한 표현에 도달해야 한다. 사유가 기호의 물질적 난입하에서 산출된다고 할 경우 노에시스적인 것의 위상은 변화를 겪게 된다. 노에시스적인 것은 더 이상 어떤 별도의 질서로 다루어질 수 없으며, 사유는 사회적인 것과 생기적인 것으로 확산되기 때문이다. 이제 뒤섞이고 혼합된 글쓰기로 향하는 이행, 다시 말해 혼합적인 동시에 서로 구별되는 이론적 조각들을 차용·연결·몽타주하는 체계를 지닌 과타리와의 공동작업으로 향하는 이행이 전면에 등장하게 된다.

포획 이론은 힘들의 행동학이라는 측면에서 이접적 종합을 이어받는다. 이로 인해 우리는 초월론적 경험론의 아름다운 몽타주가 이제는 끝나버렸다고 생각하게 된다. 역사, 실재적 경험성empiricité, 철학과 인간과학이 맺게 되는 새로운 관계는 어떤 새로운 행보, 즉 사유를 불균형하게 만들어 선·강도·경험성이라는 완전히 새로운 영토로 이탈하게끔 하는 행보를 받아들이도록 사유를 강요한다. 여기서 말하는 선·강도·경험성은 과타리와 함께 작업하기 시작한 후 들뢰즈의 관심을 끌었던 주제들이다.

욕망 기계의 기능주의는 들뢰즈가 앞선 저작들에서 여전히 고전적인 방식으로 '본질의 이념'이라고 불렀던 것을 도전적인 방식으로 대체한다. 이 새로운 입장은 철학적 창조나 예술적 창조의 예외적인 위상을 보여 주는 진단적 비판으로의 회귀를 함축하고 있다. 과타리가 구상하고 그들의 공동저작인 『안티-오이디푸스』(1972)와 『천 개의 고원』(1980)에서 들뢰즈가 받아들인 분열-분석schizo-analyse은 캉길렘에게서 기인하는 정상적인 것과 병리적인 것의 이론을 이어받으며, 창조를 주체화 과정에 대한 실험으로 분석할 수 있게 해준다. 이러한 분석들에서 중요한 위치를 차지하는 것은 바로 정신분석과의 논쟁이다. 프루스트의 동성애, 클로소프스키의 도착, 그리고 특히 아르토의 정신병은 성적 주변성(마조히즘, 동성애)에서 정신병적 주변성(아르토, 그리고 분열증적 예술의 정의), 더 나아가 정치적 주변성(혁명적 문학의 정의)으로 나아가는 궤적을 가늠할 수 있게 해준다. 광기에 대한 평가는 사회 비판을 위한 개념이 되는 데 반해, 창조는 생산으로 이해되어야 한다. 욕망 기계는 라캉의 주체 이론과 맑스의 생산을 연결해 준다. 권력과 욕망의 등장은 초월론적 경험론에 대대적인 변화를 요구한다. 추상 기계 이론은 사회학적 인과성과 대립되는 것은 물론 구조 및 기표의 관념성과도 대립된다. 또한 푸코와 더불어, 추상 기계 이론은 기술적인 것을 사회화 방식 및 사회적 배치의 표현으로 사유할 수 있게 해준다. 소수^{mineur} 개념과 더불어, 창조는 사회 기계의 소수화(『카프카』, 1975)가 되며, 집단적 배치라는 탈인격적 방식으로 작동하게 된다. 들뢰즈와 과타리는 강도적 언어학을 고안해 낸다. 창조적인 말더듬기$^{bégaiement\ créateur}$, 자유간접화법$^{discours\ indirect\ libre}$에 대한 분석은 창조자의 초상을 혁명가로 제시할 수 있게 해줄 뿐만 아니라 연속 변이의 인식론을 또한 규정할 수 있게 해준다.

이 새로운 창조의 행동학은 초월론적 경험론의 문제들을 새로운 기반 위에서 다시금 활성화시킨다. 초월론적 경험론이라는 표현은 들뢰즈의 체계에서 자취를 감추지만, 이 표현은 잠재적인 것과 현실적인 것을 다루는 마지막 단편에서 다시 등장하여 사유와 경험의 관계 혹은 내재면을 훌륭하게 설명해 낸다. 초월론적 장이 내재면을 규정하며, 주체와 대상은 뒤늦게 나타난 가상적인 몽타주에 불과한 것으로서 이 내재면으로부터 배제된다. 사유가 주체와 대상을 자신을 구성하는 극極으로 잘못 받아들이게 될 때, 그것들은 이 내재면을 왜곡하게 된다. 문제가 되는 주체와 대상은 결과물에 불과한 것이지만, 우리는 상상적인 방식으로 쉽게 그 결과물을 초월적인 존재자로 받아들인다. 따라서 주체와 대상은 초월론적 평면에 결부될 수 없다. 『차이와 반복』의 시도를 설명해 주는 것은 바로 초월론적인 것에 대한 이러한 변형이다. 따라서 1995년 초월론적 경험론의 몽타주는 다음과 같이 요약될 수 있다. 초월론적인 경험론, "야생적"이고 "강력한" 경험론은 주체 및 대상이 내재적으로 구성되는 평면으로서, 주체 및 대상의 세계와 대립된다. 주체와 대상은 그 평면에 사후적으로 덧붙여진 초월적 투사물에 불과하지만, 이제 그 투사물은 내재성에 도달하지 못하도록 방해하고 오히려 그 투사물 자체가 내재성이 귀속되어야 하는 두 극인 듯 보이게 만드는 이러한 역효과를 일으킨다. 초월론적 경험론과 주체 및 대상의 세계가 맺고 있는 관계는 이중적이다. 한편으로, 주체와 대상이 가상으로서 형성되는 이러한 과정, 그리고 주체와 대상이 내재성이 귀속되어야 하는 그 무엇으로 잘못 받아들여질 때 그것들이 수행하는 치명적인 역할을 설명해 줄 수 있는 것은 초월론적 경험론뿐이다. 다른 한편으로, 주체와 대상은 이제 철학의 문제 자체로 복권되어야 하는 이 내재성의 역사에 기여하게 된다. "내재면의 바깥으로 떨어져나간 주체와 대상이 보편적인 주체나 어떤 대상으로 받아들여져 내재성 자체가 이 주체나 대상에 귀속되기에 이른다면, 이는 초월론적인 것을 완전히 변질시켜 (칸트의 경우와 마찬가지로) 이제는 다만 경험적인 것을 이중화할 것이며 내재성을 왜곡하여 내재성을 초월적인 것에 포함시킬 것이다."[11]

　　마지막으로, 초월론적 경험론은 잇따르는 시기들과 체계의 생성이 맺고 있는 관계의 여러 판본들 가운데 하나를 제시한다. 이 문제는 들뢰즈의 초기 철학, 즉 칸트의 초월 철학을 경험론적으로 재해석한 철학을 규정해 주는 것이기 때문이다. 이 문제를 정확히 규정하기 위해서는 체계 전체의 원천에 해당하는 것들을 도입할 필요가 있으며, 역사와 생성의 관계 문

---

11) Deleuze, *RF* 360/511.

제를 다루는 후기의 작업들은 이러한 유형의 비연대기적인 개입들을 이해하는 데 도움을 줄 수 있다. 다른 한편, 『차이와 반복』의 집필에 앞서 일련의 철학사 연구를 수행하면서 들뢰즈가 역사와 체계적으로 대면하던 시기에 대해 말하자면, 이 시기는 들뢰즈가 몰두했던 흥미로운 몽타주, 즉 게루의 입장과 니체의 입장을 결합하는 몽타주를 설명할 수 있게 해준다. 게루가 실천하고 있는 바는 어떤 철학을 그것을 구성하는 하나의 정식으로 체계적으로 요약하는 것이며, 들뢰즈가 보기에 이러한 요약은 유희적이면서도 대가다움이 엿보이는 배반에 힘입을 때에만 성공할 수 있다. 니체는 철학을 '하는' 단 하나의 창조적인 방식으로서 다름 아닌 이 배반을 요구한다.

이 사유의 생성으로서의 역사를 가장 잘 규정해 주는 것은 들뢰즈와 푸코가 맺고 있는 놀라운 관계, 지극히 교훈적인 관계다. 다름 아닌 푸코와 더불어, 푸코의 사유를 드러내면서, 들뢰즈는 역사의 문제에 도전하여 체계들의 생성에 대한 자신의 견해를 가장 날카로운 방식으로 정식화한다. 그러면서도 들뢰즈는 선형적 연대기에 대한 비판 및 목적론적 설명이나 인과론적 설명에 대한 비판을 포기하지 않는다. 다른 한편으로, 들뢰즈는 푸코의 모든 책에 서평을 썼으며, 1986년 자신이 푸코에게 헌정한 책의 밑거름에 해당하는 분석을 오랜 기간에 걸쳐 수행해 왔다. 들뢰즈의 저작에서 푸코의 변화가 불러일으킨 이론적 충격들에 대한 기록을 뒤따라갈 수 있는 것은 바로 이런 이유 때문이다. 들뢰즈에게 역사, 그리고 철학에 대한 역사적 접근 방식이 이내 비판의 대상이 되는 만큼 푸코의 작품에 대한 이러한 관심은 더욱 열정적인 것이 된다. 푸코의 독자인 들뢰즈는 사유의 위기에 대한 이론을 실천에 옮기면서 역사의 차원을 탐색한다. 이 역사의 차원에 힘입어 들뢰즈는 역사를 더 이상 생성의 대립물로 파악하는 것이 아니라 생성의 현실화에 필수적인 차원으로 파악할 수 있게 된다.

들뢰즈와 푸코가 모두 일정한 관점의 변화를 겪고 있던 바로 그 시기에 들뢰즈는 푸코를 이해하고자 했다. 이는 그들을 연결해 주는 우정과 합의에서 기인하는 것이었다. 1968년 5월 이후 몇 년간 그들 두 사람은 모두 사회적 장을 발견했다. 들뢰즈에게서 이러한 전환은 『안티-오이디푸스』부터 그가 과타리와 더불어 사회적인 것의 경험적 장에 새로운 관심을 기울이는 데서 드러난다. 푸코에게서 이러한 전환은 『지식의 고고학』에서 『감시와 처벌』로 가는 이행에서 드러나는데, 『감시와 처벌』에서 그는 권력을 발견한다. 두 저자에게서 이러한 사유의 방향전환은 이론의 위상에 대한 심층적인 전복, 이론을 다양체의 화용론으로 만드는 전복과 긴밀하게 연관되어 있다. 들뢰즈는 여러 차례에 걸쳐 푸코에 대한 관심을 지속적으로 표명한다. "푸코가 쓴 책은 열심히 읽었지만, 서로 많은 대화를 나누지는 않았습니다. 그러다 마침내 제게는 그가 필요했고 그에게는 제가 필요했다는 사실을 느끼게 되었죠. 하지만 그게 슬프지는 않았습니다."[12]

두 저자가 저마다 상대방에게서 차지하고 있던 위치를 비교해 본다면, 사실 이러한 필요는 비대칭적인 것으로서 역사의 벡터와 연결되어 있음이 분명하다. 들뢰즈는 잠재적인 것과 현실적인 것의 관계라는 시간적 측면에서 이 역사의 벡터에 접근하는 데 반해, 푸코는 들뢰즈가 별다른 관심을 두지 않았던 텍스트 문서고에 대한 검토, 사실에 근거한 세밀한 검토와 관련되어 있다. 그러나 들뢰즈는 현실적인 것에, 그리고 역사의 문제에 점점 더 많은 관심을 기울이게 된다. 『차이와 반복』을 1980년대에 나온 일군의 저작들, 즉 1983년과 1985년에 출간된 『운동-이미지』와 『시간-이미

---

12) Deleuze, *RF* 262.

지』, 1986년에 출간된 『푸코』, 1988년에 출간된 『주름』과 비교해 볼 경우, 문제가 되는 것은 체계의 변형이라기보다는 체계의 호흡^{respiration}이다. 『차이와 반복』이 강도적 생성에 높은 가치를 부여하는 데 반해, 후자의 저작들은 독특한 배치들을 기술하는 쪽을 택하면서 점차 역사적 지층들의 공속성과 습합^{褶合, consolidation}에 몰두하게 된다.

들뢰즈 저작들의 위상학적 흐름은 잠재적인 것의 특권, 구성된 개체화의 강도적 생성에서 습합 현상으로 옮겨가게 된다. 『차이와 반복』에서 들뢰즈는 차이의 잠재적 양상과 현실적 양상을 구별하면서, 잠재적 차이의 강도적 생성을 개체적 현실화 및 그것의 조직화 경향과 대립시킨다. 차이의 철학은 잠재적인 계기를 강조하면서 동일자, 유사한 것, 공통감, 정적인 사유 이미지가 지닌 우월성에 대항한다. 지층화된 양상들에 대한 기술^{記述}을 주도하는 비판적 어조를 간직한 채로, 들뢰즈는 조직화에 대한 비판으로부터 잠재적인 것과 현실적인 것, 생성과 역사 사이에서 벌어지는 훨씬 더 복잡한 상호의존적 양상으로 이행한다. 강도적으로-되기, 기관 없는 신체, 말벌과 서양란의 포획은 분명 언제나 강도적인 것에 높은 가치를 부여하지만, 선 이론과 리좀 이론은 경험적인 얽힘에 점점 더 큰 관심을 두면서 물질적·사회적·노에시스적 신체를 뭉쳐진 선들로, 다양체로 기술한다. 다양체는 강도적 벡터들을 배치하는 동시에 강도적 생성들과 조직화의 선분들을 현실화한다. 따라서 잠재적인 것과 현실적인 것은 현실화의 모든 지점에서 식별 불가능하게 되고 상호적인 중요성을 띠게 된다. 『천 개의 고원』이 주는 중요한 가르침은 모든 배치들을 구성하는 두 가지 상대적 지층화 방식, 즉 단단한 선분성^{線分性, segmentarité}을 지닌 몰적인 선 및 유연한 선분성을 지닌 분자적인 선을 탈지층화 현상, 다시 말해 도주선과 분리시킬 수 없다는 것이다.

들뢰즈가 초월론적 경험론에서 다양체의 행동학으로 이행하면서 그의 초기 저작들을 특징짓는 잠재적인 것의 특권을 포기했다고 말하는 것은 큰 의미가 없는 일이다. 그러나 힘 관계를 분석한 스피노자와 더불어, 사회적 투쟁과 자본주의 비판에 관심을 기울였던 맑스 및 과타리와 더불어, 푸코의 독자인 들뢰즈는 역사에, 그리고 힘들의 다이어그램을 현실화하는 배치들의 경험적 배열에 점점 더 많은 관심을 기울이고자 한다. 들뢰즈는 푸코라는 저자와 대면하면서 생성의 우월성에서 역사에 대한 관심으로 서서히 이행하는데, 이제 역사는 생성의 안감으로 드러난다. 역사는 더 이상 사유를 강요하여 생성을 물화시키는 유해한 이미지로 여겨지는 것이 아니라 생성이 구체화되기 위해 필요한 현실화의 환경이 된다. 따라서 이제 잠재적인 것의 우월성은 잠재적인 것이 현실화되는 실재적 방식들을 우리가 이론화한다는 사실을 함축하게 된다. 아울러, 이는 들뢰즈 자신이 베르그손과 관련하여 지적했던 관점의 변화에 정확히 부합하는 것이다. 처음에는 베르그손에게 해로운 가상으로 여겨졌던 공간은 점차 지속의 안감이 되기에 이르는데, 이 안감은 지속의 억제에 해당하는 것이긴 하지만 그럼에도 지속에 필수 불가결하다. 들뢰즈에게 습합 현상은 더 이상 생명에 적대적이고 반동적이며 지배의 현상들을 촉발하는 억견적인 두께나 조직화의 경향성에 불과한 것으로 간주되지 않는다. 개체화는 더 이상 강도의 약화를 가리키지 않는다. 현실화는 새로운 관심사를 갖게 되는데, 그것은 불안정한 힘들의 관계를 일시적으로 안정화하는 '형태의 만들어짐'에 대한 관심이다. 현실화로서의 역사가 갖게 되는 이 새로운 위상을 가장 잘 보여 주는 것이 바로 형태에 대한 관심이다. "푸코의 전 저작에는 형태와 힘이 맺는 어떤 관계가 존재합니다. 저도 그 관계에 영향을 받았지요. 또한 그 관계는 푸코의 정치에 대한 견해는 물론이고 인식론과 미학에 대한 견해에 있어서도 본질적인 것에 해당합니다."[13]

1. 역사와 사유 이미지

푸코와 더불어, "이렇게 해서 마침내 맑스 이후 새로운 무언가가 생겨났다".[14] 목적론은 변증법적인 방식에 따라 개념의 형태로 환원된 어떤 연대기에 맞추어진다. 그러나 역사는 이러한 목적론으로 환원되지 않으면서도 철학적으로 사유될 수 있다. 들뢰즈의 평가에 따르면, "푸코는 역사가였던 적이 없다. 푸코는 철학자로서 역사 철학이 역사와 맺는 관계와는 전혀 다른 방식으로 역사와 맺는 관계를 고안해 낸다".[15] 역사와 맺는 이 전혀 다른 관계에 힘입어 푸코는 시대 혹은 역사적 형성물을 다양체로, 생성하는 힘들의 복합체로 간주할 수 있게 되는데, 이 복합체는 주체에 대한 구상은 물론 구조에 대한 구상으로부터도 벗어나 있다. 푸코는 역사의 개념을 변형시키는 동시에, 역사 현상학 전체, 주체 사유 전체는 물론 역사성에 대한 모든 구조주의적·상투적 독해를 기각한다. 또한 푸코에 힘입어 들뢰즈는 선형적인 형태의 생성 및 구조의 비시간성으로부터 벗어나 생성과 경험적 현실성 간의 새로운 관계를 중재할 수 있게 된다.

들뢰즈는 푸코를 분석함으로써 역사와 맺는 새로운 관계를 개념화한다. 푸코에게 헌정된 일련의 텍스트들 속에서 들뢰즈가 푸코 사유의 궤적이 변화해 가는 과정을 설명하는 방식을 따라가보는 것은 매우 흥미로운

---

13) Deleuze, *PP* 123.

14) Deleuze, *F* 38/56.

15) Deleuze, *PP* 130.

일이다. 푸코가 쓴 저작들의 깊이를 측정하는 고문서학자로서, 들뢰즈는 이러한 사유의 논리, 다시 말해 "가장 위대한 현대 철학들 중 하나"[16]를 찾아내고, 그것의 체계적 안정성과 역동적 단절 속에서 그 사유의 논리를 확립한다.

들뢰즈는 푸코에게 이중의 방법론적 원리를 적용한다. 하나는 전체성의 원리——한 저자에게 관심을 갖는다는 것은 전체를 고려한다는 것이다——로서, 이는 들뢰즈의 초기 개별연구서들을 특징짓는 체계적 엄밀성의 원리를 따른다. 여기에 두번째 원리, 절단과 불연속성의 원리가 덧붙여진다. 이 두번째 원리는 체계의 역동적 긴장에 관심을 기울이면서, 체계 생성의 실마리들을 더 잘 포착하기 위해 체계의 발전이라는 통시적 측면, 예측하기 어려운 측면을 탐색한다. 푸코의 저작들에서 드러나는 개념의 변동·전치·가장자리, 그리고 변이의 지대를 드러내기 위해, 들뢰즈는 경험에 의거하여 단절의 지점들을 찾아낸다. 따라서 푸코의 저작들은 체계에 대한 이러한 구상, 즉 체계란 불연속적이고 상호 충돌하며 예측 불가능한 것이라는 구상에 포함된다. 여기서 우리는 이러한 체계를 적용시킴으로써 푸코의 저작들을 비시간적인 설명 속에 고정시키지 않으려 했다. 따라서 사유의 변이를 기술하고자 할 때 문제가 되는 것은 바로 사유의 초안·본*·밑그림이다. 사유의 변이를 기술하고자 한다면, 체계를 사유의 여러 계기들 중 하나에 고정시키거나 체계를 저작의 정문이 어디인지를 결정해 주는 특권적인 장소로서 사유의 여러 측면들 중 하나로 다루어서는 안 된다. 오히려 변화하는 체계의 시간성을 체계를 제시하는 축들 중 하나로 포함하고 있는 체계의 역학, 더 정확히 말하자면 체계의 운동학을

---

16) Deleuze, *PP* 129.

제시해야 한다.

저작들의 전체성 속에서 결정적인 것은 바로 이행이다. 이행은 문제 제기적인 것들을 새롭게 조직화하며, 체계를 새롭게 실효화하는 역동적인 텐서tenseur가 되기 때문이다. 우리는 들뢰즈의 저작들에서도 이러한 입장에 힘을 실어 주는 요소들을 발견하는데, 우선 전체성에 대한 들뢰즈의 베르그손적인 구상이 바로 그러하다. 전체는 닫혀진 방식으로 불활성적이고 정적인 것으로 주어지는 것이 아니라, 나누어지면서 본성상 변화하는 열린 전체성으로 변형된다. 따라서 사유의 위기는 역동적인 방식으로 전체성을 새롭게 실효화하며, 이제 전체성의 원리는 완성하고 종결할 수 있게 해주는 그 무엇으로 규정되는 것이 아니라 "하나의 층위에서 다른 하나의 층위로 이행하도록 강요하는 그 무엇"[17]으로 규정되어야 한다. 체계는 절단·재개·변형의 원리가 된다.

이는 1963년 들뢰즈의 칸트 독해와 1986년 들뢰즈의 푸코 독해 간의 차이를 설명해 준다. 전자의 독해가 삼 비판서를 동일한 평면에 배치하는 놀라운 구조적 안정성을 보여 주는 데 반해, 후자의 독해는 운동학적인 체계 이론을 만들어 낸다. 들뢰즈는 건축술을 소홀히 하지 않으면서도, 엄밀한 연대기, 경험적 선형성을 확립하도록 강요하는 이행·문턱·결정화結晶化의 지점에 점점 더 큰 중요성을 부여한다. 체계가 엄밀한 연대기나 경험적 선형성으로 환원되지는 않지만, 그것들이 없다면 우리는 생성의 지점, 불균형의 시작점을 규정할 수 없을 것이다. 연대기적 질서는 결코 대수롭지 않은 것이 아니다. 연대기적 질서는 충분한 것은 아니지만 필수적인 것으로서, 무엇보다도 정확하게 확립되어야 한다. 1964년 니체에게 헌정된 르

---

17) Deleuze, *PP* 116.

와요몽^{Royaumont} 콜로키움을 마무리하면서, 일찍이 들뢰즈는 이 "정상적인 비판적·학문적 요구"[18]를 강조했던 바 있다. 즉 신뢰할 수 있는 판본과 훌륭한 연대기를 활용해야 한다는 것이다. 푸코와 함께 불어판『니체 전집』의 편집을 맡았을 때, 들뢰즈는 콜리^{G. Colli}와 몬티나리^{M. Montinari}가『유고』^{Nachlass}에 대해 수행한 광범위한 작업을 칭찬했으며, 흩어져 있는 여러 초고·메모·단편·기획안을 가장 정확한 연대기에 따라 다시 모으려는 학문적 관심을 조금도 소홀히 하지 않았다. 들뢰즈와 푸코는『니체 전집』에 대한 편집자들의 선별작업과 그것의 이중적 체계를 다음과 같이 정당화한다. 사후의 메모들을 연대기 순서에 따라 편집하고, 출판된 저작들에 의해 밝혀진 시기구분 아래 통합할 것. 엄밀한 연속성(단편들의 일지)과 저작들의 시기구분이 사유를 선형적인 연속성 위에 정렬하는 결과를 초래하는 것은 아니며, 경험적 연속성에 대한 관심은 오히려 어떠한 연속성으로도 환원되지 않는 잠재적 시간성을 향해 체계가 개방될 수 있는 가능성을 제공한다. 이 가능성은 생성하는 사유를 가장 가까이서 포착할 수 있게 해주는 것으로서, 변이를 가장 훌륭한 방식으로 보장해 주면서 니체의 기획에 부합하는 개방적·복수적 체계성을 만들어 준다. 들뢰즈와 푸코는 다음과 같이 쓴다. "니체와 같은 사상가, 니체와 같은 저자가 동일한 생각의 여러 판본을 보여 줄 때, 사실상 그 생각이 더 이상 동일하지 않다는 것은 자명하다." "그러므로 연대기 순서를 따라가면서, 그리고 **니체가 출판한 책들에 상응하는 시기에 따라서** 수고 전체를 편집할 필요가 있다. 바로 이런 방

---

18) Deleuze, "Conclusions. Sur la volonté de puissance et l'éternel retour"(Actes du VIIe colloque philosophique international de Royaumont, "Nietzsche", sous la présidence de M. Gueroult, 4~8 juillet 1964), in *Cahiers de Royaumont. Philosophie*, VII : *Nietzsche*, Paris, Minuit, 1967, p. 275~287, citations p. 275, repris dans *ID*.

식을 통해서만 미간행본 전체는 그것이 지닌 다양한 의미들을 드러낼 수 있을 것이다."[19]

따라서 들뢰즈는 두 가지 측면에서 관점을 변화시킨다. 먼저 그는 연대기 순서의 필연성에 그것의 우발성을 대립시킨다. 다음으로, 그는 체계의 영원성이나 안정성에 탐구의 역사성을 대립시킨다. 들뢰즈의 섬세한 입장은 역사와 생성을 정면으로 대립시키기는커녕, 잇따르는 각 지점에서 양자를 연결시킨다.

2. 분석과 진단

역사와 생성이 맺고 있는 이 지극히 섬세한 관계는 들뢰즈가 『말과 글』을 푸코의 저작들 속에 포함시키고자 활용했던 주장을 설명해 준다. 이 주장이 지극히 새로운 것으로 보이는 까닭은 다음과 같다. 이제 저작들은 지층화된 형성물로 나타나는 데 반해, 힘들의 생성은 상황·반응·외력外力에 부응하는 글들 속에서, 사유의 일지 속에서 드러나기 때문이다. 반시대적·비현행적인 저작들을 역사로부터 떨어져 나온 창조로 간주하여 잇달음과 대립시키는 대신, 이제 그 저작들은 공고해진 역사적 문서고로 구체화된다. 그에 반해, 상황에 부응하는 글들은 생성의 요구를 받아들이는데, 그 글들은 일군의 저작들을 정치적 행동이라는 우발적인 현실성 속에 포함시키기 때문이다. 여기서도 들뢰즈는 푸코의 개념들에 힘입어 자기 고유의 독서 방식에 변화를 가한다. 저작들과 상황에 부응하는 글들 간의 구별

---

19) Deleuze, Foucault, "Introduction générale", in Nietzsche, *Œuvres philosophiques complètes*, éd. Colli-Montinari, Paris, Gallimard, 14 vol., 1967~1990.

은 지식과 전략의 구별, 다시 말해『지식의 고고학』에서『감시와 처벌』로 가는 이행을 가리키기 때문이다. 저작은 지식에 속하지만, 상황에 부응하기 위한 말과 글의 생산은 전략에 속한다.

　들뢰즈는 푸코 사후에 나온『말과 글』의 편집을 전적으로 유효한 것으로 인정하면서 거기에 온전한 필연성을 부여한다. 거기에 존재하는 것은 저작과 저작-외부가 맺고 있는 관계, 저작과 **파레르곤**^parergon이 맺고 있는 관계가 아니라 한 개념적 장치의 두 절반과 같은 관계다. 닫히고 완성된 저작들은 사유의 역사에 속하는 데 반해, 일시적 개입들을 기록한 일지는 그 저작들을 향해 가는 생성을 보여 준다. 이것은 강력하고도 독창적인 입장이다. 들뢰즈에 따르면, 푸코의 출판된 저작들은 잘 정리된 문서고에 안정화되어 있다(17세기의 종합병원^l'hôpital général, 18세기의 임상의학, 19세기의 감옥, 고대 그리스와 기독교에 있어 주체화의 주름들). 그 저작들은 완성되어 그 자체로 문서고를 구성하게 된다. 들뢰즈에 따르면, 진단을 발견해야 하는 것은 푸코가 저술한 글들의 다른 절반 속에서다. 따라서 모든 저작들은 분석과 진단, 역사와 생성을 뒤섞는 어떤 장치로서 배치된 것이다. 아울러 이 분석과 진단, 역사와 생성을 생성이 엮어 나가는 서로 다른 선들로, 다시 말해 **아이온**과 **크로노스**로 간주하면서 이 선들을 경화^硬化시키는 것은 더 이상 아무런 의미도 갖지 못한다. 이 두 가지 방식의 시간성은 동질적인 차원들로서 주어지는 것이 아니라 서로 구별되면서도 상호침투한다. 그 결과 **차이**는 이 두 가지 축, 즉 분석과 진단을 기초로 현행성에 해당하는 **크로노스**와 현재로부터의 벗어남에 해당하는 **아이온**을 독특한 비율로 뒤섞는다. "모든 장치 속에서, 우리는 지나간 과거의 선들과 다가올 미래의 선들을 구별해야 한다. 이 양자는 곧 문서고의 부분과 현행적인 것의 부분, 역사의 부분과 생성의 부분, **분석의 부분**과 **진단의 부분**에 해당한다."[20]

얼마 후 다가올 미래에 대한 진단과 얼마 전 지나간 과거에 대한 분석은 현재로부터 벗어나는 두 가지 방식과 관련되어 있으며, 모든 학문적 분석 속에 더불어 존재한다. 모든 사유는 분석과 진단을 겸한다. 푸코는 후기 저작들에서 자신의 분석——우리는 이 칸트적인 용어에 주목할 필요가 있다——을 정식화한다. 거기서 그는 구속력을 지닌 재료(문서고)와 관련하여 자신이 다루고 있는 철학적 문제들을 정식화하고자 하며, 역사(선형적인 역사 철학)와 철학(합리성의 역사)을 혁신한다. 분석적인 문서고는 "지극히 새로운"[21] 역사적 수단들을 통해 철학적으로 규정된다. 여기서 철학자는 역사적 과정 속에서 지층화된 이성, 다시 말해 주어진·실증된·규정된 이성을 다루는 고고학자가 된다. 그러나 푸코가 뜻하는 바의 장치는 역사적인 것도 현행적인 것도 아니다. 이 장치라는 용어는 니체의 비현행적인 것l'inactuel[22]에 상응하며, 들뢰즈는 이를 위해 생성이라는 용어를 남겨 둔다. 지금 우리 자신에 해당하는 그 무엇은 이제 더 이상 우리 자신에 해당하는 않는 그 무엇이다. 이 지점에서 생성과 역사의 상호관계가 드러난다. 우리 자신에 해당하는 그 무엇을 우리가 분석적으로 파악할 수 있는 것은 다만 우리 자신에 해당하는 그 무엇이 이미 어떤 거리를 통해 우리를 그로부터 분리시키고 있기 때문이다. 이제 더 이상 우리 자신에 해당하지 않는 그 무엇을 회고적으로 가늠해 볼 수 있게 해주는 것은 바로 그 거리뿐이다. 역사의 생성이 아닌 다른 어딘가에서 역사를 파악할 수는 없으며, 지층화된 형태의 역사가 아닌 다른 어딘가에서 생성을 감지할 수도

---

20) Deleuze, *RF* 323/482.

21) Deleuze, *RF* 324/484.

22) Deleuze, *RF* 323/482. 또한 다음을 보라. *PP* 119, 130, 그리고 Deleuze, Guattari, *QP* 107/164.

없다. 역사란 우리 자신이 끊임없이 생성해 가고 있는 그 무엇이며, 현행적인 것은 우리 자신이 생성해 가고 있는 그 무엇을 가지고 역사의 윤곽을 마련한다. 이런 이유에서 현행적인 것은 우리 자신에 해당하는 그 무엇이 아니라 우리 자신이 생성해 가고 있는 그 무엇, 이제 더 이상 우리 자신에 해당하지 않는 그 무엇이다. 우리는 임박한·비가역적인·우발적인 형태하에서만 현재를 시간을 쪼개는 사건으로, 항상-이미이자 아직-아님으로 파악한다. 이처럼 아이온은 크로노스로부터 벗어나 있다. 그러나 이제 현행적인 것은 현재 속에서 터져나오는 생성의 지점이 된다.

> 우리 자신에 해당하는 그 무엇(이제 더 이상 우리 자신에 해당하지 않는 그 무엇)과 우리가 생성해 가고 있는 그 무엇을, 다시 말해 **역사의 부분과 현행적인 것의 부분**을 구별해야 한다.[23]

푸코의 출판된 저작들, 체계적인 설명들로 공고해진 저작들은 회고적인 동시에 실증적이다. 다시 말해, 그 저작들은 역사에 속한다. 또한 그 저작들은 상대적으로 완성되어 현실화되고 안정된 형태, 경험적으로 주어지는 닫힌 문서고가 된다. 다시 말해, 그 저작들이 지닌 입증 가능한 구조의 실증성 속에서 이루어지는 어떤 분석이 된다. 상황에 부응하는 글들은 현재를 표시하고 미래를 전망한다는 점에서 이중으로 진단적이다. 첫째, 이런 글들은 현실성을 면밀히 조사한다. 둘째, 이런 글들은 안정성을 지향하는 이론상의 도구와 사유의 가능한 생성 간의 긴장, 현실화된 형태와 잠재적인 힘 간의 긴장을 푸코의 사유 자체 속에서 보여 준다. 따라서 체계

---

23) Deleuze, *RF* 322/481.

적인 설명이 역사로 환원되는 것에 반해, 연대기적인 여러 개입들의 일지는 비연대기적인 생성의 역량을 보여 준다. 저작의 두 측면, 즉 역사와 생성, 분석과 진단은 푸코의 사유에서 벌어지는 실재적 운동을 그것의 역사적 기입과 비현행적 가치 속에서 표현한다. 따라서 들뢰즈는 발생을 역사로 환원하는 일과 구조의 관념론적 경향 두 가지 모두로부터 벗어날 수 있게 된다.

푸코에게서 분석과 진단이 연결되는 것과 마찬가지로, 니체에게서는 단편들의 연대기 순서가 역사 및 사유의 생성, 형태의 현실화 및 잠재적 힘을 규정할 수 있게 해준다. 우리가 '이제 더 이상은…'이라는 방식으로 역사를 인과적 여정 속에서 객관화하는 한에서, 들뢰즈가 베르그손과 니체를 따라 생성을 역사는 물론 영원성에도 대립시킨다는 것은 분명하다. 그러나 우리가 실재적 역사성을 그것이 성취하고 보존하는 힘들의 현실화로 간주한다면, 실재적 역사성은 이 거짓된 목적론적 독해로 환원되지 않는다. 체계의 참된 시간성은 역사적 순서에 따라 연대기적으로 고정된 계열들, 우리 자신이 끊임없이 생성해 가고 있는 그 무엇에 상응하는 계열들에 근거해 있는 것이 아니라 들뢰즈가 생성이라고 부르는 변동의 지점들, 불균형의 지점들에 근거해 있다. 푸코가 위대한 철학자인 것은 그가 니체의 정식에 따라 "바라건대 다가올 시간을 위하여 시간에 맞서, 시간 위에서"[24] 행동하고자 역사를 활용하기 때문이다. 따라서 푸코에게서 상황에 부응하는 글들은 연대기적으로 잇달아 쓰여졌다 하더라도 물화된 역사를 보여 주거나 어떤 잇달음을 객관화하는 것이 아니다. 오히려 그러한 글들은 그의 사유가 생성하는 지점들을 보여 준다. 상황에 부응하는 글

---

24) Deleuze, *RF* 323/482.

들의 일지는 그 글들의 교정·단절·초안·미완성과 더불어 생성을 분명하게 보여 주며, 이런 점에서는 철학적 검토에 따라 엄밀하게 순서가 부여된 문서고의 저작들보다 더 뛰어나다. 니체에게서 연대기적으로 잇달아 쓰여진 사후의 단편들은 체계 속에 생성을 도입한다. 푸코에게서 상황에 부응하여 연대기적으로 잇달아 쓰여진 『말과 글』은 닫혀 버린 저작들의 역사 속에 생성을 도입한다. 사건, 위기, 사후의 단편, 상황에 부응하는 글은 체계나 잇따르는 역사로 파악되는 전체성, 저작들의 지층화된 전체성 속에서 생성의 작용을 확인해 준다. 이로부터 열린 전체성의 원리, 생성하는 체계의 원리가 나온다. 이 열린 전체성의 원리는 통상적인(정상적인, 다수적인) 출판물들과 수평적·우연적·소수적인 글들을 통합한다. 니체의 사후 단편들과 푸코의 상황에 부응하는 간행물들은 동일한 기능을 수행한다. 즉 그것들은 상이하게 현실화되는 뒤얽힌 선들을 더욱 확산시키고, 이 현실화되는 선들은 안정화된 책들의 텍스트적 현실성을 기화시켜 생성의 운무(雲霧)로 만든다. 이 강도적인 선들은 곧 진단이다. 진단은 지속 가능한 것, 이미 성취된 것과는 무관하며, 자신의 변형 외에는 다른 어떠한 공속성도 띠지 않는다는 점에서 현재로부터 벗어나 있다. 따라서 들뢰즈는 각각의 저작에서 대각선상으로 교차하는 지층들 및 현실성들을 규정한다.

그러므로 체계적인 저작들의 지층은 현실성들, 상황에 부응하는 글들, 생각들의 일지에 대한 지도제작을 통해 보완되어야 한다. 이런 관점에서, 연대기적 독해는 새로운 기능을 갖게 된다. 연대기적 독해는 열린 체계의 변동을 가장 분명하게 입증해 주는 독해다. 한 저자의 저작들은 그것의 역사와 생성을 모두 고려해야 하는데, 이때 역사는 위기 및 단절과 불가분적이다. '저작들 전체'의 관점을 취한다는 것은 잠재적인 단층들을 통해 각각의 지점에서 그 저작들을 이중화한다는 것이다. 따라서 통시성은 체계적·비연대기적 독해 못지않게 필수 불가결하다. 그러나 구성된 형태를 개념적 도구로 이중화하지 않는다면, 정적인 것으로서의 힘들의 관계를 그 관계 속에서 실효화되는 힘들의 유희로, 다이어그램으로 이중화하지 않는다면, 그러한 통시성은 통시성으로서는 여전히 불충분한 것이다.

3. 사유의 위기

경험적 연대기는 체계의 생성을 감지할 수 있게 해주며, 그것의 특징적인 변이 방식은 방황하는 사유의 선들과 개념의 생성을 이끌어 낸다. 개념의 생성은 그 궤적 안에 독서와 행동, 사건과 만남, 여러 분기점들을 담고 있는 텍스트의 지도제작을 통해 진행된다. 사유의 논리는 균형 상태의 체계가 아니라 생성하는 체제이며, 거기서 이론적 선분들은 실천적인 돌발상황들, 화용론적인 과제들에 직면하게 된다. 이것이 바로 들뢰즈가 사유의 위기라고 부르는 것이다. 사유의 위기는 힘과 형태, 생성과 역사가 맺는 이러한 관계를 보여 준다.

> 라이프니츠의 정식에 따르자면, 우리는 항구에 도착했다고 믿는 순간 먼 바다에 내던져져 있는 자신을 발견하게 됩니다. 푸코가 바로 그런 경우에 해당하지요. 푸코의 사유는 끊임없이 차원들을 증가시켜 나가지만, 이 차원들 중 어느 것도 앞선 차원에 포함되어 있지 않습니다. 그렇다면 과연 무엇이 푸코로 하여금 항상 예기치 못했던 길을 따라 이런 방향으로 뛰어들게 만드는 것일까요? 위기를 통해 나아가지 않는 위대한 사상가는 없습니다. 위기는 그 사상가의 사유가 올라선 정점을 보여 주는 것이지요.[25]

사유의 위기는 체계의 생성을 보여 준다. 허나 사유의 위기는 잇따르는 현실화의 역사적 평면에서, 그리고 공존의 잠재적 평면에서 동시에 파악되어야 한다. 들뢰즈가 끊임없이 어떤 일반 공리를 발명으로 대체하고 있다는 인상, 그가 발전의 논리적 측면을 강조하면서도 어떤 논리적 공존 속에 다시금 단절을 끼워 넣고 있다는 인상은 바로 여기서 기인하는 것이다. 그러나 생성은 역사를 이중화하며, 들뢰즈는 위기를 현실적인 것과 잠재적인 것이라는 두 측면에서 파악한다.

문제의 이러한 영속성, 잇달음으로부터 면제된 이러한 '내속성'은 들뢰즈가 체계의 변동을 희생시켜 논리를 추구하고 있다는 인상을 줄 수 있다. 한편으로, 들뢰즈는 한 저자가 지닌 문제들의 역사성, 문제들을 그려 놓은 정확한 지도가 지닌 타당성을 긍정한다. 그러나 이 생성하는 역사성의 위상이 잇달음에서 기인하는 것은 아니다. 오히려 그것은 들뢰즈가 한 저자에게 고유한 문제제기적인 것——그 저자의 서명이나 정식——이라고 부르는 것에 달려 있는데, 이 문제제기적인 것은 그 저자가 사용하는 문체의 원리를 제공한다. 들뢰즈는 이 문제제기적인 것을 다이어그램이라고 부른다. 다이어그램이라는 용어는 『감시와 처벌』에 대한 서평을 쓰면서 다름 아닌 미셸 푸코의 개념을 빌려 온 것이지만, 퍼스C. S. Peirce와 화가 프랜시스 베이컨의 개념을 빌려 온 것이기도 하다. 운동학적 다이어그램은 지층화된 형성물에 고유한 힘 관계를 제시하는 일과 관련되는 것으로서, 지층화된 역사적 형성물들을 강도적인 방식으로 이중화한다. 따라서 우리는 『차이와 반복』에서 등장했던 이념에 대한 규정, 즉 이념은 곧 문제라는 규정과 사건의 정의, 즉 사건은 곧 어떤 사실들의 상태 속에서도 실효

---

25) Deleuze, *PP* 129.

화되지 않는 잠재적 부분이라는 정의를 다시 발견한다.[26] 강도적 다이어그램은 영속적인 구조, 논리적인 일반 공리로 이해되거나 선재하는 형식으로 이해될 것이 아니라 잠재적 문제, 힘들의 복합체로 이해되어야 한다. 아울러 다이어그램은 항상 역사적이며, 특정한 현실화 속에 포함된다. 이는 다이어그램이 형식화되지도 형태를 부여받지도 않은 힘들 속에서 성립하고, 따라서 모든 경험적 실효화로부터 벗어나 있다 할지라도 마찬가지다. 우리가 잠재적 구조 혹은 문제제기적 이념과 관련하여 확인했던 바와 마찬가지로, 다이어그램은 지층화된 현실성의 모든 지점에 생성을 도입하고자 사용된다.

따라서 다이어그램은 자신의 현실화와 불가분적이며, 다이어그램 자체 속에서도 우리는 항상 그 현실화의 시기를 추정할 수 있다. 문제로서, 다이어그램은 사유자의 회고적인 역사에 속하는 것이 아니라 그의 생성에 속하며, 이러한 위기의 미덕, 이러한 단절의 역량을 설명해 준다. 또한 이러한 미덕, 이러한 역량은 어떤 사유가 결정되어 주어지게끔 하는 것이 아니라 시대·시기·기회 및 위기의 비율을 파악한다. 사유의 변동은 역사의 측면과 생성의 측면을 다루는 이중의 분석을 요구한다. 시기들을 잇따르게 하는 원인은 인과적 잇달음으로서의 역사에 속하는 것이 아니라 단절로서의 창조, 생성으로서의 창조에 속한다. 위기는 체계의 생성을, 따라서 체계의 역사성을 가리키며, 이는 위기가 비선형적 연속성, 앞선 시기와 충돌하는 연속성을 드러내기 때문이다. 이러한 재-연쇄를 야기하는 것이 바로 위기다. 이 재-연쇄에 있어서는 한계로서의 절단이 연속성의 이념적 원인을 이룬다. 이런 의미에서, 절단은 연속성의 간극도 아니고 연속성의

---

26) Deleuze, *F* 79/116.

단절도 아니다. 절단의 단층들은 단층 자체의 우발적인 난입에서 출발하여 연속성을 산출하는 새로운 차원을 따라 연속체의 분할을 강요하기 때문이다. 이처럼 절단은 사유의 흐름이 지닌 횡단적 특성을, 그리고 사유의 체계가 지닌 운동학을 설명해 준다. 푸코는 돌이킬 수 없을 정도의 변화를 겪는다. 또한 푸코가 제시하는 것은 그의 저작들이 지닌 앞선 차원들 속에 후성설後成說, épigenèse의 방식으로 포함되어 있던 내용이 아니다. 이런 이유에서 들뢰즈는 변태적인 소통 및 대각선적인 변형에 대한 정의를 받아들여 다음을 분명히 한다. 푸코의 사유는 끊임없이 변화하지만, 그 사유의 차원들 중 어느 것도 그 사유의 앞선 차원들에 포함되어 있지 않다.

이에 힘입어 들뢰즈는 탐구의 우발성을 강조할 수 있게 된다. 위기는 지적 작업을 모험, 다시 말해 앞선 시기와 충돌하는 행보, 예측할 수 없는 행보로 규정한다. 따라서 들뢰즈는 『차이와 반복』에서 다음과 같이 쓸 수 있었다. "아직 더 기술할 것이 남아 있다면 그것은 이념이 지닌 바로 이런 모험에 찬 특성 전체다."[27] 이런 모험은 외적 상황, 일시적인 만남, 힘들로부터 영향을 받는다. 이 상황들·만남들·힘들은 사유에 가해져 사유 속에 포함되어 있는 그것들 고유의 좌표들과 관련하여 사유가 창조적인 것이 되도록 강제한다. 따라서 한편으로는 역사가, 다른 한편으로는 사유의 생성이 존재하며, 이 양자는 저작들 속에서 잇따라 발견되는 새로운 좌표들을 산출한다. 아울러 들뢰즈는 죽음으로 인해 닫혀 버린 푸코의 저작들을 검토하면서, 저작들의 시기구분과 저작들의 논리에 부합하는 세 가지 문제를 중심으로 그 저작들을 조직한다. 우선 푸코는 역사적 형성물로서의 지층을 탐색하면서 하나의 고고학을 만들어 내는데, 이것은 지식의 고고

---

27) Deleuze, *DR* 235/397.

학으로 드러난다. 인식론적인 지식의 차원으로부터 역사적인 지식의 차원을 길러내는 바깥으로, 생성하는 힘들로 이행하면서, 뒤이어 푸코는 사회적인 것의 전략적 차원을 발견한다. 이 전략적 차원은 푸코를 이끌어 지식에 대한 분석에서 권력에 대한 전략으로 향하게 만들었다. 형성물들의 역사는 권력의 능동적 힘들에 대한 검토를 가리키며, 이는 역사의 문제를 혁신하면서 그 힘들의 정치적 현실화를 지층화된 형식들 가운데 생성하는 힘들을 주입하는 것으로 사유한다. 마지막으로 『성의 역사』와 더불어 푸코는 역사적 지층들(지식)과 지층화되지 않은 힘들(권력)을 연결해 주는 독특한 관계를 설명한다. 이는 역사 속에서 벌어지는 주체화 주름의 점진적인 형성[28], 역사적·정치적 주체화 방식의 점진적인 형성을 역사적 지층들(지식)의 '바깥'으로 제시함으로써 가능했다.

위기라는 방법론적 개념은 저작들의 논리는 물론 저작들의 전개과정에도 영향을 미친다. 지식의 차원에서 권력의 차원으로, 다시 권력의 차원에서 주체화의 주름으로 옮겨가면서, 들뢰즈는 저작들의 세 시기를 서로 구별되는 세 가지 차원으로 체계적으로 다시 연결시킨다. 위기는 역사와 생성의 관계를 변형시킬 수 있게 해주었다. 잇달음의 평면에는 어떠한 필연성도 존재하지 않으며 존재하는 것은 예측 불가능한 위기들(창조)뿐인데 반해, 예측 불가능한 난입의 평면에는 필연성이 존재하기 때문이다. 들뢰즈는 잇따르는 연대기 속에 우발성을 도입하며, 바로 이 잇달음의 우발성이야말로 새로움으로서의 위기가 예기치 못한 방식으로 생겨날 수 있게 해주는 것이다. 이런 이유에서 들뢰즈는 푸코가 『성의 역사』에서 발견한 주체화의 선들을 항상 다음과 같이 이해한다. 이러한 발견은 주체로의

---

28) Deleuze, *RF* 227/436~437.

회귀도 아니고, 단언컨대 자신의 앞선 저작들에 대한 반성도 아니다. 그것은 사유의 완전히 새로운 시작이다.

위기는 앞선 개념들의 맥락·분절·지도제작을 변화시키는 새로운 방향성을 부과하는 것으로서, 물음들을 단절시키고 변모시킨다기보다는 물음들이 탐색하고자 하는 문제의 본성을 재편한다. 문제가 되는 것이 영화와 행동-이미지의 위기[29]이건, 기나긴 위기의 계기로서의 바로크[30]이건, 푸코의 사유이건 간에, 위기는 사유 속에 존재하는 창조와 규정, 생성과 역사, 잠재적인 것과 현실적인 것을 연결한다. 이는 체계가 시작된 이래로 계속 요구되어 왔던 정역학靜力學, statique, 문제를 재편하는 논리적 정역학 속에 역동적인 휴지休止가 흡수되어 버렸기 때문이 아니다. 문제들의 잇따른 진화라는 결정론적인 선행성-후행성과 모든 것을 탐구의 우발성에 부여하게 될 우연에 따른 변형 사이에서, 들뢰즈는 예측 불가능한 것과 필연적인 것의 혼합을 탐색한다. 잇달음 속에는 어떠한 필연성도 존재하지 않으며, 단절 속에는 어떠한 우발성도 존재하지 않는다. 잇달음(현실화) 속에 존재하는 것은 오히려 단절의 우발적인 난입이다. 이 난입은 앞선 이론적 형성물 속에 힘들의 다이어그램이 공존하고 있음을 확인해 주며, 이 다이어그램의 우발적 현실화는 체계를 다시 활성화시켜 새로운 차원을 창조한다. "푸코는 언제나 어떤 위기 속에서 새로운 차원, 새로운 선線을 발견한다. 위대한 사상가들에게는 지진과 유사한 점이 있다. 그들은 진화하는 것이 아니라 위기를 통해, 혼란을 통해 나아간다."[31]

---

29) Deleuze, *IM* 277/370~371.

30) Deleuze, *Pli* 92/127., *PP* 220/179.

31) Deleuze, *RF* 316/471. 그리고 *QP* 191/292.

따라서 사유의 위기라는 운동학적 지도로 이중화되지 않는다면, 건축술적인 정역학은 아무런 의미도 갖지 못한다. 들뢰즈는 푸코와 관련해 불균형한 체계의 이러한 역동성을 고안해 낸다. 이 불균형한 체계에 있어 역사는 매순간 현실화되면서 체계의 생성을 이중화한다. 따라서 **지식, 권력, 주체성**이라는 세 가지 축은 문제의 공통성과 저작들의 시기구분을 동시에 규정한다. 이 세 가지 차원들은 잇따라 발견되며, 각각의 층은 예측 불가능한 동시에 필연적인 위기의 논리에 따라 뒤따르는 층으로 개방되기 때문이다. 논리는 사건이 된다. 이처럼 우리는 푸코의 사유가 거쳐 온 여러 단계들의 지표를 자세히 관찰할 수 있다. 푸코의 사유는 "끊임없이 차원들을 증가시켜 나가지만, 이 차원들 중 어느 것도 앞선 차원에 포함되어 있지 않다".[32] 이 준안정적이고 역동적인 횡단성의 논리에 따라 앞선 차원들을 다시 활성화시키는 것은 체계의 후성설이 아니라 차원의 창조다.

사유는 창조의 필연성을 따라 잇따라 제시되고 탐색되는 차원들로부터 만들어진다. 허나 이 차원들이 서로를 포함하고 있는 것은 아니다.[33]

닫혀진 저작들은 사유를 물화된 이론으로 변형시키는 경향을 띠는 형태들의 역사에 속한다. 그에 반해, 지도제작 방식의 독해라는 이 원리가 추구하는 것은 생성의 지점들, 방법의 지점들이다. 이 방법은 한편으로는 역사의 문제들과 너무 가깝고, 다른 한편으로는 역사의 문제들과 너무 다르다.[34] 너무 가까운 것은 이 방법에 연대기가 함축되어 있기 때문이고, 너

---

32) Deleuze, *PP* 129.
33) Deleuze, *PP* 126.

무 다른 것은 그 연대기가 인과적 설명의 원리를 제공하지 않기 때문이다.

생성의 사건은 비시간적인 것은 물론 연대기와도 대립되며, 영원성은 물론 역사와도 대립된다. 위기는 일견 모순적인 이 이중의 규정을 받아들인다. 즉 위기는 역사적 잇달음에 맞서는 반시간적인 것으로서, 전체화와 관련하여 통시적인 생성의 지점을 보여 준다. 사유의 체계적 통일성을 특징짓는 것은 사유가 동일한·고정된 상태에 머물러 있다는 사실이 아니라 사유가 문제들을 움직이고 이동시킨다는 사실이다. 위기는 창조와 역사의 관계를 특징짓는 것으로서, 이러한 운동에 부합한다. 위기는 잇달음의 평면에 놓여진 우발적인 것이며, 전체성의 평면에 필수적인 것으로서 그 평면의 현실화에 기여한다. 위기는 들뢰즈가 잠재적인 것과 현실적인 것 사이에 확립해 놓은 관계를 가리킨다.

역사와 생성 간의 이러한 구별이 시간적 잇달음에 해당하는 역사와 비역사적 체계의 대립, 통시성과 공시성의 대립을 되살려 내는 것은 아니다. 생성은 닫힌 체계의 공시성은 물론 통시적 역사와도 대립된다. 잇달음으로 이해된 역사는 비시간적인 것l'intemporel만큼이나 정적이다. 잇달음과 비현행적인 것 간의 대립과 일치하는 역사와 생성 간의 두드러진 대립 아래서, 들뢰즈는 이원적이고 주름잡힌 어떤 시간성을 제시한다. 이는 여러 이론들의 혼합을 주저하지 않았던 초기 연구와의 단절을 보여 주는데, 그의 초기 연구는 아직 체계의 내적 변동에 전혀 관심을 두지 않고 있었다. 이 새로운 할당에 힘입어 단절·균열·위기는 이제 체계적인 질서에 속하게 된다. 위기라는 사건은 물론 통시적인 것이지만, 그것의 문제제기적 의미는 잇달음으로 환원될 수 없다. 따라서 위기는 문제의 재편을 시사한다.

---

34) Deleuze, *PP* 51/67.

문제들의 진화와 너무나 쉽게 혼동되는 발생적 잇달음은 (물음들의 기반에 해당하는) 문제들의 논리적 순서에 자리를 내어 주어야 한다. 그러나 문제들이 등장하는 순서는 체계에 주어지는 사건이 된다. 푸코가 말하는 위기의 이중적 체제는 다음과 같은 것이다. 위기는 분석으로부터 벗어나고, 접합과 표현은 진단을 자극한다. 이 모든 것은 사유에 주어지는 사건에 어떤 의미를 부여하며, 이에 힘입어 들뢰즈는 이제 시간을 고려하는 데 있어 선형적 인과성에 짓눌릴까 두려워하지 않을 수 있게 된다.

따라서 들뢰즈는 생성의 역동적 질서를 영원성은 물론 연대기적 역사와도 대립시킨다. 주어지는 것, 사실에 근거한 것, 수평적 연결들을 통해 유지되는 것인 한에서 역사는 단절을 규정하는 조건이 되며, 이는 역사가 부정적인 조건들의 집합에 불과하다 할지라도 마찬가지다. 그럼에도 역사는 결정적인 조건으로서의 가치를 갖는데, 이는 위기를 정당화하거나 설명하거나 필연적인 것으로 만드는 심급으로서가 아니라 위기를 가능케 하는 조건으로서 그러하다. 위기는 역사에서 벗어나 있지만, 역사가 없다면 위기는 조건지어지지 않은 것, 규정되지 않은 것으로 남게 될 것이다. 이런 이유에서 들뢰즈는 위기를 이념, 문제, 역사적 실험이 아닌 철학적 실험으로 이해한다.

생성과 역사를 구별하는 원리는 다음과 같은 것이다. 역사적인 것과 영원한 것이 모두 생성과 대립되는 까닭은 그것들이 확정된 것으로 주어지는 정적인 질서에 부합하기 때문이다. 그런데 사실들의 상태는 영원만큼이나 비시간적이다. 이는 사실들의 상태가 생성으로부터 벗어나 있으며, 특히 사유가 사실들의 상태와 상호작용하는 것이 아니라 사실들의 상태에 근거해 있기 때문이다. 우리는 영원한 것을 고찰하듯 역사도 고찰하지만, 사건과 더불어 할 수 있는 것은 구성이다. 사건에 근거한 사유는 그 사유 또한 사건이 된다. 아니면 들뢰즈가 흔히 말하듯이, 사유는 움직이고 생성한다. 철학사가 체계들을 그 체계들이 잇따르는 역사적 순서나 그 체계들이 등장하는 우발적 순서에 끼워맞추는 한에서, 들뢰즈가 철학사를 비판하는 이유가 바로 여기에 있다. 철학사라는 것이 설명의 미덕을 갖춘 단 하나의 철학사가 아닌 한에서, 그리고 과거를 기술하는 데 유리하다는 이유로 사유가 미래를 탐색하는 자신의 책무를 저버리지 않는 한에서, 이러한 비판이 체계 연구, 체계에 영향을 미치는 생성, 역사적 인식에 대한 관심을 변질시키는 것은 아니다.

사실 위기는 역사 이론과 창조 이론을 동시에 함축하고 있다. 여기서 창조 이론이란 사유 속에서 일어나는 사유 행위의 탄생에 대한 이론을 말한다. 저작들에 대한 지도제작은 체계의 생성을 가로지르는 논리를 복원할 것을 주장한다. 저작들의 연대기적 현실화를 감안한다면, 이 지도제작은 우발적인 것으로서 저작들의 논리적·회고적 잠재성의 평면에 필수적인 것이다. 이로부터 들뢰즈가 활용하는 독해의 원리들이 나온다. 첫째, 엄밀성의 원리. 저작들 전체를 읽고 그 전체를 하나의 사유 속에 간직할 것. 둘째, 역사성의 원리. 위기와 사건에, 사유가 도달한 정점들에 관심을 기울일 것. 이제 여기에 셋째, 실험의 원리가 덧붙여져야 한다. "결코 해석하지 마라, 실험하라."[35]

첫번째 원리에 따르면, 한 권의 저작 속에서 고려되어야 하는 것은 저작들 전체다. 그러나 두번째 원리에 따르면, 어떤 사유가 '생겨나게끔' 해주는 것은 바로 이행이다. 세번째 원리에 따르면, 우리가 사유의 혼란과 동요, 그리고 사유의 체계성을 함께 파악할 수 있는 것은 바로 사유가 생

---

35) Deleuze, *PP* 120. Deleuze, Guattari, *Rhizome*.

성하는 환경 속에서다. 이 세번째 원리는 들뢰즈가 다른 철학자에게 가한
독해는 물론이고 들뢰즈 자신의 체계가 지닌 내적 시간성에도 적용되는
것으로서, 지금까지 우리가 돌이켜보았던 여정, 다시 말해 끊어진 선들로
이루어진 여정, 다수의 방향성을 띤 여정을 설명해 준다.

들뢰즈 철학의 지도 그리기

『들뢰즈: 초월론적 경험론』은 들뢰즈 자신의 방법론에 입각해서 그의 철학을 해설하려는 시도다. 들뢰즈의 사상은 어떤 퇴적, 어떤 습곡, 어떤 융기의 과정을 거쳐 『차이와 반복』이라는 높고도 험준한 산맥을 이루게 되었는가? 68혁명의 여파 속에서, 다시금 어떤 작용들이 이 산맥을 뒤틀고 뒤흔들고 깎아내어 수많은 기암괴석들이 펼쳐진 『천개의 고원』으로 바꾸어 놓았는가? "이는 마치 지상에서 가장 단단한 바위들이 수백만 년을 단위로 하는 지질학적 척도에서 보면 말랑말랑하고 액체 같은 물질들에 다름 아닌 것과 같다"(*DR* 8~9/28). 단단한 바위들도 이럴진대, 매일 읽고 쓰고 토론하고 숙고하기를 거듭하는 어느 철학자의 사상이 어찌 유동적이지 않을 수 있겠는가. 바로 이런 의미에서 들뢰즈는 베르그손과 더불어 하나의 사상을 열린 전체, 생성하는 전체로 간주할 것을 주장한다. 하나의 사상이란 여러 상이한 힘들의 작용 속에서 조형造形되는 그 무엇, 어떤 괴이한 형태들이 빚어질지 성급히 앞서 짐작할 수 없는 그 무엇이다. 따라서 이 상이한 힘들의 영향력을 신중하게 가늠하고, 그로부터 귀결되는 형태들을 섬세하게 그려내기 위한 하나의 방법론이 요구되는데, 그것이 바로 '지도 그리기'다. 지도 그리기는 (일견 완성된 듯 보이는) 산맥의 지형을 수동적으로 모사하는 것이 아니라, 어떤 힘들이 산과 바위를 뒤틀고 짓이겨 지금의 지형을 이루었는지, 지금은 또 어떤 다른 힘들이 다시금 거기에 모종의 변형을 가하고 있는지를 그려내는 역동적인 생성의 지도다. 『들뢰즈 : 초월론적 경험론』은 바로 이러한 지도로서, 『차이와 반복』에서 들뢰즈가 스스로 명명한 초월론적 경험론의 성립과 그 변형을 중심으로 그의 사상을 다름 아닌 이 생성의 관점에서 조망하고 있다.

그렇다면 『차이와 반복』 속에는 과연 어떤 힘들이, 저마다 얼마만큼의 세기로 뒤엉켜 있는가? 또한 그 힘들이 밀어 올리는 이 산맥은 과연 어떤 높이에 대항하기 위한 것인가? 첫번째 물음에 대한 상세한 답변은 이 글의 지면을 넘어서는 일이 되겠지만, 우리가 손쉽게 택할 수 있는 방법은 이 책의 목차를 훑어보는 것이다. 거기서 우리는 들뢰즈가 10여 년에 걸쳐 끈질기게 수정을 가했던 기호론의 주인공인 프루스트, 학부 졸업 이래로 들뢰즈가 독창적인 관점에서 재해석을 시도했던 일련의 철학자들, 즉 흄, 니체, 베르그손, 스피노자, 당대의 사상사적 흐름을 주도하고 있던 구조주의, 학계의 무관심 속에 잊어져 가고 있던 개체화 이론의 선구자 시몽동의 이름을 발견한다. 그리고 우리는 두번째 물음과 관련하여 들뢰즈가 이 저자들과 더불어 계승하고 또 혁신하여 그 높이를 겨루고자 하는 대상을 또한 발견하는데, 그것은 바로 칸트와 그의 초월적 관념론이다.

초월적 관념론 vs. 초월론적 경험론. 주지하다시피, '초월적'과 '초월론적'은 모두 '트랑상당탈'transcendantal의 번역어다. 따라서 들뢰즈의 초월론적 경험론은 초월적 경험론으로 번역될 수도 있으며, 이 경우 칸트의 초월적 관념론과의 대조는 더욱 선명하게 드러난다.[1] '초월적'이라는 개념은 칸트에게서 다음의 두 가지 의미를 갖는다. 첫째, 사유가 스스로에게 야기하는 불가피한 가상들에 대한 탐구(초월적 변증론). 둘째, 우리의 경험을 가능케 하는 선험적 조건들에 대한 탐구(초월적 분석론과 초월적 감성론). 여기서 들뢰즈는 한편으로는 첫번째 의미를 계승하여 이른바 '사유 이미지'에 대한 진단으로 확대·발전시키고(『차이와 반복』 3장), 다른 한편으로는 두번째 의미를 혁신하여 그것을 나름의 초월론적 분석론과 초월론적 감성론으로 대체한다(『차이와 반복』 4장과 5장). 그렇다면, 초월적인 것에서 초월론적인 것으로 가는 이러한 이행은 과연 어떻게 가능한가? 이 결정적인 물음은 철학에서 경험이 차지하는 위상과 관련된다. 미리 주어진 사유의 틀에 따라 경험을 재단할 것인가, 경험에 맞추어 그 틀을 변화시킬 것인가? 이 지점에서 들뢰즈는 사유의 역량을 재현^{再現, représentation}[표상]의 틀 속에, 미리 주어진 동일성의 형식^{再-, re-}에 가두어 길들이려는 칸트를 비판한다. 동일성의 형식에 부합하지 않는 차이^{Différence}, 대립물로서의 동일성과 차이 모두를 낳는 차이는 사유로 하여금 그 역량의 극한까지 나아갈 것을, 미리 주어진 범주들의 틀을 부수고 실재적 생성에 부합하는 새로운 개념들의 창조로 나아갈 것을 요구한다. 칸트가 그어 놓은 현상과 물 자체 사이의 강고한 경계선을 넘어, 우리는 경험의 실재적 조건에 해당하는 이 초월론적인 것, 즉 차이에 도달할 수 있을 것인가? 강도^{强度, intensité} 개념과 더불어 『차이와 반복』에서 들뢰즈는 이 물음에 답하고자 하는데,

---

1) 옮긴이가 '초월론적'이라는 번역어를 선택한 것은 이 단어가 '초월적'이라는 개념에 대한 계승과 혁신을 동시에 표현할 수 있다고 보았기 때문이다. 따라서 본문에서는 이 단어가 칸트의 문맥에서 사용되는 경우(예컨대 『순수이성비판』의 초월적 변증론)나 칸트를 비판적으로 언급하는 대목에서는 '초월적'으로, 들뢰즈의 문맥에서 사용되는 경우(예컨대 전개체적인 초월론적 장)나 칸트를 긍정적으로 평가하고 계승하는 대목에서는 '초월론'으로 번역했다.

초월론적 경험론의 성패는 바로 여기에 달려 있다.

> 라이프니츠의 정식에 따르자면, 우리는 항구에 도착했다고 믿는 순간 먼
> 바다에 내던져져 있는 자신을 발견하게 됩니다. […] 위기를 통해 나아가
> 지 않는 위대한 사상가는 없습니다. 위기는 그 사상가의 사유가 올라선
> 정점을 보여주는 것이지요.*(PP* 129)

위대한 사상가는 위기를 통해 나아간다. 이것은 들뢰즈가 푸코를 두
고 했던 말이자 저자인 소바냐르그가 들뢰즈를 두고 다시금 인용하는 말
이기도 하다. 여기서 위기란 결집된 힘들이 사유의 체계에 새로운 파괴와
건설을 야기하는 지점, 체계가 다시금 가시적인 변화를 겪게 되는 지점을
가리킨다. 1968년 5월, 폭발적인 힘으로 순식간에 기성의 질서를 전복하
고는 이내 사그러지는 대중의 예측 불가능한 욕망을 목도하면서, 푸코가
그러했듯 들뢰즈는 이제 역사의 문제를 발견한다. 일찍이 그가 주장했듯,
모든 생성은 잠재적인 것의 현실화다. 그러나 잠재적인 것은 어떤 구체적
인 조건하에서, 어떤 구체적인 방식으로 현실화되는가? 역사 속으로 삽입
되는 이 현실화의 과정 속에서, 잠재적인 것은 역사에 어떤 변형을 가하
고 또 스스로 어떤 변형을 감내하는가? 한 가지 분명한 것은 현실적인 것
이 잠재적인 것의 단순한 대립물이 아니라 잠재적인 것이 드러나는 유일
한 방식이라는 사실이다. 이제 자신의 후기 저작들, 예컨대 『천개의 고원』
에서 들뢰즈는 과타리와 더불어 문학, 언어, 정치, 음악, 기호 등의 방대한
영역을 가로지르며 역사 속에서 드러나는 이러한 현실화의 양상들을 심
도 깊게 추적한다. 이러한 변화 또한 초월론적 경험론의 일부인가? 우리
가 확인할 수 있는 바는 사유의 위기가 초월론적 경험론이 앞서 제기했던

물음들의 본성을 바꾸어 놓았다는 사실이다. 허나 역사가 제기하는 새로운 물음들에 답할 수 있다면, 경험에 맞추어 기꺼이 기존의 틀을 변화시키는 것이 바로 초월론적 경험론이라고 들뢰즈는 말할 것이다.

* * *

저자인 안 소바냐르그는 리옹 고등사범학교를 거쳐 2010년부터는 파리 10대학 철학과에서 교수로 재직하고 있으며, 오늘날 가장 주목 받고 있는 들뢰즈 전문가 중 한 사람이다. 그의 저서 중 『들뢰즈와 예술』(이정하 옮김, 열화당, 2009)이 이미 국내에 번역, 소개된 바 있으며, 여러 한국인 제자를 둔 인연으로 몇 차례 우리나라를 방문하여 강연과 강의를 하기도 했다. 2016년 7월에는 서울대학교에서 열리는 〈세계미학자대회〉에 프랑스미학 분야를 대표하는 연사로서 참석할 예정이다(관련 정보는 www.ica2016.org에서 얻을 수 있다).

이 책을 번역하는 과정에서 적지 않은 오탈자와 인용 및 주석 표기 오류를 발견하여 저자에게 연락을 취했으나, 저자의 호의에도 불구하고 일정상의 문제로 미처 확인 받을 수 없었다. 따라서 이 수정의 모든 책임은 옮긴이에게 있다. 가독성을 고려하여 수정사항을 일일이 명시하지는 않았으므로, 원서를 대조하여 읽으시는 분들께서는 이러한 사실을 고려하시기 바라며 수정이 잘못된 부분이나 추가로 수정되어야 할 부분을 발견하신 분들은 옮긴이에게도 알려주시기를 부탁드리고 싶다.

이 책의 번역과 출간을 준비하면서 과분하게도 적지 않은 분들의 도움을 받았다. 서울대학교의 여러 선생님들, 특히 석사, 박사 과정 지도교수이신 미학과 김문환, 신혜경 교수님과 들뢰즈 철학을 가르쳐 주신 철학과 김상환 교수님께 감사 드리고 싶다. 또한 이 책의 번역을 권해 주시고

격려해 주신 이화여자대학교 이찬웅 선생님, 늘 손잡아 공부를 도와주시는 덕성여자대학교 조희원 선생님, 엉망진창인 초고를 한 장씩 맡아 열심히 교정해 준 미학과 프랑스분과 선후배님들, 혹시 이 번역에서 쓸 만한 부분이 있다면 그건 이분들의 공이라고 말씀드리고 싶다. 아울러, 항상 옮긴이의 입장을 먼저 고려해 주신 출판사 그린비의 관계자 분들께도 감사 인사를 전하고 싶다. 긴 시간에 걸쳐 연락과 일정 조율을 도와주신 김재훈 씨, 출산 전까지 원고를 교정하고 표지작업을 진행해 주신 김현정 씨, 그리고 원고 교정을 마무리하고 여러 귀한 조언을 해주신 박순기 편집장님께 진심 어린 감사의 말씀을 전한다.

공부를 시작하고 적지 않은 시간이 지나면서, 어쨌거나 공부를 계속해 나가고 있다는 사실 하나만으로도, 어쩌면 나는 참 많은 사랑과 도움을 받은 사람일지도 모르겠다는 생각을 하게 된다. 여전히 나를 아껴주시는 많은 분들께, 그리고 지나간 한때 나를 아껴주셨던 많은 분들께도, 감사하고 또 죄송하다고 그렇게 말씀드리고 싶다.

1년여의 프랑스 생활을 마무리하면서,

이곳에서 마주했던 얼굴들 하나하나를 기억하며

"Je suis Paris."

인명 및 저작 찾아보기

【ㄷ】

여』 338

『형태와 정보 개념에 비추어 본 개체

화』 336

【ㅇ·ㅈ】

아르토(A. Artaud) 33, 83, 109, 297,
512, 575

아리스토텔레스(Aristoteles) 190, 207,
336, 340, 350, 523

　『분석론 전서』 523

알키에(F. Alquié) 314, 315

알튀세르(L. Althusser) 30, 232, 248,
252

앵베르(C. Imbert) 308

야콥슨(R. Jakobson) 248, 249, 526

에이젠슈타인(S. Eisenstein) 121

오스틴(J. L. Austin) 191

오켕겜(G. Hocquenghem) 564

울프(V. Woolf) 205

위너(N. Wiener) 337

이폴리트(J. Hyppolite) 449~451

자허-마조흐(L. Sacher-Masoch) 24, 45,
185, 221, 240

조이스(J. Joyce) 197

【ㅋ】

카프카(F. Kafka) 83, 175, 501

칸토어(G. Cantor) 309

칸트(I. Kant) 14, 19, 24, 29, 31~36,
39, 43, 45, 47, 49, 51, 94, 98, 101, 102,
104~106, 110, 115, 123, 124, 156, 158,
159, 161, 170, 171, 190, 266, 291~297,
299, 301~304, 309, 317~320, 324, 325,
329~331, 340, 341, 350, 405, 407, 417,
418, 422~424, 428, 430, 431, 433, 441,
456, 461, 463, 494, 496, 574, 584

　『순수이성비판』 29, 31, 33, 46, 51,
56, 64, 66, 95, 98, 99, 170, 291, 318,
326, 327, 331, 361, 417, 605

　『실천이성비판』 95, 98, 99

　『판단력비판』 64, 66, 95~100, 102,
117, 118, 123, 124, 170, 179, 417, 494

캉길렘(G. Canguilhem) 286, 464, 498,
559, 566, 575

캐럴(L. Carrol) 267, 401, 471

코헨(H. Cohen) 317, 422

콜리(G. Colli) 585

콩트(A. Comte) 286

쿠아레(A. Koyré) 286

퀴비에(G. Cuvier) 236

클라인(M. Klein) 519, 544

용어 찾아보기

573, 574

기호체제(régime de signes) 72, 232, 533, 569

기호학(sémiotique) 48, 60, 61, 73, 209, 211, 385, 425, 428, 533, 554, 574

【ㄴ】

낭만주의(romanticisme) 92, 117, 118, 123, 175, 179, 181, 182, 317, 330, 502

내속(insistance) 130, 131, 137, 138, 154, 155, 259, 393, 441, 469, 471, 473, 484, 488

내재면(plan d'immanence) 43, 57, 61, 62, 168, 209, 212, 271, 275, 287, 391, 395, 405, 478, 479, 576, 577

내재성(immanence) 44, 57, 82, 114, 184, 206, 211~214, 216, 217, 219~221, 231, 233, 234, 236, 241, 244, 245, 468, 485, 487, 537, 577

내적 공명(résonance interne) 347, 370, 373, 380~383, 385, 407, 411, 413, 426, 427

내화 (內化, involution) 276, 491

누빔점(point de capiton) 266, 267

능산적 자연(nature naturante) 218, 219

【ㄷ】

다양체(multiplicité) 19, 35, 53, 136, 139, 142~153, 155, 164, 213, 237, 238, 240, 244, 260, 263, 270, 273, 276~279, 282, 283, 294, 295, 298, 308, 313, 321, 322, 330, 357, 359, 360, 366~391, 409, 425, 443, 448, 455, 459, 460, 475, 481, 490, 491, 504, 505, 508, 511, 515, 523, 532, 535, 537, 538, 566~569, 573, 579, 580~582

다의성(équivocité) 211, 217~222, 230, 233

다이어그램(diagramme) 60, 111, 113, 242, 253, 316, 466, 530, 531, 536, 581, 592~594, 597

담론(discours) 71, 175, 177, 178, 184, 185, 243, 271, 360, 366, 419, 501, 507, 512, 516~521, 523~533, 536~541, 551, 565

대각선(diagonale) 517, 539

대상=x(objet=x) 132, 253, 264~266, 433, 441

도덕(morale) 115, 211, 216, 223~231, 233, 328, 379, 501, 562, 564

도식(schème) 64, 96, 111, 120, 135, 195, 293~296, 303, 325, 326, 330, 336,

복수성(pluralité) 72, 91, 93, 102, 145,
214, 335, 411, 523
본질(essence) 16, 31, 38, 43, 48, 60, 63,
73, 76, 77, 79~82, 86, 89~92, 94, 107,
108, 125~127, 131, 138~140, 155, 160,
173~175, 179~184, 188, 198, 205, 206,
210, 220, 225, 228, 237, 238, 243~247,
255, 256, 259, 261, 270, 280, 289, 290,
293, 295, 300~302, 305, 306, 311,
313~316, 329, 332, 334, 335, 365, 367,
387, 393, 409, 435, 459~462, 466, 467,
470, 471, 473, 476, 477, 480, 483, 494,
495, 502, 504, 545, 546, 572, 574, 575
부분기억(souvenir) 128, 129, 131, 132,
140, 141, 148, 150, 151, 156, 545
분석론(analytique) 47, 48, 57, 64, 66,
92, 98, 99, 101, 117, 118, 123, 170, 172
　초월론적 분석론(analytique
　transcendantale) 66
　초월적 분석론(analytique
　transcendantale) 158, 162
분열-분석(schizo-analyse) 575
분열증(schize) 32, 91, 92, 330, 563,
575
분화적 차이소(différenciant) 243, 253,
264, 265, 267~272, 382, 410, 411, 427,
433, 434, 439, 458, 567

불균등화(disparation) 20, 331,
334, 336, 337, 343~345, 353~356,
360~365, 367, 368, 370~385, 388,
389, 394, 404~408, 411, 415~417, 419,
420, 422, 423, 426, 427, 430, 431, 433,
435, 439, 440, 441, 449, 454, 457~459,
461, 464, 490, 494, 496, 500, 541, 574
비대칭(asymétrie) 47, 64, 208, 264,
341, 343, 344, 361, 363, 364, 367, 377,
381, 384, 386~389, 396, 407, 422,
423, 427, 442, 454, 458, 579
비자발적인 것(l'involontaire) 96, 97,
103, 107, 109

【ㅅ】

사건(événement) 16, 26, 107, 122, 136,
138, 213, 239, 243, 264, 265, 267, 268,
272, 276, 277, 279, 280, 282, 283, 297,
299, 300, 316, 371, 372, 376, 377, 379,
380, 386, 387, 392, 393, 400~404,
406, 409, 410, 414, 453, 460, 462, 467,
469~477, 480, 483~489, 492, 495,
513, 534, 536, 572, 589, 591~593,
598~601
　순수 사건(événement pure) 131,
　401, 404, 409, 414, 476, 477, 573